上市公司价值成长之路

蒋健蓉◎主编
上海申银万国证券研究所有限公司◎编著

上海人民出版社

编 委 会

目录

大消费

02 高端制造

03 新能源新材料

序一

提升上市公司价值　践行金融强国使命

刘　健
申万宏源集团股份有限公司
申万宏源证券有限公司
党委书记、董事长

党的十八大以来，我国金融业不断深化改革，金融市场体系不断健全，市场规模快速扩容，各类金融市场基础设施齐全，初步建成金融大国。2023 年中央金融工作会议首提金融强国战略目标，这是对党的十九大提出的高质量发展和党的二十大提出的中国式现代化战略在金融方面的具体化，更是对我国现阶段经济发展的金融战略部署，为金融未来改革发展明确方向。金融是国民经济的血脉，是国家核心竞争力的重要组成部分，要加快建设金融强国，推动金融高质量发展，为中国式现代化全面推进强国建设、民族复兴伟业提供有力支撑。

作为现代金融体系的重要组成部分，资本市场是建设金融强国的关键一环。其中，投资者是市场之本，上市公司是市场之基，投资者和上市公司都是资本市场发展的源头活水。2023 年的中央金融工作会议、中央经济工作会议为以投资者为本的资本市场建设指明了前进方向。“以投资者为本”理念是金融工作政治性和人民性的体现，反映了我国资本市场以人民为中心的价值取向，符合资本市场发展的客观规律和内在要求，也是提振投资者信心和实现市场活力的关键所在。

上市公司是实体经济的“基本盘”，上市公司价值管理的本质是实体经营与资本运营良性互动。通过资本市场，有助于上市公司优化产业布局、提升资源配置效率，进一步提升上市公司质量与投资价值，持续强化回报投资者意识，增强资本市场的可投资性与吸引力。引导上市公司重视价值管理，兼顾价值创造与价值实现，促进内在价值与外在价值齐头并进、共同成长，意义重大。

作为“有信仰、敢担当”的国有金融企业，申万宏源始终坚持把思想、认识和行动统一到党中央关于加快建设金融强国、推动金融高质量发展的总体部署要求上来，围绕服务国家战略、助力实体经济的职责使命，切实当好服务实体经济的主力军和维护金融稳定的压舱石。一直以来，申万宏源利用“投资控股集团＋证券子公司”的双层架构优势，形成了独具特色的“研究＋投资＋投行”的综合金融服务模式，打造综合金融服务闭环，积极构建以资本市场业务为核心的金融服务全产业链。此次，申万宏源研究所编著的《上市公司价值成长之路》，正是从研究端通过多年积累形成的上市公司价值管理钻石模型，复盘了十余家上市公司价值成长之路，为如何更好地提升上市公司价值提供方法论和实操案例。此外，申万宏源还组建了价值管理专业咨询服务团队和实业家办公室，有专职上市公司及股东服务的团队，发挥申万宏源全牌照经营优势，为上市公司提供全生命周期的管家式价值管理服务，助力上市公司高质量发展，不断提升资本市场资源配置效率和回报投资者的能力。

申万宏源将一如既往地担负起新时代赋予证券行业的职责使命，提高上市公司质量，助力上市公司价值管理，为尽快实现金融强国战略目标贡献我们的力量！

序二

价值管理　行稳致远

周海晨

申万宏源证券有限公司　执委会成员

上海申银万国证券研究所有限公司　总经理

党的二十大对全面推进中国式现代化作出战略部署，中央金融工作会议上提出了加快建设金融强国的奋斗目标。2024 年 4 月 12 日，《国务院关于加强监管防范风险推动资本市场高质量发展的若干意见》（以下简称“新国九条”）正式发布，“新国九条”聚焦中国式现代化这个中心，锚定金融强国建设这一奋斗目标，从投资者保护、上市公司质量、行业机构发展、监管能力和治理体系建设等方面，勾画了一幅令人振奋、催人奋进的发展蓝图。政策导向上，聚焦提升上市公司投资价值，大力推动中长期资金入市，加强证券基金机构监管，强调部门协调和政策协同，支持新质生产力发展。这一切对进一步完善资本市场基础制度、优化资本市场投融资功能、促进上市公司高质量发展等方面具有重要意义。

申万宏源研究所自 1992 年创立以来，经历了中国证券市场跌宕起伏的风雨洗礼和考验，始终倡导“研究创造价值”，坚持独立、客观、专业的立场，提供以研究体系见长、长期稳定的专业研究服务，与资本市场共同成长。近年来，申万宏源研究所根据不同类客户的研究需求，也在持续推进业务转型，在投资研究基础上，于 2020 年成立政策研究室、2023 年正式揭牌产业研究院，形成了集“投资研究、产业研究、政策研究”三位一体的研究体系。

上市公司是资本市场的重要参与主体，科学规范的价值管理有助于上市公司的可持续性健康发展。秉持“培育百年研究咨询团队、服务中国金融市场大局”的理念，申万宏源研究所也始终注重上市公司内在价值研究和产业链研究，覆盖了千余家 A+H 上市公司的研究，经过 30 余年的积累和沉淀，系统建立了上市公司估值体系，聚焦行业和公司投资价值研究。

《上市公司价值成长之路》这本书，是申万宏源研究所基于上市公司估值体系建立的价值管理方法论，并优选了不同行业领域的优秀上市公司，从公司战略和内在经营维度剖析如何创造价值，从 4R 关系管理（股东关系管理、分析师关系管理、媒体关系管理、监管层关系管理）维度诠释如何价值营销，从产融结合的角度分析如何嫁接资本市场来实现上市公司价值，剖析上市公司成长路径。希望优秀企业的成功案例，能给上市公司高质量发展带来一些借鉴意义。

这本书的出版，对申万宏源研究所来说也是一个新起点！我们将不断加深对战略产业和未来产业的专业理解，提升对行业前景的判断能力，围绕产业发展阶段、公司商业模式、战略产业布局、科技研发规律等不同因素，持续加大对上市公司的价值研究，从价值创造、价值营销和价值管理曲线运用的维度，来遴选出更多具有价值成长能力的公司，以专业成就专业！

价值管理，行稳致远！也祝愿资本市场上诞生和涌出越来越多有持续价值创造能力的优质上市公司！

序三

研究助力价值提升　推动资本市场高质量发展

郑治国
上海申银万国证券研究所有限公司　董事长
申银万国投资有限公司　董事长

资本市场具有服务经济高质量发展的重要功能。2023 年的中央金融工作会议提出，要更好发挥资本市场枢纽功能、推动注册制走深走实；“新国九条”的发布进一步引领资本市场回归价值投资轨道。上市公司是资本市场的基石，是我国经济高质量发展的关键推动力。如今，资本市场愈加注重具有创值能力的上市公司，提高上市公司质量成为“提振信心、活跃市场”的重要举措。

当前，我国上市公司总体质量稳中求进，必将在新发展阶段展现新作为。作为资本市场“看门人”和“服务商”，持续助力上市公司质量提升是资本市场服务实体经济的宗旨和使命，也是证券公司应尽的责任与义务。为了推动建立中国特色估值体系、引导我国上市公司树立正确的价值管理理念从而实现高质量可持续发展，《上市公司价值成长之路》的出版可谓恰逢其时。书中，我们穿越中国资本市场 30 余年发展长河，按申万行业一级分类，选取大消费、高端制造、新能源新材料等几大重点行业中优秀的上市公司案例，看其如何一步步实现价值创造和价值成长，如何从几十亿元发展成为上千亿元的大市值公司；我们开创性地提出了“申万宏源价值管理钻石模型”，系统提出科学的价值管理方法论；我们注重案例研究，力求专业、客观地剖析上市公司价值成长过程。本书内容丰富，资料翔实，文字生动，充分体现了我国上市公司高质量发展征程中的孜孜探索与丰硕成果，相信读者定能从中有所获益。

作为业界的“黄埔军校”，自 1992 年成立以来，申万宏源研究所始终不忘证券研究初心，牢记金融服务使命，把服务实体经济、服务国家战略作为研究工作的出发点和落脚点，重点聚焦党和国家战略发展导向、具有新经济特征的重点研究领域，加大在新兴行业领域的研究布局，不断提高研究的专业性和前瞻性。近些年，更是坚持“以客户为中心”的发展理念，以价值管理为核心，注重上市公司的价值研究，协同控股公司为客户提供“研究 + 投资 + 投行”一站式综合金融服务，从而更好地服务国家战略、资本市场和行业发展。

希望本书能够为上市公司价值成长的探索创新作出一点贡献，也能对资本市场的高质量发展有所助益。申万宏源研究所也将始终履行服务国家战略、助力实体经济的职责使命，坚持上市公司专业和价值研究，初心如磐，为金融强国建设披荆斩棘！

是为序。

前言

做好价值管理　走可持续高质量发展之路

全面注册制意味着什么?

上市公司是资本市场的基石。中国上市公司质量很大程度上决定了我国资本市场的发展质量，也是中国经济发展质量的晴雨表。

真正意义上的注册制，本质上考验的是市场定价机制是否有效。过去，我们比较重视如何层层选拔出中国最优秀的企业到资本市场上通过发行上市实现证券化。这是由于我国资本市场是在计划经济体制转型中诞生的，在市场定价上难免会有计划经济体制的烙印，市场定价机制不够完善。一方面，因为市场专业投资者还不够多，企业发行上市供给太多担心会引发市场供需失衡；另一方面，从保护投资者利益的角度，担心大量散户投资者没有足够专业能力来判断上市公司真实内在价值，因此请中介机构尽责把关企业质量，找到满足发行条件的优秀企业后统一定价销售。市场的本质就是要给予商品买卖的自由，决定市场的主导机制是供需关系，买卖的达成取决于由供需关系决定的价格。因此，注册制下市场机制能否真正发挥作用，企业股权能否被真正合理定价是关键。在市场价格达成的过程中，所有的信息要公开透明，企业不能虚假披露，中介机构要当好“看门人”，不能帮着发行人虚假包装去欺骗投资者，投资者基于公开透明真实的信息去判断投资价值。买卖双方可以基于对企业质量的判断来讨价还价，能成交的价格就是买卖双方都能接受的价格，交易就达成了，这个过程就是一个市场定价的过程。为了让整个定价过程所涉及的企业信息公开透明真实，就要有相应有效的市场监督机制，为市场化定价保驾护航。

全面实施注册制，有利于我国多层次资本市场的发展。当全面注册制正式来临之后，处于不同生命周期的企业都有了越来越多可以通过多层次资本市场、采用多种方式实现证券化的机会。只要市场定价机制能真正充分发挥作用，那么符合上市条件的企业就应该被给予到资本市场申请上市的权利，定价交由市场来决定，质量太差的企业、定价不合理的企业发行上市失败都完全可能，这些都应尊重市场的选择。市场上不同生命周期、不同行业、不同经营特点的上市公司都有了，自然偏好不同类别企业股权投资的各类专业投资者也都会发展起来，投资机会和投资策略、配置策略可以变得多种多样，资本市场的投资吸引力就会提升，推动市场供需两端共同发展。当上市公司股权可以更清晰细分层次类别、分市场来买卖交易，多层次资本市场也就逐步建立发展起来了。

注册制的本质是从根本上进一步推进企业发行上市的市场化，让更多企业有机会通过资本市场实现证券化，从而也就提升了我国资本形成的能力。这时，资本市场的作用就要进阶了，不再简单地只是为证券化而服务、为提高直接融资比重而服务，而要成为上市公司不断做强做优做大的助力平台，为不断提升上市公司可持续高质量发展能力而服务，也同时为投资者赢得更长期投资机会和投资回报而服务，这才是中国资本市场高质量发展的更重要意义。

当上市公司数量超过 5000 家以后意味着什么?

当上市公司数量超过 5000 家以后，意味着投资者有了更多的选择，更注重通过对上市公司质量的判断来寻找投资价值。

判断上市公司质量，市值肯定是个最重要的直观指标，体现的是市场买家愿意为这个上市公司股权出的价格。所有上市公司的市值总规模也往往被用来衡量一国股票市场的发展质量。截至 2023 年 12 月 31 日，我国一共有 A 股上市公司 5335 家，总市值 83.73 万亿元，全球排名稳居第二，其中上海证券交易所总市值 51.88 万亿元、深圳证券交易所总市值 31.39 万亿元、北京证券交易所总市值

4496 亿元。[①] 这是中国资本市场发展 30 多年非常了不起的成就。

如果我们再深入分析一下中国上市公司市值结构数据，可以看到这 5335 家上市公司里，市值超 1000 亿元的仅 116 家，占比 2.17%；500 亿—1000 亿元之间的仅 126 家，占比 2.36%；100 亿—500 亿元之间的有 1235 家，占比 23.15%；50 亿—100 亿元之间的有 1352 家，占比 25.34%；20 亿—50 亿元之间的有 2146 家，占比 40.23%；20 亿元以下的有 360 家，占比 6.75%。不同的市值规模对投资人来说，意味着不同的股票流动性，尤其对于专业的大资金机构投资者来说，流动性是投资选择和风险管控中一个非常重要的考量维度。对于上市很多年但市值仍然低于 20 亿元的上市公司，如果还常年业绩不理想，往往就会伴随成交量低的特征，市场难找买家，在股权结构里也很难看到机构投资人的身影，容易被市场视为“仙股”；对于市值常年低于 50 亿元的上市公司，意味着很多证券公司的分析师会不太有兴趣去研究覆盖，甚至有不少证券研究所把 50 亿元市值规模列为是否研究覆盖的一个参考标准，也同样是从流动性角度考虑，日均市值不低于人民币 50 亿元的上市公司才有资格被纳入沪深港通标的，[②] 才会有更多海外资金来投资配置的机会；对于常年市值低于 100 亿元的上市公司，能获得市场主流机构投资者投资配置的机会会大大减少，因为 100 亿元以上市值才能满足很多专业机构投资人的流动性风险管理要求，这往往也是很多重要指数成分股选择的一个门槛标准，能够纳入重要指数也就意味着将有大量被动投资策略的机构资金会自动配置这些成分股；500 亿元市值又是一个重要门槛，通常 500 亿元以上的上市公司会被市场称为大市值公司，会有更多机会成为大资金、大机构的核心资产，被长期持有；能超越 1000 亿元市值的上市公司，往往聚集了更多的产业龙头、中国最优秀上市公司的代表，获得中长期资金长期配置的机会更大。

在 2005 年股权分置改革前，有 63% 的股本占比、近 70% 的市值占比的股权是不能流通的，这些不能流通的股权里国有股（包括国家股和国有法人股）占比高

① 统计时间为 2023 年 12 月 31 日，数据不可回测。

② 《上海证券交易所沪港通业务实施办法（2023 年修订）》和《深圳证券交易所深港通业务实施办法（2023 年修订）》第 17 条均规定，能调入沪股通股票或深股通股票须满足“日均市值不低于人民币 50 亿元”的条件。

达 77.92%。这些股东因股权不能流通、国资也并不考核，所以对上市公司的市值关注度不高，甚至有的上市公司只在有再融资需求的时候才特别关心自己公司的股价表现。全流通后，尤其是党的十八大以来全面推进的国资改革，逐步深刻地改变了大家对市值的认识：一是推进国资监管从“管人、管事、管资产”到“管资本”转变，设立国有资本投资公司和国有资本运营公司来作为国有资本出资人代表在授权范围内履行管企业职责，而国资监管的重点从关注企业个体发展转向更加注重国有资本整体功能，包括优化国有资本布局、促进国有资本流动、实现国有资本保值增值、从国有资本的总价值量角度推动国有经济不断发展壮大，而资本市场理所当然地成为促进国有资本流动和保值增值的最佳平台，国有资本的市场价值因而开始得到更多关注；二是推进混合所有制改革试点、鼓励开展员工持股，持股的骨干员工既是员工也是股东，将自身的利益与企业的价值增长紧紧捆绑在一起，经营层关心市值了，资本市场对改善上市公司公司治理也开始起到更积极的作用；三是国企改革全面推进国企瘦身健体、提质增效，重点要求聚焦主责主业、提升核心竞争力，央企更要加快建设成为世界一流企业，需要通过重组并购加快专业化整合、通过横向并购扩大全球份额、通过纵向并购实现产业链强链、补链、延链，而资本市场在各类并购中发挥着交易定价的重要作用，从而推动着资源优化配置。这恰恰也是资本市场可以赋能企业更好做强做优做大的功能所在。

2023 年 2 月，中国证监会召开 2023 年系统工作会议指出，要推动提升估值定价科学性、有效性，深刻把握我国的产业发展特征、体制机制特色、上市公司可持续发展能力等因素，推动各相关方加强研究和成果运用，逐步完善适应不同类型企业的估值定价逻辑和具有中国特色的估值体系，更好发挥资本市场的资源配置功能。央企上市公司作为中国资本市场基石的基石，其总资产占所有上市公司总资产的 60%、净利润的 50%、营业收入的 40%，但市值仅占 30% 左右；即使剔除金融和“三桶油”，剩下的央企上市公司总资产、营业收入和净利润占所有上市公司的 30% 左右，而市值也仅占 20% 左右。① 这说明央企上市公司的价值还没有得到市场的充分认可。2024 年 1 月 29 日，国务院国资委召开中央企业、地

① 按 2023 年底数据计算。

方国资委考核分配工作会议。会上，国务院国资委表示，在前期试点探索、积累经验的基础上，将全面推开上市公司市值管理考核。如何用好资本市场使上市公司发展壮大，又如何让市场更充分认可上市公司自身的价值，已成为上上下下都开始非常关心的话题，这是中国资本市场发展的一个重要进步。

到底什么样的上市公司会被认为是优秀的上市公司?

申万宏源研究所创建于 1992 年，在我国资本市场上率先创建了适合中国国情的价值评估方法论。科学价值评估方法的普及是资本市场成熟的标志之一，因此申万宏源研究所成立 30 多年来，一直不遗余力地在为普及和推广科学价值评估方法论而努力。价值评估，估的并不是市场价格，而是上市公司股权的内在价值。任何资产的价值都取决于其能在未来带来的收益，但未来总有不确定性，即是有风险的，因此投资者总会要求投资收益能补偿其面临的风险。价值评估就是对这种资产未来收益和面临风险的一种权衡。

那么基于价值评估方法论，什么样的上市公司才会被分析师和专业投资者认为是有投资价值的优秀上市公司呢？巴菲特有一句名言："人生就像滚雪球，重要的是找到很湿的雪和很长的坡。"后来大家总结为"长坡厚雪"，把这个作为评判是不是个好投资标的公司的要求。所谓"长坡"，指的是企业所处的行业要具备广阔发展空间，市场容量足够大；而"厚雪"则是指企业有一定的核心竞争力使其有足够强的盈利能力。只有具备广阔发展空间、盈利能力强的企业才能让投资者实现财富滚雪球。这两方面的确是作为一家优秀上市公司的重要特征。

那到底哪些行业会诞生大市值公司呢？我们统计了全球市值排名前 50 的上市公司，行业主要集中在以下 7 个领域：信息技术、可选消费品、通信服务、能源、医疗保健、日常消费品、金融。我们也统计了中国 A 股市值排名前 50 的上市公司，行业主要集中在以下 10 个领域：银行、大消费、能源与材料、非银金融、通信、电子与计算机、电力设备、汽车、交通运输、建筑装饰。目前，从政策导向上，的确期望引导我国资本市场可以更优先为科技创新而服务，所以现在似乎形成了一种概念，觉得行业一定要够“高、精、尖”、够“黑、硬、核”才是好行业。以上市值排名领先的行业领域告诉我们，只要是有足够大市场发展空间的行业，一样可能是个好行业。

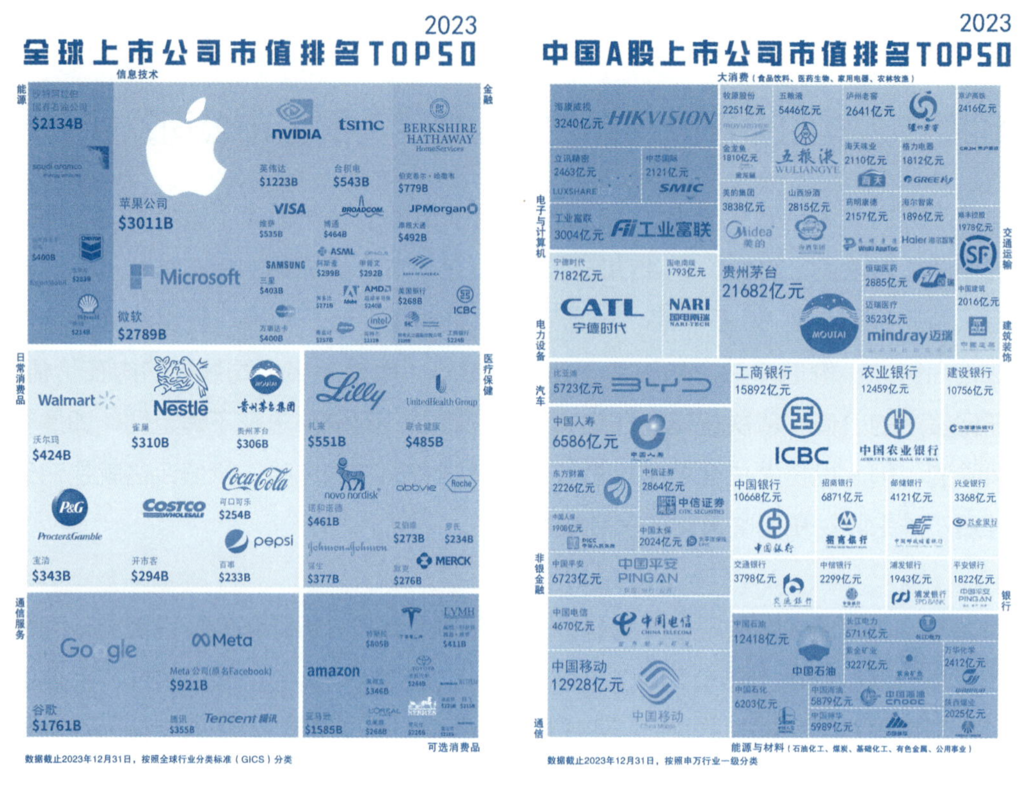

前言图 1　全球市值 TOP50 与中国市值 TOP50

然而，处在一个好行业的公司未必就一定是个好公司。我们更看重企业是否有好的盈利能力，但这个盈利能力并不是简单地看营业收入和利润等指标，我们更看重企业真实的发展质量及其背后的核心竞争力。

决定企业发展质量的，首先是企业的商业模式。杜邦分析法告诉我们，任何一家企业的商业模式无非两种：一种是依靠品牌、行业地位等能赚销售利润率的商业模式；另一种则是依靠极强成本、运营与渠道等能力能赚资产周转率的商业模式，也就是人们通常所说的“薄利多销”。两种商业模式没有孰优孰劣之分，能做到极致的都是非常伟大的企业。如果一家企业无论在销售利润率还是在资产周转率上都表现并不突出，那么其商业模式的竞争力也就需要打个问号了。

其次，是企业的创值能力。我们通常用 ROIC/WACC 这个指标来衡量一个企业创造价值的能力，ROIC 是投资资本回报率，WACC 是加权平均资本成本。当投资资本回报率（ROIC）大于加权平均资本成本（WACC）时，即 ROIC/WACC>1，且净利润增速 >0，才说明企业是在创造价值，企业的增长才真正有意义。我们每年持续统计中国全 A 股市场上市公司这一指标的变化。2004—2023 年这 20 年间，每年连续保持具备创值能力的上市公司最高纪录保持者是贵州茅台，已连续 20 年 ROIC/WACC>1；具有 15 年及以上创值能力的上市公司共有 5 家，分别是贵州茅台、云南白药、格力电器、双汇发展和恒瑞医药，仅占已上市 15 年及以上上市公司数量的 0.34%；具有 10 年及以上创值能力的上市公司共有 45 家，仅占已上市 10 年及以上上市公司数量的 1.98%；具有 5 年及以上创值能力的上市公司共 754 家，占已上市 5 年及以上上市公司数量的 22.52%；没有任何一年具备创值能力的上市公司共有 984 家，占所有上市公司数量的 18.87%。这说明我国要大力发展中长期机构投资者的一个重要前提是，要推动更多中国上市公司具备长期可持续的创值能力，才能让中国资本市场更具备长期可投资的价值。

最后，是企业的自由现金流创造力。自由现金流量（FCF），是指企业所创造的经营活动净现金流量在满足自身投资所需现金之后，在不影响公司持续发展的前提下还可供向资本提供者自由分配的现金流量。有自由现金流创造力的企业才是真正高质量发展的企业，而那些主要依靠筹资活动所得现金去支付利息和给股东分红的，多半就有“庞氏”嫌疑了。2023 年 1 月 5 日国务院国资委召开的中央企业负责人会议，将央企经营指标体系由“两利四率”调整为“一利五率”，其中新增了“营业现金比率（营业收入经营活动现金流量比率）”，正式开启了国资对企业现金流量创造的相关考核，这是一大历史性的进步。

我们在对上市公司做估值模型的时候，无论是用永续增长模型、两阶段增长模型，还是三阶段增长模型，其实都有个基本假设，就是假设企业像个“永动机”会永续经营，但这个假设其实大部分企业未必能做到。所以既要看企业的发展质量，又要看其可持续发展能力，并将其纳入价值评估框架。

从考察可持续发展能力角度，我们一是会重点关注企业是否有核心竞争力，即一家公司在市场竞争中形成差异化的、能持续保持领先竞争优势的能力，或者简单地说，就是企业相较其他竞争对手的“护城河”有多高。作为世界工厂的中国，可能 70% 以上的制造类企业会把成本竞争力作为最主要的竞争手段；对于消费类企业，则更看重产品力、品牌力和渠道力；对于科技类企业，技术会成为竞争壁垒的核心。

二是会重点关注企业“变”的能力，是否能根据政策环境变化、市场环境变化、技术创新变化、竞争格局变化、客户需求变化等以变应变，有快速且准确的调整能力，保持动态的领先竞争优势。因此，好的企业会居安思危，把第一增长曲线做成功后，会提前战略布局第二增长曲线，甚至第三增长曲线。

三是会重点关注企业的 ESG，即 Environmental（环境）、Social（社会）和 Governance（治理），是一种关注企业环境、社会、公司治理绩效的企业评价标准。环境是指考虑企业对生态环境的影响，社会是指考虑企业履行社会责任的情况对社会的影响，治理是指考虑企业的公司治理体系与治理能力。环境和社会是鼓励体现正外部性的内容，如果一个企业每年赚大把钱，但这个钱赚得伤天害理，那么这样的企业肯定是难以持续发展的，所以我们判断一个企业，光看盈利能力而不看其对环境和社会的影响显然会有失偏颇。在正外部性方面，往往国有企业会更重视，但相对可能牺牲部分内部性效益，所以中国特色估值体系理应给予平衡考虑。公司治理体系与治理能力是体现企业现代化管理的内容。治理体系的现代化包括以下两个层面：从治理结构层面，是指企业从法理上所确定的公司所有权与经营权的分离模式，以及确保该模式正常有效运转所形成的治理体系；从运营结构层面，是指企业在业务经营与管理过程中所构建的业务运转体系与职能支撑体系。治理体系是基本制度，但“治理体系”本身不一定保证有效的治理能力，所以企业家精神、企业文化都是治理能力中重要的组成部分。党的十八大以来推进的深化国资改革，其中很重要的一个改革内容就是推进国有企业全面建立现代企业制度，通过设立国有资本投资公司、国有资本运营公司两类公司来成为政府与国企市场化主体之间的夹层，由两类公司履行国有资本出资人代表的职责，通过完善授权管理来解决政企不分的老问题，国资管理部门从原来“管人、管事、管资产”转变为“管资本”，而两类公司作为积极股东从参与公司治理的角度履行股东管理职责。在国企经营层面，推进职业经理人制度，通过国企三项制度改革来实现“管理人员能上能下、员工能进能出、收入能增能减”，通过混合所有制改革和企业员工持股来激发活力。这些改革都将深层次改变国有企业治理现状。同时，越来越多中国民营上市公司到了要开始代际传承的发展阶段，因此不少民营上市公司也都在通过探索混合所有制改革、职业经理人制度等来摆脱传统家族企业发展模式，用现代企业治理模式来解决代际传承问题，从而找寻可持续发展的道路。因此，上市公司治理体系和治理能力的变革是当前中国资本市场正在不断发生的重要变化，也是构成上市公司能否实现可持续发展的一个重要变量。

优秀的上市公司除了具备以上特征外，对投资者回报是否重视也是投资者非常关心的重要维度。上市公司的分红政策往往被作为判断上市公司是否具有投资价值的重要参照，不仅代表着上市公司现在的盈利能力，也代表着上市公司未来的发展前景。上市公司大方的分红能让投资者对上市公司的现金流与未来的经营水平报以更大的信心。在成熟市场国家，现金分红通常是最主要的红利支付方式。美国上市公司的现金红利占公司净收入的比例在 20 世纪 70 年代约为 30%—40%；到 80 年代，提高到 40%—50%；到 21 世纪前 10 年，不少美国上市公司税后利润的 50%—70% 用于支付红利。而且，美国上市公司分红不是以半年或一年为周期，而是以一个季度为周期，很多投资者进入股市的主要目的就是获取分红，甚至把分红比做“第二储蓄”。“按季分红”的分红目标与分红政策几乎是既定的、一贯的，也是透明的。因此，投资者很容易了解各家上市公司每年、每季度的分红水平，从而作出长远投资打算。友好和大方的分红政策会显著提升上市公司的投资吸引力，也会更好赢得市场的投资估值溢价。

总之，一家上市公司希望获得投资者的青睐，就一定要给市场一个买你的理由。

价值管理有没有方法论?

原来资本市场讨论比较多的概念叫“市值管理”，结果到底什么叫“市值管理”还没搞清楚，就演变为违规操纵股价的代名词。从字面意思上看，“市值管理”的对象是“市场价值”，而市场价值是由市场供需关系决定的，是完全市场化定价的结果，不但无法管理，而且应该对其敬畏。所以我们提倡上市公司要做“价值管理”，一字之差意义不同。“价值管理”是我们可以通过自身努力来更好创造内在价值，从而实现价值成长；通过价值营销来减少市场的信息不对称，让市场价值来更合理地反映上市公司内在价值。这才是实现上市公司价值成长的正道!

上市公司开展价值管理的意义重大。一是价值管理有助于上市公司可持续发展。市场价值大小反映上市公司的规模和能力，是衡量上市公司实力及地位的重要标志，是决定上市公司融资成本和融资能力的关键因素，影响着上市公司收购扩张的成败，同时也成为考核管理层的指标。二是价值管理成为新一轮国资国企改革的重要核心。价值管理对国有资本的管理由实物形态过渡到价值形态，充分利用资本市场提升国有企业资产证券化率、实现国有资本的价值创造是改革重点之一，利用资本市场进一步深化混合所有制改革是重要的突破口。三是价值管理有利于资本市场更好地发挥枢纽作用。价值管理使上市公司发展的目标从“利润最大化”向“价值最大化”过渡，促进上市公司优化公司治理、切实增强竞争力，减少市场信息不对称、提高资本市场投融资效率，树立上市公司持续回报股东的理念、提升可持续发展能力，有利于资本市场树立价值投资理念，引导中长期机构投资者发展。

申万宏源研究所从 2020 年开始在理论与实践基础上探究和总结价值管理的方法论，并在行业内创建了“申万宏源价值管理钻石模型”。该模型的重要理论基础就是价值评估方法论，当然信息不对称理论和有效市场理论也佐证了公司价值营销的重要性和必要性。“申万宏源价值管理钻石模型”包括价值创造、价值营销、价值曲线和价值优化四个重要组成部分：

——价值创造是价值管理的基础。上市公司明确战略定位，根据战略规划设计产业结构布局，明确且不断优化价值创造模式，助力企业提升内在价值。

——价值营销是价值信息的传递。价值营销向 4R 管理转型，包括投资者关系管理（IR）、分析师关系管理（AR）、媒体关系管理（MR）、监管层关系维护（RR）。价值营销打破公司内在价值和公司市场价值之间的“柏林墙”，通过提升信息披露质量，进行 4R 关系管理，有效降低资本市场与上市公司之间的信息不对称，让资本市场的价格更加准确反映公司内在价值。

——价值曲线是价值管理的实现。上市公司合理运用价值管理曲线，在不同的市场环境下合理利用资本市场各种金融工具进行资本运作，实现公司价值最大化。当市场处于牛市阶段时，上市公司可以开展增发、配股、并购、发行股份购买资产、公司分拆上市、减持股份等价值运作方式；当市场处于熊市阶段时，上市公司可以开展战略转型、股份回购、增持、股权激励等价值运作方式。

——价值优化是价值实现的保障。价值优化包括公司治理优化、考核激励优化、人才队伍优化等体制机制的推进，进一步提升价值创造动力、提升价值创造效率。

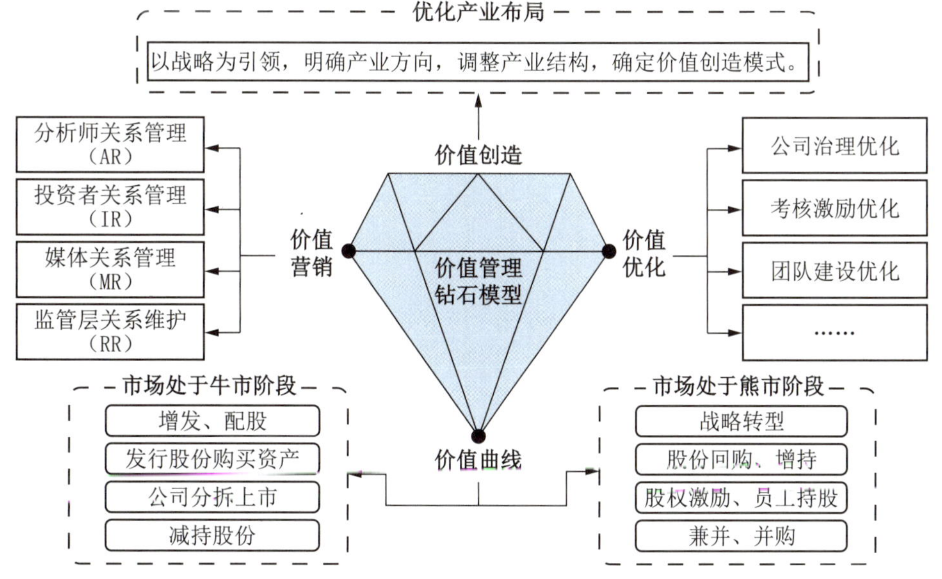

前言图 2　申万宏源价值管理钻石模型

为更好地传播上市公司价值管理的理念与方法论，我们穿越中国资本市场30多年发展长河，按申万行业一级分类，选取大消费、高端制造、新能源新材料等几大重点行业中优秀的上市公司案例，看其如何一步步实现价值创造和价值成长，如何从几十亿发展成为上千亿的大市值公司？从方法论到一个个生动案例，相信读者可以更直观理解上市公司价值管理意义、感受上市公司价值管理过程、总结上市公司价值管理成功经验。

金融与资本市场似乎是神秘难懂的，估值与价值管理也似乎是专业深奥的，我们希望用相对浅显易懂的表达方式，用讲故事似的叙述语言，让更多的企业家、上市公司股东来了解与重视价值管理，理解与实践价值管理的方法论。本书是在申万宏源研究所产业研究团队共同努力下形成的一份成果，以期为更多中国上市公司做强做优做大提供有益的借鉴和帮助。

蒋健蓉

2024年5月于上海

上市公司价值成长之路

01 大消费

海天味业[①]：

百年守望筑基业，“酱”心独运绽芳华

在中国人的餐桌上，酱油一定是不可或缺的调味品之一，海天酱油更是万千家庭耳熟能详的“中华老字号”酱油品牌。回望海天味业成长的百年征程，从传统古酱园到如今的“中国调味品第一股”，此中既有海天对传统酿造工艺的苦心坚守，又有不断创造市场需求、引领消费升级的产品创新；既有凭借深厚文化底蕴的品牌故事，又有不断与时俱进的品牌战略创新；既有始终保持高于行业 ROE 水平的盈利能力，又有不断深化布局的资本运作能力，在风云变幻的市场中稳健前行，持续创造价值，并在资本市场上大放异彩。

一、百年基业：从传统古酱园到明星上市公司

岁月沉淀成底蕴，基业长青如霞红。回首来时路，海天的百年历史犹如一本厚重的图书，泛黄的书页记载着创业者的智慧、技术的演进和变革的艰辛。

（一）初创期（清代中叶—20 世纪 70 年代）：老树发新芽，古老酱园变现代厂房

300 多年前，佛山是岭南的商业重镇，彼时佛山酿造酱油的古法技术已然初步成型。清乾隆年间，佛山第一家酱坊茂隆酱园开业，随后以酱油为主的调味作坊纷纷涌现，佛山酱油从此声名鹊起。清末，佛山已有余同和、余奇新等九家大型酱园，调味作坊逾百家。民国时，零售酱油店遍布佛山全市。[②]

① 海天味业：全称佛山市海天调味食品股份有限公司，股票代码 603288。

② 参见朱千华：《佛山古法酱油　阳光、夜露与大豆调和的人间滋味》，载《中国国家地理》2019 年第 5 期。

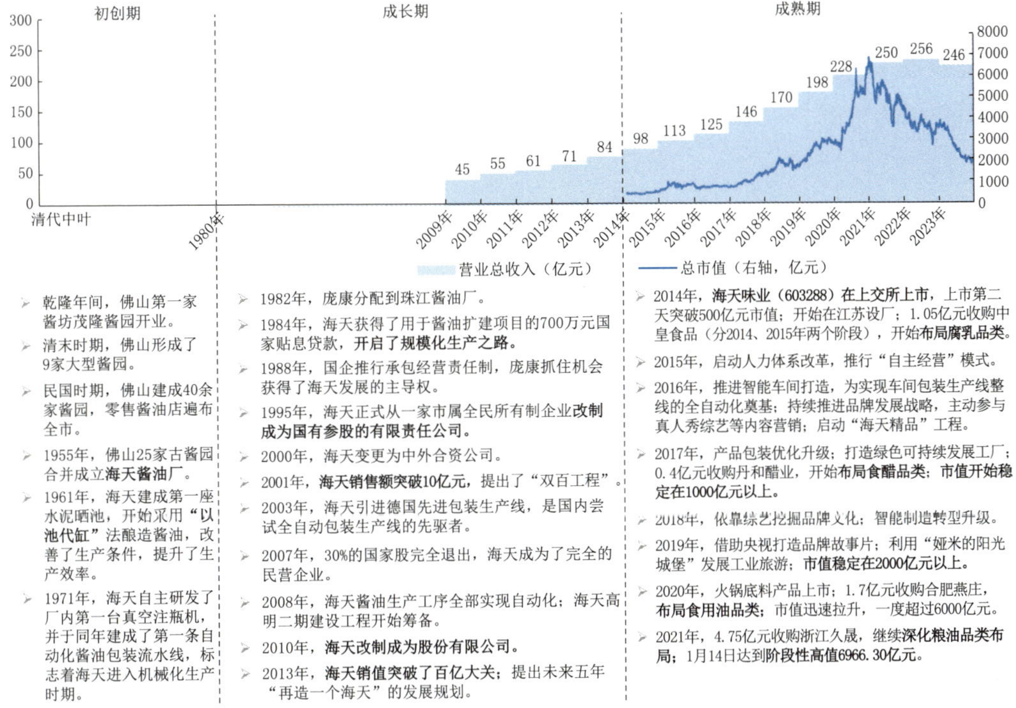

图 1　海天味业的市场价值成长之路

资料来源：海天味业官网，海天味业招股说明书，海天味业年报，万得，申万宏源研究。

1955 年，佛山 25 家实力卓著的古酱园合并重组。“海天（古）酱园”是当时 25 家酱园中历史最久、规模最大、品类最多、影响最广的一家老字号酱园，因此重组后的酱油厂被命名为“海天酱油厂”。①

20 世纪 60 年代，海天开始对传统酱油进行技术改造。采用古法酿造的酱油，无法保证其品质的一致性，且存在卫生安全隐患。为加以改进，海天于 1961 年建成了第一座水泥晒池，改革性地“以池代缸”发酵酿制酱油，极大地改善了生产条件，提高了生产效率。“以池代缸”的酿造方法是海天对国内酱油生产的一大贡献。

20 世纪 70 年代，海天进入机械化生产时期。1971 年，海天自主研发了厂内第

① 《佛山人的“儿时味道”必定有它丨最忆老字号⑥》，禅城发布，2022 年 6 月 7 日。

一台真空注瓶机，并于同年建成了第一条自动化酱油包装流水线。这不仅可以提升包装效率，还可以在瓶装酱油的外包装上打上自己的标签，这就是“海天”品牌和商标的雏形。

（二）成长期（20 世纪 80 时代—2013 年）：改革注生机，多次改制走康庄大道

表 1　海天历史上重要的四次股权变革

序号	时　间	事　件	变化后的主体	变化后的股权结构
1	1995 年 8 月	由全民所有制企业改制成为有限责任公司	佛山海天调味食品有限公司	国家股占 30%，企业职工股占 70%。
2	2000 年 4 月	变更为中外合资公司	佛山市海天调味食品有限公司（简称“海天有限”）	海天集团持股 70%，香港裕鹏持股 30%。
3	2007 年 4 月	国有性质股权完全退出，海天有限成为完全的民营企业	海天有限	海天集团通过直接和间接方式持有海天有限 100% 股权。
4	2010 年 11 月	海天有限改制成为股份公司	佛山市海天调味食品股份有限公司（简称“海天股份”）	海天集团通过直接和间接方式持有海天股份 100% 股权。

资料来源：海天味业招股说明书，申万宏源研究。

庞康与海天的邂逅，开启了海天新一段的传奇故事。1982 年，26 岁的庞康从南京师范学院毕业后被分配到了珠江酱油厂担任一名普通技术员。在基层的工作当中，庞康扎实求稳，技术不断进步，并逐渐形成对酱油厂管理经营的独到见解。当时的调味品行业流行口味精进，然而即便生产的酱油和蚝油味道再好，受限于产能不足，也无法满足巨大的消费市场。于是庞康逐渐意识到，规模化生产是海天发展的关键所在。1984 年，在庞康的力争之下，海天获得了用于酱油扩建项目的 700 万元国家贴息贷款，开启了规模化生产之路。1988 年，全民所有制工业企业推行承包经营责任制，推动企业在社会主义全民所有制的基础上自主经营、自负盈亏。这一年，庞康抓住工厂改制的机会获得了海天发展的主导权。进

图 2 海天第一条全自动包装生产线
资料来源：海天味业官网，申万宏源研究。

图 3 海天高明生产基地一期阳光晒场
资料来源：海天味业官网，申万宏源研究。

入 20 世纪 90 年代，庞康作出了一个重大决定：要将酱油规模化生产的思路贯彻到底，于是他斥资 3000 万元从德国引进了年产 2000 吨的生产线。① 成本的投入带来了效率的提升，在当时的酱油业开创了大规模卫生生产的先河，奠定了海天第一次腾飞的基础。

1995 年，海天正式从一家市属全民所有制企业改制成为国有参股的有限责任公司，国家股占比为 30%，企业职工股占 70%。这次改制是企业从计划经济向市场经济过渡过程中的一次重要举措，海天由此向产权明晰、权责分明、政企分离、科学管理的现代化企业迈进。

迈入 21 世纪的前 10 年，追求自动化提质增效是海天经营的主旋律。2001 年，海天销售额突破 10 亿元。但这一成功没有让庞康骄傲自满，他清醒地认识到只靠规模是难以长期取胜的，还需要提高生产效率，方能行稳致远。于是，他提出了“双百工程”（即“百亿销值，百万吨产量”）规划蓝图，拟将其打造成为海天实现跨越式腾飞的坚实平台。2003 年，海天引进德国先进包装生产线，是国内尝试全自动包装生产线的先驱者，包装生产效率得到了质的飞跃。2005 年，年产量超 100 万吨的海天高明生产基地一期工程建成，海天的产能稳步提升。2008 年，庞康又斥资 10 亿元引进了 10 条德国自动化生产线，80 万平方米的阳光晒

① 《酱油教父与他的超级生意》，格隆汇，2022 年 10 月 17 日。

池群也开始投入使用。[①] 至此，海天酱油生产工序全部实现了自动化，这一时期的主旋律圆满落幕。

2007 年，30% 的国家股完全退出，海天成为完全的民营企业；2010 年，海天改制成为股份有限公司。庞康始终坚信改革是发展的动力，海天连年攀升的业绩也证明，他对改革创新的坚持是正确的。

2013 年，海天销值突破了百亿元大关。而这距离 2001 年海天销值突破 10 亿元的上一个关口，才刚过去 12 年。于是，庞康提出五年之内“再造一个海天”的发展规划，即到 2018 年达到 200 亿元销值。同时，庞康也开始扬起了海天继续远行的风帆，这一次他的目标是 A 股的星辰大海。

（三）成熟期（2014 年至今）：积极入股市，奋楫扬帆启乘风之路

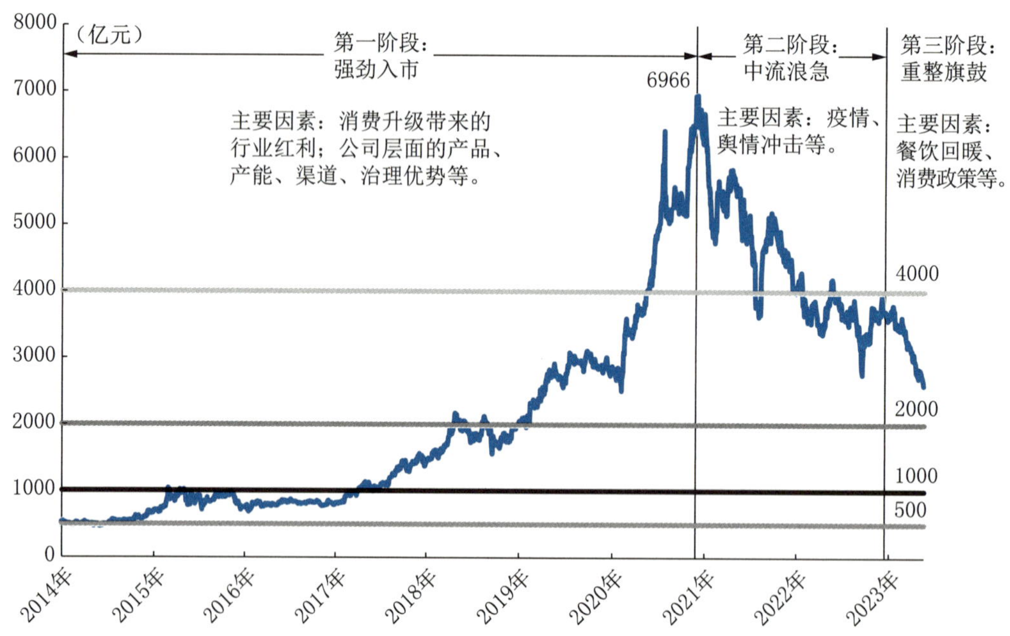

图 4　海天味业上市至今的总市值变化

资料来源：万得，申万宏源研究。

① 参见林千木：《庞康：靠打酱油打出百亿财富》，载《人才资源开发》2018 年第 15 期。

强势入市，业绩与市值齐飞（2014—2021 年）

2014 年 2 月 11 日，海天成功登陆 A 股，发行价 51.25 元 / 股，上市当天股价上涨 29.58%，一度触发临时停牌，当日市值便达到 497 亿元，上市第二天市值就超过了 500 亿元，而后长期稳定在 500 亿元市值左右。成功上市为海天的进一步扩张与并购提供资金基础，上市募集资金用于海天高明 150 万吨酱油调味品扩建项目。

自此之后，海天业绩连年攀高，市值不断上升。2015—2017 年，海天先后启动人力体系改革，推进智能车间改造，强化品牌发展战略，启动“海天精品”工程，优化升级产品包装，打造绿色可持续发展工厂……一系列举措筑牢了海天业绩的基本盘。2017 年开始，海天味业市值已稳定在 1000 亿元以上。2018 年是海天“二五计划”、“再造一个海天”的收关之年，这一年海天依靠综艺节目深度挖掘品牌文化，谋求智能制造转型升级。2019 年，海天借力央视打造品牌故事

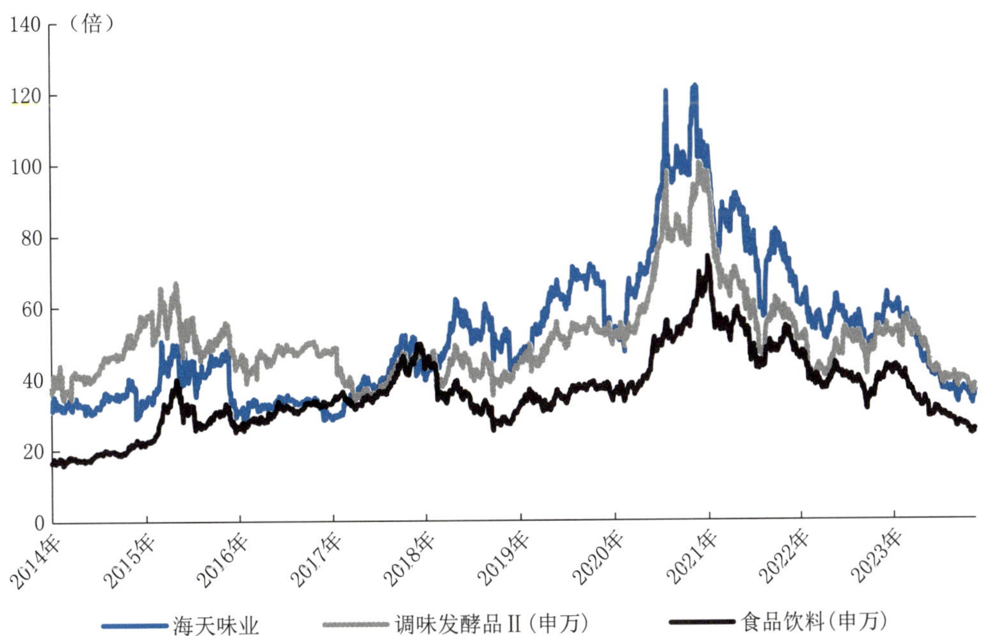

图 5　海天味业上市至 2023 年末的市盈率波动及对比

资料来源：万得，申万宏源研究。

片，并创造性地搭建“娅米的阳光城堡”发展工业旅游，海天市值开始稳定在2000亿元以上，并于当年提出了“三五计划”，计划再次释放100万吨以上的调味品生产能力，自此海天的市值开始快速增长。2020年，海天市值突破6000亿元。在2021年1月股价达到阶段性高点152.14元/股，市值一度接近7000亿元，海天在当时被称为“酱油茅”。

海天的发展动力强劲，基本盘稳固，得到了资本市场的认可。回顾过去近10年，A股经历几番起伏，海天的历史市盈率集中在40倍至60倍之间波动。2018年至2023年，海天味业的市盈率水平长期高于申万食品饮料行业及申万调味发酵品行业II。

中流浪急，业绩和市值受挫（2021—2022年）

2021年，海天开始面临渠道层面的压力。受疫情影响，海天主要布局的线下餐饮渠道遭受冲击，同时以网络直播、社区团购为代表的新渠道带来低价竞争及客源流失问题。

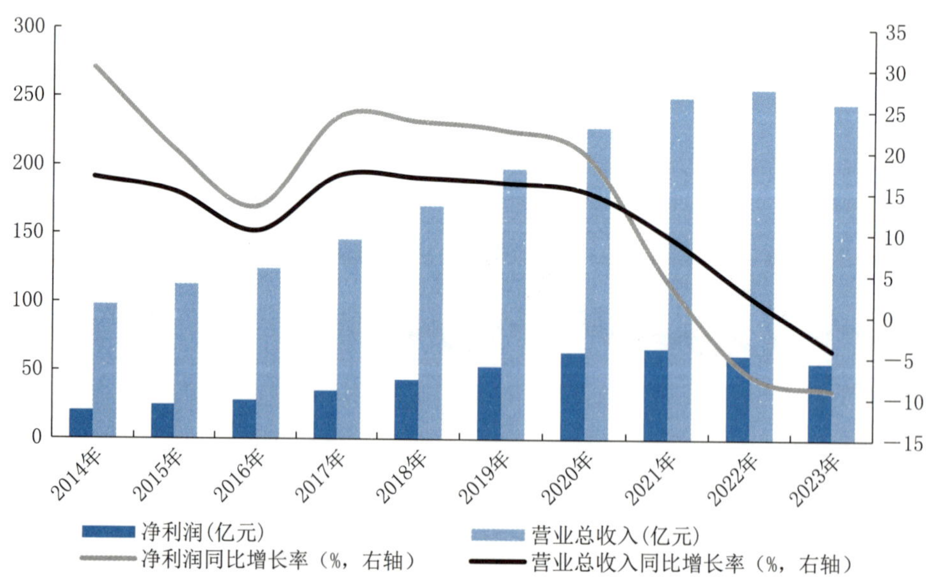

图6　海天味业营收和净利润情况

资料来源：海天味业年度报告及半年度报告，申万宏源研究。

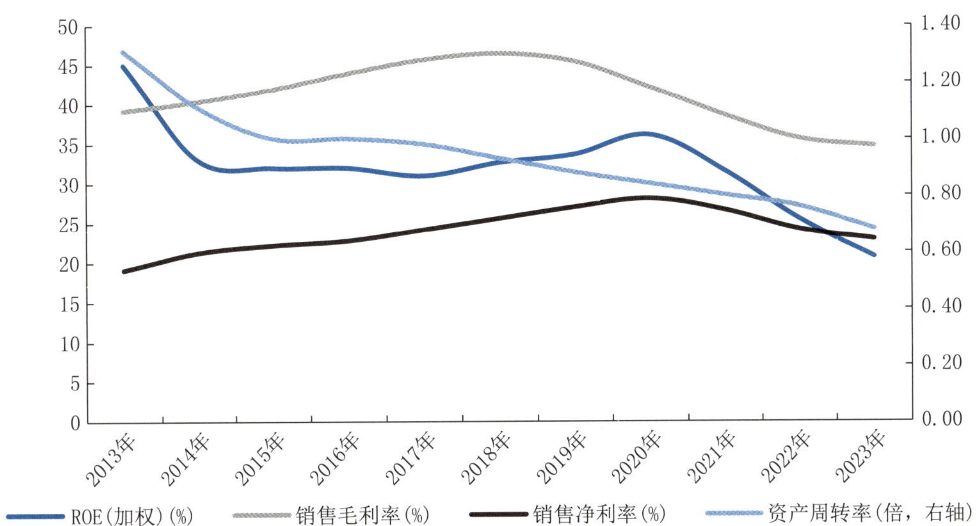

图 7　海天味业 ROE、毛利率、净利率、资产周转率情况

资料来源：海天味业年度报告及半年度报告，申万宏源研究。

2022 年，是海天直面多维挑战、砥砺爬坡的一年。2022 年上半年开始，海天的原材料成本压力不断叠加。原材料是海天成本中最重要的一环，根据国家统计局数据，2022 年我国小麦价格为近 10 年以来的最高位，且大豆价格也居高不下，成本上升对海天的利润带来影响。2022 年下半年，海天又面临前所未有的舆情冲击压力。多重因素的冲击之下，2022 年海天的净利润水平出现了自上市以来的首次下降，且 2023 年仍持续下降趋势。

优势犹存，重整旗鼓稳增长（2023 年至今）

虽然海天面临着中流浪急的考验，但在竞争格局上仍然是调味品市场的龙头，业绩增速高于行业平均。海天的主要下游市场是 B 端餐饮行业，2023 年以来餐饮行业迎来复苏，海天的业绩转好未来可期。与同行业对比来看，海天味业近年来的公司业绩在行业中处于领先水平。

放眼未来，海天如何利用第二增长曲线讲好发展的新故事，成为破局的关键。一是拓展产品矩阵，实现产品多元化布局。2023 年上半年，在三大核心产品收入均下滑的情况下，海天的其他产品仍实现了 12.19% 的增速，说明海天近年来的产品多元化布局策略初见成效。二是核心产品稳中求变，高端化寻求突破。在成本压力的驱动下，推动酱油等核心产品的高端化发展，也是海天提升利润水平的重要手段。

二、鸿业远图：打造核心竞争力，绘尽酱香烟火色

海天的辉煌里程绝非一蹴而就，绚烂酱香烟火色的背后是多年的苦心经营与谋划。

（一）价值创造：四大发力点，涂抹海天深厚底色

行业：一超多强格局，高端化健康化

从行业规模来看，酱油是我国规模最大的单一调味品，行业前景向好且稳健增长。酱油作为中华民族传统调味品，具备高渗透率、使用场景丰富、使用量大等多重优势。

从竞争格局来看，目前我国调味品行业竞争格局呈现“一超多强”态势。根据欧睿及前瞻产业研究院数据，从零售额口径来看，2022 年海天味业在我国调味品

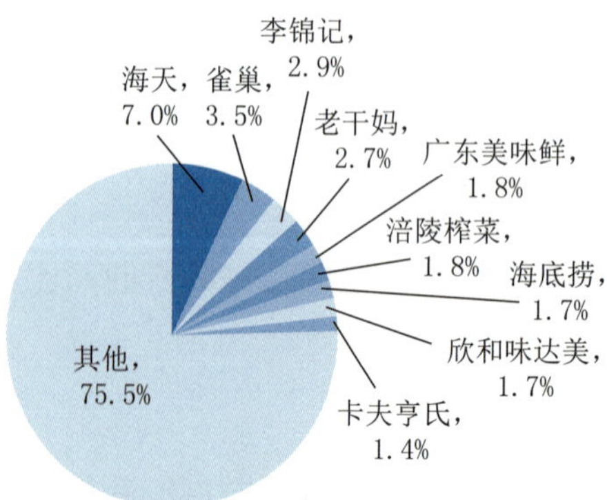

图 8　2022 年我国调味品行业竞争格局（零售额口径）

资料来源：欧睿，前瞻产业研究院，申万宏源研究。

行业的市场占有率约为 7%，我国调味品行业市占率前三的企业合计占有率约为 13.4%，行业整体集中度仍有上升空间。

从行业发展趋势来看，未来中国酱油产业将沿着高端化、健康化的路径升级是大势所趋。我国城镇化率、老龄化率及人均可支配收入不断提升，酱油健康化发展趋势显著加速；同时考虑到健康升级酱油的单价高于普通产品，因此高端酱油细分赛道景气度将持续提升。

图 9　海天味业占中国调味品市场份额变化

资料来源：欧睿，申万宏源研究。

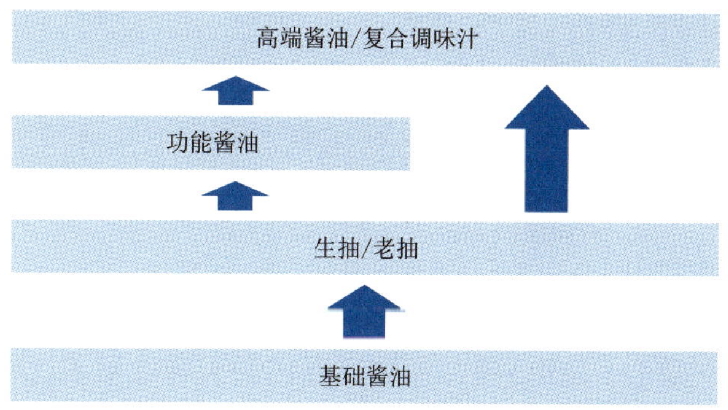

图 10　酱油升级的主要路径

资料来源：申万宏源研究。

产品：基于酱油主业，拓展产品矩阵

经过多年的沉淀与发展，海天味业基本形成了以三大传统核心产品为支撑，不断拓展创新品类的产品矩阵。三大核心产品是指酱油、蚝油和酱料，其中又以酱油为绝对核心。在产品策略上，海天不仅是在满足市场需求，更是在不断创造市场需求、引领消费升级。老百姓从原来打酱油到买品牌酱油，从厨房里原来只有一瓶基础酱油，到有生抽、老抽至少两瓶酱油，再到近年来不断创新的有机、低糖、低脂等更注重健康营养的功能酱油和高端酱油，海天新品的推出不断引领着酱油的消费升级。"海天"的品牌也从"海天酱油"延伸布局到"海天味业"，海天相继收购了相关领域的地方龙头企业，逐步涉足腐乳、食醋等全新调味品领域。如今，海天已覆盖十余种主要不同种类的调味品，每个种类的调味品下分多个系列。产品线的扩张完善，助力海天实现市场的创造与扩张，为其长期的业务发展奠定坚实的基础。

图 11　海天味业的产品矩阵

资料来源：海天味业官网，申万宏源研究。

核心产品：传统业务筑牢产品力。酱油、蚝油、酱料是海天的三大核心产品，其中又以酱油为绝对重心。2023 年，酱油产品占海天味业营收比重为 51%，蚝油占比 17%，酱料占比 10%，三大核心产品占收入比重约为 78%。海天以酱油为起点构建起产品体系的基本盘。

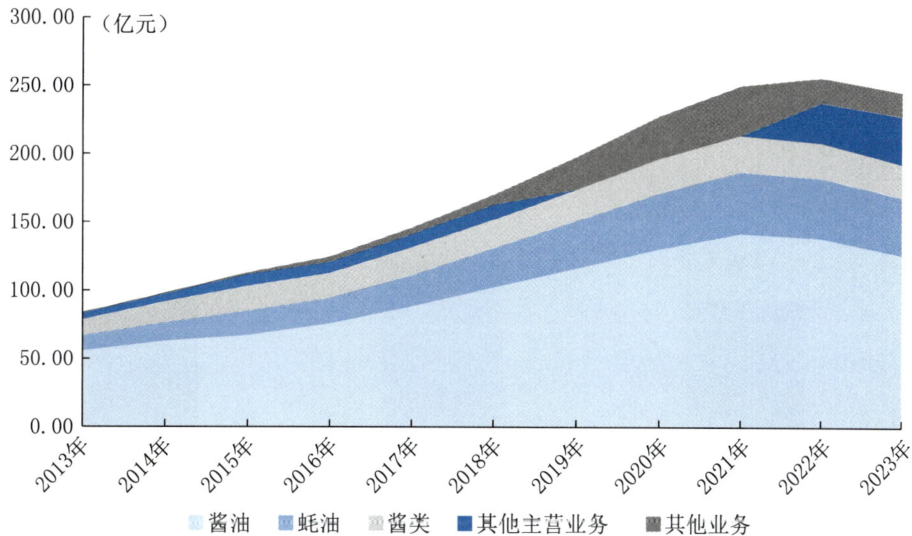

图 12　海天味业营业收入按产品拆分

资料来源：海天味业年度报告，申万宏源研究。

核心产品竞争力一：大单品质量过硬，铸就先发优势。海天坚持原料精选，对黄豆的体型、体态、各项理化和安全指标均有严格要求，千山万水选原料，运回海天阳光工厂。在蒸煮方面，海天采用全自动、封闭式的超高温连续蒸煮系统，减少外来污染和人员接触。同时，海天创新设计塔式圆盘制曲工艺，全程智能自控，全封闭无人接触，为菌种发育、曲料培养创造了优越环境。① 草菇老抽作为

图 13　海天酱油三大拳头产品

资料来源：海天味业官网，天猫海天官方旗舰店，申万宏源研究。

① 资料来源于海天味业官方网站。

海天的经典老抽产品，凭借其色香味各方面的品质优势，帮助海天切入了餐饮渠道。多年以来，海天的金标生抽、草菇老抽、味极鲜酱油三大拳头产品在调味品市场占有重要地位。

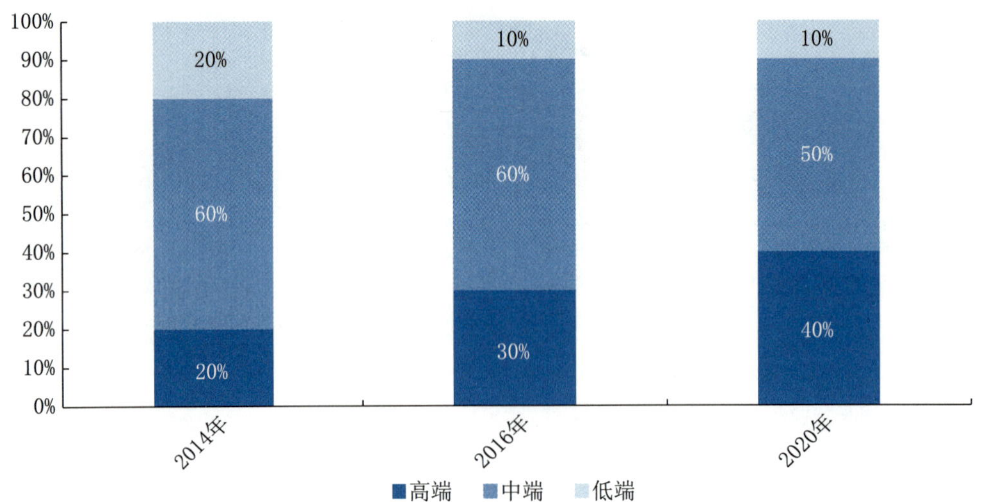

图 14　海天酱油高端产品占比提升

资料来源：万得，申万宏源研究。

核心产品竞争力二：产品结构不断升级，引领行业发展趋势。海天精准把握产品迭代升级的趋势，推动产品向高端化、健康化、功能化转型。海天推出的“特级

图 15　海天主营产品细分化、高端化

资料来源：海天味业官网，申万宏源研究。

金标”升级系列、“老字号”系列，瞄准高端酱油市场；将“金标酱油”根据口感作进一步细分以适应多元化的消费需求；推出“极简系”、“零添加”系列，适应健康化的需求。

核心产品竞争力三：研发投入重科技，实现数智化赋能。为了实现每一瓶产品可追溯，海天将数字化及智能化技术覆盖到每一个生产工序。基于多年的数智化部署，海天的整个生产过程实现了操作程序化、全自动化、连续化，产品 100% 可追溯。生产技术和工艺方面的研发投入使得海天在传统调味品行业树立了行业标准。海天掌握的多项工艺都处于我国调味品行业内的领先地位，并已在微生物育种与发酵调控、酶工程技术等领域取得了较多的研究成果。海天拥有被列入中国食品工业 20 大科技进步成果的超滤技术，专门用于高品质酱油灭菌澄清，所有输送酱油的管道全部采用 316L 不锈钢管，更好保证高品质酱油的食品安全。①

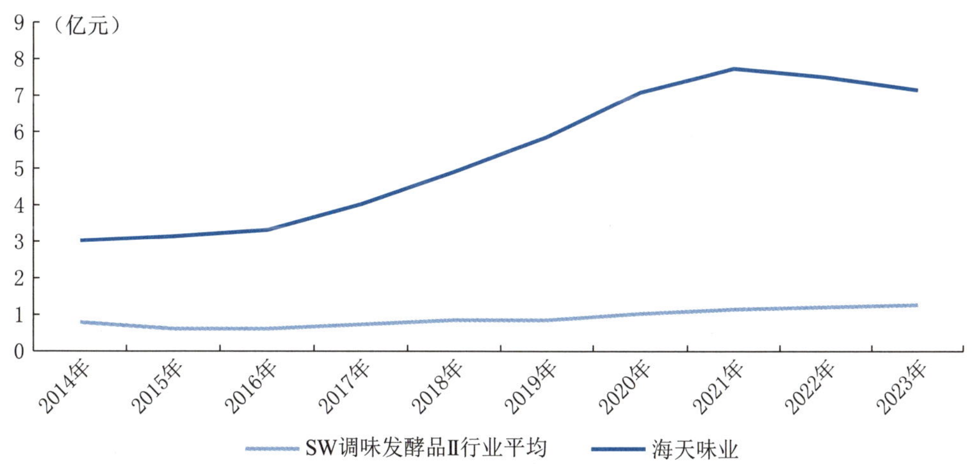

图 16　海天味业研发支出远高于行业平均水平

资料来源：万得，申万宏源研究。

其他产品：产品延伸布局多元化。2014 年，在三大核心产品的市场渗透率达到新的高度后，海天开始提出产品多元化战略，通过投资和收购等方式，构建并不断完善“产品金字塔”。目前，海天味业旗下产品已涵盖了酱油、蚝油、醋、调

① 资料来源于海天味业官方网站。

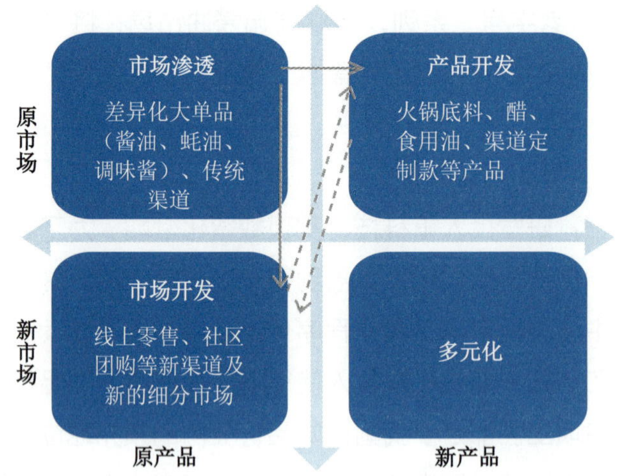

图 17　海天味业产品战略调整路径

资料来源：李安琪《战略管理视角下海天味业盈利模式案例研究》，申万宏源研究。

味酱、鸡精、味精、油类、小调味品八大系列 200 多个规格和品种。至此，海天可以通过其丰富的产品矩阵，有的放矢地制定产品策略。主打产品面向广大消费群体，定位于市场主流价格区间，成为渠道拓展和深化的关键支撑点；其他补充产品则助力渠道流通，满足终端和渠道的全面采购需求。

产能：多年产能积累，焕发规模优势

产能规划：精心谋划基地建设。海天三大核心产品的最大产能合计在 400 万吨以上，产能利用率保持在 95% 以上的水平。2005 年，公司投资 10 亿元的年产量超 100 万吨的海天高明生产基地一期建成。2008 年开始，公司筹备海天高明二期工程，建成后海天的年产量规模可达 200 万吨。2014 年，公司上市，募投项目为“海天高明 150 万吨酱油调味品扩建工程”；同年，公司在江苏宿迁建设生产基地，开启全国化布局。截至 2023 年 4 月，海天的三大核心产品中，酱油和酱的最大产能在 300 万吨以上（其中酱油产能在 250 万吨左右），蚝油最大产能约 100 万吨以上。① 海天的调味品产能在行业中处于领先水平。

① 数据来自海天味业 2022 年年报及《海天味业 2023 年 4 月 28 日投资者关系活动记录表》。

表 2　海天味业高明、江苏基地产能扩张情况

时间	海天高明	海天江苏
2005 年	公司投资 10 亿元的年产量超 100 万吨的海天高明生产基地一期建成	—
2008 年	公司筹备海天高明二期工程，建成后海天的年产量规模将达 200 万吨	—
2014 年	公司上市，为“150 万吨酱油调味品扩建项目”募资，项目全部建成投产后，海天的酱油产能可达 184.8 万吨，调味酱 30.2 万吨	公司在江苏宿迁建设生产基地，开启全国化布局
2016 年	公司完成对高明厂区酱油一期及小调味品区的产能改造，公司整体调味品产能超过 200 万吨	江苏工厂一期项目投产运行
2017 年	公司完成募投项目后，对原厂区改造，改造完成后可进一步释放 100 万吨产能	江苏工厂运行产能持续增大
2019 年	高明海天产能改造，年产能增加 40 万吨	江苏海天二期启动，年产能增加 20 万吨
2020 年	高明基地扩产，年产能增加 45 万吨	宿迁基地二期开工，年产能增加 20 万吨
2021 年	高明基地酱油、酱料年产能增加 30 万吨	宿迁基地蚝油、醋等年产能增加 20 万吨

资料来源：海天味业官网，海天味业历年年报，万得，申万宏源研究。

从产量来看，近年来海天的产量呈稳步上升趋势，2023 年海天三大核心产品的总体产量在 355 万吨左右。2021 年为海天产量最高的年份，三大核心产品总产量超过 390 万吨。2023 年，海天酱油产量为 238.3 万吨，蚝油产量为 87.5 万吨，调味酱产量为 29.4 万吨。

成本优势：规模造就集约优势。规模效应下生产成本得以降低，海天的毛利率水平整体保持在 40% 左右，始终高于行业平均水平。海天的规模效应能够形成成本优势，主要体现在：一是通过其规模优势，形成对上游原材料的强大议价能力和采购规模优势，从而降低原材料成本；二是通过对生产基地的提质升级，实现了生产过程的数智化和自动化，进而提升单位人工效率，降低单位制造费用和人工成本。

规模效应进而形成头部效应，海天可以通过提价的方式向下游传导成本压力。海天凭借其头部地位和市场份额优势，已经成为调味品行业定价的风向标，其他厂

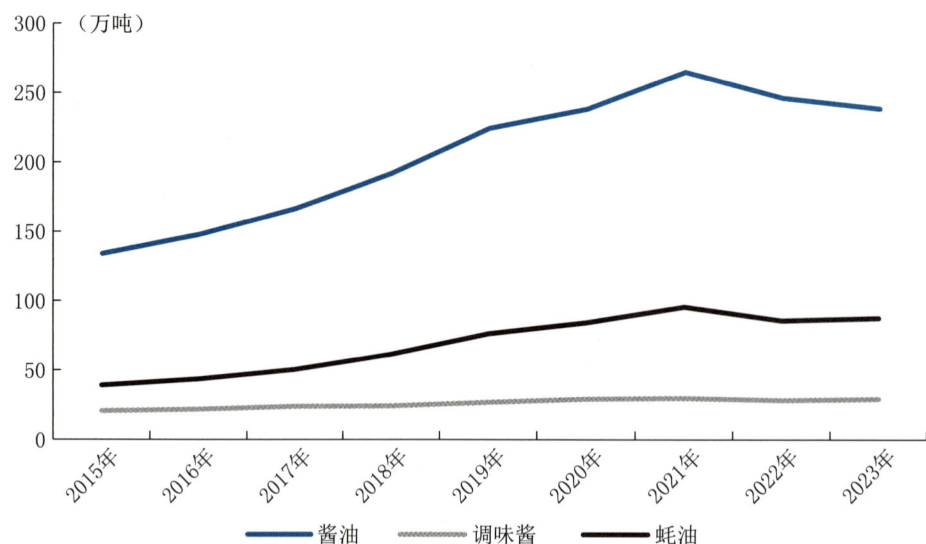

图 18　海天近年三大核心产品产量

资料来源：万得，申万宏源研究。

商的提价策略基本都跟随于海天。因此，海天面对原材料价格上涨等因素导致的成本压力，相比于中小厂商有更多的应对手段，可以通过提高价格的方式将成本压力向下游传导，稳固其市场地位，并在成本上涨的浪潮过后抢占退场中小企业的市场份额。

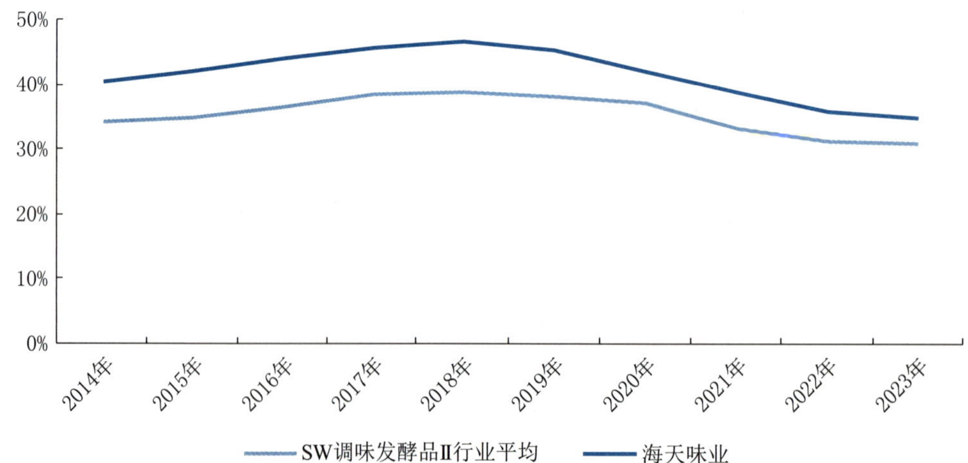

图 19　海天味业的毛利率始终高于行业平均水平

资料来源：万得，申万宏源研究。

渠道：深耕细作渠道，以筑牢护城河

渠道策略：深耕餐饮渠道，铸就先发优势。餐饮是调味品行业主要的销售渠道。从消费需求来看，根据中国调味品协会及中商产业研究院数据，2022 年我国调味品渠道主要分为餐饮、家庭、食品加工三大类，占比分别为 50%、30%、20%。其中，餐饮端是调味品行业最大的市场需求。相较于其他渠道而言，餐饮渠道具有壁垒高、黏性强、复购率高等特点。

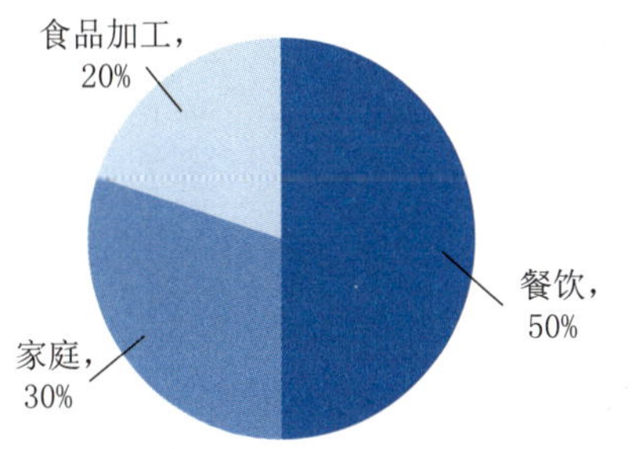

图 20 2022 年我国调味品行业主要渠道

资料来源：中国调味品协会，中商产业研究院，申万宏源研究。

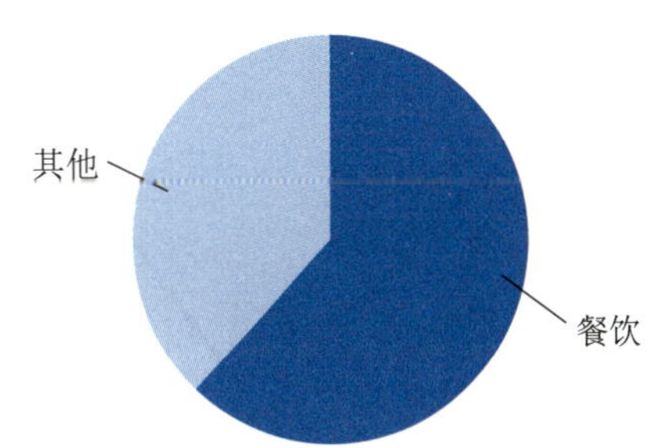

图 21 海天味业的渠道占比分布（2022 年）

资料来源：万得，申万宏源研究。

海天长期深耕餐饮渠道，经过多年的经营和积累建立起了自身的渠道"护城河"。从销售额来看，海天调味品的餐饮渠道占比超过 60%，其对餐饮渠道的掌控力度让其他酱油厂商难以望其项背。而餐饮本身就是调味品的主要渠道，拿下餐饮店，就等于抓住了酱油市场最大的"客户"，业绩增长自然也就水到渠成。海天在餐饮渠道方面主要有三大经验。一是通过培育厨师的烹饪习惯抢占先机。海天通过与烹饪教育机构合作等策略，逐步培养厨师群体对海天品牌产品的使用偏好。二是培育区域市场的经销商。早在 20 世纪 90 年代，海天通过建立分支机构服务全国各地的经销商，并招聘专业的市场营销团队独立负责销售推广，率先确立了餐饮渠道的领先地位。三是通过高性价比的大单品取胜。海天凭借其规模效应形成的成本优势，打造了蒸鱼豉油、金标生抽、草菇老抽等一系列高性价比的大单品，这些单品在餐饮渠道的黏性极强，复购率高。

销售网络：多区域广撒网，始终掌握主动权。海天很早就开始在全国范围内布局销售网络，其广度和深度在业内处于领先地位。海天在经过数十年高品质调味品生产经营的积累后，抢在竞争对手之前将产品铺向了全国各大知名连锁超市、各级农贸市场、城乡便利店。截至 2023 年末，海天的产品销售网络覆盖了全国 31 个省、自治区、直辖市，在全国已有 6591 家经销商。经过多年积累，海天的销售网络基本实现省市县三级全覆盖，并在此基础上进一步下沉镇村网络建设，渠道优势进一步显现。发达的渠道网络显著提高了海天产品在终端的能见度，让消费者在批发农贸、超市卖场、便利零售小店等各类消费场景中可见、可选、可买。①

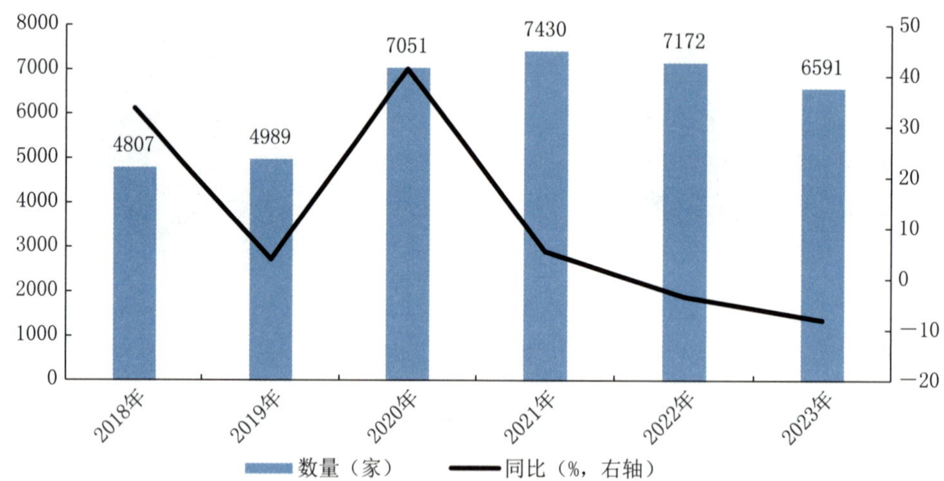

图 22　海天近年来经销商数量变动

资料来源：万得，申万宏源研究。

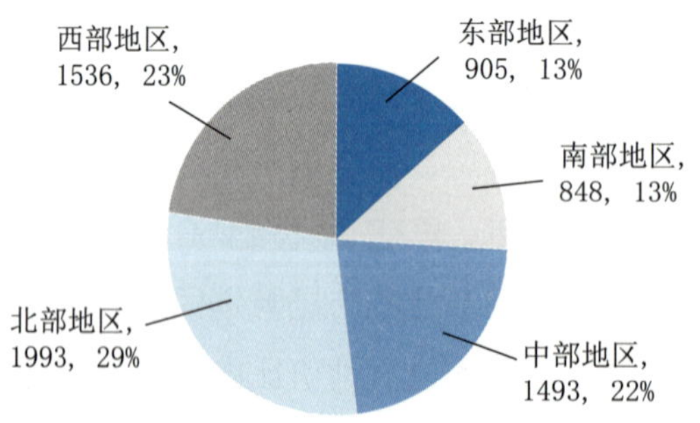

图 23　2023 年三季度海天经销商数量及地区分布

资料来源：万得，申万宏源研究。

① 资料来源于海天味业 2023 年半年度董事会经营评述。

从渠道结构来看，海天构建起了全国化的深度分销网络。海天构建起由生产商至一级批发商再到分销商的全国性分销体系，不仅助力一级批发商拓展其分销网络，还加强了渠道开发与客户关系的维护。同时，海天积极顺应消费习惯及消费场景的变化，加快电商平台建设，加速探索营销新模式，通过线上线下业务的融合发展，将产品资源优势进一步放大，迅速拉近与消费者的距离。①

虽然渠道很广，但海天始终把主动权牢牢掌握在手中，实行经销商双驾马车制度。在同行之中，海天较早实行多分销体制，使经销商产生良性的赛马效应，避免一家独大的情况发生。得益于此，海天在区域市场的二级分销得以广泛覆盖，实现深度分销。

结算方式：“先款后货”结算，保障充裕现金。海天很早就开始执行“先款后货”的强势政策，这种结算方式充分保障了公司现金流，减少坏账。与行业平均水平相较而言，海天的应收账款长年处于较低水平（2022 年应收账款大幅增加，主要系新收购的浙江久晟应收账款并入所致；2023 年绝大部分的应收账款账龄均在一年以内）。“先款后货”政策之所以没有引起经销商反感与抗议，关键在于海天

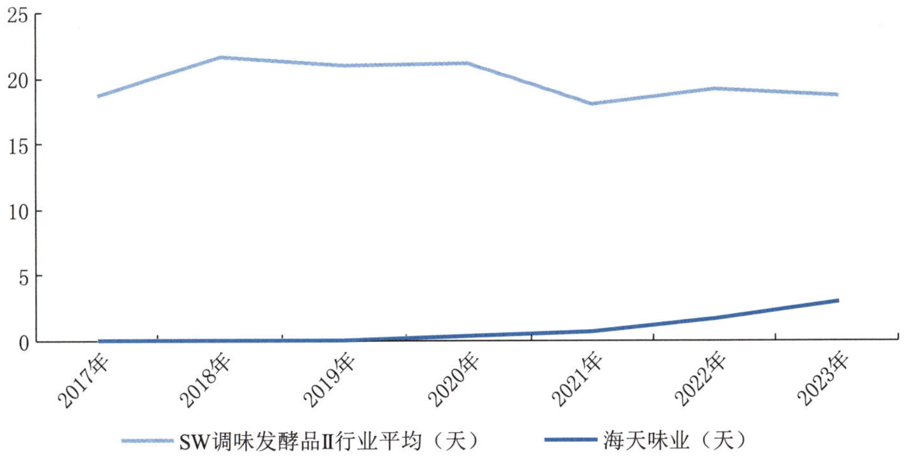

图 24　海天味业应收账款周转天数远低于行业平均水平

资料来源：万得，申万宏源研究。

① 资料来源于海天味业 2023 年半年度董事会经营评述。

充分顾及经销商利益，不热衷于用高返点政策鼓励经销商压货，经销商没有压货就不会异地窜货和扰乱价格，从而稳定了整个体系，保持着每隔 2—3 年一次的终端提价，给经销商留足利润。

（二）价值曲线：收购与激励，绘成资本运营亮色

收购兼并：拓宽产品外延，丰富产品种类

海天通过收购的方式开展资本运作，基于其酱油主业，完善产业链，不断进行业务拓展和延伸。海天上市以来，有 5 起对外收购的案例。2014—2015 年收购广中皇食品的股权和业务，布局腐乳品类，开启了海天多元化布局的征程；2017 年在恒顺醋业的腹地镇江收购丹和醋业，切入食醋赛道；2020 年收购合肥燕庄，布局粮油品类，并利用合肥燕庄的食用油供应链优势，进一步提升原材料粗加工能力和仓储配送能力；2021 年收购浙江久晟，进一步深化粮油品类布局，推进产品的多元化。

表 3　海天味业上市以来的对外收购事件

序号	时间	事　件	成交金额（万元）	目　的
1	2014 年	收购广东广中皇食品有限公司 10% 的股权及黄志坚对广东广中皇食品有限公司拥有的 1400 万元的债权	1500	布局腐乳品类，腐乳成为海天首个拓展的子产品。
2	2015 年	收购开平广中皇食品有限公司生产相关的业务（包括机械设备、厂房、土地使用权、商标等资产，并承担银行短期借款）	9000	
3	2017 年	收购镇江丹和醋业有限公司 70% 的股权	4027	布局食醋品类。
4	2020 年	收购合肥燕庄食用油有限责任公司 67% 股权	16918	布局粮油品类，提升原材料的粗加工能力和仓储配送能力。
5	2021 年	收购浙江久晟油茶科技有限公司 67% 股权	47509	布局粮油品类，推进产品多元化。

资料来源：万得，申万宏源研究。

海天无论是推出新品还是收购兼并，都始终保持着高于行业的 ROE 水平，体现出海天强大的盈利能力，这是海天核心竞争力的根本所在。2014—2023 年，海天味业的 ROE 水平始终高于 SW 调味发酵品 II 的行业水平，这反映了其出色的盈利能力和并购后的整合运营能力，持续的高 ROE 水平反映了海天可持续的高质量发展能力。

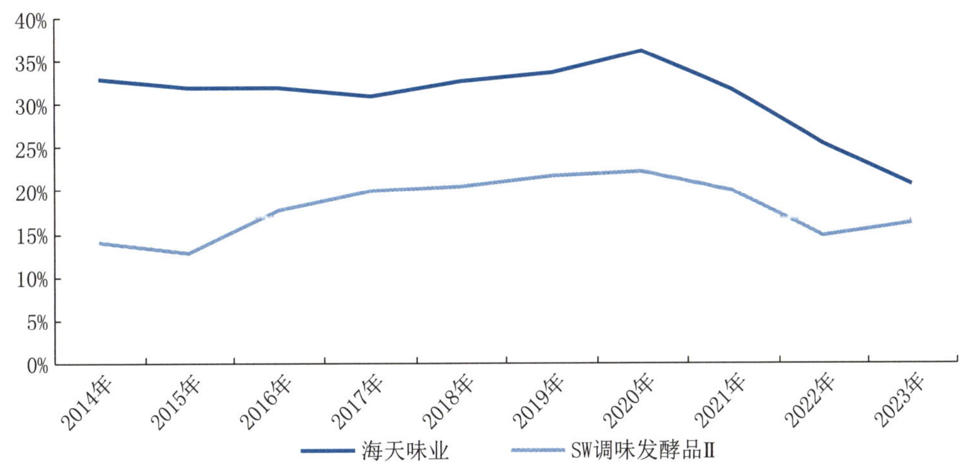

图 25　海天味业的 ROE 水平始终高于 SW 调味发酵品 II 的行业水平

资料来源：万得，申万宏源研究。

股权激励：深度绑定利益，激发内生动力

海天在上市当年，便开启了股权激励计划。2014 年 8 月 29 日，海天发布了《首期限制性股票激励计划（草案）》，向 93 名技术、营销、生产、工程、管理等领域的骨干员工授予 658 万股限制性股票，约占当时公司股本总额的 0.44%。同时，海天味业自上市以来的 4 次股票回购，目的均为定向回购股权激励限售股，用于股权激励注销。海天通过此次股权激励计划，深度绑定了核心员工的利益，借助核心员工的力量实现了上市之后业绩与股价的腾飞。而在 2022 年股价受挫之后，海天董事长于 2023 年 10 月 16 日提议回购 5 亿元—8 亿元的公司股份用于员工持股计划或者股权激励，这一提议体现出了对海天未来持续稳定发展的信心和对公司价值的认可。

表 4　2014 年海天味业的股权激励计划

项　　目	内　　　　容
激励总数（万股 / 万份）	658
占当时总股本比例	0.44%
每股转让价格（初始行权价）	17.61
有效期	56 个月
锁定期	20 个月、32 个月、44 个月
解锁条件	（1）第一次解锁：以 2013 年度为基准，2014 年、2015 年的营业收入较 2013 年增长比例分别不低于 16.8%、34.3%；2014 年、2015 年的净利润较 2013 年增长比例分别不低于 24%、50%。（2）第二次解锁：以 2013 年为基数，2016 年的营业收入较 2013 年的增长比例不低于 53.1%；2016 年的净利润较 2013 年增长比例不低于 77%。（3）第三次解锁：以 2013 年为基数，2017 年的营业收入较 2013 年的增长比例不低于 73%；2017 年的净利润较 2013 年的增长比例不低于 107.1%。

资料来源：万得，申万宏源研究。

（三）价值营销：品牌与分红，铸就价值营销高光

品牌塑造：践行品牌战略，完善品牌资产①

对于海天而言，要想在竞争加剧的国际资本市场上打响自身品牌的名号，从而获得市场的定价权，品牌打造是必不可少的一环。海天的品牌塑造就是建立在品质基础上，并随着媒介发展和渠道战略不断升级。

1992—2002 年为海天品牌的初创阶段，在这一阶段当中，海天把品牌策略提高到了企业的战略层次，正式启动了“品牌战略”。这时期受益于粤菜及广货北上，

① 阶段划分参考浙江工商大学黄一舟 2022 年文章《中华老字号企业品牌资产管理与价值创造研究——以海天味业为例》。

海天多次参加广东省或佛山市组织的外省博览会，充分利用政府搭建的舞台进行品牌推广。20 世纪 90 年代末，在电视上打广告宣传自己品牌的企业并不多，海天却率先把酱油广告搬上了电视荧幕，让全国的观众都能够通过看电视知道有一个酱油品牌叫做“海天”。1999 年，海天的广告出现在了央视《新闻联播》的整点报时环节，成为首个登陆央视黄金时段的酱油品牌。

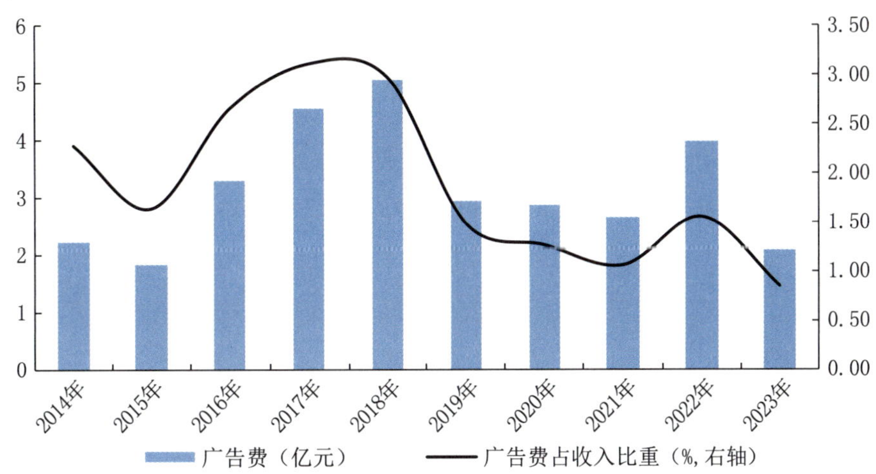

图 26　海天味业近年的广告费及其费用率

资料来源：万得，申万宏源研究。

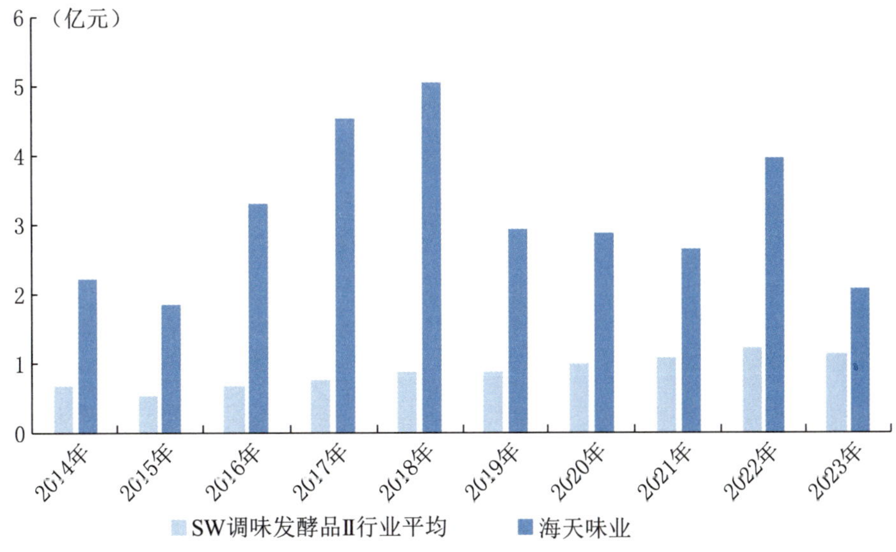

图 27　海天味业广告费高于行业平均水平

资料来源：万得，申万宏源研究。

2003—2013 年为海天品牌的成长阶段，海天在初创阶段积累的品牌效应基础上，进一步优化广告投放，拓宽销售渠道，持续不断地完善品牌形象。2003 年，海天正式启用全新的品牌形象，让消费者对海天的品牌形象有了焕然一新的观感。同年，海天也开始在央视的黄金时段投放广告，为海天博得了大量的关注度。同时，海天还下沉到县级市场，在各个县城大规模地布局店面招牌，实现了“有人烟处，必有海天”的愿景。

2014 年上市至今为海天品牌的发展成熟阶段，在登陆 A 股之后，伴随着融资渠道的拓展和产能的扩张，海天形成了更为完整的品牌资产管理体系。2016 年开始，海天长期赞助热播综艺节目，打开年轻人的消费市场，进一步提升品牌形象。同时布局腐乳、食醋等其他领域，并通过包装优化升级、工艺升级等方式推出多元化新品，不断丰富产品类型。2019 年，海天连续推出两部海天品牌故事的短片，同时在网络和央视多个频道的黄金档播出，向消费者传达了“用心晒足每一瓶酱油”和“在亿万人的生活里，为消费者所在意的人事物去全力以赴，付诸最用心的努力”的品牌理念。

总体来看，广告宣传无疑在海天的品牌管理中涂抹了浓墨重彩的一笔。2023 年，海天味业的广告费为 2.08 亿元，虽然相较 2018 年巅峰时期的 5.06 亿元有所下降，但仍显著高于行业平均水平。海天一掷千金的广告投入也赢得了市场的关注度，根据 2023 年凯度消费者指数发布的 2022 年中国消费者十大首选品牌榜单，海天拥有 7.98 亿消费者，渗透率高达 83.9%，年均选择次数为 4.8 次，位列中国快速消费品品牌第 4 位，是榜单前 10 名中唯一的调味品企业。

稳定分红：注重股东回报，提振投资信心

海天味业在 2014 年上市以来，每年均进行现金分红，且平均每年的股利支付率接近 60%。即便是近年来业绩与市值波动、利润率和经营现金流下降的情况下，仍维持高比例的分红。稳定的分红政策向投资者展示了海天良好的盈利能力和现金流状况，使投资者感受到公司业绩的稳健增长和对股东利益的重视，同时还可以作为公司业绩的一个稳定信号，减少市场对公司前景的担忧，稳定市场预期，

从而增强投资者对公司未来发展的信心。通过分红，海天将其盈利的一部分回馈给社会，体现了海天对社会责任的担当，进一步提升了公司的公众形象和社会认可度。

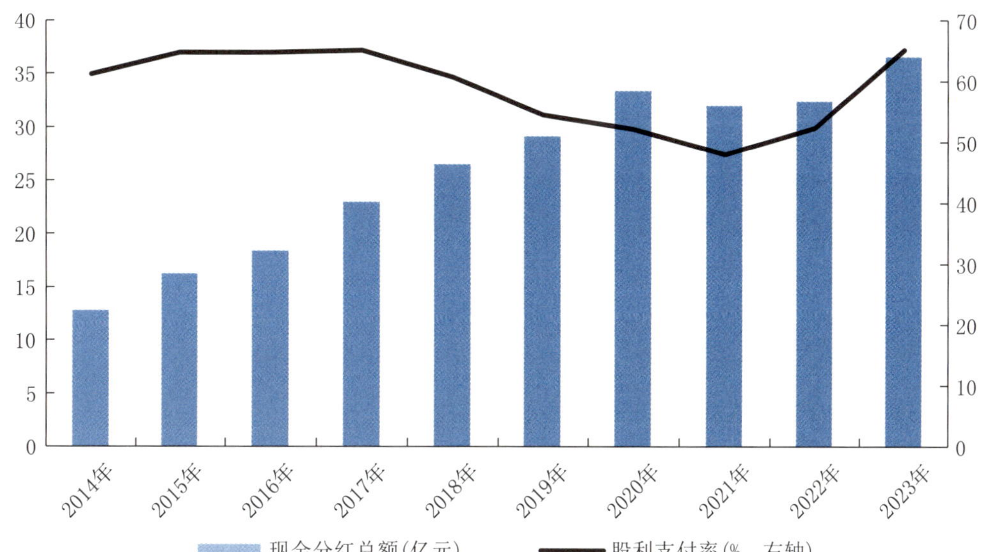

图 28　海天味业历年分红情况
资料来源：万得，申万宏源研究。

（四）价值优化：体制机制优，彰显注重人才本色

海天的大多数高管均持有公司股权，从业经验丰富，并与公司的利益实现深度绑定。其中，庞康（董事长）、程雪（副董事长）、管江华（副总裁）、陈军阳（董事）、文志州（董事）、廖长辉（董事）六人为一致行动人，也是公司的实际控制人。海天的董事、监事和高管人员多持有公司股票。

海天高度重视人才的培养与发展。《中国商办工业》杂志曾报道：庞康曾授予一位毕业仅一年多的新员工“海天标兵”称号，以激励其对海天包装生产线的改良研发，庞康对人才的重视可见一斑。海天的人才战略也体现在其行业领先的高管薪酬、人均薪酬水平上。即便是在餐饮行业较为艰难的近几年，海天味业的人均薪酬仍接近 20 万元，高激励水平能够充分激发员工的积极性和主动性。

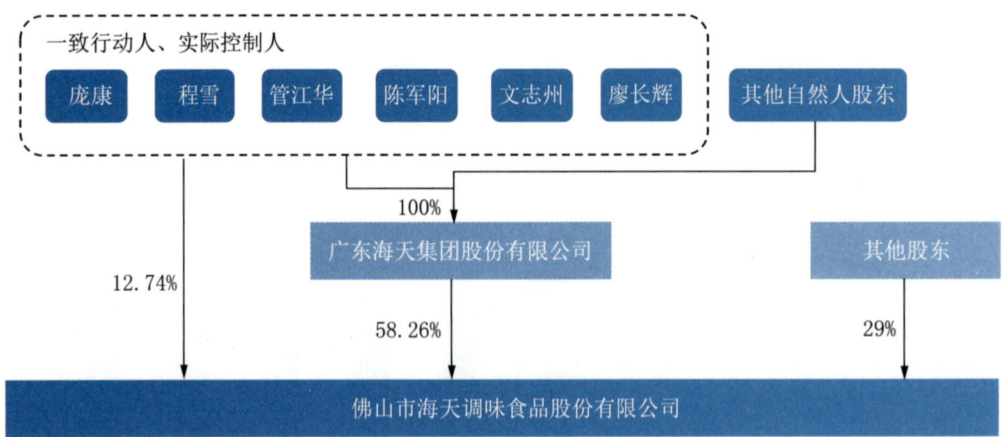

图 29　海天味业股权结构图（截至 2023 年 12 月 31 日）

资料来源：万得，申万宏源研究。

表 5　海天味业高管持股情况（截至 2023 年 12 月 31 日）

序　号	姓　名	职　　务	年末持股数（万股）
1	庞　康	董事长、总裁	53211.52
2	程　雪	副董事长、执行总裁	17636.55
3	黄文彪	副总裁	2898.49
4	张　欣	董事会秘书	1831.26
5	管江华	董事、副总裁	1540.97
6	陈军阳	董事	1176.24
7	文志州	董事	888.60
8	廖长辉	董事	153.83
9	黄树亮	职工代表监事	29.69
10	陈　敏	监事会主席	17.79
11	童　星	监事	2.40
合　　计			79387.34

资料来源：万得，申万宏源研究。

三、结语：长风破浪会有时，直挂云帆济沧海

从百年前的古酱园到今天的“中国调味品第一股”，海天一路波折而上，苦心经营，耐心沉淀，不论是产品力、渠道力还是品牌力，在行业内都一枝独秀，光彩夺目。

在价值创造方面，海天坚持以产品为核心，通过不断的技术创新和产品升级，引领市场消费趋势。其产品力不仅体现在满足消费者对健康和品质的高标准需求，更在于通过高端化、健康化的产品转型，不断创造新的市场需求，以丰定的产品矩阵覆盖多样化的消费场景，确保品牌的持续吸引力和市场竞争力。同时，海天精心谋划基地建设，多年积累铸就产能优势，规模化生产降低成本。海天还在渠道上深耕细作，多区域广撒网，强势掌握议价权，筑牢护城河。

在价值曲线方面，海天通过多次收购，不断完善自身产业链，并且无论是在推出新品或收购之后，都始终保持着高于行业的 ROE 水平，这一指标不仅反映了海天强大的盈利能力，也是其并购整合运营能力的体现。同时，海天还通过股权激励，深度绑定核心员工利益，发展产业与资本运作相得益彰。

在价值营销方面，一方面海天通过系统化的品牌战略和精细化的品牌资产管理，建立了不可动摇的品牌形象，实现了品牌价值的最大化；另一方面，海天通过稳定高分红的方式，回馈投资者，提振投资信心，进一步稳固了海天在资本市场的品牌形象。

在价值优化方面，海天高度重视人才的培养与发展，深度绑定了核心团队与公司的利益。这种人才战略不仅激发了员工的积极性和创造性，也为公司的长期发展提供了坚实的人才支持。

海天味业的成功，是其在价值创造、价值曲线、价值营销、价值优化方面的全面布局和深入实践的结果。展望未来，海天味业将继续以创新为驱动，以品质为核心，不断开创企业发展的新篇章。

海尔智家[①]：

乘并购而上，攀世界之巅

海尔作为中国实体经济的代表，在高质量道路上坚持了40年。从发展初期开创“休克鱼”[②]兼并模式，到互联网时代首创“人单合一”模式，海尔终结了中国企业学习借鉴西方管理模式的实践经验，转而向海外输出中国模式、中国方案。[③]

截至2024年初，海尔集团已在全球设立了10大研发中心、71个研究院、35个工业园、142个制造中心和23万个销售网络，连续5年作为全球唯一物联网生态品牌蝉联“BrandZ最具价值全球品牌100强”，连续15年稳居“欧睿国际全球大型家电品牌零售量”第一名，全球营业收入超3700亿元。海尔智家市值也从上市之初的20亿元一路攀升至3000亿元，集团体系内还孵化培育出海尔生物、盈康生命、雷神科技三家上市公司以及日日顺、众淼创科一系列拟上市公司。

可谁曾想到，从前的海尔只是一个濒临倒闭的集体小厂，企业内部管理混乱，职工人心涣散，产品良莠不齐，彼时，临危受命的张瑞敏厂长是如何带领海尔“起死回生”的呢?

---

① 海尔智家：全称海尔智家股份有限公司，股票代码600690、06690。

② 指海尔的“休克鱼”理论。休克鱼是指硬件条件很好、管理不行的企业。由于经营不善落到市场的后面，一旦有一套行之有效的管理制度，把握住市场很快就能重新活起来。

③ 本篇案例部分内容参考申万宏源研究所发布的研究报告：2020年12月10日《海尔智家（600690）点评：私有化打破盈利桎梏，全球经营效率升级开启新征程》（证券分析师：刘正、史晋星、周海晨）、2020年8月3日《海尔智家（600690）点评：私有化海尔电器方案出炉，决心比黄金更重要》（证券分析师：刘正、史晋星、周海晨）。

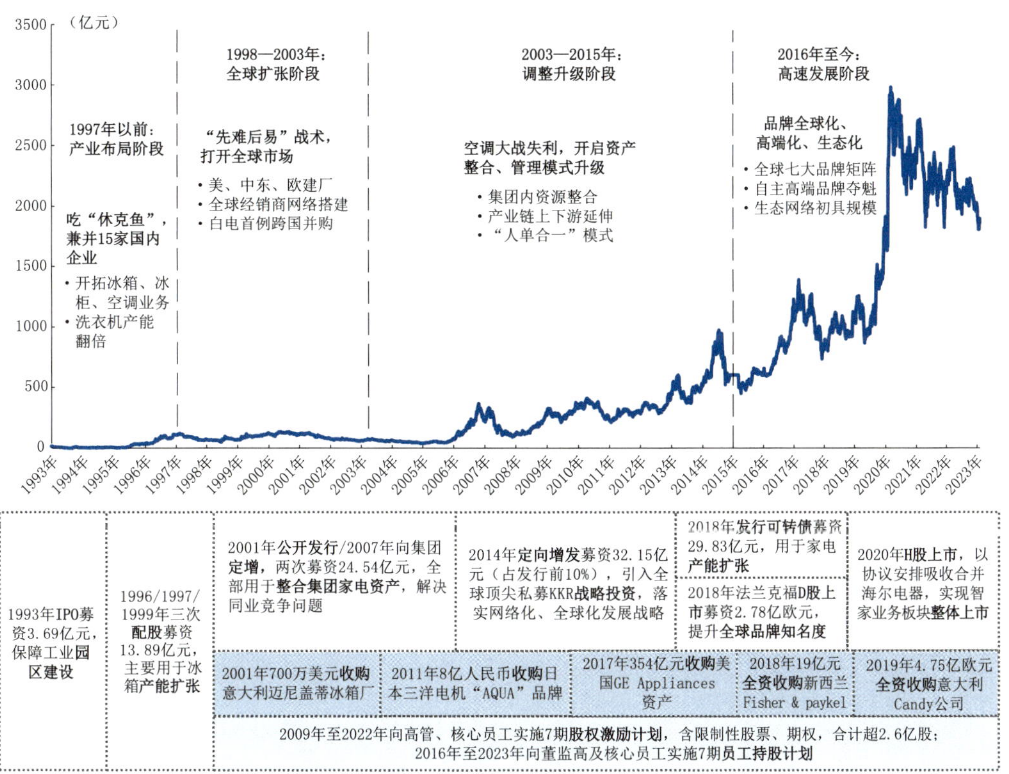

图 30　海尔智家的市场价值成长之路

资料来源：海尔智家官网，万得，申万宏源研究。

一、海尔成长之路：锤子“砸”出来的世界名牌

（一）勇敢的拓荒者，要干就要争第一

1984 年，一米八的山东大汉张瑞敏带领新的领导班子踏进了青岛电冰箱总厂的大门，映入眼帘的是一条坑坑洼洼的烂泥巴路和零星几个工人，当时的冰箱总厂已经亏空 147 万元，资金链断裂。为了稳定企业，张瑞敏先到农村大队借钱发放了工资，随后果断推出了 13 条规章制度——青岛电冰箱总厂劳动纪律管理规定。其中一条竟是“不准在车间随地大小便”，这在今天看来，不免有些让人匪夷所思。但恰是这些规定，让厂里的环境和工人的态度发生了翻天覆地的变化。

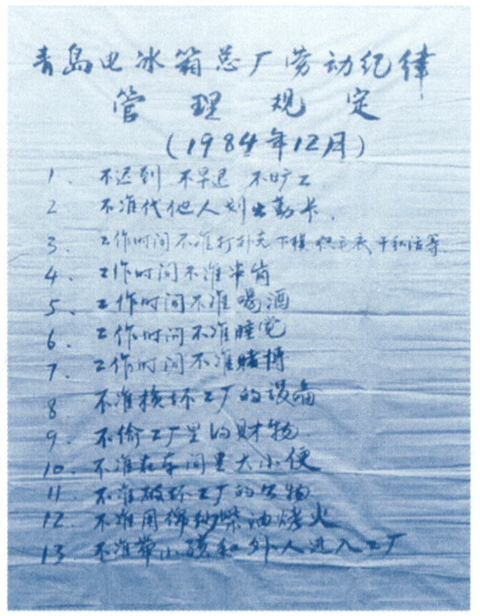

青島电冰箱总厂劳动纪律
管理规定
（1984年12月）

1. 不迟到 不早退 不旷工
2. 不准代他人划出勤卡.
3. 工作时间不准打扑克 下棋 织毛衣 干私活等.
4. 工作时间不准串岗
5. 工作时间不准喝酒
6. 工作时间不准睡觉
7. 工作时间不准赌博
8. 不准损坏工厂的设备
9. 不偷工厂里的财物.
10. 不准在车间里大小便
11. 不准破坏工厂的公物
12. 不准用棉纱柴油烤火
13. 不准带小孩和外人进入工厂

图 31　1984 年青岛电冰箱总厂 13 条管理规定

资料来源：海尔集团官网，申万宏源研究。

在解决了工人工作作风问题之后，如何提高生产质量成为下一个亟待解决的问题。当时正值改革开放初期，和多数国内企业一样，青岛冰箱厂起步晚，技术落后。为谋出路，张瑞敏决定：“做一个勇敢的拓荒者，要么不干，要干就要争第一！”于是他多次到北京轻工部引进国外项目，机缘巧合之下，青岛冰箱厂与西德利勃海尔公司签约引进亚洲第一条四星级电冰箱生产线并改组成立海尔集团公司。

先进生产设备引入之后，生产效率得到了显著的提升，然而现实却给了他们当头一棒。1985 年，张瑞敏突击检查仓库里全部 400 多台冰箱，发现竟有 76 台不合格。对于这 76 台质量有缺陷的冰箱，生产车间认为问题不大，可以把冰箱廉价处理给内部职工。但张瑞敏认为，允许这些冰箱出厂，就等于允许再生产类似的有缺陷的冰箱。最终他决定，这 76 台有问题的冰箱都需要砸掉，而且要制造冰箱的工人亲手来砸。① 目睹这一过程，一旁的老员工泣不成声，因为当时一台冰箱顶得上普通职工一年多的工资。而这一砸，砸出的不仅是质量意识，还砸出了

① 《海尔智家：质量灯塔的持续进化路》，载中国质量报 2021 年 12 月 14 日。

一片新天地。

秉承着质量至上的发展理念，海尔在张瑞敏的带领下茁壮发展起来，海尔冰箱在北京、天津、沈阳三大城市开始畅销。1987 年春，在世卫组织进行的招标中，海尔冰箱战胜十多个国家的冰箱产品，第一次在国际招标中中标。这一殊荣迅速抬升了海尔在国内的知名度。随后，海尔在北京西单商场举办的电冰箱展销会上人山人海，消费者争相购买。

随后的一年，海尔实至名归获得了中国电冰箱史上第一枚质量金牌。在获得金牌和银牌的 13 家企业中，海尔创业时间最短，仅用时 4 年。从此，奠定了海尔冰箱在中国电冰箱行业的领军地位。

（二）激活“休克鱼”，实现多元化布局

在冰箱领域做出成绩之后，下一步海尔决定向其他家电市场延伸。1988 年起，海尔集团兼并了青岛电镀厂、空调器厂、冷柜厂、红星电气厂、武汉希岛公司等 18 家企业，盘活了近 15 亿元的存量资产，初步完成了集团的产业布局和区域布局，取得了显著的经济效益。

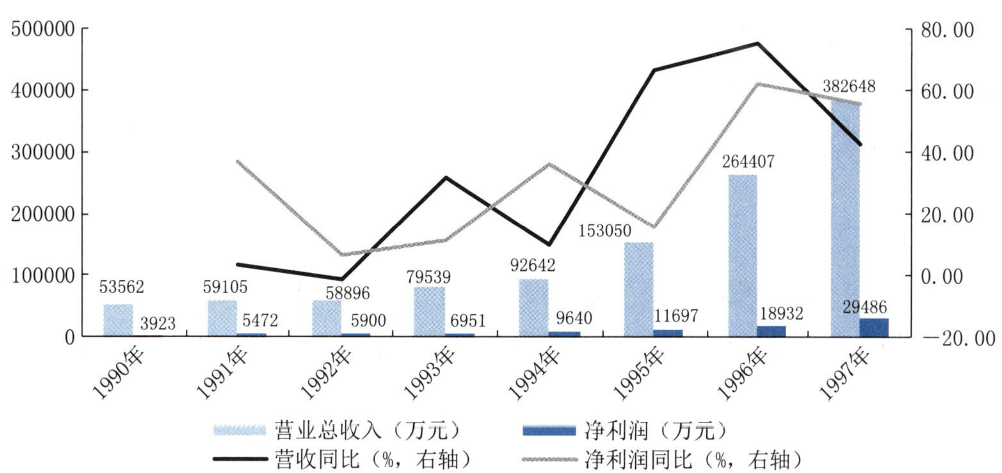

图 32　1990—1997 年海尔智家经营规模显著提升

资料来源：万得，申万宏源研究。

海尔的兼并目标大都具有相似的特点，技术、设备、人才素质都较为优良，但因为企业管理不善，处于亏损状态。这便是海尔人所谓的“休克鱼”。

1991 年 11 月，在青岛市政府的牵头下，青岛空调器厂和青岛电冰柜厂整体划入海尔，并成立了“琴岛海尔集团”，海尔将经营范围从电冰箱扩展到电冰柜和空调器，迈出了多元化战略的第一步。

正当海尔蒸蒸日上之时，同处青岛的另一家重点名牌企业却每况愈下，它就是当时国内三大洗衣机生产企业之一——红星电器厂。到 1995 年时，红星电器厂机构膨胀，拥有员工 3500 余人，产品质量大幅下降，市场销量跌至全国第七，资不抵债 1.33 亿元。① 而此时，初入洗衣机市场的海尔产能只有 70 余万台，市场占有率仅为 7.5%。海尔要想扩大市场份额，必须扩大生产能力，红星电器厂这条“休克鱼”很合海尔的“胃口”。

1997 年 7 月，红星电器厂将所有资产和负债打包划归海尔，后者洗衣机产能实现翻倍，并极大地丰富了自己的洗衣机产品线。划归次日，海尔就开始把自己的品牌优势和管理模式向红星电器厂输入。时任海尔集团常务副总的杨绵绵率队来到红星，向全体员工阐释海尔的企业精神：“敬业报国，追求卓越。”随后，张瑞敏又来到红星，灌输海尔 OEC 管理的精神内核——“日事日毕，日清日高”，要求大家从我做起，从现在做起，从我出成果，从今天出成果。在海尔的文化体系下，兼并第一个月红星当月亏损 700 万元，第二个月减亏，第三个月减亏，到第五个月便实现盈利 100 万元。② 海尔实现这一切，靠的就是企业文化贯彻组织创新。

到 1998 年末，通过激活“休克鱼”和创新研发，海尔重要家电产品线已接近完整。在冰箱、冰柜领域，海尔牢牢坐稳国内市场第一把交椅；③ 在空调器领域，

---

① 巩祥彬：《解读海尔兼并“红星”》，同济大学发展研究院公众号，2016 年 2 月 5 日。

② 《海尔与张瑞敏——中国企业与企业家的一面旗帜》，海尔智家官网，https://www.haier.com/press-events/news/20110601_138957.shtml，2023 年 12 月 1 日访问。

③ 青岛海尔电冰箱股份有限公司 1998 年年度报告。

海尔与春兰国内市占率并驾齐驱；洗衣机行业，则成为消费者首选。①

同年，凭借红星电器厂“休克鱼”案例，张瑞敏成为第一位站上美国哈佛大学讲坛的中国企业家，海尔也成为第一个以成功案例进入哈佛案例库的中国企业。

（三）海尔的霓虹灯，在大洋彼岸璀璨

网络时代的到来把世界缩小到方寸之间，闭门造车将被渐渐取代。时隔一年，张瑞敏再次踏上了通往美国的旅程，然而这一次他的身份不是讲师，而是投资人。不像其他企业的海外扩张道路，海尔选择的是“先难后易”，先到发达国家市场站稳脚跟，再以高屋建瓴之势拿下发展中国家市场。美国就是他们的第一站，海尔相继在洛杉矶成立设计中心、在纽约设立营销中心、在南卡罗来纳州建设生产工厂。

1999 年，“海尔造”第二次亮相德国科隆国际家电博览会时，欧洲客户几乎不敢相信这是来自中国公司的产品。当一位外国记者提问“中国家电进入欧洲市场的优势是否为低价格”时，中国驻德国大使馆商务参赞杨来春先生说道：“中国有一个企业，它以高质量、高技术和优质的售后服务成功地进入欧洲市场，这个企业就是中国海尔！”

依托着质量优势，海尔以迅雷不及掩耳之势席卷海外市场，欧洲海尔、中东海尔、美国海尔、日本海尔等海外经销商络绎不绝地加入海尔的营销网络中来。2000 年，海尔出口创汇 2.8 亿美元，比上年翻一番，海尔产品已热销全球十大经济区域，洗衣机出口 87 个国家，海外营销网点已达 36000 多个。仅美国市场，海尔已打入 20 家大型连锁公司。美国最大的连锁公司——沃尔玛“兴师动众”来到海尔集团时，其采购经理对海尔产品的高质量赞不绝口。

---

①《家用电器科技》1999 年第 2 期，中企管协会等部门组织的第 6 次全国市场产品竞争力调查结果。

图 33　2002 年海尔在纽约购买大厦作为当时的北美总部（并购通用电气家电业务后，总部迁至肯塔基州）
资料来源：海尔官网，申万宏源研究。

图 34　2003 年东京银座广场海尔广告牌
资料来源：海尔官网，申万宏源研究。

产品力、品牌力、渠道力都构筑牢固之后，产能成为海尔全球化扩张的桎梏。于是，张瑞敏决定加快海外工厂布局。针对南亚市场，海尔选择在巴基斯坦自建工厂；针对欧洲市场，海尔第一步选择了并购意大利迈尼盖蒂冰箱厂，这也是中国白色家电企业首次实现跨国并购。自此，海尔在美国和欧洲相继实现了设计、生产、营销三位一体的本土化经营。

天时地利人和皆具，海尔在全球的影响力不断提升。在 Euromonitor 发布的

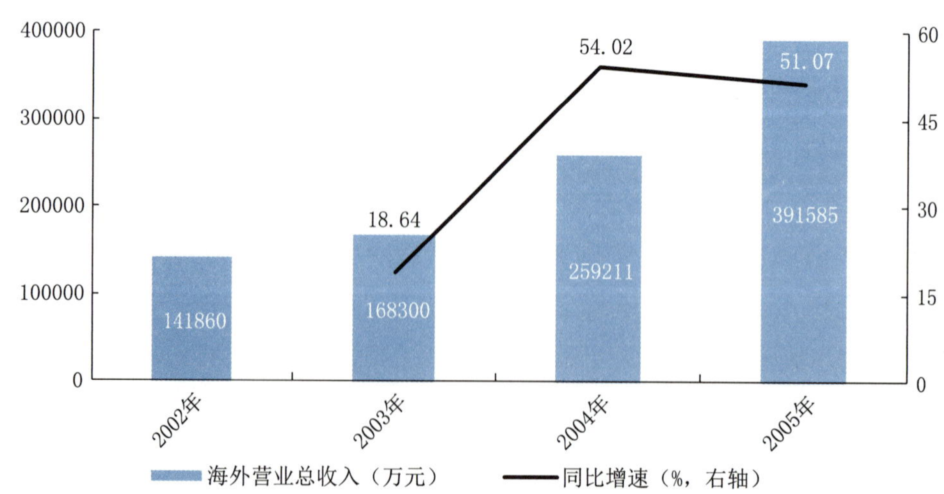

图 35　2002—2005 年海尔海外营业总收入
资料来源：万得，申万宏源研究。

2001 年全球白色家电制造商排名中，海尔跃居全球第五大白色家电制造商，海尔冰箱则以较大优势位居全球冰箱品牌市场占有率榜首，成为全球冰箱第一品牌。

2005 年，当北京奥委会在青岛奥帆基地正式宣布海尔成为北京 2008 年奥运会白色家电赞助商时，海尔已实现全球 15 大生产工厂的布局。“先难后易”的战略逐步得到印证，欧美市场保持稳定增长的同时，南亚、中东等新兴市场开始快速爆发，全年产品出口增速超过 100%。

（四）空调业务失速，重整旗鼓再出发

当海尔在冰箱和洗衣机市场叱咤风云、独占鳌头时，国内另外两大家电企业美的、格力选择在空调市场弯道超车，并借机逐渐拉开了与海尔整体营收规模和盈利水平的差距。

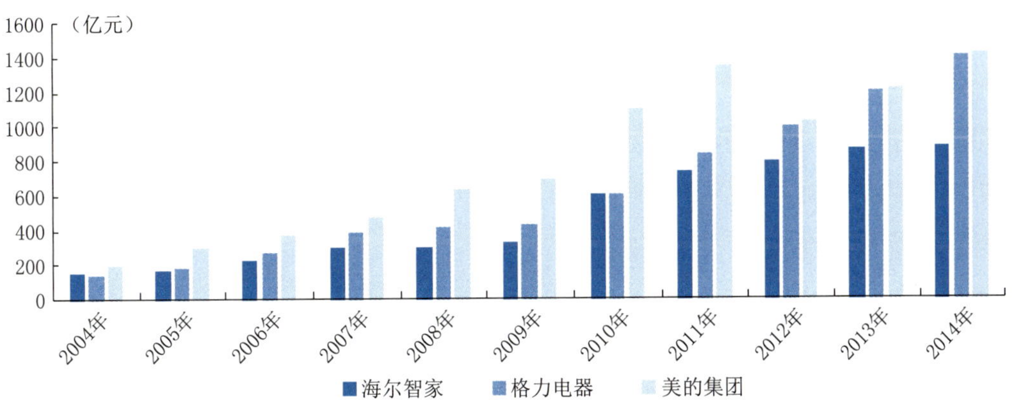

图 36　2004—2014 年，美的、格力凭借空调业务拉开与海尔的营收差距
资料来源：万得，申万宏源研究。

相较于冰箱和洗衣机，我国的空调市场起步较晚。1990 年后，随着人口快速膨胀、房地产业兴起，加上升温带来的制冷要求，空调产品销量大增。不同于冰箱和洗衣机，空调产品超越“一户一机”的属性使其保有量不断提升并最终取代冰箱和洗衣机成为我国家电销量榜首。

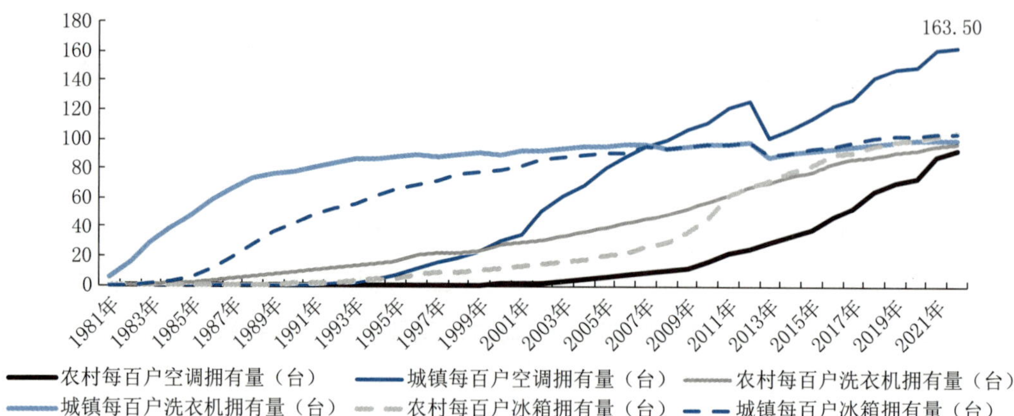

图 37　空调产品超越“一户一机”的属性使其保有量不断上升

资料来源：万得，申万宏源研究。

2001 年时，海尔与美的、格力空调业务收入规模不相上下。但至 2016 年，格力与美的空调业务已分别为海尔的 4.71 倍和 3.58 倍。对于这一结果，外界普遍归咎于海尔低估了空调市场的规模，没有提前规划布局。透过现象看本质，海尔在这一阶段暴露出的问题不仅体现在战略层面，在品牌营销、渠道控制、组织架构层面的问题同样突出。

品牌营销层面，提起海尔，大部分消费者第一时间想到的是冰箱产品，而空调品牌力积累相对薄弱。反观格力与美的，早期以空调产品起家。这种根深蒂固的观念在空调高速普及期被不断放大。

渠道控制层面，海尔与国美、苏宁为首的大型家电卖场深度合作以迅速提升销售规模，而代价则是牺牲了一部分自身利润，且资金占用现象普遍。相较于其他更早开始自建销售渠道的家电龙头，海尔在渠道控制力，特别是三四线城市渠道打通上相形见绌。

组织架构层面，海尔集团早期采用“大集团小公司”的组织架构，内部子公司多而散，上市主体采购、销售高度依赖集团其他子公司，管理低效、关联交易频繁。2005 年以前，海尔关联销售比始终在 98% 以上，关联采购比也在 80% 以上。这意味着其本身缺乏管理灵活性与运营自主性，在快速发展和瞬息万变的家电市场中，将注定被更加市场化的主体赶超。

意识到问题的严重性之后，海尔集团内部立刻开始对症下药。2006 年起，以海尔智家为主体，分别对上游原材料采购及下游销售渠道进行整顿。一方面，整合集团内部资产，海尔智家先后收购青岛海尔模具等 10 家上游公司，收购海尔商城控制下游线上渠道；另一方面，通过新设子公司布局产业链上下游，包括成立海达瑞、海达源采购服务公司，设立重庆海尔家电销售有限公司、日日顺公司等。截至 2023 年底，海尔智家关联销售比[①] 仅为 1.43%，基本实现内部自主销售体系的整合。

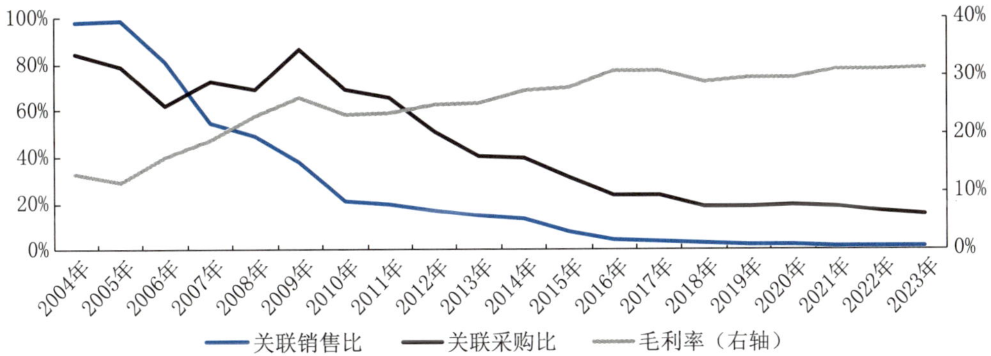

图 38　海尔智家提升产业链控制力度之后，销售毛利率持续上升
资料来源：海尔智家公告，万得，申万宏源研究。

关联采购与销售的持续优化直接拉动海尔智家毛利率大幅提升。2023 年，海尔智家销售毛利率为 31.50%，同期美的、格力毛利率为 26.49%、30.57%。

这一时期，海尔内部管理机制也进行了脱胎换骨的改造。在保留快速敏捷风格的前提下，人单合一模式开启了新的管理纪元。对外是互联网带来的碎片化的用户需求，对内则倒逼机制和流程的颠覆。海尔的管理结构从以自主经营体为基本单

① 关联销售比 = 向关联方销售货物总额 / 营业总收入；关联采购比 = 向关联方采购货物总额 / 营业总成本。

元倒三角结构发展为扁平化，进一步又发展为以小微为基本单元的网状组织。企业变创业平台，员工变创客，海尔又一次走在时代的前列。

表 6　海尔智家管理模式迭代对比

管理模式	时　期	主要内容	特　点
市场链 SBU	2005 年之前	将整个海尔变成无数个可以拆分的单独作战的主体，各个业务单元形成上下游的关系，将外部市场转换为一系列内部市场，员工业绩绩效与该市场挂钩。	（与事业部制比较） 1. 扁平式结构相对简单，运作效率较高； 2. 链上主体独立经营，协同竞争，直接面对市场变化 3. 各单位间讨价还价导致整体交易成本和管理成本上升。
人单合一 1.0	2005 年 9 月—2015 年 9 月	“人”指员工，“单”指用户价值，“人单合一”指员工直接面对用户，创造用户价值，并在这个过程中实现自己的价值分享。	（与早期市场链 SBU 比较） 1. 淡化决策层的权利和影响； 2. 人人可成为“小 CEO”，拥有决策权、管理权、用人权； 3. 个人与组织共担风险，共享收益、共同成长。
人单合一 2.0	2015 年 9 月至今	“人”升级为各利益攸关方，“人单合一”进化为各利益攸关方在海尔生态平台上共创共赢，增值分享，实现企业平台化、用户个性化和员工创客化。	1. 直连员工与用户，捕捉碎片化需求动向更敏锐，产品更满足多元化需求； 2. 一旦发现新的机会，整个链条上的相关小微企业迅速聚合，形成链群，与外部建立“链群合约”，共创共赢； 3. 释放内部资源的价值潜力，又撬动了外部资源杠杆。

资料来源：海尔集团官网，海尔智家公众号，申万宏源研究。

在人单合一模式下，集团内涌现出海尔生物等一大批创业公司。海尔生物医疗的总经理刘占杰原来是大学教师，后来作为技术研发人员加入海尔，在发现可以用物联网技术对传统医疗储存设备进行改造的市场机会后，他毅然联合团队创立小微公司，并于 2019 年登陆科创板，仅仅两年时间公司的市值已经增长 300%，成为行业内的龙头企业。

像海尔生物这样的公司在海尔平台上还有很多。正如张瑞敏所言，人单合一模式就是让每个人的价值最大化。这样人的价值被最大化，海尔的员工、合作方和用户都收获了价值。

（五）变局中开新局，三化推动持续发展

伴随着 2016 年内部资产整合初步完成、产业链的延伸以及管理机制的全面升级，海尔重回发展的快车道。总结海尔近 10 年的发展过程，三大发展理念贯穿始终——全球化、高端化和生态化。

在 2019 年海尔智家完成对意大利品牌 Candy 的收购之后，海尔全球化品牌体系已基本成形。旗下拥有海尔、美国通用家电（GE Appliances)、意大利 Candy、新西兰斐雪派克（Fisher & Paykel）、日本 AQUA、自创高端品牌卡萨帝（Casarte）和 Leader 七大品牌，业务全面覆盖欧洲、北美、日本、澳洲、东南亚、非洲等地。

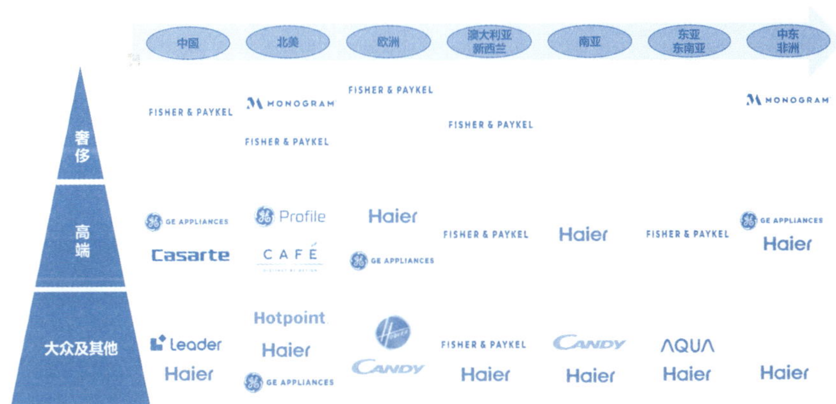

图 39　海尔智家品牌全球化布局
资料来源：海尔智家公告，申万宏源研究。

得益于品牌全球化、产能全球化优势，2023 年公司海外市场实现营收 1364.12 亿元，较 2022 年增长 7.6%。除澳洲市场，海外主要市场均保持增长态势，其中欧洲、南亚和东南亚均实现两位数的增幅。

而实现全球化布局只是海尔的第一步，通过引进海外领先技术，加强自主创新，打造高端品牌才是关键。海尔在 2006 年创立的高端家电品牌卡萨帝便是在这些国际品牌的扶持下，一步步成长起来的。

如今，冰洗已进入存量时代，空调增速也逐步放缓，价格升级成为主线。卡萨帝凭借研发、产品、渠道、营销上的多重优势厚积薄发，在高端家电市场占据绝对优势，在高端市场，冰箱、洗衣机、空调等品类的零售额份额排名第一。根据2023年中怡康线下零售数据，卡萨帝品牌冰箱及空调在中国15000元以上市场的份额达到50%、28%，洗衣机在中国万元以上市场的份额达到84%。

实现家电产业横向与纵深发展之后，海尔智家以卡萨帝为起点，开始向智慧家庭生活全场景的衣食住娱迈进。正如张瑞敏所说，“产品会被场景替代，行业会被生态覆盖”。

2020年9月11日，海尔首个场景品牌三翼鸟诞生，旨在为消费者提供更全面的生活场景解决方案。三翼鸟是卡萨帝的一种延续，是海尔对智慧家居进一步的长久布局，是链接产品与生态的关键纽带。三翼鸟的后端还搭建了一个以用户最佳体验为中心的生态网络平台，通过衣联网、食联网等生态子平台，联合各类资源方，打造了一个共赢共创的轻资产生态圈，共同提供定制化服务。

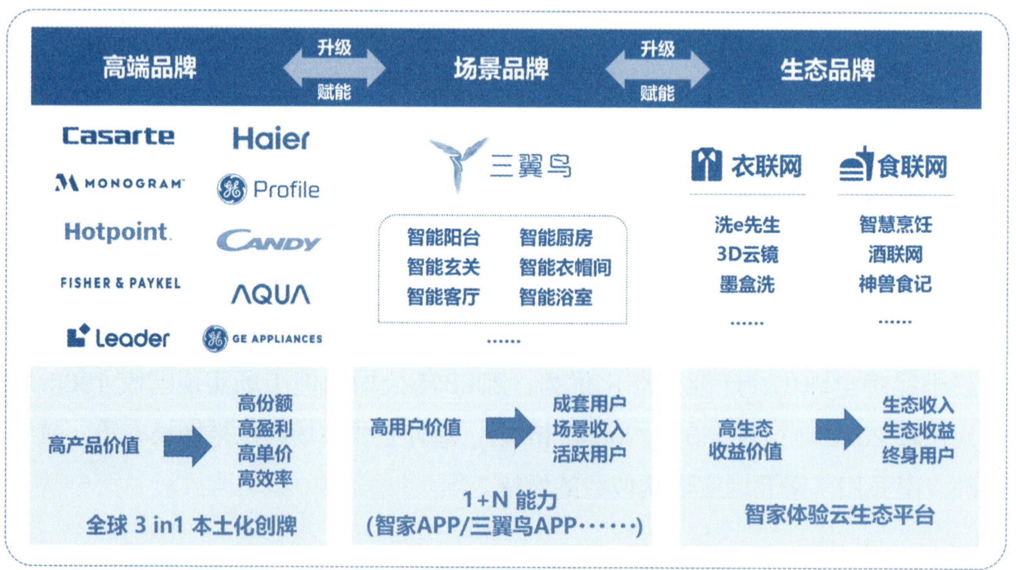

图40　海尔智家从高端品牌向生态品牌的升级战略

资料来源：海尔智家投资者交流大会，申万宏源研究。

2022 年，三翼鸟新增超过 900 家门店，门店零售额同比增长 257%；2023 年更是新增 1400 家门店，共计约 2900 家门店。① 一只只“三翼鸟”飞进千家万户为家电行业转型发展探索了一条新思路，也为海尔这艘巨轮装上了新的引擎。

二、资本运营赋能：“A+D+H”三地上市保障战略落实

如果说张瑞敏团队是舵手，把握海尔这艘巨轮前进的方向，那资本市场工具则是燃料，为这艘巨轮提供源源不断的澎湃动力。如今，海尔已实现中国内地、中国香港以及德国法兰克福三地股票上市，成为中国第一家 A+D+H 股的上市公司，而其中的每一次资本运营都与其战略落实息息相关。

（一）股权融资推动经营扩张增效

1993 年登陆资本市场以来，海尔抓住有利时机，充分运用各类股权融资工具，实现了低成本的资本扩张。具体来看，其股权融资工具包括 IPO、配股、增发、可转债等，主要聚焦三大目标。

表 7　海尔多渠道、多工具股权融资保障战略目标落地

融资方式	年度	发行价（元）	募资总额（亿元）	募资净额（亿元）	资金用途
可转债	2018 年	100.00	30.07	29.80	冰空等产线智能制造升级项目；成套智慧厨电产能布局项目；海外新兴市场制造基地建设；超前研发实验室。
D 股上市	2018 年	1.06（欧元）	2.78（亿欧元）	—	实现资金来源多元化，优化资本结构，为后续欧洲市场收购储备外币。
定向增发	2014 年	10.83	32.81	32.15	补充流动资金（向战略投资者 KKR 定向增发，为深入美国市场、海尔整体国际化战略推波助澜）。

① 《解密海尔》，载《上海证券报》2023 年 11 月 29 日。

（续表）

融资方式	年度	发行价（元）	募资总额（亿元）	募资净额（亿元）	资金用途
定向增发	2007 年	4.97	7.06	7.06	购买海尔集团持有的青岛海尔空调电子有限公司 75% 的股权、合肥海尔空调器有限公司 80% 的股权、武汉海尔电器股份有限公司 60% 的股权及贵州海尔电器有限公司 59% 的股权。
公开增发	2001 年	18.00	18.00	17.48	收购青岛海尔空调器有限总公司 74.45% 的股权。
配股	1999 年	11.60	5.67	5.56	引进大型冰箱技改项目、引进洗碗机技改项目、建设国际物流中心项目等。
配股	1997 年	6.80	6.47	6.42	用于青岛海尔电冰箱（国际）有限公司二期工程、洗碗机项目、燃气灶项目等。
配股	1996 年	3.80	1.94	1.91	用于中外合资无氟冷柜项目。
IPO	1993 年	7.38	3.69	—	建设海尔工业园。

资料来源：海尔智家公告，万得，申万宏源研究。

一是保障项目建设，提升产能。1993 年，海尔股票（600690）在上海证券交易所上市，首次向社会公众公开发行 5000 万股，募集资金 3.69 亿元，筹集到的资金使海尔青岛工业园得以顺利建成，为海尔今后的快速发展打下了坚实的基础，这也是中国家电行业的第一个工业园。随后，海尔分别在 1996 年、1997 年、1999 年三次配股，共募集 13.89 亿元，主要用于冰箱产能的扩张，为海尔成为“冰箱一哥”铺平了道路。2018 年，海尔 A 股市场公开发行可转债，此次募集 30 亿元资金用于智能家电产线建设及生态化战略项目布局，为海尔打造物联网生态品牌锦上添花。

二是收购集团资产，聚焦主业。2001 年的 A 股市场公开增发和 2007 年向海尔集团定向增发的目的都是整合集团内白色家电资产，收购集团持有的青岛海尔空调器有限总公司 74.45% 股权、青岛海尔空调电子有限公司 75% 股权、合肥海尔空调器有限公司 80% 股权、武汉海尔电器股份有限公司 60% 股权及贵州海尔电器有限公司 59% 股权。

三是吸引境外投资，迈向全球。2014 年，海尔向全球著名私募基金 KKR 定增，募集资金 32.81 亿元。此次定增重点是通过整合 KKR 集团的全球资源和投后管理能力，提升海尔在新产品开发、销售渠道管理、品牌管理、市场推广、采购 / 费用、生产创新等环节的竞争力，提升盈利能力。随后，KKR 在海尔并购通用电气家电业务（GE Appliances）谈判中发挥了至关重要的作用，帮助海尔顺利完成了迄今为止中国家电业最大一笔海外并购。而 2018 年海尔在法兰克福 D 股的首发上市并融资 2.78 亿欧元则更具战略意义，同时为海尔品牌全球化战略拼凑了最后一块版图。宏观层面上，它标志着中国在欧洲离岸蓝筹市场建设取得零的突破。微观层面上，此举有助于推进海尔欧洲战略落地，打响品牌当地知名度，建立海外员工激励平台，同时构建欧元资产、更好地规避汇率风险。而此次募集的欧元也为海尔在随后收购意大利家电品牌 Candy 提供了资金支持。

（二）兼并收购实现多元全球布局

海尔在家电并购界的故事充满了传奇色彩，“休克鱼”兼并模式、“白电行业首次跨国并购”、“白电行业最大跨国并购”均出自海尔之手。通过境内外并购“海尔系”品牌立足全球，面向全球。

海尔的兼并收购可以大致分为国内和海外两个阶段。20 世纪 90 年代，海尔通过兼并收购国内家电企业快速实现了产品多元化，过程中适时地使用了吸收合并、控股合并以及合资控股等手段，收到了四两拨千斤的效果。一是吸收合并，1995 年青岛市将红星电器厂及所属五个厂家整体划归海尔，依托政府的行政划拨海尔实现“0 元购”，并完成了青岛范围内家电企业的大范围整合。二是控股合并，1995 年 12 月海尔收购武汉冷柜厂 60% 股权，迈出了跨地区经营的第一步，相较于吸收合并，控股合并更多的是市场经济行为。三是合资控股，海尔以品牌折股投入合资企业，开辟了低成本扩张的新途径，1997 年先后与莱阳家电总厂、杭州西湖电子集团合作，通过输出文化、品牌、技术和渠道等无形资产实现“借鸡生蛋”。

经过多次国内并购，海尔积累了一定的经验以及成功案例。2011 年之后，随

表 8 海尔境内外兼并收购实现多元化、全球化布局

时间	交易标的	交易买方	标的方所属行业	交易总价值（万元）	意　义
20 世纪 90 年代	青岛电镀厂、空调器厂、冷柜厂、红星电器厂、武汉希岛公司等	海尔集团	家用电器	—	实现了空调、冷柜、洗衣机、电视等家电产品的全面布局；实现了全国各省市家电市场的布局；实现了产能的快速扩张。
2001 年	意大利迈尼盖蒂公司冰箱厂	海尔集团	家用电器	5794（700 万欧元）	中国白色家电企业首次实现跨国并购。
2011 年	日本三洋洗衣机品牌 AQUA 及相关品牌	海尔集团（后海尔智家向集团全资收购）	家用电器	80000	打通日本、东南亚市场。2012 年，通过融入人单合一双赢的企业文化，使日本三洋白电业务重焕生机，仅用八个月时间迅速止亏。2013 年海尔 +AQUA 双品牌合计份额跻身日本前五行列，AQUA 于 2014 年实现首次盈利。
2012 年	新西兰 Fisher & Paykel 100% 股权	海尔集团（2018 年海尔智家向集团全资收购）	家用电器	479036	打通澳新市场。整合交易标的资源，重组智能装备板块，并使其成为海尔智能制造新产业的重要板块。
2017 年	美国 GE Appliances 资产 100% 股权	海尔智家（600690.SH）	家用电器	3544398	打通北美市场。在销售、研发、采购、供应链、质量控制等方面充分发挥协同效应，扩大市场份额，集聚发展资源和智力资本，提升海尔在全球的竞争力。
2019 年	意大利 Candy 公司 100% 股权	海尔智家（600690.SH）	家用电器	380500	打通欧洲市场。海尔欧洲总部设立在意大利布鲁吉里奥。海尔将持续投资，提升 Candy 品牌在欧洲及全球的竞争力，并携手 Candy 公司现有管理团队，深化其在物联网时代的智慧家庭领导地位。

资料来源：海尔官网，万得，申万宏源研究。

着全球化品牌战略的深入，海尔开启了跨境并购模式，先后收购日本三洋电机（后整合创立 AQUA 品牌）、新西兰 Fisher & Paykel（简称 FPA）、美国 GE Appliances（简称 GEA）、意大利 Candy 品牌。跨境并购相较于国内并购，信息不对称、文化差异大、后续管理难等问题尤为突出。从结果来看，海尔的跨境并购均产生了良好的协同效应。2022 年，在美国，GEA 高端增长超 40%，成为美国家电行业增长最快的公司；在欧洲，Candy 占据了互联家电第一份额；在日本，海尔 +AQUA 双品牌新生活份额第一；在澳洲，FPA 转型以来收入、利润均创新高，坐稳当地白电市场第一。

四大国际品牌的收购案例中，海尔与日本三洋的兼并故事最具借鉴意义。日本坐拥松下、索尼、日立等全球知名家电品牌，家电市场护城河宽阔，欧美众多品牌都久攻不下、退避三舍，而海尔智家却冲破了这一“禁区线”，通过收购三洋电器打入日本市场。海尔收购三洋横跨 10 年，经历了三大阶段，过程中帮助三洋扭亏为盈，并在收购完成后顺利站上了日本家电之巅。

首先，建立竞合关系。2002 年，海尔与日本三洋建立了战略合作关系，实现双方家电销售渠道互换。海尔在日本得到了三洋多年建立起来的全面渠道关系，三洋则借助海尔的销售、服务和物流网络开拓中国市场。其次，成立合资公司。经过 5 年的合作，三洋依然无法摆脱亏损的局面，而海尔在冰箱技术突破上也遇到了瓶颈。于是 2006 年，海尔与三洋的关系更近了一步，双方成立合资公司“海尔三洋电器株式会社”。合资公司主要就冰箱产品进行合作，三洋将产线转移到中国境内，生产成本大大降低，扭转了长达 10 年的亏损，实现盈利。海尔则获得了三洋的领先风冷技术，成功研制出万元高端机型。通过合资经营，双方对彼此团队、技术、资产有了深入的了解，为后续的并购奠定了基础。最后，兼并三洋白电。松下垂涎三洋的电池业务，通过公开交易对三洋电机全面要约收购并实现了私有化。2011 年海尔巧抓机遇与松下展开全面谈判，成功收购了三洋电机下的白电业务，在日本区域启动海尔与 AQUA 双品牌战略。

表 9　海尔收购日本三洋“研发 + 生产 + 销售”一揽子方案概览

地　区	三洋白电资产	具体业务
日　本	三洋 AQUA 株式会社	生产销售家用和商用洗衣机
	Konan Denki 株式会社	生产家用洗衣机
	海尔三洋电器株式会社	设计与开发家用电冰箱
泰　国	海尔电器（泰国）有限公司的持股	生产家用电冰箱
越　南	三洋 HA Asean 有限公司（越南）	渠道网络
印　尼	三洋印度尼西亚有限公司	生产基地
	三洋印度尼西亚销售有限公司	渠道网络
菲律宾	三洋菲律宾公司	渠道网络
马来西亚	三洋销售及售后服务有限公司（马来西亚）	渠道网络

资料来源：海尔智家公告，申万宏源研究。

并购后海尔智家形成了一个完整的亚洲区域的运营体系。2 个研发中心，4 个工厂，6 个国家市场，尤其是拿下了三洋在东南亚经营了 30 多年的重要据点。截至 2022 年底，海尔日本销售额已超 720 亿日元，收入增长较 2002 年超 50 倍，利润更是增长了 900 倍。海尔与 AQUA 双品牌在中大型冰箱、冷柜市场份额中稳居行业 Top1，超过松下、三菱；占日本新生活季市场份额的 31%，抢占行业 Top1；更在物联网社区洗行业占据高达 70% 以上的市场份额，实现了行业引领。

（三）私有化解决集团内同业竞争

私有化海尔电器同时完成海尔智家 H 股上市是解决集团内同业竞争的最后一步，也是家电行业史上最大规模的港股私有化交易，对上市公司资本运营具有里程碑的意义。

2004—2006 年海尔一度将 H 股的海尔电器作为白电资产注入平台，直至 2006 年 4 月 A 股海尔智家股权分置改革后，海尔集团才明确以海尔智家为白电资产上市平台，并着手解决海尔智家与海尔集团的关联交易和同业竞争问题。一方面，集团将全资持有的白电资产以内部并购的方式逐步转移至海尔智家。另一方面，海尔电器作为H股上市主体，涉及大量公众股东，私有化的过程相对曲折而漫长。

海尔智家私有化海尔电器的过程可分为参股、控股、私有化三步。第一步是2008年6月青岛海尔从海尔集团接手德意志银行持有的海尔电器20.10%股权，跨出白电资产回归的一大步；第二步是2009年12月公司收购集团持有海尔电器的31.93%股权，实现对海尔电器控股51.31%并表；[①]第三步是2020年12月海尔智家以协议安排方式私有化海尔电器（H股上市公司）并同步实现以介绍方式H股上市。

本次私有化交易中，海尔智家作为要约人以“股权+现金”的方式向计划股东（即除海尔智家及其子公司外，在计划登记日持有海尔电器股份的股东）换取海尔电器H股股份，计划股东获得海尔智家新发行的H股股份作为私有化对价，换股比例为1:1.60，即每1股计划股份可以获得1.60股海尔智家新发行的H股股份。同时，海尔电器向计划股东以现金方式按照1.95港元/股支付现金付款。[②]完成后，海尔电器成为海尔智家全资子公司并从香港联交所退市，海尔智家在香港联交所主板上市并挂牌交易，计划股东将成为海尔智家的H股股东。

从项目类型来看，本次交易涉及H股上市、A股上市公司重大资产重组、港股私有化、H股可转换债券（即可交债转可转债方案），同时涉及中国内地、中国香港、德国及百慕大的监管程序和法律，方案设计极其复杂。

① 2009年海尔电器配售发行导致青岛海尔持股比例稀释至19.38%，因此实际51.31%的股权由19.38%和31.93%合计而成。

② 张永良、宋彦妍、李强：《私有化+介绍上市新模式：A+D股上市公司发行H股私有化香港上市公司并同步实现H股上市》，载“金杜研究院”公众号，2020年12月23日。

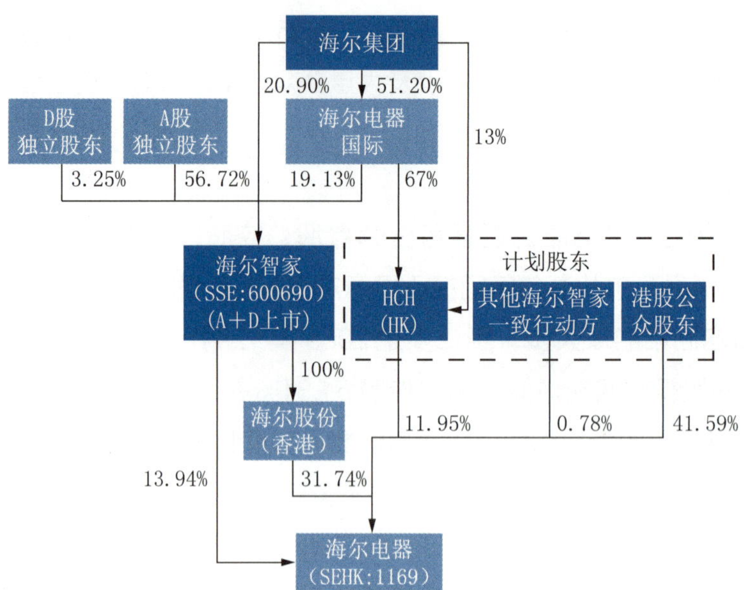

图 41　交易前海尔智家和海尔电器股权结构

资料来源：海尔电器公告，申万宏源研究。

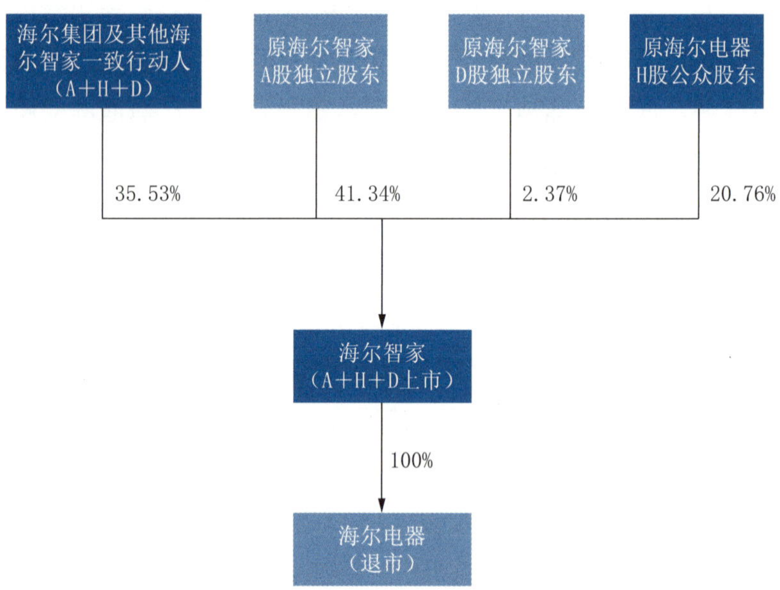

图 42　交易后海尔智家股权结构更加简明清晰

资料来源：海尔电器公告，申万宏源研究。

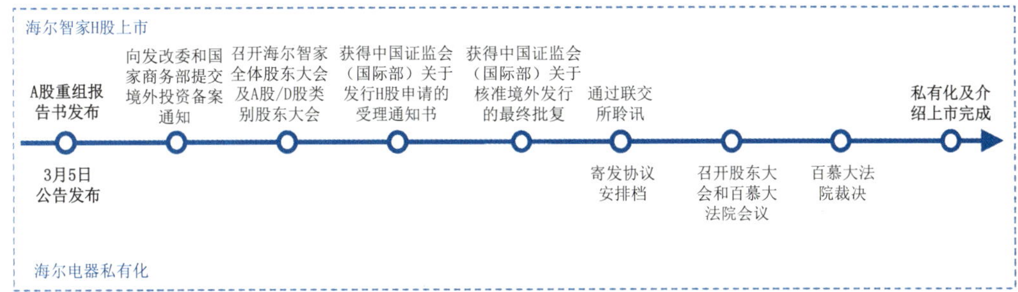

图 43　海尔智家 H 股上市及海尔电器私有化进程经多方协调

资料来源：海尔电器公告，申万宏源研究。

从项目意义来看，此次私有化打破了海尔的盈利枷锁，全面提升了经营效率。一是消除同业竞争问题。私有化前，海尔家电业务分散于两家主体，部分重叠，关联交易不可避免。私有化后，海尔智家成为海尔家电业务的唯一载体。二是化解股东利益冲突。合体前，不同的上市平台对应着不同的股东利益。合体后不仅有利于公司重大事项决策流程的精简，同时理顺了股东之间的利益。三是优化财务状况。私有化以后，海尔智家运用海尔电器账面现金 170 亿元偿还部分债务，有息负债率显著下降。

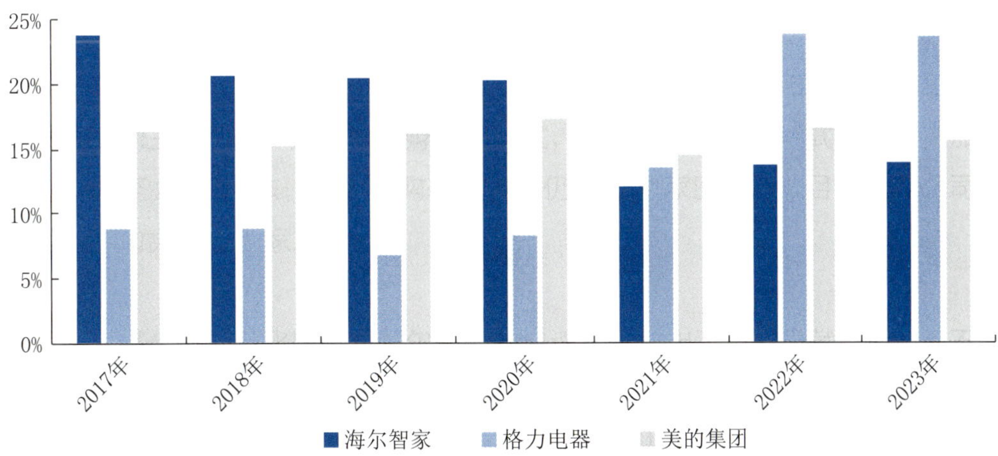

图 44　2020 年海尔电器私有化后，海尔智家有息负债率显著下降

资料来源：海尔智家公告，万得，申万宏源研究。

（四）长期激励健全人单合一模式

利用 A+H 资本市场实现激励工具多样化、完善化、标准化，保障核心层积极性，贯彻落实“企业即人”的海尔精神。H 股市场上，2002 年海尔电器便推出了 10 年期的购股权（期权）计划，又于 2011 年延续了第二个 10 年期购股权计划，2012 年后在购股权的基础上实施了限制性股份激励计划（共 3 期）；合并后，A 股和 H 股激励工具使用步调趋于一致，2021 年海尔智家在 H 股市场实施员工持股计划及受限制股份单位计划。A 股市场上，2009—2022 年海尔智家共实施 7 期股票期权激励计划；2016—2023 年共实施 7 期核心员工持股计划。

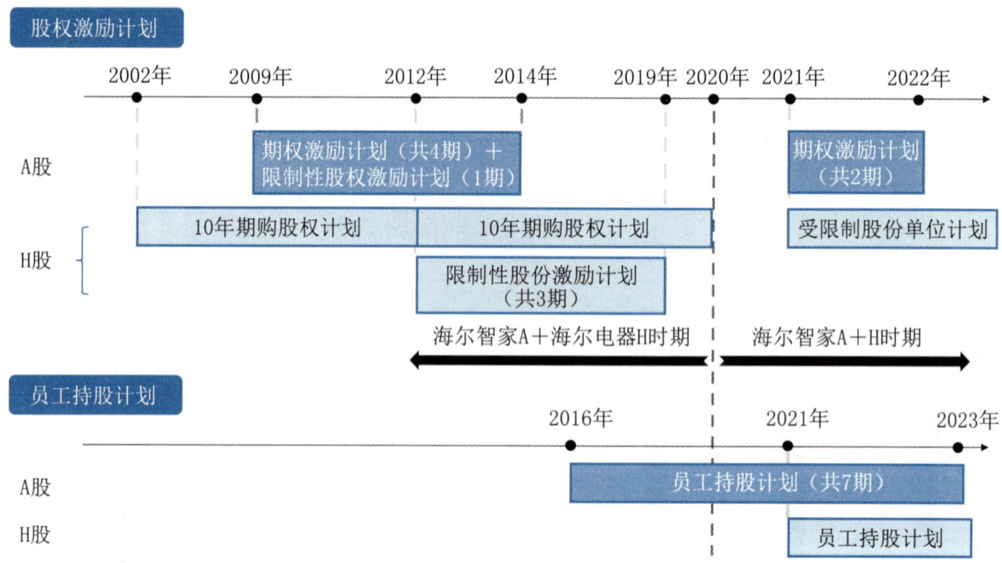

图 45　海尔智家在 A+H 股资本市场多次实施员工长期股权激励
资料来源：海尔智家公告，iFinD，申万宏源研究。

海尔股权激励计划和员工持股计划激励对象人数持续上升，使激励对象的行为与公司发展战略保持一致，增强公司竞争实力，促进公司持续健康发展。以 A 股市场为例，2009 年首期股权激励计划仅针对 8 名董监高人员和 40 名核心人员实施。随着“人单合一”管理模式的不断迭代升级，公司内部“创客化”生态的逐渐成熟，激励对象范围也不断扩大。2021 年后，股权激励计划与员工持股计划激励对象合计已超过 2000 人，单期员工持股计划的资金规模超 7 亿元。大范围、多样化的激励工具更广泛地实现了股东、公司和激励对象利益的一致，更长远地调动了优秀管理人员、一线经理及业务技术骨干积极性，更高效地吸引、激励和稳定公司经营管理骨干和核心技术（业务）人才以及公司所需的其他关键人才，从而更好地促进公司发展。

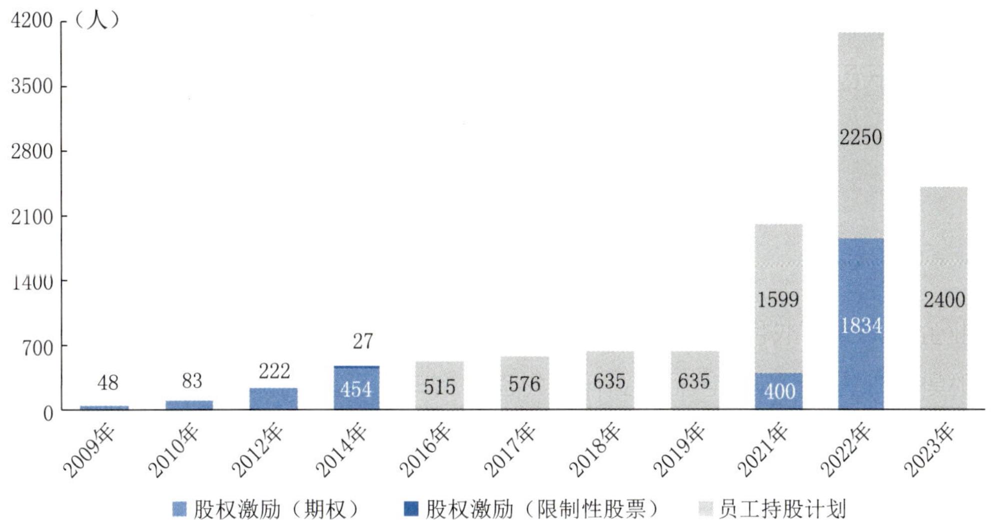

图 46　A 股员工激励计划人数持续上升

资料来源：海尔智家公告，申万宏源研究。

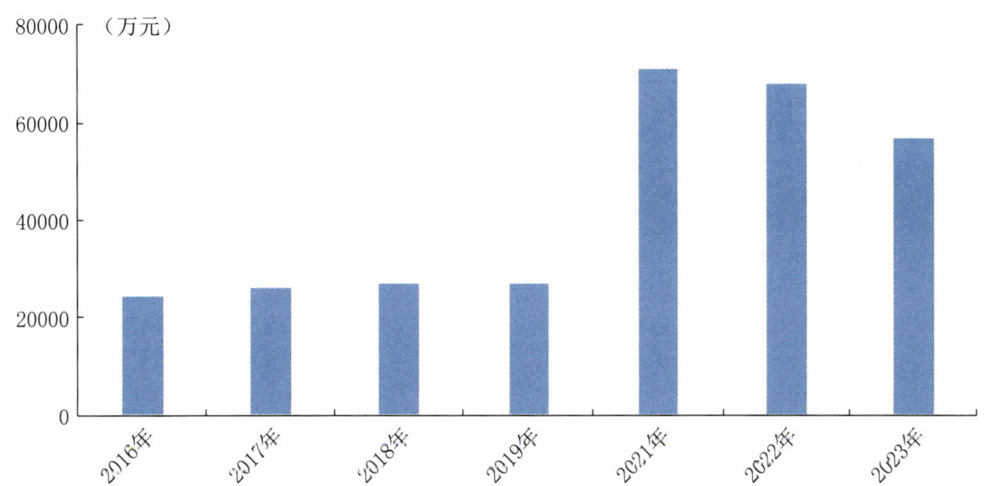

图 47　员工持股计划资金规模大幅增长

资料来源：海尔智家公告，申万宏源研究。

表 10 “战略举措 + 资本运营”双轮驱动海尔智家 A 股市值攀升

战略举措	资本运营	起始时间	结束时间	区间绝对涨跌幅（期末 / 期初）			区间相对指数涨跌幅（海尔 / 基准）	
				海尔	上证综指	沪深300	对上证综指	对沪深300
海外产能扩张	—	2002 年 1 月 4 日	2006 年 7 月 24 日	-47%	3%	3%	-50%	-50%
集团资产注入，降低关联交易比例；产业链延伸	股权分置改革；定增收购集团内家电资产	2006 年 7 月 25 日	2007 年 9 月 12 日	516%	207%	279%	309%	237%
—	—	2007 年 9 月 13 日	2008 年 6 月 20 日	-69%	-46%	-47%	-23%	-22%
进一步整合集团内资产	收购外资持股以实现参股海尔电器	2008 年 6 月 23 日	2008 年 12 月 31 日	8%	-34%	-35%	42%	43%
—	—	2009 年 1 月 5 日	2009 年 8 月 3 日	50%	84%	101%	-34%	-51%
解决关联交易；品牌全球化；人单合一 1.0 模式	收购集团持股实现并表海尔电器；三期股权激励；定增引入战投 KKR；集团收购三洋、FPA 家电	2009 年 8 月 4 日	2014 年 2 月 19 日	207%	-38%	-39%	245%	246%
—	—	2014 年 2 月 20 日	2015 年 11 月 25 日	-4%	71%	65%	-75%	-69%
理顺渠道机制；自主高端品牌发力；人单合一 2.0 模式	收购 GEA 家电；多次实施员工持股计划	2015 年 11 月 26 日	2018 年 6 月 25 日	123%	-21%	-5%	144%	128%
实现品牌全球化；智能化、场景化发展	发行可转债；法兰克福 D 股上市；100% 收购 Candy 品牌	2018 年 6 月 26 日	2020 年 7 月 28 日	-10%	15%	31%	-25%	-41%
彻底解决同业竞争；产业链加固；生态化发展	私有化海尔电器 +H 股上市	2020 年 7 月 30 日	2020 年 11 月 27 日	52%	3%	5%	49%	47%

资料来源：万得，申万宏源研究。

三、结语：三十而立，永葆初心，开创未来

透过价值管理钻石模型视角来回顾海尔成长之路，我们不难发现，公司以质量为基，逐步建立起品牌优势，通过兼并收购实现产品多元化、品牌全球化布局，实现价值创造；面对空调市场的失速局面，海尔通过治理结构调整、管理模式革新等举措守住基本盘，保持第一梯队，实现价值优化；随后借助技术、品牌、营销等优势抢占高端市场，并在万物互联时代，积极探索生态化的可持续发展，实现了价值再创造。

在成长过程中，积极的资本市场价值曲线运营也发挥着举足轻重的作用。正如诺贝尔经济奖获得者斯蒂格勒所说，纵观世界上著名的大公司，没有一家不是在某个时候以某种方式通过资本运营方式发展起来的，也没有哪一家是单纯依靠企业自身利润积累发展起来的。海尔从“0”到“1”再到“N”的道路离不开领导层的运筹帷幄，更离不开资本市场价值的添砖加瓦。

2023 年是海尔智家 A 股上市 30 周年之际，于人，是而立之年；于海尔，则是乘势而上之年。30 年间，海尔智家始终引领中国家电产业的发展与革新，同时在全球资本市场写下了浓墨重彩的一笔又一笔。未来，在实业与资本市场的双轮驱动下，海尔智家将继续向生态化转型突破，孕育出更多颠覆性的成果，给企业发展带来更多的启示。

美的集团①：

战略转型引领价值创造，资本运作赋能价值进阶

自 1968 年创立至今，美的集团已走过半个世纪的峥嵘岁月，从一家生产塑料瓶盖的小镇作坊成长为覆盖智能家居、新能源及工业技术、智能建筑科技、机器人与自动化和其他创新业务的全球化科技集团，从 5000 元创业启动金发展至 2023

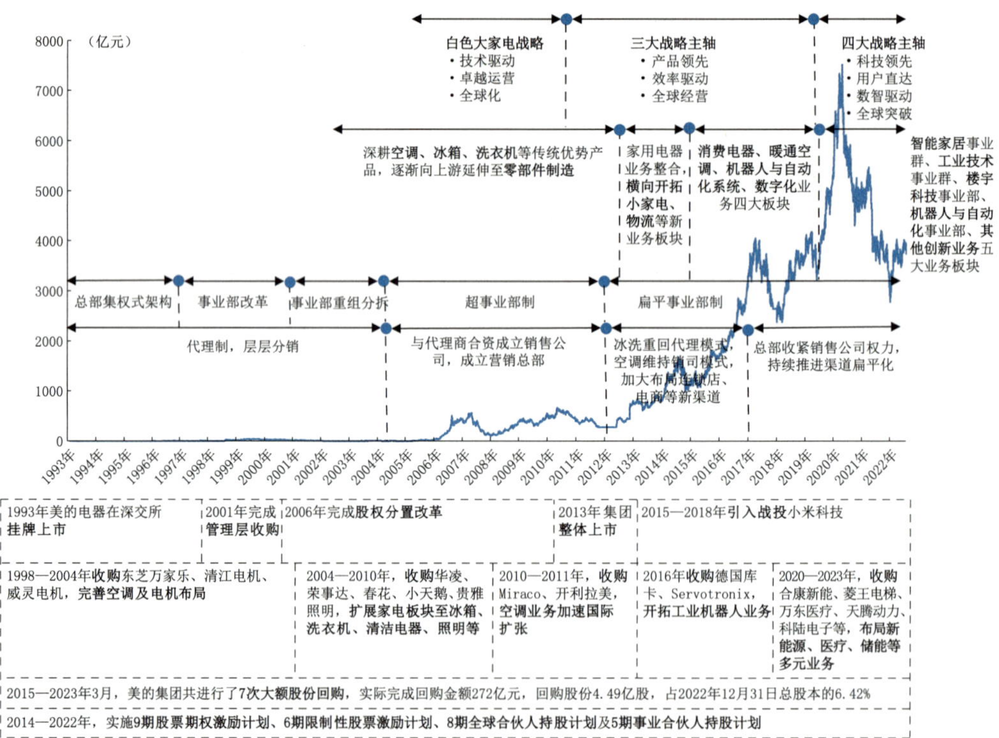

图 48　美的集团的市场价值成长之路

资料来源：美的电器，美的集团公司公告，公司官网，万得，申万宏源研究。

① 美的集团：全称美的集团股份有限公司，股票代码 000333。

年的 4860 亿元资产、3737 亿元营收的规模体量，是我国家电行业伴随改革开放不断壮大的缩影，也是中国制造业企业转型升级的典型样本。从 1993 年上市至 2024 年，美的在中国资本市场已乘风破浪 31 载，市值从 18 亿元跃升至 4475 亿元（2024 年 3 月底数据），涨幅超过 200 倍，是当之无愧的家电行业翘楚，持续具有创值能力，也在资本市场留下了属于自己的独特足迹：第一家通过股份制改革上市的乡镇企业、第一家完成管理层收购（Management Buy-Outs，MBO）产权变更的上市公司、非上市公司吸收合并上市公司实现集团整体上市、A 股史上最大回购……美的价值成长之路，不仅源于自身优秀基因，也离不开资本市场的强力助推，对正在经历产业转型的传统制造业企业有着重要的参考和借鉴意义。①

一、美的成长回顾：中国制造业企业转型升级的典型样本

（一）中国家电行业："中国制造"走向全球的亮眼名片

行业发展历程：伴随改革开放进程实现由弱及强

中国家电行业自 20 世纪 80 年代中期正式起步，从模仿跟随到自主创新，从简单加工到产品全覆盖、产业链全布局，从低端代工生产到品牌享誉世界，② 是中国改革开放 40 年中经济体制改革结出的硕果，也是"中国制造"的一张标志性名片。回溯其发展历程，大致可以分为四个阶段。

萌芽阶段（1985—1991 年）：1984 年起我国商业体制改革进入了全面推进阶段，随着国家综合实力和人民生活水平逐渐提高，家电产品从紧俏高档型消费品逐渐

---

① 本篇案例部分内容参考申万宏源研究所发布的研究报告：2020 年 7 月 30 日《美的集团（000333）：——五十载风华正茂，科技巨头扬帆起航》（证券分析师：刘正、周海晨、史晋星）。

② 《家电蝶变折射中国制造崛起：从贴牌代工到品牌出海》，载《经济日报》2018 年 11 月 2 日。

演变为一般耐用型消费品，在城镇和农村市场快速普及，各种家电产品生产线技术从国外引进，中国家电工业朝着产业化、规模化、普及化发展。

起步发展期（1992—2000 年）：随着改革开放的深入、现代企业制度的建立、企业上市资本化运作的实现，我国家电产业从旧电器进口、散件组装、技术引进到自主研发，产品质量和性能均得到了显著的提升，走出了一条自主研发 + 规模化生产的发展道路，国内市场规模不断扩张，出口市场开始起步发展，国内外品牌同场竞技、产品品类不断细分、新产品不断涌现。

迅速扩张期（2001—2010 年）：2001 年中国加入世界贸易组织，中国经济进入全新的发展阶段，国内家电市场开始从外资品牌主导转向国产家电品牌主导，出口市场开始从 OEM、ODM 加工出口向自主品牌出口转变。中国家电产业也从“引进来”转向“走出去”，在海外开厂、设点大踏步发展，走出了一条从家电生产大国、进口大国，到家电制造大国、出口大国的国际化发展道路。

转型升级期（2011 年至今）：随着我国经济增速逐渐放缓，家电下乡和以旧换新政策红利逐渐退坡，互联网零售进入快速发展阶段。家电生产开始向自动化、智

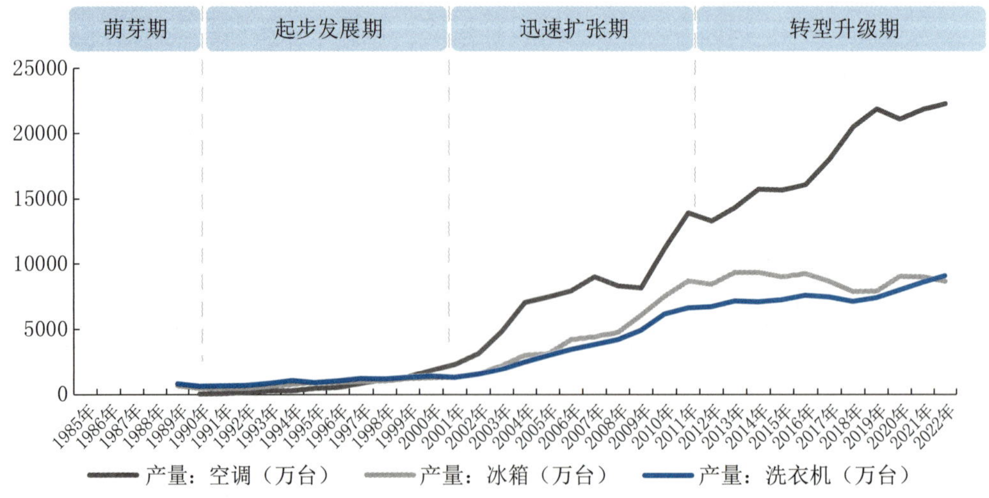

图 49　中国家电行业发展历程

资料来源：iFind，申万宏源研究。

能化转型，家电产品开始向节能智能方向转型，家电渠道开始向电子商务、智慧零售转型，家电企业由规模领先向价值领先转型。市场竞争格局愈发激烈，同时也涌现出一批千亿级规模的企业，成长起一批有知名度和影响力的自主品牌，如美的、格力和海尔。

行业代表企业：美的集团市值营收净利名列前茅

美的、海尔和格力营收合计市占率超过 50%。截至 2023 年末，申万家用电器一级行业共有 93 家 A 股上市公司，2023 年共实现营业收入 14852 亿元，其中美的、海尔和格力的市占率分别为 25.0%、17.6% 和 13.7%，是当之无愧的家电行业三强。

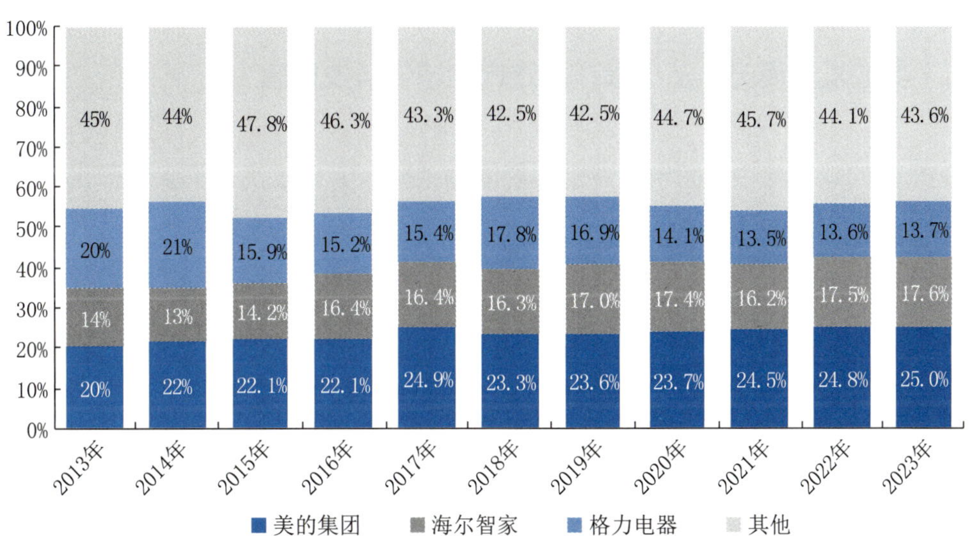

图 50　家用电器行业上市公司营收占比

资料来源：iFind，申万宏源研究。

美的集团市值领跑家电三强。家电三强均在 20 世纪 90 年代沪深交易所成立早期就步入资本市场，伴随家电行业和资本市场的发展逐渐成长为优秀的上市公司。如今，作为家电三强中仅有的民营上市公司，美的集团以 4475 亿元人民币的市值（2024 年 3 月 29 日数据）领跑三强且优势显著。

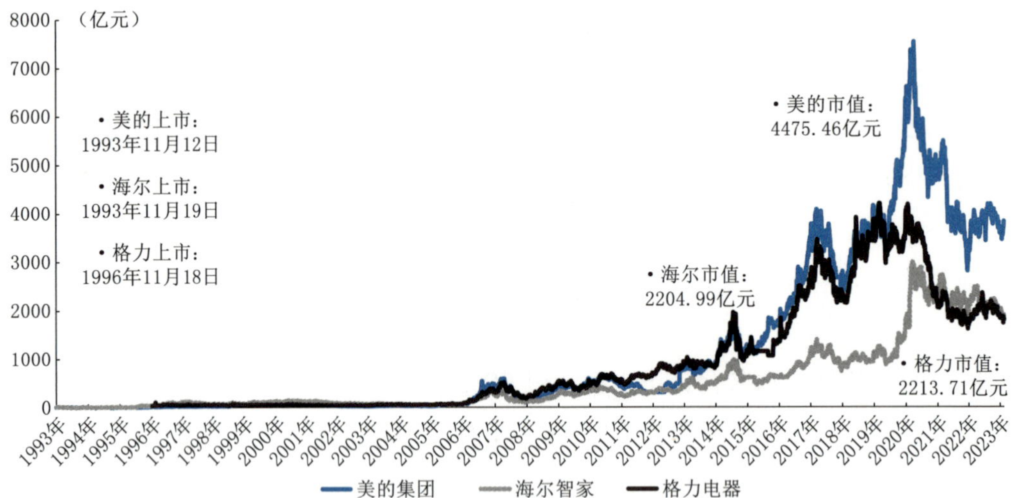

图 51　美的、海尔、格力市值变化（数据截至 2024 年 3 月 29 日）

资料来源：iFind，申万宏源研究。

（二）美的发展简史：从小镇作坊走向全球化科技集团

美的集团的成长与中国家电行业的发展同频共振，相互成就，是家电行业不断壮大的缩影，也是中国制造业企业转型升级的典型样本，其发展经历了以下四个发展阶段。

创业探索期（1968—1979 年）：不确定的名称，不确定的业务

1968 年，广东省佛山市顺德区北滘镇公社干部何享健带领 23 名居民集资 5000 元创办“北滘街办塑料生产组”，主要生产塑料瓶盖。1969—1974 年，产品范围逐渐扩大至药用玻璃瓶（管）、皮球等。1975 年，公司更名为“顺德县北滘公社塑料金属制品厂”，开始生产五金制品和标准零件等。1976 年，公司更名为“顺德县北滘公社汽车配件厂”，开始生产刹车阀等汽车配件。1979 年，改革开放政策刺激工业生产，多地出现电力不足问题，公司将业务转向生产制造发电机。

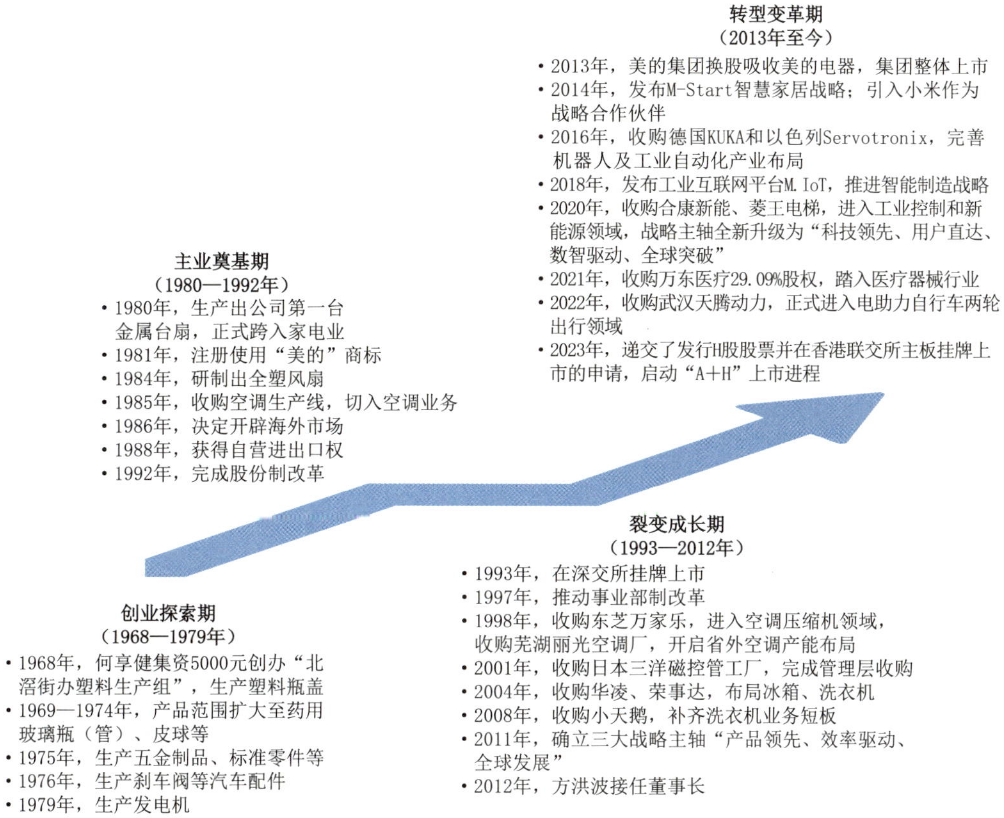

图 52 美的发展历程

资料来源：美的集团官网，美的集团公告，申万宏源研究。

主业奠基期（1980—1992 年）：迎接改革春风，步入家电领域

1980 年，改革开放春风吹到顺德，在外商嗅到家电行业商机纷纷进行投资的背景下，何享健将公司更名为“顺德县北滘公社电器厂”，生产出公司第一台金属台扇，取名“明珠”牌，标志着公司正式步入家电业。1981 年，公司注册使用“美的”商标。1984 年，公司进行了产品升级，用塑料材料取代金属材料，研制出全塑风扇，在激烈的市场竞争中脱颖而出，同年公司更名“顺德县美的家用电器公司”。1985 年，美的收购广州航海仪器厂的空调生产线，切入空调业务。1986 年，为避开国内的激烈竞争，公司决定开辟海外市场。1988 年，公司获得自营进出口权。1991 年，高薪引进博士马军，设计出国内一流的高效节能空调器样机，该产品订单额突破 1 亿元。1992 年，邓小平同志南方谈话后，顺德率

先进行综合配套改革，美的主动争取股份制改革试点名额，顺利成为中国第一家完成股份制改造的乡镇企业。

裂变成长期（1993—2012 年）："一架三轮车，驶上高速公路"

1993 年，美的电器在深交所挂牌上市，再次捷足先登成为中国第一家由乡镇企业改制而成的上市公司，市值为 18 亿元（1993 年 11 月 12 日上市当天数据）；同年从日本三洋引进 IH 模糊逻辑电脑电饭煲项目，进入厨房小家电领域。1997 年，公司推动分权管理和事业部制改革，设立风扇、电机、空调、厨具、压缩机五大事业部；收购清江电机，跨入大型工业电机领域。1998 年，美的提出"内涵提升、外延扩张"的战略，收购东芝万家乐，成功进入空调压缩机领域；收购芜湖丽光空调厂，开启省外空调产能布局。1999 年，与日本东芝、三洋合作，进入商用空调、微波炉、饮水机等领域。2000 年，与意大利梅洛尼合作，布局洗碗机业务；投资设立安得物流，正式进入家电物流领域。2001 年，收购日本三洋磁控管工厂，完善了微波炉产业链上游布局；同年完成管理层收购，成为国内第一家完成 MBO 的上市公司。2002 年，再次出现增长停滞，启动第二次事业部改革。2003 年，启动"云南美的汽车"整合项目。2004 年，先后收购广州华凌 42.4% 和合肥荣事达 75% 股权，布局冰箱、洗衣机领域；与重庆 GE 组建中央空调公司，进入中央空调领域。2005 年，收购春花电器，进入吸尘器领域。2007 年，建成合肥美的冰洗产业园，成为美的旗下六大类冰洗产品的主要生产基地之一。2008 年，收购小天鹅，补齐洗衣机业务短板；与日本东芝合作切入冰箱压缩机领域。2010—2011 年，先后进入非洲和拉美市场；收购贵雅照明，实现在节能灯领域的扩张；确立三大战略主轴"产品领先、效率驱动、全球发展"，经营原则由"规模导向"转向"利润导向"。2012 年，何享健卸任美的集团董事长，方洪波接任，美的成为家电行业历史上第一家由职业经理人掌权的民营企业。

转型变革期（2013 年至今）：白电巨头确立，寻求新的突破

2013 年，美的集团换股吸收美的电器，实现集团整体上市，解决集团和上市公

司业务协同难题。2014 年，发布 M-Start 智慧家居战略由传统家电制造转型为智慧家居创造；引入小米作为战略投资者。2015 年，国际中央空调巨头开利入股美的中央空调重庆基地；与德国博世公司、日本希克斯公司成立合资拓展中央空调业务；与日本安川电机合资，进军机器人市场。2016 年，收购德国库卡和以色列 Servotronix，完善机器人及工业自动化产业布局；收购意大利中央空调品牌 Clivet 和瑞典伊莱克斯公司旗下吸尘器品牌 Eureka；收购东芝白电，扩大在日本和东南亚市场布局；与华为消费者业务签署战略合作协议，在智慧家居领域形成全方位的战略合作关系；与阿里巴巴在物联网（IoT）领域达成战略合作。2017 年，与伊莱克斯成立合资公司，引入德国高端家电品牌 AEG。2018 年，正式发布自主兼备“制造业知识、软件、硬件”三位一体的工业互联网平台 M.IoT，推进智能制造战略；推出高端家电品牌“COLMO”。2019 年重启华凌“WAHIN”品牌，定位年轻化，不断丰富品牌矩阵。2020 年，收购合康新能、菱王电梯，进入工业控制、新能源和电梯领域；战略主轴全新升级为“科技领先、用户直达、数智驱动、全球突破”。2021 年，收购万东医疗 29.09% 股权，踏入医疗器械行业；正式形成智能家居、工业技术、暖通与楼宇、机器人与自动化和数字化创新五大业务群。2022 年，收购武汉天腾动力，正式进入两轮出行领域。2023 年，向港交所递交了发行 H 股股票并在香港联交所主板挂牌上市的申请，启动“A+H”上市进程，进一步深化全球战略布局。截至 2023 年底，美的在全球拥有约 200 家子公司、33 个研发中心和 40 个主要生产基地，员工超过 19 万人，业务覆盖 200 多个国家和地区。连续 8 年跻身世界 500 强企业行列，在 2023 年《财富》中国 500 强榜单中位列第 82 名。美的系家用空调、台式泛微波、台式烤箱、电暖器、电风扇、电磁炉、电热水壶、空气炸锅 8 个品类在国内线上与线下的市场份额均位列行业第一。①

（三）美的市值复盘：30 年超 200 倍增长，年均复合增长率约 20%

2013 年 9 月，美的电器（000527.SZ）控股股东美的集团以 44.56 元 / 股的价格发行 A 股，以 1:0.3447 的比例换股吸收合并美的集团以外股东持有的美

① 美的集团 2023 年年报。

的电器股份，从而实现了集团整体上市，股票代码更替为 000333.SZ。为了更好地呈现两个阶段的市值变化，此处将对两个主体的市值成长经历分别进行复盘。

美的电器：20 年间市值涨幅 25 倍，总体变化较大

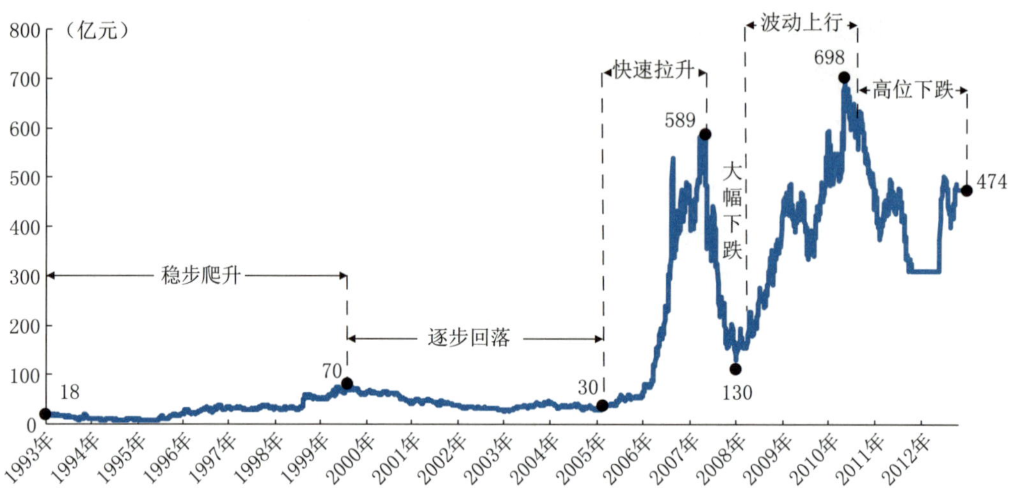

图 53　前 10 年美的电器市值变化

资料来源：万得，申万宏源研究。

在多重外部因素的影响下，美的电器市值呈现大幅变动。自 1993 年 11 月 12 日美的电器上市起至 2013 年 9 月 17 日美的集团整体上市前的约 20 年间，美的电器股价从 0.46 元 / 股涨至 14.02 元 / 股，涨幅 29 倍；总市值从 18 亿元涨至 474 亿元，涨幅 25 倍。市值变动趋势可概括如下：1993—2000 年，市值从 18 亿元稳步爬升至 70 亿元左右；2001—2005 年，市值逐步回落至 30 亿元左右；2006—2007 年，受股权分置改革影响，市值快速拉升至 589 亿元；2008 年，在资本市场的波动影响下，市值应声下跌至 130 亿元；2009—2010 年，市值波动上行至 698 亿元，达到阶段性高位，较上市之初市值涨幅约 38 倍；2011—2013 年上市前夕，市值逐渐回落至 474 亿元。

美的集团：10 年间市值涨幅逾 4 倍，呈现稳健攀升

相较于美的电器的大起大落，美的集团市值攀升之路更加稳健。2013 年 9 月 18 日至 2023 年末，美的集团股价从 8.66 元 / 股涨至 54.63 元 / 股，涨幅 5 倍，总市值从 712 亿元涨至 3838 亿元，累计涨幅超过 4 倍，最高涨至 10 倍。市值变化趋势可复盘如下：2013—2015 年，市值从 712 亿元稳定攀升至 1700 亿元左右，正式步入千亿市值俱乐部；2015 年受资本市场影响，市值降至 1000 亿元左右；2016—2017 年，市值稳健增长，突破 4000 亿元大关；2018 年，在大盘持续低迷的背景下，美的集团市值持续下滑至 2400 亿元左右；2019—2021 年初，市值经历两轮上涨冲高至 7500 亿元左右；2021—2022 年，市值从高位回落至 2800 亿元左右；2023 年，市值在 3800 亿元附近震荡。总体而言，美的集团的市值走势与大盘和行业基本一致。通过构建创值能力指标，若公司投入资本回报率 ROIC/ 加权平均资本成本 WACC>1 且净利润增速 g>0，即认为上市公司具有创值能力，经测算，在 2003—2022 年间，美的集团在 10 年中保持了创值能力。

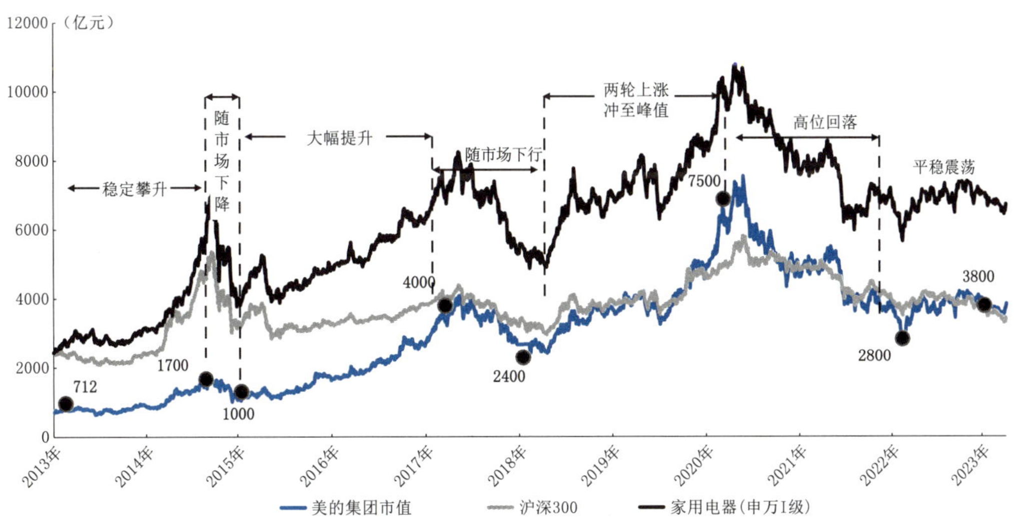

图 54　后 10 年美的集团市值变化

资料来源：万得，申万宏源研究。

二、美的在价值创造、营销、运用、优化四个环节稳扎稳打

（一）价值创造奠基：战略布局调整守住业绩基本盘

价值创造是价值管理的基础，美的集团的价值成长本质上源于坚实的业绩支撑，美的集团主要围绕战略引领和产业布局两个方面提升业绩，促进价值创造能力的提高。

战略引领：两次战略转型引领业务价值链的重塑

企业的战略转型本质上是企业的重构，是基于具体发展形势，对企业各方面发展

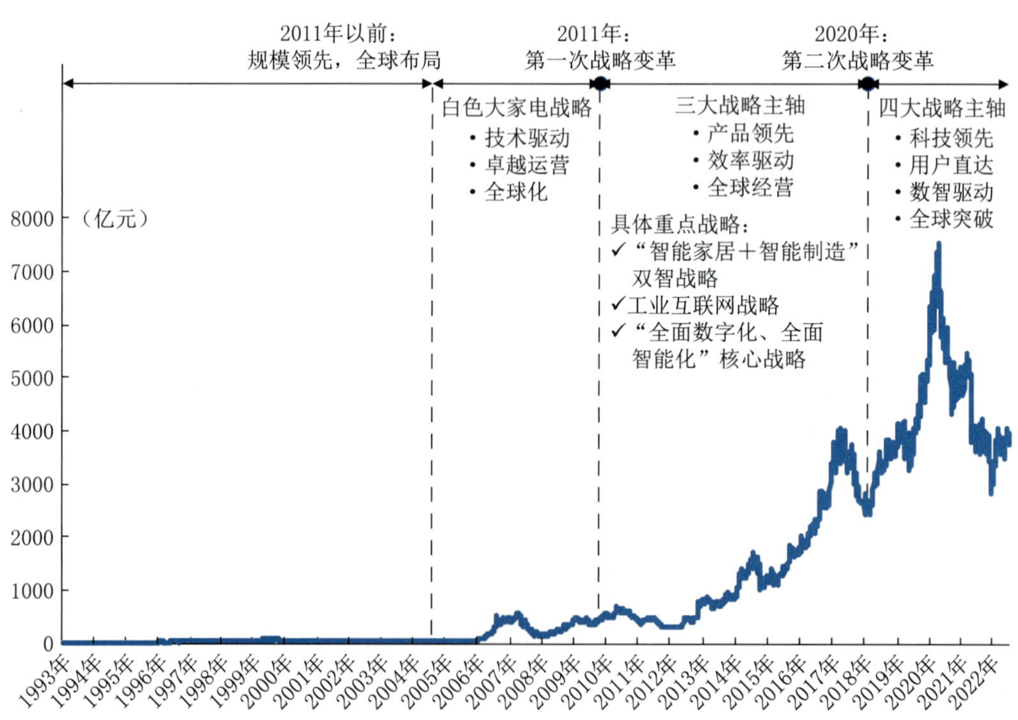

图 55　美的战略变革历程和市值变化

资料来源：美的电器 / 美的集团公告，万得，申万宏源研究。

计划的重新配置，通过对各个环节进行调整，以达到价值创造的目的。在美的集团的发展过程中经历了两次重要的战略转型，对企业的产品形态、业务价值链、经营管理效率的进阶起到了重要的引领作用，筑牢了企业价值增长的基础。

第一次战略变革：从规模导向转为围绕“产品领先、效率驱动、全球经营”三大战略主轴进行能力培育。1993—2010 年，美的经历了粗放式的大规模扩张，成本偏高、产品附加值偏低的问题逐渐暴露，销售毛利率从 36% 下降至 17%，降幅超过 50%，原以规模为导向的成功发展模式难以为继。2011 年，美的启动第一次战略转型，以“产品领先、效率驱动、全球经营”为三大战略主轴进行能力培育，本质在于推动公司的增长基础从资源优势向客户价值方向转型。这次战略转型奠定了 2011—2020 年 10 年的发展基调，在三大战略主轴的引领下，美的于 2013 年启动数字化转型，2014 年提出“智能家居 + 智能制造”双智战略，2019 年提出“全面数字化、全面智能化”的核心战略，推动产品向价值链高端迈进，并有效改善了经营管理效率，拉动毛利率回升至 2019 年的 29%。

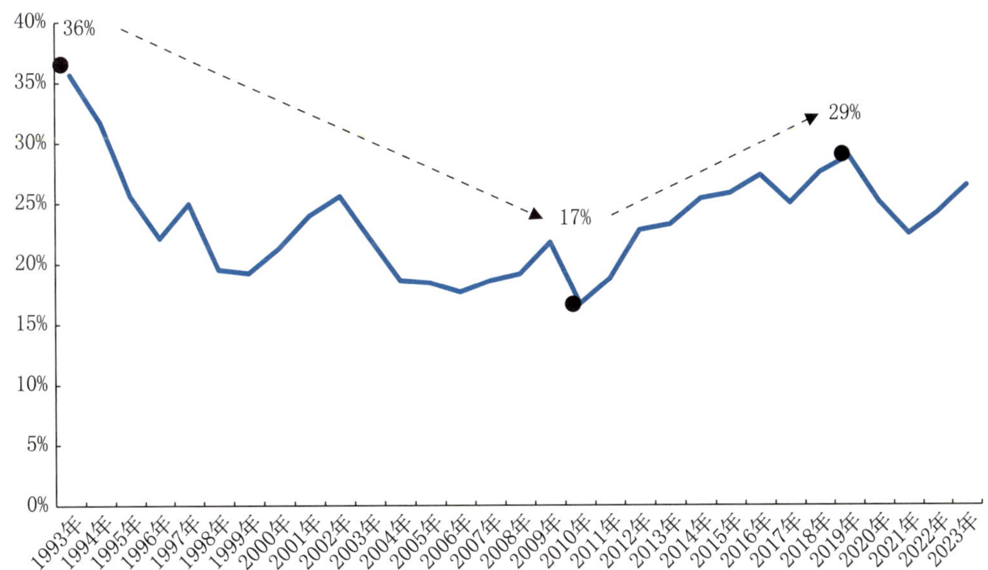

图 56　美的毛利率变化

资料来源：万得，申万宏源研究。

第二次战略变革：由传统制造业行业向全球化科技集团转型。2011—2019 年间，各家电企业均在传统家电业务外积极探索新的增长曲线，美的在全面数字化、全面智能化转型方面也已积累了丰富的经验。在此背景下，2020 年美的开启第二次战略变革，将三大战略主轴“产品领先、效率驱动、全球经营”全面升级为“科技领先、用户直达、数智驱动、全球突破”四大战略主轴，加快美的由传统制造业公司向全球化科技集团转型进程。新一轮战略升级将“科技领先”替代“产品领先”，说明积累核心技术优势是美的未来发展的重中之重；将“效率驱动”更新为“数智驱动”，意味着美的未来的竞争优势主要靠数字化、智能化能力来塑造；“全球经营”升级为“全球突破”，美的未来将更加注重提升自有品牌的全球影响力；增加了“用户直达”，说明美的在提供产品和服务的过程中会更加注重把握用户需求，一切以用户为核心。2020 年全年，美的集团市值从 4166 亿元上涨至 6920 亿元，涨幅高达 66%。

产业布局：横纵结合推进多元化，BC 端共同发力

企业的产业布局是资源要素配置的体现，反映了价值增长的来源和结构。美的通过产业布局的迭代，不断向价值链高端延伸，优化了价值结构，扩宽了价值空间。美的业务布局的迭代大致可分为四个阶段：2012 年以前，美的产业布局主要是深耕传统优势产品，包括空调、冰箱、洗衣机等，并逐渐向产业链上游延伸至零部件制造。2013—2015 年，家用电器业务整合为一个大的业务板块，在此基础上，横向开拓了小家电、物流等新业务板块。2016—2019 年，空调和供暖及通风系统业务被单独划分为暖通空调业务板块，其他家电业务划进消费电器板块，同时布局机器人、数字化等新业务板块，形成消费电器、暖通空调、机器人与自动化系统和数字化业务四大业务板块。2020—2022 年，美的将原暖通空调业务中的家用空调拆分出来和消费电器业务整合，形成智能家居事业群，主要聚焦 C 端业务；暖通空调业务只保留中央空调、供暖和通风系统等，形成楼宇科技事业部；将核心部件（压缩机、电机、芯片）业务划分至工业技术事业群。集团整体重新确立了智能家居事业群、工业技术事业群、楼宇科技事业部、机器人与自动化事业部、其他创新业务五大业务板块，除智能家居事业群以外，其他四个板块均发力 B 端，发展思路基本遵循着从 C 端切入 B 端，并顺应数智化潮流外延拓展，五大业务板块既相互独立又相互赋能，协同推进，为集团发展开拓了新的价值增长空间。

图 57　美的产业布局变化

资料来源：美的电器 / 美的集团公告，万得，申万宏源研究。

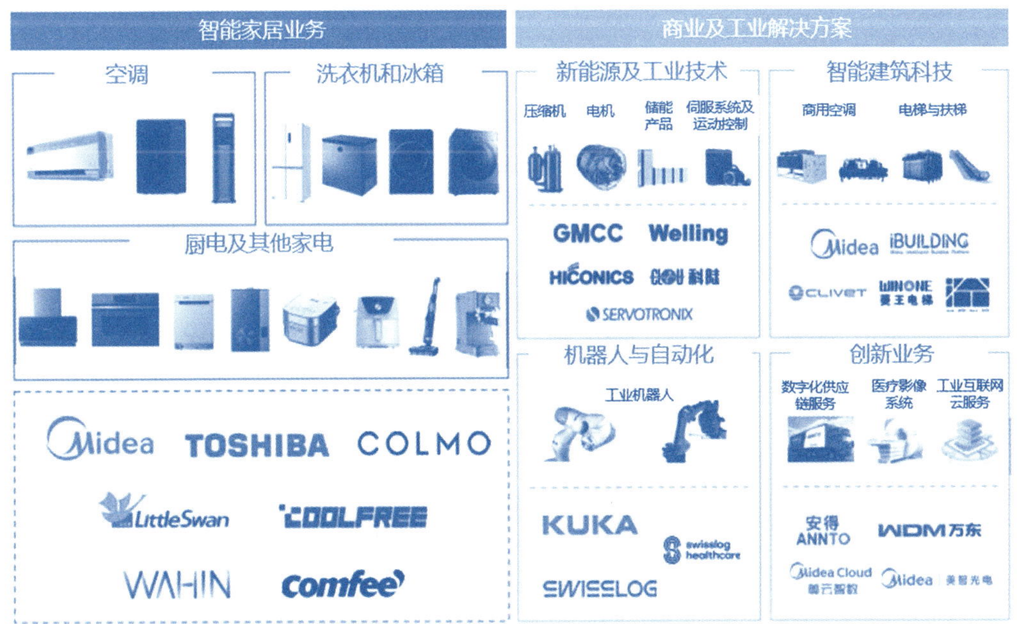

图 58　美的集团主要业务板块

资料来源：美的集团，申万宏源研究。

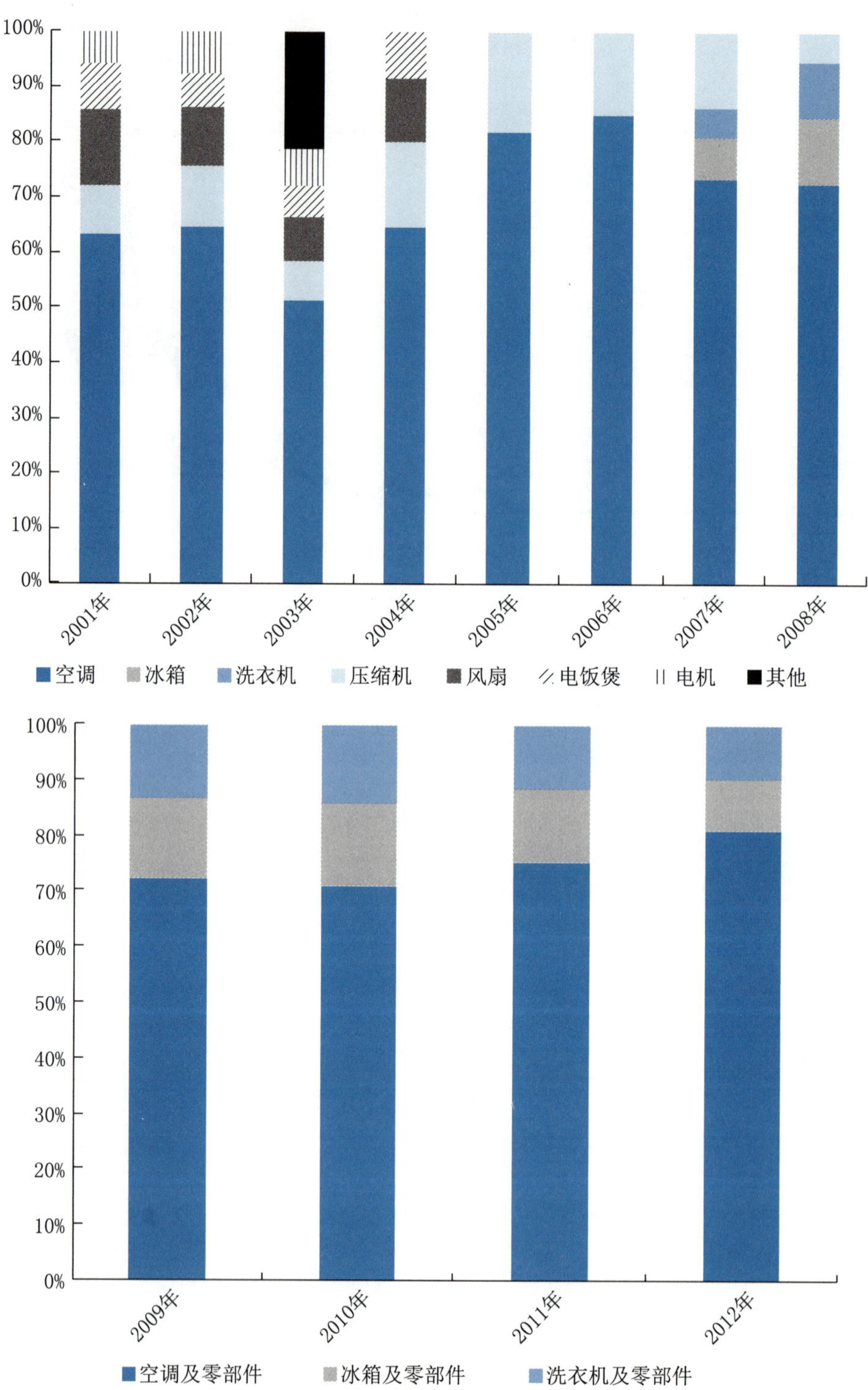
100%
90%
80%
70%
60%
50%
40%
30%
20%
10%
0%
2001年
2002年
2003年
2004年
2005年
2006年
2007年
2008年
空调
冰箱
洗衣机
压缩机
风扇
电饭煲
电机
其他
100%
90%
80%
70%
60%
50%
40%
30%
20%
10%
0%
2009年
2010年
2011年
2012年
空调及零部件
冰箱及零部件
洗衣机及零部件

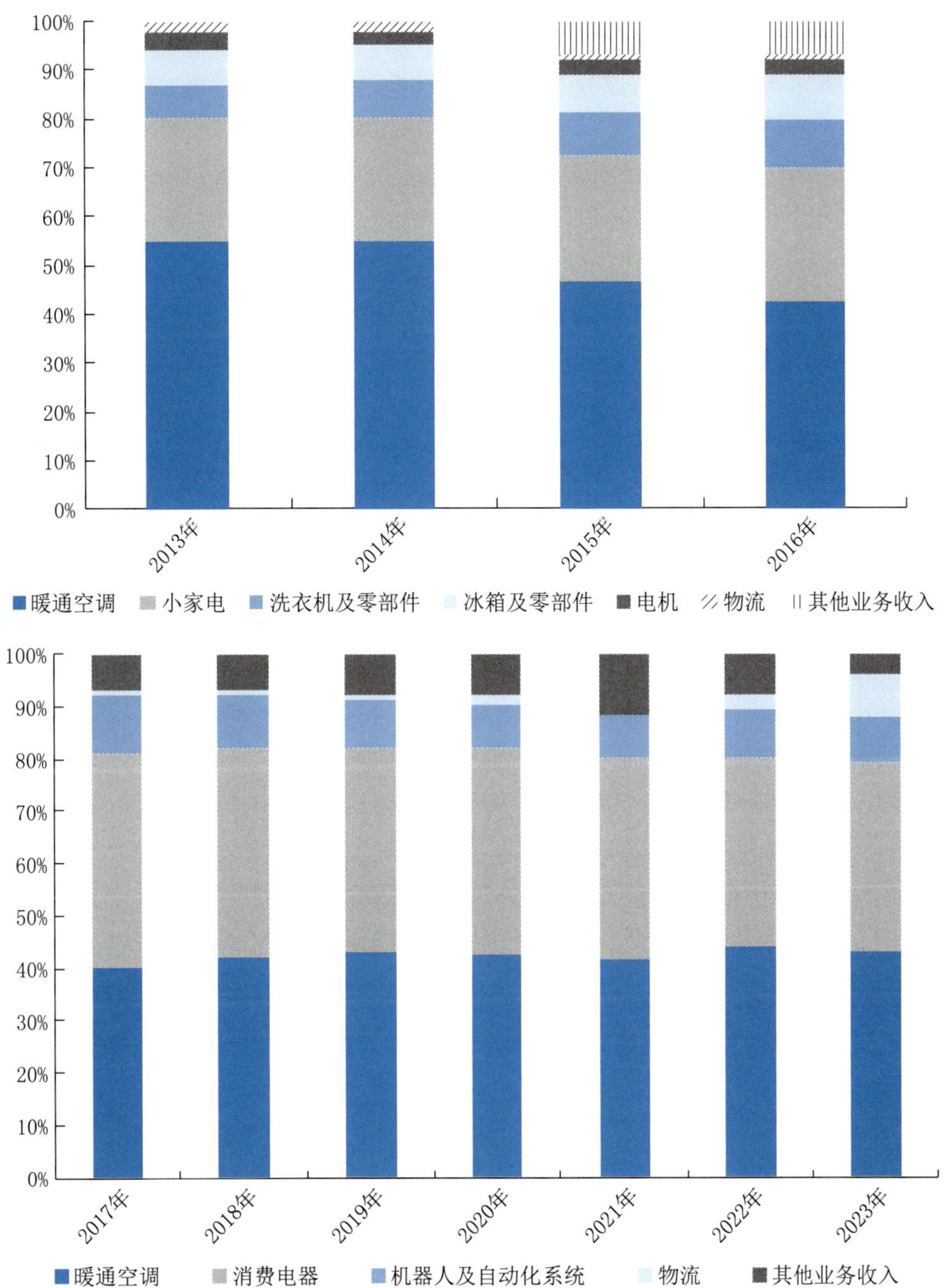

图 59　美的营业收入结构变化

资料来源：iFind，申万宏源研究。

经历了多次战略转型和业务布局调整后，1993—2023 年，美的的营业收入从 9.36 亿元增长至 3737.10 亿元，年均复合增长率高达 22.10%，归母净利润从 1.24 亿元增长至 337.20 亿元，年均复合增长率达 20.54%，加权净资产收益率（ROE）从 1998 年的 14.93% 提升至 2023 年的 22.23%，价值创造能力稳步提升。

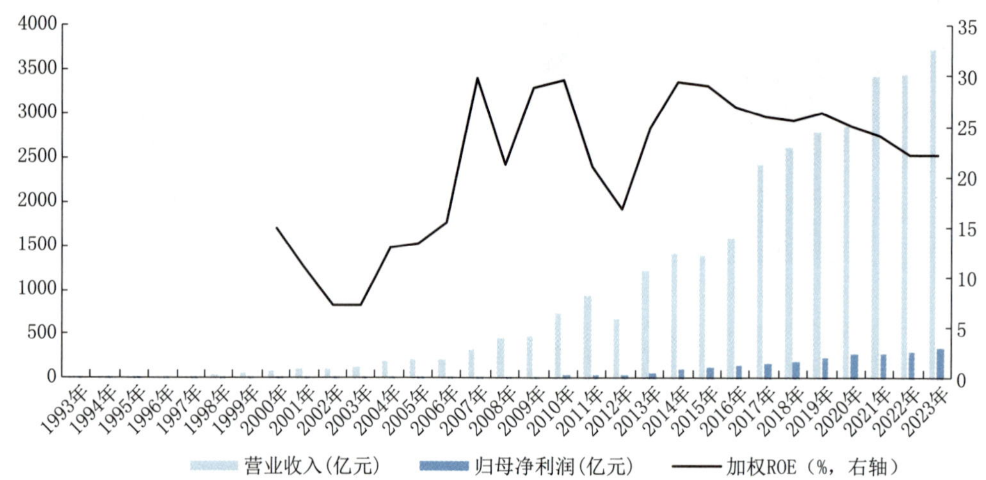

图 60　美的营收净利和 ROE

资料来源：万得，申万宏源研究。

（二）价值营销护航：维护利益相关者对公司价值的预期

价值营销是价值信息的传递，美的通过稳定股东回报、优化投资者沟通机制和加强 ESG 管理等方式降低市场与公司间的信息不对称，维护利益相关者对公司价值的预期。

股东回报：持续稳定高分红维护投资者预期

美的集团自 2013 年上市以来已连续进行 10 次现金分红从未间断，分红总额达 867 亿元，累计分红率高达 46%。2013—2022 年，美的集团年度累计现金分红金额从 34 亿元增长至 172 亿元，分红比例高且相对平稳，每年均保持在 40% 以上，有效地维护了投资者预期，有助于稳定市场情绪和提升投资者信心，对提振市值起到了积极作用。

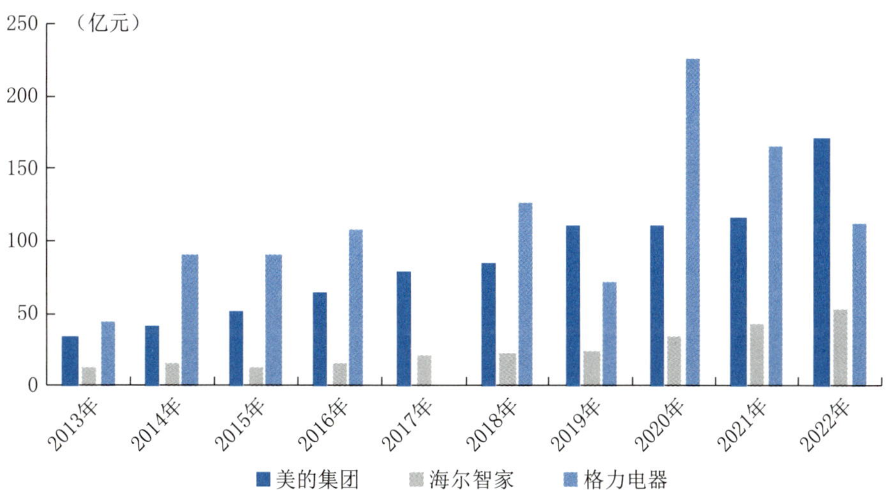

图 61　家电三强年度分红金额
资料来源：万得，申万宏源研究。

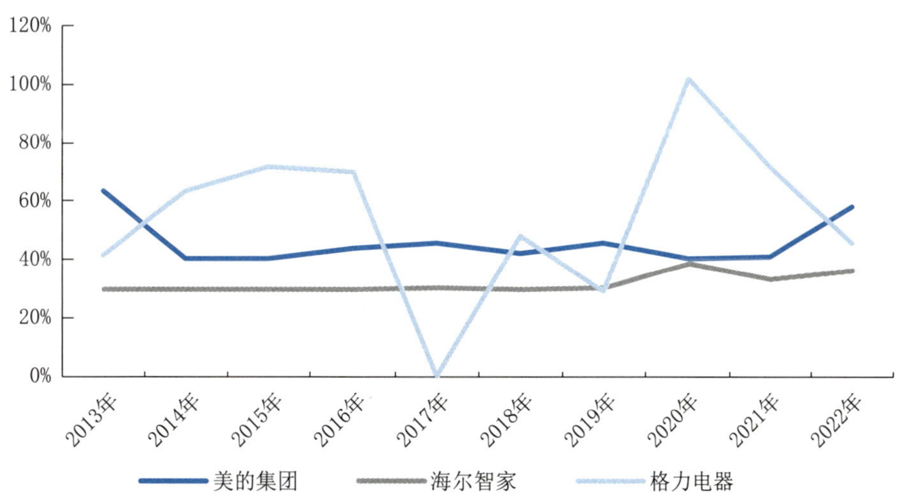

图 62　家电三强年度现金分红比例
资料来源：万得，申万宏源研究。

投资者关系：推动实现双向沟通，良性互动

美的集团高度重视与投资者的沟通。一是设置投资者关系部门，并配置专职人员负责投资者关系相关事务；二是积极接待调研、沟通和采访。通过积极对接相关渠道，传递出公司稳健经营的信息，以增进投资者对公司的了解，建立起良好的

市场预期。根据同花顺财经不完全统计，2006—2023年末，研究机构针对美的电器/美的集团共发布超过1000篇个股研报。申万宏源研究所也曾于2020年7月29日发布深度研报《美的集团（000333）：五十载风华正茂，科技巨头扬帆起航》，体现出美的集团受到资本市场投资者的广泛关注。

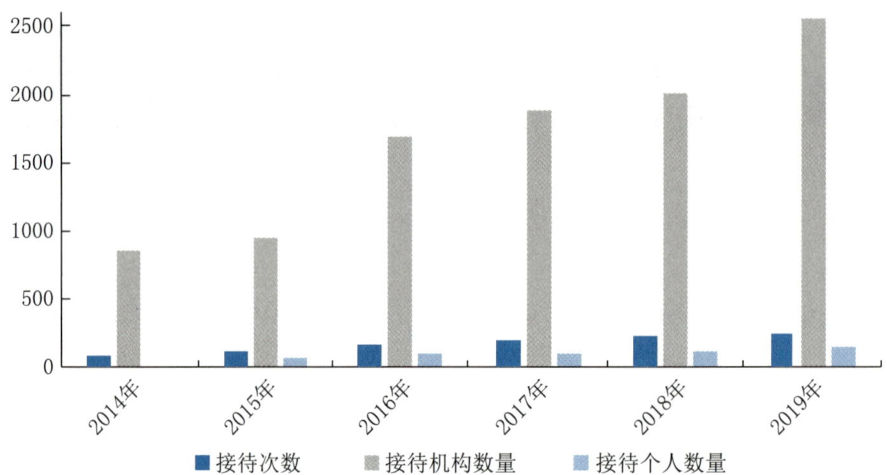

图63　美的接待调研、沟通、采访数量

资料来源：美的集团年报，申万宏源研究。

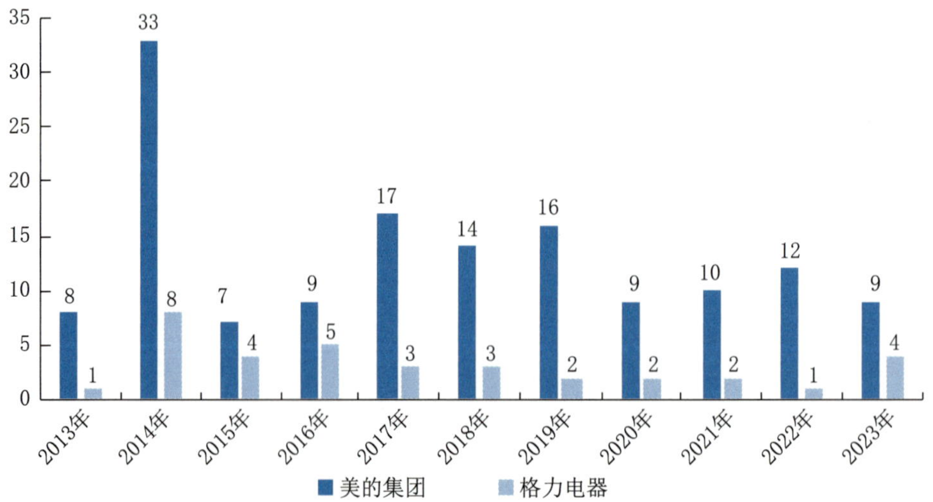

图64　美的和格力被调研总次数

资料来源：万得，申万宏源研究。

ESG 管理：可持续发展理念为市值保驾护航

美的集团通过创新不断助推企业绿色化、数字化转型，深度践行 ESG 理念。一是完善 ESG 顶层设计。美的集团于 2021 年发布绿色战略，围绕“绿色设计、绿色采购、绿色制造、绿色物流、绿色回收、绿色服务”六大支柱打造全流程绿色产业链。① 二是搭建 ESG 组织体系。2022 年美的正式成立 ESG 委员会，向董事会报告工作。负责统筹公司 ESG 各项工作与资源协调，对公司 ESG 相关事项进行全面监督，履行 ESG 相关的管控职责，确定公司重大 ESG 改进规划，评审重要 ESG 议题与投资建议报告，并审议公司 ESG 年度报告。② 三是打造 ESG 品牌影响力。2022 年，美的集团在中证指数 ESG 评级中评级结果为 AA，入选 2022 福布斯中国可持续发展工业企业 TOP50 评选榜单、2023 年《财富》中国 ESG 影响力榜和福布斯 2023 年度 ESG 启发案例。

（三）价值曲线赋能：基于战略和产业开展资本运营

价值曲线是价值管理的实现，美的基于公司长期发展战略和产业布局，综合运用整体上市、兼并收购、股份回购、员工持股、定增引战等多种资本运营手段，使公司的内在价值与市场价值协同增长，并实现长期平衡。

整体上市：助力资源深度协同和一体化管控

整体上市背景：一是大家电业务增速放缓。美的电器上市后重点深耕空调、冰箱、洗衣机等大家电领域，而热水器、厨房电器、物流等板块在 2005 年被剥离至美的集团。至 2012 年，美的集团已经形成完整的小家电品类布局，数十个产品的市场份额处于头部位置，而美的电器的大家电业务受行业竞争和宏观环境的影响，增速出现放缓。二是美的电器与美的集团关联交易加大风险。美的集团与

① 美的集团官网。

② 美的集团 2022 年 5 月 31 日公告：《第四届董事会第八次会议表决公告》。

上市公司美的电器在采购、生产、销售、物流等环节存在关联交易和同业竞争，亟须厘清集团和上市公司之间的关系。

整体上市方式：一是开创我国非上市公司吸收合并上市公司之先河。自 2008 年证监会发布《上市公司重大资产重组管理办法》至美的集团上市前，整体上市

吸收合并前美的电器股权结构图

何享健
0.11%
70%
94.55%
美的控股
30%
59.85%
开联实业
1.66%
美的集团
工银国际
13.33%
鼎晖投资
7.82%
宁波美晟
3%
公司高管
16%
41.17%
美的电器
日用家电
机电
物流

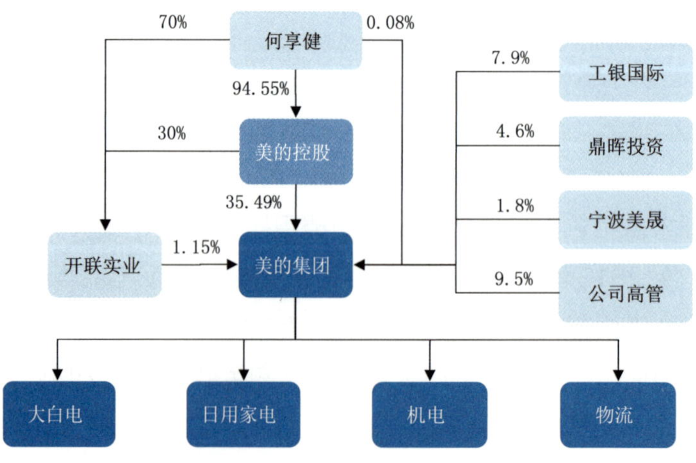

图 65　美的集团整体上市前后股权结构对比

资料来源：iFind，申万宏源研究。

通常是由上市公司吸收合并非上市公司，从而实现整体上市，而美的集团反其道而行之，将集团内的核心优质资产注入上市公司并将其吸收合并，避免了集团管理层架构的大规模调整。二是以高溢价换股的方式保护投资者利益。在换股方案中，美的集团给了公司中小股东远超预期的溢价行权和补偿，受到原有股东和投资者的尊重与肯定。三是无融资上市树立良好的企业形象。美的集团整体上市过程中未从资本市场进行融资，充分展示了经营管理者对美的集团持续发展的信心，在资本市场树立了良好的企业形象。

整体上市影响：一是助力美的集团“三个一”整合战略的落地。2012 年，接任美的首席执行官（CEO）的方洪波提出“一个美的、一个体系、一个标准”的整合战略，整体上市便是实现上述目标的关键举措。二是整合优化集团资源，深化协同效应。整体上市有助于最大化地利用公司资源、成本及效率优势，实现产业、采购、仓储、销售、财务和渠道的协同，巩固集团的行业地位和核心竞争力。三是促进公司治理的规范化和一体化管控。集团整体上市使得各个事业部 / 群在统一规范的公司体制下运行，同时股权关系被进一步理顺，股东利益更为趋同，为管理层长期激励机制的推行奠定了基础。

外延并购：超 20 起成功并购，有效提振价值

纵观美的产业布局变更的过程，并购是美的拓展业务边界、延伸产业链、完善全球布局的主要途径。据不完全统计，自 1993 年上市以来，美的共完成超过 20 起并购，且成功率较高，对公司价值起到了较好的提振作用。在并购领域上，1998—2016 年，美的并购重点主要围绕家电品类和产业链进行横纵扩张，2016 年后，并购重点开始转向机器人、工业自动化、楼宇、医疗、新能源等 ToB 业务领域。在并购方式上，美的综合采用协议收购、要约收购、二级市场增持、换股吸收合并等多种资本运作方式，实现并购目的。在并购整合效率上，美的在家电产业链领域具有一流的相关多元化整合能力，成功率较高。

在美的的并购扩张史中，并购小天鹅和德国库卡是同业并购和跨行业并购的代表性案例。

表 11　美的并购事件一览表

时间	并购标的及对价	并购意义	布局领域
1998 年	5400 万元收购东芝万家乐 40% 股权	美的成为我国第一家收购中外合资企业的民营企业，并掌握了空调的核心部件压缩机的生产技术。	空调压缩机
1998 年	收购安徽芜湖丽光空调厂	输出美的管理方式，为美的挺进华东、辐射全国建立了一个重要的生产基地。	空调
2003 年	收购云南客车厂	首次进军商用车领域，开展非相关多元化尝试，意图成为国内领先客车生产商的目标，后以失败告终。	汽车
2004 年	收购江苏清江电机	拓展新的发展空间以应对家电行业的激烈竞争，2013 年将股权全部转让给卧龙电气子公司。	防爆电机
2004 年	以 2.345 亿元购买广州华凌 42.4% 股权	借助华凌在冰箱领域的优势地位，强强联合扩大自身发展空间。	冰箱
2004 年	与重庆通用合资设立美的通用制冷设备有限公司	全面切入传统中央空调领域，产品线得到进一步的拓展。	中央空调
2004 年	以 2000 万美元收购荣事达 50.5% 股权，2008 年获得荣事达全部股权	正式进入洗衣机领域，进一步拓宽白色家电产品线。	洗衣机
2005 年	收购江苏春花电器 80% 股权	切入吸尘器领域，丰富家电产品矩阵。	清洁电器
2007 年	以 1.25 亿元收购广东正力 93% 股权	正式进入空气压缩机行业，完善美的大中小不同冷量的压缩机产业链，支撑其在家用、商用和中央空调领域的布局。	压缩机
2008 年	以 16.8 亿元收购小天鹅 24.01% 股权，2019 年实现对小天鹅的完全控股	弥补洗衣机领域布局的不足，助力提升美的品牌影响力。	洗衣机
2010 年	以 2 亿元收购贵雅照明 75% 股权	顺应行业向照明领域拓展趋势，意图将照明业务打造为下一个支柱产业，后发展成为美智光电，为切入智能家居做了铺垫。	照明电器
2010 年	以 5748 万美元收购埃及空调公司 Miraco 32.5% 股权	开拓空调业务在非洲的市场。	空调
2011 年	以 14.16 亿元收购开利拉美空调公司 51% 股权	打造美的在拉美主要国家开展空调业务的平台。	空调
2016 年	以 31 亿元收购东芝家电 80.1% 股权	双方优势互补，进一步增强了研发、专利、质量以及供应链能力，也进一步强化美的集团在日本和东南亚市场的家电业务。	家电

（续表）

时间	并购标的及对价	并购意义	布局领域
2016 年	以 292 亿元收购德国库卡机器人公司 81% 股权，2017 年 1 月完成后合计持有库卡 94.55% 股权	库卡作为全球顶尖的机器人企业之一，拥有先进的自动化技术水平和广阔的发展前景，并购库卡有助于美的推进“双智”战略，向科技集团转型。	机器人
2016 年	收购意大利中央空调公司 Clivet 80% 股权	双方在产品、市场、供应链以及制造等方面能够产生巨大的协同效应，提升美的中央空调在欧洲市场的影响力及综合竞争力。	中央空调
2016 年	收购以色列运动控制和自动化解决方案公司 Servotronix 超过 50% 股份	充实美的在运动控制和自动化解决方案领域的技术与产品储备，完善机器人产业平台布局。	工业自动化
2019 年	美的集团换股吸收合并小天鹅方案获得证监会通过，美的集团发布该项关联交易实施情况暨新增股份上市公告书	美的集团总股本增加至 69.32 亿股，小天鹅被美的集团成功私有化。	洗衣机
2020 年	以 7.43 亿元收购合康新能 18.73% 股权	落地美的集团绿色战略，抓住新能源、储能产业蓬勃发展的风口，谋求新的业绩增长点。	工业控制、新能源
2020 年	收购菱王电梯部分股权，实现控股	双方优势互补，完善美的暖通与楼宇的业务板块，将电梯产品线融入智慧楼宇整体解决方案中，探索“智能楼宇”新模式。	电梯
2021 年	以 22.97 亿元收购万东医疗 29.09% 股权，2022 年进一步以 20.62 亿元认购万东医疗非公开发行股票，持股比例从 29.09% 增至 45.46%	借鉴电器巨头加码医疗健康领域的发展经验，布局医疗器械领域，完善 ToB 业务布局。	医疗器械
2021 年	收购泰国日立压缩机公司 100% 股权	优化提升冰箱压缩机产线产能，提高美的集团工业技术事业群对核心部件的全球供应能力。	压缩机
2022 年	收购武汉天腾动力 55% 股权	进军绿色两轮出行领域，扩大在智能交通产业的版图。	电助力自行车两轮出行
2023 年	收购科陆电子 22.79% 的股权	抓住储能产业发展机遇，加速向 B 端转型。	储能

资料来源：美的电器 / 美的集团公告，申万宏源研究。

美的通过十余年布局，吸收合并小天鹅，提升在家电行业的地位。2004 年，在空调领域取得优势地位的美的逐渐向其他大家电品类扩张，先后并购了华凌和荣事达，切入冰箱和洗衣机领域；2006 年，美的制定了“3—5 年内进军洗衣机市场前两强”的战略，而小天鹅作为中国洗衣机领域的杰出代表，彼时因战略决策失利，经营状况陷入低谷，为美的的战略推进提供了重要机遇。第一步，协议受让股权，化身为大股东。2007 年，美的电器全资境外公司 TITONI 在二级市场购入小天鹅 1800 万股的 B 股，成功持有小天鹅 4.93% 的股权；2008 年 2 月 26 日，美的电器耗资 16.8 亿元受让无锡国联持有的小天鹅 24.01% 的股权，成为小天鹅第一大股东。第二步，内部重新整合，提升股权比重。为避免美的和小天鹅在冰箱与洗衣机行业同业竞争问题，美的电器承诺给予小天鹅独立经营管理的权利，同时，小天鹅对美的电器出售自身持有的任何涉及冰箱及洗衣机业务资产或股权拥有优先购买权。此外，美的电器还承诺在 3 年内采取合适的方式解决与小天鹅的同业竞争问题。[①]2010 年，小天鹅以非公开发行 A 股股份的方式从美的电器手中获得了荣事达 69.47% 的股权，成为荣事达的控股股东，美的电器共计持有小天鹅 39.08% 的股份。第三步，利用二级市场，集中竞价增持。2011—2012 年，美的电器通过深交所累计增持小天鹅股份共计 631.96 万股，占公司总股本的 1%，增持后美的电器直接及间接持有小天鹅 40.08% 的股份。[②] 第四步，发出要约收购，实现绝对控制。2014 年 6 月，美的集团联同 TITONI 对小天鹅 A 股及 B 股股票实施部分要约收购，收购完成后，美的集团直接和间接持有小天鹅总股本的 52.67%，取得了小天鹅的绝对控制权。第五步，换股吸收合并，私有化小天鹅。2018 年 10 月 23 日，美的集团及小天鹅同时发布美的集团发行 A 股股份换股吸收合并小天鹅预案，美的集团将向小天鹅除美的集团及 TITONI 公司外的所有股东发行 A 股股票，交换其所持有的小天鹅 A 股股票及 B 股股票，吸收合并完成后，小天鹅将终止上市并注销法人资格，美的集团承接小天鹅全部的资产、负债、人员、业务等一切权利及义务；2019 年 2 月 20 日，该事项获得证监会无条件通过；2019 年 6 月 18 日，美的集团发布该项关联交易实施情况暨新增股份上市公告书，持续推进 8 个月的换股合并小天鹅事项尘埃落定，美的集团

---

① 美的电器公司公告、小天鹅公司公告。

② 小天鹅公司公告。

的总股本增加至 69.32 亿股，自此小天鹅被美的集团成功私有化，退出 A 股历史舞台。2007—2019 年，在美的逐步吸收合并小天鹅的 10 余年间，美的营业收入从 333 亿元攀升至 2794 亿元，市值从 468 亿元（2007 年 12 月 31 日数据）一路涨至 4061 亿元（2019 年 12 月 31 日数据），合并成效显著。

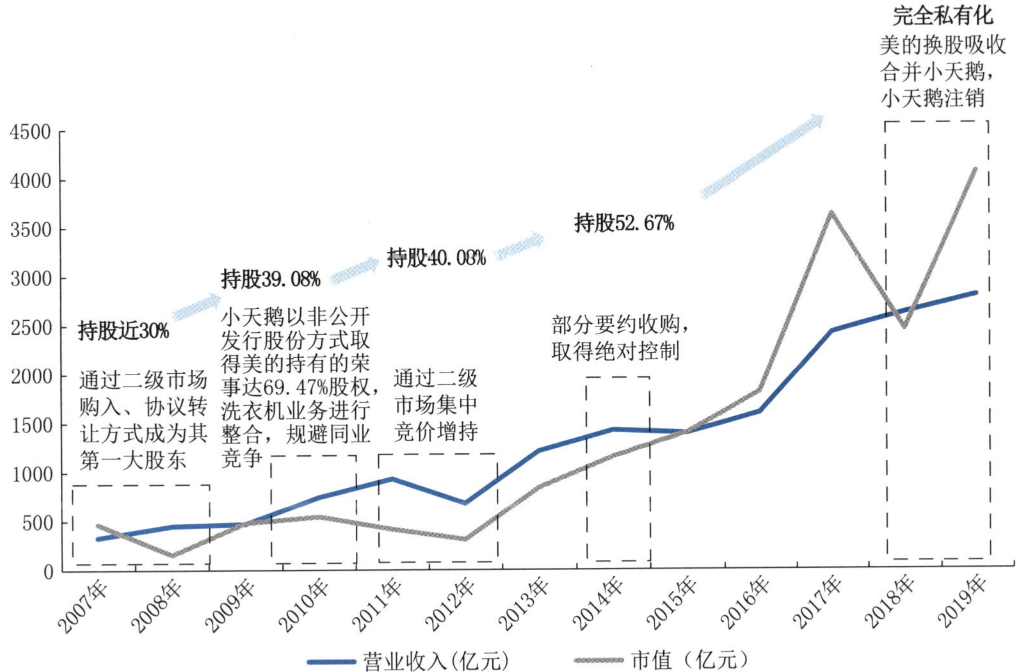

图 66　美的并购小天鹅历程

资料来源：美的集团公告，iFind，申万宏源研究。

历时 7 年，美的完成对国际工业机器人巨头库卡集团的全面收购，加速向“智能制造”转型升级。2015—2016 年，国内家电行业日趋饱和，增速放缓，在此背景下，美的推出“智慧家居＋智能制造”的“双智”战略，一方面能够对内提高生产自动化水平，另一方面有望打造新的多元增长点。2015 年美的成立了机器人业务部门，并将目光瞄准了工业 4.0 时代的代表性企业——德国库卡集团，彼时库卡与瑞士 ABB、日本发那科、日本安川电机被称为工业机器人行业的“四大家族”。2015 年 8 月，美的收购了库卡 5.4% 的股份，2016 年经过两次增持，股权比例上升至 13.5%，成为库卡第二大股东。2017 年，美的通过境外全资子公司 MECCA 全面要约收购库卡 3223.35 万股，约占库卡总股本的 81.04%，交

01

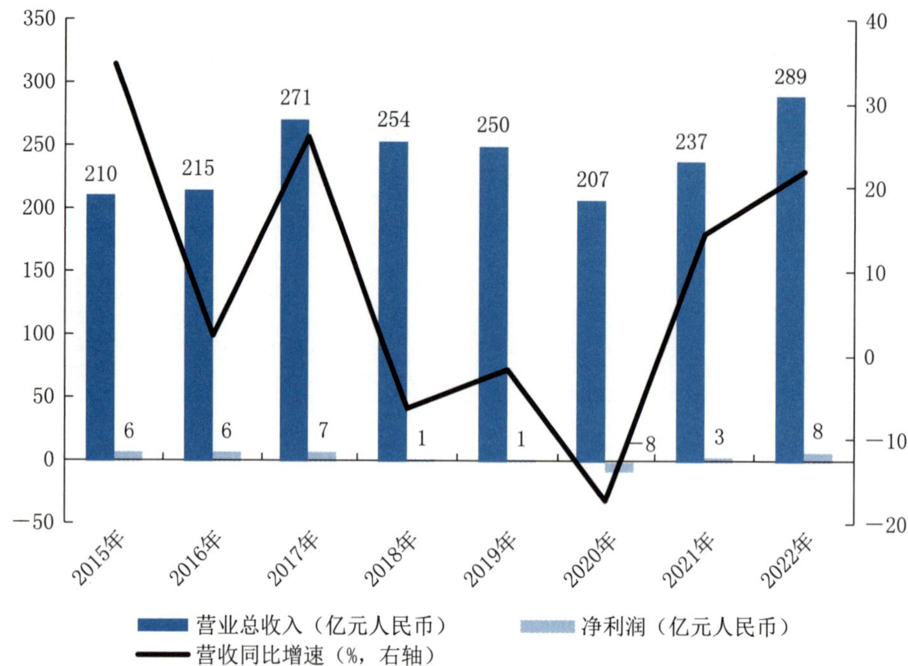

图 67　库卡营收净利及营收增速

资料来源：万得，申万宏源研究。

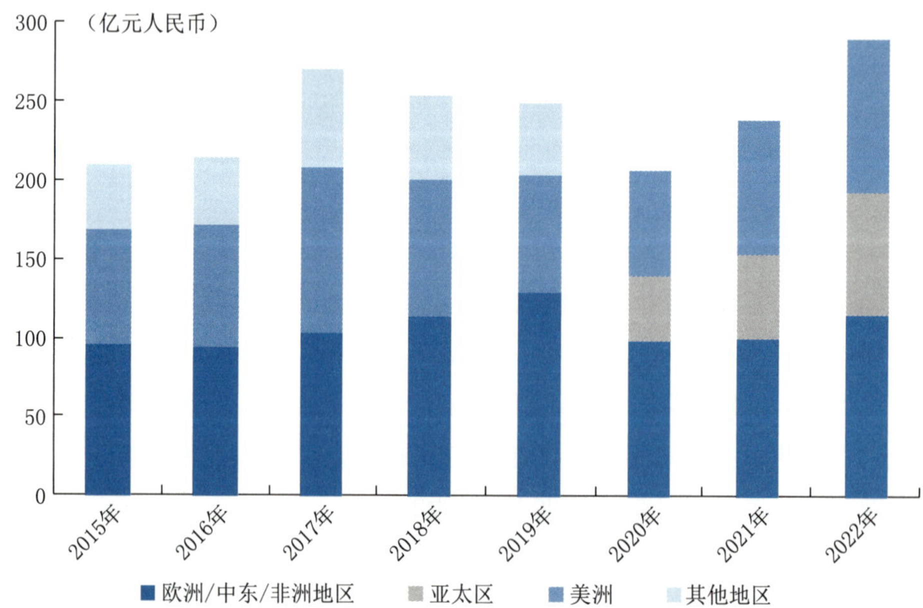

图 68　库卡营收地区分布

资料来源：万得，申万宏源研究。

易总对价为 37 亿欧元（约合 292 亿元人民币），收购完成后美的间接持有库卡 94.55% 的股份，同时为了顺利完成收购，美的承诺在 7 年之内不干预库卡的经营、保持库卡独立上市公司的地位。被美的收购后，库卡的业绩一路下滑，2017—2020 年间，营收累计降幅达 23%，甚至出现 8 亿多元人民币的亏损，为了进一步取得库卡的经营管理权，让美的与库卡的业务更好地协同对接，美的加速了库卡的私有化进程。2021 年 11 月，美的发布公告，拟通过全资子公司美的电器全面收购库卡的股权并私有化。2022 年 11 月，美的发布公告称，美的电器完成收购库卡少数股东股份，至此，美的完全掌控对库卡的自主经营管理权，库卡从法兰克福交易所退市。2021—2022 年，库卡营收净利已恢复正增长，亚太地区市场逐渐打开，并购业绩开始兑现。

股份回购：七轮大额回购促进价值回归合理

股份回购是上市公司用来稳定股价、改善资本结构和提升价值的重要方式。2014 年，美的集团首次制定股份回购相关计划。2015 年，美的真正意义上开展股份回购。2018 年，证监会、财政部、国资委联合发布《关于支持上市公司回购股份的意见》，也是从这一年起至今，美的集团每年都会推出股份回购计划，用于减少注册资本或实施公司股权激励计划及 / 或员工持股计划，维护公司市值稳定与全体股东利益。2015 年至 2023 年 3 月，美的集团共进行了 7 次大额股份回购，计划回购总金额 407 亿元，实际完成回购金额 272 亿元，回购股份 4.49 亿股，占 2022 年 12 月 31 日总股本的 6.42%，回购规模之大，在 A 股公司中名列前茅。

以 2021 年为例，两轮回购叠加控股股东增持，对市值回升起到了一定作用。2021 年初，美的股价出现大幅度震荡，截至 2 月 22 日收盘，美的集团报收 90.44 元 / 股，3 个交易日累计下跌超 15%，市值蒸发超千亿元。在此背景下，美的集团推出股份回购方案，拟以集中竞价方式回购 5000 万股至 1 亿股的公司股份，回购价格不超 140 元 / 股，按回购数量和价格上限测算，美的此次回购金额最高斥资 140 亿元，成为当时 A 股史上推出回购预案规模最大的上市公司。股份回购方案发布及实施过程中，美的股价变化幅度短期内出现明显收窄，但随后

表 12　美的集团历次股份回购梳理

项　目	第 1 次回购	第 2 次回购	第 3 次回购	第 4 次回购	第 5 次回购	第 6 次回购	第 7 次回购
回购总额	10 亿元	40 亿元	32 亿元	27 亿元	87 亿元	50 亿元	26 亿元
回购规模	2959 万股，占公司总股本 0.69%	9511 万股，占公司总股本 1.43%	6218 万股，占公司总股本 0.89%	4183 万股	1 亿股	7198 万股，占公司总股本 1.02%	4856 万股，占公司总股本 0.69%
回购用途	减少注册资本	减少注册资本	实施公司股权激励计划及 / 或员工持股计划	实施公司股权激励计划及 / 或员工持股计划	实施公司股权激励计划及 / 或员工持股计划	减少注册资本	实施公司股权激励计划及 / 或员工持股计划
最高成交价	35.74 元 / 股	48.40 元 / 股	56 元 / 股	74.99 元 / 股	95.68 元 / 股	79.15 元 / 股	60.05 元 / 股
最低成交价	30.69 元 / 股	36.49 元 / 股	45.62 元 / 股	46.30 元 / 股	80.29 元 / 股	61.43 元 / 股	48.08 元 / 股
回购方案公告日	2015 年 6 月 27 日	2018 年 7 月 5 日	2019 年 2 月 23 日	2020 年 2 月 22 日	2021 年 2 月 24 日	2021 年 5 月 10 日	2022 年 3 月 11 日
回购实施完毕日	2015 年 8 月 1 日	2019 年 1 月 2 日	2020 年 2 月 22 日	2020 年 10 月 23 日	2021 年 4 月 3 日	2021 年 8 月 14 日	2023 年 3 月 13 日

资料来源：美的集团公告，iFind，申万宏源研究。

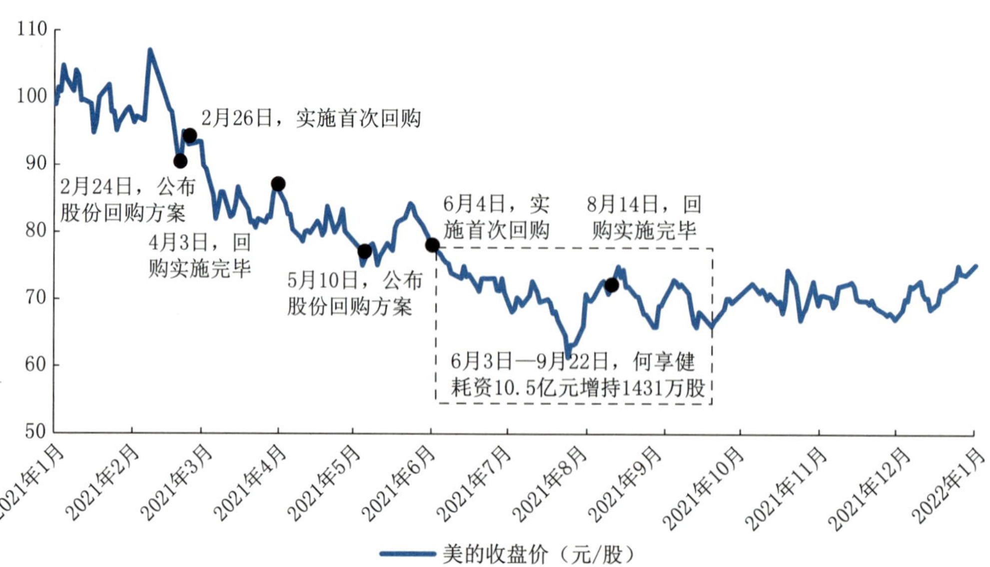

图 69　美的集团 2021 年股份回购增持前后的股价表现

资料来源：美的集团公告，万得，申万宏源研究。

继续呈下跌趋势，从 4 月 2 日的 87 元 / 股跌至 5 月 7 日的 75 元 / 股，跌幅超 13%。在此背景下，美的推出新一轮股份回购计划，拟不超过人民币 50 亿元，不低于人民币 25 亿元回购公司股份，回购价格不超过 100 元 / 股，且回购的股份将直接注销，在 8 月 14 日完成回购。此外，2021 年 6 月 3 日至 9 月 22 日，美的控股一致行动人何享健通过深圳证券交易所交易系统以集中竞价交易方式增持公司股份约 1431 万股，占公司总股本的比例为 0.21%，增持股份金额为 10.5 亿元，在一系列资本运作后，美的股价开始止跌企稳。

员工持股：多层次常态化股权激励释放利好

2014—2022 年，美的共推出 9 期股票期权激励计划、6 期限制性股票激励计划、8 期全球合伙人持股计划及 5 期事业合伙人持股计划，搭建了经营管理层、核心骨干与全体股东利益一致的股权架构，完善了长、短期激励与约束相统一的激励机制。

一是针对核心管理层的合伙人计划。第一种是全球合伙人计划，自 2015 年起，美的集团每年滚动推出一期全球合伙人计划，从公司利润中提取出一定比例作为专项基金，在二级交易市场上购买美的股票，根据业绩考核结果将股票分配给总裁及总经理级别的核心管理人员。第二种是事业合伙人计划，自 2018 年起每年滚动推出，本质上与全球合伙人计划相同，区别在于激励对象职级较全球合伙人低，资金来源为公司计提的持股计划专项基金和高层部分绩效奖金两部分，激励力度相对更弱。美的通过实施合伙人持股计划，深化了管理层与公司利益的趋同性。

二是针对核心研发人才和中层管理者的限制性股票计划。2017 年，美的针对中层管理者首次推出限制性股票激励计划，通过发行新股的方式，按照市价 50% 的价格将股票授予激励对象，资金来源于员工自筹。与合伙人计划相比，限制性股票需要员工出资，激励力度更大。与股票期权相比，限制性股票对员工的约束性更强，从而使得员工与企业的利益捆绑更加深入，对企业的激励机制形成一定的补充和完善作用。

表 13　美的集团多层次股权激励对比

	全球合伙人持股计划（以第 8 期为例）	事业合伙人持股计划（以第 5 期为例）	限制性股票激励计划（以第 6 期为例）	股票期权激励计划（以第 9 期为例）
实行时间	2015—2022 年，共 8 期	2018—2022 年，共 5 期	2017—2022 年，共 6 期	2015—2022 年，共 9 期
激励对象	①公司的总裁、副总裁及其他高管；②公司下属单位的总裁	①公司除全球合伙人以外的副总裁及其他高管；②公司下属单位总经理；③对公司经营与业绩有重要影响的核心责任人	对各单位和部门承担主要管理责任的高层管理人员及董事会认为对公司经营业绩和未来发展有直接影响的其他核心人员	研发、制造、品质等科技人员及相关中层管理人员、海外派驻人才、年轻管理骨干和技术人才
参与人数	15 人	55 人	199 人	2849 人
资金来源	为公司计提的持股计划专项基金	公司计提的持股计划专项基金和高层部分绩效奖金	股份回购，员工自筹资金	定向增发股票，员工自筹资金
数量金额	377.04 万股，2.12 亿元	282.68 万股，1.59 亿元	1263 万股，约相当于公司提供 3.55 亿元	10907.4 万股，公司总成本约 15.46 亿元
定价规则	—		取下列价格最高者：①本计划草案公布前一个交易日的公司股票交易均价的 50%；②本计划草案公布前 20 个交易日内的公司股票交易均价的 50%。	取下列价格最高者：①本计划草案公布前一个交易日的公司股票交易均价；②本计划草案公布前 20 个交易日内的公司股票交易均价。
分期行权	无等待期，分 3 期归属，比例为 4:3:3		两年等待期，后分 3 期，每年解锁 1 期，解锁比例分别为 30%、30%、40%。	两年等待期，后分 3 期，每年行权 1 期，行权比例分别为 30%、30%、40%。
考核标准	2022 年和 2023 年加权平均 ROE 不低于 20% 且 2024 年加权平均 ROE 不低于 18%		①集团层面，2022 年度及 2023 年度的加权平均 ROE 不低于 20%；2024 年度的加权平均 ROE 不低于 18%；2025 年度的加权平均 ROE 不低于 18%。②个人层面，绩效考核结果在 B 级及以上。③所在单位层面，前两个年度业绩考核为“优秀”（“合格”可行权 80%，“一般”可行权 65%）。	①集团层面，2022 年度及 2023 年度的加权平均 ROE 不低于 20%；2024 年度的加权平均 ROE 不低于 18%；2025 年度的加权平均 ROE 不低于 19%。②个人层面，绩效考核结果在 B 级及以上。③所在单位层面，前两个年度业绩考核为“优秀”（“合格”可行权 80%，“一般”可行权 65%）。

资料来源：美的集团公告，申万宏源研究。

三是针对骨干员工的股票期权计划。2014 年，美的推出第一期股票期权激励计划方案，激励对象主要是侧重于研发、制造相关的科技人员以及中基层人员。股票期权是公司授予激励对象在一定期限内按照事先确定的价格购买公司一定数量股票的权利，并与经营业绩考核目标密切挂钩。相较于合伙人计划和限制性股票计划，美的股票期权计划实施的时间最长，激励对象面最广，也能与企业的战略计划较好地融合，对美的业绩增长起到了促进作用。

定增引战：借助资本纽带关系实现强强联手

引入小米科技为战略投资者，在智慧家居等领域建立深度的合作关系。2015 年 6 月 25 日，小米科技耗资 12.11 亿元参与美的集团 5500 万股定向增发，持有美的集团 1.29% 的股份，双方在智能家居、移动互联网等方面开展合作。美的与小米在企业战略、公司治理、文化观念上高度契合，双方都将布局智慧家庭作为重大战略方向，拥有灵活的民营企业机制，在产品营销领域均具备优势。美的通过借鉴小米的产业运作、公司治理及先进的管理理念和资本市场运作经验，把握互联网经济，能够提升新兴产业投资运作能力与公司治理水平。2015 年，双方率先在智能家居领域开展合作，联合推出美的“i 青春”智能空调。二者合作期间，美的市值得到了飞跃，在小米投资美的的 3 年锁定期内，美的市值从 1575 亿元（2015 年 6 月 25 日数据）涨至 3499 亿元（2018 年 6 月 25 日数据）。

（四）价值优化保障：推动价值创造效率的提升

价值优化影响企业价值创造的效率，美的在公司治理、组织结构和营销渠道上进行了大刀阔斧的改革和优化，推动企业以更高的效率完成价值创造。

公司治理：推进管理层收购 + 职业经理人

完成管理层收购，从乡镇企业转变为民营企业。2000 年 4 月，美的管理层和公司工会共同组建顺德市美托投资管理公司，由美的公司管理层持有 77.15% 的股份，工会持有剩下 22.85% 的股份；2000 年 5 月，代表政府的第一大股东顺德市美的控股有限公司将其所持部分“粤美的”3518 万股法人股（占上市公司总股本的 7.26%）转让给美托投资，美托投资成为“粤美的”的第三大股东；2001 年 1 月，美托投资再次协议收购美的控股 7243 万股，至此美托合计持有“粤美的”22.19% 的股份，以何享健为核心的管理层成为公司第一大股东，“粤美的”变更为民营企业，解决了掣肘公司经营的股权问题，管理层权责实现深度匹配，既能够充分调动经营层的主观能动性，又有助于形成“亲近政府但不依赖政府”的良性政企关系。截至 2023 年 9 月 30 日，美的集团股东结构中机构投资者达到 628 家，合计持股占比 31.89%。

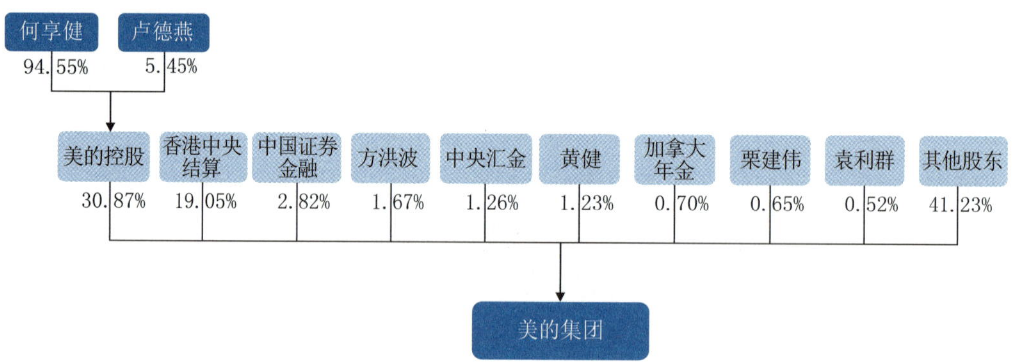

图 70　美的集团股权结构（截至 2023 年 12 月 31 日）

资料来源：iFind，申万宏源研究。

推行“去家族化”公司治理，建立职业经理人内部培养机制。何享健作为美的最具话语权的灵魂人物，在企业传承和公司治理方面颇具远见，他曾在多个场合公开表示美的坚决不做家族企业，主张建立股东、董事会、经营团队“三权分立”的公司治理结构，由具有才能的职业经理人管理企业，同时推行经营管理层持股制度，让公司、股东、核心管理层间的利益保持高度一致。从 1997 年公司事业部改造放权时期起，职业经理人队伍便逐步成为主导美的经营的中坚力量。2012 年，何享健卸任美的集团董事长，职业经理人方洪波接任，7 名从美的内部成长起来的职业经理人进入董事会，美的集团正式进入职业经理人掌舵时代。目前，何氏家族仅作为美的集团第一大股东把握所有权，何享健之子何剑锋代表大股东参与董事会决策而不参与日常经营管理，除此之外美的集团管理层无其他何氏家族成员。以方洪波为核心的高素质职业经理人队伍带领美的迈上了新的发展台阶，价值创造能力大幅提升。

组织变革：总部集权式变为扁平事业部制

1997—2000 年：事业部改革。随着公司经营规模不断扩大，“大企业病”开始显现，美的以产品为中心将公司划分为 5 大事业部（空调、风扇、厨具、电机和压缩机）。事业部为利润中心，各事业部下属工厂为成本中心。改革后公司收入从 1996 年的 25 亿元迅速增长至 2000 年的 88 亿元，年均复合增速达 37%。

2001—2004 年：事业部重组分拆。在此阶段，公司通过自建、合资和并购方式不断扩充产品线，而大事业部制模式不能很好地支持多产品经营，产销脱节、市场反应慢等问题逐渐暴露，美的开始将事业部进行重组分拆，到 2004 年形成制冷集团、日电集团、电机事业本部和房地产事业本部四大平台。

2005—2012 年：超事业部制。由于事业部赛马机制导致集团资源协调困难，过于注重本事业部的利益而忽略公司整体利益，从产业整合角度出发，美的在原来股份本部、制冷本部基础上，组建日用家电、制冷家电、机电装备、地产发展四大二级产业集团，集团向二级平台“放权”，二级平台向三级事业部“收权”。①

2013 年至今：扁平化事业部。随着家电政策退坡，行业整体需求不振，美的启动从规模导向到利润导向的艰难转型，取消了二级产业集团，大幅缩减集团总部职能部门，明确了以产品和客户为中心的“小集团、大事业部”的扁平化组织结构。纵观美的组织架构变革历程，组织结构始终服务于战略发展目标和公司治理需求，并深度契合了企业内外部环境的变化，为企业价值创造提供了有力支撑。

① 参见申万宏源研究《美的集团（000333）：五十载风华正茂，科技巨头扬帆起航》。

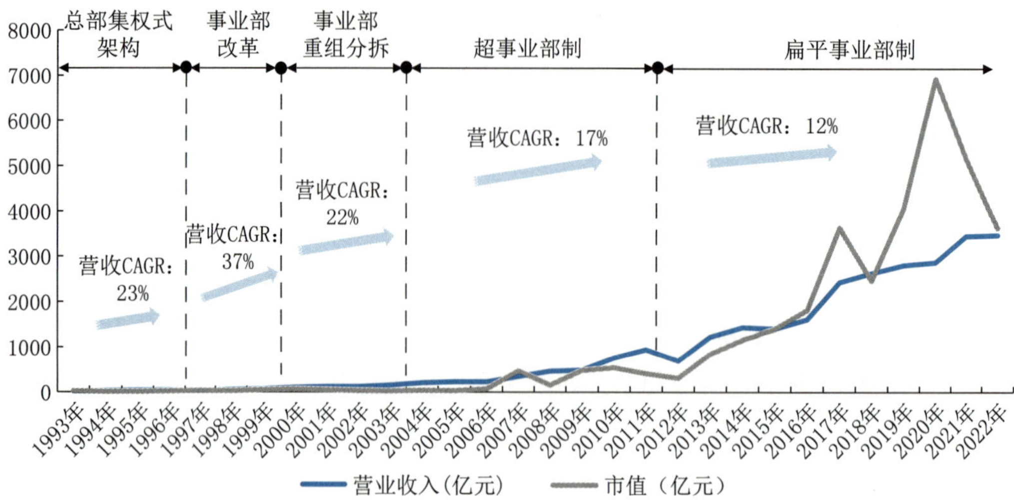

图 71　美的组织架构变化

资料来源：万得，申万宏源研究。

渠道调整：从层层代理分销到渠道扁平化

2005 年以前，实行代理制，层层分销。渠道层级为“总公司—分公司—代理商—经销商—终端”，代理商在渠道链条中发挥主导作用，各区域市场实施“虚拟利润中心”制度，即不注册公司，但严格考核销量和利润。2005—2012 年，与代理商合资成立销售公司，成立营销总部。学习格力，在空调事业部开启营销中心实体化变革，与当地大的代理商成立合资销售公司，深挖三四线农村市场需求；同时将空调、冰箱、洗衣机等各事业部的销售职能剥离出来，成立“制冷营销总部”。2012—2017 年，冰洗回归代理模式，空调维持销售公司模式，加大布局连锁店、电商等新渠道。一是冰洗业务从销售公司独立出来，回归各自的产品事业部，实行“事业部营销中心＋代理商”模式，而空调业务继续实行销售公司模式，总部下放财政权与经营权，销售体系开展减员增效。二是与苏宁、国美等家电专业连锁建立起战略性合作关系。三是加强自身旗舰店建设，加大布局电商渠道。2017 年至今，总部收紧销售公司权力，持续推进渠道扁平化。一是将空调事业部的销售公司模式变为管理中心模式，在全国成立 29 个商务中心，负责协调美的旗下不同产品线之间的市场营销推广业务，有利于打破美的割裂的事业部制，推动多品类协同。二是取消二级经销商，促进一级代理商职能向运营商转变，缩短渠道层级，同时通过美云销实现网批模式，实现终端经销商与厂商的直接对接。三是探索实施“T+3”模式，即接收用户订单、原料备货、工厂生产、发货销售四个周期（T），通过全产业链优势优化制造流程，升级制造设备和工艺，产供销联动进一步压缩供货周期，将每个周期时间由 7 天压缩至 3 天甚至更短，以小批量、定制化的柔性制造替代大批量生产模式，实现产能的提升。①

三、经验借鉴：深耕主业、借力资本、破除体制机制束缚

（一）能深耕：立足主业，稳定优势基本盘

横向到边，在白电主业领域逐渐实现全品类、全系列、全渠道覆盖。在产品演进方面，美的起家于电风扇，采用同类扩张方式延伸至空调，进一步完成“空冰洗”大白电业务布局，在小家电领域则从电风扇渐进延伸至清洁电器、厨房家电和其他生活类小家电。在品牌和市场定位方面，美的采用多品牌战略，能够满足 C 端消费者差异化需求。针对大众市场，美的集团拥有美的和小天鹅等知名度高、覆盖面广的大众家电品牌；针对高端市场，美的推出高端 AI 科技家电品牌 COLMO，瞄准精英用户；针对细分市场，美的拥有针对年轻用户的华凌。在渠道建设方面，美的不断深化营销体系与渠道体系建设，构建了从城市到乡镇、从零售到工程、从线上到线下、从国内到海外的立体化渠道体系。

纵向到底，延伸产业链，拓展 ToB 端，构建价值链一体化竞争力。美的沿着家电产业链，向上游延伸布局关键零部件（压缩机、电机、磁控管等），逐渐发展壮大形成工业技术事业群，在中游向智能制造转型，延伸至工业机器人领域，形成机器人与自动化事业部，向下游延伸至仓储物流等配套设施，下游应用领域拓宽至 ToB 端，为楼宇提供产品及全套解决方案和服务，形成楼宇科技事业部，最后，通过数字化技术赋能整条产业链，形成其他创新业务板块。通过上中下游各

① 参见未来智库《家电行业专题报告：从美的自我进化看格力渠道变革》。

个环节的延伸裂变，美的逐步实现价值链一体化，在满足自身发展需要的同时，开辟出新的增长空间，企业核心竞争力大大增强。

全球布局，在制造、研发、营销、品牌等方面打造国际影响力。美的集团的国际化是一个循序渐进的过程，第一步是自有产品出口海外，获得海外大型家电企业的 OEM 订单，在全球家电供应链中奠定成本优势，取得一定的规模效应；第二步是通过技术合作、资本合作、合资建厂等方式引入国外生产技术，提升研发创新能力，取得快速扩张；第三步是在海外设立制造基地和营销公司，提高市场拓展能力和自主品牌影响力；第四步是全球大面积布局研发中心，收购国际知名品牌，逐步实现管理国际化，提高整体竞争能力。

（二）勇借力：资本架桥，驶上发展快车道

借助资本杠杆整合企业内外资源。如何将企业已经拥有的资源和潜在的外部海量资源进行优化整合，提高企业发展质效，是每一家大型制造企业必须要思考的问题。在此过程中，美的充分利用资本市场的积聚效应，整合优化企业内外部资源，并转化为自身价值的跃迁。一是通过整体上市实现了家电产业纵向横向、前中后端以及渠道的全方位协同；二是通过兼并收购壮大主业、开辟新业，践行多元化战略布局；三是对旗下企业进行资产置换、反向收购、私有化等一系列资本运作，解决集团体系内的同业竞争问题，实现集团一体化管控和资源的深度协同。

利用资本市场募资实现产融结合。制造业企业涉及大规模的固定资产投资，融资渠道也是掣肘企业发展的重要因素。美的借助资本市场的融资功能募集资金，进而转化为生产资本，通过高效运作募投项目，最终转化为企业的竞争力。一是通过股改上市，解决了以往单一的融资渠道、脆弱的资金链问题；二是上市后又通过配股、增发来募集资金，扩大再生产。有效的产融结合成就了企业发展的良性循环。

完善现代企业制度保证健康发展。资本市场既是美的产权改革的催化剂，也发挥

着外部监督作用，推动美的治理水平的提升。一是完成管理层收购，及早解决了国有产权处置问题，顺利转变成民营企业身份；二是通过股权分置改革解决了全流通的难题并实现集团的绝对控股；三是引入外部资本，监督加速美的战略转型；四是通过大范围、多层次、常态化开展股权激励实现各方利益捆绑，有助于集团业绩长期持续性和稳定性。

（三）敢破局：机制改革，激发企业新动能

机制变革是解决管理天花板的重要手段，也是支撑战略发展的基础。何享健曾说过，“美的能成功，最主要的原因是解决了机制的问题”，“宁可容忍一个亿的投资失误，也绝不容忍机制的弱化和衰退”。他在美的内部建立了一套行之有效的、长期良性运作的企业治理机制。一是明确“三权分立”的治理结构，为构建现代企业管理制度创造了必要条件；二是通过事业部制改革建立灵活且高效的管理机制；三是推进管理层持股，实现管理层与企业效益紧密挂钩；四是大力培养职业经理人，实行“去家族化”管理，提升企业的市场化发展能力。二代领导人方洪波接班后继续不遗余力地推进机制改革。一是推行扁平化管理，优化流程制度，提高组织效率；二是改善人员结构，大幅削减管理人员和生产人员，同时扩增研发人员队伍；三是推进销售渠道扁平化和多元化；四是扩大员工持股范围，进一步调动全员积极性。

四、结语：乘风破浪潮头立，扬帆起航正当时

价值管理是一个漫长而系统的过程，美的通过价值创造奠基、价值营销护航、价值运用赋能和价值优化保障，日积月累，稳扎稳打，最终成就了集团的价值成长之路。

价值创造是美的集团市值成长的坚实支撑。集团通过两次重要的战略转型，对企业的产品形态、业务价值链、经营管理效率的进阶起到了重要的引领作用，筑牢

了企业价值增长的基础，并立足家电主业，通过横纵多元化和全球化布局不断向价值链高端延伸，优化了价值结构，扩宽了价值空间。

价值营销维护了利益相关者对美的集团价值的预期。美的通过持续稳定高分红、建立双向沟通的投资者沟通机制、强化 ESG 管理等方式降低市场与公司间的信息不对称，向市场传达公司的内在价值，维护利益相关者对公司价值的预期。

基于公司战略和产业布局的价值曲线为美的发展赋能。美的集团通过整体上市实现资源深度协同和一体化管控；通过外延并购来拓展业务边界；通过多轮大额股份回购促进价值回归合理；建立多层次常态化股权激励制度深化核心员工与公司利益趋同。多种价值经营手段使公司的内在价值与市场价值协同增长，并实现长期平衡。

价值优化提升美的价值创造的效率。美的在公司治理、组织结构和营销渠道上进行了大刀阔斧的改革和优化，服务于集团战略和产业布局的变化，从而推动企业以更高的效率完成价值创造。

展望未来，何氏家族转向持股，方洪波功成身退之后，美的之舰又将驶向何处?正如何享健所说，“企业的公开、公平、规范化，靠的是制度、系统，不是靠个人”，两代领导者为美的的发展壮大提供了不竭动力，也为美的造好了时钟，期待美的更美的明天。

安踏体育①：

砥砺前行，在世界留下安踏的脚印

在英国品牌评估咨询公司（Brand Finance）发布的“2023 全球服饰品牌价值 50 强榜单”中，安踏荣登榜单第 26 位，体育类用品排名位居行业前四，稳坐国内运动服饰品牌头把交椅。谁能想到，30 多年前还名不见经传的安踏，如今摇身一变成为世界第三大体育服饰品牌，市值从成立之初的过百亿攀登到如今 2000 亿港元左右，截至 2023 年末营业收入高达 623.56 亿元人民币。从普通小作坊到

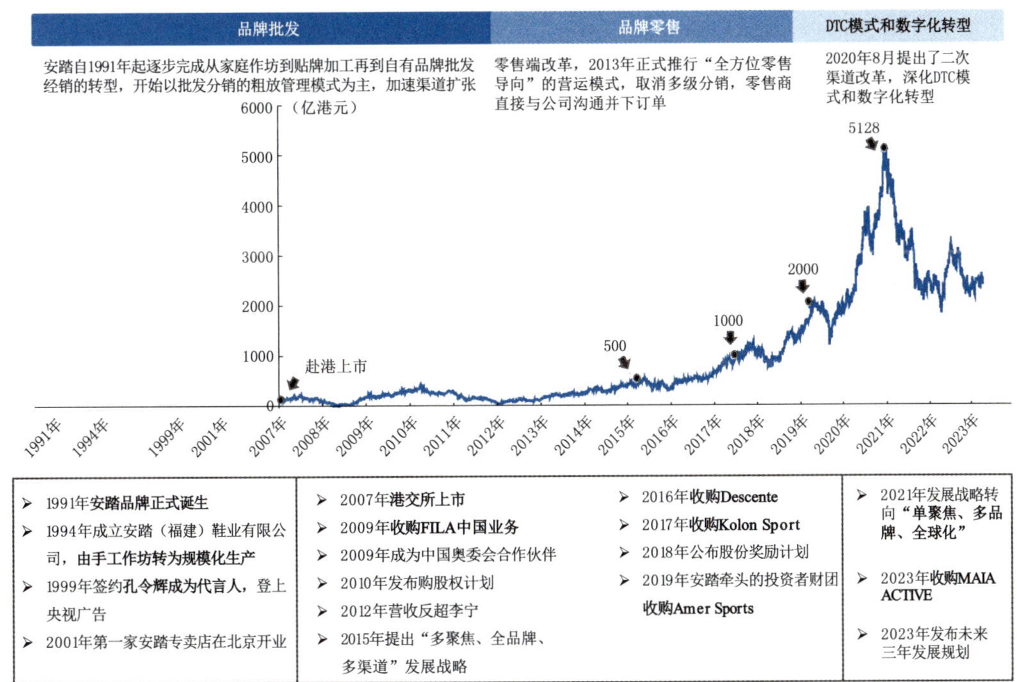

图 72　安踏体育的市场价值成长之路

资料来源：安踏体育公告，万得，申万宏源研究。

① 安踏体育：全称安踏体育用品有限公司，股票代码 02020。

市值千亿的全球领先运动品牌，毋庸置疑，安踏在战略决策、资本运作以及价值管理层面对于其他体育用品企业具有一定的借鉴意义。

一、行业分析：体育赛道优质，国产品牌蓄势待发

（一）行业现状：体育风潮兴起，国内运动鞋服赛道方兴日盛

我国运动鞋服市场规模保持上行，但对标发达国家仍存在一定增量空间。我国运动鞋服行业萌芽于 20 世纪 80 年代，从“代工”到“自建”，以“晋江系”品牌为主的本土运动服饰市场雏形初现。进入 21 世纪，我国经济高速成长带动大众消费能力提升，叠加北京奥运会的催化作用，本土运动鞋服行业迎来黄金发展期。但好景不长，随着奥运热潮逐渐退却，运动消费需求放缓，前期运动鞋服市场过快扩张透支了行业的增长，国产品牌进阶之路受阻。对此，业内各大品牌纷纷于 2013 年起着手整顿渠道和消化库存，逐步摆脱此次困境。终于，我国运动鞋服行业迎来柳暗花明，迈入了稳定发展的新阶段。从 2009 年到 2023 年，我国运动鞋服市场从 1153.53 亿元扩容到 3858 亿元，年复合增长率为 9.01%。根

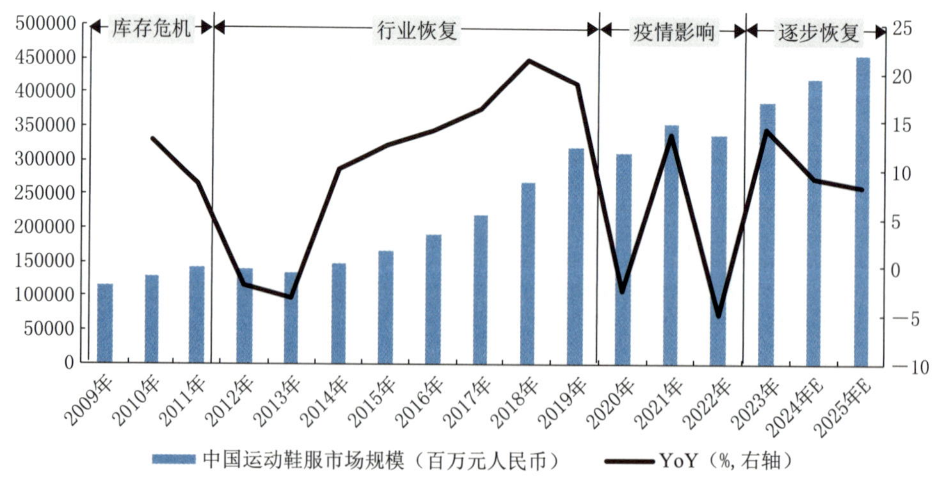

图 73　中国运动鞋服行业市场规模

资料来源：Euromonitor，申万宏源研究。

据欧睿国际数据预测，到 2025 年市场规模有望突破 4500 亿元。尽管我国运动鞋服产业在消费升级和大众化体育政策支持下实现了快速发展，但与发达国家相比，仍存在一定的拓展空间。2023 年我国预计人均运动用品消费金额为 39.3 美元，对比美国人均消费超 400 美元，中国运动鞋服消费仍处于较低水平。从运动鞋服规模占总体鞋服行业规模的比重上看，中国运动鞋服占比自 2019 年起平稳增长。但相比于其他发达国家，中国运动鞋服的市场渗透率较低。随着未来体育产业愈加成熟，运动鞋服产业存在较大发展空间。

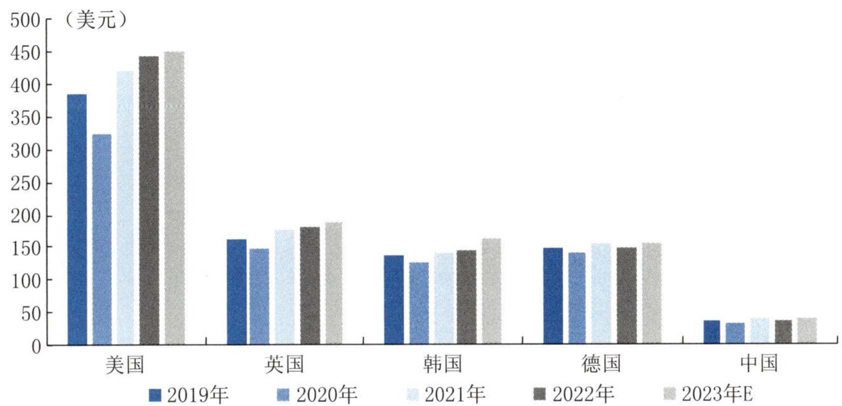

图 74　各国人均运动消费金额

资料来源：Euromonitor，申万宏源研究。

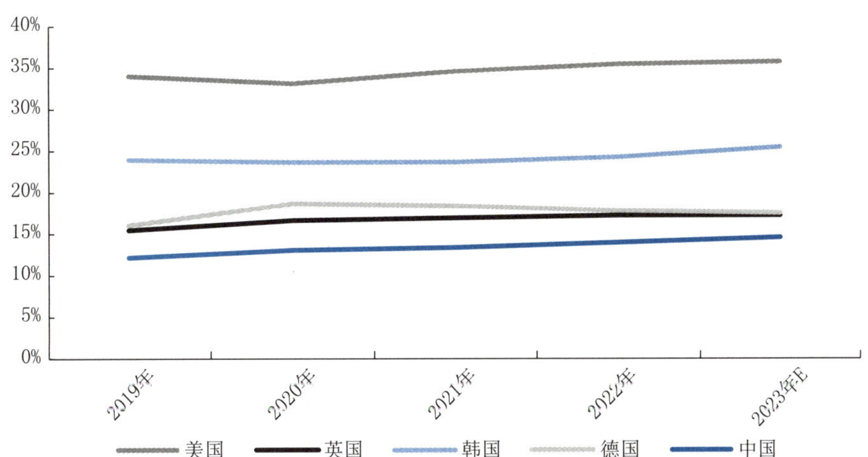

图 75　各国运动鞋服消费占服饰消费比重

资料来源：Euromonitor，申万宏源研究。

01

（二）竞争格局：行业马太效应显现，本土品牌迎来曙光

头部品牌博弈激烈，前五大品牌市场渗透率持续提升，本土品牌赶超在即。我国运动鞋服行业玩家虽多，但长期由耐克和阿迪达斯两大国际巨头占据主导地位。主要是由于这两大品牌主攻中高端市场，更加符合消费升级的趋势，而本土品牌长期摸索于中低端市场，在品质、设计、创新等层面难以撼动其龙头地位。不过在近年来民族和文化自豪感高涨、国潮之风崛起、本土品牌加大创新研发力度等

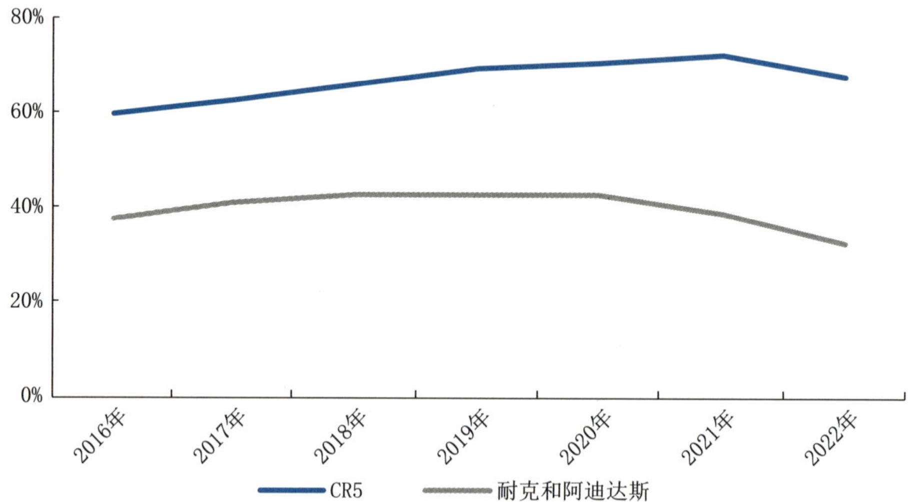

图 76　中国运动鞋服行业 CR5 情况

资料来源：Euromonitor，申万宏源研究。

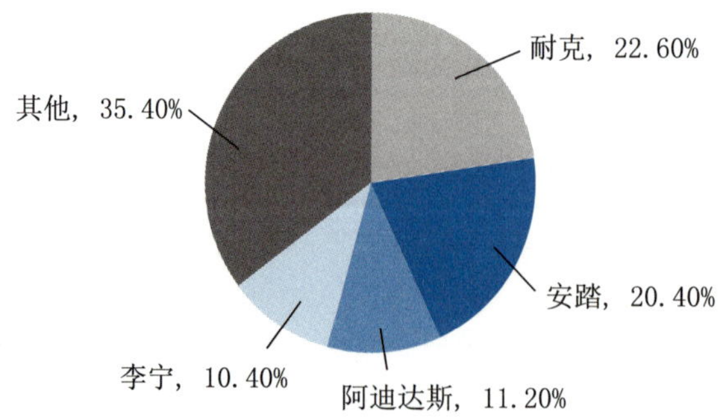

图 77　2022 年中国运动鞋服行业竞争格局

资料来源：安踏体育，申万宏源研究。

注：数据由安踏体育提供。

多方面催化因素下，国产品牌正迎来弯道超车机会。以安踏为首的本土企业逐渐成长为行业领跑者，备受消费者追捧，行业竞争格局正在被改写。2021 年和 2022 年安踏反超阿迪达斯在中国的市场份额，成为仅次于耐克的业内领先企业。随着头部企业持续加大在产品研发、品牌推广、渠道营销等层面的投入，核心壁垒将持续筑高，行业集中度有望进一步提升，未来我国运动鞋服行业格局将呈现出强者更强的形势。

（三）未来趋势：深耕专业运动赛道，国潮主流势不可挡

趋势一：专业运动赛道更加细分，出现消费分级。根据科尔尼咨询调研，随着人均 GDP 的增长带动消费升级，消费者将更加聚焦于专业、小众、户外运动，运动品类持续完善。根据国家统计局数据，在 2010 年以前，我国人均 GDP 不超过 30000 元，此时国民运动之风局限于对场地、装备要求较低的徒步和登山等运动。2015 年我国人均 GDP 为 49922 元，大众体育需求逐渐丰富，跑步、球类等更加专业化的运动得到发展。2023 年我国人均 GDP 达 89358 元，国民运动形式进一步细分，瑜伽、滑雪等小众运动逐步走向大众化，潜水、攀岩等更为专业的运动也慢慢走进国民视野。此外，我国高线和低线城市的运动消费习惯与体育发展水平差别较大。高线热衷于小众专业运动的消费习惯暂未下沉到低线城市，低线市场消费者仍处在以大众运动为主的阶段，更多的是对跑步、球类、健身等大众运动产品的需求。预计未来运动服饰市场消费分级的趋势仍将延续，高线城市运动消费市场将朝着专业化、高端化和小众化发展，而低线城市运动消费市场仍以大众体育消费为主，并逐步向专业化市场推移。

趋势二：国潮盛行仍是主旋律。未来国产替代主要有三个驱动因素：第一，Z 时代成为户外运动最大群体，更倾向于选择国产品牌。根据国家体育总局发布的报告，“90 后”是我国户外运动最大的参与群体，2022 年“90 后”消费占比达到 36.1%，是户外运动的主力军。而“90 后”在运动品牌选择上更倾向于新国货，在拼多多发布的《2022 多多新国潮消费报告》中显示，在新国货消费群体中，“90 后”群体占比达到 31%。在李宁、安踏、鸿星尔克、回力等民族运动服饰品牌中，“90 后”消费群体占比超过 25%，是国潮品牌发展的动力源泉。第二，随

着我国综合国力显著增强，大众的民族自信和文化自信感也随之提升，驱动众多产业迎来国产化趋势。“中国制造”乘势而上。安踏、李宁等国内品牌粉丝数高速增长，国产品牌得到更多消费者的信任与关注，加速占据市场份额。第三，国产品牌性价比高，更易受消费者青睐。根据麦肯锡 2020 年发布的中国消费者消费报告，“性价比”已成为我国消费者考虑的重要因素。国产品牌运动服饰与国际大牌相比在性价比方面更具优势。以运动鞋市场为例，在各品牌主力跑鞋产品的缓震技术方面，李宁拥有“䨻”系列中底技术、安踏拥有“氮科技”系列中底技术、耐克拥有“ZOOM AIR”中底技术、阿迪达斯拥有“BOOST”系列中底技术，但在脚感相差不多的情况下，国产品牌的价格仅为耐克、阿迪达斯等品牌的一半，性价比方面具有显著优势。

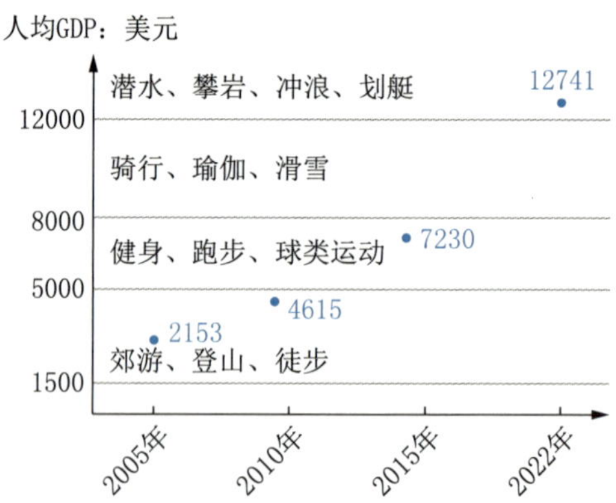

图 78　我国户外运动发展趋势

资料来源：科尔尼咨询，申万宏源研究。

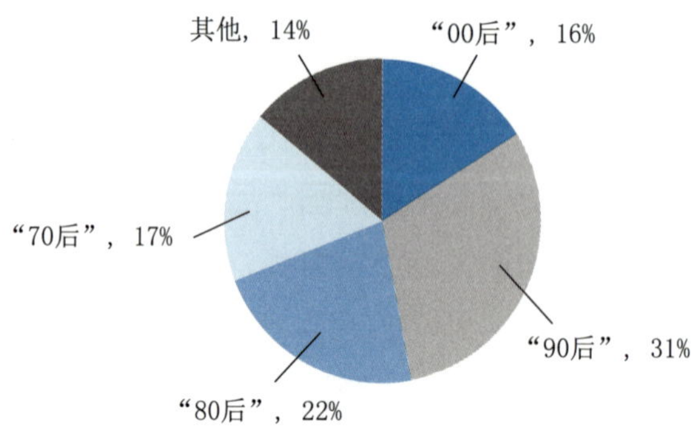

图 79　本土新国货消费群体分布

资料来源：《2022 多多新国潮消费报告》，申万宏源研究。

二、成长之路：行业进阶样本，从本土草根逆袭全球领袖

（一）品牌建设：风起晋江，打造安踏专属名片

安踏——“安心创业，脚踏实地”。1987 年，年仅 17 岁的鞋作坊小青年丁世忠，凭借一股初生牛犊不怕虎的劲，只身背上 600 双鞋闯荡北京开启了“北漂”生涯。仗着闽南人骨子里“爱拼才会赢”的性格，他一步步把专柜开到了王府井、西单等知名商场，成功打开了销售渠道。不过丁世忠却不安于现状，这段打拼摸索的经历让他意识到品牌才是一家企业的生命，只有品牌加持才能带来更大的商业价值。于是，1991 年丁世忠果断带着在北京赚的 20 万元回到家乡晋江，决定和父亲、哥哥一起打造属于自己的品牌——安踏，其寓意在于“安心创业，脚踏实地”。早期的安踏主要从事海外公司代工业务，但当时在晋江大大小小的代工鞋厂有上千家，整体业务订单属于僧多粥少的状态，随时面临被同类工厂替代的窘境。丁世忠父子不甘于此，终于在 1994 年正式成立安踏（福建）鞋业有限公司，由手工作坊转为规模化生产。

安踏在正式创立后发展还算平稳顺利，但如何在众多竞争者中脱颖而出？如何拓展更广的市场和更高的知名度？为了让安踏响彻全国，丁世忠在 1999 年力排众议，花费 80 万元重金邀请孔令辉代言，并豪掷 300 万元在央视黄金时段投放广告。要知道，当时安踏一年的利润仅为几百万元。不得不承认，丁世忠的果敢与魄力令人钦佩，孔令辉的代言成功让安踏进入广大消费者的视野。在 2000 年悉尼奥运会上，孔令辉赢得奥运冠军后亲吻国旗振奋人心的场面印刻在每一位国人心中，安踏品牌也随之一炮而红。凭借着“奥运冠军 + 央视广告”的营销模式打造品牌形象，安踏开始在中国体育用品市场上崭露头角。①

以“渠道 + 品牌”为导向，深耕品牌价值建设。如果说 2000 年悉尼奥运会是安踏全新的起跑点，那 2001 年北京申奥成功则为安踏及众多运动鞋服品牌开拓了

① 参考：《丁氏父子：安踏的传奇！丁家的骄傲！》，搜狐新闻网，2018-07-10，https://www.sohu.com/a/240389043.99939904。

广阔的赛道。这是中国体育史上的关键里程碑，也是中国运动鞋服行业进入高速发展期的重要标志。根据弗若斯特沙利文（Frost & Sullivan）统计，在2003年到2009年期间，中国体育服饰市场快速扩容，市场规模由200亿元快速增长至533亿元，年复合增速超20%，国内大街小巷随处可见运动服饰的身影。申奥成功掀起了一股运动热潮，各大领军国产运动品牌开始跑马圈地式的扩张，安踏也不例外。2001年在北京开设第一家专卖店后，安踏开始着力于“渠道扩张＋品牌建设”双轮驱动战略，在全国进行大规模品牌推广。为了快速占领市场，安踏通过采用经销模式，借助区域市场经销商的力量，快速在全国范围内进行渠道铺设，构筑了强大的区域性网络。在门店扩张的驱动作用下，安踏营业收入保持强劲增长。

渠道搞定了，品牌也不能落下。品牌价值建设是丁世忠自始至终最重视的事情之一。为进一步提高品牌的曝光度，安踏自2002年起相继签约多位NBA球星、网球巨星扬科维奇和郑洁、奥运冠军郭晶晶和谷爱凌等知名体育明星，横跨多个体育板块。不过相比于签约知名体育明星，牵手奥运才是正式把安踏推向国际体育品牌竞技场的重要节点。2009年，安踏成功替代李宁，斥巨资成为中国奥委会合作伙伴。自此，安踏深度捆绑奥运IP，与中国奥委会达成连续8届的官方合作。丁世忠在《安踏30+创造共生价值》的主题演讲中提到，安踏投入了30亿

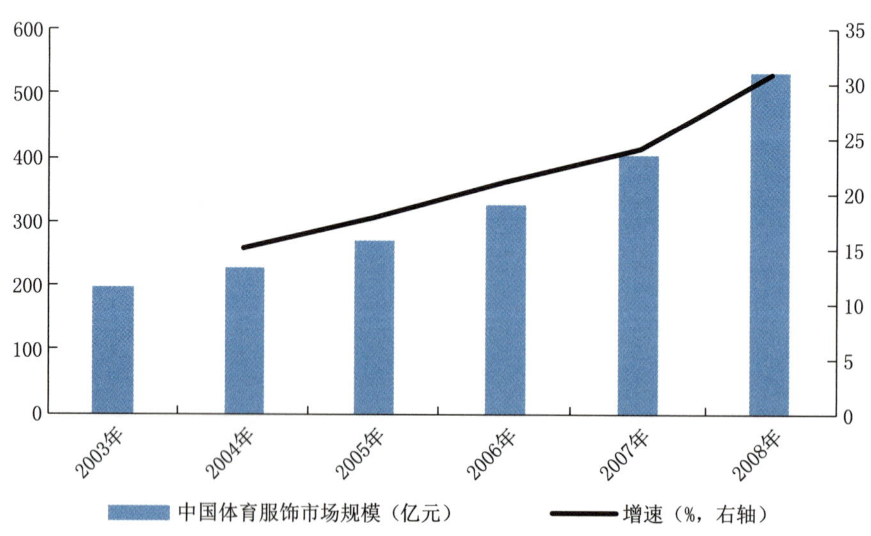

图80　2003—2008年中国体育服饰市场规模

资料来源：Frost & Sullivan，申万宏源研究。

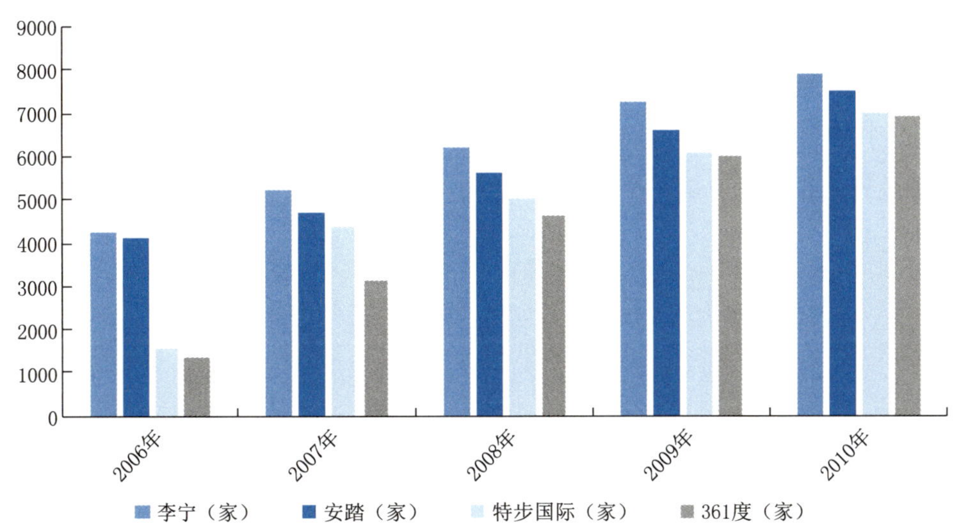

图 81　主要国产运动品牌门店数量

资料来源：各公司公告，申万宏源研究。

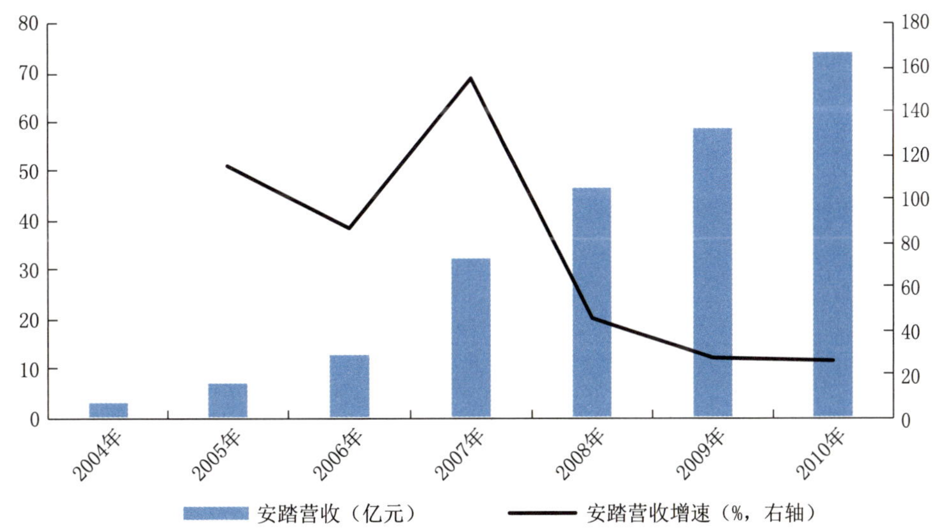

图 82　安踏营业收入

资料来源：安踏体育公告，申万宏源研究。

元研发费用于运动科技，致力于打造世界顶尖水准的比赛装备，已让 275 位奥运健儿身着安踏登上领奖台。2019 年，安踏正式成为国际奥委会官方体育服装供应商，是首个与国际奥委会合作的中国体育运动品牌。与国际奥委会的牵手意味着世界对安踏顶尖科技水准的认可，也标志着安踏站上了行业的制高点。

01

（二）发展拐点：收购斐乐，成为最强增长引擎

时间回到 2007 年，安踏在港交所挂牌上市，2007 年 7 月 10 日上市当天市值 180 亿港元，是晋江“第一个吃螃蟹”的体育用品品牌。追溯安踏上市的原因主要有两方面。一方面，2000 年到 2010 年是我国体育行业驶入快车道的黄金 10

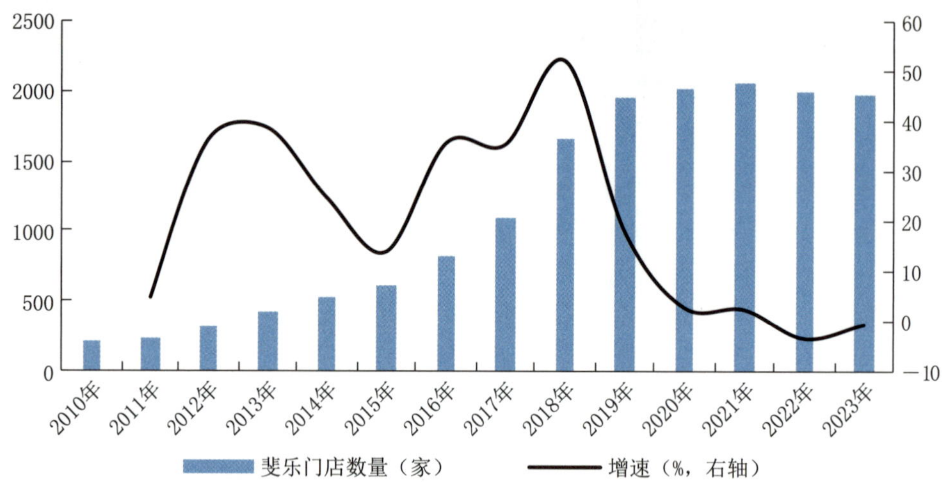

图 83　斐乐门店数量及增速

资料来源：安踏体育公告，申万宏源研究。

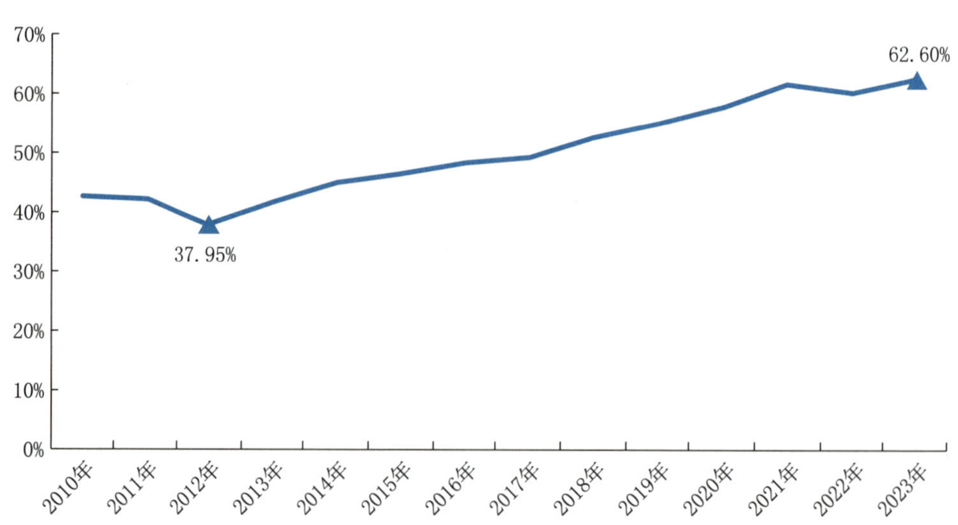

图 84　安踏整体毛利率

资料来源：安踏体育公告，申万宏源研究。

年，为安踏提供了优渥的上市环境。借助上市可以使安踏获得更多资金，加快生产和扩张的节奏，推动公司完成质的飞跃。另一方面，上市可以让安踏成为拥有现代化治理结构的公众公司，正式迈入面向全球的新台阶。一提到安踏大家潜意识里就会出现“晋江鞋王”这个称号，可丁世忠怎会甘心只做一个本土知名晋江品牌？为了摆脱这个标签，上市对丁世忠来说无疑是最好的选择。

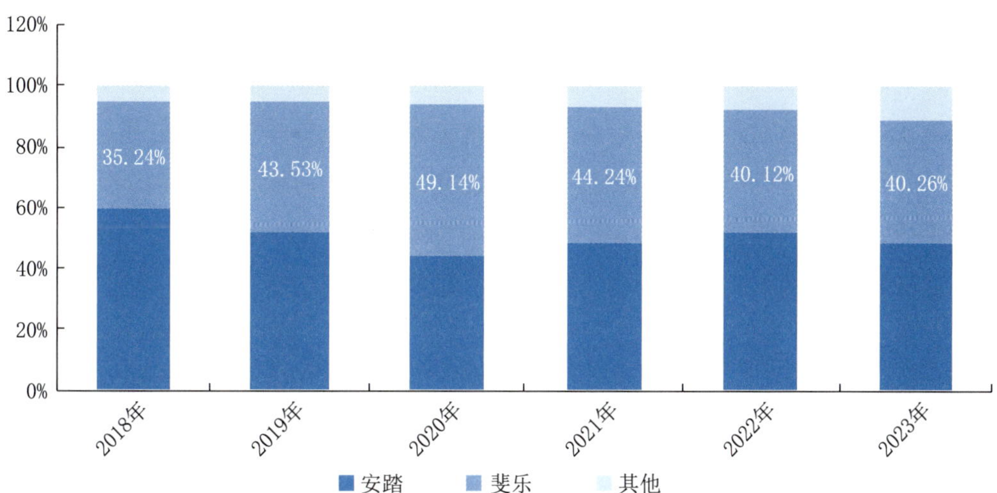

图 85　安踏营收分布

资料来源：安踏体育公告，申万宏源研究。

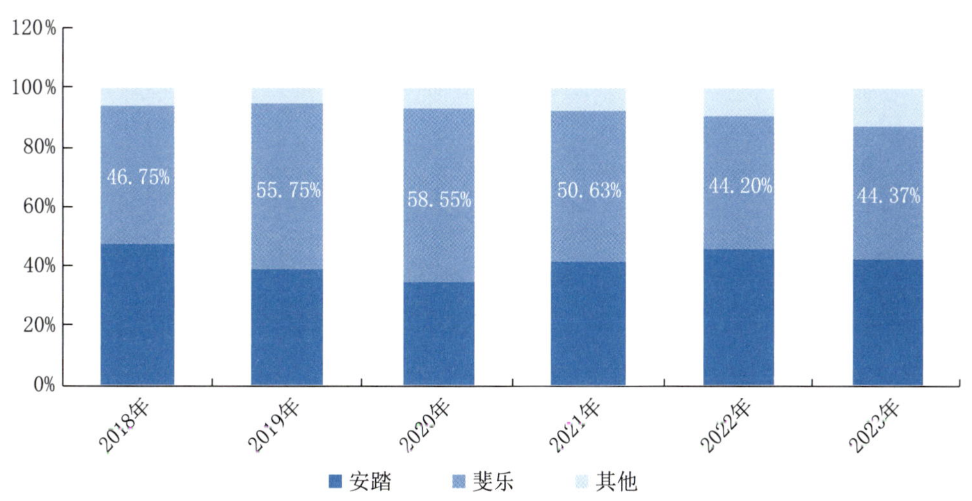

图 86　安踏毛利率分布

资料来源：安踏体育公告，申万宏源研究。

安踏上市后丁世忠一直在思考，单一品牌已无法满足消费者多层次购买需求。事实上这确实是过去安踏品牌战线的短板所在，一直以来定位于大众市场，旗下缺乏中高端品牌，难以与世界知名品牌阿迪达斯、耐克抗衡。因此，2009 年安踏除了成功牵手奥运，还做出了另一件令人意想不到的事——收购正深陷亏损泥沼但拥有深厚品牌积淀的知名运动品牌斐乐（FILA）在中国地区的商标使用权和经营权。多年以后，或许斐乐自己也没想到能够在安踏的运作下“起死回生”，重新迎来高光时刻。此次收购后安踏对斐乐进行全方位改革：一是定位方面，笃行“运动时尚”理念，打造差异化高端时尚的运动品牌条线，更符合年轻群体的消费需求；二是运营方面，进行全渠道直营化改革，直营模式的好处是，可以直面市场并实时检测到市场的消费趋势；三是营销方面，打破以往仅邀请运动员代言的传统，转向以娱乐明星为主的品牌营销宣传方式，与“运动时尚”理念相贴合。这一套组合拳下来，斐乐成功占领了中国运动时尚市场。2010 年到 2022 年间，斐乐品牌的门店高速扩张，店铺数量增长近十倍，拉动安踏整体盈利水平大幅提升，毛利率从 2012 年起保持稳定上涨，2022 年公司毛利率已超过 60%。如今，斐乐已成为安踏当之无愧的业绩增长引擎，营收和毛利占比几近撑起了安踏集团整体业绩的“半壁江山”。

（三）运营模式：革新管理，响应市场变化风向

价值创造是价值管理的根基，是提升公司内在价值的主要动力。安踏通过及时革新内部经营管理模式，推动公司业绩增长，实现公司价值创造最大化。

从“品牌批发”转向“品牌零售”。随着 2008 年北京奥运会的热潮逐渐褪去，前期国内各运动品牌激进扩张埋下的隐患开始显现。谁也没想到一场库存风暴正悄然席卷整个运动鞋服界。由于行业增长需求不及门店扩张速度，导致普遍出现渠道数量过剩、库存积压等现象，各大企业均面临着生死存亡的关键时刻，就连业内的大企业也无一幸免。危机往往也蕴藏着巨大的机遇。就在大多数企业还在焦虑之时，丁世忠已经率先意识到过去那种依赖市场红利和批发分销的粗放管

理模式不再行得通。丁世忠果断摒弃传统经营模式，转而对零售端进行改革，并于 2013 年正式推行“全方位零售导向”的营运模式。所谓的零售导向，就是取消多级分销，让全国的零售商直接与公司沟通并下订单。具体来看，零售导向策略主要包含以下几个方面：一是以单店为基础向零售商提供精准的订货指引和灵活的补单预测，从而舒缓库存压力；二是开展针对库存管理和产品知识的定期培训，严格遵守安踏零售折扣政策；三是精简经销架构，采用扁平化的销售管理方式，以促进和全国零售商的互动，通过公司的监察系统，安踏可以实时跟踪零售商的表现并提供改善店铺营运效益的有效建议；四是加强弹性供应链管理，优化补货弹性及效率来满足差异化需求；五是以提升店销和盈利能力为导向，策略性地优化全国零售商店铺。①

经历了阵痛调整，安踏凭借领先的渠道管理能力成为业内最早一批走出库存压力的公司，并且有了显而易见的转型效益。安踏在 2013 年运营模式转型后，营收以每年超过 20% 的增长率一路碾压同时期主要竞争对手，成为国产运动品牌的“老大哥”。

二次变革，深化 DTC 模式和数字化转型。继 2013 年“零售转型”之后，安踏又于 2020 年 8 月提出了二次渠道改革，针对安踏分部（包括安踏主品牌和安踏 Kids）深化 DTC 模式转型。DTC 模式（Direct to Customer），顾名思义，就是绕过经销商直接触达消费者。事实上，DTC 模式在国外并不是什么商业新物种，耐克、露露乐蒙（Lululemon）等知名品牌早就开始采用 DTC 模式，但这对国产品牌来说却是首次尝试。从本质来讲，构建 DTC 的第一步就是打通“人（消费者）、货（产品）、场（分销渠道）”。快速统一安踏门店在客户体验、产品、渠道三个维度的运营标准，主打一个直接高效。并将大量门店收归直营，由物流总仓向直营门店直配铺货、补货及调拨，加强渠道上的把控。与此同时，安踏利用数字化平台赋能前端零售渠道。通过实时分析全国所有门店的营运数据，实现直营门店全国范围灵活配货。这样一来，不仅能够降本增效，还能提高运营效率和产品周转率，最终实现线上线下的无缝融合。到 2023 年，安踏已在全国 24 个

---

① 参见安踏历年年报。

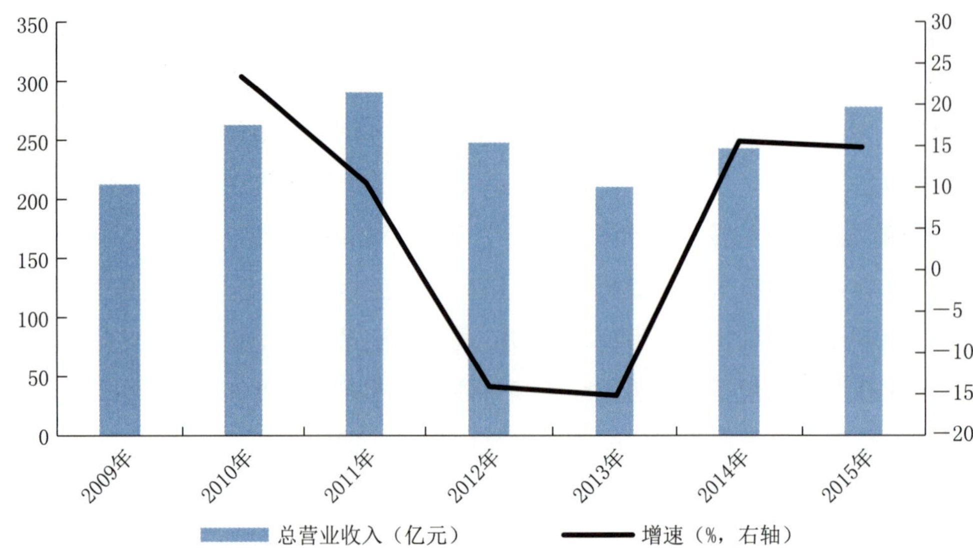

图 87　四大品牌总营收（安踏、李宁、特步、361 度）

资料来源：各公司公告，申万宏源研究。

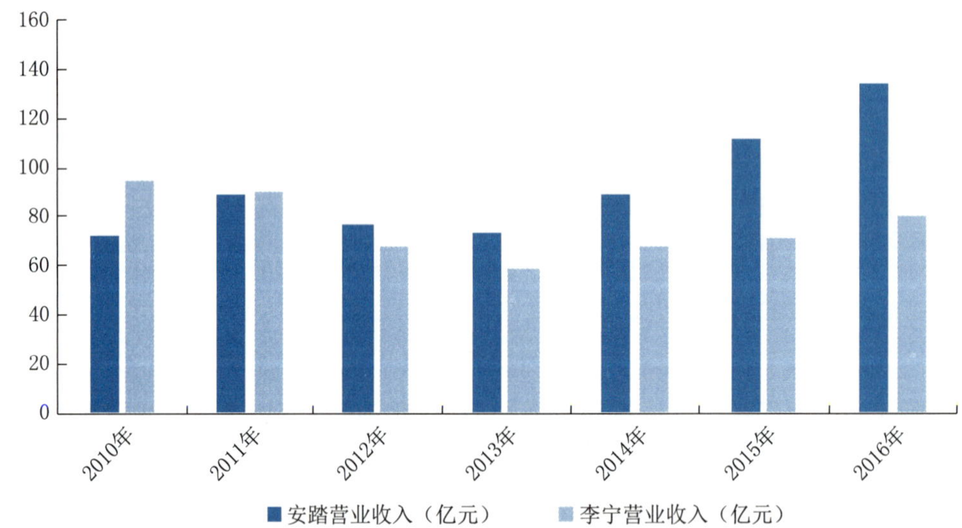

图 88　安踏、李宁营收对比

资料来源：各公司公告，申万宏源研究。

省市推行该模式，在实行该模式的约 5400 家安踏品牌门店中，约有 44% 为直营，剩下 56% 由经销商按照安踏运营标准运营；在总计约 2200 家安踏儿童门店中，约有 64% 为直营，剩下 36% 由经销商按照安踏运营标准运营。DTC 模式

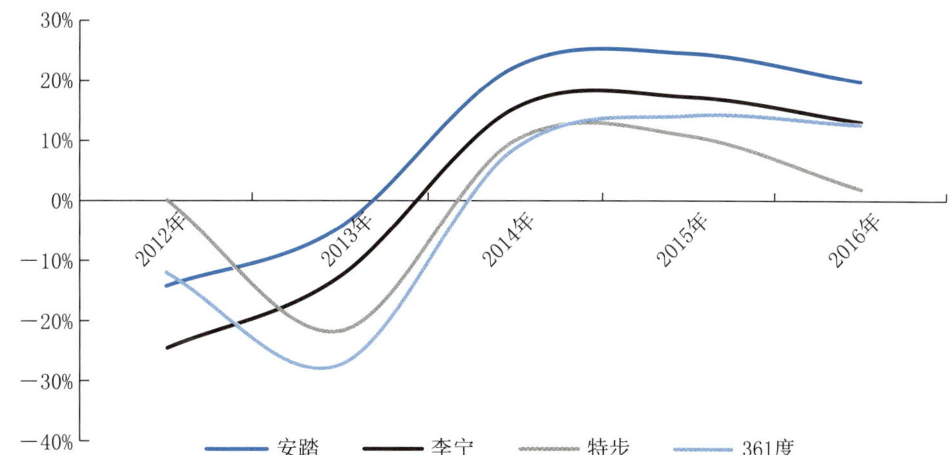

图 89 各品牌营收增速对比

资料来源：各公司公告，申万宏源研究。

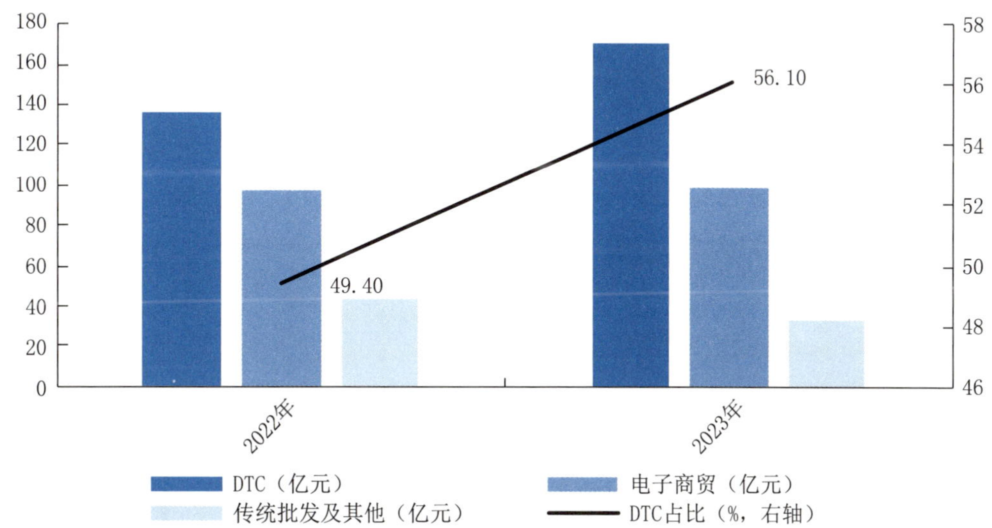

图 90 按业务模式划分安踏分部的收益

资料来源：安踏体育公告，申万宏源研究。

实行的时间不长，但已取得显著成效。2023 年在安踏分部的营收中，DTC 模式完成 170.05 亿元人民币收益的好成绩，较上年增加 33.18 亿元，其贡献率也从 2022 年的 49.4% 提升至 56.1%。

（四）战略转型：调整方向，迈向全球璀璨舞台

战略的本质是公司发展的方向。除了运营革新，安踏的战略转型是其在价值创造过程中的另一主要体现，为公司价值创造指明方向，是助力公司市值跨越发展的重要源泉。

安踏的成长之路就像是一场闯关游戏，经历了一路改革发展后终于问鼎国产运动品牌第一的宝座。下一步的目标是，如何保持并刷新自己的冠军纪录，如何与世界顶尖选手耐克、阿迪达斯抗衡。对此，安踏在 2015 年大刀阔斧地提出新的发展战略——“单聚焦、多品牌、全渠道”。

“单聚焦”指的是聚焦大众市场、聚焦体育用品赛道、聚焦提升核心竞争力。当大家都在犹豫是否要向多元化发展时，丁世忠坚定选择体育用品赛道。安踏自 2005 年创立了国内首个体育用品研发实验室以来，始终将体育运动产品的科技研发与创新视为立身根本。近 10 年研发投入超过 60 亿元，并且每年递增，为安踏系列产品的科技含量与新颖设计添砖加瓦，也助力企业在体育用品市场上屡创

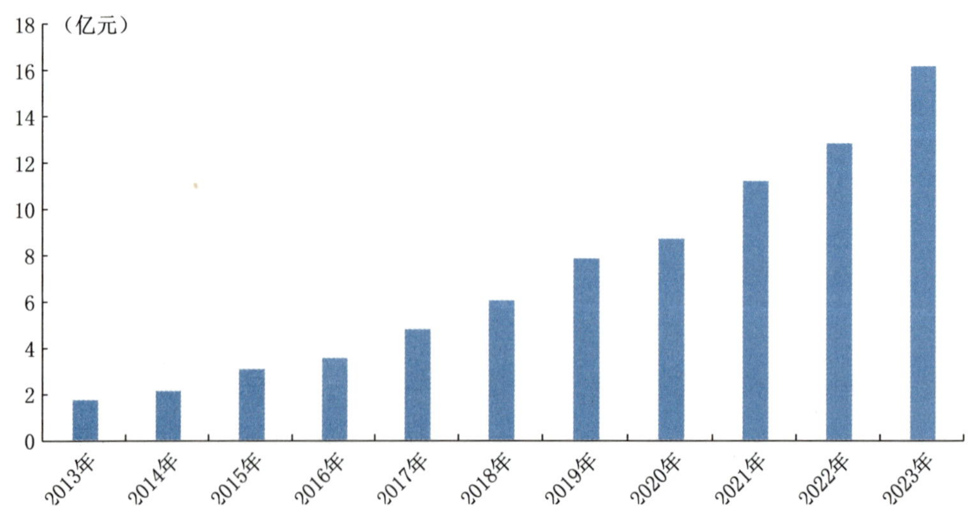

图 91　安踏近 10 年研发投入金额

资料来源：安踏体育公告，申万宏源研究。

佳绩。根据福建日报报道，安踏集团已于 2023 年 6 月宣布成立安踏原始工作站与安踏博士后科研工作站，这可为运动用品行业与运动科学行业持续提供新的高端科研人才，打造更极致的用户体验感和更深刻的消费者记忆点。

“多品牌”指的是构建三大品牌群增长曲线。斐乐的涅槃重生给了安踏极大的信心，此后便开始了收购之路，多品牌矩阵也逐渐形成。通过差异化布局，安踏实现了不同市场定位、运动品类和消费群体的全方位覆盖，满足市场需求的更迭。从广度来看，安踏针对不同运动场景构建了横跨专业运动品牌、时尚运动品牌和户外运动品牌的三大增长曲线，形成了多品牌矩阵协同运营模式。就深度而言，不同品牌可以迎合不同收入群体的消费者对运动服饰的需求。从低线城市到一线城市、从低收入群体到高收入群体、从性价比产品到轻奢产品，每一位消费者都能在安踏买到所需。对内来看，品牌矩阵还有一个好处，就是帮助安踏提升抗风险能力。倘若仅依赖于单一品牌，一旦市场波动或者流行风向变化，或将面临较大风险。而多品牌策略可以分散潜在风险，降低因某单一品牌受损而造成的损失，为公司筑成护城河。

图 92　三大品牌矩阵（广度）

资料来源：安踏体育公告，申万宏源研究。

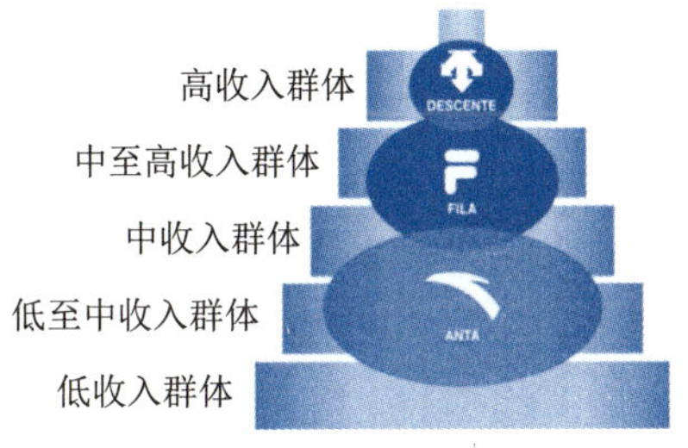

图 93　覆盖客户群（深度）

资料来源：安踏体育公告，申万宏源研究。

“全渠道”指的是打造“线上＋线下”双结合的营销模式聚拢各级消费者。安踏早期的营销网络以铺设街铺为主，但现已形成街铺、商场、百货公司、奥特莱斯和电子商贸平台等形态的完整营销网络。目前安踏主品牌以街铺为主，而像斐乐、迪桑特（Descente）等高端品牌主要位于高端商场和百货公司。根据安踏 2023 年财报显示，安踏旗下已拥有超 12000 家门店，其中包括 9831 家安踏主品牌门店（含安踏 Kids）、1972 家斐乐品牌门店（含斐乐 Kids 和斐乐 Fusion）、

图 94　安踏营销模式全渠道覆盖
资料来源：安踏体育公告，申万宏源研究。

187 家迪桑特品牌门店和 164 家可隆品牌（Kolon Sport）门店。实现了从一线城市的顶级商圈到三四线城市基层市场的全覆盖。线上平台方面，除了与主流电商平台天猫、淘宝、京东和唯品会等携手合作，安踏更是建立了自己的官方线上网城。一开始，电商平台的存在更多是为了清理库存，而如今该渠道已成为销售的新发力点。安踏在线上平台确实花了不少心思：首先，加大线上营运平台和内容的投入，优化消费者体验；其次，针对不同渠道进行精细化会员管理，增强消费

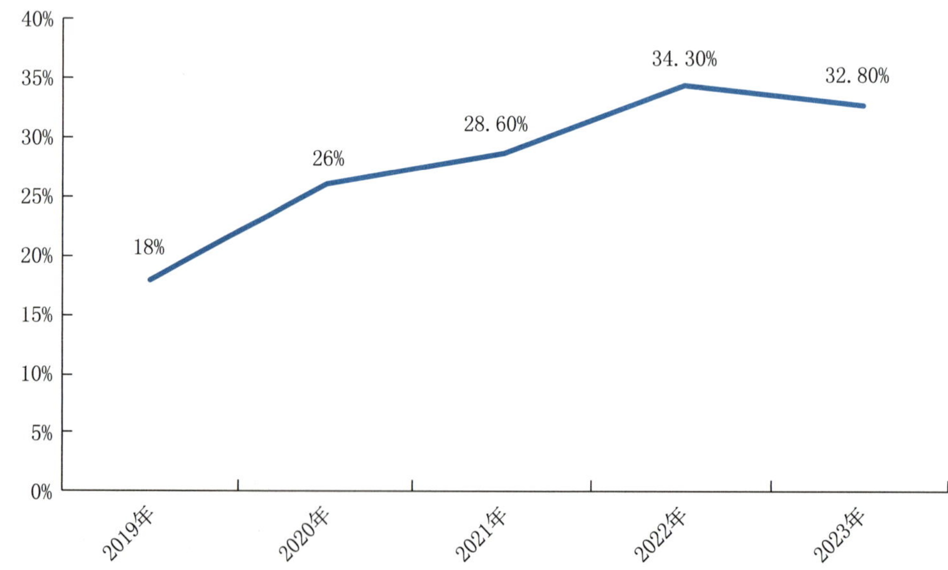

图 95　电子商贸平台对安踏业绩的贡献率
资料来源：安踏体育公告，申万宏源研究。

者黏性；此外，还积极拓展当下流行的直播领域，加强直播团队建设，与平台合作推出各类营销活动。可以说，线上这一渠道给了安踏十足的底气。截至2023年，安踏电子商贸销售业绩已占整体销售业绩的32.8%，未来线上渠道的贡献依然不可小觑。

“全渠道”建立了牢固基础后，安踏开始向“全球化”进发。2021年12月18日，丁世忠在安踏“30+不止于超越”的新十年战略及可持续发展发布活动中提出了未来10年的战略方向，由“单聚焦、多品牌、全渠道”转变为“单聚焦、多品牌、全球化”。丁世忠表达了自己的愿景，希望安踏能从中国走向世界，成为世界领先的多品牌体育用品集团。正处于“三十而立”之年的安踏，初步开启了走向全球化的道路，目前已成为仅次于耐克和阿迪达斯的全球第三大体育用品品牌。不过对于安踏来说，未来还有很长的路要走。2023年10月17日，安踏集团在全球投资者大会发布未来3年（2024—2026年）发展规划，其中提到安踏集团已成立东南亚国际事业部，在新加坡、马来西亚、菲律宾等“一带一路”共建国家开展直营零售业务，亚玛芬集团（Amer Sports）也将持续强化中国、北美与欧洲三大市场，推进五个“10亿欧元”战略，进一步推进安踏全球化战略布局。

三、资本运作：借助资本力量，构筑安踏坚固护城河

纵观安踏的成长历程，除了依靠公司过人的战略布局和决策魄力，还离不开卓越的资本市场运作。

（一）多样化资本运作手段，助推公司内在价值提升

价值曲线是在价值创造的基础上进一步延伸，是价值管理的实现。安踏在基于公司战略的基础上，运用上市、兼并收购等资本运作手段提升内在价值，为实现公司价值最大化创造条件。

01

丰富品牌矩阵，外延并购助力实现全球布局

顺应消费需求，完善品牌战线，安踏开启全球品牌化并购之路。安踏的并购历程主要在于通过经营上的协同效应来扩大市场竞争力。2009 年 8 月，安踏全资附属公司原动力斥资 3.26 亿元人民币收购百丽所持有的 85% 股权，获得百丽旗下运动品牌斐乐在中国的商标使用权和专营权，并借此契机正式踏入高端运动用品市场。自此之后，安踏开始了扩张性的兼并收购之路。2015 年和 2018 年，安踏分别花费数千万美元和 6000 万港元全资收购英国品牌斯潘迪（Sprandi）和中国香港童装品牌小笑牛（KingKow），获得对这两个品牌的完全控制权。2016 年和 2017 年，安踏分别以 1.5 亿元人民币和 4000 万美元，通过成立合资公司的方式，获得日本品牌迪桑特 60% 股权和韩国品牌可隆 50% 股权，同时获得两大品牌在大中华区的独家运营权。本次并购目的在于与目标公司共享资源、技术和经验，以实现优势互补和协同发展。最重大的一次并购发生在 2019 年，由安踏牵头的投资者财团收购芬兰著名体育用品集团亚玛芬，交易对价约为 46 亿欧元，持股比例为 57.95%。最近的一次并购发生于 2023 年。受近些年国货崛起的影响，安踏的品牌布局从境外转回到了国内，算是在此浪潮中蹭到一波“国潮”热点。2023 年 10 月安踏宣布或有条件地购入被称为“中国版 Lululemon”的国产女性运动服饰品牌玛伊娅服饰（MAIA ACTIVE）中 75.13% 股权，玛伊娅服饰将成为安踏间接非全资拥有的附属公司。

表 14　安踏的多品牌收购之旅

时　间	并购对象	并购金额	定　　位
2009 年	斐乐（FILA）中国商标权及运营业务	3.26 亿元人民币	高端运动时尚服饰品牌
2015 年	斯潘迪（Sprandi）	数千万美元	户外休闲运动鞋
2016 年	迪桑特（Descente）	1.5 亿元人民币	滑雪、综合训练等专业设备
2017 年	可隆（Kolon Sport）	4000 万美元	户外运动、登山等设备
2018 年	小笑牛（KingKow）	6000 万港元	中高端童装品牌
2019 年	亚玛芬体育（Amer Sports）	总价约为 46 亿欧元	多领域中高端专业设备
2023 年	玛伊娅服饰（MAIA ACTIVE）	暂未公布	女性运动市场

资料来源：安踏体育公告，申万宏源研究。

安踏的并购之路以多品牌横向资源整合为主，其好处在于通过整合优质资源可以形成强大的规模效应。安踏投资并购品牌之间的定位都是不重合的，且具有较高的无形资产价值。例如，收购斐乐让安踏成功打入了时尚运动领域。收购斯潘迪、迪桑特和可隆填补了户外运动条线的空缺，丰富了运动项目产品品类。收购品牌底蕴深厚的小笑牛加强了安踏在儿童鞋服市场的影响力。收购亚玛芬体育更是意味着安踏继续向各领域专业运动装备进阶，进一步提升了户外运动领域的国际竞争力。2023 年收购国产瑜伽服饰品牌玛伊娅服饰，推动安踏在女性运动服饰条线的拓展。对于安踏来说，横向并购能够快速获取被并购企业优质资源，降低进入和拓展其他运动领域的投入成本，如产品研发、营销网络、客群基础等。此外，横向并购能够进一步扩大安踏的企业规模和市场竞争力，构建起多品牌保驾护航的风险防御墙。

从上市以来的市值情况可以发现，在安踏并购节奏加速的时期内公司市值增长达到新阶段。各品牌在收购后的协同效应逐步凸显。2015 年到 2019 年是安踏密集并购时期，此时安踏品牌矩阵的搭建已初具雏形，公司市值提速明显。2020 年起，尤其在收购亚玛芬体育后，其品牌协同效应开始显现。安踏市值于 2021 年达到巅峰，超过阿迪达斯当年水平。同时，相较于大盘和可比公司，安踏明

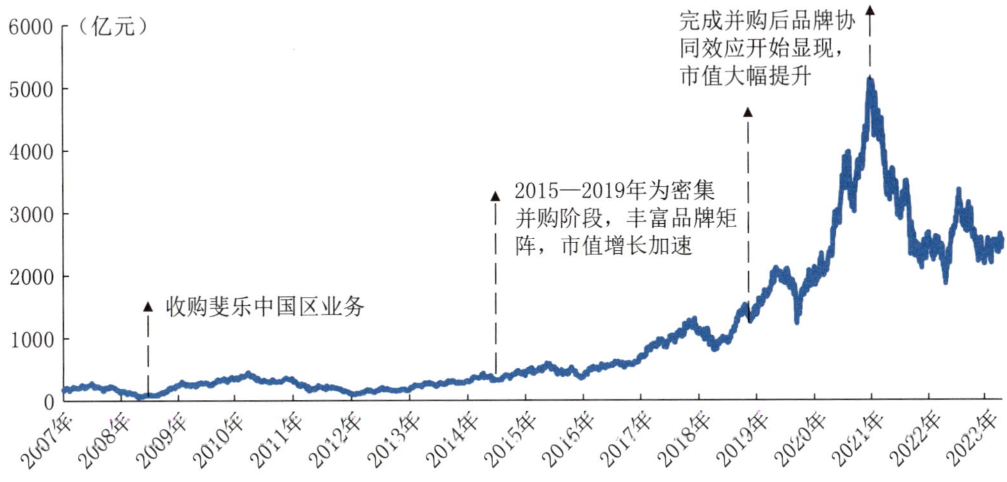

图 96　安踏市值变化

资料来源：万得，申万宏源研究。

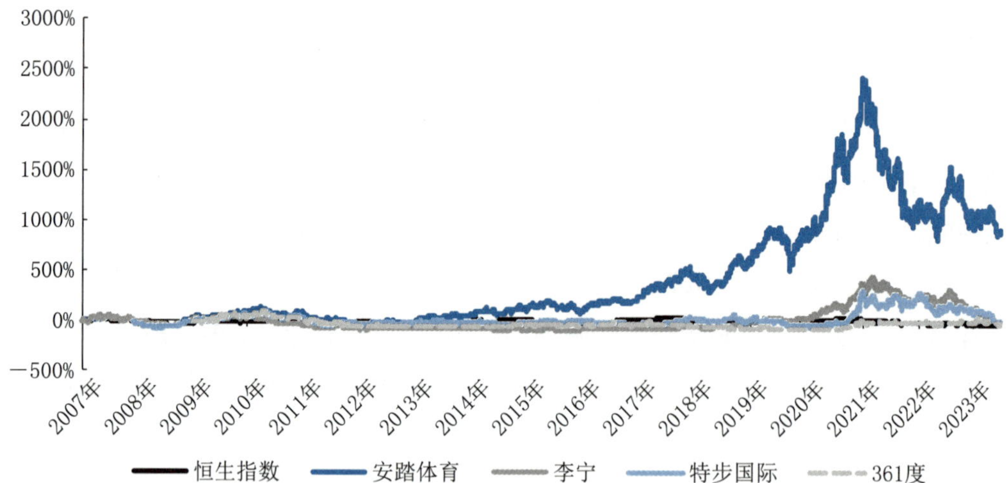

图 97　安踏跑赢同行和恒生指数

资料来源：万得，申万宏源研究。

显跑赢恒生指数和李宁、特步国际及 361 度，且涨跌幅差距拉大。自 2007 年安踏上市之日至 2023 年末，安踏股价累计上涨约 16 倍，而同期恒生指数下跌 25.51%。

多样融资工具，为安踏提供充足资金支持

安踏体育于 2007 年 7 月赴港上市，顺利登陆资本市场。发行价格为 5.12 元，共募集资金净额 33.99 亿元，发行总股数 6.9 亿股。此次在港股上市，为集团带来更广阔的融资渠道和更低廉的融资成本，也助力了公司市值的快速提升。上市首年，安踏总股本比上市前扩张 1.39 倍，总市值扩张超过两倍。

安踏自上市以来谨慎进行股份配售行为。2017 年 3 月公司先旧后新配售股份 1.75 亿股，共计募集资金 37.92 亿港元，此次配售资金全部注入合资财团，为收购亚玛芬体育提供资金支持。2019 年 5 月，公司通过直接配售新股的方式引入 Anamered Investments Inc. 成为公司股东，此次新股配售 1584.2 万股，共计募集资金 7.78 亿港元。Anamered Investment 为 Lululemon 创始人奇普・威尔逊（Chip Wilson）持有的投资公司，亦是亚玛芬体育的股东之一，此次配售完成有

表 15 安踏 IPO 情况

	安踏
上市日期	2007 年 7 月 10 日
发行价格	5.12 元
首发募资总额	35.35 亿元
发售募资净额	29.47 亿元
超额配售募资净额	4.52 亿元
募资总净额	33.99 亿元
实际发行总股数	6.9 亿股

资料来源：万得，申万宏源研究。

表 16 安踏上市以来三次配售明细

	2017 年	2019 年	2023 年
配售类型	先旧后新	直接配售	先旧后新
实际配售数量	1.75 亿股	1584.2 万股	1.19 亿股
实际配售价格	21.67 港元 / 股	49.11 港元 / 股	99.18 港元 / 股
募集资金总额	37.92 亿港元	7.78 亿港元	118.02 亿港元

资料来源：安踏体育公告，申万宏源研究。

利于安踏体育走进国际投资视野。2023 年 4 月，公司通过先旧后新配售 1.19 亿股，共计募集资金 118.02 亿港元。此次配售公司主要用来归还未偿付的负债和作为集团一般营运资金。

通过发行债券提供融资支持。2020 年 2 月，安踏集团在新加坡证券交易所发行零息海外可转债 10 亿欧元用作缓解债务压力与优化财务结构。同年 8 月，安踏在交易商协会成功注册 80 亿元中期票据（MTN）与 40 亿元超短期融资券（SCP），并以票面利率 3.95% 的价格成功发行 10 亿元 MTN 用于集团运营资金，进一步优化了集团的债务结构。2022 年 7 月，安踏再次以 2.80% 的票面利率发行 5 亿元绿色中期票据，用于建设安踏上海总部。在上述两类银行间债券批复到期后，安踏于 2023 年 1 月成功申请注册债务融资工具（DFI），在注册有效期内可分期公开发行或定向发行多种银行间融资产品，为公司银行间债务融资途径打开了新局面。除了银行间市场，安踏也于 2017 年获得证监会发行 36 亿元公司债的批复，但到期未发行，并于 2023 年 9 月再次获批发行公司债不超过 100 亿元。本次公司债募集资金安踏拟将不超过 40 亿元用于偿还本集团债务，剩余部分用于补充流动资金、股权投资、项目建设等用途。上市以来，安踏在债券方面已开发三种主要途径进行融资，包括可转换债券、银行间交易商协会债券以及交易所公司债券，为公司带来过百亿元的可融资规模，可用于集团的资产负债结构调整与进一步的行业资源整合。

表 17　安踏已发行和已注册未发行债券明细

时　间	类　型	金　额	票面利率
2020 年 2 月	可转债	10 亿欧元	零息
2020 年 8 月	MTN	10 亿元人民币	3.95%
2022 年 7 月	MTN（绿色）	5 亿元人民币	2.80%
2023 年 1 月	DFI（已注册未发行）	—	—
2023 年 9 月	公司债（已注册未发行）	不超过 100 亿元人民币	—

资料来源：安踏体育公告，申万宏源研究。

完善激励机制，充分调动员工积极性

股权激励机制已被广泛应用于现代企业管理中，其最主要的作用在于推动员工完成从“要我干”向“我要干”的主观能动性转变，并实现促进公司可持续发展的最终目的。安踏的股权激励主要包含两种形式：购股权计划和股份奖励计划。安踏的第一次上市前购股权计划实施于 2007 年 6 月 12 日，给予公司 1 位董事及 37 位雇员认购公司 1600 万股的权利。每股认购价为 4.224 港元，较全球发售价折让 20%，分 3 年进行归属。此次激励力度相对较大，这也表达了公司对核心管理层和骨干员工的信任和认可，对塑造员工的归属感起到至关重要的作用。此次激励也向市场和投资者传递了积极信号，即公司注重建立公平、透明和稳定的激励机制，有利于增强公司的声誉和市场价值。购股权激励计划的行使期限为 10 年，能够将激励对象与公司的利益长期绑定，有助于吸引和留住优秀人才，增强公司的竞争力。

向员工授予股份奖励是安踏激励员工的另一主要手段，通过激励在岗位有着突出贡献的员工，促进公司持续经营并有利于日后吸引更多优秀人才。第一次股份奖励计划公布于 2018 年，安踏有意于 5 年内投入 10 亿港元规模用于股权激励，计划有效期依然为 10 年。随后几年保证至少以每年一次的频率向符合奖励条件的优秀员工授予股份。自 2019 年起，安踏在该激励计划下已授予董事和雇员股份超过 2300 万股。2023 年上半年，为了与新修改的中国香港《香港联合交易所有限公司证券上市规则》第十七章的要求相适应，安踏公布了新的购股权计划和股权激励计划。其中在新股权激励计划里，安踏将激励对象从雇员拓展到关联实

表 18　安踏历年股权激励方案

时　间	股权激励方式	分配股数（千股）	行使价（港元）	归属期	行使期	激励对象
2007 年 6 月 12 日	上市前购股权计划	16000	4.224	自上市日期起 3 年	10 年	1 位执行董事及 37 位雇员
2010 年 9 月 15 日	购股权计划	32120	16.20	自授出日起 3.5 年	10 年	董事郑捷及若干雇员
2019 年 11 月 5 日	2018 年股份奖励计划	11170	78.05	自授出日起 0.5 年至 4.5 年	10 年	124 名雇员
2020 年 11 月 2 日	2018 年股份奖励计划	890	86.75	自授出日起 0.5 年至 4.5 年	10 年	未公布
2021 年 11 月 1 日	2018 年股份奖励计划	849	119.70	自授出日起 0.5 年至 4.5 年	10 年	未公布
2022 年 4 月	2018 年股份奖励计划	10295	98.50	自授出日起 3 年至 5 年	10 年	3707 名雇员
2022 年 11 月 1 日	2018 年股份奖励计划	226	73.40	自授出日起 0.5 年至 4.5 年	10 年	未公布
2023 年 11 月 1 日	2018 年股份奖励计划	402	88.35	自授出日起 0.5 年至 4.5 年	10 年	未公布
2023 年 3 月 21 日	2023 年购股权计划	—	—	不少于 12 个月	10 年	雇员、关联实体参与者及服务提供者
2023 年 3 月 21 日	2023 年股份奖励计划	—	—	不少于 12 个月	10 年	雇员、关联实体参与者及服务提供者

资料来源：安踏体育公告，申万宏源研究。

体参与者和服务提供者，使得各方的共同利益相一致，在公司的长期发展中互惠互利。2023 年 11 月 24 日，安踏集团发布公告，未来 3 年将回购不超过 12 亿港元股份用于员工股份奖励。此次回购依据是《2018 年股份奖励计划（2023 年修订版）》，有效期 10 年，上限为奖励股份不超过已发行股份数目的 10%。该股份奖励计划时间长、覆盖面广，有利于通过对员工的长期激励激发核心团队积极性并维系及吸引人才。

（二）充分保障投资者权益，提升公司市场估值

价值营销是价值信息的传递，好的价值营销活动可以促进企业市值与内在价值相匹配。安踏通过股东回报和投资者关系管理等方式切实保障股东和投资者利益。

长期稳定分红，有效保障投资者利益

安踏长久稳定发展的关键离不开合理适时的股利分配政策。公司在实行股利政策时也并非一成不变，而是根据安踏的发展战略和营运情况进行合理的规划。连续性和稳定性是安踏发放股利的主要特点，自上市以来每年中期和末期均有派现。有规律地进行股利分配能够在资本市场中对投资者树立信心，有利于企业评级，间接为筹资战略做好铺垫。2007 年至 2023 年，安踏已连续 17 年实现现金分红，总额达到 329.23 亿港元。2018 年是一个转折点，在此之前股利支付率均保持较高位，而从 2018 年后分红总额和分红率均有所下跌。从短期来看，股利分配会使资金流出公司从而影响现金流水平。此时的安踏正处于扩张性并购阶段，前 3 年连续收购三大品牌消耗资金较多。而 2019 年收购亚玛芬又是史上金额最高的一次并购，此时安踏对留存品牌资金的渴求是毋庸置疑的。因此从某种程度上来说，减少股利分配可以减少安踏对外筹集的资金，为公司投资和营运战略做好资金的保障工作。

表 19　安踏现金分红明细

报告期	现金分红总额（万港元）	归母净利润（万港元）	股利支付率（%）
2023 年	558026.83	1129527.05	49.69
2022 年	372193.55	849687.10	43.35
2021 年	427826.01	944227.01	46.70
2020 年	183825.11	613326.36	30.06
2019 年	181012.35	596591.57	30.82
2018 年	209430.32	468255.54	44.07
2017 年	263069.59	369398.98	69.91
2016 年	197509.75	266687.46	72.59
2015 年	169992.47	243569.08	69.11
2014 年	152288.59	215537.41	71.00
2013 年	119764.72	167232.87	72.36
2012 年	119719.82	167565.02	71.51
2011 年	129693.10	213410.88	61.19
2010 年	112216.79	182284.44	61.97
2009 年	87225.96	142074.89	61.36
2008 年	69720.00	101462.88	68.55
2007 年	19920.00	57433.20	33.27

资料来源：万得，申万宏源研究。

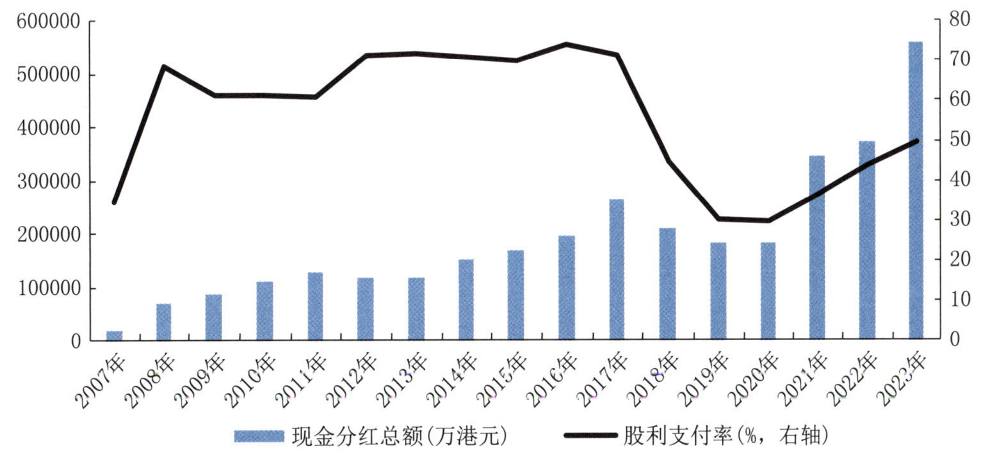

图 98　安踏体育 2007 年至 2023 年分红统计

资料来源：万得，申万宏源研究。

注重投资者关系管理，与资本市场深入沟通

安踏持续与股东和广大投资者保持沟通，并设立专门的投资者关系部门和公开透明的投资者关系网站。积极的投资者关系管理可以减少投资者与上市公司之间信息不对称的现象，有效提高信息透明度和公开度。一方面，从安踏内部的管理制度来看，安踏的信息披露质量高、意愿强，通过各种媒介和投资者活动与投资者进行实时有效的沟通，2023 年安踏已举行超过 330 场投资者关系活动。① 另一方面，从外界对安踏的评价来看，安踏在 2023 年香港投资者关系大奖中荣获八项殊荣，包括“最佳投资者关系公司”“最佳投资者团队”等，这也是安踏连续第 9 年在此项评选中获奖，充分印证了资本市场对安踏的广泛认可。同时，据万得不完全统计，截至 2023 年末，市场上多家券商研究机构已发布 1090 篇研报，足见市场对安踏体育的关注度。

（三）优化公司治理“质”与“效”，增强价值创造动力

价值优化是价值实现的保障，是价值管理过程中不可或缺的驱动因素之一。安踏在公司治理和团队建设层面稳扎稳打，为公司价值稳定增长提供坚实后盾，促进公司市值充分实现。

公司内部管理层稳定，分工明确符合长期发展战略

安踏的核心管理层结构稳定且从业经验丰富。从现任管理层来看，作为安踏公司的根基所在，其核心管理层团队专业且稳定，执行董事会成员任职时间均在 10 年以上，有效保障公司的运作和发展。2023 年初，安踏重新理顺组织管理架构，正式宣布丁世忠将卸任 CEO，由赖世贤和吴永华接棒。其中赖世贤将分管安踏品牌、除斐乐以外的所有其他品牌等事务，吴永华将负责斐乐品牌和集团国际业务等职能。随着品牌矩阵不断丰富，此次优化管理结构有利于更好地推进“多品

---

① 参见安踏体育用品有限公司 2023 年年报。

牌”和“全球化”战略落地。团队内部分工明确能够高效提升公司管理效率，落实精细化管理，这也符合安踏要对标国际大型现代企业治理模式的初衷。

表 20　安踏核心管理层（执行董事）

姓　名	年龄	职　　位	入司时间	工作职责
丁世忠	52	董事会主席兼执行董事	创办人	在集团企业战略、人才建设、企业文化、经营监督等事项上发挥核心领导作用，并直接管理集团内部审计与监察职能及收购合并事宜。
丁世家	58	董事会副主席兼执行董事	创办人	负责管理集团生产职能。
赖世贤	48	执行董事及联席 CEO	2003 年 3 月	分管安踏品牌、除斐乐品牌以外的所有其他品牌、集团采购以及集团的若干职能（包括人力资源、法务、投资者关系及行政管理等）。
吴永华	52	执行董事及联席 CEO	2003 年 10 月	负责斐乐品牌管理、集团国际业务及集团若干职能（包括零售渠道管理及公共关系等）。
郑　捷	54	执行董事、亚玛芬体育 CEO	2008 年 10 月	负责亚玛芬体育相关业务。
毕明伟	50	执行董事兼首席财务官	2007 年 5 月	负责本集团的财务管理职能及若干中后台职能（包括业务流程管理及物流管理等）。

资料来源：安踏体育官网，申万宏源研究。

团队建设日益优化，为公司长远发展保驾护航

安踏的成功离不开集团上下所有人的共同努力，而努力的动力则源自公司内部完善的团队建设与激励机制。安踏视员工为公司长效发展的基石，加大对员工团队的投入。一是在员工发展与培训体系上，投入大量资源打造完善的内生式培训体系。立足于实际岗位特性和业务需求，安踏设置了专项技能培训、学历提升项目和领导力提升项目。此外，安踏强调人才梯队建设，对于部分重要岗位的继任人才制定了“高中青”培养计划（“高”指的是决策层梯队、“中”指的是业务或职能负责人梯队、“青”指的是基层经理梯队）。不同的梯队由不同的公司高管带教培训，建立起一支业务能力够强、综合能力够硬的人才团队。2023 年，公司内

部员工培训覆盖率超过95%，员工平均每人每年培训时长超过29小时，员工培训投入总额超过人民币3400万元。① 二是在员工福利与激励上，建立行业领先的薪酬制度与激励机制。充分发挥薪酬绩效制度对人才的激励作用，实行月度与半年度的绩效评价机制，并将绩效奖金同员工考核结构挂钩。此外，从衣食住行到身心健康，安踏向每位员工提供超过30项福利，营造“价值共用、责任共担”的企业氛围。员工激励方面，针对优秀员工安踏每年将授予股票奖励，以肯定员工对公司作出的突出贡献，有利于留住优质人才以助力公司高质量发展。

四、结语：不做中国的耐克，要做世界的安踏

从晋江走向世界，安踏代表中国运动品牌在世界发出最强音，是当之无愧的“国货之光”。回顾安踏的进阶之路，每一次成长都离不开公司先于行业的前瞻性思考和卓越的价值管理体系建设。

在价值创造层面，安踏始终将这一主题贯穿于生产经营之中，推动公司内在价值的持续提升。品牌布局上，安踏搭建多品牌矩阵，以专业运动、时尚运动、户外运动三条增长曲线形成合力驱动公司业绩增长。发展战略上，安踏适时调整策略应对市场发展新风向，经历两次商业模式变革与一次战略转型。产品研发上，安踏从不吝啬于产品研发的高投入，多次掀起业内创新风暴，为公司竞争力提供坚实保障。在价值曲线层面，安踏在资本市场不同时期充分借助资本力量，利用适合的金融工具促进企业价值最大化。其中有典型启示作用的就是安踏全球化并购历程，外延式扩张不断完善品牌战线，扩大自身核心竞争力。同时，安踏具有股债权融资、股利分配、股权激励等手段的资本运作经验，使公司内在价值在资本市场中得以最大限度的体现。在价值营销层面，安踏根据公司发展情况长期稳定进行分红，充分维护和保障投资者利益。同时，公司注重投资者关系管理，优化与资本市场的沟通路径，有效提高信息透明度和公开度，减少投资者与公司之间

① 参见安踏环境、社会及管治报告2023年。

的信息不对称。在价值优化层面，公司治理上，安踏股权结构和管理层稳定，日常治理对标国际大型企业，现代化、精细化特征尽显，将有效保障全球化战略落地。人才管理上，安踏立足于公司的长远发展，持续加大对人才发展的投入，致力于打造一支优秀的人才队伍。

安踏的进阶之路不止于此，丁世忠曾说过，“不做中国的耐克，要做世界的安踏”。路漫漫其修远兮，对安踏来说，全球化征程才刚刚起步，让我们翘首以盼，期待安踏在世界舞台大放异彩。

牧原股份①：

成本为王拥抱周期，全产业链蝶变未来

“强国必先强农，农强方能国强。”在世界百年未有之大变局加速演进的今天，守好“三农”基本盘至关重要。牧原深耕农业领域中的生猪养殖，经过 30 年的历

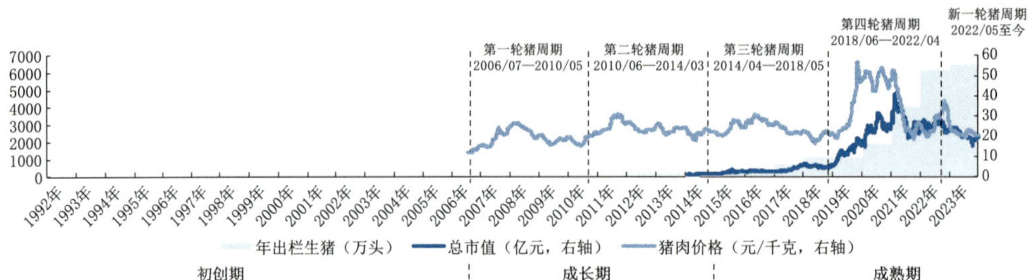

初创期

- 1992年，秦英林和妻子辞职回家，开始亲手搭建养猪场。
- 1993年，从22头仔猪养起，开启牧原养猪事业。
- 1997年，**出栏生猪1万头**；成立了**第一个兽医检测实验室。**
- 1998年，开始**建立自主育种体系**；研发应用第二代猪舍。
- 2000年，内乡县牧园养殖有限公司成立；河南牧原第二分场水田猪场建成投产；低蛋白日粮开始在生长猪群中推广；探索早期隔断奶技术。
- 2002年，探索轮回二元育种；设计以小麦为主要原料的多种营养配方。
- 2003年，第三分场河西养猪场建成投产；低蛋白及净能评价体系全线应用。
- 2004年，第四分场岗头猪场建成投产。
- 2005年，第五分场老庄猪场和第七、八分场马坪原种猪场建成投产；从加拿大引进470头原种猪，改良牧原种猪结构。研发应用第八代猪舍。
- 2006年，**出栏生猪9.67万头**；**轮回二元育种体系搭建完成。**

成长期

- 2007年，第六、九、十分场猪场建成投产。
- 2008年，牧原CDM项目通过联合国核查组验收，为**我国首个注册成功的养猪场CDM项目。**
- 2009年，救急收购农民芽麦，彰显社会责任；牧原成为河南省首批“出口食品农产品质量安全示范区”。
- 2010年，更名为牧原食品股份有限公司；**IFC战略入股1000万美元**；养猪事业走出内乡。
- 2011年，第十七分场建成投产。
- 2012年，养猪事业走出河南。
- 2013年，**出栏生猪130.68万头**；引入种猪高产基因。

成熟期

- 2014年，牧原股份**在深交所上市**；成立唐河牧原等6家子公司。
- 2015年，**定增10亿**；开启第一期员工持股计划；设立“内乡县牧原教育基金会”，致力于扶贫帮困，奖优助学。
- 2016年，第二期员工持股计划；养猪业务向东北拓展；牧原大学成立。
- 2017年，第三期员工持股计划；**定增30.77亿**；培育牧原高产系种猪；秦英林获“脱贫攻坚先进个人”称号。
- 2018年，**非公开发行优先股**；对旗下14家子公司增资扩股；牧原股份被纳入深证100指数。
- 2019年，**定增50亿**；对旗下20家子公司增资扩股；第一次股权激励；拓展屠宰业务。
- 2020年，对旗下5家子公司增资扩股。
- 2021年，出栏生猪4026万头；**发行可转债**以发展生猪养殖、屠宰项目。
- 2022年，出栏生猪6120.1万头；**定增60亿**；第二次股权激励；累计申请专利1982项；低蛋白日粮技术向全国推行。
- 2023年，**出栏生猪6381.6万头**；部分高管及核心员工增持公司股票。

图 99　牧原股份的市场价值成长之路

资料来源：牧原股份官网，万得，申万宏源研究。

---

① 牧原股份：全称牧原食品股份有限公司，股票代码 002714。

练与发展，其全产业链模式成为业内标杆，牧原也成为我国生猪养殖行业的领军企业。①

一、创业之路：穷且益坚，不坠青云之志

牧原股份的董事长秦英林先生出身农村，对广袤的农村土地有着深厚的感情，从小便立志要深耕农业实现自己的人生抱负。然而，他的创业之路坎坷艰辛，绝非坦途。但他始终坚守本心，直面挫折，终于穿越至暗时刻，闯出了光明未来。

（一）初创期（1992—2005 年）：坚守本心，静待花开

养猪梦初受挫，难凉少年热血

1965 年，秦英林出生在河南省内乡县河西村的一个艰苦贫寒的农户家庭。父母连年累月劳作，面朝黄土背朝天。生活的艰辛让秦英林从小就开始思考，如何才能让家庭脱贫致富。

1982 年秦英林读高中之时，一次偶然的机会，秦英林在报纸上看到当时养猪万元户黄新文的新闻，热血澎湃，飞奔回家鼓励父亲开启“养猪计划”。秦父对自己念过书的儿子深信不疑，当下便用含辛茹苦攒下的 800 元钱买了 20 头仔猪，在家里建了一个小猪圈，希望小猪仔的成长能为这个家庭解锁财富密码。然而由于他们缺乏防疫知识，20 头猪病死 19 头，损失近 2000 元，② 在 20 世纪 80 年代对于一个农民家庭来说无疑是笔巨款。看着父母绝望的眼神，秦英林下定决心要努力学习，考入理想的大学，用知识和技术改变现状。

---

① 本篇案例部分内容参考申万宏源研究所发布的研究报告：2017 年 8 月 29 日《牧原股份（002714）深度：出栏量高速增长下，市值能走多远？》（证券分析师：宫衍海、赵金厚）。

② 《放弃保送大学回乡养猪，他赚了 255 亿还成河南首富》，载《创业家》2018 年 5 月 29 日。

初创失败的惨痛经历难凉秦英林的一腔热血。寒窗苦读十余载，终于在 1985 年春天，正在全力备战高考的秦英林收到了保送河南大学的消息，这是改变命运的契机，全县人都对他倍感钦羡。然而，令人不解的是秦英林却毅然拒绝了宝贵的保送机会，选择报考了河南农业大学。因为他早已认定了未来的道路，要系统学习科学养猪方法，实现养猪致富梦。终于在 1985 年秋天，秦英林满怀欣喜与期待，踏进了河南农业大学的校门。

养猪路路难行，有志者事竟成

经过大学 4 年的学习，秦英林不仅系统学习了畜牧学知识，还积累了丰富的养殖经验。1989 年，农大毕业后秦英林被分配到南阳地区食品公司工作，端上了“铁饭碗”，但他一直对自己的养猪事业念念不忘。1992 年，秦英林终于下定决心辞去工作，和妻子钱瑛回到老家，开始了“猪倌”生涯。

1993 年，秦英林的养猪事业从 22 头仔猪身上正式开启。养猪创业并非易事，秦英林夫妇白手起家，创业资金不到 3 万元。由于资金紧张，搭建猪舍的大小事务均由夫妇二人亲力亲为，以节约人力成本。在夫妇二人努力下，搭建起了第一代拱砖结构猪舍。

然而事业刚开启不久，又面临猪群感染狂犬症的问题。这次秦英林不再束手无策，他利用自己的专业知识储备，并在大学老师的帮助下解决了狂犬症疫苗问题，安然渡过了这次危机。此后，秦英林夫妇开始跑遍多个养殖场，学习、观摩专业的养殖知识，并用专业知识研究了一套适用于猪的营养学理论。渐渐地，猪仔体质更好了，生病率、死亡率大幅下降。1994 年，猪场规模已经扩大到 2000 头，[①] 秦英林也成了闻名遐迩的养猪大户。

学生“猪倌”的初步成功很快引来了乡亲们的好奇，秦英林的养猪方法与传统的农民自家养猪大不相同：秦英林招聘的饲养员都是职高毕业生，入职后会有固定

① 资料来源于《砺石商业评论》:《河南首富是如何炼成的?》。

培训；养猪场有一套隔离和防疫制度，一般人不能接近猪舍；猪饲料按照营养学理论配制而成；从国内到美国、法国、巴西等国的养猪场、兽医站和实验室，他跑遍世界各地，潜心求教先进养猪方法。①1996 年夏天，秦英林跑遍了四川乐山、山东聊城等全国 15 个县，敲定了长白、杜洛克两个种猪品种，并从银行贷了 150 万元，一口气引进 1 万头猪；② 这一年，秦英林获“河南省‘务农有为’优秀青年”称号，他的努力得到了认可。

1997 年，猪场出栏商品猪达到 1 万头。当年 3 月在泛亚农大组织的研讨会上，秦英林同原中国正大集团技术总监、留美博士、现任泛亚农大总经理的养殖业专家魏荣展一见如故，畅聊养猪心得。秦英林推崇的“全自养、全链条、智能化”养殖模式，得到了魏荣展的权威认可。③ 受邀参观完秦英林的养猪场后，魏荣展不由得竖起了大拇指，高兴地对秦英林说：“看过很多猪场，你的猪场是我看到的最有发展前途的猪场。”

2000 年，秦英林投资成立内乡县牧园养殖有限公司，是后来牧原股份的前身。同年，河南牧原第二分场水田猪场（年出栏商品猪 8 万头）建成投产；低蛋白日粮开始在生长猪群中推广；秦英林还开始探索早期隔断奶技术。

2002—2006 年，这是牧原积累核心技术的关键阶段。2002 年开始，牧原探索轮回二元育种体系，该体系于 2006 年搭建完成，并成为牧原核心竞争力之一。同时，牧原的猪舍不断更新迭代，从第一代的拱砖结构升级到了第八代。

（二）成长期（2006—2014 年）：初出茅庐，蓄势待发

生猪养殖行业周期性特征明显，一般 3—4 年为一个周期，牧原股份的发展历程

---

① 《一年卖出 300 万头猪，他靠养猪成为河南首富，身价超过 120 亿》，载“柳先说”2017 年 12 月 31 日。

② 《财富超越王健林、刘强东，河南新首富只用了一招：养猪》，载《中国经营报》2019 年 12 月 19 日。

③ 《牧原食品秦英林的创业故事》，载《消费之音》2020 年 2 月 4 日。

与猪周期密切相关。"猪周期"的本质是猪肉价格和生猪产能的关系，养猪行业需求相对稳定，但供给端的不稳定经常导致价格剧烈波动。这是因为生猪的养殖和生产需要一定的周期，并且与能繁母猪的存栏量密切相关，养殖户的决策又存在一定的时滞，故供给端常存在不稳定的因素。

2006 年以来，全国生猪养殖业有过四次主要的波动周期，分别为：2006 年 7 月至 2010 年 5 月、2010 年 6 月至 2014 年 3 月、2014 年 4 月至 2018 年 5 月、2018 年 6 月至 2022 年 4 月。从驱动因素来看，多为动物疫病、供需关系、政策因素等一个或多个因素综合作用导致。2022 年 5 月以来，我国正处于新一轮的猪周期中。

第一轮猪周期：不忘初心大放异彩

船到中流浪更急，牧原宁愿亏损也不使用瘦肉精。2000 年前后，用瘦肉精养猪是行业内的潜规则。用瘦肉精喂出来的猪长相好、市场俏，而坚持不使用瘦肉精的牧原猪一度失去了市场，甚至使得牧原的资金链出现了问题。面对扭曲的行业环境和高昂的利润空间，秦英林没有选择妥协，而是坚决回绝。在秦英林看来，使用瘦肉精的做法无异于是自毁长城，他愿意当养猪行业的坚守者，坚持健康养殖，坚决不用瘦肉精。他的话语掷地有声："我们养的猪是给自己爹妈吃的，是给自己孩子吃的，是给天下百姓吃的，我们做人做事不能不讲良心啊！""谁用，开除谁！"

2006 年，某区域爆发了"瘦肉精"猪肉集体中毒事件，在行业晦暗的夜空中，牧原终于大放异彩。瘦肉精事件使得全国猪肉大幅度降价，行业进入下行周期。牧原纯天然养殖的优质生态猪走进了大家的视线，诸多大型肉类食品公司纷纷成为牧原的客户，订单纷至沓来，牧原的知名度迅速上升。

在这一阶段，还有高致病性蓝耳病传入我国，能繁母猪存栏量快速去化，生猪价格上涨。而牧原在"瘦肉精"事件中逆势上升，打响了进入大众视野的第一枪，并且进军国际市场。2007 年，对食品检测极其严格的日本企业与牧原签订了 1000 吨的采购合同；之后，美国、法国等欧美国家也相继向牧原采购生猪。2008 年，牧原生猪出口规模达 20 万头，在国内独占鳌头。①

2009 年，牧原救急收购农民芽麦，彰显社会责任担当。2009 年夏天，牧原所在的河南老家内乡县遭遇连续阴雨天气，田地的麦子无法及时收割，导致麦粒发芽，销路堪忧。而农村出身的秦英林真心诚意地想帮助农民解决问题，于是牧原按高于当年国家规定的正常收购价收购芽麦做成猪饲料。② 为此，他还向银行贷款 2 亿多元，租赁场地，购置设备，雇用人员。无巧不成书的是，2010 年全国猪饲料价格大涨，牧原从农民那儿收购的大量芽麦使得生猪养殖成本大幅下降。2008 年至 2010 年上半年，猪价周期走弱，猪价下跌，饲料成本上升，多数猪企陷入亏损，而牧原却是“万绿丛中一点红”，成了少数盈利的企业之一。秦英林的诚信、坚守和担当，赢得了当地政府和银行的信任，也让牧原之后的融资上市之路走得相对顺利。

第二轮猪周期：开始拥抱资本市场

2010 年 7 月至 2014 年 4 月的猪周期主要受供需因素影响，是较为经典的猪周期演变过程。

这一时期，牧原以其诚信和担当吸引资本大头入股，从此走上资本扩张快车道。2010 年，牧原想要扩建新的养殖场，却苦于没有资金。虽然彼时的秦英林并没有太多的抵押物，但鉴于牧原的优秀质地，中信银行、农业银行等商业银行仍提供信用贷款给牧原。同年，公司更名为牧原食品股份有限公司，世界银行集团下属国际金融公司（IFC）战略性入股 1000 万美元，公司走向资本扩张快车道，在安徽、湖北、江苏、山东、黑龙江等省市纷纷扩建养猪项目。2012 年，牧原拿到了 6 亿元的支持，在还没上市时，牧原的资金规模便超过了很多上市企业。

① 《靠养猪狂赚 1500 亿，恐怖的河南首富》，载《创业家》2022 年 6 月 6 日。
② 刘学辉：《学习牧原，我们到底应该学习什么？》，载《砺石商业评论》2023 年 9 月 4 日。

借助资本的力量，牧原扩大养殖规模，产能持续扩张，营收持续稳定增长。自 2010 年开始，牧原的生猪出栏量倍增，2010 年出栏量为 35.9 万头，2014 年已达到 185.9 万头。2012 年，牧原股份的养猪事业开始走出河南，在湖北成立钟祥牧原，在山东设立了曹县牧原。牧原的毛利率水平也高于行业平均。根据牧原的招股说明书，2012 年国内生猪养殖行业平均毛利率为 11.34%，而牧原已经达到了 27.23%。

（三）成熟期（2014 年至今）：登陆 A 股，冲云破雾

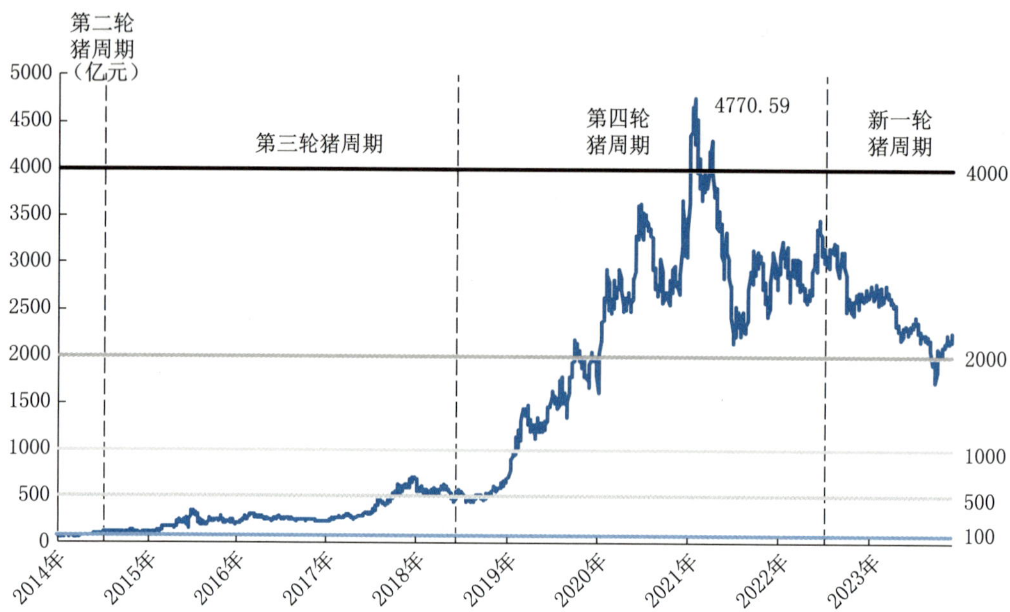

图 100　牧原股份上市以来市值变动

资料来源：万得，申万宏源研究。

优秀的企业总是能得到资本市场的青睐。牧原股份（股票代码：002714）于 2014 年 1 月 28 日正式在深交所上市，开始了在 A 股市场的新征程。这也标志着牧原脱离积累沉淀的成长期，进入成熟期。

第三轮猪周期：获得资本市场认可

第三轮猪周期是唯一一次上行较下行周期更短的猪周期，这一时期影响猪价的主要因素是政策。2014 年开始我国严查环保问题，随着政策的收紧，大量不符合相关标准的养殖户被取消，划出大量的“禁养区”，许多养殖散户退出养殖市场，生猪和能繁母猪数量减少。在政策影响下，市场出清，集中度提升，牧原进一步抢占市场份额。

上市之后的牧原，一路高歌猛进，刚上市时市值为 83.88 亿元，到 2018 年时已突破 500 亿元，并且站稳头部地位。2014 年牧原出栏生猪为 185.9 万头，到 2018 年时，牧原出栏生猪已达到 1101.11 万头。初入市的牧原在第三轮猪周期中站稳脚跟，为下一轮周期的腾飞奠基。

第四轮猪周期：逆势上行尽显风采

2018 年 6 月—2022 年 4 月是有史以来最强的一轮猪周期，非洲猪瘟在国内的暴发导致生猪供给大幅去化，驱动了生猪价格一度上升到 50 元 / 千克以上。2018 年非洲猪瘟疫情发生后，散户加速退出市场，市场集中度进一步提升。

这一时期对国内生猪养殖而言，无疑是至暗时刻，但对牧原股份而言，却是逆势上行、尽显风采的黄金时期。这一时期，牧原股份的市值从 2018 年 5 月的 600 亿元跃升了将近 8 倍，最高曾到达 4770.59 亿元，成为当时资本市场上的一颗璀璨明珠。究其原因，还是牧原多年以来积累和自创的“全自养、全链条、智能化”的经营模式、独创的轮回二元育种体系以及优秀的疫病防控体系，使得牧原在非洲猪瘟期间，既保证了生猪病死率低，又能够有效地控制生产成本。2022 年，牧原生猪出栏量已达 6120.1 万头。

这一时期，牧原还进一步拓展产业链，向下游屠宰板块延伸，并且通过发行可转债的方式以支持屠宰业务的布局。

新一轮猪周期：养猪龙头有新发展

2022 年 5 月至今，我国的生猪行业进入了新一轮周期，对猪企的成本管控提出了更高要求。其一，饲料原材料价格迅速上涨，这一轮周期当中，主要饲料原材料玉米和豆粕价格迅速上涨。其二，养殖成本受育种体系的调整也有所上涨，由于在过去的 10 多年里，中国的种猪主要来自美国，但近年来受国际环境的影响，中国开始从欧洲等国家和地区进口，美国份额下降，国内育种体系也被动调整，这对于养殖成本也形成了较大考验。

牧原的收入、利润增长曲线与行业周期密切相关。牧原受新一轮猪周期的冲击，利润空间有所收窄。

但牧原在一众生猪养殖企业中，仍然有着卓越的成本控制能力，有能力从容面对新一轮周期。面对原料价格上涨的压力，牧原积极调整饲料结构，推广应用低蛋白日粮，降低豆粕使用量；面对养殖成本上升的压力，牧原母猪肉种兼用，降低了育种养殖成本和人力管理成本。在成本端风吹浪打的严峻考验下，牧原依然胜

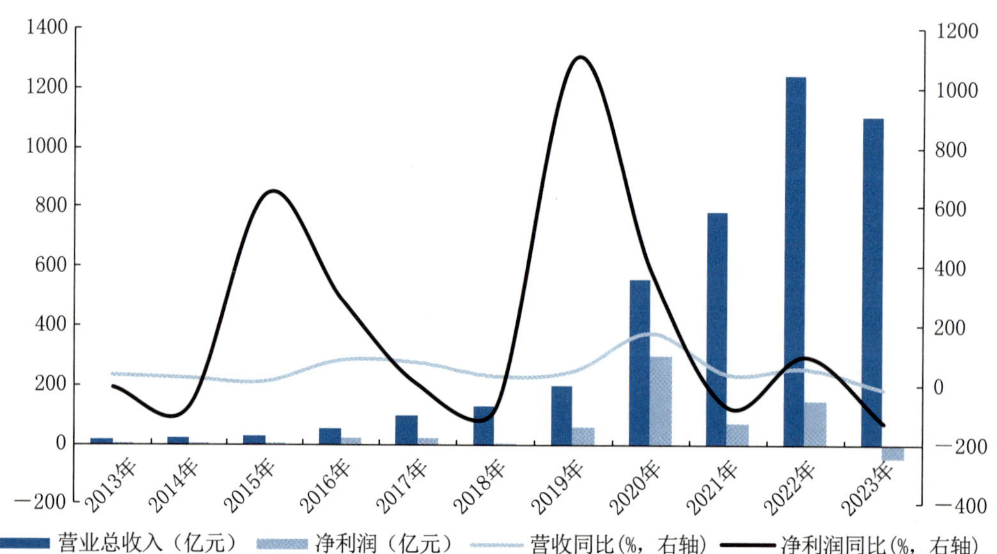

图 101　牧原股份营收、净利及其增速

资料来源：万得，申万宏源研究。

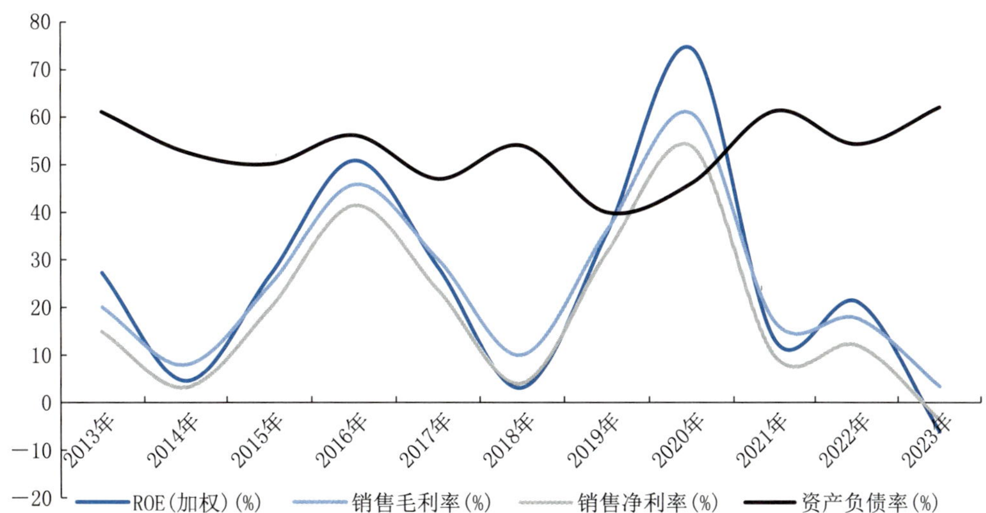

图 102　牧原股份净资产收益率、毛利率、净利率和资产负债率

资料来源：万得，申万宏源研究。

似闲庭信步。同时，牧原积极布局屠宰肉食板块新赛道，其产业链更加完备，穿越周期的能力进一步提升。

二、核心战略：拥抱周期，任尔东西南北风

周期性是生猪行业的重要特征，但牧原并没有陷入周期的囹圄，而是通过构建自身的全产业链战略，把育种、饲料、育肥各个环节做精做深，实现降本增效，筑牢筑深自己的护城河，主动拥抱周期。

（一）价值创造：成本为王，全产业链自成体系

生猪行业：空间广阔，行业加速整合

行业规模：猪肉消费大国，万亿生猪市场。我国是猪肉消费大国，人均猪肉消费量远高于全球平均水平。根据国家统计局数据，2022 年我国居民家庭人均猪肉

消费量为 26.93 千克，整体呈上升趋势；同时，在我国居民肉类消费当中，虽然近年来猪肉占比呈下降趋势，但仍然占据超过 50% 的比重。

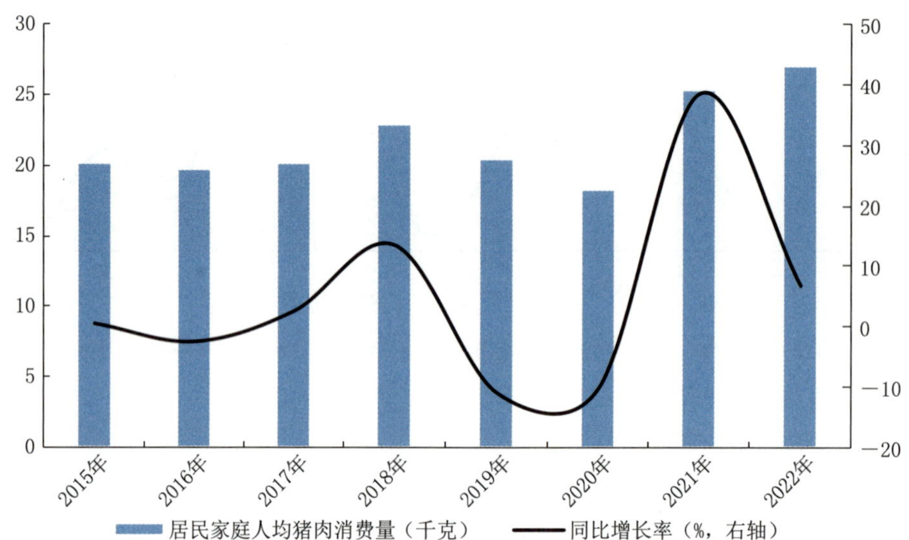

图 103　中国居民家庭人均猪肉消费量变化趋势

资料来源：国家统计局，申万宏源研究。

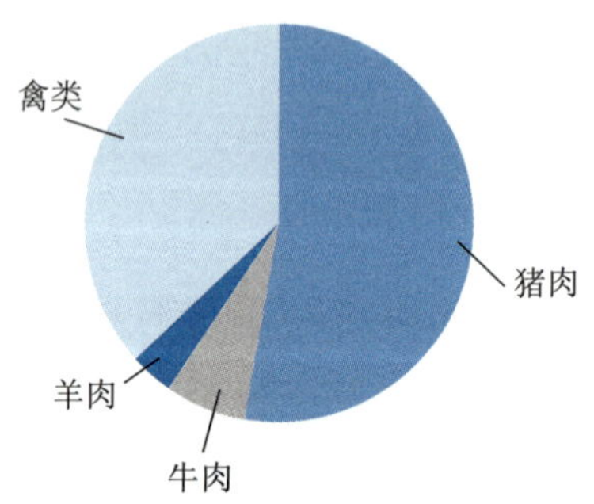

图 104　我国肉类消费中猪肉占比最高（2020 年）

资料来源：国家统计局，申万宏源研究。

从猪肉产量来看，2018 年以来受非洲猪瘟的影响，我国猪肉产量出现断层式下降；但 2020 年以来，猪肉产量平稳恢复，2023 年已达 5794 万吨，基本恢复到 2018 年前的水平。从生猪出栏量来看，2023 年我国生猪出栏量为 7.27 亿头，也基本恢复到 2018 年前的水平。2023 年，牧原的出栏生猪量为 6381.6 万头，为历史最高，占全国出栏生猪比重的 8.78%。

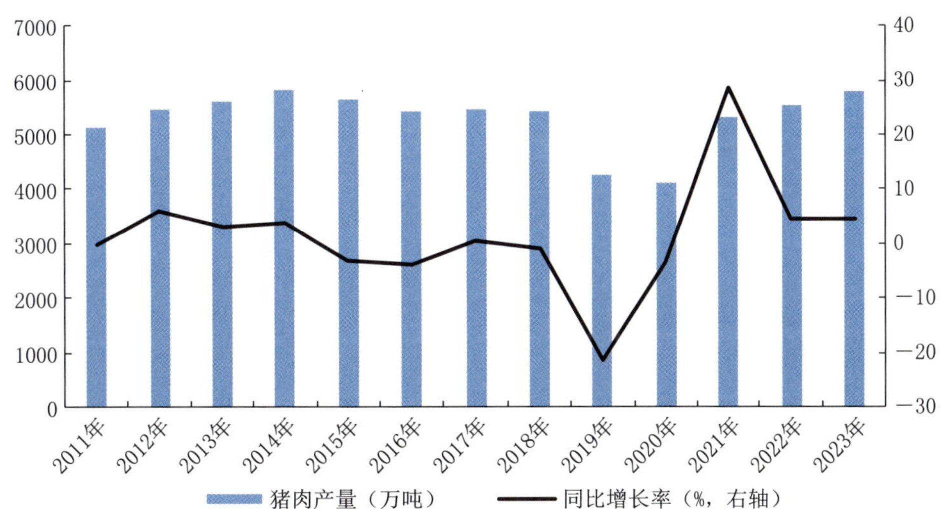

图 105　近年中国猪肉产量及同比增长率

资料来源：国家统计局，申万宏源研究。

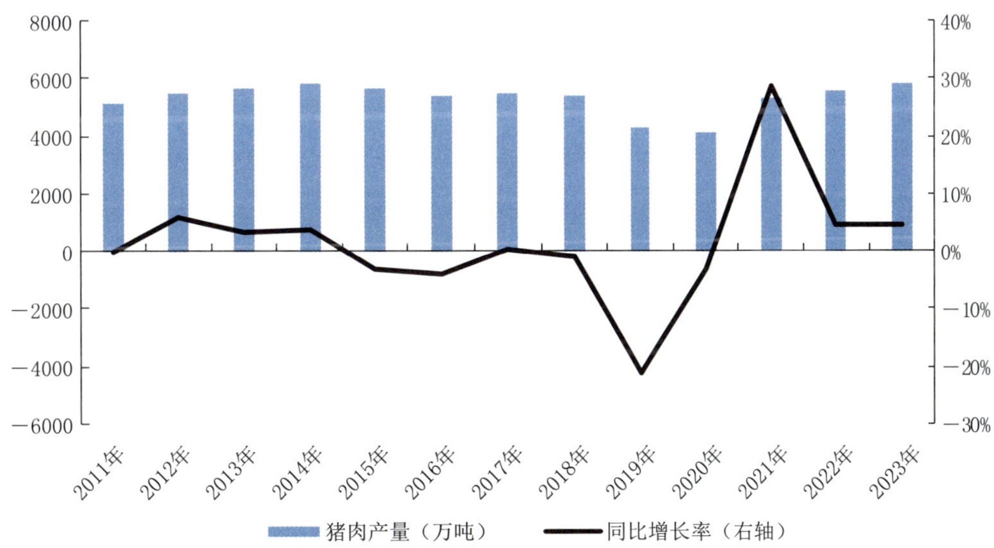

图 106　近年中国生猪出栏量情况及其同比增长率

资料来源：国家统计局，申万宏源研究。

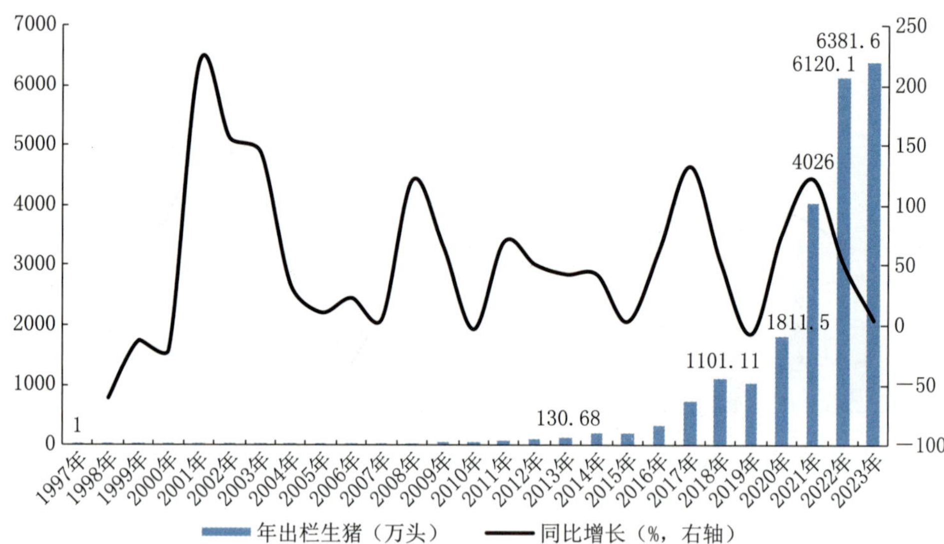

图 107　牧原股份年出栏生猪数量及同比增长

资料来源：牧原股份官网，申万宏源研究。

竞争格局：行业头部整合，牧原独占鳌头。我国生猪养殖行业整体格局较为分散，但近年来行业集中度不断提升。在生猪规模化养殖政策的引导、非洲猪瘟疫病的冲击、原材料价格上涨等多重因素的影响下，生猪养殖行业的散户加速退出，行业集中度整体呈快速上升趋势。2021 年我国生猪养殖行业市占率前四的公司占比合计为 12%，其中牧原股份的市场占有率约为 6%，是行业中名副其实的龙头企业。

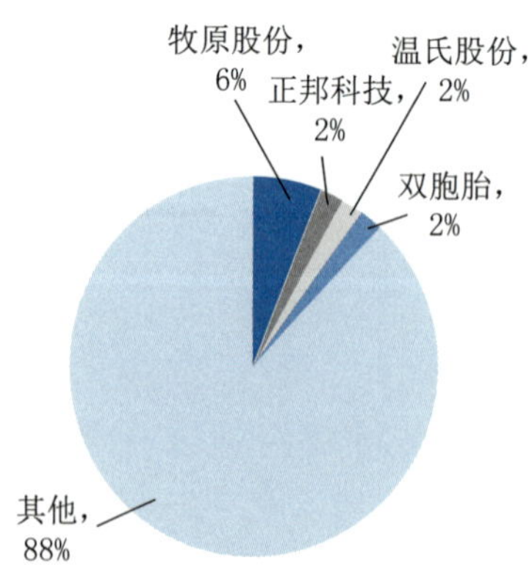

图 108　2021 年我国生猪养殖行业 CR4 为 12%

资料来源：中国猪业高层交流论坛，万得，申万宏源研究。

全产业链：种料育屠，全自养一体化

牧原股份的核心竞争优势就是其全产业链的发展战略，即养殖模式采用“全自养、全链条、智能化”的一体化模式。其他生猪养殖企业多采用与农户合作的模式，一体化自营的模式采用较少。牧原采用纵向一体化战略，持续深耕于种猪培育、饲料研发、生猪育肥、屠宰加工四大生猪养殖环节，实现全产业链的贯通。

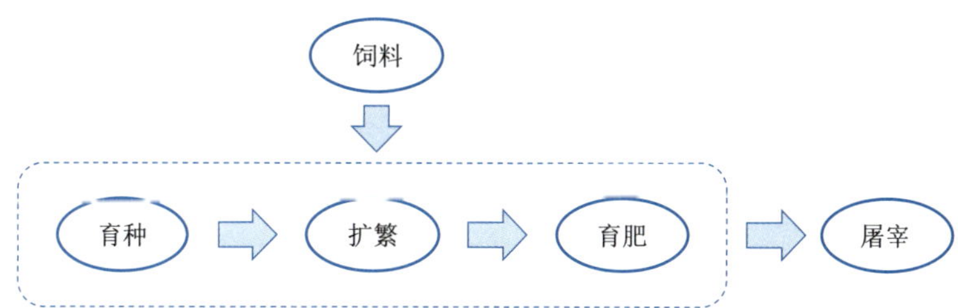

图 109　牧原集团全产业链战略布局

资料来源：牧原股份官网，申万宏源研究。

“种”：独特二元育种体系，摆脱进口种猪依赖。生猪育种决定了仔猪成本，是生猪养殖行业快速发展的根本保障和提高生产效率的核心要素，也是生猪产业链中专业化程度最高、投入资本最大、周期最长的一环。

生猪育种产业技术含量高，选育时间长，所需投入资金大，同时我国种猪对外依存度高，加之生猪养殖企业竞争激烈，猪企普遍采取恶性循环的“引进—维持—退化—再引进”的种猪产业发展策略。在初期，牧原也大量引进英国大白猪、杜洛克、长白猪，虽然这能在短期内帮助企业快速占领市场，获得生存和进一步发展壮大的机会，但总依赖进口种猪绝非良久之策。惟其自强自立，方能笃行长远，秦英林决定执行独立育种方案，一头头筛选出国内外的好猪基因。

经过多年的研究，牧原终于研发出轮回二元育种技术，具备肉种兼用的特点，养殖效率大幅提升，牧原的猪苗平均生产成本远低于同行业可比公司。1999 年，牧原开始制定种猪育种的“种子计划”，坚持自主育种和价值育种，建立了独特的轮回二元育种体系，突破纯种、二元和三元的限制，不依赖纯种，不苛求“正二元”，不恪守三元杂交模式，只追求性能稳定、产仔多、生长快、肉质好。该体系保持杂交优势、节省从外引种费用、降低疾病风险、大幅缩短补充能繁母猪的周期，形成了遗传性能稳定、适应性强、综合效益好的种猪，有效降低了饲养成本。如今，牧原已形成了性状稳定且高效的核心种群，每头母猪年提供断奶仔猪数（PSY）达到了 28 头的水平，处于行业领先水平，这使得公司仔猪成本优于行业平均水平，在行业中具有明显优势。因此，鉴于牧原高于同行业的 PSY，其猪苗生产成本也具有其他猪企不可比拟的优势。

表 21　上市猪企生产数据对比（截至 2023 年 3 月）

企　业	PSY（头）	成活率（%）	配种分娩率（%）	猪苗生产成本（元 / 头）
牧原股份	28	86	88	320
温氏股份	21.5	93	80	430
新希望	23—24，部分猪场 26 以上	90	88—92	400
神农集团	27	85	—	380
金新农	25	86	87	380—420
京基智农	24	85.7	88.38	440
华统股份	24	87	—	—
唐人神	28	—	—	420—450
东瑞股份	22	85	—	400

资料来源：农牧前沿，申万宏源研究。

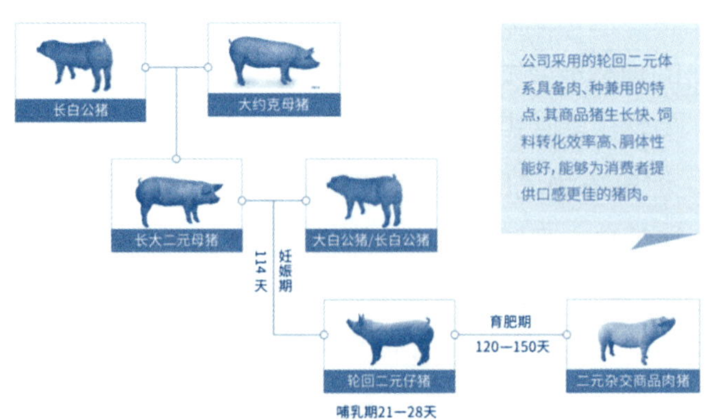

图 110　牧原的轮回二元体系

资料来源：牧原股份 ESG 报告，申万宏源研究。

“料”：实现饲料自产自用，精准配料成本集约。饲料成本是生猪养殖成本的主要构成部分，近年来饲料原材料价格上涨，对生猪养殖企业造成了较大的成本压力。2023 年，饲料成本占牧原股份营业成本的比重为 63.29%。从原料端来看，玉米和大豆是我国主要饲料原材料，近年来受国际形势等因素的影响，二者价格呈上涨态势。对此，农业农村部提出大力推进玉米豆粕减量替代行动，积极开辟新饲料资源，通过“提效、开源、调结构”等方式减少对进口饲料粮的

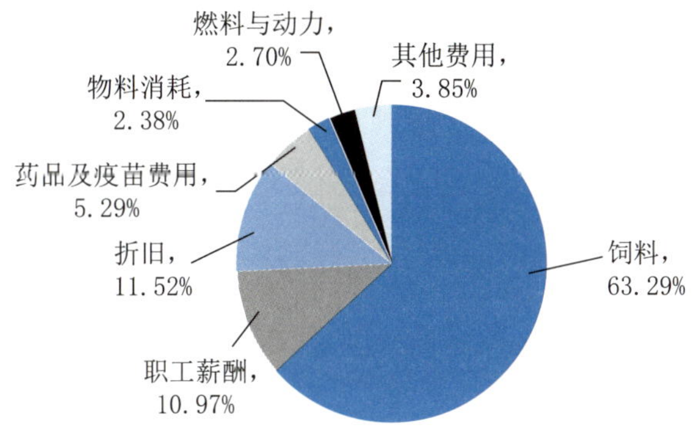

图 111　牧原股份营业成本构成（2023 年）
资料来源：万得，申万宏源研究。

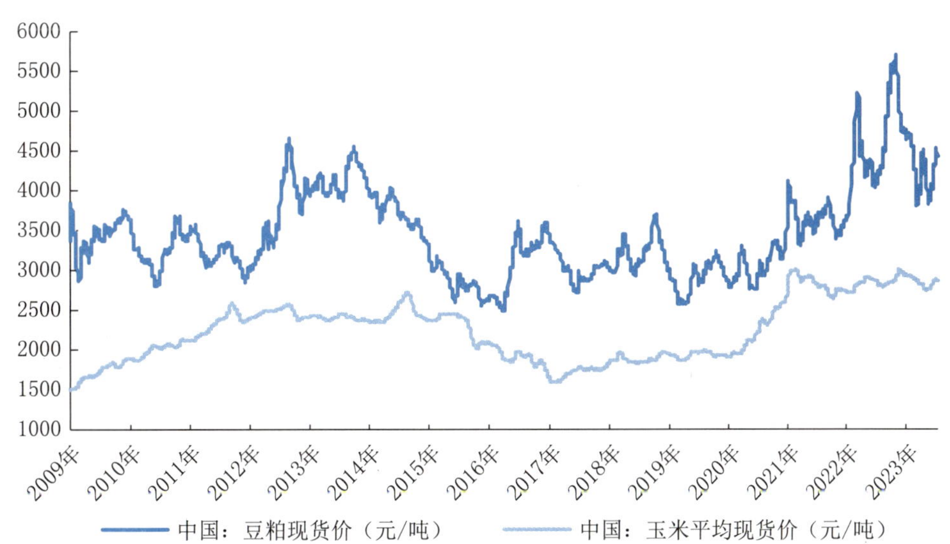

图 112　我国豆粕及玉米现货价
资料来源：万得，申万宏源研究。

依赖。①

低蛋白日粮的研发和应用对氮减排和企业成本控制，兼具重要意义。应用低蛋白日粮配方，降低的豆粕可用玉米和合成氨基酸补充。从经济效益来看，若应用传统玉米豆粕型日粮配方，出栏一头猪约需 54.8 千克豆粕，按豆粕价格每吨 5000 元测算，头均豆粕成本 274 元；应用低蛋白低豆粕日粮后，豆粕头均消耗量为 30.3 千克，头均豆粕成本 152 元，一头猪成本就能节省超过 50 元。②若低蛋白日粮在全国推广应用，在生态方面，全国每年可实现氮减排 84.5 万吨；社会方面，全国每年可节约大豆 2074 万吨，相当于 1.53 亿亩耕地的大豆产出。③

早在 1992 年，牧原就开始低蛋白日粮初试，并对配方进行持续优化。牧原低蛋白日粮应用经历了三个阶段：低蛋白—低豆粕—无豆粕。2008 年，现任牧原股

图 113　牧原在饲料中豆粕使用量占比仅为养殖业平均水平的一半

资料来源：国际畜牧网，第十九届畜牧科技与经济（全球）高层论坛，申万宏源研究。

① 资料来源于《今夏畜禽粮草备得足　肉蛋奶产业链稳固》，《新京报》2022 年 6 月 6 日。

② 《牧原：低蛋白日粮实现营养精准供给》，新浪财经，2022 年 5 月 5 日。

③ 参见牧原股份 2022 年 ESG 报告。

份副总裁褚柯去美国考察农场，发现美国农场的猪舍并没有斜槽，而是直接将饲料撒在地上让猪自由进食。褚柯觉得这种喂食方式非常浪费，但她很快意识到了这是因为美国比中国的大豆资源要丰富得多，而在国内发展生猪养殖则需要根据本土资源灵活使用饲料原料，降低营养的隐性浪费。于是，牧原开始探索猪群生长真实营养需要量，把饲用氨基酸用到极致，进一步降低豆粕使用量。① 历经 30 年的不懈努力，至 2022 年，牧原全年豆粕用量占比 7.3%，约为中国养殖业 14.5% 的一半。2021 年 3 月，秦林英向全国人大提交了一份建议《大力推广低蛋白日粮应用》，受到农业农村部的重视；当年 5 月，又将牧原低蛋白日粮相关数据向行业公开共享。

牧原还通过信息化、无人化等方式降低饲料环节的人工成本。牧原所有饲料采用高温延时灭菌工艺，灭菌后的高温饲料经过三级过滤的冷却风进行冷却，使用管链密闭输送至饲养单元，实现全程无人为接触，降低了人力和管理成本。②

“育”：养殖现代化、智能化，防疫优势更加突出。种猪的饲养、扩繁过程中 24 小时无法离开的必备因素就是猪舍，猪舍的环境和布局影响着种猪的健康，同时也能防控疫病发生的风险。秦英林认为牧原智能化的首要举措就是对猪舍进行智能化、现代化研发和改进，特此设立专门的技术团队，力求为猪群提供健康、舒适的生长环境。对养殖环境的高度重视与合理规划，是牧原力克非洲猪瘟、脱颖而出的关键。

牧原采用的新型智能猪舍能提高防疫能力，保障猪群健康。牧原设计的新型猪舍获得多项专利，猪舍采用分区管理的形式，实现新风过滤、独立通风和灭菌除臭，能够防止疫病发生时猪群的相互感染。智能猪舍内还设有智能饲喂系统，有效减少饲料浪费，提升自动化水平，降低人工成本。同时，通过智能环控系统实现对猪舍环境的智能调控，基于物联网技术对养殖全过程进行实时监控，打造健康舒适的生长环境，呵护猪群健康。

---

① 资料来源于济南天利牧业有限公司：《牧原：低蛋白日粮实现营养精准供给》。
② 资料来源于牧原股份 2023 年度董事会经营评述。

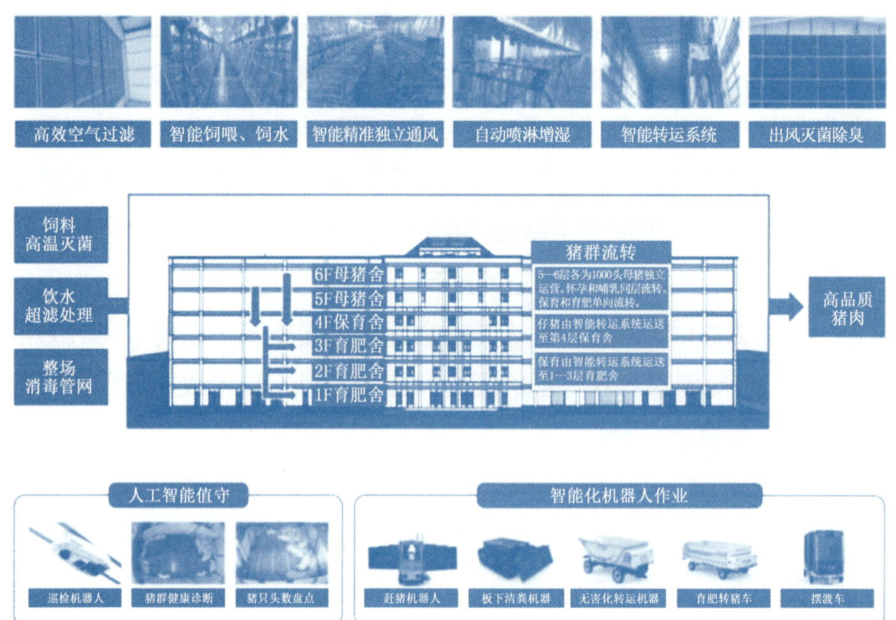

图 114　牧原新型智能猪舍

资料来源：郭兴宇《生猪企业全产业链价值管理研究——以牧原股份为例》，申万宏源研究。

牧原自研发的智能系统和大数据平台全程操刀，养殖工人直接化身“白领”。牧原研发应用智能巡检机器人、智能水源消毒机、无针注射器、自动刷圈机器人等多种智能装备，与数十万个智能终端协作，平台再依据猪群的生理数据进行分析并作出决策，调度各类机器人终端完成喂养、巡检、清扫等操作，养殖工人解放双手，只需远程操作、远程运维、远程看护，在推动生产效率提高的同时降低生物安全风险，每年可节省大量人工费用。

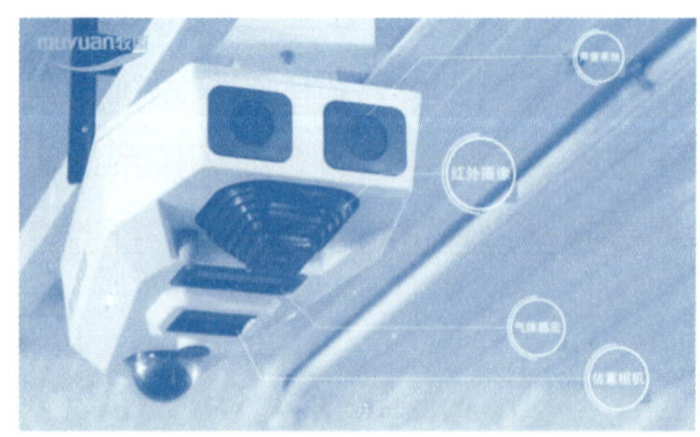

图 115　牧原智能轨道巡检机器人

资料来源：牧原股份官网，申万宏源研究。

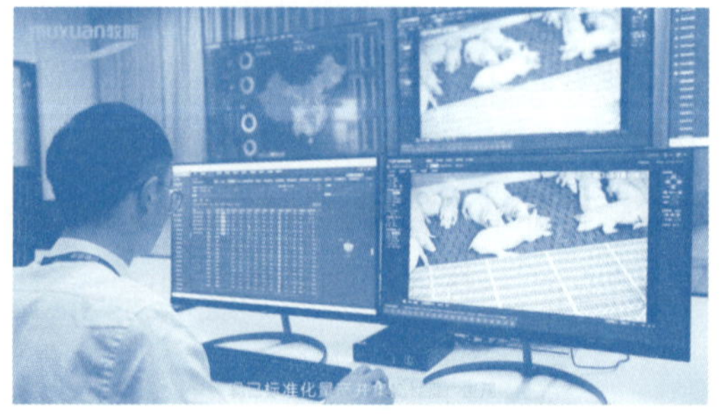

图 116　牧原智能养殖云平台操作

资料来源：牧原股份官网，申万宏源研究。

"屠"：积极布局屠宰产能，向产业链下游延伸。政策鼓励"生猪调运"向"鲜肉运输"转变，未来活猪调运的空间越来越小。为了减少非洲猪瘟对我国生猪生产的影响，我国出台了一系列政策，鼓励从"生猪调运"向"鲜肉运输"转变，引导生猪屠宰加工向养殖集中区域转移，鼓励就近屠宰。调运政策的改变会对以往企业跨区域销售的格局产生根本性的影响，养殖屠宰一体化发展是大势所趋。

表 22　政策鼓励"生猪调运"向"鲜肉运输"转变

时间	政　　策	主　要　内　容
2018 年 8 月	《关于切实加强生猪及其产品调运监管工作的通知》	限制省内生猪调运，发生疫情的地区暂停生猪外调并且关闭省内所有生猪交易市场。经陆地跨省调运生猪不得途经发生疫情的省。加强生猪屠宰行业管理，利用好现有产能，统筹做好疫区封锁期间省内屠宰工作。
2018 年 9 月	《关于进一步加强生猪及其产品跨省调运监管的通知》	对与发生非洲猪瘟疫情省相邻的省份暂停生猪跨省（自治区、直辖市）调运，暂停生猪跨省调运时间从任一相邻省发生至其全部相邻省疫情解除封锁前。
2018 年 12 月	《关于规范生猪及生猪产品调运活动的通知》	疫区所在的县（含县级市、区）暂停生猪及生猪产品调出本县，疫区所在的省（含自治区、直辖市）暂停生猪调出本省，符合条件的可以进行点对点运输。
2019 年 9 月	《关于稳定生猪生产促进转型升级的意见》	引导生猪屠宰加工向养殖集中区域转移，鼓励生猪就地就近屠宰，实现养殖屠宰匹配、产销顺畅衔接。顺应猪肉消费升级和生猪疫病防控的客观要求，实现"运猪"向"运肉"转变，逐步减少活猪长距离跨省（区、市）调运。
2020 年 5 月	《非洲猪瘟防控强化措施指引》	从 2021 年 4 月起，逐步限制活猪调运，除种仔猪外，其他猪原则上不出大区，出大区的活猪必须按规定抽检检验合格后，指定路线"点对点"调运。

资料来源：国务院，农业农村部，申万宏源研究。

为顺应政策要求且延伸产业链，牧原在自身产能密集地区配套建设屠宰产能，发展自养自宰的业务模式。牧原自 2019 年进入生猪屠宰行业，从设立肉食业务子公司和孙公司逐渐向屠宰深加工等板块扩张，完善生猪养殖全产业链布局。根据牧原股份 2023 年年报披露，截至 2023 年末，公司已在全国设立了 26 家屠宰子公司，在全国 20 个省级行政区设立 60 余个服务站，投入运营 10 个屠宰厂，投产屠宰产能 2900 万头 / 年。

图 117　牧原延伸产业链条，布局屠宰业务

资料来源：2020 年牧原股份社会责任报告，申万宏源研究。

（二）价值曲线：多元融资，资本运作适应周期

融资渠道：手段丰富，资金端有保障

公司充分利用直接和间接融资渠道，做好资本运作。自 2014 年上市至 2023 年底，牧原共计募资 1112.54 亿元，其中直接融资 414.25 亿元，占比 37.23%，包括首次公开发行股票、定向增发、优先股、可转债、发债券融资等多种渠道；

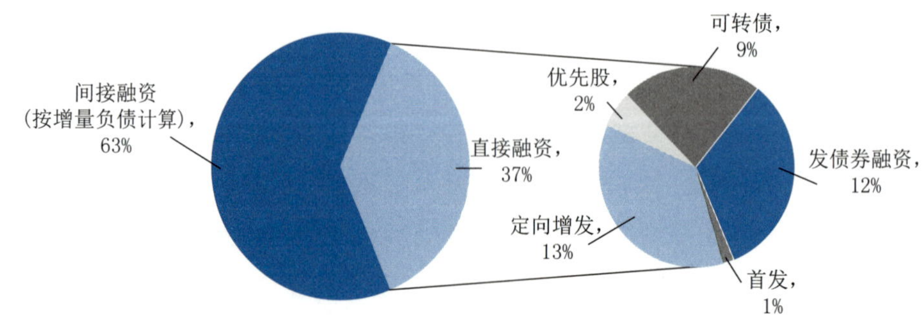

图 118　牧原股份上市以来融资结构（截至 2023 年底）

资料来源：万得，申万宏源研究。

间接融资 698.29 亿元，占比 62.77%，主要包括短期和长期借款。牧原通过丰富多元的融资渠道，在上行周期可以支撑业务扩张，在下行周期可以稳住经营。

直接融资：充分利用股权再融资。公司自上市至 2023 年，通过直接融资共计 414.25 亿元。主要有首发上市、再融资、发债券融资三种直接融资的方式。

一是通过首发上市募资 7.22 亿元，用于“年出栏 80 万头生猪产业化项目”。上市对于牧原而言是极其重要的一步，这意味着公司可以开始面向公开市场募资，并且解锁了更加丰富的再融资渠道。

表 23　牧原股份上市以来直接融资概览（截至 2023 年 12 月 31 日）

<table>
<tr><th colspan="2">直接融资方式</th><th>年份</th><th>募资总额（亿元）</th><th>发行对象</th><th>资金用途</th></tr>
<tr><td colspan="2">首发</td><td>2014 年</td><td>7.22</td><td>公开发行</td><td>年出栏 80 万头生猪产业化项目。</td></tr>
<tr><td rowspan="6">再融资</td><td rowspan="4">定向增发</td><td>2015 年</td><td>10</td><td>大股东，大股东关联方，境内自然人</td><td>偿还银行贷款，补充流动资金。</td></tr>
<tr><td>2017 年</td><td>30.77</td><td>大股东，境内自然人</td><td>生猪产能扩张项目；偿还银行贷款；补充公司流动资金；西华牧原十一场 0.5 万头母猪场的建设。</td></tr>
<tr><td>2019 年</td><td>50</td><td>机构投资者</td><td>生猪产能扩张项目；偿还金融机构贷款及有息负债。</td></tr>
<tr><td>2022 年</td><td>60</td><td>大股东</td><td>补充流动资金。</td></tr>
<tr><td>优先股</td><td>2018 年</td><td>24.76</td><td>向不超过 200 名的符合《优先股试点管理办法》和其他法律法规规定的合格投资者非公开发行</td><td>生猪产能扩张项目。</td></tr>
<tr><td>可转债</td><td>2021 年</td><td>95.5</td><td>公开发行</td><td>生猪养殖项目；生猪屠宰项目；偿还银行贷款及补充流动资金。</td></tr>
<tr><td rowspan="3">发债券融资</td><td>短期融资券</td><td>2017—2020 年共 18 次</td><td>90</td><td>机构投资者</td><td>补充流动资金、偿还有息债务等。</td></tr>
<tr><td>中期票据</td><td>2016—2020 年共 5 次</td><td>32</td><td>机构投资者</td><td>补充流动资金、偿还有息债务、置换银行借款、降低融资成本等。</td></tr>
<tr><td>公司债</td><td>2019—2020 年共 2 次</td><td>14</td><td>专业投资者</td><td>生猪养殖建设、偿还公司债务、优化公司债务结构、补充流动资金。</td></tr>
<tr><td colspan="3">直接融资合计</td><td>414.25</td><td>—</td><td>—</td></tr>
</table>

资料来源：万得，申万宏源研究。

二是通过再融资募资 271.03 亿元。其中定向增发 4 次，共计募资 150.77 亿元，主要发行对象有大股东及其关联方、机构投资者、境内自然人等；发行优先股 1 次，募资 24.76 亿元，为面向 200 名合格投资者的非公开发行；发行可转债 1 次，募资 95.5 亿元，为公开发行。牧原充分利用上市公司丰富的融资渠道，通过再融资来筹集资金，用于项目建设、产能扩张、偿还债务、优化融资结构及补充流动性，为公司竞争力和价值的提升提供了资金支撑。

三是通过发行债券融资 136 亿元。其中发行 18 次短期融资券，共计融资 90 亿元；发行 5 次中期票据，共计融资 32 亿元；发行公司债 2 次，共计融资 14 亿元。债券融资相比于股权融资而言，具有税盾作用和财务杠杆作用，牧原通过适度举债优化资本结构，提高资金利用效率。

间接融资：与金融机构战略合作。公司自上市至 2023 年，通过间接融资共计 698.29 亿元。主要有新增短期借款、新增长期借款两种方式。牧原与中国农业银行、中国银行、中原银行等金融机构开展了产业链金融战略合作，为其自身与合

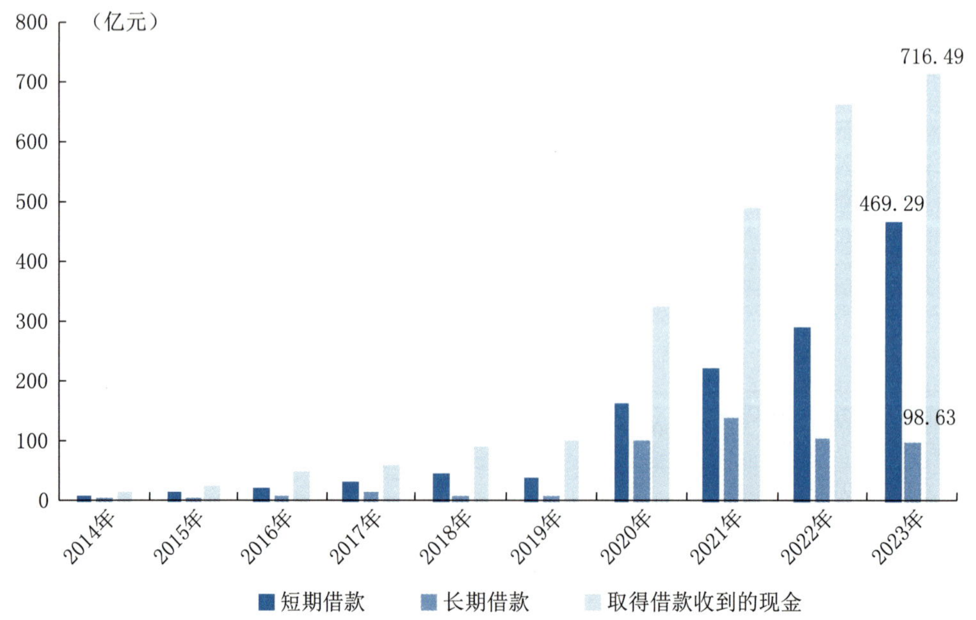

图 119　牧原股份上市以来间接融资情况（截至 2023 年 12 月 31 日）
资料来源：万得，申万宏源研究。

作伙伴的发展获得了强有力的银行资金支持。

增资扩股：强基固本，助扶贫稳发展

上市以来，牧原通过多种方式多次对旗下子公司进行增资，既提升了公司竞争力，也体现了社会责任担当。牧原对外并购事件较少，主要是对子公司进行增资扩股，提升子公司的经营发展水平，扩大生产规模，提高竞争力；同时，牧原的增资能够有效降低子公司的资产负债率，增强子公司的融资能力。此外，牧原股份对馆陶牧原、白水牧原等子公司的增资也致力于投资贫困地区的畜牧业项目，

表 24　牧原股份对旗下子公司增资扩股事件一览

序号	年份	交易标的	交易总价值（亿元）
1	2018 年	馆陶牧原 76.19% 股权；白水牧原 74.36% 股权；颍泉牧原 88.89% 股权；界首牧原 85.71% 股权；上蔡牧原 88.24% 股权；平舆牧原 83.33% 股权；泗县牧原 92.59% 股权；阜新牧原 85.71% 股权；义县牧原 71.43% 股权；扎旗牧原 80% 股权	13.35
2	2018 年	曹县牧原 75% 股权；杞县牧原 68.49% 股权；垦利牧原 74.07% 股权；奈曼牧原 61.8% 股权	17.00
3	2019 年	白水牧原 40.24% 股权	2.30
4	2019 年	邓州牧原 14.18% 股权；繁峙牧原 89.29% 股权；凤台牧原 64.29% 股权等 6 家公司	28.12
5	2019 年	颍上牧原 91.27% 股权；邹平牧原 97.22% 股权；辛集牧原 94.94% 股权等 6 家公司	25.75
6	2019 年	甘南牧原 72.79% 股权；明水牧原 77.14% 股权及富裕牧原 80.30% 股权	10.50
7	2019 年	东明牧原 67.68% 股权；蒙城牧原 72.97% 股权；灌南牧原 74.67% 股权及冀州牧原 79.36% 股权	19.68
8	2020 年	石首牧原部分股权；安阳牧原部分股权	5.00
9	2020 年	克东牧原 47.7% 股权	2.00
10	2020 年	平原牧原 66.7% 股权；牡丹区牧原 71.43% 股权	4.90
合计			128.6

资料来源：万得，申万宏源研究。

旨在帮助贫困地区精准脱贫，带动贫困地区的人口就业与产业发展，体现了牧原的社会责任担当。

股权激励：深度绑定，留住核心人才

员工持股：三期员工持股计划，实现深度利益绑定。牧原自 2014 年上市以来，分别于 2015 年、2016 年、2017 年实施了三期员工持股计划。2015—2017 年正处于第三轮猪周期，牧原如此密集地推出员工持股计划，体现了牧原深度绑定核心员工利益、推动公司发展壮大的决心。

表 25　牧原公司员工持股计划

持股计划	时间	参与对象	股票来源	认购数量（万股）	公告日认购数量占股本总额比重	认购价格（元 / 股）
第一期	2015 年 9 月	公司董事、监事、高级管理人员、其他员工，以及本公司下属全资子公司的高级管理人员及其他员工。	非公开发行	2235.38	4.32%	30.42
第二期	2016 年 8 月	参与对象为公司员工，人数合计为 432 人，公司董事、监事、高级管理人员不参加本期持股计划。	非公开发行	4053.51	3.49%	24.67
第三期	2017 年 6 月	公司董事（不含独立董事）、监事、高级管理人员、公司及子公司的员工。	二级市场购买	2669.42	2.30%	29.97

资料来源：万得，申万宏源研究。

股权激励：两次股权激励计划，充分激发员工活力。牧原股份分别于 2019 年、2022 年推行过两次股权激励计划，主要指标为生猪销量增长率，锚定未来成长。2019 年的股权激励计划超额完成。而相比 2019 年，2022 年股权激励计划激励范围进一步扩大，且激励计划的延期与股份回购均充分表明了公司对于未来经营情况的信心，同时有助于公司核心骨干团队建设，提高员工工作的积极性，助力公司经营目标的达成。

表 26　牧原股权激励计划

时间	激励对象	认购数量（万股）	公告日占总股本比例	认购价格（元/股）	解除限售业绩考核目标
2019 年 11 月	核心管理及技术业务人员	4271.05	2.47%	48.03	以 2019 年生猪销量为基数，2020 年和 2021 年的解除限售股票 50% 的目标分别为生猪销量增长率不低于 70% 和 150%。
2022 年 2 月	核心管理及技术业务人员	7560.65	1.42%	30.52	以 2021 年生猪销量为基数，两次解除限售总量 50% 的目标分别为 2022 年、2023 年生猪销售增长率不低于 25% 和 40%，对应出栏量为 5033 万头和 5636 万头。

资料来源：万得，申万宏源研究。

高管增持：千金一掷，稳定市场信心

牧原股份的多数高管持有公司股份，并且在周期底部高管及核心员工出手增持，稳定市场信心。董监高人员持有公司股份，实现与公司利益的深度绑定，有利于公司长期发展。即便是到了猪周期底部的“至暗时刻”，牧原的董监高和核心员工仍出手增持公司股票，体现了对公司未来发展的信心和长期投资价值的认可，为市场传递了良好的信号。

表 27　牧原股份部分董事、监事、高管人员持股情况（截至 2023 年底）

序号	姓　名	职　　务	期末持股数（万股）
1	秦英林	董事长、总裁	208628.79
2	钱　瑛	董事	6444.52
3	曹治年	副董事长、常务副总裁、财务负责人	1254.43
4	阎　磊	独立董事	1.19
5	苏党林	监事会主席	759.79
6	李付强	监事	752.03

（续表）

序号	姓 名	职 务	期末持股数（万股）
7	褚 柯	副总裁	558.66
8	杨瑞华	副总裁	1394.18
9	王春艳	首席人力资源官（CHO）	29.53
10	袁合宾	首席法务官（CLO）	63.54
11	秦 军	董事会秘书、首席战略官	264.88
12	王志远	发展建设总经理	18.09
13	李彦朋	养猪生产首席运营官	52.00
14	徐绍涛	牧原肉食总经理	19.72
15	张玉良	首席智能官	31.36
合 计			220272.70

资料来源：万得，申万宏源研究。

表 28 牧原股份控股股东、实控人之子、部分董监高及核心人员增持计划

序号	姓 名	职 务	购买金额下限（万元）	购买金额上限（万元）
1	牧原集团 / 秦牧原	控股股东 / 董事长之子（一致行动人）	50000	100000
2	高 曈	首席财务官	5900	6000
3	曹治年	副董事长、常务副总裁、财务负责人	5900	6000
4	杨瑞华	副总裁	5900	6000
5	李彦朋	养猪生产 CEO	4400	4500
6	王春艳	CHO	3900	4000
7	牛 旻	兽医负责人	3900	4000
8	褚 柯	副总裁	3900	4000
9	徐绍涛	牧原肉食总经理	2400	2500
10	袁合宾	CLO	2400	2500
11	王志远	发展建设总经理	2400	2500
12	秦 军	董事会秘书、首席战略官	1350	1500

（续表）

序号	姓　名	职　　务	购买金额下限（万元）	购买金额上限（万元）
13	苏党林	监事会主席	1350	1500
14	其他核心管理、技术、业务人员		56300	75000
合　　计			150000	220000

资料来源：《牧原食品股份有限公司关于控股股东及实际控制人之子增持股份计划的公告》（2023年10月19日），《牧原食品股份有限公司关于公司部分董监高及核心人员增持股份计划的公告》（2023年10月24日），申万宏源研究。

（三）价值营销：积极交流，维护相关各方利益

投资者关系：密切沟通，回应市场关切

牧原高度重视投资者关系的维护。一方面，牧原通过多种渠道加强与投资者的沟通，如公司公告、股东大会、公司网站、投资者互动平台、投资者热线电话等。

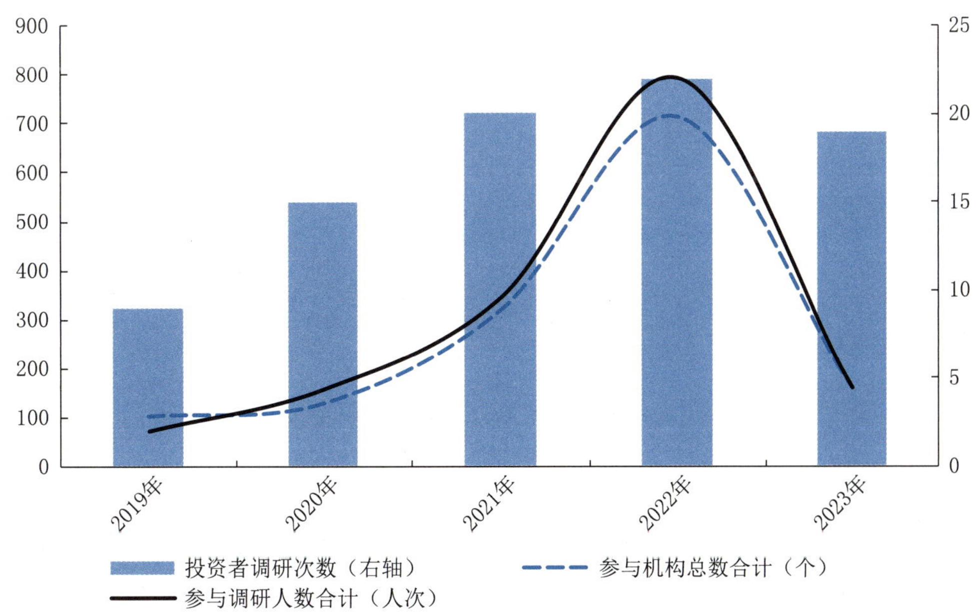

图 120　2019—2023 年牧原股份投资者调研情况

资料来源：万得，申万宏源研究。

另一方面，牧原近年来开展投资者调研活动的场次明显增多，参与机构数与人数显著增加，既体现了牧原对于投资者关系的重视，也反映出市场对牧原股份的高度关注，2023 年牧原股份投资者调研共 19 场，参与机构总数为 162 个，参与调研人数总计 160 人次。

ESG 治理：定期披露，构建营销窗口

近年来，投资者愈发关注上市公司的 ESG 信息。2022 年 1 月，上交所明确要求科创 50 指数成分股公司发布社会责任 /ESG 报告。因此对 ESG 相关信息的披露是维护投资者关系的必要手段，也是公司进行价值营销的重要窗口。牧原股份重视公司的 ESG 治理，从 2016 年开始每年不间断地发布公司的社会责任 /ESG 相关报告。

牧原建立了“决策层—组织层—执行层”的三层 ESG 管理架构。由董事会可持续发展委员会主导，对可持续发展及 ESG 相关的重大决策进行研究并提出建

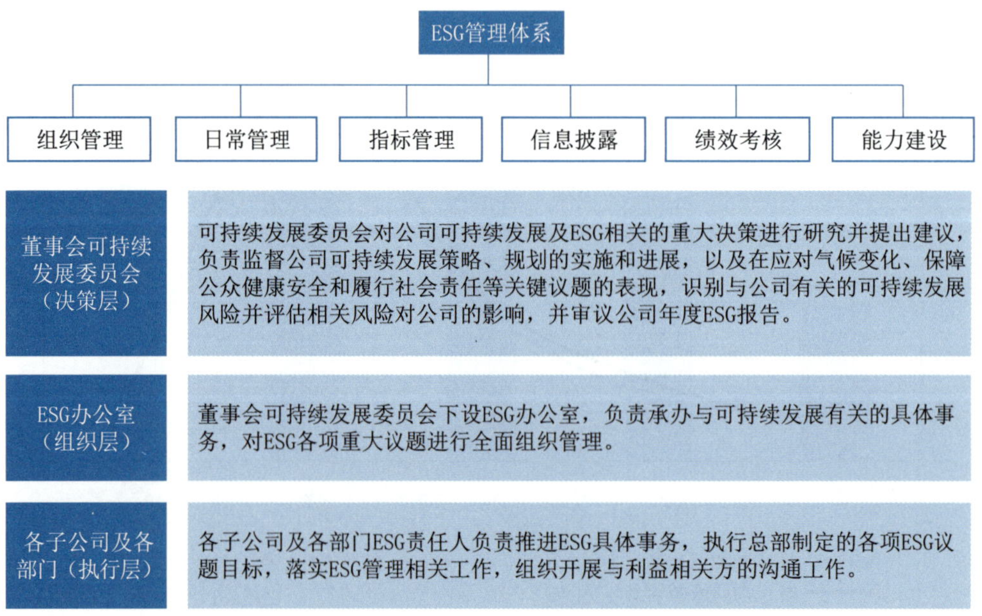

图 121　牧原股份的三层 ESG 管理架构

资料来源：牧原股份 2022 年度 ESG 报告，申万宏源研究。

议；可持续发展工作小组作为组织层，负责制定相关执行方案，并组织执行层开展工作；各子公司和各部门作为 ESG 管理架构的主要执行机构，落实公司 ESG 决议。

牧原构建起包括经济、环境、社会 3 大类、24 小类的 ESG 指标体系。其中经济指标包括诚信合规经营、公司治理及透明度等 5 大议题，环境指标包括生物多样性及土地利用、发展循环经济等 7 大议题，社会指标包括职工健康与安全、可持续供应链等 12 个议题。

表 29　牧原 ESG 指标体系

序号	板块	牧原关注的细分议题
1	经济	诚信合规经营、公司治理及透明度、反贪腐政策、保障股东权益、促进本地就业。
2	环境	粪肥资源化利用、发展循环经济、生物多样性及土地利用、水资源管理、节能降耗、碳减排、应对气候变化。
3	社会	职工健康及安全、员工关爱及尊重、员工权益保护、员工培训与发展、可持续供应链、供应链管理、科技创新、动物福利、食品安全与质量、助力乡村振兴、社区共建、社会公益。

资料来源：牧原股份 2022 年度 ESG 报告，申万宏源研究。

牧原凭借其优秀的经营业绩和高度的社会责任感，在国内各大机构的 ESG 评级中排名靠前。截至 2023 年底，牧原股份的华证碳中和 ESG 评级为 BB，在食品加工与肉类行业（下同）中排名 18/137；万得 ESG 评级为 BBB，行业排名 20/180。

（四）价值优化：股权集中，重视人才队伍建设

公司股权较为集中，股权结构稳定。秦英林先生与其妻子钱瑛女士为公司实际控制人，二人直接持有公司 39.35% 的股权，并通过牧原集团间接持有公司 15.28% 的股权，合计持股比例为 54.63%，达到了绝对控股，有利于提高公司决策效率，维护公司稳定性，提高公司市场竞争力。

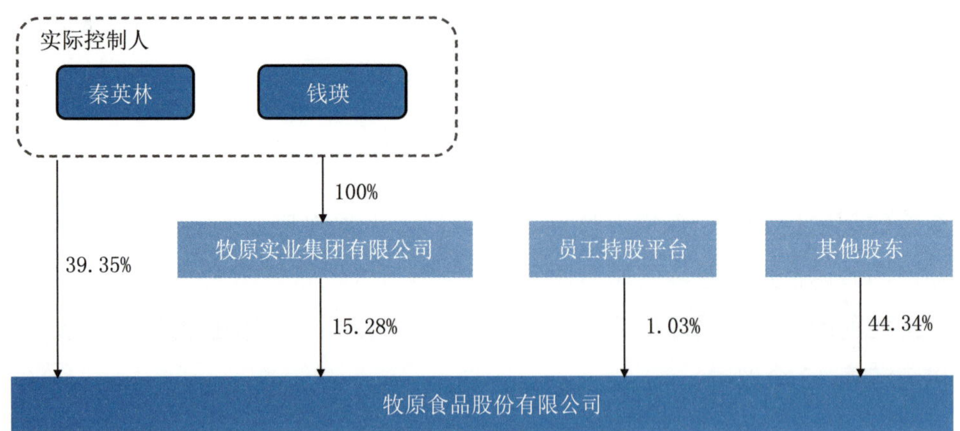

图 122　牧原股份股权架构（截至 2023 年底）

资料来源：万得，申万宏源研究。

智能学习平台	公司上线“智能牧牧”“养猪助手小薇”“生产小智”等智能学习平台，发布最新技术、业务和管理知识，按岗位精准推送；员工搜索关键词，即可获得相关学习资料，随时随地获取知识，大大提高学习效率。
新员工应知应会基本要求	公司通过“应知应会”赋能及认证机制，保障试用期员工对公司基本规章制度、基本专业能力、岗位基本素养等得到充分培训，提升员工的职业素养。 报告期内，我们将公司的管理和学习平台同步进行更新，实现了管理的全面化和追踪落地。
师徒管理机制	从各层级落地师徒传帮带机制，赋能至每一位员工。截至2022年末，公司共计师傅27006人，徒弟86059人。 我们不断完善师徒管理机制，报告期内，我们从各层级明确对师傅荣誉的评定机制，激励师傅自发育人。
人才考察机制	公司通过人才考察机制，选拔和重用精英人才。不断精准选拔方式、扩大选拔范围，覆盖公司各层级的人员。
在池培养机制	完善在池人才培养机制，制定定制化的人才培养方案，对入池人员进行精准赋能。 报告期内，我们对该机制进行更新，完善了各层级人才池的赋能培养以及考评方案，实现更大范围的赋能。
干部标准	通过干部标准对管理干部进行选拔、任免以及管理；从公司战略需求出发，明确公司对干部的要求，明确干部缺项，根据缺项，并针对性赋能提升。

图 123　牧原的人才培训机制

资料来源：牧原股份 2022 年度 ESG 报告，申万宏源研究。

在人才建设方面，牧原坚持以人为本的理念，重视人才培养。在招聘方面，牧原坚持“品性纯正，高度社会责任感”的选人理念，选拔德才兼备的人才；在培养方面，牧原秉承“坚持选拔与培养相结合、理论与实践相结合”的培养理念，为员工提供专业化、多样化的平台及资源，培养综合型人才。2023 年，牧原员工培训支出超 7 亿元，培训覆盖比例高达 100%，员工年人均培训时长为 148 小时。近年来，牧原的人均饲养量及人均创收水平不断提升，说明牧原的人才建设卓有成效。

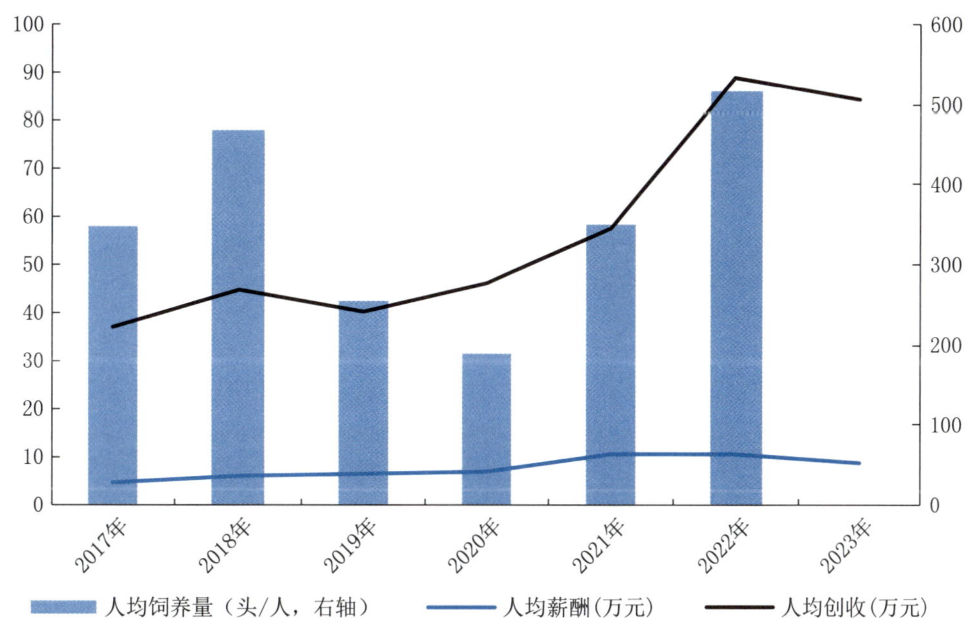

图 124　牧原股份近年来人均饲养量、人均薪酬及人均创收情况

资料来源：万得，申万宏源研究。

三、结语：莫听穿林打叶声，何妨吟啸且徐行

经过 30 余年的发展，牧原已然成为国内生猪养殖行业的龙头，通过行业领先的成本控制主动适应周期。

在价值创造方面，牧原建立起“全自养、全链条、智能化”的一体化模式，实现了全产业链的贯通，为价值管理打下坚实基础。牧原研发应用轮回二元育种技术，摆脱对进口种猪的依赖，降低猪苗生产成本；长期精心研发低蛋白日粮，攻克占成本比重最高的饲料环节，兼具生态和社会意义；自主开发新型智能猪舍，开展科学化、智能化养殖，防控疫病风险，力克非洲猪瘟；积极布局屠宰产能，发展自养自宰业务，向产业链下游延伸。

在价值曲线方面，牧原充分利用直接和间接融资渠道，做好资本运营；对旗下子公司的多次增资扩股，提升了公司竞争力，体现了社会责任担当；三次员工持股计划、两次股权激励实现与核心员工利益的深度绑定，助力公司长远发展；在周期底部高管及核心员工出手增持，稳定市场信心。

在价值营销方面，牧原通过多重渠道与投资者保持密切沟通，积极回应市场关切；并每年发布 ESG 报告，拓展公司信息披露的窗口。

在价值优化方面，牧原的股权较为集中，股权结构稳定，能够提升决策效率，维护公司治理的稳定性；并且始终坚持以人为本的理念，重视人才培养与发展。

目前已然进入新一轮的猪周期，面对复杂的国际形势以及当下国内生猪养殖业的“囚徒困境”，养猪行业将进入“微利时代”。牧原能否继续不断成功穿越“猪周期”？让我们拭目以待。

恒瑞医药[①]：

琼芯终现，从价值创造走向价值实现

从一家濒临破产的传统小药厂，经过 30 余年的转型发展，摇身变为我国创新药行业头部企业；从一家上市之初市值不到 40 亿元、平平无奇的小市值公司，成长为 2020 年末市值一度超过 6000 亿元、位列 A 股第 14 位的大市值企业，恒瑞医药的故事堪称传奇，现已成为众多投资者熟知的明星企业，其价值成长之路令人称赞。

作为中国医药行业的头部企业，恒瑞医药以其卓越的创新能力和独特的战略视野，成为国内外投资者关注的焦点。公司聚焦抗肿瘤、手术用药、自身免疫疾病、代谢性疾病、心血管疾病等领域进行新药研发，并坚持“科技赋能创新、创新驱动发展”的策略，已发展成为一家“科技创新与国际化”双轮驱动的制药行业头部企业。

恒瑞医药的前身是成立于 1970 年的连云港制药厂。1990 年，公司开始从初级医药原料加工转型至仿制药的生产和销售。2000 年，恒瑞医药在上海证券交易所上市，自此开启了创新药研发之路，并将科技创新确立为公司的首要发展战略。从 2011 年第一款创新药艾瑞昔布上市至今（截至 2024 年 1 月底），恒瑞医药已在国内获批上市 16 款 1 类创新药、4 款自研 2 类新药，创新成果稳居行业领先地位。

自 2000 年 10 月 18 日上市以来，恒瑞医药的总市值表现令人瞩目。从上市首日的 37 亿元，市值一路飙升至 2020 年末的高点 6132 亿元，总涨幅达到惊人的 160 倍以上。2021 年初，由于行业因素，市值开始调整，至 2022 年 4 月曾降至 1770 亿元的阶段性低点。此后，市值维持在 2500 亿元—3000 亿元的区间。截

① 恒瑞医药：全称江苏恒瑞医药股份有限公司，股票代码 600276。

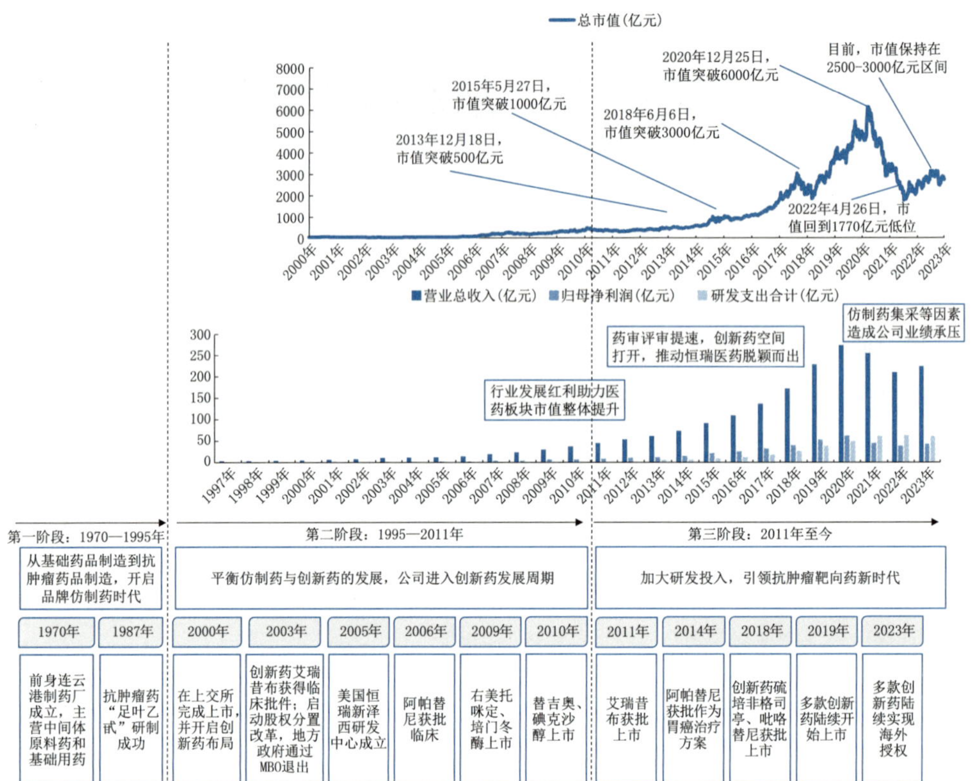

图 125　恒瑞医药的市场价值成长之路

资料来源：恒瑞医药公告，恒瑞医药官网，万得，申万宏源研究。

至 2023 年末，公司市值约 2800 亿元，稳居化学制药行业（申万二级行业）首位，并大幅领先排名第二的华东医药（约 720 亿元），在医药生物行业（申万一级行业）中，恒瑞医药排名第二。另外，从创值能力（通常用 ROIC/WACC 指标来衡量企业创造价值的能力，当该指标大于 1 且净利润增速 >0 时，说明企业具备一定的价值创造能力）的角度来看，恒瑞医药在 2004 年至 2023 年这 20 年间，共有 17 年显示出卓越的创值能力，在全 A 股上市公司中排名第四，成绩斐然。这一数据反映出公司长期的稳健增长和在市场的领导地位。

市场价值通常被视为投资者对上市公司内在价值的综合评估，反映了市场对公司未来发展的预期。在资本市场中，通过市值评价公司价值已成为普遍共识。为什么在 2021 年初行业性下调估值以前，恒瑞医药的市值能够实现长期成长；为什么在2015年之后，恒瑞医药可以大幅跑赢板块，实现脱颖而出；为什么2021年之后包括恒瑞医药在内的整个板块出现估值整体下调；未来恒瑞医药市值是否还能再现昨日荣光？这些问题背后的原因均值得市场普遍关注与思考。本篇旨在通过复盘恒瑞医药160倍市值成长的历程，试图提供对于恒瑞医药价值成长逻辑的理解和启示。

一、价值成长：创新引领，筑牢公司成长坚实的基本盘

（一）公司治理：行稳致远，管理层稳定保障战略决策长期稳定

关键人物在公司发展中扮演着至关重要的角色，孙飘扬凭借其对行业的敏锐洞察和对创新的执着，领导公司完成了一系列重大转型，最终使恒瑞成为医药行业的头部企业。

杰出企业家可以影响企业长远发展

提到恒瑞医药，不得不提的就是其灵魂人物孙飘扬，可以说没有孙飘扬就没有后来的恒瑞医药。领军式人物在公司发展历程中起到的作用往往是至关重要的，在公司命运的十字路口，正确的决策将彻底改变公司的未来。

将连云港制药厂从破产边缘挽回，实现改制与上市。1982年，毕业于中国药科大学的孙飘扬被分配到成立12年的连云港制药厂，当时该厂仅能生产一些技术含量低、利润微薄的药品。1990年，孙飘扬成为厂长，开启了制药厂的新篇章。他决定仿制当时市场上热销的抗癌药“依托泊苷”，囿于技术限制，只能将其制成胶囊。即便如此，这款药品一经推出迅速走红，药厂的营收急剧增长。1992年，孙飘扬再次作出重要决策，斥巨资120万元向中国医科院药研所购买“异环磷酰胺”专利权，3年后该药物成功上市，并获得美国食品药品监督管理局（Food and Drug Administration，FDA）认证。此后，连云港制药厂开发了多种新

药，健康的资金链使制药厂的发展蒸蒸日上，进入良性发展循环。1997 年，连云港制药厂进行改制，正式更名为“恒瑞医药”，并于 2000 年在上交所以国企身份成功上市。

坚持创新驱动，推动恒瑞医药实现质的飞跃。2003 年起，恒瑞医药开启管理层收购进程，由一家国资主导的企业逐渐变为混合所有制企业。在孙飘扬的领导下，恒瑞医药坚持“每年投入销售额的 10% 以上用于创新研发”策略，在国内以仿制药为主的时代，率先开始建设创新药研发平台，同时开启国际化战略，进行转型探索。

2011 年，恒瑞医药自主研发的艾瑞昔布获得市场准入，成为公司第一款自研创新药，标志着恒瑞医药进入创新药新时代。2014 年，恒瑞医药又推出针对晚期胃癌的阿帕替尼，这不仅是全球首个治疗胃癌的口服小分子靶向药物，还是首个在标准二线化疗失败后仍有效的药物，能显著延长患者的生存期。这一成就预示着恒瑞医药在抗肿瘤靶向药领域开启了新纪元。从 2018 年起，恒瑞医药形成了“上市一批、临床一批、开发一批”的发展模式，保持了创新药紧凑的研发和上市日程，几乎每年都有新药进入临床试验阶段，每隔一到两年就有新药上市。这充分展现了其在药品创新和研发方面的卓越实力。

稳定的股权架构保证公司战略决策长期稳定

管理层收购和稳定的股权架构保证了孙飘扬的发展战略可以长期稳定执行。生物医药行业具有“投资高、风险高、周期长、回报高”的特点，在选定的赛道上往往需要长期深耕，只有沉得住气、耐得住性子才有可能成功，从初步研究到临床试验，再到市场准入，如果一旦遇到瓶颈就自我怀疑则容易前功尽弃。因此，对于恒瑞医药来说，通过管理层收购和稳定的股权架构设计保证了恒瑞医药可以实现长期稳定的公司发展战略，这具有重要意义。

2003 年，恒瑞医药开启管理层收购，经过几年的时间，孙飘扬通过管理层收购实现了对恒瑞医药的实际控制，保证其在公司决策中拥有绝对的话语权，并一直保持到今天，正是稳定的股权架构保证了孙飘扬的发展战略能够在恒瑞医药长期稳定地执行，最终“十年磨一剑”，造就了现在的医药行业头部企业。

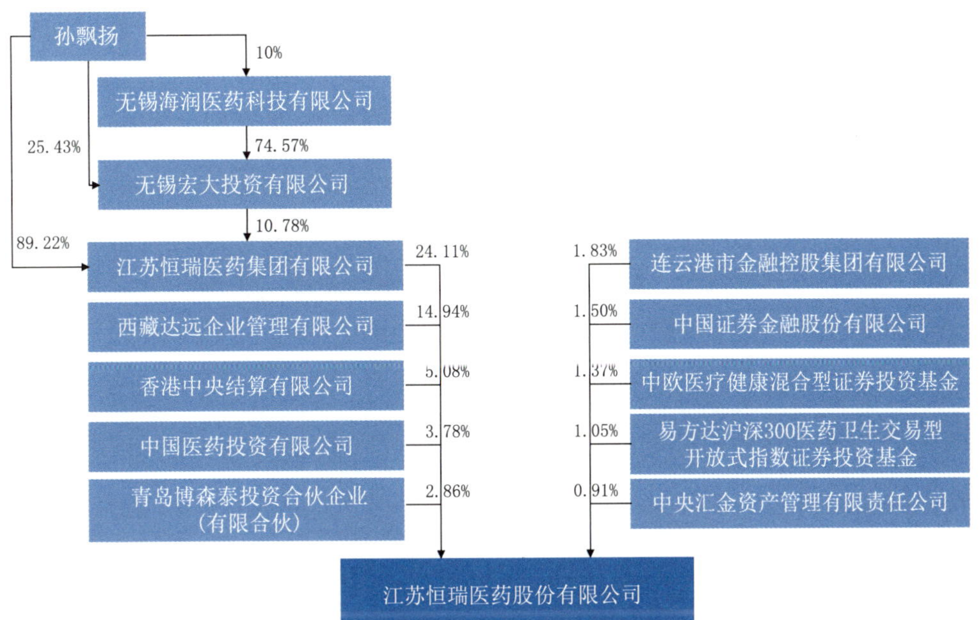

图 126　恒瑞医药股权架构情况

资料来源：万得，申万宏源研究。

注：根据 2023 年年报数据。

（二）战略导向：成功转型，提前布局形成充足管线储备

恒瑞医药的发展历程，尤其是其在科技创新和国际化战略方面的布局，为公司带来了持续增长的动力。自 2000 年起，公司开始布局科技创新战略，2005 年启动国际化战略，2011 年进入创新驱动的收获期，而到了 2019 年，其国际化战略进一步加速。“科技创新 + 国际化”成为恒瑞医药持续发展的双驱动力。

科技创新转型为公司带来长期增长动力

恒瑞医药能够实现质的飞跃，与多年以来的多次转型发展策略密不可分。从基础用药制造企业向仿制药制造企业转型，从仿制向创新转型，经过 20 余年的不懈努力，恒瑞医药逐步实现了多款创新药陆续上市并进入收获期。其成功转型大致经历了以下几个阶段：

第一阶段（1970—1995 年）：从基础药品制造到抗肿瘤药品制造，开启品牌仿制药时代。在这一时期，恒瑞医药主要服务于苏北和鲁南地区，销售低成本、低技术含量的基础药物。到了 1990 年，恒瑞医药采纳了一项关键的发展策略，“做大厂不想做的，小厂做不了的”，并选择抗肿瘤药物作为主攻方向。当时，尽管公司年利润不足 100 万元，但他们仍然通过贷款购买了异环磷酰胺的专利权，并建立了自己的药物研究所，标志着公司创新之路的启程。到 1995 年，异环磷酰胺成功获批上市，这不仅是恒瑞医药的第一款品牌仿制药，也意味着公司成功地从基础药物生产企业转型为专业化的仿制药制造商。这一转变不仅改变了恒瑞医药的发展轨迹，也为其后续的创新和发展奠定了基础。

第二阶段（1995—2011 年）：平衡仿制药与创新药的发展，公司进入创新药发展周期。在这个时期，恒瑞医药不仅继续发展仿制药业务，同时也大力推进创新药的研发。为此，公司建立了包括连云港科研中心、上海创新药物研发中心、美国创新药物研究中心在内的多个研发机构，大幅加强了药物研发的整体能力。此外，恒瑞医药还设立了专门负责新药临床研究和申报的医药部门，致力于加快新药的研发进程和市场准入。通过这些举措，恒瑞医药成功研发出了一系列高质量的仿制药和创新药，其中最为显著的成就是 2011 年国家一类新药艾瑞昔布的上市，这一事件标志着公司正式迈入了创新药的新时代。这一阶段的成功，不仅体现在恒瑞医药在产品研发上的卓越表现，更重要的是公司在战略上实现了从单一的仿制药生产商向集仿制药与创新药研发于一体的综合性药企的转变，显著提升了公司在国内外市场的竞争力。

第三阶段（2011 年至今）：加大研发投入，引领抗肿瘤靶向药新时代。在这一阶段，公司的研发投入显著增长，从 2013 年的 5.63 亿元增加到 2023 年的 61.50 亿元，研发投入占营业收入比重也从 9.08% 上升到了 26.95%，使其成为国内研发投入最高的药企之一。2014 年，恒瑞医药推出了国内首个自主研发的口服抗血管生成小分子激酶抑制剂——阿帕替尼。这一重大突破不仅标志着恒瑞医药在抗肿瘤药物领域的领先地位，也反映了公司在创新药研发方面的战略布局和决心。在这一阶段，恒瑞医药不仅在国内市场取得了显著成就，还逐步扩大了其在国际市场的影响力。公司的创新药物研发成果不断丰富，覆盖了多种疾病领域，特别是在抗肿瘤、镇痛麻醉、血液疾病、代谢性疾病等治疗领域取得了显著进展。通过不断创新和探索，恒瑞医药成为中国乃至全球医药领域的佼佼者，为患者提供了更多高效、安全的治疗选择，同时也为公司的持续增长和发展筑起了坚实的护城河。

恒瑞医药的前瞻性布局和全力转型创新是其实现逆势突破的关键。作为一个研发驱动型企业，在全球范围内，研发能力是药企核心竞争力的重要标志。在 2015 年之前，中国的药企普遍缺乏研发新药的经济动力。由于仿制药和传统中药能够在行业的高速增长中取得高毛利率，且投资回报周期短，大多数药企缺乏从事创新药研发的资金和动力。此外，由于国内新药审批流程缓慢，投资创新药研发的企业甚至可能因为影响当年的净利润而不被投资者认可。然而，恒瑞医药却逆流而上，专注于创新药的研发，经过多年的积累和沉淀终于在洪水退去之后实现蜕变，支撑公司业绩持续多年高速增长。

正是持续高研发投入，为公司未来业绩持续增长注入想象空间。公司长期以来保持较高的研发投入水平，研发合计支出（包括费用化和资本化的研发支出）持续提升，占营业收入比重稳步提升，由 2013 年的 9.08% 提升至 2020 年的 17.99%，随后在公司研发投入继续增长的基础上，叠加一定程度上的营收降低的因素，这一比例进一步提升至 2023 年的 26.95%，占归母净利润比重也持续提升，由 2013 年的 45.49% 提升至 2020 年的 78.84%，随后这一比例进一步提升至 2023 年的 142.96%。公司将相当大比例的利润投入研发中，为企业在未来相当长的一段时间内业绩持续增长储备动能，成功实现了从传统药品生产向创新药品生产的转型，为投资者注入想象空间。

公司创新药管线充沛，为中国创新药企业之最。恒瑞医药同时广泛布局多个治疗领域，包括肿瘤、自身免疫疾病、代谢性疾病、心血管疾病、感染疾病、呼吸系统疾病、血液疾病、疼痛管理、神经系统疾病、眼科、核药等，其中多个项目已进入上市审评阶段。在这些产品中，卡瑞利珠单抗作为国内领先的 PD-1 单抗药

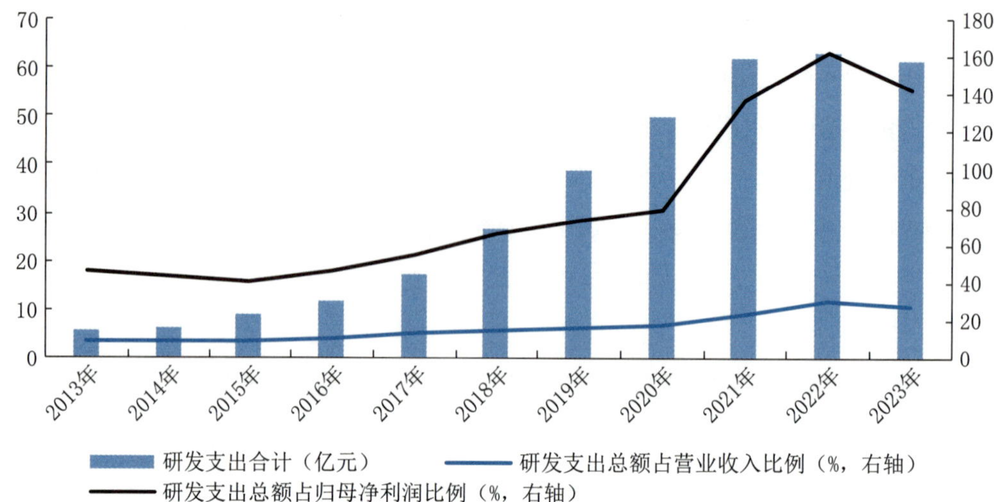

图 127　2013—2023 年，恒瑞医药持续高研发投入为长期业绩增长储备动能

资料来源：万得，申万宏源研究。

物，已在肿瘤治疗领域取得显著成效。而阿帕替尼作为全球首款针对晚期胃癌的口服小分子靶向药物，其创新性和有效性在国际医药界得到了广泛认可。此外，吡咯替尼作为国内首个自主研发的针对 HER1/HER2/HER4 靶点的药物，已与卡瑞利珠单抗、硫培非格司亭等一起成为公司销售业绩的核心支撑。同时，新近获批的达尔西利、瑞维鲁胺和恒格列净等药物，预计将为公司业绩增长作出新的贡献。

国际化战略进一步拓展市场空间预期

恒瑞医药的国际化发展战略是其不断拓展盈利预期的关键。公司的海外临床试验布局覆盖了肿瘤、血液、风湿免疫、呼吸等多个疾病领域，这些优质管线均展现出了重磅产品的潜力。恒瑞医药正在积极推进其创新药物的海外临床试验，例如卡瑞利珠单抗和氟唑帕利在美国、澳大利亚、欧洲等国家和地区的国际多中心临床试验。同时，在抗体药物偶联物（Antibody-drug Conjugate，ADC）、免疫细胞治疗和基因治疗等国际前沿领域，恒瑞医药也展现出了与国际先进水平媲美的创新能力。

表 30　海外创新药主要临床研发管线

治疗领域	药品名称 / 代号	靶点	单药 / 联用	参与国家和地区	Ⅰ期	Ⅱ期	Ⅲ期	BLA
抗肿瘤	卡瑞利珠单抗	PD-1	联合（阿帕替尼）	美国，欧洲，亚太（含中国）	一线晚期肝细胞癌			
	马来酸吡咯替尼	HER1、HER2、HER4	单药	美国，欧洲，亚太（含中国）	HER2 突变的晚期非鳞状非小细胞肺癌			—
	氟唑帕利	PARP	联合（阿比特龙）	美国，欧洲，亚太（含中国）	转移性去势抵抗性前列腺癌			—
	SHR-A1811	HER2 ADC	单药	美国，澳洲，亚太（含中国）	实体瘤	—	—	—
	SHR-1701	PD-L1/TGF-β	单药	澳洲	实体瘤	—	—	—
	SHR-A1904	Claudin 18.2 ADC	单药	美国，澳洲	晚期实体瘤	—	—	—
	SHR-A1912	CD79b ADC	单药	美国	B 细胞非霍奇金淋巴瘤	—	—	—
	SHR-A1921	TROP2 ADC	单药	美国，澳洲	晚期实体瘤	—	—	—
	SHR-A2009	HER3 ADC	单药	日本，韩国	晚期实体瘤	—	—	—
	SHR-A2102	Nectin-4 ADC	单药	美国	晚期实体瘤	—	—	—
	SHR-2002	PVRIG-TIGIT	单药或联合（阿得贝利单抗）	澳洲	实体瘤	—	—	—
血液	海曲泊帕乙醇胺	TPO-R	单药	美国，澳洲，欧洲	化疗所致血小板减少症			—
风湿免疫	SHR0302	JAK1	单药	美国，欧洲，中国	溃疡性结肠炎			—
			单药	加拿大，中国	中重度特应性皮炎			—
	HRS-7085	—	单药	澳洲	健康受试者	—	—	—
	SHR-1819	IL-4Rα	单药	澳洲	健康受试者	—	—	—
呼吸系统	SHR-1905	抗 TSLP	单药	澳洲	健康受试者	—	—	—
其他	SHR-1707	A-beta	单药	澳洲	健康受试者	—	—	—

资料来源：恒瑞医药公告，申万宏源研究。

注：表格内容来源于 2023 年年报，其中根据最新消息，卡瑞利珠单抗联合阿帕替尼治疗一线晚期肝癌于 2024 年 5 月收到 FDA 完整回复信，截至 2024 年 7 月末尚未重新递交 BLA。

根据公司 2022 年年报，恒瑞医药在推进创新药国际化方面采取了“少而精”的策略，专注于其擅长的治疗领域，并有选择地稳步推进海外临床试验。恒瑞医药将持续坚持自主研发与开放合作并重的原则，基于内生发展的同时，加强国际合作。公司积极探索与跨国制药企业的交流和合作，利用国际领先合作伙伴的资源来拓展海外市场，加速融入全球药物创新网络，以实现产品价值的最大化。通过这种战略，恒瑞医药不仅保持了研发的高质量，还扩大了其在全球市场的影响力。这种国际化战略的实施，不仅提升了公司在全球的品牌影响力和竞争力，还为公司的持续增长和全球扩张提供了发展动力。

纵观公司发展史，成功的战略转型是恒瑞医药杰出价值创造能力的根本来源。我们审视恒瑞医药的发展历程，最为显著的一个特点是公司能够通过不断地战略转型创造价值，从而使本质上的内在价值提升。恒瑞医药在关键时刻采取一系列创新举措，明确“科技创新 + 国际化”发展战略，在研发领域持续投入，积极开展临床试验和新药申报，通过产品线的不断优化和更新使公司保持源源不断的发展动能，同时通过产品出口、设立海外研发中心等方式参与国际合作，正是这一系列价值创造手段奠定了恒瑞医药坚实的发展基础，是其实现价值飞跃的根本原因。

（三）盈利成长：业绩为王，公司成长性是价值成长的核心

公司存在的价值是创造利润，盈利能力是公司价值的最根本体现，也是市值评估的基础，恒瑞医药多年来持续增长的净利润是推动公司价值成长的最核心因素。

盈利能力是公司市值评估的基础

强劲的盈利能力是恒瑞医药市值能够持续增长的关键。恒瑞医药长期以来保持持续稳健的增长，从营收端来看，2006—2020 年间的复合增长率达到 23.55%，利润端同期复合增长率达到 27.73%，在此期间内保持了极高的净资产收益率，与此相伴的是公司市值的持续提升，由 60 亿元—70 亿元区间成长到 6000 亿元。

而到 2021 年以后，营业收入、净利润、净资产收益率三项指标均显著下滑，这一趋势与公司总市值水平的变化趋势也高度相关。因此，恒瑞医药能够在 2020 年以前创造市值神话，其持续稳定的高盈利能力是首要因素。

利润持续增长的趋势是提升市盈率的关键

一方面，企业的成长性是影响公司估值的重要因素。对于上市公司的估值而言，相对估值法下，市值等于净利润乘以市盈率，净利润体现了现阶段公司创造价值

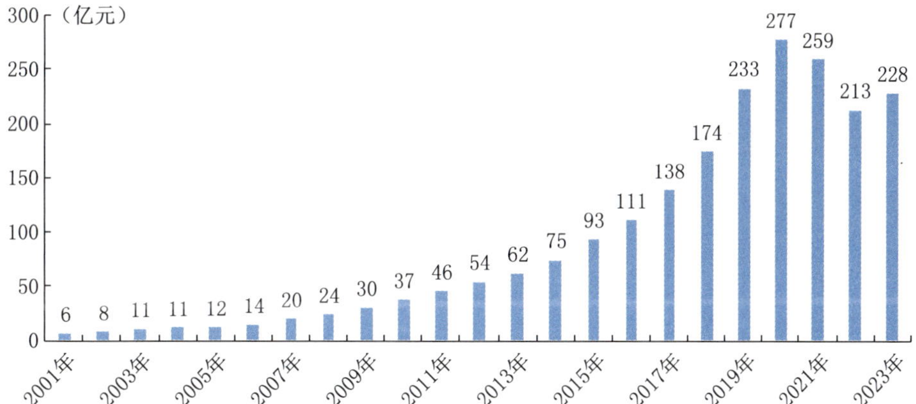

图 128　恒瑞医药上市以来营业总收入

资料来源：万得，申万宏源研究。

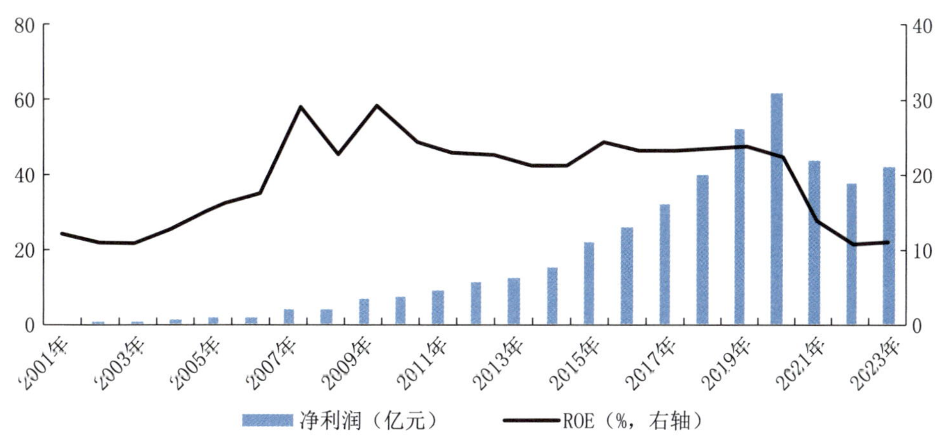

图 129　恒瑞医药上市以来净利润及 ROE

资料来源：万得，申万宏源研究。

的能力，而市盈率则体现市场对于未来成长性的预期。按照估值理论来说，企业的价值等于未来自由现金流的折现，而影响未来自由现金流最重要的因素就是成长性，市场对于成长性较强的公司给予估值溢价是合理的。恒瑞医药在创新药物的研发和市场化方面取得了显著成就，其市值的快速增长部分源于其稳健的净利润和市场对其未来增长潜力的积极预期。因此，具有成长性的上市公司往往能够获得更高的市盈率，从而也就可以得到更高的估值。

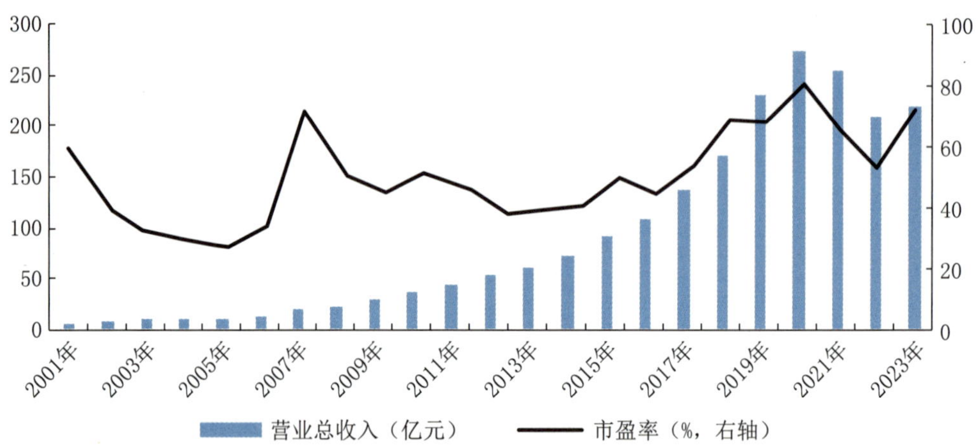

图 130　恒瑞医药营业总收入及市盈率

资料来源：万得，申万宏源研究。

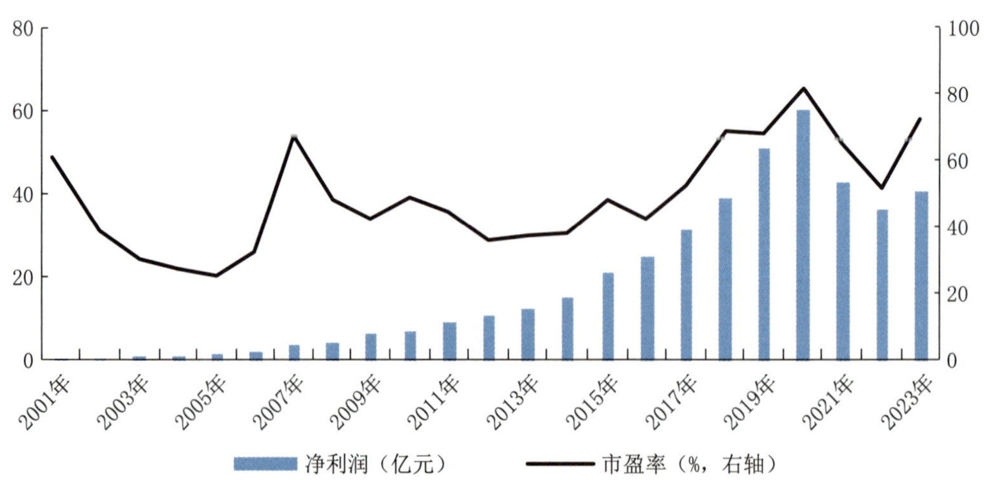

图 131　恒瑞医药净利润及市盈率

资料来源：万得，申万宏源研究。

另一方面，吸引人的财务图表曲线也能有效提振投资者信心，从而间接提高公司估值。投资者对上市公司的初步印象往往来自公司营业总收入和净利润的时间序列图表。若公司能展现出持续增长的趋势，即便其成长性未显著变化，市场对该公司的信心仍可能因“公司信仰”而持续增强。然而，一旦这种完美的图表趋势受到市场的打击，公司可能需要数年时间来重建这种“信仰”。

（四）资本运作：价值优化，助力创新药转型形成先发优势

资本运作方面，恒瑞医药至今实施了多次股权激励，同时积极布局私募股权投资，坚信未来，给投资者提供充足的想象空间。

多次实施股权激励，提振二级市场信心

股权激励在提振市值方面发挥着重要作用，有效增强投资者信心。该激励机制涉及向公司管理层或员工授予股票或期权，建立起利益共享和风险共担的体系。这种做法被众多上市公司采纳，旨在通过授予受益者股东身份，激发其更积极地参与公司经营管理，同时吸引和留住人才，进而提升企业的整体业绩。在二级市场中，此举被广泛视为一种高效的价值管理策略。

截至 2022 年员工持股计划经股东大会审议通过前，恒瑞医药已经实施了 4 次股权激励，分别发生于 2010 年、2014 年、2017 年和 2020 年。4 次激励中的激励人数显著增加，已由最初的 55 人增加到 2020 年的 1302 人，授予股数也持续提升，由 2010 年的 454 万股增加到 2020 年的 2574 万股。激励股票的解除禁售条件在公司层面主要表现为对收入和利润的目标设置，实现了员工和公司的利益绑定。

表 31　恒瑞医药历次股权激励方案情况概览（截至 2023 年 12 月 31 日已完成实施的）

	2010 年	2014 年	2017 年	2020 年
激励人数	55 人	118 人	573 人	1302 人
激励方式	限制性股票	限制性股票	限制性股票	限制性股票

（续表）

	2010 年	2014 年	2017 年	2020 年
股票来源	定向增发	定向增发	定向增发	定向增发
授予股数	454.13 万股	882.75 万股	1896.80 万股	2573.60 万股
股本占比	0.61%	0.59%	0.67%	0.49%
首次授予日	2010 年 7 月 5 日	2014 年 5 月 23 日	2017 年 11 月 23 日	2020 年 8 月 18 日
授予价格	20.28 元	15.51 元	33.22 元	46.91 元
行权时间	授予日后三年分别授予 40%、30%、30%			
公司层面解锁条件	要求 2010—2012 年各年度净利润不低于 7 亿元、8.5 亿元、10.3 亿元；营业收入不低于 37 亿元、43 亿元、50 亿元	要求 2014—2016 年各年度归属于上市公司股东的扣除非经常性损益的净利润不低于 13.5 亿元、15.1 亿元、17.4 亿元；营业收入不低于 70.7 亿元、80.7 亿元、92.2 亿元	要求以 2016 年度净利润为基数，2017—2019 年各年度净利润较 2016 年的增长率分别不低于 20%、42%、67%	要求以 2019 年净利润为基数，2020—2022 年各年度净利润较 2019 年增长率分别不低于 20%、42%、67%
公司层面达成情况	达成（净利润分别为 7.55 亿元、9.40 亿元、11.51 亿元；营业收入分别为 37.44 亿元、45.5 亿元、54.35 亿元）	达成（扣非归母净利润分别为 14.97 亿元、21.71 亿元、25.89 亿元；营业收入分别为 74.52 亿元、93.16 亿元、110.94 亿元）	达成（净利润增长率分别为 20.28%、46.83%、92.24%）	鉴于行业市场环境和公司股价波动的影响，继续实施难以达到预期激励目的和激励效果，因此宣布终止股权激励

资料来源：恒瑞医药公告，申万宏源研究。

就成效而言，恒瑞医药前 3 次股权激励均成功实现了设定的业绩目标，其中一些年份甚至大幅超额完成，表明激励计划有效促进了业绩增长。但由于行业市场环境和股价波动的影响，公司于 2021 年 12 月宣布终止第 4 次股权激励计划。这种激励机制的发布，不仅从长期角度解决了公司与员工利益不一致的问题，也在短期内通过设定符合或超过投资者预期的业绩目标，提振了投资者情绪，增强了对公司业绩增长的信心。恒瑞医药前 3 次成功的股权激励对公司市值的稳健增长有着显著影响。值得一提的是，2022 年员工持股计划已于 2022 年经股东大会审议通过，并已在 2023 年进行第一期解锁，2023 年员工持股计划已于 2023 年 11 月经股东大会审议通过。

建立中长期激励方案，通过股权激励的方式实现价值优化。价值优化是实现高质量价值管理的保障，恒瑞医药自2010年就开始了股权激励计划，这种激励方式不仅提高了员工的积极性和忠诚度，还直接促进了公司业绩的提升。不仅如此，人才队伍的优化、公司治理的优化、投资决策的优化均对价值管理意义重大，是成功上市公司普遍运用的价值优化手段。

坚信未来，恒瑞医药积极进行私募股权基金探索

加码私募股权，恒瑞医药通过股权投资的方式进行产业布局。恒瑞医药早在2016年就开始涉足私募股权投资，其子公司香港奥美健康管理有限公司以自有资金认购两只海外基金（一只主要在北美健康产业领域进行非上市公司股权投资，另一只主要在全球范围进行健康产业领域的二级市场投资）份额，合计达2000万美元；2018年恒瑞医药作为有限合伙人出资2亿元人民币参与投资厦门楹联健康产业投资合伙企业（有限合伙），该基金主要投资于健康产业及与健康产业相关的科技型企业；2020年恒瑞医药分别出资2000万元，认购钧鸣生命科学多策略私募证券投资基金和连云港医药人才创投基金（有限合伙）；2021年出资5000万元人民币参与投资苏州工业园区薄荷三期创业投资合伙企业（有限合伙）；2022年又大手笔（恒瑞医药出资10亿元，子公司上海盛迪私募基金管理有限公司出资1000万元，集团直接出资10亿元）参与投资了上海盛迪生物医药私募投资基金合伙企业（有限合伙）。

通过基金投资，增强公司的资本运作能力，并进一步优化产业布局。近年来，公司所投资的私募股权基金主要集中在大健康领域。这不仅有助于公司通过投资获得回报，增加盈利，同时也助于培育新的盈利增长点。从产业角度来看，这些投资有助于公司整合行业资源，加深产业影响力，并挖掘具有发展潜力的行业项目，为公司的转型升级提供前瞻性的布局。总的来说，恒瑞医药的这一投资策略，不仅满足了公司当前和未来的业务及战略发展需求，而且被广泛认为是促进公司长远发展的关键举措，对公司价值管理产生了积极的影响。

表 32 恒瑞医药历次参与私募股权投资情况

日期	基金名称	投资金额	投资领域
2016 年 4 月	OrbiMed Private Investment VI，LP	1000 万美元（子公司香港奥美健康管理有限公司）	北美洲健康产业领域非上市公司的股权投资。
2016 年 4 月	OrbiMed Partners，Ltd. Class D	1000 万美元（子公司香港奥美健康管理有限公司）	全球范围内的健康产业领域，包括药品、生物技术、医疗器械、健康服务和其他健康相关的领域等二级市场的投资。
2018 年 11 月	厦门楹联健康产业投资合伙企业（有限合伙）	2 亿元人民币（恒瑞医药）	健康产业及与健康产业相关的科技型企业。
2020 年 6 月	钧鸣生命科学多策略私募证券投资基金	2000 万元人民币（恒瑞医药）	医疗大健康产业（医疗器械、创新药、生物制品、外包服务领域等）。
2020 年 10 月	连云港医药人才创投基金（有限合伙）	2000 万元人民币（恒瑞医药）	对医药医疗健康产业具有国内外技术领先优势的早中期优秀企业进行股权投资。
2021 年 7 月	苏州工业园区薄荷三期创业投资合伙企业（有限合伙）	5000 万元人民币（恒瑞医药）	主要对生命科学和医疗健康领域的早期创新企业进行直接或间接的股权投资、与股权相关的投资或其他适用法律和规范允许的投资或从事与投资相关的活动。
2022 年 6 月	上海盛迪生物医药私募投资基金合伙企业（有限合伙）	10 亿元人民币（恒瑞医药）、1000 万元人民币（子公司上海盛迪私募基金管理有限公司）、10 亿元人民币（恒瑞集团）	围绕医药健康产业开展股权投资业务，投资医药健康领域优质企业，重点关注生物医药领域的创新研发，打造培育生物医药产业生态圈和国内领先的生物医药创新投资平台。

资料来源：恒瑞医药公告，申万宏源研究。

二、行业助推：政策东风，国内创新药迅猛崛起带来发展机遇

恒瑞医药的迅速成长确实与国内医药行业的发展密切相关，尤其受益于行业发展红利和区域性产业集群的形成。

（一）行业发展红利助力医药板块市值整体提升

收入水平提升叠加政策引导，医药行业迎来发展红利。随着中国居民收入水平的

表 33　近年生物医药行业扶持政策文件梳理

文　件	发布时间	发布部门	主　要　内　容
《“十四五”生物经济发展规划》	2022 年 5 月	国家发改委	发展生物经济是顺应全球生物技术加速演进趋势、实现高水平科技自立自强的重要方向，是前瞻布局培育壮大生物产业、推动经济高质量发展的重要举措，是满足生命健康需求快速增长、满足人民对美好生活向往的重要内容，是加强国家生物安全风险防控、推进国家治理体系和治理能力现代化的重要保障。
《“十四五”医药工业发展规划》	2022 年 1 月	工业和信息化部等	加快产品创新和产业化技术突破，推动创新药和高端医疗器械产业化与应用，鼓励将医疗新技术、新药品、新器械纳入保障范围，促进创新产品的市场化应用；健全医药创新支撑体系，提高专业化的研发服务能力，营造激励创新的良好环境。
《中华人民共和国国民经济和社会发展第十四个五年规划和 2035 年远景目标纲要》	2021 年 3 月	全国人民代表大会	加强原创性引领性科技攻关，瞄准生物医药等前沿领域，实施一批具有前瞻性、战略性的国家重大科技项目；整合优化科技资源配置，聚焦生物医药等重大创新领域组建一批国家实验室，重组国家重点实验室，形成结构合理、运行高效的实验室体系；构筑产业体系新支柱，包括推动生物技术和信息技术融合创新，加快发展生物医药、生物育种、生物材料、生物能源等产业，做大做强生物经济。
《“十三五”生物产业发展规划》	2018 年 12 月	国家发改委	提出加速生物产业在生产、生活、生态各领域的广泛应用，推动生物产业开展全球合作，促进产业迈向中高端，加速形成经济新支柱。规划提出要构建生物医药新体系，立足基因技术和细胞工程等先进技术带来的革命性转变，加快新药研发速度，提升药物品质，更好满足临床用药和产业向中高端发展的需求。
《战略性新兴产业分类（2018）》	2018 年 11 月	国家统计局	根据该产业分类，生物医药产业下的生物药品制造属于战略性新兴产业。
《“十三五”生物技术创新专项规划》	2017 年 4 月	科技部	生物医药为重点支持领域之一，提出紧紧围绕民生健康和新兴产业培育的战略需求，突出创新药物、医疗器械等重大产品研制和精准化、个体化、可替代或可再生为代表的未来医学发展，重点突破新型疫苗、抗体制备、免疫治疗等关键技术，抢占生物医药产业战略制高点。力争到 2020 年实现我国生物医药整体由“跟跑”到“并跑”、部分领域“领跑”的转变。
《“十三五”国家战略性新兴产业发展规划》	2016 年 12 月	国务院	提出加快生物产业创新发展步伐，培育生物经济新动力，到 2020 年，生物产业规模达到 8 万亿—10 万亿元，形成一批具有较强国际竞争力的新型生物技术企业和生物经济集群。规划提出构建生物医药新体系，加快开发具有重大临床需求的创新药物和生物制品。
《“健康中国 2030”规划纲要》	2016 年 1 月	国务院	促进医药产业发展，推动医药创新和转型升级。加强专利药、中药新药、新型制剂、高端医疗器械等创新能力建设。到 2030 年，药品、医疗器械质量标准全面与国际接轨。

资料来源：各政府部门官网，申万宏源研究。

不断提高和公众对健康意识的增强，医药行业迎来了显著的发展机遇。21 世纪初以来，生物医药行业需求持续增长，处于高速发展期。作为战略性新兴产业，政府在“十三五”规划和“十四五”规划中强调了对生物医药行业的支持，旨在通过一系列政策措施推动该行业的快速发展。这些措施包括加强关键核心技术和产品攻关、鼓励创新、调整产业结构，以及强化国际合作，共同解决行业关键问题，进而推动行业高质量发展。

行业的市值表现与行业的发展趋势密不可分，板块整体收益导致行业总市值水平提升。从市值水平上来看，医药生物行业（申万一级行业）的总市值水平波动与行业发展趋势高度相关。2007 年医药生物行业总市值合计排名在 A 股所有行业十名开外，远低于石油石化、银行、基础化工、交通运输等传统行业；而到了 2012 年，医药生物行业总市值排名在 A 股迅速提升，进入第五名；到 2017 年末则上升到第三位，仅次于银行、非银金融等传统大市值行业；到 2020 年末，医药生物行业总市值达到巅峰，虽然仍位于第三位，但是距离食品饮料、银行两大行业的差距已非常小；到 2023 年末，医药生物行业市值规模虽有所萎缩，但仍然保持在第三位，行业总体向上的发展态势没有改变。

表 34　不同年份 A 股市值前十行业（申万一级行业）及市值规模（亿元）

行业	2007 年末	行业	2012 年末	行业	2017 年末	行业	2020 年末	行业	2023 年末
石油石化	70376	银行	40686	银行	68607	食品饮料	74654	银行	67757
银行	55385	石油石化	22487	非银金融	40331	银行	73221	电子	67137
基础化工	26294	基础化工	14325	医药生物	37579	医药生物	71069	医药生物	65634
交通运输	22135	房地产	11705	基础化工	32679	非银金融	66294	电力设备	53076
煤炭	16259	医药生物	10499	电子	31378	电子	57759	食品饮料	52385
钢铁	14286	煤炭	9715	食品饮料	25479	基础化工	41874	非银金融	46016
有色金属	12665	有色金属	9504	机械设备	25188	电力设备	38604	计算机	37623
公用事业	12279	食品饮料	9205	石油石化	24871	机械设备	29064	机械设备	36614
房地产	11336	交通运输	8168	房地产	24704	汽车	27265	基础化工	31861
食品饮料	7809	公用事业	8094	公用事业	23241	计算机	26910	汽车	31181

资料来源：万得，申万宏源研究。

（二）药审提速助力创新药企业迅速脱颖而出

药审评审提速，为创新药打开空间，助力恒瑞医药在行业内脱颖而出。自 2015 年起，中国的药品审评审批体系经历了深刻的变革，为创新药的发展开辟了新空间，其中恒瑞医药尤为受益。在此之前，由于审批流程缓慢和批件积压，新药上市周期过长，导致恒瑞医药等企业的研发优势难以充分发挥。然而，2015 年 7 月 22 日，原国家食品药品监督管理总局（CFDA）实施了一系列药政监管的彻底改革措施，包括审评审批制度的全方位强制性改革、提高药品注册费、增加审评人员数量等。这些改革促进了审评审批流程的加快，尤其是建立了基于临床价值的药品优先审评制度，有效缓解了注册申报积压，为创新药的供给加速创造了条件。恒瑞医药等创新药头部企业从中受益，其研发优势开始得到发挥。例如，恒瑞医药的创新药吡咯替尼，作为国内首个基于 II 期临床研究成果获得国家药监局有条件批准上市的治疗实体瘤的创新药，通过优先审评制度，从上市申报到获批仅用时 10 个月，成为药政改革受益的经典案例。

创新药领域的改革政策也带来了恒瑞医药在同行业中的市值变化。2016 年之前恒瑞医药市值的成长幅度情况与行业指数波动趋势和幅度相似度较高，而 2016

图 132　恒瑞医药市值与医药生物行业（申万一级行业）指数对照

资料来源：万得，申万宏源研究。

年之后的恒瑞医药市值则大幅跑赢指数，这反映了 2016 年后恒瑞医药由医药行业整体价值成长逻辑进一步向创新药细分行业价值成长逻辑转变，使其在医药行业中的估值迅速脱颖而出。

（三）区域性产业集群的形成激发企业快速成长

恒瑞医药的快速崛起，除了受益于国家政策和整个行业发展的红利外，也与地域性的医药产业集聚密切相关。恒瑞医药坐落在连云港这个拥有 20 多家大小药企的城市，其中包括豪森药业、康缘药业和正大天晴药业等行业知名企业。如今的连云港已形成了一个庞大的生物医药产业集群，在江苏自贸区连云港片区内的“中华药港”更是展现出其作为国家新医药产业基地和对美制剂出口主要基地的重要地位。根据“2022 年中国医药研发产品线最佳工业企业”榜单，连云港医药企业恒瑞医药、豪森药业、正大天晴药业、康缘药业四家药企均榜上有名，分别位列第一、第三、第六、第八位。

市场化改革和产业扶持政策为连云港的医药产业发展注入了新的活力。回顾 20 世纪八九十年代，连云港的三家国营药厂——连云港制药厂、东风制药厂和连云港中药厂，当时的主要业务是罐装加工和基础医药产品生产，但由于技术含量低和利润收益差，在激烈的市场竞争中逐渐失去优势。然而，随着改革开放的推进，一批有远见卓识的年轻管理人才，如孙飘扬、萧伟、陶惠启等，开始掌管这些企业，带来了专业和大胆的经营理念，为公司寻找到了更适合自身发展的路径，极大地提升了企业的经营活力。进入 21 世纪，这些药企开始实施股份制改革、上市和管理层收购等资本运作，实现了为连云港药企在新世纪的进一步改革转型与腾飞。

连云港地方政府也出台了一系列强有力的医药产业发展扶持政策，推动了“中华药港”项目的顺利进展。最终，过去的连云港制药厂、东风制药厂和连云港中药厂转型升级为如今的恒瑞医药、正大天晴药业和康缘药业，这些企业在行业内占据了显著的地位。

三、投关管理：价值营销，良好投资者关系提振股价

投资者关系管理对于上市公司而言，是实施公司价值营销关键环节。根据上海证券交易所的相关指引，投资者关系管理包括便利股东权利行使、信息披露、互动交流以及诉求处理等多个方面，旨在加强上市公司与投资者及潜在投资者间的沟通。通过这一过程，投资者对上市公司的理解和认同得以增强，从而提升公司治理水平和整体价值，实现尊重、回报、保护投资者的目标。

在我国资本市场逐步成熟的背景下，上市公司通过精细化的信息披露、日常沟通的增加、及时处理舆情、积极展示公司亮点等方式来管理投资者关系，这对于投资者和潜在投资者更准确地评估公司价值极为重要。这种做法最终能够通过合理市盈率反映在公司股价和市值上。

恒瑞医药较早主动开展投资者关系管理，助力公司价值实现。在中国证监会2005 年发布《上市公司与投资者关系管理工作指引》之前，恒瑞医药就已在2003 年制定了《江苏恒瑞医药股份有限公司投资者关系管理制度》，旨在加强与投资者的信息沟通，促进公司与投资者之间的良性互动，提倡理性投资，并明确了投资者关系管理的具体方式及部门职责分工。

2023-12-30	关于获得药物临床试验批准通知书的公告
2023-12-30	关于会计政策变更的公告
2023-12-28	2023年员工持股计划第一次持有人会议决议公告
2023-12-28	关于2023年员工持股计划非交易过户完成的公告
2023-12-21	关于获得药物临床试验批准通知书的公告
2023-12-21	关于获得药物临床试验批准通知书的公告
2023-12-20	关于子公司获得药品注册证书的公告
2023-12-15	关于获得药物临床试验批准通知书的公告
2023-12-15	关于子公司药物上市许可申请获受理的提示性公告
2023-12-14	关于公司药品纳入国家医保目录的公告
2023-12-07	关于药品上市许可申请获受理的提示性公告
2023-12-04	关于药物上市许可申请获受理的提示性公告
2023-12-02	关于回购公司股份的进展公告

图 133　恒瑞医药及时、准确向投资者通报新药研发情况（2023 年 12 月部分公告节选）
资料来源：万得，恒瑞医药。

此外，公司积极拥抱资本市场，高度重视投资者关系管理。考虑到医药行业的高专业性、高投资、高风险、长周期和高回报的特点，恒瑞医药注重及时、准确地向投资者通报药物研发管线的最新进展，确保投资者能够第一时间掌握公司的发展动态。

杰出的价值营销是恒瑞医药价值能够为广大投资者了解并认可的关键。在奉行口口相传、规模较小的传统市场中，“酒香不怕巷子深”是人们普遍认可的价值理念，“埋头酿酒而不抬头吆喝”被视为一种稳健、踏实的经营风格，但如今我国资本市场规模已逐渐壮大，上市公司数量也已超5000家，只有通过积极的价值营销，主动对接资本市场，充分衔接价值链条，才可以打破信息不对称，实现价值创造到价值实现的联通。

四、波动展望：以价换量，集采降价是公司业绩承压主因

（一）仿制药集采为公司业绩短期承压的主因

仿制药的集中采购是造成医药行业板块性市值下跌的主要原因。集采政策通过集中大量采购，强化政府的谈判力量，药品市场竞争加剧，促使药品价格下降。这种价格压力直接影响了医药公司的利润空间，导致市场对公司未来收益的不确定性认知增加，公司股价随之下跌。

恒瑞医药仿制药业务受到较大冲击，盈利下滑严重。自2021年初以来，恒瑞医药的市值经历了显著的缩水，从超6100亿元的高位下跌至2022年4月的1770亿元，随后在2500亿元至3000亿元之间波动。根据公司2022年年报的数据，自2018年起，恒瑞医药参与国家集中带量采购的仿制药品种共有35个，其中22个品种中选。这些中选品种的平均降价幅度达到了74.5%。显然，仿制药的集中采购对恒瑞医药的短期业绩构成了显著压力，成为公司业绩短期下滑的主要因素。

表 35　恒瑞医药集采产品中标情况

批次	全面执行时间	药品名称	治疗领域	是否中选	中选价格（元）	中标价变动幅度
第一批	2019 年 3 月	厄贝沙坦片	心血管	是	0.354	—
		右美托咪定	麻醉	否	—	—
第二批	2020 年 4 月	醋酸阿比特龙片	肿瘤	是	31.9	−68.60%
		盐酸曲美他嗪缓释片	心血管	是	0.497	−65.00%
		替吉奥胶囊	肿瘤	是	5.663	−64.20%
		注射用紫杉醇（白蛋白结合型）	肿瘤	是	780	−67.50%
第三批	2020 年 11 月	非布司他片	代谢	是	1.56	−77.20%
		卡培他滨片	肿瘤	是	3.379	−55.90%
		来曲唑片	肿瘤	是	4.321	−54.60%
		盐酸坦索罗辛缓释胶囊	泌尿	是	0.7	−66.30%
		氨溴索口服常释剂型	呼吸	否	—	—
		塞来昔布口服常释剂型	抗炎	否	—	—
第四批	2021 年 5 月	加巴喷丁胶囊	神经	是	0.12	−74.40%
		盐酸普拉克索缓释片	神经	是	2.953	−77.00%
		缬沙坦氨氯地平片（I）	心血管	是	1.389	−79.50%
		注射用帕瑞昔布钠	麻醉	否	—	—
第五批	2021 年 10 月	奥沙利铂注射液	肿瘤	是	91.8	−94.80%
		度他雄胺软胶囊	泌尿	是	3.31	−55.80%
		苯磺顺阿曲库铵注射液	麻醉	是	15.8	−85.50%
		多西他赛注射液	肿瘤	是	22.6	−97.40%
		盐酸罗哌卡因注射液	麻醉	是	8.3	−54.20%
		盐酸帕洛诺司琼注射液	肿瘤	是	5.5	−93.90%
		碘克沙醇注射液	造影	否	—	—
		格隆溴铵注射液	麻醉	否	—	—
第七批	2022 年 11 月	盐酸伊立替康注射液	肿瘤	是	46.2	−84.30%
		磺达肝癸钠注射液	心血管	是	22.97	−52.30%
		帕立骨化醇注射液	代谢	是	18.18	−85.60%
		注射用盐酸头孢吡肟	感染	是	7.97	−56.60%
		注射用替莫唑胺	肿瘤	否	—	—
第八批	2023 年 7 月	左布比卡因	麻醉	是	9	−72.10%
		达托霉素	感染	否	—	—

资料来源：上海阳光医药采购网，申万宏源研究。

（二）业绩有望修复，恒瑞医药重回成长逻辑

集采高峰逐渐度过，仿制药集群出清后轻装上阵。在过去的几轮带量采购中，多数大品种药物已被纳入采购范围，尚未纳入的核心品种数量有限，且仅有少数几款产品通过了一致性评价达到集采门槛。因此，预计未来新一轮的仿制药带量采购对公司存量产品业绩的冲击将有限，整体仿制药集采压力达到顶点，将逐步降级。

政策推动创新药加快准入，有望提升创新药放量速度。2022 年以来，医保谈判对创新药相对温和，降价幅度有所减缓，多种创新药物如卡瑞利珠单抗、瑞马唑仑、吡咯替尼等已被纳入医保目录。此外，从 2022 年开始，各地政府陆续出台“绿色通道”政策，加快医保目录内创新药在医院终端的使用。例如，上海市政府发布的相关政策文件强调“加快创新产品入院使用”，旨在加快医保目录内创新药品种顺利进入上海医院，满足患者临床需求的同时，促进创新药企业的可持续发展。

积极开展系列措施，运用价值曲线于行业估值下行阶段主动作为。在行业处于估值低位区间，恒瑞医药并未放任股价波动，而是有所作为积极采取系列行动进行价值管理。公司推出股票回购计划，回购的用途为员工持股计划或实施股权激励，此举在很大程度上有坚定投资者信心、提振股价的作用；2021 年 7 月，已“退休”一年半的“老帅”重新掌舵，孙飘扬宣布代为履行董事长职责，灵魂人物的回归使投资者坚定信心，重拾公司信仰；继续加码创新，恒瑞医药在营收和利润纷纷下滑的 2022 年，继续坚持“创新是公司的灵魂”理念，仍然保持高达 63.46 亿元研发投入，初心不改，赢得了投资者的信任。

价值曲线运用助力恒瑞医药于行业低谷期厚积薄发，静待云开见日。在不同阶段合理运用价值工具，恒瑞医药于行业下行周期积极采取措施，有效应对行业的周期性下行趋势，通过股票回购、灵魂人物回归、深化战略的方式使投资者坚定信心，与公司一道面对挑战，共同成长、共同收获。保持对市场动态敏锐的洞察，优秀的价值运营手段可以促进上市公司在行业处于低谷或波峰时采取合适的策略，以确保公司价值最大化。

公司未来业绩有望修复，盈利预期支撑恒瑞医药价值回升。随着带量采购政策对公司业绩预期的影响趋于稳定，以及创新药市场准入的加速，这两方面将共同为恒瑞医药提供业绩的向下支撑和向上想象空间，预计公司的市场地位和对投资者的吸引力将得到显著增强。随着投资者“公司信仰”的逐步恢复，恒瑞医药有望重新确立其作为成长股的价值。

五、结语：璞石初裂见琼芯，药苑春深锦绣新

恒瑞医药的跨越式成长，核心在于其对创新的不懈追求和前瞻性的战略布局。公司成功转型，从初期的基础药品制造到领先的创新药研发，标志着其从传统制药企业到科技创新驱动型企业的根本转变。恒瑞医药深谙在科技创新与国际化双轮驱动下，不断加大研发投入和国际市场拓展的重要性，确保了其在激烈的全球医药市场中持续领先。

恒瑞医药用自身的成长历程深刻诠释了价值管理的意义和方法论。价值创造、价值营销、价值曲线和价值优化，这四者在恒瑞医药的发展历程中相互交织，共同推动了公司的持续成长和行业领先。

在价值创造方面，恒瑞医药通过不断地战略转型和创新举措，在“科技创新 + 国际化”的发展战略指导下，不懈地在研发领域投入，积极开展临床试验和新药申报，实现了价值的持续创造。

在价值营销方面，面对日益扩大的资本市场和激烈的竞争，恒瑞医药采取了杰出的价值营销策略，主动对接资本市场，通过有效的信息传递和市场策略，确保其价值得到广泛认可和理解。

在价值曲线方面，公司针对行业低谷期的特殊环境，通过股票回购、关键人物回归和战略深化等手段，巧妙地运用价值工具，有效应对市场波动，加强投资者

信心。

在价值优化方面，通过中长期激励计划，如股权激励，恒瑞医药实现了价值优化，不仅激发了员工的积极性和忠诚度，而且促进了公司治理、人才队伍和投资决策的优化。

这四大方法论的协同作用，使恒瑞医药成为行业中的佼佼者，展示了其在高质量价值管理方面的卓越能力。通过不断推陈出新，恒瑞医药如同春日里生机勃勃的药苑，不仅在国内市场树立了标杆，也在国际舞台上展示了中国医药企业的实力和潜力。恒瑞医药的故事，是科技创新、战略决策与市场洞察力共同作用的结果，为整个行业树立了成功的范例。

爱尔眼科①：

规模领跑，修身以“平天下”

爱尔眼科在公立医疗占绝对主导地位的环境下独立门户，创业者以非医疗专业背景的身份在业内扎根，是为数不多能突破医疗服务地域边界的，以及最擅长借助资本市场力量的民营连锁医院。

20 世纪末，一位近视患者希望摆脱近视眼镜，可以去做彼时正兴起的准分子激光原地角膜消除术（Laser-assisted In Situ Keratomileusis，LASIK），在全国能选择的医院约 50 家，② 这种手术需要医生使用机械板层刀制角膜瓣，对医生的操作

图 134 爱尔眼科的市场价值成长之路

资料来源：万得，申万宏源研究。

① 爱尔眼科：全称爱尔眼科医院集团股份有限公司，股票代码 300015。

② 王雁、史伟云、李莹：《我国角膜屈光手术的快速发展和变迁》，载《中华眼科杂志》2020 年第 2 期。

技术要求高，若操作不当易出现角膜瓣厚度不均和光滑度不佳等问题。20 年后，近视患者在国内一家普通的民营医院就能享受屈光手术服务，主流的半飞秒手术不断进化，演变为可个性化定制的半飞秒（精雕手术），板层刀制瓣完全由飞秒激光制瓣替代，术前医生还可通过数据系统设计角膜形态切削模型，精确度、舒适度和安全性都有了质的飞跃。此外，过往单一的手术方案也进化至包含半飞秒、全飞秒 SMILE、Smart 全激光、ICL 晶体植入手术的全序列，为不同需求的患者提供了多元化选择。在推进国内眼科医疗迅速发展的诸多力量中，其中一股是来自 20 年前开始生根发芽的民营眼科医疗机构——爱尔眼科。

一、因势利导，顺势而为

时势造英雄，爱尔眼科诞生于国家非公医疗体制改革的开端。

（一）无风难驶船，时代洪流是无形推手

20 世纪末，时值“院中院”风潮掀起，游医起家的旧“莆田系”借此模式为自己镀上一层“正规军”的外衣，承包了公立医院中整形美容、皮肤科、男科和妇科等较边缘化、信息差大而利润可观的科室。“院中院”即民营资本承包公立医院科室，意味着社会办医的资金和技术进入公立医院，公立医院则以品牌为其背书，这是医疗领域公私合作模式的一次创新型的探索。表面上，民营医疗资源能在公立医院的管理监督体系下运营，但实际推行效果却远不及预期，社会办医准入门槛降低使得管理难度显著增加。由于旧“莆田系”引发出诸多乱象，最终导致“院中院”模式在 2000 年前后被国家明令禁止，而旧“莆田系”也在频发的医疗事故中逐渐没落。

“院中院”模式作为进入医疗市场的一种手段本身并无好坏之分，而不同创业者在面临政策突变时的应变却大相径庭，真正有志于长期从事医疗事业的民营资本在熬过险境后绝地重生。相同的时间点，经历了几次创业失败的陈邦在机缘巧合

中接触到眼科科室承包。在进入眼科医疗行业前，陈邦的阅历已远超同龄人，退伍后进入国企又离职转而从商，涉足的领域包括装修、食品贸易、房地产、文化传播，培养出一名创业者的商业嗅觉和心理韧性。在敏锐的市场洞察下，陈邦认可民营眼科医疗的价值，因为虽然眼科也是公立医院中创收贡献较低的科室，但不同的是它还具备着对设备投入要求高、对医生资历要求相对低的特点。民营资本进入眼科医疗，具备公立医院难以比拟的高资金自由度优势，可以将所有资源倾注到单一科室的培育和发展上。

承包公立医院科室这条捷径被封，等于逼迫民营医疗机构独立生长。建立民营医院又是一条“不归路”，初始投入高昂，现金流随时可能在艰难的培育期中走向枯竭。没有了公立医院的信誉背书，民营医疗机构必须开辟属于自己的赛道。但在存在巨大供需缺口的市场中，前瞻者总能找到一个锚点，并顺势而上占据自己的一席之地。陈邦创立的爱尔就是抓住了国内医疗资源分布不均衡的结构特点，在中国二三线的中小城市，收获了第一桶金。

爱尔眼科和旧“莆田系”，虽都曾涉足“院中院”业务，但两者结局完全不同，根本原因是初心和定位不同。后者始终着眼于短期利益对医疗业无敬畏之心，以至于一旦暴露在独立竞争环境中就难以持续生存，而前者目标在于打造长期品牌，对医疗质量有着高追求。几年后爱尔眼科在民营眼科道路上越走越顺，充分证明了选择的正确性。

一个有长期增长潜力的朝阳行业必然是符合国家战略发展方向的。爱尔上市前的近十年时间，国内对社会办医的支持态度日益明确，鼓励社会办医的政策也逐渐浮出水面。国家鼓励社会办医的根本目的是丰富医疗层次，同时解决医疗资源严重不足情况下的“看病难”问题。21 世纪初，大医院人满为患而小医院门可罗雀的现象尤其突出，但在三甲医院的门诊患者中有至少 35% 可以在三甲医院以外的医院得到良好的诊治，[①] 而在低线城市或农村，医疗设施并不完善。同时，三

① 北京协和医学院公共卫生学院院长刘远立于 2018 年 5 月 12 日欧美同学会首届数字经济与人工智能大会的智慧医疗产业论坛上发表该观点。

甲医院肩负急危重症和疑难杂症治疗的沉甸甸责任，一些刚需属性偏弱的消费医疗服务领域（如儿科、妇产科、眼科、医疗美容等专业领域）存在覆盖不全或深度不够的问题，这些领域的空白也是亟待填充的。

2009 年《关于深化医药卫生体制改革的意见》(即“新医改”方案）及《关于医师多点执业有关问题的通知》出台后，被公立医院几乎垄断的医生资源开始流通，民营医院在医保定点、科研立项、职称评定和继续教育方面的待遇被要求提高至公立医院同等水平，公立医院独大的局面开始发生转机。在国家明确对社会办医政策的大力支持态度后，民营医疗机构注册成立数量突飞猛进，爱尔的价值也得到资本市场的充分认可，成为中国第一家发行上市的医疗机构。

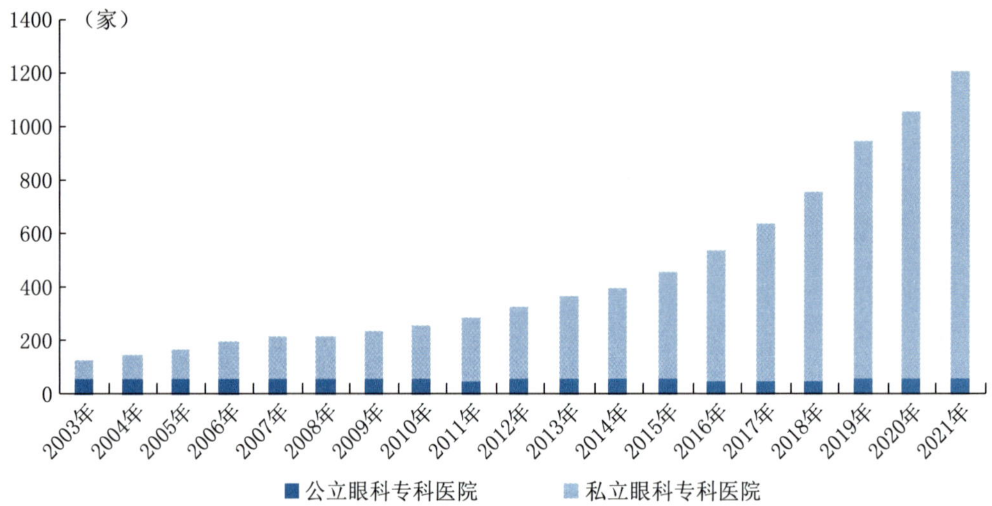

图 135　我国历年公立 / 私立眼科专科医院数量

资料来源:《中国卫生健康统计年鉴》，申万宏源研究。

（二）宽广的赛道，容纳不寻常的梦想家

政策开放赋予爱尔与公立医院同台竞技的机遇，但行业空间的大小很大程度上决定了爱尔的生死。金眼银牙铜骨头，20 年前或当下，眼科医疗都是一条公认的黄金赛道。

20 年前，国内眼科发展刚刚起步，先进仪器设备和耗材主要依赖进口，具备眼科手术能力的医生更是少之又少。20 年后，眼科医疗市场规模还远未触及天花板。我国有着庞大的眼科疾病患者群体。2022 年我国儿童青少年总体近视率为 51.9%①；白内障患者在 2 亿人左右，根据中华医学会眼科学分会统计数据显示，我国 60—89 岁人群白内障发病率达 80%，90 岁以上发病率则能达到 90%，老龄化背景下白内障患者人数的增长趋势确定性很高。但从治疗率来看，无论是屈光手术还是白内障手术渗透率都比较低，2021 年我国每千人近视手术量仅为 0.7（人），而美国、欧洲和韩国该指标数值分别为 2.6、1.3 和 3.8；② 国内白内障手术率（每年每百万人口的白内障手术数量，简称 CSR）仅 3000 例左右，而发达国家已达到 10000 例以上，③ 且根据爱尔体系内统计数据，45—64 岁的白内障欧洲患者手术率约为相同年龄段中国患者的两倍，作为全球首位致盲性眼病，目前白内障唯一有效的治疗方法即手术植入人工晶状体。行业有扩容潜力，爱尔也仍旧处于成长期。

大鹏一日同风起，扶摇直上九万里。爱尔从零开始，其起家史既是创始人胆识的印证，也是医改大背景下民营特色专科医院运势的缩影。但时代风口下，一个新模式的成功势必会吸引更多入场者，爱尔在发展途中也并非没有遇到竞争者，它赢在每一步战略都走在了行业前列。

爱尔眼科在初始阶段如何确定赛道和商业模式等战略，对应价值管理钻石模型中的“价值创造”。在朝阳行业中确立恰当的定位，并制定可行的竞争战略是企业发展壮大的第一步。

---

① 数据来源于国家疾控局。

② 数据来源于 Market Scope：2021 Refractive Surgery Market Report。

③ 数据来源于爱尔眼科 2023 年中报业绩交流会。

二、以梦为马，擅资为矛

成立之初爱尔就拥有全国视野。

（一）因城施策，巧用分级连锁抢占先机

医院服务的辐射范围受地理距离的限制，容易形成以省为单位的阵地割裂，这使得市场争夺成为一场“先来居上”的速度战。华厦眼科始于厦门，攻坚福建等东南沿海一带，何氏眼科起于辽宁，并不断完善当地的地级市覆盖，朝聚眼科创于内蒙古，扎根于华北区域，而普瑞眼科在全国范围内拓展业务但布点较为分散。在其他民营眼科医疗机构以自建作为主要策略深耕一方土地的时候，爱尔已着眼于在全国范围内推广业务。

连锁模式的核心在于建立可复制推广的标准化体系，并从中获得规模效应，基础眼科医疗服务相对于眼底病等疑难杂症治疗而言更易实现快速铺开，是眼科诊疗服务合适的切入点。屈光手术、白内障和视光三大主业，均相对于眼底病技术难度低、更依赖高价值医疗器械，这也意味着一旦建立起一套可运转的收益模式，向全国推广的可行性很高。伴随着技术发展推动手术设备先进性提升，各个环节所需的人为操作进一步简化，基础眼科医疗的标准化特征愈发明显。

连锁化特征具备，进行标准化复制的前提是建立几家样板医院并跑通经营模型。

爱尔将华中地区市场作为切入眼科医疗的突破口。在 2009 年上市以前，爱尔主要围绕湖南和湖北区域布局，打磨医院管理、运营、技术，营造良好的品牌。初创时期，避开高线城市公立三甲医院的竞争毫无异议，但何时适宜进入高端市场却较难判断。2005 年，作为技术中心和疑难病会诊中心的上海爱尔成立，但在医疗资源本身相对丰富的上海遭遇了本地人信任度低、接入医保困难、院前地铁修建影响客流等问题，导致单院年亏损约 1000 万元以上。直至 2009 年上市时，上海爱尔仍未扭亏，成为 2006 年及以前成立的 9 家医院中唯一一家在上市时没

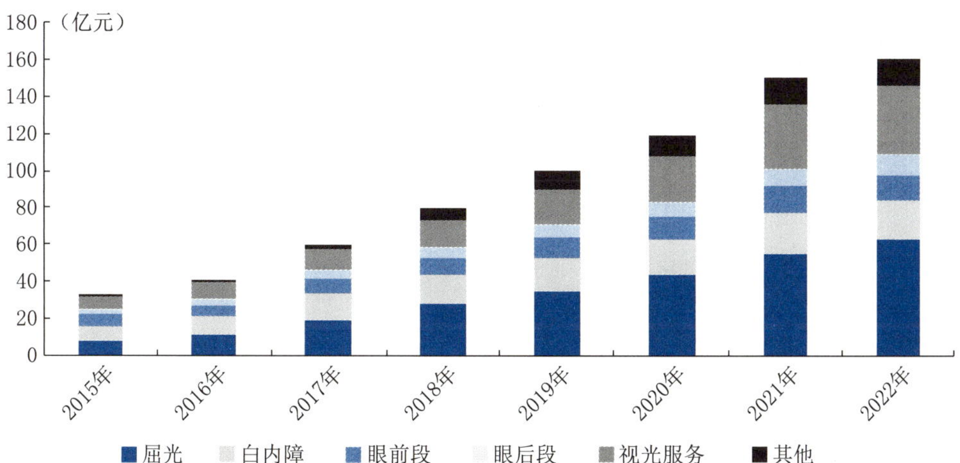

图 136　屈光、白内障和视光贡献爱尔 70% 以上收入

资料来源：爱尔眼科年报，申万宏源研究。

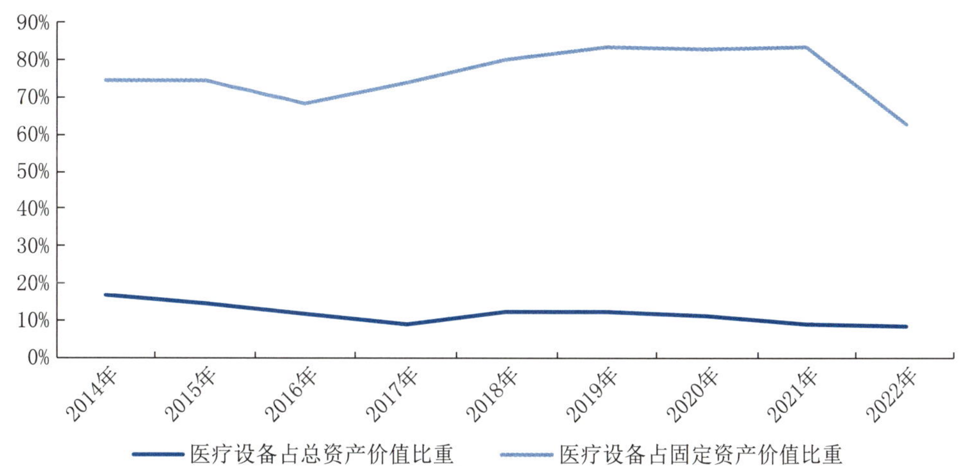

图 137　爱尔眼科医疗设备价值占资产价值比例

资料来源：爱尔眼科年报，申万宏源研究。

有实现盈利的医院。爱尔乐观地估计了初创后头几年的实力及业务高端化的难度，而在长沙、武汉、成都等地的成功运营成果并不能轻而易举地在其他城市实现复制，这也反映出医疗是一个区域差异明显的行业。但是，创始之初成立的稳扎稳打的前 8 家医院（成都爱尔、武汉爱尔、衡阳爱尔、株洲爱尔、长沙爱尔、沈阳爱尔、重庆爱尔和广州爱尔）业绩稳定良好，为爱尔提供了试错的机会和底气，也自始至终都是爱尔精心维护的旗舰医院。

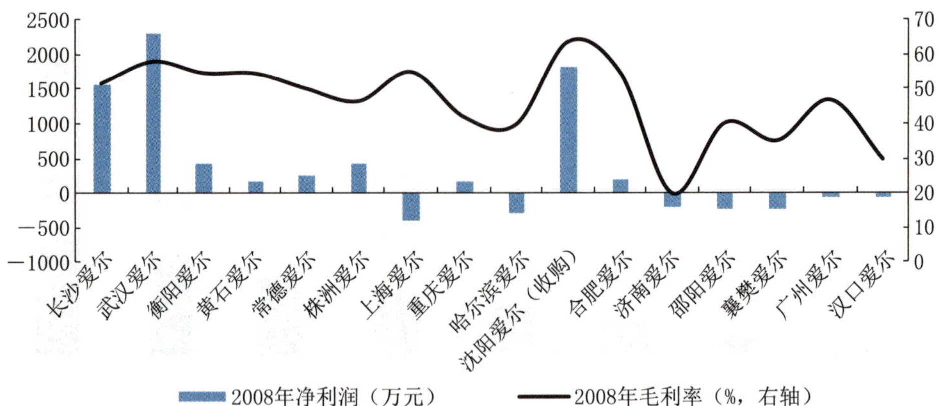

图 138　爱尔眼科上市前旗下医院盈利状况

资料来源：爱尔眼科招股说明书，申万宏源研究。

注：其中广州爱尔对应数值为 2008 年 8—12 月实现的净利润额。

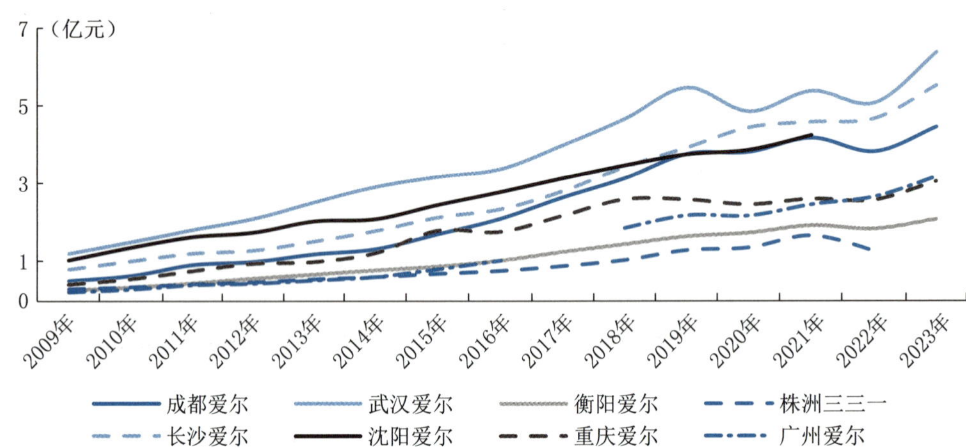

图 139　爱尔眼科前 8 家医院收入体量变化

资料来源：爱尔眼科年报，申万宏源研究。

注：2017 年、2022 年部分医院数据未披露。

在稳固核心区域市场地位的基础上，为快速实现版图覆盖，爱尔采取“抢点策略”，即首先占据省会城市，再审时度势地对运营良好且市场空间大的特定地区加密布局。纵观爱尔在全国的布点历程，主要呈现以核心优势区域（湖南、湖北、辽宁、四川）为中心向外发散的规律。先抢占省会城市，既为进入当地下沉市场扫清了障碍，又可以彰显爱尔眼科的战略定位。不过，进入省会城市仅仅是第一步。

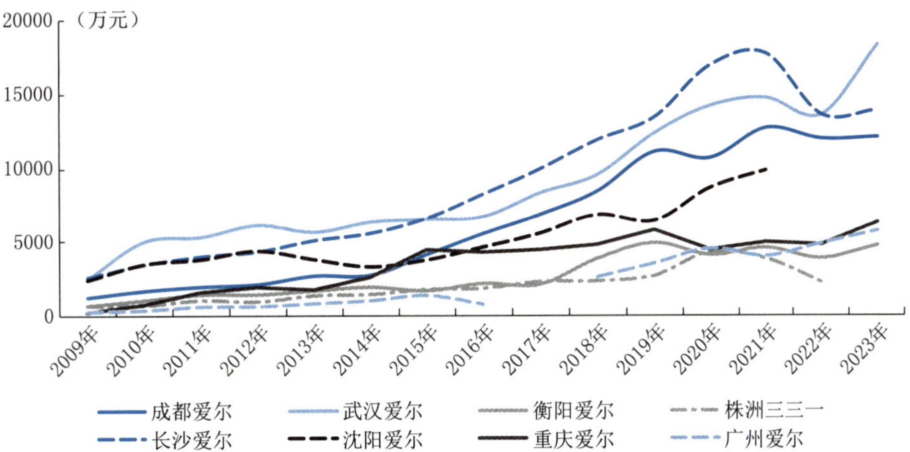

图 140　爱尔眼科前 8 家医院利润体量变化

资料来源：爱尔眼科年报，申万宏源研究。

注：2017 年、2022 年部分医院数据未披露。

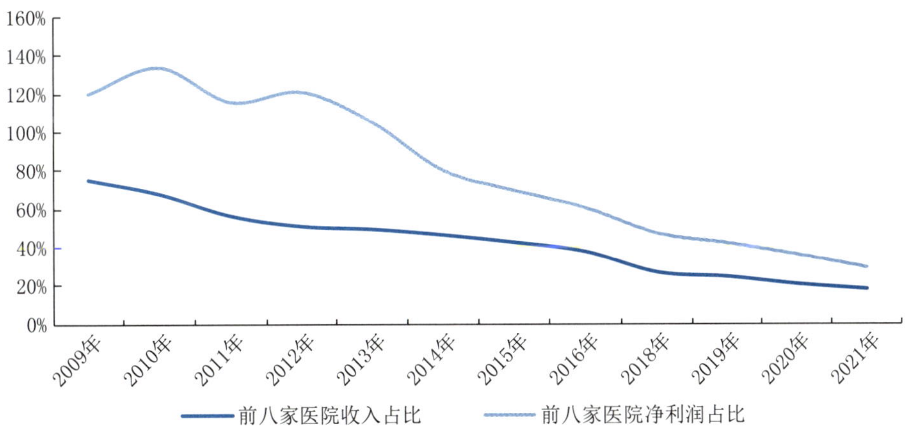

图 141　爱尔眼科前 8 家医院收入及净利润占比变化

资料来源：爱尔眼科年报，申万宏源研究。

注：2017 年、2022 年因 8 家医院中部分医院财务数据未披露，因此在图中略去。

我国存在着人口集中在地级市及以下区域，但医疗资源集中在一线城市和省会城市的特点。20 世纪初，我国农村人口稳压城市人口，即使在 2022 年仍有一半人口居住在县域。① 不向低线城市输出品牌，意味着患者资源始终有限，而直接在

① 数据来源于国家发改委。

低线城市建立医院，又加重了资金负担。为此，爱尔摸索出“分级连锁”模式，完美地解决了以上问题。分级连锁模式为中心城市、省会城市、地级市及以下基层的医院设置差异化的业务定位，中心城市的旗舰医院注重学术科研和疑难杂症诊疗，省会城市医院统领全省业务、具备绝大部分眼疾治疗能力，而基层医院除提供基本的眼病检查和治疗服务外，还需将疑难杂症患者输送至体系内的上级医院，实质上承担着基本的眼科疾病诊治和品牌宣传的功能。此外患者在上级医院完成手术后，同样可以到距离较近的基层医院进行复诊，上下级别医院之间形成“双向转诊”的关系。在“分级连锁”模式下，爱尔能够实现以最快的速度、最小的成本纵向推进省域内地级和县级的医疗机构建设，达到“以点带面”的效果。遵循着率先在运营良好的优势地区进入下沉市场的原则，爱尔首先在湖南、湖北实现地级市市场的基本覆盖。除了纵向布局，对于地理跨度大、居民分布分散、口碑建设良好的地区，爱尔横向加密同城医院、眼视光中心和社区眼健康服务中心，从而达到提高市占率、稳固市场地位的目的。纵横策略下，立体化的连锁网络快速建立起来。

（二）草船借箭，撬动资金杠杆突破边界

实现“使所有人，无论贫穷富裕，都享有眼健康的权利”的愿景，还需要雄厚的资金支持。医院本是资金密集型行业，单院初始投入基本超 1000 万元，如在爱尔上市之前，投资设立的上海爱尔注册资本就已达到 6400 万元，① 而即使是建设视光门诊部，也需要 300 万元左右的初始投入。创业板上市让爱尔的资金渠道打开、知名度上升，也使得爱尔能去更多地方开更多的医院，充分利用资本市场积极回报投资者，吸引更多社会资本投入眼健康事业。

从自建到并购，从完全体内培育到使用并购基金降低失败风险，爱尔经历了扩张策略的转变。医院前期投入高，面对巨大的资金需求，登陆资本市场获取股权融资，可以有力地支撑爱尔眼科全国连锁布局和全球化战略。2009 年爱尔搭上了创业板上市的头班车后，通过上市募集的约 9 亿元资金主要用于新建、扩建医院；从

① 数据来源于爱尔眼科年报。

2010 年到 2013 年，通过新建或收购方式成立新医院，每年新增约 5—10 家医院并表，完成对北京、南京、成都、长春、天津、石家庄、贵阳、西安、昆明、兰州等直辖市或省会城市的覆盖。2014 年是一个重要的分水岭，爱尔转向运用并购基金模式体外孵化医院，即借助并购基金实现医院项目筛选和储备。

在并购基金模式下，爱尔眼科上市公司主体作为次级 LP 方（出资额占比为 10%—20%）出资并输出爱尔的品牌和技术，吸引第三方投资机构投资合作，共同成立并购基金投资并培育拟并购标的，若标的医院运营良好且盈利稳定，则上市公司可将其股权全部收购，相应的其他投资方可退出实现收益。这无疑是一条适合爱尔初期品牌扩张阶段的路径，既能避免在初期产生大量资金占压，又能尽量保证纳入上市公司体系内的都是运营良好的医院，同时解决了资金和选标的难题。

使用并购基金的另一大优势是，避免上市公司业绩剧烈波动。眼科医院最初必定是亏损的，主要在于装修及医疗设备的折旧摊销规模大，聘请或培养医生、护士的成本高，且以上这些都是刚性支出。新标的需经历的培育期通常长达三至五年，会给公司带来较大的运营压力。通过使用并购基金体内孵育的方式，既可以避免新医院账面巨额亏损对上市公司报表产生不利影响，又给予新医院耐受考验的时间。上市公司业绩波动降低，也有助于后续在资本市场上顺利募资。2014 年以来，爱尔成立的并购基金数量近二十只，承担了为爱尔上市主体孵化和输送优质医院的主要职能。运用体外孵化的方式，爱尔的分级诊疗模式布局得以加速推进。截至 2023 年末，爱尔并购基金旗下仍有 311 家医院，数目比上市公司旗下医疗机构数少 100 家左右。

尽管并购基金体外孵化医院对爱尔规模的快速扩张作出了重要贡献，但也绝不是可以无限循环、随意套用的模式。一切工具都有利有弊。爱尔可以使用杠杆撬动资金，但没有资金是完全不厌恶风险的，对于孵化进度不达预期的医院，爱尔眼科集团会延期收购计划并进行针对性的帮扶，这种情况下时间成本和不确定性增加。对于孵化成功即业绩良好的医院，爱尔同样需要溢价购买，这将形成商誉风险。并购基金是上市公司在规模尚小、风险承担不足、市场上潜力标的较多时的优质选择，爱尔在恰当的阶段运用了合适的方法。

表 36　2014 年至 2023 年爱尔眼科已设立并购基金汇总

并购基金名称	设立时间	存续时间（年）	募资金额（亿元）	上市公司持股比例	基金状态
深圳前海东方爱尔医疗产业并购合伙（有限合伙）	2014 年 3 月 17 日	3+1	2	10.0%	已清算
北京华泰瑞联并购基金中心（有限合伙）	2014 年 3 月 27 日	—	10	10.0%	已清算
湖南爱尔中钰眼科医疗产业投资合伙企业（有限合伙）	2014 年 12 月 11 日	5+2	10	9.8%	已清算
江苏华泰瑞联并购基金（有限合伙）	2015 年 7 月 31 日	5+2	100	2.0%	运作中
宁波弘晖股权投资合伙企业（有限合伙）	2016 年 2 月 5 日	8+1	13	3.8%	运作中
深圳市达晨创坤股权投资企业（有限合伙）	2016 年 3 月 10 日	6+2	15.07	19.9%	运作中
南京爱尔安星眼科医疗产业投资中心（有限合伙）	2016 年 5 月 23 日	5	10	19.0%	已清算
湖南亮视交银眼科医疗合伙企业（有限合伙）	2016 年 11 月 30 日	5+2	≤ 20	约为 19.5%	已清算
湖南亮视长银医疗产业投资基金合伙企业（有限合伙）	2017 年 12 月 26 日	5	≤ 10	约为 19%	运作中
湖南亮视长星医疗产业管理合伙企业（有限合伙）	2018 年 10 月 26 日	5	10	19.0%	运作中
芜湖远翔天祐投资管理中心（有限合伙）	2019 年 7 月 11 日	5+1	8	20.0%	运作中
湖南亮视晨星医疗产业管理合伙企业（有限合伙）	2019 年 8 月 22 日	5	10	19.0%	运作中
芜湖远澈旭峰股权投资合伙企业（有限合伙）	2020 年 8 月 28 日	5+1	6.2	19.0%	运作中
湖南亮视中星医疗产业管理合伙企业（有限合伙）	2021 年 1 月 15 日	5	10	19.0%	运作中
苏州亮视远筑股权投资合伙企业（有限公司）	2021 年 11 月 26 日	5+1	5	20.0%	运作中
湖南亮视同星医疗产业管理合伙企业（有限合伙）	2022 年 1 月 5 日	5	10	19.0%	运作中
湖南亮视睿星医疗产业管理合伙企业（有限合伙）	2023 年 2 月 20 日	5	11	19.9%	运作中

资料来源：爱尔眼科公告，基金业协会，企查查，申万宏源研究。

并购基金和分级连锁是术与道的结合。爱尔深谙如何充分发挥资本市场工具的优势，在拓展市场的早期，尚存在不少硬件条件优越但经营欠佳的优质医院资产，并购整合是完善布局和增强规模效应的高效方式。以上前提下，并购基金又可以大大降低决策的失败风险，分级连锁机制则助以最小的成本、最短的时间实现市场渗透。横向看，2014—2022 年，爱尔的辐射区域覆盖面在稳步扩大。这 8 年时间里，爱尔旗下的终端医疗机构数从 50 家增长至 363 家（包括医院 215 家、门诊部 148 家），平均年增长速度提升至原先的十倍，完成了国内超过 90% 的省会城市和 80% 的地级市覆盖。纵向看，核心区域的旗舰医院还在持续升级改造。长沙爱尔和武汉爱尔单体规模目前已完成扩充，最大接诊量从每年 20 多万人次分别扩大至约 71 万和 51 万人次。爱尔已然成长为国内乃至全球规模最大、诊疗量最多的眼科医疗连锁集团，规模是成功商业战略下的产物，也反过来成为其竞争壁垒。

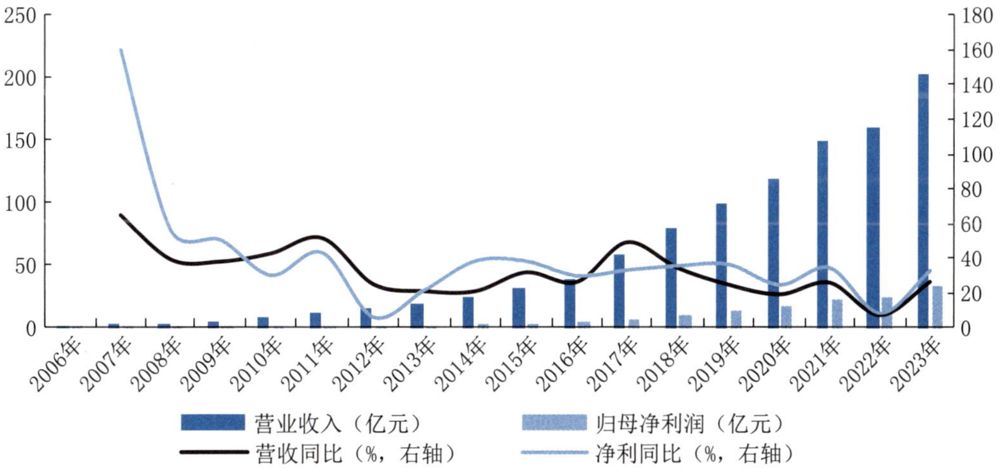

图 142　爱尔眼科业绩成长历程

资料来源：爱尔眼科年报，申万宏源研究。

爱尔眼科在高速成长阶段如何最大程度地借助资本市场力量扩充势力，对应价值管理钻石模型中的“价值曲线”。正确的资本运作可助企业一臂之力，使其拥有充足的“弹药”快速占领市场并整合更多优质资源。

三、终身之计，莫如树人

良禽择木而栖，是人才选择企业而非企业选择人才。

（一）引源头活水，塑造永葆生机的灵魂

民营医疗机构谋求长远发展，从最初的依赖渠道获客逐步走向口碑获客，不可避免进行学科或专科建设，通过科研创新提高学术地位、保持技术先进性，这其中涉及的核心资源是人才。

设想一位医生择业时，无非主要考虑以下因素：待遇及福利、稳定程度、社会地位和晋升路径。除了待遇及福利，另外几个因素通常是民营医院在招募人才时的掣肘。

诚然，提供良好的待遇在吸引人才时是有效的工具之一。爱尔就充分发挥了它机制灵活的优势。其一，在权力设置上，通过设立“双院长”制度，确保专业人士统管医疗事务的最高地位，且排除日常经营类事务对他的干扰；其二，在薪酬待遇上，配合并购基金模式推出“合伙人计划”，给予经营人才、骨干医生甚至是优秀视光师持股的机会，并积极实施股权激励计划，消除医生与医院之间的利益不一致。为了快速弥补人才短板，爱尔吸引了一批业内具有较高学术地位的高端人才加入担任院长、科研工作者和学科带头人，品牌影响力和社会地位得到提升。

但更关键的问题在于，公立医院在初生代人才吸纳、科研建设方面拥有天然优势。民营医院或许可以运用重金聘请德高望重的名医加盟，但多数情况下招募的医生已接近退休年龄。对于技术和经验尚未成熟的青年医生而言，公立医院通常是更优的选择。这种情况下导致的“两头大中间小”人才梯队会造成“青黄不接”的状况。另外，公立医院科研条件完善，科研水平、学术论文成果又是职称评定时考量的重要标准之一，公立医院的医生在申请职称晋升时道路更加顺畅，而民营医院的医生在评选职称时需要通过层层行政审批且名额通常较少。

外部引进能快速解决人才短缺问题，但仅能应对当下，内生人才培养事关未来。从根本上改善人才不足，实际上是需要解决如何进行人才培养的问题。医生作为专业壁垒最强的职业之一，培养周期约 10 年。从供需关系上看，我国眼科医生资源是严重不足的，即使观察 2020 年末数据，国内也仅有 4.48 万名眼科医生，平均下来每 5 万人中仍不足 2 位眼科医生，而在所有眼科医生中具备操作眼科手术能力的不到四分之一。① 医生的培养讲究理论和实操的结合，众多公立医院与大学里的医学院建立附属合作关系，将医学教学和研究工作置于医学院中，以便拥有前沿的技术支持和人才储备，而国内大部分医学院的学生会在公立医院接受规范化培训。相反民营医院正是由于与医学院大多没有建立起合作机制，因而更难获取青年人才。爱尔深刻地意识到校企合作是重要的人才孵化方式。自 2013 年起，爱尔陆续与中南大学、湖北科技学院、武汉大学、暨南大学、安徽医科大学、天津大学、四川大学、河南大学、西北大学、香港理工大学等一系列名校建立合作。爱尔拥有丰富的临床诊疗经验和数据资源，高校可提供教学平台和试验基地，双方能实现资源共享和优势互补。近 10 年期间里，爱尔通过这种校企合作方式培养出大量硕博眼科人才，不仅为自己，也为社会的眼科医疗事业作出重要贡献。

（二）立巨人肩膀，活跃在创新的最前线

医院从业后，科研学习就成为医生的终身培养机制。爱尔建立的分级连锁体制中，“1+8+N”战略被创造性地提出，即打造长沙作为世界级眼科医学中心；北京、上海、广州、深圳、成都、重庆、沈阳、武汉 8 地的爱尔医院被重点打造成为国家级区域眼科医学中心，承担疑难杂症研究和治疗的功能；N 代表集团全部医疗机构。同时，爱尔还集中爱尔体系内的学术科研资源，探索着建立起自有品牌的眼科研究院、院士工作站和博士后科研工作站，并与一批国际顶尖视光研发机构和知名企业建立科技合作关系。截至 2023 年末，爱尔眼科集团下博士人数从 2009 年的 19 人增长至 343 人，硕士人数从 117 人增长至 1989 人，医疗人员数超 2 万人，人才聚集效应显现。伴随着人才层次的不断提高，爱尔的学术科研影响力也不断增强，发表学术论文超千篇，拥有专利 400 余项，成为各类国际

① 数据来源于国家卫生健康委员会和北京同仁医院。

性学术会议的申办人。

在爱尔的发家历史中，率先引进外国先进眼科设备、技术是重要突围手段。2005年爱尔引入国内第一台飞秒激光设备，① 为高度近视及薄角膜患者创造了激光矫正手术的条件；2009年成都爱尔先于当地的公立三甲华西医院开展植入式角膜内环晶体矫正术（简称“ICL晶体植入手术”）；2013年爱尔在全国率先批量引进全飞秒激光手术系统；2014年在国内首批开展中央孔型ICL晶体植入手术，至2023年已连续9年蝉联“全球ICL手术量第一医疗机构”。如今，比肩国际水准依然是爱尔的追求。2015年、2017年和2019年，爱尔分别完成中国香港亚洲医疗集团、美国的MING WANG眼科中心、欧洲的Clínica Baviera集团、东南亚的ISEC Healthcare的收购，除拓展业务外，实现全球化的初衷同样也是为了深度嫁接国际前沿技术。

科研探索的意义是不断解决更多疑难杂症、拓宽技术边界，建立差异化能力圈。技术的提升、业务的高端化又最终将在价格上得以体现，在爱尔进入高质量发展之际，这成为它最强的增长驱动力和最稳固的优势。

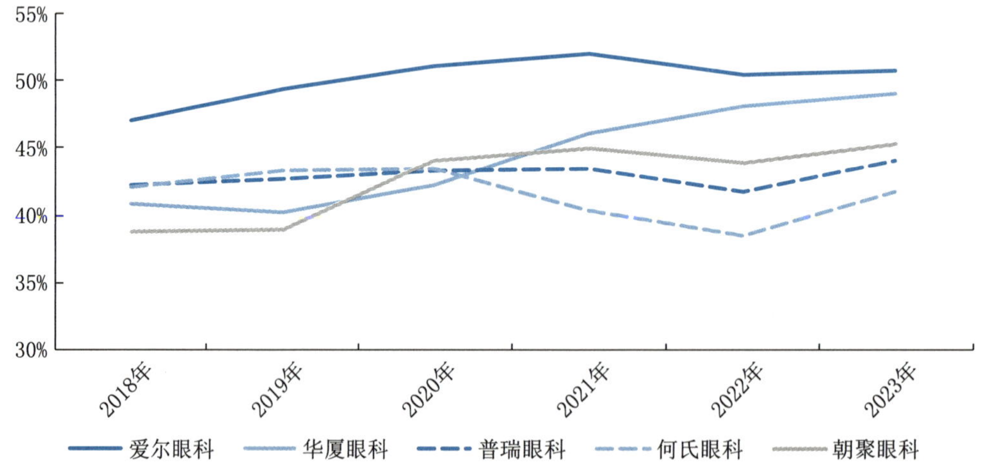

图143　爱尔眼科及其他上市民营眼科机构毛利率比较

资料来源：爱尔眼科年报，申万宏源研究。

① 资料来源于光明网卫生频道文章。

爱尔眼科如何吸纳和培养人才，如何获得可持续的竞争力，对应价值管理钻石模型中的“价值创造”和“价值优化”。企业步入发展中期阶段，面临的挑战通常会发生改变，夯实能力壁垒、追求业务突破是保持生命力的关键。

四、道阻且长，行则将至

至 2023 年末，爱尔眼科已度过 20 余年岁月。

无论从医院数量、诊疗量、收入利润体量还是市值看，爱尔的成就都是有目共睹的。然而，医疗服务是一门慢活，周期长、回报低，很多时候短期业绩与长期发展存在冲突。在爱尔快速扩张的过程中，和众多做连锁业务的公司一样，时刻面临速度和质量的取舍。

尽管爱尔的医院布局已实现全国所有省份覆盖，但不同区域医院发展水平还是参差不齐的。旗舰医院和其他地级市医院单院收入相差较大，武汉爱尔和长沙爱尔

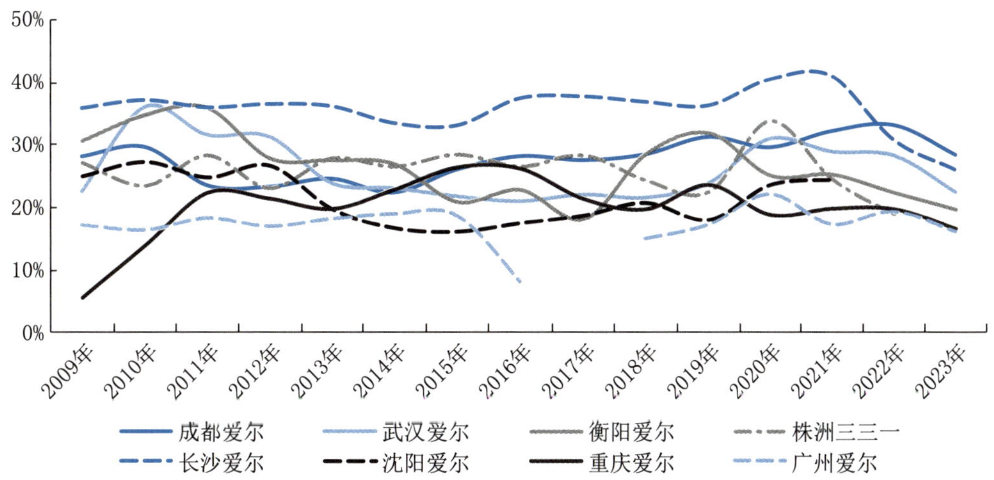

图 144　爱尔体系内不同医院净利率水平相差较大，与经营成熟度及运营成本相关

资料来源：爱尔眼科年报，申万宏源研究。

年收入体量达 5 亿元左右，贡献净利润超 1 亿元，而爱尔体系内大部分医院处收入盈利爬坡期，尚有很多医院年收入处 5000 万元以下区间，同时部分新并购的医院仍处于亏损状态。这些都在一定程度上显示爱尔在规模扩张上或已到了阶段性瓶颈。下沉市场虽可贡献一定增量，但居民的眼健康意识有待进一步提高，眼科医疗需求还有待进一步发掘。

过去的扩张方式也渐渐不再适合现在的爱尔。一方面，可挖掘的优质标的数量减少；另一方面，杠杆收购的市场溢价越来越高。自并购基金模式推出后，虽然爱尔为集中收购医院实行过几次大额定增，但资产负债率还是不断攀升，从 2014 年的不到 20% 上升至 30% 以上。同时，商誉快速增加，截至 2023 年末，商誉已经达到 65 亿元，占净资产的比重已达 33%，属于较高风险水平。一旦商誉发生减值，将会对上市公司报表带来一定的负面影响。

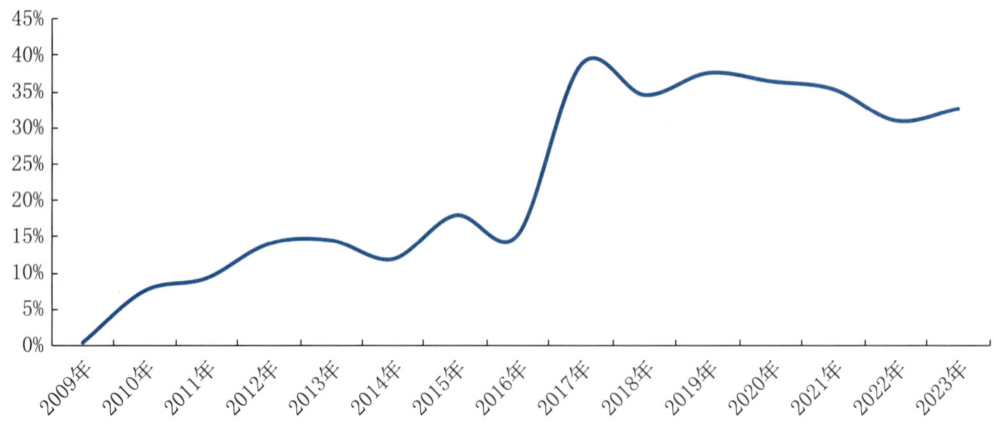

图 145　爱尔眼科商誉占净资产比例变化

资料来源：万得，申万宏源研究。

爱尔对高质量发展的重视程度愈发提高，更是因为在医疗行业中失之毫厘则差之千里。

医患纠纷是每家医院必然会直面的常见问题，而当医患纠纷被搬上网络平台，舆情传播效应倍数级放大，爱尔眼科作为上市公司，面临的风险性质更加特殊。在发生医患纠纷后，爱尔眼科除进行必要的紧急公关外，也将完善医疗质量控制体系作为根本性的应对举措，如加强医师队伍培训、严格术前筛查、从严掌握适应证、规范病历书写、认真履行告知义务和必要手续等。

为医者必先为德，从医者必定从民，是医者立身之本。朝聚眼科、何氏眼科、普瑞眼科和华厦眼科 4 家眼科连锁医院接连成功上市，市场竞争愈发激烈。相比于可复制的章法和路数，品牌力则是更有价值的产品，向外是信誉保证、向内是文化认同。

信任危机在民营医院领域并非少见。民营医院是否能具备与公立医院抗衡的技术，以及在逐利的过程中是否能保持“悬壶济世”的情怀和初心，这些通常都会受到大众质疑。

董事长陈邦在 2022 年伊始写给全体员工的内部信中，提出“刀刃向内、自我革新和拥抱社会监督”。过去爱尔凭借前瞻性的眼光、精准的业务定位和出色的商业策略享受了消费眼科医疗蓬勃发展的红利。在下一个发展 10 年，爱尔若要向国内顶级公立医院眼科中心甚至是世界顶级眼科医院看齐，在新的阶段战略也需要进行调整，或许要放弃规模为主的评价指标，严守医疗安全底线，更多关注质量和效益。尽管公司的增长速度可能放缓，短期内市场的估值也许会打折扣，但这是一个厚积薄发的过程，欲速则不达。

爱尔眼科如何维护口碑，进行媒体关系管理、投资者关系管理，对应价值管理钻石模型中的“价值营销”。价值营销包含两个维度，一是企业业务和产品的口碑，二是已上市企业面临的资本市场实时评价（股价），两者均会对企业价值表现产生影响。群众教育和价值宣传是企业价值管理时不可缺少的一环。

五、结语：不破不立，破而后立

爱尔一路前进的历程是一部突破史。

首先，在创立之初，陈邦作为毫无医疗背景的商人进入具外部性特点的医疗服务业，在面临着国家政策的不确定性的同时需要几乎从零开始建立市场信任。爱尔眼科虽也曾涉足风险极高的“院中院”业务，但在政策快速转向后及时脱身求变，并正式确立了进入眼科这一条空间广阔的消费医疗赛道，结合医疗资源分布不均的特点，精准地将眼科医疗市场的突破口定位在了二三线及以下的小城市。

其次，爱尔眼科打破了民营连锁医院扩张的地域限制。建立一家医院的投资额高、培育时间长，单凭初始几家医院的盈利也难以支撑大额的现金支出需要。爱尔眼科充分借助且用杠杆放大了资本市场的力量，在 2009 年作为国内医疗第一股发行上市后，结合分级连锁和并购基金模式在全国范围内快速推进连锁业务，实现了扩张速度的非线性增长。

最后，爱尔眼科追求眼科医疗技术对标国际水准，并高度重视人才内生性培养。爱尔眼科对于国内眼科医疗技术进步的贡献是不容小觑的，2005 年引入国内第一台飞秒激光设备、2009 年成为最早一批开展 ICL 晶体植入手术的医院、2014 年在全国率先批量引进全飞秒激光手术系统，始终活跃在创新的最前线。爱尔也是最早推进校企合作的民营医院，通过加强学科建设和人才培养以在医疗行业扎根。

行百里者半九十。当前爱尔眼科在规模扩张这件事上做到了极致，似乎也触了发展的瓶颈，而公众对于其医疗服务质量管理的评价褒贬不一，爱尔亟须以实际行动自证口碑。闭关修炼，是在内部打碎重整的过程，如果爱尔能够再次成功破局，未来它也将变得更加坚不可摧。

华住集团[①]：

从创业到革新的三重奏

作为大消费领域的重要组成部分，酒店行业具有广阔的发展前景，美国资本市场已经成长出了两家市值超过千亿元的酒店上市公司，龙头酒店万豪的市值更是达到约 4690 亿元。[②] 在我国经济平稳向上的过程中，酒店行业足以容纳优秀的企业快速发展，而作为中国酒店行业市值最高的上市公司，[③] 华住仅花了 10 余年的时间就从市值约 56 亿元[④] 的创业公司快速成长为市值一度超过千亿元的集团企业。[⑤] 在华住 2010 年登陆纳斯达克市场后，剔除疫情影响的 2020—2022 年，公司连续 10 年（2010—2019 年）的平均 ROIC 达到 10.53%，是一家实实在在持续为股东创造价值的优秀上市公司。在发展的过程中，华住到底做对了什么，能够从初创企业快速走向规模化发展？有什么经验值得借鉴？[⑥]

华住由季琦先生创立于 2005 年，是全球发展最快的酒店集团之一。截至 2023 年末，华住市值达到 777 亿元人民币。华住从最初仅拥有 1 个昆山汉庭酒店、109 间客房的创业公司发展成为覆盖 18 个国家、经营 9394 家酒店、拥有 91.24 万间在营客房的全球酒店龙头公司。[⑦] 公司历经了创业期对商业模式的考验、立

---

① 华住集团：全称华住集团有限公司，股票代码 01179、HTHT。

② 万豪酒店（MAR.O）截至 2023 年 12 月 29 日市值达到 4689.90 亿元人民币（美元计价为 662.30 亿）；计算公式为：H 股收盘价 ×H 股合计 × 人民币外汇牌价 + 海外上市股收盘价 × 海外上市股合计 × 人民币外汇牌价（文中所有市值计算公式一致）。

③ 截至 2023 年 12 月 29 日，A 股及港股 SW 酒店板块上市公司中，华住市值排名第一。

④ 2010 年 3 月 26 日，华住在纳斯达克上市日的市值为 55.98 亿元人民币（美元计价为 8.20 亿）。

⑤ 2020 年 11 月 20 日，华住市值已达到 1128.78 亿元人民币。

⑥ 本篇案例部分内容参考申万宏源研究所发布的研究报告：2020 年 7 月 28 日《供给结构加速改善，新周期有望开启——酒店周期论深度报告之四：疫情下的酒店透视》（证券分析师：刘乐文；研究支持：于佳琪）。

⑦ 截至 2023 年 12 月 31 日，来自华住 2023 年度业绩预告数据。

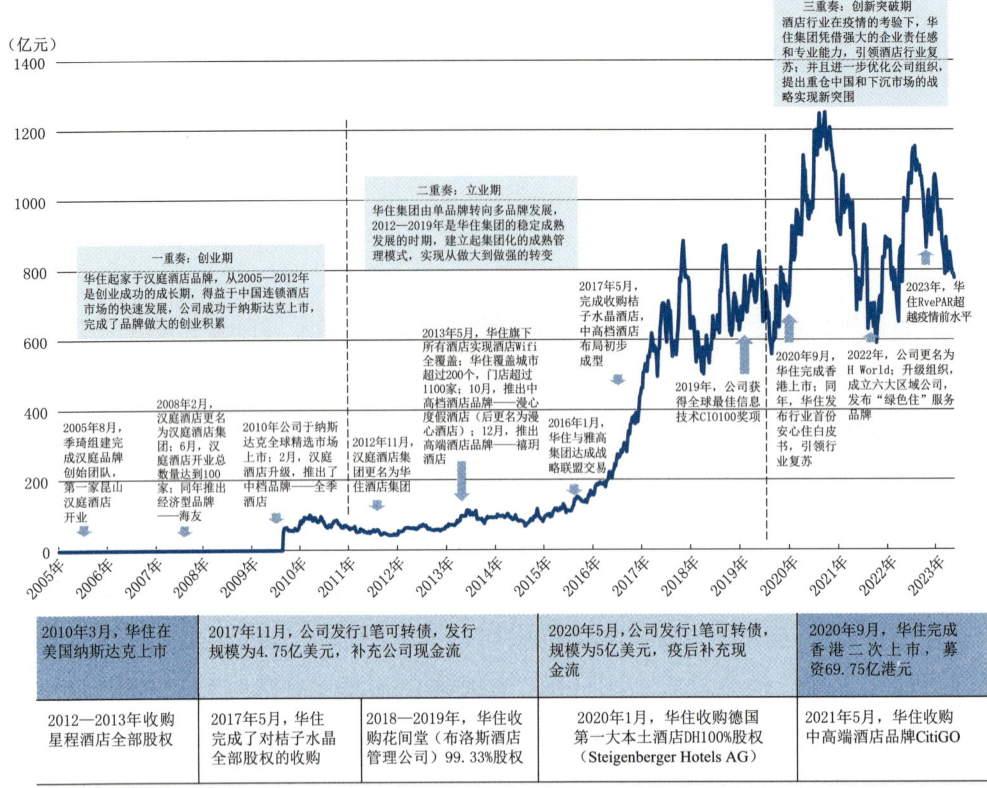

2010年3月，华住在美国纳斯达克上市	2017年11月，公司发行1笔可转债，发行规模为4.75亿美元，补充公司现金流		2020年5月，公司发行1笔可转债，规模为5亿美元，疫后补充现金流	2020年9月，华住完成香港二次上市，募资69.75亿港元
2012—2013年收购星程酒店全部股权	2017年5月，华住完成了对桔子水晶全部股权的收购	2018—2019年，华住收购花间堂（布洛斯酒店管理公司）99.33%股权	2020年1月，华住收购德国第一大本土酒店DH100%股权（Steigenberger Hotels AG）	2021年5月，华住收购中高端酒店品牌CitiGO

2007年推出华住集团股权激励计划，2008年、2009年推出新一轮股权激励计划，2010年8月、2015年3月、2018年5月均进一步修订2009年版计划，修改计划有效期至2029年终止

图 146　华住集团的市场价值成长之路

资料来源：华住官网，万得，申万宏源研究。

业期对集团化管理的磨炼、疫情期对战略定力的挑战，在近 20 年的成长之路中，华住坚守了创业的初心：一群志同道合的朋友，一起快乐地成就一番伟大的事业。华住在登陆资本市场的 14 年为股东创造的价值翻了十余倍，我们试图总结华住坚守长期价值的成长启示。

一、一重奏：创业——非典型创业家开创的酒店“新物种”

1966 年 10 月，季琦出生于江苏省如东县，学习成绩优异的他考入上海交通大学，工程学与机器人专业的学习经历赋予了他缜密的思维逻辑，1994 年毕业后奔赴美国的历练更让他进一步认识到互联网的强大力量，从此埋下了产业创新的种子。回国后他先后于 1999 年创办携程、2002 年创办如家，作为“非典型”创业者，季琦在经历了巨大成功以后，却在 2005 年初被迫离开一手创立的如家。好在这番大起大落的波折没有让季琦一直消沉，理清思路的他怀着更大的野心重回市场。季琦明确了解当下的中国经济型连锁酒店将迎来更大的发展，他要以更加娴熟的管理模式、直击要害的商业模型，开创兼具技术、流量和品牌酒店“新物种”。随着季琦与金辉、曹娟等初创团队逐步成形，2005 年 8 月在昆山开立了第一家汉庭酒店，华住时代也由此拉开了序幕。

（一）如何赚钱？打造精准的商业模型是创业成功的关键

商业模型是创业阶段成功的关键，在中国高速发展的时代红利背景下，华住借助“IT+ 高周转 + 低成本”模式领先传统竞争对手。在中国连锁酒店快速发展时期，汉庭酒店用 IT 技术构建酒店运营新模式，快速打开了市场格局。季琦是创办携程的 IT 技术出身，创业之际他看到了中国连锁酒店的发展机遇：2005 年国内连锁型酒店的客房数量仅有 5.65 万间，但背后是每年 12.11 亿出行人次的规模。当时的酒店仍然以星级酒店居多，高额住宿费用和繁琐的服务模式对于大部分普通商旅出行客户来说显得有些“不接地气”。如果汉庭酒店能够取得消费者的青睐，潜在的市场空间无疑是万亿级的。另外，季琦也看到了传统酒店行业缺乏信息化管理和成本冗余的弊端：当时大部分酒店以星级酒店为主，具有非常浓厚的论资排辈的氛围，存在很大的改进空间。基于此，季琦建立了经济连锁酒店的品牌直营模式，并且提出了两个 10% 的运营目标：一是汉庭酒店的每间可销售房收入（可销售房收入 = 出租率 × 平均房价，Revenue Per Available Room，RevPAR）要比同行业高 10%；二是汉庭酒店的经营成本要比同行业低 10%。① 显然，这是基于高周转和低成本的运营策略，助力汉庭在国内连锁酒店蓬勃发展时期迅速打开市场，通过标准化产品构筑品牌影响力。

其中，目标 RevPAR（每间可销售房收入）比同业高 10% 的底气，来自季琦对汉

① 季琦：《创始人手记》，湖南人民出版社 2018 年版。

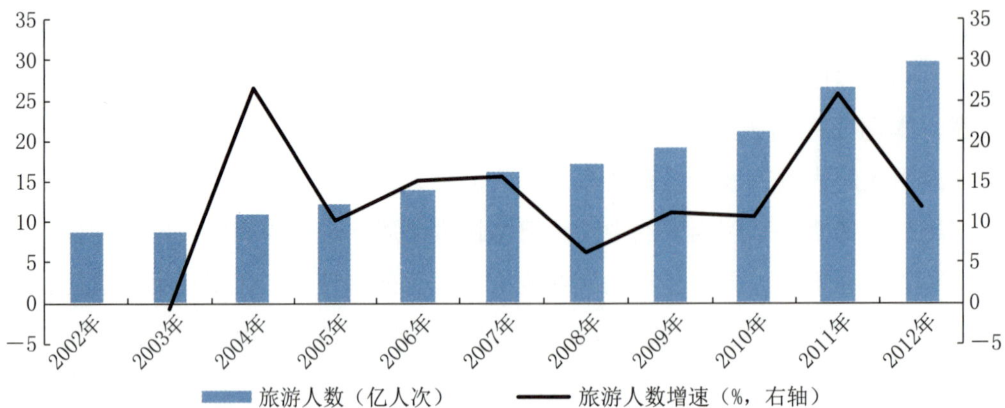

图 147　2002—2012 年我国游客人数庞大

资料来源：国家统计局，申万宏源研究。

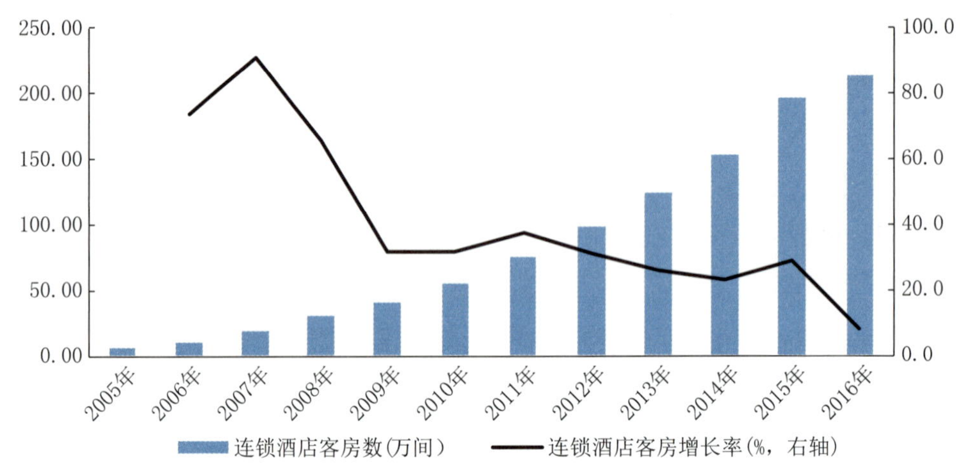

图 148　2005—2016 年连锁酒店增长规模

资料来源：万得，申万宏源研究。

庭酒店精准的客群定位和对品质细节的把握。一是立足商旅客户的需求，把精于细节的服务刻进基因。汉庭致力于提供高于同业标准的服务，包括舒适标准化的客房、免费的网络、干净完善的配套措施；并且汉庭充分调研一二三四线城市的报销标准，将客房定价卡在大部分客户的标准线以内，既能提高收益，也能最大程度方便商旅客群的报销。二是一开始就注重会员体系的建立，掌握流量的关键密码。汉庭一开始就推出 28 元 / 年的普卡和 128 元 / 年的金卡，并且允许会员费计入房费，且会员在当时能够享受免费早餐，获得商旅用户青睐的同时也提升了用户黏性。三是通过精细化的选址奠定客源基础。汉庭过去大部分门店的选址，均由季琦亲自把关。不仅要看楼旁环境和楼内结构的“小邻居”，季琦还有个习惯，就是爬到楼顶看选址酒店附近的“大邻居”，站在酒店顶层，周边的交通路线和区域环境一览无余，“大小邻居”都对了，选址也敲定了。① 也正是在这样精益求精的运营把控下，汉庭开始以长三角中心城市的中心位置为核心区域逐步扩散。

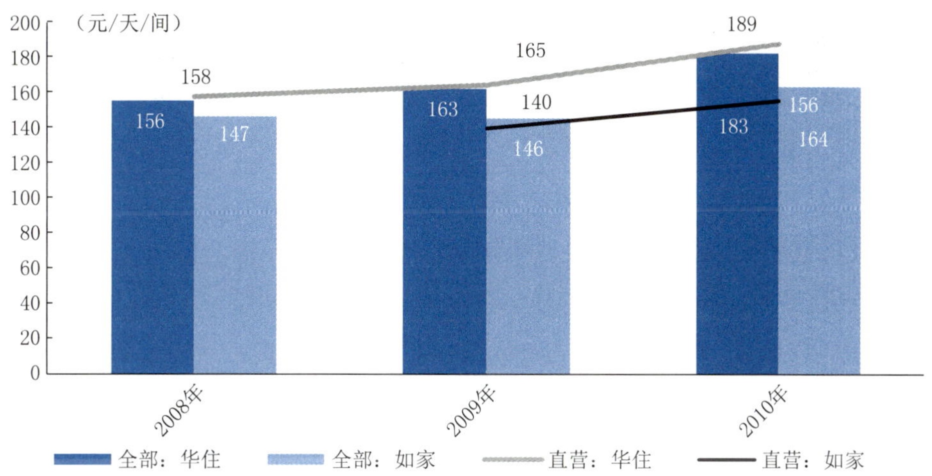

图 149　华住初创时期与如家分不同经营模式 RevPAR 对比
资料来源：华住 2010 年年报，Bloomberg，万得，申万宏源研究。

经营成本相比同行低 10% 目标的实现，则是通过利用 IT 技术优化成本控制，从小的细节入手，汇聚成为低成本模式的护城河。一是通过自动化和信息化精简服务环节和服务流程。汉庭一开始就注重 IT 建设，形成了数字化管理流程，并且在业务流程上进行简化，比如由繁琐的登记入住改为自动入住，既符合客户精简入住的需求，也进一步节约了大量的前台人力成本。二是优化酒店的人员结构，在过去老旧的论资排辈经营氛围下，存在很多看似“资深”但实则贡献微弱的岗位和人员；而在汉庭模式下，彻底清除原有冗杂而繁琐的岗位，比如在酒店翻牌中将三班倒的监控室移到前台，省去 6 名监控人员，年均节约成本可达 20 万元—30 万元。② 三是通过自有会员模式实现导流，减少了对于在线平台（Online Travel Agency，OTA）的客源依赖和利润影响。相比其他线下酒店，OTA 引流瓜

①② 季琦：《创始人手记》，湖南人民出版社 2018 年版。

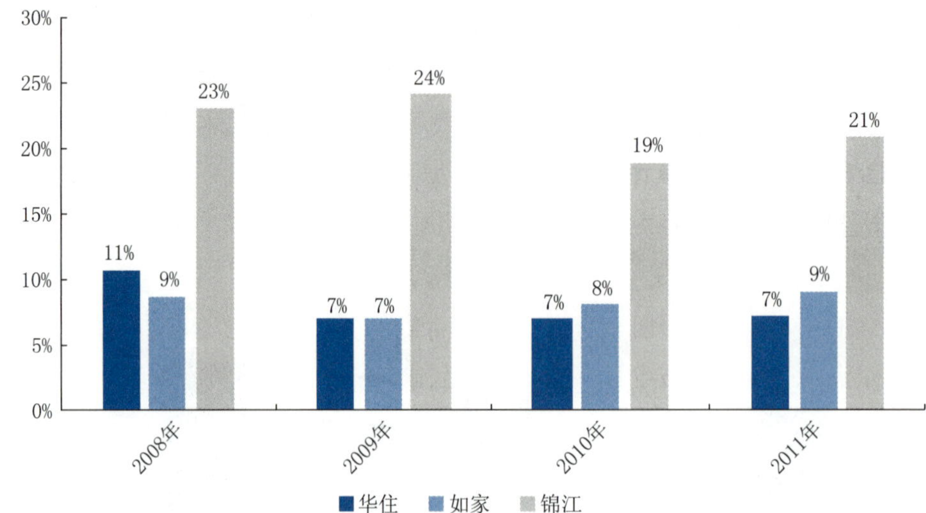

图 150　华住管理费用初创期控制能力优势明显

资料来源：华住 2010、2011 年年报，万得，Bloomberg，申万宏源研究。

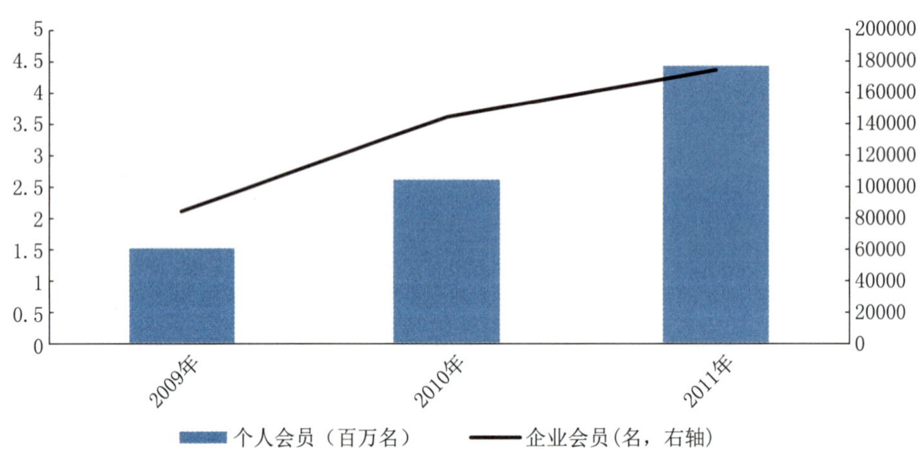

图 151　汉庭酒店会员实现快速增长

资料来源：华住 2010 年、2011 年年报，申万宏源研究。

分 15%—20% 的收入作为佣金，而汉庭争取将外部 OTA 引流占比控制在 20% 以内，牢牢地控制了成本。携程出身的季琦深知导流和客户流量的重要性，一直以来把会员作为公司的核心资产，让华住在酒店领域掌握了充分的主动权。事实证明，季琦从 IT 角度切入中国经济型连锁酒店市场，让汉庭酒店快速赶超竞争对手，成为行业的佼佼者。

在酒店行业中找到了精准定位客群后，汉庭酒店高周转的商业模型迅速奏效，开店节奏不断加速，且资产周转率的表现明显优于其他快捷酒店，汉庭品牌逐步成为连锁酒店的龙头。同时，在汉庭品牌发展成形时，2007 年 5 月开放特许加盟模式，在保证质量的前提下，通过品牌的优势加速酒店扩张，改善了酒店本身重资产投入、回收期较慢的业务模式，并一直延续至今。

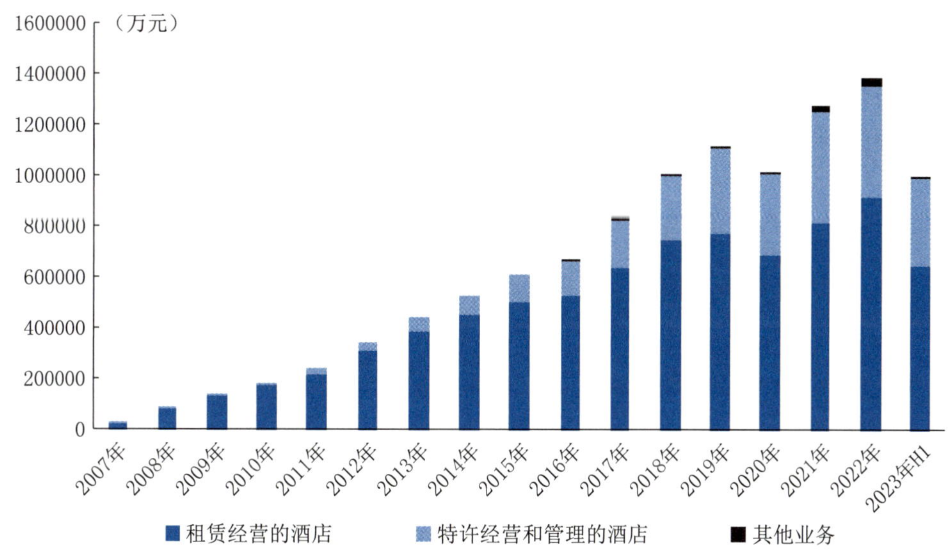

图 152　华住特许及加盟酒店收入不断提升

资料来源：华住 2010 年至 2022 年年报、2023 年中报，申万宏源研究。

价值创造：差异化竞争模式是关键

根据价值管理的钻石模式，奠定企业价值核心就是价值创造，而一个成功的商业模式往往需要形成差异化竞争优势。

华住在发展初期就牢牢抓住了低成本运营关键，在当时繁冗的星级服务模式下，汉庭抓住商旅客户的核心需求，填补了行业空白，遥遥领先于竞争对手。值得关注的是，华住低成本和高周转的商业模式很大程度是出于技术壁垒，技术的投入虽然较高，但是随着开店规模的扩张，华住的规模效应优势就不断显现，这也是通过技术打造竞争优势难以被复制的原因，尤其是在当时的市场环境下，华住的商业模式建立了强大的护城河。

（二）快还是慢？长期 + 专注的信念是持续成长的关键

专业化是华住长期保持领先地位的不二法宝，与长期信念违背的“快钱”一分也不赚。33 岁就开始创业的季琦确信，企业要成功，一定要聚焦优势业务，不管是互联网平台还是连锁型酒店，只有专业化经营才是企业成功的法宝。从创业成功到上市，华住从未涉足酒店运营以外的领域，即使在创业期间有赚快钱的机会也不为所动；而是一直专注于酒店领域，沉浸于产品，造就品牌价值，季琦的企业信念也正符合中华民族老祖宗的教诲：无欲速，无见小利；欲速则不达，见小利则大事不成。①

从两件小事便可窥得华住对于长期价值信念的坚守。一是拒绝短视，创业之初也不赚快钱，在汉庭昆山酒店客流逐步步入正轨的时候，趁着阳澄湖大闸蟹上市的季节，创始成员曹娟就决定把房价从 300 元涨到 500 多元，结果被季琦严厉问责，②想要做大品牌就不能短视，在第一家酒店消费群体心中形成“动不动就涨价”的印象，无异于自毁口碑；在季琦这样的坚持下，团队逐步统一了坚守长期品牌的思想和信念。二是抵御诱惑，坚决不涉足不专业的领域。季琦在汉庭酒店创业初期，曾经有朋友邀请他一起投资房地产，如果当时投资或许也能获得不菲的收益，但是季琦坚定地聚焦在酒店运营领域，从未考虑过多元化业务布局。③正是这样的坚守和信念，让华住在创立之后在自己的赛道上快速成长，行稳而致远。

价值创造：坚守长期主义，实现可持续增长

根据价值管理钻石模型，价值创造往往不是一个短期过程，而是企业长期坚持的成果。企业家的专业化精神一定是稀缺价值，只有坚持长期导向和专业化运营才有望打造长期基业。

---

① 《论语·子路》。

② 秦朔、戚德志：《未尽之美：华住 15 年》，中信出版社 2021 年版。

③ 季琦：《创始人手记》，湖南人民出版社 2018 年版。

在价值创造的过程中，很多创业者经常碰到的问题是：要不要分散精力做某个看似来钱快的项目，或者是追随市场去抓风口。而华住的经验告诉我们，集中精力聚焦优势领域才能走得稳、走得远。有意思的是，风口不是追来的，可持续增长的企业往往才能够享受到行业持续成长的复利。

而如果再进一步深究创业企业坚守长期主义的动机，往往与创始人创立企业的价值观息息相关，正如1997年乔布斯回归苹果公司重申公司的核心价值观——用激情让世界变得更美好。创始人的“激情和热爱”往往是企业聚焦专业、打造精益求精产品的关键，也是这些伟大企业推动人类生活方式进步的内核，华住亦是如此，这种更有格局的责任感和使命感指引着公司向更远的前方迈进。

二、二重奏：立业——从单品牌到多品牌集团化企业的成长

不同于创业阶段，经济型酒店红利期过后，华住将面临更多的挑战，所幸的是，华住的管理团队通过多品牌的运作策略，配合并购等资本运作，成功抵御市场环境的周期波动。2009 年华住从纳斯达克上市之前，43 岁的季琦曾选择退后一步，仅保留执行董事长的职位；但是随着外部市场的挑战不断加大，2012 年季琦再次出山，推动公司重新回归初心，在 2012 年 1 月重新确立了未来 15 年的发展战略目标。季琦虽然是理科出身，却深谙东方哲学，以阴阳相生的智慧形成中西一体的独特管理模式，进一步推动公司实现价值成长，开启了华住再创辉煌的时代。

（一）如何突破？拓展中高端品牌赛道实现持续成长

季琦回归华住以后，把推动中高端品牌发展放在了重要的战略方向上。公司上市以后，管理团队发现由于经济型酒店的 RevPAR 具有较为明显的天花板，随着各地租金、人工等成本的不断上涨，经济型酒店的盈利压力开始呈现。以汉庭上海

世纪公园酒店为例，租金已经从最初的 0.7 元 / 平方米涨到了 2012 年 2.5 元 / 平方米，华住自营酒店的单房运营成本从 2010 年 3.95 万元上涨至 4.49 万元；① 而华住直营酒店的 RevPAR 在上市以后不仅没有上涨，反而从 2010 年 189 元下降到了 2012 年的 173 元。② 基于此，季琦回归的首要任务就是进一步加速中档品牌的发展，体现出管理层果断变革与创新的智慧。

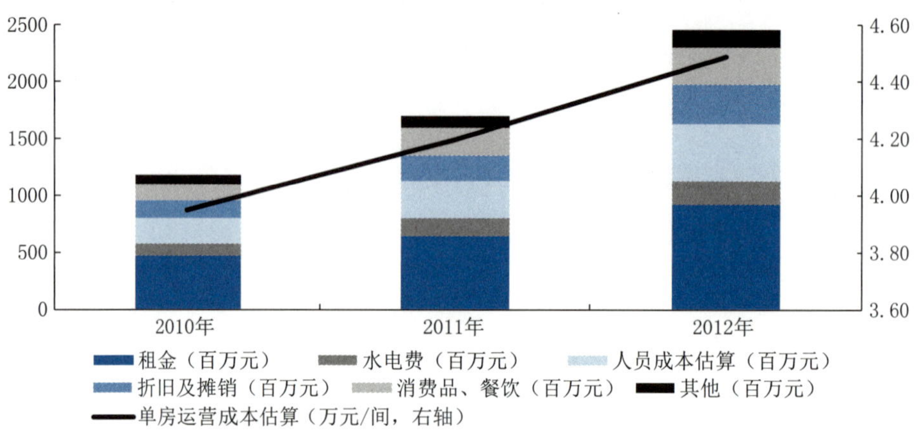

图 153　华住上市以后，自营酒店面临较大的成本上涨压力

资料来源：华住 2010 年至 2012 年年报，申万宏源研究。

注：单房运营成本 = 年度运营成本（含租金、水电费、人员、折旧及摊销、消费品、餐饮、其他费用）/ 公司年底自营房间数量；其中自营酒店的人员成本按照年报披露的总人员成本 × 年底自营房间数量 / 年底自营及加盟管理酒店数量进行估算。

实践证明，全季酒店以中端品牌为切入口，挖掘了中产阶层的消费机会，带来了新的增长点。全季酒店第一家在 2010 年于杭州武林广场附近开业，在试水的全季 1.0 版本中业主只用了 3 年时间便收回成本。③ 从商业模型的角度，中端酒店品牌具有巨大的发展空间，随着人们消费水平的提升，消费升级趋势明显，中档酒店目标客群就瞄准了中国 4 亿中产阶层；同时，在华住酒店模型下，中档精品酒店的投入只在装修和设计的提升上，平摊下来少量的投入就能大幅提升 RevPAR 指标。于是，季琦将中端酒店的发展上升到战略高度，2012 年 11 月，

① 秦朔、戚德志：《未尽之美：华住 15 年》，中信出版社 2021 年版。

② 数据来自华住 2010 年及 2012 年年报。

③ 秦朔、戚德志：《未尽之美：华住 15 年》，中信出版社 2021 年版。

与日本设计师合作的全季2.0产品正式上线，2013年6月，全季3.0版本问世，2018年12月，全季获得中国饭店业品牌价值榜第一名，① 至2020年12月底，全季酒店数量已经突破1105家。②

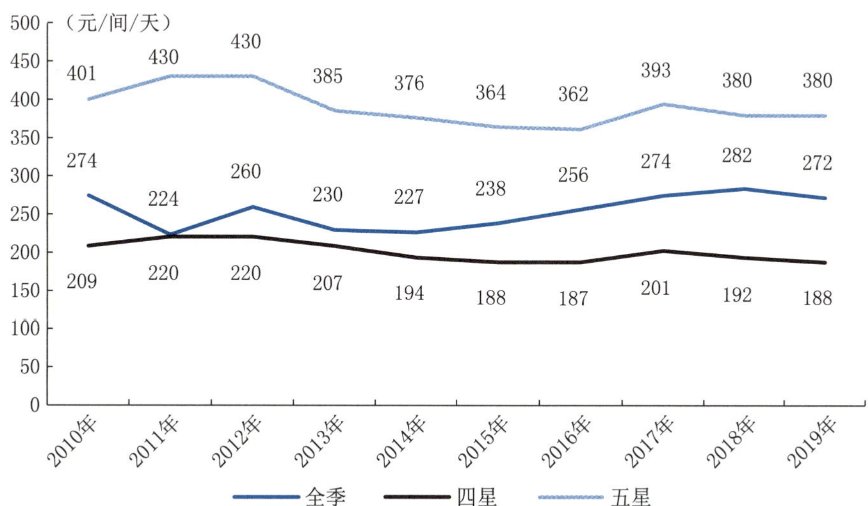

图154　华住下属全季品牌 RevPAR

资料来源：《后疫情时代的酒店投资——2020华住世界大会收官演讲》，申万宏源研究。

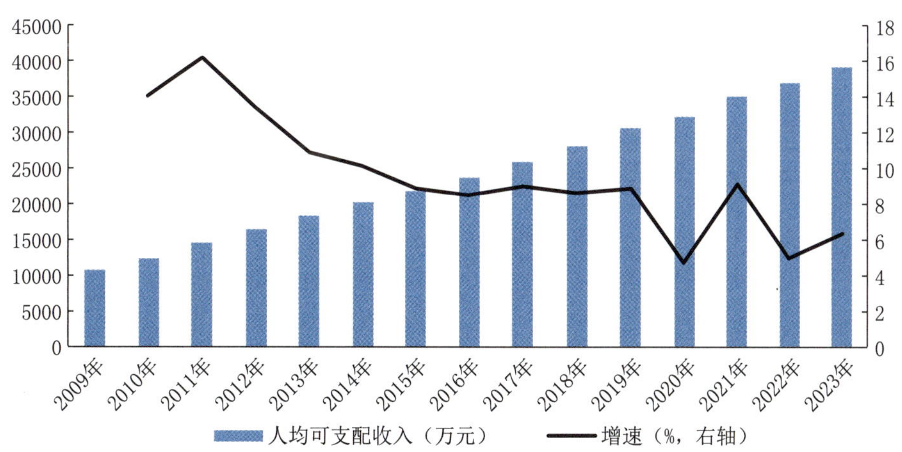

图155　人均可支配收入稳步提升

资料来源：国家统计局，申万宏源研究。

① 秦朔、戚德志：《未尽之美：华住15年》，中信出版社2021年版。

② 数据来自华住2020年年报。

随着2013—2014年酒店行业进入调整期，中低端连锁酒店的竞争加剧，而华住通过提前布局中端酒店在一定程度上抵御了周期波动。从酒店的发展周期来看，2013年之前，酒店行业尤其是经济型酒店处于快速发展阶段；而2014年以后行业逐步处于平衡发展阶段，好在市场调整之前，华住已经明确了多品牌的发展策略，提高酒店翻牌的筹码，并且进一步通过收购巩固市场地位，在一定程度上抵御了酒店市场的周期波动。

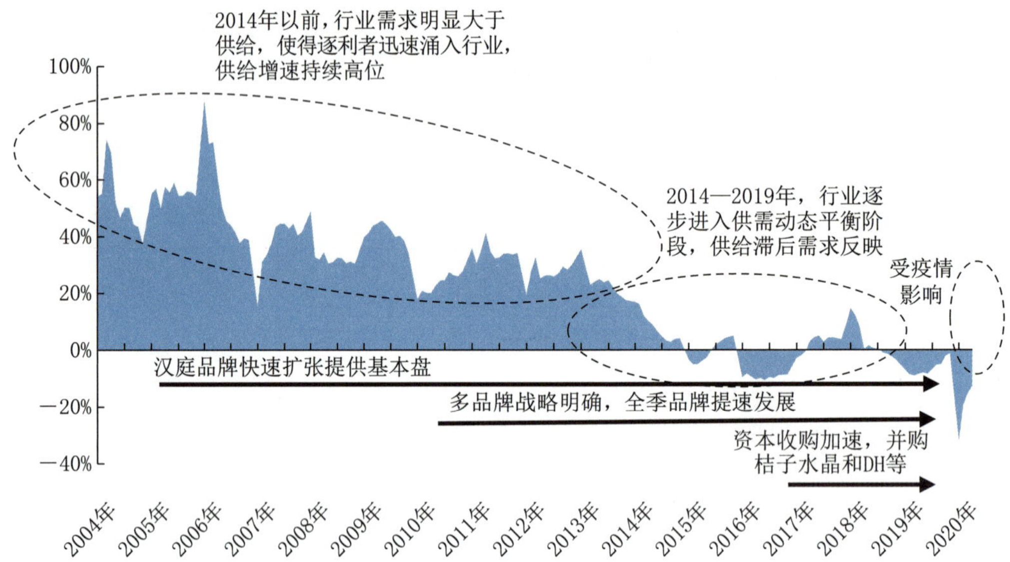

图156　住宿和餐饮业固定资产投资完成额累计同比

资料来源：国家统计局，万得，申万宏源研究。

价值创造：保持变革，实现可持续增长

根据价值管理钻石模型，可持续的价值创造能力不仅要聚焦，还要学会变革。

是否能根据市场环境变化、技术创新变化、竞争格局变化、客户需求变化等以变应变，有快速且准确的调整能力，保持动态的领先竞争优势往往是评估一个企业是否具备长期的增长潜力的重要因素。华住向中高端品牌的延伸发展就是应对市场变化的优秀案例，从汉庭到全季，再到更多的高端品牌，华住“居安思危”带来了持续增长，是一个企业难能可贵的品质。

（二）如何借力资本？比资本看得更远一步

作为两次创业成功的“非典型”创业者，季琦深知资本的重要性，而要做好资本运作，还需要比资本看得更远一步。2005 年季琦创办汉庭之初，融资并不难，汉庭在季琦两次创业成功的历史光芒下，IDG 熊晓欧、鼎辉创始合伙人王功权等知名投资人纷纷下场参与。但是受到 2008 年金融危机的影响，一些投资方临时撤资，导致汉庭的二轮融资险些失败。① 为了确保汉庭的扩张策略不受影响，季琦果断卖掉如家所有股份，孤注一掷全部投入了 B 轮融资。最终证明汉庭值得，2010 年汉庭成功于纳斯达克上市。但这次的经历也给了季琦很深的印象和教训，资本不讲感情，要想用好资本，实现资本的运筹帷幄，一定需要比资本看得更远，为我所用。

华住上市后，得到了专业团队的助力，公司的并购运作就显得游刃有余，并非为了短期业绩的拉升，而是为了在全球中高端市场站稳脚跟，更具有战略导向的目标让华住的并购脚步稳扎稳打。在季琦明确了进军全球化中端酒店市场、推动多品牌的酒店战略以后，2012 年 5 月、2013 年 12 月公司分步收购了香港星程 100% 的股权，不仅快速进入香港市场，而且巩固了中端品牌。2016 年 1 月华住与雅高集团缔结了长期战略联盟交易，在泛华区域联手雅高品牌。2017 年公司成功以 37.65 亿元收购了桔子水晶的所有股权。2018—2019 年，华住逐步收购了布洛斯酒店（运营花间堂及度假村品牌）99.33% 的股权，结合之前华住推出的自有高端酒店品牌“禧玥”，华住的高端品牌矩阵初具规模。2018 年，华住中高端酒店收入占比为 50.1%，逐渐超越经济型酒店。2019—2020 年，华住成功收购了德国第一大本土酒店集团 Steigenberger Hotels AG（DH 酒店），再次向酒店全球化的战略目标迈了一大步；②2021 年 5 月，华住完成对 CitiGO 酒店（欢阁酒店）的收购。至此，华住实现经济型、中端、高端酒店的全球化覆盖。

在紧锣密鼓的收购过程中，华住先后于 2017 年、2020 年发行境外可转债，合

---

① 季琦：《创始人手记》，湖南人民出版社 2018 年版。

② 收购历程整理自华住集团 2020 年港股上市申请书。

计融资 9.75 亿美元，为华住提供了重组的“弹药”。2020 年 9 月，综合考虑市场环境和融资需求，华住选择赴港上市，尽管在发行前一夜历经了博尼塔斯（Bonitas Research）的看空质疑，但凭借华住管理团队的专业而有力回应，公司最终成功于港股首发融资 69.75 亿港元，再次为华住的下一步发展提供了支撑。

表 37　华住发行境外可转债合计规模 9.75 亿美元

发行人名称	发行金额（亿美元）	息票	到期	货币	发行日期
华住集团有限公司	4.75	0.375%	2022/11/1	USD	2017/11/3
华住集团有限公司	5	3%	2026/5/1	USD	2020/5/12
合　计	9.75	—	—	—	—

资料来源：Bloomberg，华住 2017 年、2020 年年报，申万宏源研究。

为了配合好华住的并购策略，让资本收购的“能量”发挥到最大，华住积极推动收购后的品牌融合，在融合过程中，华住 IT 的技术体系成为有力支撑。从中央预订系统（Central Reservation System，CRS）、酒店管理系统（Property Management System，PMS）、酒店收益管理系统（Revenue Management System，RMS）、客户关系管理（Customer Relationship Management，CRM）等，到供应链采购平台、无接触服务、自助服务等先进技术，华住把系统化、技术化能力融入商业操作系统，形成了独有的酒店数字化解决方案。华住以线下门店为核心从品牌、市场、金融、供应链、投资顾问、品控、产品、培训云服务、会员、收益等方面入手布局数字化，凭借强大的中台系统通过线上赋能线下，实现管店店长工作简化，用户从预订到入住全程无人化。在收购桔子水晶酒店的过程中，华住仅用 87 天就完成了所有的整合，体现了超高的运营效率。①

价值曲线：用好资本市场工具

根据价值管理钻石模型，上市公司合理运用价值管理曲线，在不同的市场环境下合理利用资本市场各种金融工具进行资本运作，实现公司价值最大化。

① 秦朔、戚德志：《未尽之美：华住 15 年》，中信出版社 2021 年版。

华住在市场快速发展的时期，通过发行可转债、并购等方式进行资本运作，但并没有机械套用价值管理套路，而是将资本当作工具服务于长期战略，比如在2020年顶住各方压力实现H股上市，在2020年疫情期间仍然完成DH酒店的收购，这些操作的长期战略意义影响深远。

（三）如何管人？中西结合重塑现代集团企业的管理模式

通过专业化的管理模式和企业文化塑造华住独特的风格。在创业阶段，华住就拥有非常显著的创始人风格；而在上市以后，集团化的企业除了要继承创始人的“意志”之外，还需要专业化的分工和科学的考核系统。按照季琦的思路，华住的管理模式需要融合中西方管理哲学，[①]一方面是按照东方的文化精神塑造了“以德为上”的核心价值观，在个人“真善美”的基础上塑造华住特色的“朴、恭、勤、乐”的内在“四德”；另一方面，从西方商业量化的角度，进一步完善平衡计分卡、KPI等人力资源工具，进一步通过量化的工具明确每个员工的工作内容和目标达成情况。

在管理方面，华住积极构建科学人才梯队，通过“关键少数”的管理，实现“一竿子到底”的高效模式，充分利用股权激励绑定中高层管理团队。在华住旗下，除核心管理层外，可以将其他管理人分成三类：一是目前总部的部门负责人、城区总经理，是最核心的队伍；二是总部部门总监、部门经理和城区的资深店长等，是最重要的管理骨干；三是总部经理级、主管级干部和城区的店长、多店店长等，是最重要的基础管理团队。对于这三层管理团队，需要加强沟通，寻求认同，在保持每个人多样性的同时，保持核心价值观的一致。用带一级看一级的方式进行沟通管理，通过季度例会、定期谈话、不定期非正式交流、民主生活会、午餐会、里程碑庆祝、生日庆祝加强交流。[②]在构建储备人才库方面，华住大学

① 季琦：《创始人手记》，湖南人民出版社2018年版。

② 季琦：《创始人手记》，湖南人民出版社2018年版；秦朔、戚德志：《未尽之美：华住15年》，中信出版社2021年版。

则发挥了重要的作用，课程由每个业务模块负责人教授，季琦作为最早的内部讲师，培养了一批核心骨干力量。另外，华住通过股权激励计划进一步绑定核心骨干，形成紧密联系。根据年报数据，2007 年华住授予骨干管理层不超过 1000 万股的股票激励，上市之前，公司于 2008 年和 2009 年新增 700 万份、300 万份的激励份额；上市以后，华住于 2010 年 8 月将股权激励份额提高到 1500 万份，2015 年 3 月，公司将股权激励计划最高奖励数量提升到 4300 万份。在新冠疫情暴发之前，2017—2019 年华住行使股权激励的份额分别为 60.92 万份、87.67 万份、108.83 万份，对应内在价值分别为 0.77 亿元、1.94 亿元、2.55 亿元。① 这样的激励模式让管理骨干分享企业发展成果的同时，无形中与公司绑定得更为紧密。

在企业文化方面，华住对创业阶段的狼性文化进行升级，融合了立业阶段的龙马精神，发展成为具有华住特色的文化氛围。在创业阶段，由于组织架构小、人员少，公司需要的是工作热情和效率，于是华住塑造了充满激情、快速响应和团队至上的团队氛围，以季琦为代表的创始团队全部秉持亲力亲为、冲锋向前的态度，这种身先士卒的精神对于员工有很大的感染力。在立业阶段，随着企业不断成长，集团化企业需要越来越专业化的分工，需要敬业认真的执行力，季琦认为，随着华住不断长大，不仅要保留创业时的进取和奋进的狼性精神，还需要具备坚忍和大气的龙马精神，两者结合打造集团化的公司文化。华住员工地域分布比较广、数量较多且大部分员工学历不高，除了构建有序的管理模式，还需要通过确立统一的价值和理念，② 防止由于企业规模过大造成的官僚主义，通过提倡简洁直接的沟通氛围，切实降低了层层管理的内耗。

价值优化：留住人才是价值提升的保障

价值优化是价值实现的保障。华住低成本优势建立的核心依赖员工推动，规模越大的企业往往越容易出现内耗，更需要在管理上下功夫。

---

① 数据来自华住集团 2020 年港股上市申请书。

② 秦朔、戚德志：《未尽之美：华住 15 年》，中信出版社 2021 年版。

华住的“关键少数”管理模式以及塑造特有的团队氛围是推动公司价值不断提升的重要保障。值得学习的是，华住从创业公司一路成长至集团化的企业，在快速扩张的过程中，华住的管理模式也在不断“进化”，仍然最大程度保留了公司的初心，降低内耗。

三、三重奏：革新——历经特殊历练后回归初心

在成为全球化龙头酒店的路途上，华住也不可避免地面临不可控的环境变化，但公司的发展脚步却从未因此停止。在疫情期间，华住仍不改“万家灯火”的战略定力，同时坚守“庇天下之士”的企业责任，在关键时期没有通过闭店和裁员断臂求生，反而是坚定逆势扩张的策略，持续下沉中国市场，相比洲际、雅高等酒店，华住的市场表现反而更为坚挺。

（一）危与机？坚定战略，穿越周期

季琦在如家经历过 2003 年的“非典”、在汉庭经历过 2008 年的金融危机，他的扩张步伐，从来没有因为突发的危机而停止。由于怀着对中国市场的坚定信念，所以即使在新冠疫情之时，华住仍然持续在中高端门店市场发力，进军二三线城市。在布局策略上，季琦坚信酒店领域的三角形模式，① 最下层是经济型酒店，中层是中端酒店，上层是高端酒店，高端酒店需要有众多的中低端酒店支撑，越上层的品牌越突出个性化高端服务，品牌的数量越多元化；越下层的品牌越突出标准化的服务和集约化的成本控制，成长出来的品牌数量不会很多。在这样的模型架构下，如果华住要成为一家全球化的酒店龙头公司，还需要持续加大下沉市场的投入，同时加强高端市场的布局，实现多层次品牌的覆盖。

---

① 季琦：《创始人手记》，湖南人民出版社 2018 年版。

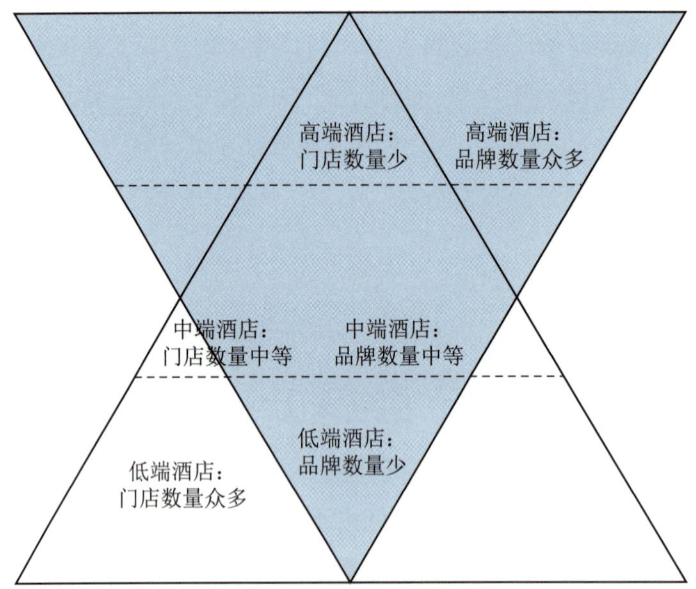

图 157　季琦提出的酒店三角形模型

资料来源：季琦：《创始人手记》，申万宏源研究。

在量的突破上，经历疫情后的酒店业洗牌效应明显，给予了华住品牌更大市场空间。根据 OYO 酒店研究院数据，中国约有 92 万家单体酒店，其中三线及以下城市的占比约为 60%。[①] 低线城市单体酒店存量丰富，三线以下城市仍存在大量中小单体酒店可作为翻牌物业。华住抓住发展机会，于 2019 年提出“千城万店”计划，持续推动潜力物业新增开店，尤其在疫情的特殊时期依然坚定在国内突破下沉市场；华住及时进行组织结构升级，成立区域分公司，强化属地化生态建设，以更垂直化的管理、更属地化的运营机制，优化公司的服务效率，贴近下沉市场。2021、2022、2023 年公司分别净增加酒店 1041 家、713 家、851 家；截至 2023 年末，华住实现 1257 个城市的覆盖（目标城市数为 2000 个），公司拟开业酒店数量（Pipeline）达到 3061 家，其中 55% 的拟开业项目（Pipeline）位于三线及以下城市、36% 的拟开业项目（Pipeline）位于二线城市。立足国内大循环的战略，华住持续看好中西部的二三线城市，随着国内产业链的迁移，未来在这些下沉城市也有望获得持续回报。

① 数据来自 OYO 酒店研究院 2019 年《中国单体酒店业主大数据报告》。

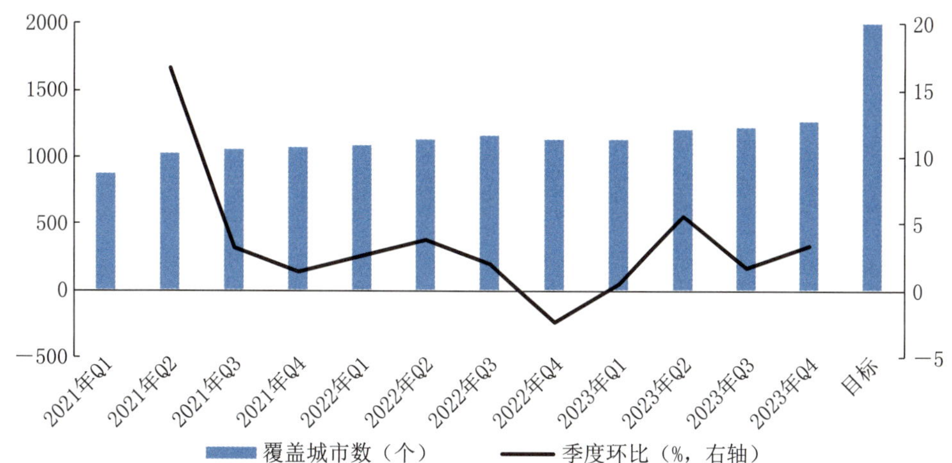

图 158　华住覆盖城市稳步提升

资料来源：华住季报，申万宏源研究。

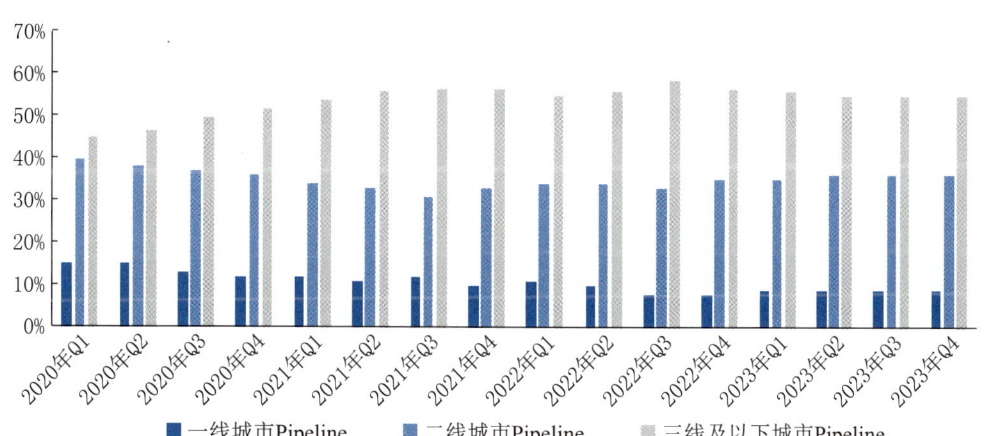

图 159　公司持续发力下沉市场

资料来源：华住季报，申万宏源研究。

在质的突破上，华住成立全球高端事业部，担负起“突破高端”的战略任务。季琦把高端酒店比作“皇冠上的明珠”，[①] 是公司成为全球化酒店龙头的旅程上必须突破的一环。高端酒店的服务覆盖面更广，从有限服务到全生态服务，华住从两个角度入手：一是通过合作和收购建立起高端酒店的服务体系，目前华住已经开业的高端品牌包括禧玥、花间堂、美爵、施柏阁、Jaz in the City 等，其中，美爵

① 秦朔、戚德志：《未尽之美：华住 15 年》，中信出版社 2021 年版。

是和雅高合作的高端品牌，Jaz in the City 和施柏阁是收购的高端品牌，通过合作和收购的方式能够快速学习如何运营高端酒店，逐步构筑自身的高端服务运营体系；二是培养和挑选自有人才，用真诚、微笑、沟通等回归服务的基本面，在高端酒店的服务过程中，为客户提供体面、愉悦的体验。①

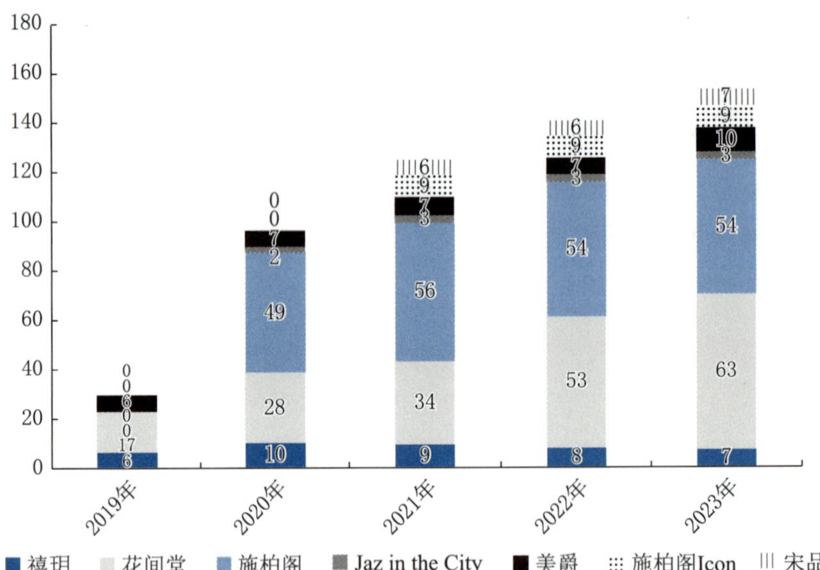

图 160　2019—2023 年华住高端及豪华酒店门店数量持续提升

资料来源：华住 2019 年至 2022 年年报，华住 2023 年业绩预告，申万宏源研究。

也正是因为在新冠疫情的关键时期没有通过闭店和裁员断臂求生，华住的市值更为坚挺。虽然历经了新冠疫情时期的困难，华住依然选择逆势扩张，持续下沉中国市场，相比洲际、雅高等酒店，华住在美股市场的表现更为坚挺，一度成为全球酒店行业市值第三的企业。②2023 年酒店业逐步恢复，相比国内及全球其他酒店企业，华住率先复苏，根据公司 2023 年业绩公告，2023 年公司全年 RevPAR 恢复至 2019 年的 122.4%，超越新冠疫情前水平。

① 秦朔、戚德志：《未尽之美：华住 15 年》，中信出版社 2021 年版。

② 华住在 2023 年 10 月 31 日市值排名仍为全球第三；但截至 2023 年 12 月 29 日，华住当日市值排名为全球第四。

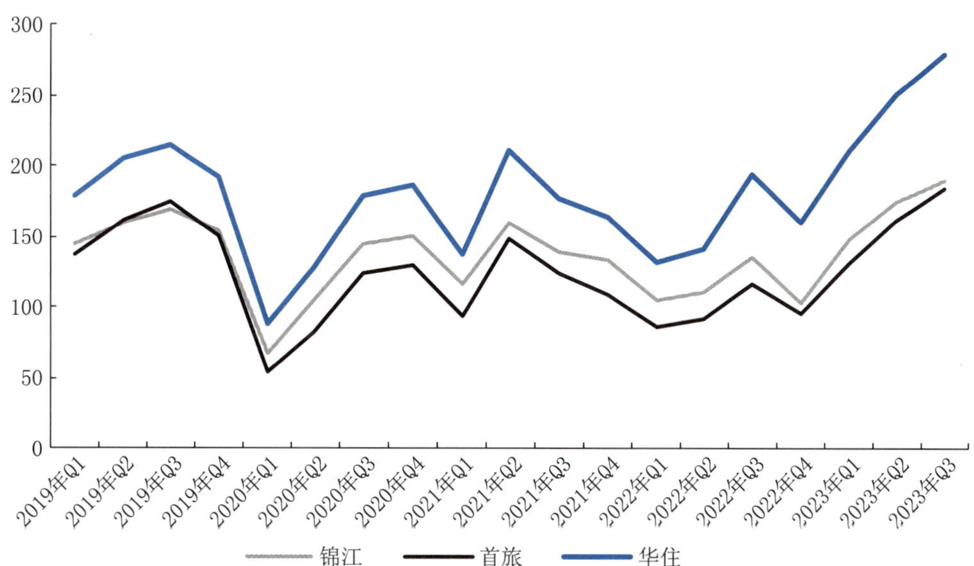

图 161　RevPAR 指标对比华住率先复苏

资料来源：华住季报，万得，申万宏源研究。

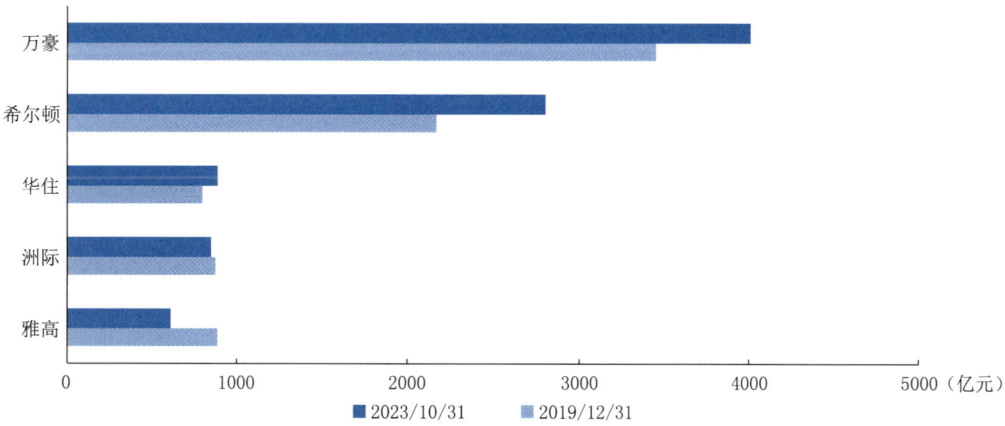

图 162　华住市值一度成为全球前三

资料来源：万得，申万宏源研究。

价值创造：社会责任也是价值的重要体现

在 ESG 不断受到重视的环境下，市场也渐渐开始鼓励和正视企业的正外部性行为。疫情环境下，华住没有通过闭店和裁员断臂求生，而是尽可能地保护员工和顾客。季琦曾公开说过："华住不能变成一个金钱的工具，变成一个逐利的手段，甚至是大家投机的一个平台，我要把它变成一个价值观一致的一批人，志同道合的、做事业、成就伟大的平台"，不仅体现了公司的战略眼光，也体现了公司的社会担当。

也正如老子所说：天地以其不自生，故能长生；圣人以其不自私，故能成其私。① 华住在疫情期间反而完成了逆势扩张，并且引领疫后酒店行业的复苏。

（二）未来何方？保持变革决心

2020 年 5 月，华住决定设立华住集团和华住中国双架构，一方面，由初始团队的"002 号员工"金辉负责华住中国的管理事务，保持华住中国的持续战略加码，通过大部制改革拆分原有细分部门，进一步提升效率，加强部门之间的协同性；另一方面，51 岁的季琦决心从繁琐的日常事务中跳脱出来，探索华住未来的发展边界，在未来也能持续保持创新变革的决心。②

酒店行业发展时间很长，服务方式或随着人们的生活理念、科技环境发生重大变化，未来要时刻做好应对变革的挑战。纵观酒店的发展历史，高端酒店特有的繁琐管家式服务来源于 15—16 世纪欧洲贵族的服务理念，而随着时代的变革，消费者对于"舒适"的理解也在不断变化，"无接触""智能化"的需求快速响应服务受到青睐。未来，在 AR、VR 和智能汽车的普及下，消费者的思维方式与核心需求或将发生变革，酒店的服务模式也将随之发生天翻地覆的变化。在大数据时代，酒店领域也有望成为数据和流量驱动的新产业。

在华住的发展过程中，申万宏源研究持续保持对公司的高度关注。2017—2023

---

① 来自老子《道德经》，原文为："天地所以能长且久者，以其不自生，故能长生。是以圣人后其身而身先，外其身而身存。非以其无私邪？故能成其私。"文中略有调整。

② 来自 2020 华住大会季琦公开演讲。

年，申万宏源研究关于华住相关报告达到16篇，持续验证了在酒店大周期背景下，华住作为龙头企业引领产业持续创新的能力。未来，申万宏源研究将继续保持客观视角，持续追踪华住的发展情况。

表38 申万宏源研究华住相关研究报告（2017—2023年）

发布时间	研　报　标　题
2023年8月27日	Huazhu 2Q23 Review Strong domestic business and lean growth strategy increased
2023年6月1日	Huazhu 1Q23 Review-Strong recovery of the domestic business and accelerated penetration into lower-tier cities
2022年3月30日	Huazhu 2021 results review: Legacy-Huazhu turned profitable
2020年9月26日	国庆三亚酒店预订火爆，华住遭沽空不改市场逻辑判断——休闲服务行业周报（9.20—9.26）
2020年4月25日	休闲服务行业周报（4.20—4.26）——线上渠道带动中免销售恢复，华住疫情下开店加速
2020年3月30日	休闲服务行业周报（3.23—3.29）——华住入住率恢复至62%，龙头餐饮酒店开店计划受影响较小
2020年2月20日	华住（HTHT US）：展店“质”与“量”同发展，龙头优势提升
2019年5月27日	休闲服务行业周报（05.20—05.26）——华住上调开店指引下修经营指标，韩再发6张免税店牌照
2019年1月21日	休闲服务行业周报（01.14—01.20）——海口、博鳌免税店开业，华住四季度入住率下滑收窄
2018年11月19日	休闲服务行业周报（11.12—11.18）——凯撒旅游二股东转让5%股权，进博会刺激华住Q4营收加速
2018年7月23日	休闲服务行业周报（07.16—07.22）——日上中标上海机场标段，华住Q2数据继续领跑行业
2018年3月19日	休闲服务行业周报（03.12—03.18）——华住业绩引领酒店业趋势向上，成立文化与旅游部共创中华文旅影响力
2018年1月22日	休闲服务行业周报（01.15—01.21）——宋城布局西塘演艺小镇，华住数据支持行业回暖
2017年12月4日	休闲服务行业周报（11.27—12.03）——华住酒店三季报再次领跑，丽江旅游实际控制人变更
2017年8月21日	休闲服务行业周报（8.14—8.20）——上半年国内游增速亮眼，华住酒店继续扩大领先优势
2017年6月16日	华住酒店（HTHT US）：酒店业的优等生

资料来源：申万宏源研究。

四、结语：精准、聚焦和长期主义

价值创造的关键：搭建了精准的商业模型。俗话说“三岁看大、七岁看老”，一个优秀企业也正是如此，往往从创业之初的商业模式就决定了能否做大。符合市场且不断变革的商业模式是华住从创业到站稳脚跟的核心。2005 年华住利用 IT 技术打造高周转酒店运营模式，不仅符合市场需求，而且大幅挤压了传统星级酒店的生存空间；2007 年，华住开放加盟模式，改善了传统酒店业的重资产投入模式；在纳斯达克上市以后，华住通过自创品牌和收购品牌等方式全面进入中端酒店市场，进一步优化收益率，再次提升了公司的市场占有率，成为中国最会赚钱的酒店品牌之一。

价值管理的保障：聚焦的管理方式。相比创业阶段的企业，集团化企业的管理更为复杂，管理模式也决定了企业的执行力。在创业阶段，华住的管理聚焦核心创始团队，通过集中的股权架构保障了团队的决策权；上市以后，集团化的企业还需要专业化的分工和科学的考核模式，华住通过“关键少数”的管理方式，实现“一竿子到底”的高效模式，充分利用股权激励绑定中高层管理团队，实现高效运作。

价值曲线的核心：长期主义的资本运作理念。在上市之前，华住就借助 A 轮、B 轮融资迅速扩张，在金融危机之时创始人季琦也没有退缩，而是坚定战略目标自掏腰包填补融资空缺；上市以后，公司利用并购运作稳步提升中高端品牌市场的份额，2012—2020 年陆续收购了星程、桔子水晶、花间堂、DH 酒店等，疫情也没有阻止公司通过收购完成全球化、多品牌的战略布局；疫情后华住快速引领市场恢复，足以证明在长期主义者面前，短期的波动不足为惧，更远的战略眼光引导华住走向更远的前方。

高端制造 02

☐ 科大讯飞：十年磨剑披荆斩棘，乘风破浪独占鳌头

☐ 汇川技术：打破海外垄断，铸就工控领域国产龙头

☐ 比亚迪：全球新能源汽车领导者

☐ 立讯精密：内生成长 + 资本并购推动精密制造企业市值成长

科大讯飞①：

十年磨剑披荆斩棘，乘风破浪独占鳌头

科大讯飞成立于 1999 年，是亚太地区知名的智能语音和人工智能上市企业，总部位于安徽合肥。自成立以来，科大讯飞一直从事智能语音、自然语言理解、计算机视觉、机器学习推理以及自主学习等人工智能核心技术研究并保持了国际前沿技术水平，积极推动人工智能产品和行业应用落地，致力于“让机器能听会说，能理解会思考，用人工智能建设美好世界”。科大讯飞曾多次在语音识别、语音合成、机器翻译、图文识别等领域的国际评测中取得佳绩，同时也是中文语音交互技术标准工作组组长单位，具备牵头制定中文语音技术标准的能力。②目

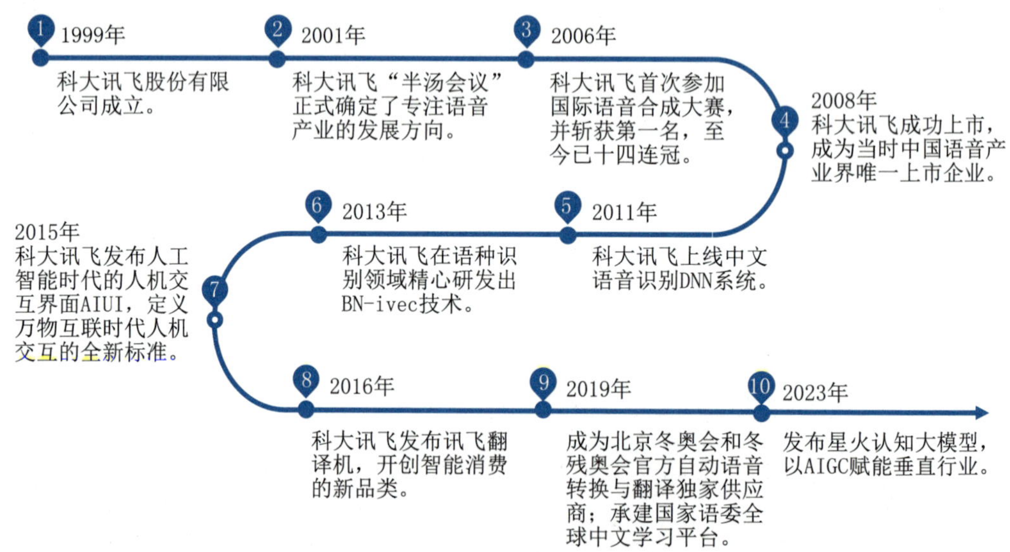

图 163　科大讯飞发展历程

资料来源：科大讯飞官网，申万宏源研究。

---

① 科大讯飞：全称科大讯飞股份有限公司，股票代码 002230。

② 资料来源于科大讯飞官方网站。

前，以科大讯飞为代表的中国人工智能企业已经在引领技术的发展，整体实力处于国际第一梯队。

2008 年 5 月，科大讯飞在深圳证券交易所挂牌上市，当日收盘价为 2.23 元，总市值 32.48 亿元；截至 2023 年末，公司市值为 1074.02 亿元，相比上市之初已上涨 30 多倍。剖析科大讯飞价值成长之路对上市公司价值管理、资本市场发展具有积极意义。截至 2023 年末，申万宏源研究针对科大讯飞已发布 20 余篇研究报告。对公司进行深入分析我们就会发现，科大讯飞价值成长之路十分符合包含价值创造、价值优化、价值曲线和价值营销的“申万宏源价值管理钻石模型”。那么，科大讯飞究竟是怎样从“草台班子”一步步成长为实力处于国际第一梯队的 AI 头部企业的呢？接下来就让我们一起探究吧！

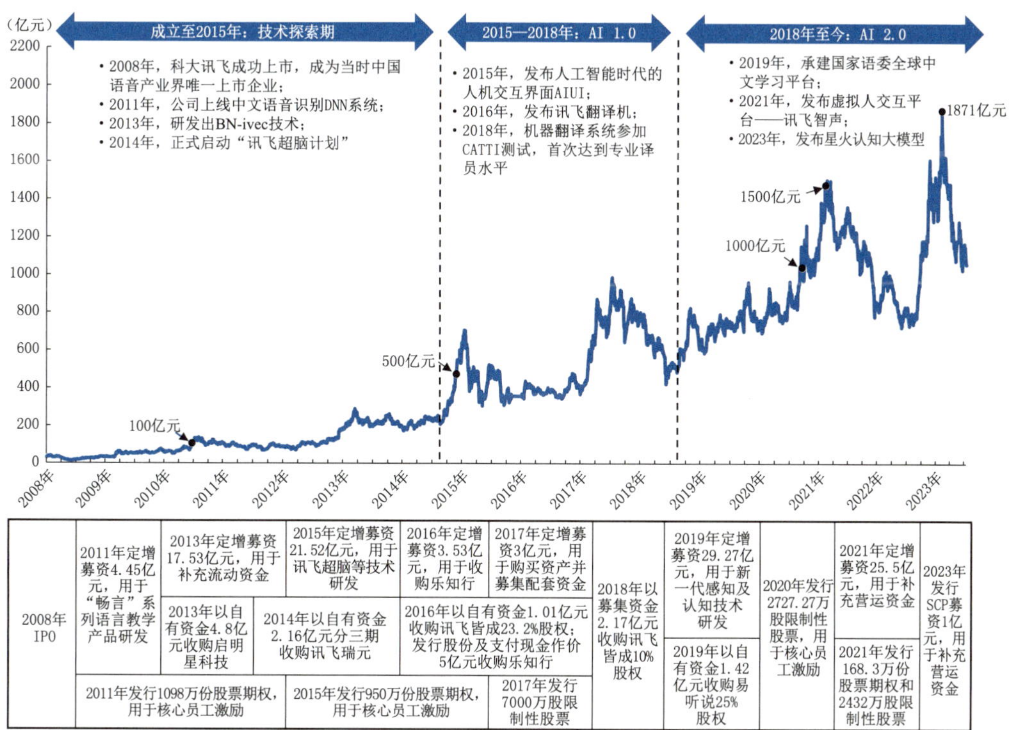

图 164　科大讯飞的市场价值成长之路

资料来源：科大讯飞官网，万得，申万宏源研究。

一、价值创造：行而不辍，吹尽狂沙始到金

价值创造是价值管理的基础，也是中国特色估值体系对上市企业的基本要求。上市公司明确战略定位，根据战略规划设计产业结构布局，明确且不断优化价值创造模式，助力企业提升内在价值。自成立以来，科大讯飞借助行业崛起东风，始终聚焦人工智能主业，坚持源头核心技术创新，持续夯实价值创造根基，不断破浪前行。

（一）行业因素：AI 崛起，扶摇直上九万里

人工智能是研究、开发用于模拟、延伸和扩展人的智能的理论、方法、技术及应用系统的一门新的技术科学，是指能够像人一样进行感知、认知、决策和执行的人工程序或系统。人工智能是引领未来发展的新兴战略性技术，是驱动新一轮科技革命和产业变革的重要力量。习近平总书记多次作出重要指示，强调“要深入把握新一代人工智能发展的特点，加强人工智能和产业发展融合，为高质量发展提供新动能”。自国务院 2017 年印发实施《新一代人工智能发展规划》以来，人工智能产业发展被拉升至国家战略高度，人工智能技术的基础研究、产业转化和传统行业应用都取得了长足进展。随着 IT 行业的蓬勃发展，人工智能应用场景日渐丰富，AI 技术在金融、医疗、制造、交通、教育、安防等多个领域实现技术落地，开始像水和电一样赋能各产业发展，给人类社会的生产生活方式带来重大变革影响。人工智能的广泛应用及商业化，加快推动了企业数字化转型、产业链结构重塑优化以及生产效率的提升。人工智能产业蓬勃兴起，呈现出极高的景气和巨大的发展潜力，为经济发展提供了坚实的发展基石。它不仅是各行业发展的有益补充，更是推动产业数字化转型的核心竞争力。这一趋势引领着数字时代的来临，为企业提供了前所未有的发展机遇，成为商业生态重构的推动力。

行业利好政策不断出台。“十四五”规划指出，在事关国家安全和发展全局的基础核心领域，制定实施战略性科学计划和科学工程，瞄准人工智能等前沿领域，实

施一批具有前瞻性、战略性的国家重大科技项目，将人工智能列为前沿科技领域攻关的重要任务加快发展；2021 年 12 月，工业和信息化部与科学技术部等 15 个部门联合印发了《“十四五”机器人产业发展规划》，将“推进人工智能、5G、大数据、云计算等新技术融合应用，提高机器人智能化和网络化水平，强化功能安全、网络安全和数据安全”作为重要任务；2022 年，人工智能技术被列入《国家中长期科学和技术发展规划（2021—2035 年）》，用 AI 技术为民生需求补短板、建设“幸福中国”，与实体经济深度融合、打造“工业强国”，已成为当前我国经济社会建设的重大历史命题之一；同年，科技部等 6 部门印发的《关于加快场景创新以人工智能高水平应用促进经济高质量发展的指导意见》指出，要统筹推进人工智能场景创新，着力解决人工智能重大应用和产业化问题，全面提升人工智能发展质量和水平，更好支撑高质量发展；2022 年 12 月，中央经济工作会议指出，“要大力推进新型工业化，发展数字经济，加快推动人工智能发展”；2023 年 4 月，中共中央政治局会议提出，“要重视通用人工智能发展，营造创新生态”。上述国家科技产业政策的落地，将为人工智能行业进一步发展提供良好的政策与宏观环境。

人工智能技术近年来实现快速发展。“风起于青萍之末，浪成于微澜之间”，OpenAI 公司于 2022 年底发布了语言大模型 ChatGPT，迅速引发了社会的广泛关注。在“大模型 + 大数据 + 大算力”的加持下，ChatGPT 能够通过自然语言交互完成多种任务，具备了多场景、多用途、跨学科的任务处理能力，被公认为人工智能发展史上一次重大的技术跃迁，为各行各业带来了重大产业颠覆和发展机遇。以 ChatGPT 为代表的 AI 大模型技术可以在经济、法律、社会等众多领域发挥重要作用。大模型被认为很可能像 PC 时代的操作系统一样，成为未来人工智能领域的关键基础设施，引发了新一轮人工智能发展热潮。未来几年，AI 技术将继续快速发展，给多个行业带来重大模式创新和产业变革机遇：一是改变信息分发获取模式；二是革新内容生产模式；三是全面升级人机交互模式；四是实现优质民生资源普惠供给；五是颠覆传统手工编程的代码生产方式；六是加速“AI for Science”的发展。① 同时，AI 技术也有望演进成为每个人的人工智能助手，提升每个人的工作效率和生活质量，深刻地改变人类的生产和生活方式。

① 资料来源于科大讯飞年报。

（二）业务布局：聚焦主业，百花齐放艳阳天

科大讯飞自成立以来始终聚焦智能语音、自然语言理解、机器学习推理及自主学习等人工智能核心技术研究。基于在人工智能领域取得的突破，公司的发展愿景从“让机器能听会说”进一步演进至“让机器能理解会思考”，由智能语音核心技术提供商及应用方案提供商，延伸发展至人工智能产业头部企业。目前，科大讯飞在智能语音和人工智能核心研究与产业化方面的突出成绩得到了社会各界和国内外的广泛认可。

科大讯飞始终坚持“平台＋赛道”的业务发展战略。基于拥有自主知识产权的核心技术，科大讯飞于2010年在业界发布了以智能语音和人机交互为核心的人工智能开放平台——讯飞开放平台，作为首批“国家新一代人工智能开放创新平台”持续为开发者提供一站式人工智能解决方案。① 根据科大讯飞官网资料，截至2024年3月31日，讯飞开放平台已开放660项AI产品及功能，聚集超过

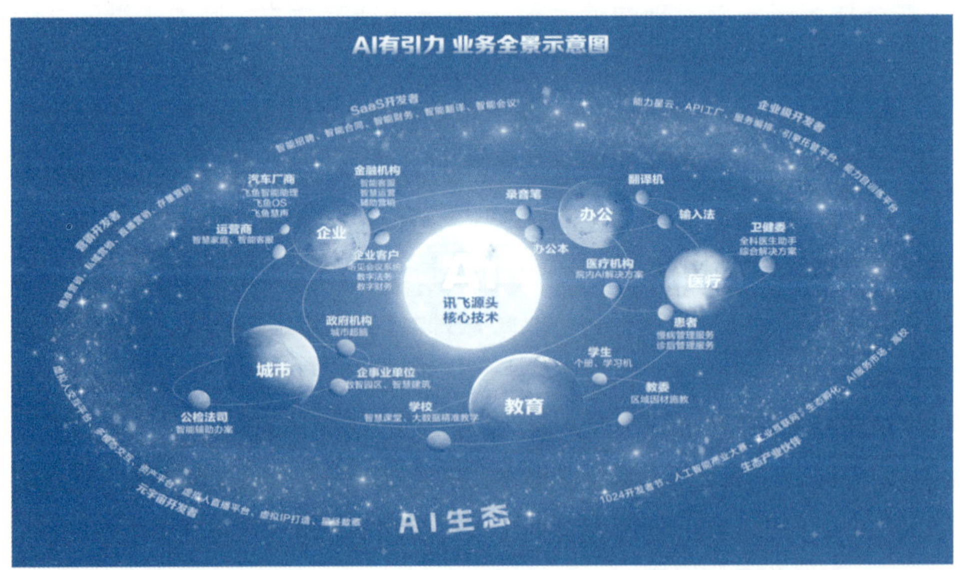

图165 科大讯飞业务全景图
资料来源：科大讯飞年报，申万宏源研究。

① 资料来源于科大讯飞官方网站。

638 万个开发者团队，总应用数超过 229.8 万，累计覆盖终端设备数超过 40.2 亿，AI 大学堂学员总量达到 77.2 万，链接超过 500 万个生态伙伴，以科大讯飞为中心的人工智能产业生态持续构建。在平台基础上，科大讯飞注重技术的产业应用和应用规模，持续拓展行业赛道，现已推出覆盖多个行业的智能产品及服务，推动在智慧教育、智慧医疗、智慧城市、智慧办公、智慧司法、金融科技、智能汽车、运营商、消费者等领域的深度应用，ToB+ToC 双轮驱动成果显现。

多年来，科大讯飞以“看得见、摸得着的应用案例，能够规模化推广，能有统计数据来证明应用成效”为标准，致力于用人工智能解决社会发展中的重大命题。一方面，随着科大讯飞各赛道示范验证持续显现，人工智能已经在教育、医疗、智慧城市、企业数智化转型等重点赛道构建起可持续发展的“战略根据地”，并在 AI 学习机、智能办公本、智能录音笔、翻译机、智能助听器等 C 端智能硬件产品上形成了领先的品牌力和可持续流水型收入；另一方面，科大讯飞依托人工智能国家队的品牌公信力，紧紧围绕解决用户的刚需，在关键核心技术持续高强度研发投入形成代差优势的同时，进一步整合创新链条上关键技术以打造“系统性创新”优势。“战略根据地”和“系统性创新”将成为科大讯飞在把握人工智能产业发展机遇过程中“领先一步到超前一路”的核心竞争优势。

智慧教育业务。在教育领域，科大讯飞面向国家重大教育命题，通过人工智能核心技术加教育教学场景深度融合应用，为学生、教师以及各级教育管理者提供精准便捷的服务，实现教与学过程中的数据积累，帮助师生减负增效，促进教育进步。截至 2023 年末，讯飞智慧教育产品已在全国 32 个省级行政单位以及日本、新加坡等海外市场应用。① 科大讯飞智慧教育业务构建了面向政府（G 端）、企业（B 端）、个人（C 端）三类客户的业务体系：G 端业务主要以市县区等区域建设为主体，涵盖面向区域内各类学校及用户的因材施教整体解决方案等；B 端业务主要以学校建设为主体，包括面向学校的智慧课堂、大数据精准教学、英语听说课堂、智慧作业等；C 端业务主要以家长用户群自主购买为主，包括 AI 学习机、个性化学习手册、课后服务课程服务等产品。

① 资料来源于科大讯飞 2023 年年度报告。

02

图 166　科大讯飞智慧教育业务全景图

资料来源：科大讯飞年报，申万宏源研究。

智慧城市业务。在智慧城市领域，科大讯飞顺应数字中国发展趋势，围绕各地政府数字化转型需求，利用人工智能、大数据等源头核心技术，开展新型智慧城市建设；打造了以“城市超脑”为中枢的新型基础设施和城市运营赋能平台，同时结合人工智能在不同行业的应用场景和专家知识，构建覆盖城市生活各领域的“行业超脑”，形成了面向数字政府、智慧司法、公共安全、智慧园区、智慧水利、信息工程等行业的全面业务布局，助力宜居、有韧性的智慧城市建设。

智慧医疗业务。讯飞医疗以打造“每个医生的 AI 诊疗助理、每个人的 AI 健康助手”为使命，基于医学语义计算、文本理解、知识推理、数据挖掘等核心技术，通过系统性创新，赋能各级医疗机构，促进基层医疗机构的诊疗能力提升和二、三级医院的医疗效率提升。同时，科大讯飞通过信息化技术和智能硬件建立患者与医生之间的长期、高效联系，通过人机协同的方式辅助医生为患者提供及时、有效的慢性病管理和 AI 患者管理服务。科大讯飞“智医助理”是业内唯一通过国家执业医师资格测试的智能辅助诊断系统。根据科大讯飞 2023 年年报，截至 2024 年 1 月 19 日，智医助理累计覆盖全国 30 多个省份 400 多个区县并常态化应用，已提供人工智能辅助诊断建议超过 7.4 亿条、电子病历标准化建议超过 2.8 亿条，并纠正超过 130 万例诊断案例，有效提升了基层诊疗能力。目前，该产品可协助诊断的疾病数由 2021 年的约 1100 种增至 2023 年的 1600 多种，首次诊断推荐可靠性由 2021 年的约 96% 提高至 2023 年的约 98%，处方审核可靠性由 2021 年的约 93% 提高至 2023 年的约 96%。2022 年 6 月，科大讯飞“智医助理建设及应用”入选国家卫生健康委“十大数字健康示范案例”。①

除上述业务外，科大讯飞还有开放平台与消费者业务，运营商、智慧汽车、智慧金融等企业客户 AI 解决方案业务，均已在各自领域取得较大发展。

（三）科技创新：研发赋能，唯有源头活水来

作为技术创新型企业，科大讯飞始终坚持源头核心技术创新。在研发投入方面，科大讯飞近年来研发经费逐年递增，从 2018 年的 17.73 亿元上升至 2023 年的 38.37 亿元，年均复合增长率为 16.70%，每年的科研投入占总营收的比例稳定在五分之一左右。在科研人员方面，公司研发人员数量整体呈上升趋势。截至 2023 年末，科大讯飞共有科研人员 8908 名，占公司总员工比例为 62.05%，其

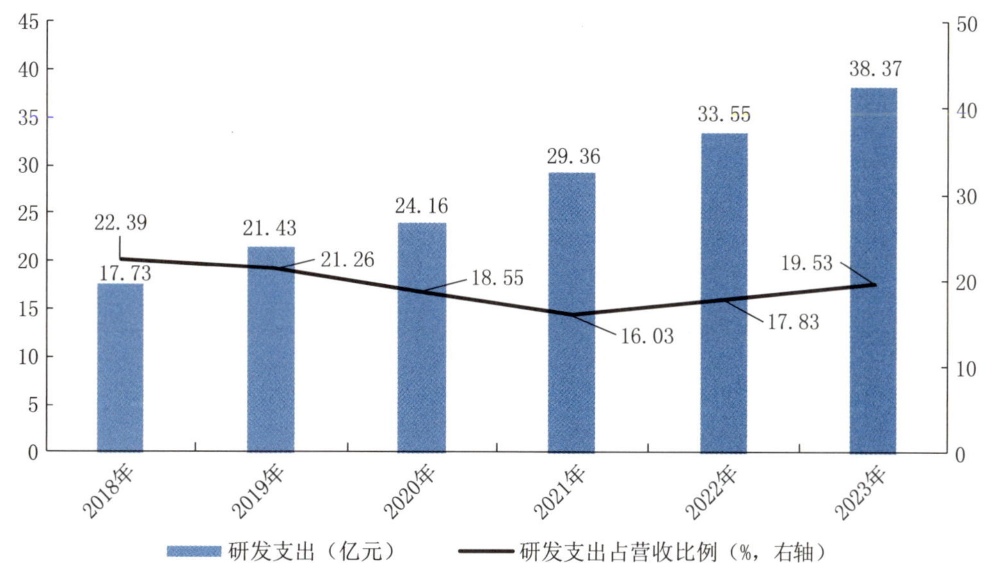

图 167　科大讯飞研发支出及其占营收比例情况

资料来源：万得，申万宏源研究。

① 资料来源于科大讯飞年报。

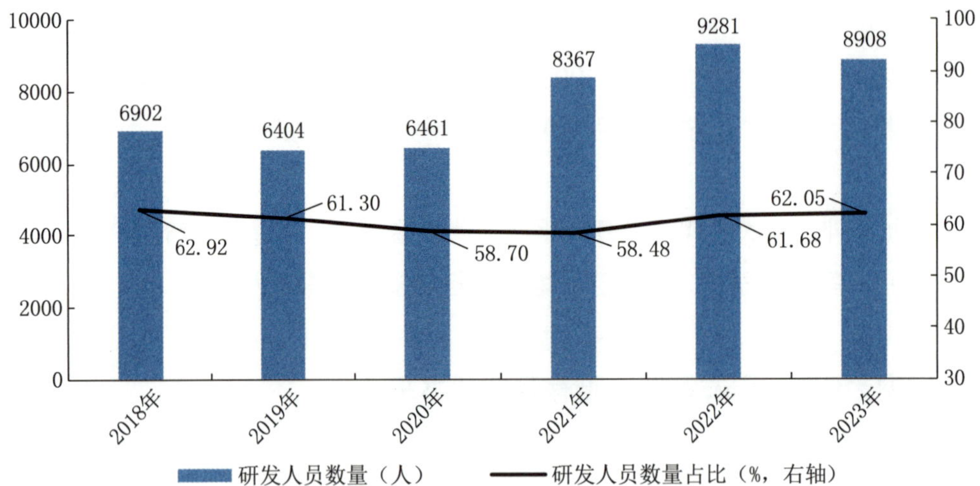

图 168　科大讯飞研发人员数量及其占比

资料来源：万得，申万宏源研究。

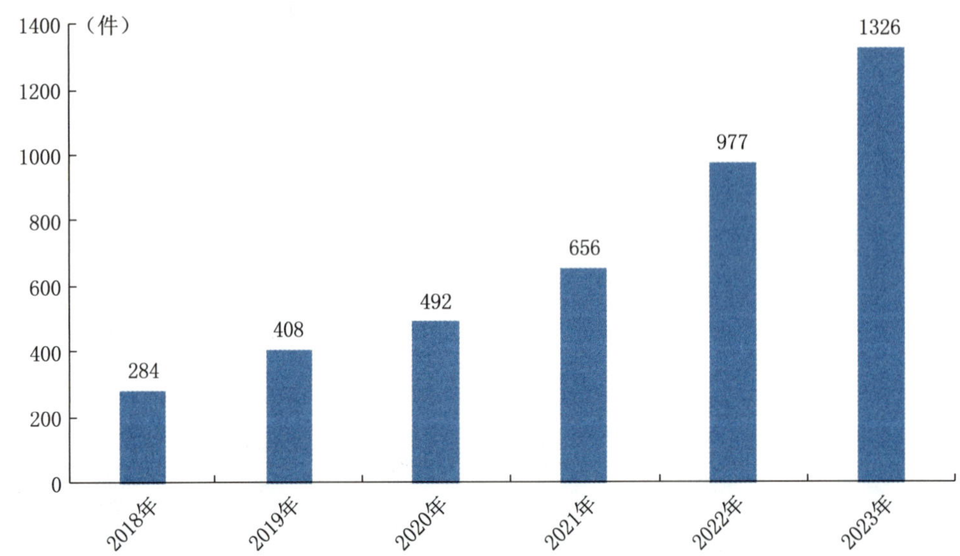

图 169　科大讯飞近年来专利公告数量

资料来源：国家知识产权局，申万宏源研究。

中本科 5904 人、硕士 2585 人，30 岁以下 3420 人、30—40 岁 4955 人，[①] 公司科研队伍不断壮大，并呈高学历、年轻化的发展趋势。在科研成果方面，科

① 资料来源于科大讯飞年报。

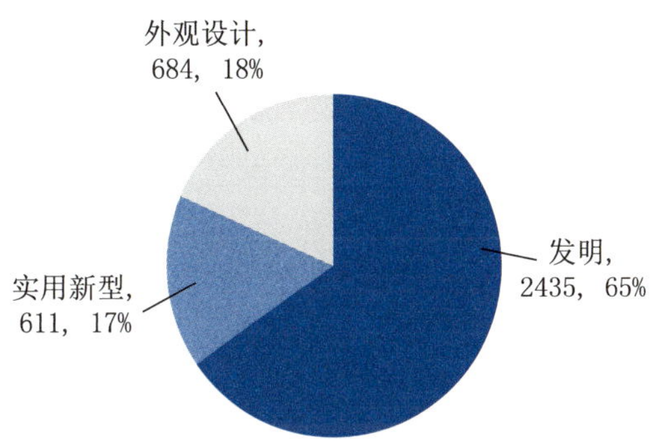

图 170　科大讯飞各类型专利占比
资料来源：国家知识产权局，申万宏源研究。

大讯飞近年来专利公告数量大幅上升，从 2018 年的 284 件快速上升至 2023 年的 1326 件，年均复合增长率为 36.10%。截至 2023 年，公司共有专利 3730 项，其中发明专利 2435 项、外观设计专利 684 项、实用新型专利 611 项。① 科大讯飞凭借自身强大的核心技术创新能力，不断开发出满足乃至引领市场需求的新产品，大大提升公司在市场的竞争力与不可替代性，进一步奠定了公司的行业地位。

科大讯飞积极参与行业标准制定，占据科技创新制高地。根据公司官网资料，科大讯飞于 2003 年获得迄今中国语音产业唯一的“国家科技进步奖”，并被信息产业部认定为“中文语音交互技术标准工作组”组长单位，牵头制定中文语音技术标准；继科大讯飞主持制定的人工智能 ISO②/IEC③ 国际标准技术报告项目——人工智能系统计算方法概述国际标准技术报告项目正式获批立项之后，科大讯飞主持制定的全球首个智能语音交互 ISO/IEC 国际标准项目——全双工语音交互国际标准项目于 2020 年 1 月正式获批立项，该标准项目成为在人机交互领域首个由中国牵头制定的智能语音交互国际标准项目；2020 年 8 月，科大讯飞主持制定的人工智能 ISO/IEC 国际标准项目——人工智能机器学习和分析的数据质量处理过程框架国际标准项目正式获批立项，该标准项目成为首个由中国牵头制定的人

① 资料来源于国家知识产权局。
② ISO：International Organization for Standardization，国际标准化组织。
③ IEC：International Electrotechnical Commission，国际电工委员会。

工智能 ISO/IEC 国际标准项目。[①] 此外，科大讯飞还成立了首批国家新一代人工智能开放创新平台、语音及语言信息处理国家工程研究中心、认知智能全国重点实验室、国家 863 计划成果产业化基地、国家智能语音高新技术产业化基地。根据公司年报，截至 2023 年末，科大讯飞先后主导和参与制定了国内外智能语音、人工智能领域标准 70 余项，其中，已经发布实施的国际标准 2 项、国家标准 29 项、行业标准 8 项和团体标准 9 项。通过参与行业标准的制定，科大讯飞已牢牢占据科技创新制高地。

领先的科技创新能力为公司提供强大的发展动力。基于拥有自主知识产权的核心技术，科大讯飞于 2010 年在业界发布以智能语音和人机交互为核心的人工智能开放平台——讯飞开放平台，为开发者提供一站式人工智能解决方案。2016 年，科大讯飞发布讯飞翻译机，开创智能消费的新品类，获得消费市场的广泛认可。2017 年及 2019 年，科大讯飞连续两届上榜《麻省理工科技评论》全球 50 大最聪明公司榜单，首次入榜时名列全球第六、中国第一。2018 年，科大讯飞机器翻译系统参加全国翻译专业资格（水平）考试（CATTI）的科研测试，首次达到专业译员水平。2019 年，科大讯飞新一代语音翻译关键技术及系统获得世界人工智能大会最高荣誉 SAIL（Super AI Leader，即“卓越人工智能引领者奖”）应用奖；同年 9 月，科大讯飞成为北京 2022 年冬奥会和冬残奥会官方自动语音转换与翻译独家供应商，致力于打造首个信息沟通无障碍的奥运会；同年 10 月，在教育部、国家语委的指导下，科大讯飞承建国家语委全球中文学习平台。2020 年，基于在认知智能领域的前瞻攻关，以及将技术规模化落地应用取得的显著应用成效，科大讯飞认知智能国家重点实验室团队获得中国青年的最高勋章——“中国青年五四奖章”。2021 年，科大讯飞“语音识别方法及系统”发明专利荣获第二十二届中国专利金奖，这是国内知识产权领域的最高奖项。2022 年 8 月，科大讯飞入选 2022 年 BrandZ 最具价值中国品牌 100 强排行榜，以 41.61 亿美元的品牌价值位列第 53 名；同年 12 月，科大讯飞启动“1+N 认知智能大模型技术及应用”专项攻关，其中“1”指的是星火认知智能大模型，“N”指的是教育、医疗、人机交互、办公、翻译等多个行业领域的专用大模型版本。2023 年 5

① 资料来源于科大讯飞年报。

月，星火认知大模型正式发布，并于 2024 年 1 月迭代至 3.5 版本，为公司打开业务增长新空间。

表 39　科大讯飞主要研发项目情况

序号	项目名称	项目目的	项目进展
1	智慧体育考试产品	建立体育考试标准，将考试评价数据转化为教学目标，形成跨产品业务闭环。	开发阶段
2	个性化学习手册	构建个性化学习手册产品，解决初高中学生客户的练习效率低等问题。	开发阶段
3	AI 学习机 T20 系列	持续对学习机 T20 系列机型进行软硬件功能及内容升级。	开发完成
4	AI 学习机 Lumie 10	开发软硬一体化的智慧教育学习机，丰富不同尺寸、规格的产品矩阵。	开发完成
5	标准课堂产品	构建“高效备课”“精准教学”“智能批阅”等功能产品。	开发完成
6	讯飞开放平台系统	面向移动应用、智能家居等众多领域提供丰富的 AI 能力和解决方案。	开发完成
7	AI 虚拟人交互平台	重点加强虚拟人交互平台及其配套应用资产的建设。	开发完成
8	互联网酷音	面向手机厂商、互联网 APP 客户，提供可行性解决方案及针对性优化方案。	开发完成
9	讯飞 AI 输入法	持续迭代互联网版本拓展用户规模，不断探索新的变现路径提升收入规模。	开发完成

资料来源：科大讯飞年报，申万宏源研究。

二、价值优化：为者常成，打铁还需自身硬

价值优化是价值实现的保障。价值优化包括公司治理优化、考核激励优化、人才队伍优化等体制机制的推进，是进一步提升价值创造动力的重要途径。科大讯飞自成立至今十分注重公司的价值优化，通过优化公司治理、股权架构、考核激励等方式不断提升公司价值创造效率。

科大讯飞创始人兼董事长刘庆峰先生，于 1990 年考入中国科学技术大学少年班，因专业成绩突出于 1992 年被选入中国科技大学与国家智能计算机研究开发中心共同设立的“人机语音通信实验室”参与科学研究，1995 年担任该实验室所承担的国家 863 项目“KD 系列汉语文语转换系统”的主要负责人，立志实现“让计算机像人一样开口说话”。1999 年，26 岁的博士二年级学生刘庆峰带领十几名同学创立科大讯飞，并担任总裁。创业之初，他们曾被别人笑称为“草台班子”，整日蜗居在租来的民房中夜以继日地工作。甚至在最困难的时期，刘庆峰以个人名义四处筹借才发出春节前的工资。公司上市后，刘庆峰于 2009 年 4 月起担任公司董事长，并于 2013 年荣获第十四届中国经济年度人物、2018 年入选“改革开放 40 年百名杰出民营企业家”、2020 年荣获“全国劳动模范”称号。成立 20 多年以来，科大讯飞的实际控制人始终是刘庆峰先生，稳定的核心领导确保了公司始终坚持“顶天立地”的发展战略（“顶天”是指核心技术始终保持国际领先，“立地”是让技术成果实现大规模产业化应用），为公司高质量发展奠定了坚实基础。

公司虽然股权较为分散，但核心管理团队十分稳定。截至 2023 年末，公司前十大股东合计持股比例为 32.77%，其中战略投资者中国移动通信有限公司持股比例为 10.01%，为公司第一大股东；刘庆峰先生直接持股 5.54%，同时与中科大

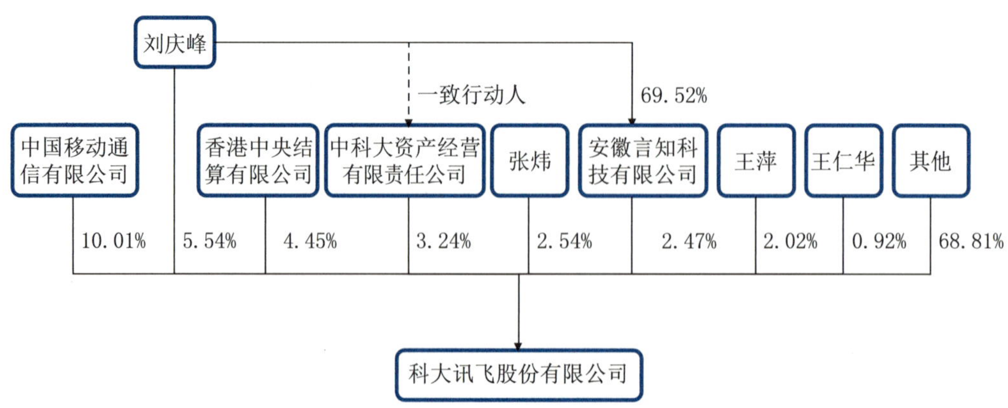

图 171　科大讯飞股权结构图（截至 2023 年 12 月）

资料来源：万得，申万宏源研究。

资产经营有限责任公司签署一致行动协议、拥有安徽言知科技有限公司的实际控制权、拥有王仁华和吴晓如等股东表决权的委托，为科大讯飞实际控制人；香港中央结算有限公司持股比例为 4.45%；张炜、王萍、王仁华等 5 位自然人股东共持 7.06%。科大讯飞股权结构较为分散，刘庆峰先生作为实际控制人，带领稳定的核心领导团队，有利于公司保持长期稳定的发展节奏，消除股权分散带来的不稳定风险。

多次进行股权激励绑定核心员工利益。万得数据显示，科大讯飞自上市至 2023 年末已开展 6 次股权激励，激励方式包括股票期权、限制性股票两种，激励对象涵盖公司董事、高级管理人员、核心技术人员与核心业务人员。2011 年 12 月，科大讯飞以股票期权的方式首次进行股权激励，首期计划授予 369 名激励对象 1098 万份股票期权，占当时公司股本总数 2.52 亿股的 4.36%，行权价格为每份 40.76 元；在发行完两期股票期权后，公司于 2017 年 5 月对财务总监、6 位副总裁和其他 915 位核心骨干授予 7000 万股限制性股票，占当时公司股本总额 13.15 亿股的 5.32%，授予价格为 13.80 元 / 股。科大讯飞最新的股权激励开展于 2021 年底，公司对 2323 名骨干授予了股票期权和限制性股票，激励对象范围之广、数量之多创历次新高。通过 6 次股权激励，科大讯飞将公司发展与员工利益深度绑定，充分调动了公司高层和核心员工的积极性、责任感和使命感，提高了企业核心竞争力，极大促进了企业的长期发展和可持续性。

表 40　科大讯飞历次股权激励情况

激励类型	公告时间	人数	股数	激励总股数占当时总股本比例	授予价格
股票期权	2011 年 12 月	369	1098 万份	4.36%	40.76 元 / 份
股票期权	2015 年 1 月	212	950 万份	1.19%	29.88 元 / 份
限制性股票	2017 年 5 月	922	7000 万股	5.32%	13.80 元 / 股
限制性股票	2020 年 12 月	1933	2727.27 万股	1.24%	18.28 元 / 股
股票期权	2021 年 11 月	70	168.30 万份	0.07%	52.95 元 / 份
限制性股票	2021 年 12 月	2253	2432.02 万股	1.06%	26.48 元 / 股

资料来源：万得，申万宏源研究。

三、价值曲线：资本助力，借得东风好扬帆

价值曲线是价值管理的运用。上市公司合理运用价值管理曲线，在不同市场环境下合理利用资本市场各种金融工具进行资本运作，实现公司价值最大化。自成立以来，科大讯飞积极嫁接资本市场，合理运用价值管理曲线，利用各种资本运作方式实现企业资本增值、效益增长，其运作方式主要为上市及再融资、投资并购等。

科大讯飞积极推进上市及再融资，促进企业蓬勃发展。2008 年 5 月，科大讯飞成功在深圳证券交易所挂牌上市，募资总额为 3.39 亿元，推动了公司普通话口语评测及教学软件产业化项目、嵌入式语音软件升级及产业化项目、以中文为核心的多语种语音关键技术研究与工程中心建设项目等核心项目的开发与落地；2011 年 4 月，公司开展上市后的首次定向增发，募集资金总额为 4.45 亿元，用于支持“畅言”系列语言教学产品研发及产业化等项目；2013 年至 2021 年，公司又进行了 6 次定向增发，发行对象涵盖公司股东及其关联方、机构投资者、境内自然人，总募集资金超过 100 亿元；2023 年 4 月，科大讯飞发行超短期融资券“23 科大讯飞 SCP001”，募集资金 1 亿元用于补充公司营运资金。这些直接融资有力支撑了公司科研实力的提升、核心项目的落地和公司业务的优化与拓展。

表 41　科大讯飞历次直接融资

发行日期	融资方式	募资总额	资　金　用　途
2023 年 4 月 27 日	超短期融资券	1.00 亿元	补充营运资金。
2021 年 7 月 5 日	定向增发	25.50 亿元	补充流动资金。
2019 年 6 月 27 日	定向增发	29.27 亿元	用于新一代感知及认知核心技术研发项目、智能语音人工智能开放平台等项目，补充流动资金。

（续表）

发行日期	融资方式	募资总额	资　金　用　途
2017 年 3 月 3 日	定向增发	3.00 亿元	补充乐知行流动资金，购买资产并募集配套资金。
2016 年 11 月 18 日	定向增发	3.53 亿元	发行股份购买乐知行 100% 的股权。
2015 年 7 月 28 日	定向增发	21.52 亿元	用于智慧课堂及在线教学云平台项目、“讯飞超脑”关键技术研究及云平台建设等项目。
2013 年 4 月 15 日	定向增发	17.53 亿元	补充流动资金。
2011 年 4 月 20 日	定向增发	4.45 亿元	用于“畅言”系列语言教学产品研发及产业化项目、电信级语音识别产品研发及产业化等项目，补充公司流动资金。
2008 年 5 月 12 日	首发	3.39 亿元	用于普通话口语评测及教学软件产业化等项目，设立安徽省科普产品工程研究中心有限责任公司等子公司，补充公司流动资金，对安徽讯飞智元信息科技有限公司等子公司进行增资。

资料来源：万得，申万宏源研究。

科大讯飞运用投资并购，持续完善业务布局，提升市场竞争力。2013 年 6 月，科大讯飞以自有资金 4.80 亿元收购广东启明科技发展有限公司 100% 股权，开始涉足招生考试软件系统与服务、考试数据处理、标准化考场等业务领域。2014 年 10 月，公司以自有资金分三期购买上海讯飞瑞元信息技术有限公司 100% 的股权，进军通信运营商信令分析软硬件和服务领域。2016 年 3 月，公司出资 1.01 亿元收购安徽讯飞皆成信息科技有限公司 23.2% 股权，进一步强化教育信息化软件产品的研究、开发与销售服务业务；同年 5 月，公司发行股份及支付现金作价 5 亿元收购北京乐知行软件有限公司 100% 股权。2019 年 7 月，公司出资 1.42 亿元收购广州讯飞易听说网络科技有限公司 25% 的股权，进一步强化在线英语教育业务板块。目前，科大讯飞通过投资并购等方式在智能语音、自然语言理解、机器学习推理及自主学习等人工智能领域，已建立起涵盖教育、医疗、智慧城市、企业数智化转型、办公、金融等多元业务体系，企业核心竞争力得到大幅提高。

表 42　科大讯飞重大并购事件

公告时间	并购标的	股权转让比例	交易方式及对价	标的主营业务
2013 年 6 月	广东启明科技发展有限公司	100%	自有资金 4.8 亿元	招生考试软件系统与服务、考试数据处理、标准化考场相关产品及系统。
2014 年 10 月	上海讯飞瑞元信息技术有限公司	100%	以自有资金分三期购买，合计 2.16 亿元	为移动等通信运营商提供信令分析软硬件产品和服务。
2016 年 3 月	安徽讯飞皆成信息科技有限公司	23.2%	自有资金 1.01 亿元	教育信息化软件产品的研究、开发与销售服务。
2016 年 5 月	北京乐知行软件有限公司	100%	发行股份及支付现金，作价为 5 亿元	提供集软件产品开发、销售、服务于一体的教育信息化整体解决方案。
2018 年 3 月	安徽讯飞皆成信息科技有限公司	10%	募集资金 2.17 亿元	教育信息化软件产品的研究、开发与销售服务。
2019 年 7 月	广州讯飞易听说网络科技有限公司	25%	自有资金 1.42 亿元	在线英语教育。

资料来源：科大讯飞公告，申万宏源研究。

四、价值营销：真诚沟通，一片冰心在玉壶

价值营销是价值信息的传递。价值营销的核心是 4R 管理，即投资者关系管理（IR）、分析师关系管理（AR）、媒体关系管理（MR）、监管层关系维护（RR）。价值营销打破公司内在价值和公司市场价值之间的“柏林墙”，通过提升信息披露质量，进行 4R 关系管理，有效降低资本市场与上市公司之间的信息不对称，让资本市场的价格更加准确反映公司内在价值。投资者关系管理是指上市公司通过便利投资者权力行使、信息披露、互动交流和诉求处理等工作，加强与投资者及潜在投资者之间的沟通联系，增强投资者对上市公司的了解与认同，以提升上市公司治理水平和企业整体价值，实现尊重投资者、回报投资者、保护投资者目的的相关活动。

自上市以来，科大讯飞十分重视价值营销工作，现已建立及时、多元、高效的 4R 管理体系。一方面，科大讯飞通过定期报告、临时公告、官网、财经媒体（《证券时报》《中国证券报》《上海证券报》《证券日报》等）、自媒体（抖音、微信、微博、小红书等账号）等渠道进行相关信息的发布和传播；另一方面，科大讯飞还积极开展市场与投资者关系活动，包括定期的业绩说明会、股东大会、分析师会议、路演等，不定期的实地调研、电话沟通、媒体采访与新闻发布会等。根据公司公告，科大讯飞于 2022 年 4 月召开的 2021 年度业绩说明会观看量合计达 236 万人次，创下 A 股上市公司纪录，有效覆盖了广大投资者、分析师、媒体与监管层；2023 年，公司共开展 44 场投资者关系活动。由于突出的价值营销工作，科大讯飞荣获证券时报“最佳投资者关系”与“优秀 IR 团队”、中国基金报“杰出 IR 公司”等一系列荣誉。① 健全且有效的价值营销体系很好地提高了资本市场和投资者对科大讯飞的认知度与认可度，减少了信息不对称，纠正了市场估值偏差，对提升公司市值、增强市场与投资者信心起到了一定作用。

表 43　科大讯飞旗下微博自媒体账号统计

微博账号名称	粉丝数量	微博账号名称	粉丝数量
科大讯飞	43.9 万	讯飞小晴	12.9 万
科大讯飞智能录音笔	66.2 万	讯飞智能投影仪	5.2 万
科大讯飞飞粉之家	52.5 万	科大讯飞智慧教育	5.1 万
科大讯飞翻译机	26.7 万	讯飞智能汽车	3.3 万
讯飞听见	18.9 万	科大讯飞课后服务	1.4 万
讯飞语记	13.4 万	讯飞商城	1.1 万

资料来源：微博，申万宏源研究。
注：“讯飞小晴”是科大讯飞虚拟人小晴的自媒体账号。数据统计时间为 2023 年末。

值得提及的是，科大讯飞还设有专门的投资者关系互动平台。科大讯飞在资本市场路演互动平台——全景网上设有专门的投资者关系互动平台，投资者可以通过公司官网的“投资者关系”栏目链接进入。投资者关系互动平台包含了公司简介、财务信息、公司高管、最新路演、投资者问答、公司公告、机构调研等栏

① 资料来源于科大讯飞年报。

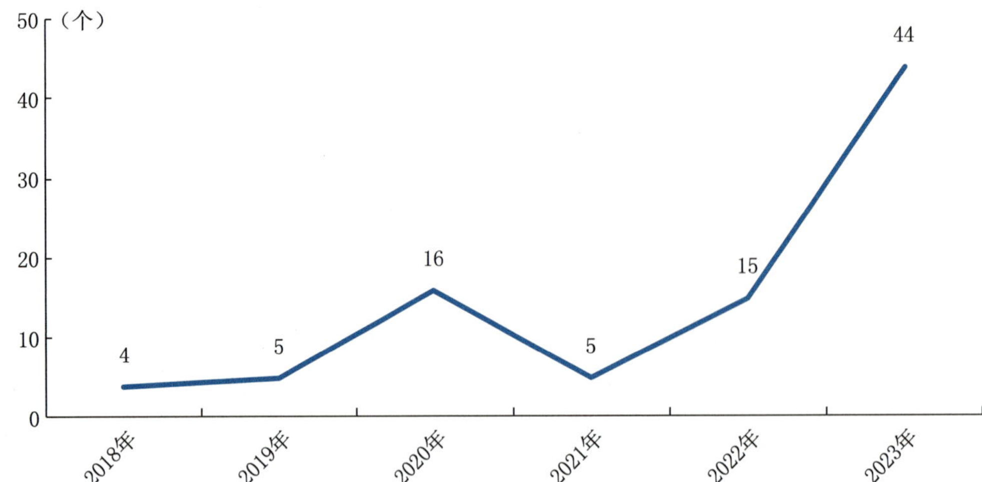

图 172　科大讯飞近年来投资者关系活动数量

资料来源：科大讯飞公告，申万宏源研究。

目，投资者、媒体、分析师和监管层不仅可以在平台上了解公司最新讯息，也可以随时向公司进行提问，就市场最为关心的问题进行互动。由于出色的投资者关系管理工作，科大讯飞于 2020 年荣获年度全景网投资者关系金奖之“杰出 IR 企业”。目前，该平台已成为科大讯飞进行价值营销的重要窗口。

图 173　公司投资者关系互动平台界面

资料来源：科大讯飞官网，申万宏源研究。

图 174　科大讯飞与投资者的直接交流

资料来源：科大讯飞官网，申万宏源研究。

五、价值呈现：厚积薄发，风物长宜放眼量

经过价值创造、价值优化、价值曲线、价值营销，科大讯飞既找到了公司发展的“长坡”，又通过不懈奋斗使自身具备“厚雪”的条件，公司市值与业绩表现持续向好。

公司市值不断攀升，较上市之初已上涨 30 多倍。根据万得数据，科大讯飞于 2008 年 5 月 12 日在深圳证券交易所挂牌上市，当日收盘价为 2.23 元，总市值 32.48 亿元；2009 年 7 月 16 日，公司市值超过 50 亿元；2010 年 11 月 2 日，公司市值超过 100 亿元；2015 年 4 月 10 日，公司市值超过 500 亿元；2017 年 8 月 16 日，公司市值超过 800 亿元；2021 年 1 月 13 日，公司市值首次超过 1000

亿元；2021 年 6 月 30 日，公司市值超过 1500 亿元；2023 年 6 月 20 日，公司市值达到 1870.97 亿元；截至 2023 年 12 月 31 日，公司股价为 46.38 元，市值为 1074.02 亿元，相比上市之初已上涨 30 多倍。

图 175　科大讯飞市值变化图

资料来源：万得，申万宏源研究。

公司营收实现稳步向好。得益于行业的高速发展和企业战略的正确实施，科大讯飞近年来营业总收入快速上升，从 2018 年的 79.17 亿元上升至 2021 年的 183.14 亿元，年均复合增长率达 32.25%。根据公司年度报告，科大讯飞 2022 年实现营业收入 188.20 亿元，较上年增长 2.76%，主要由于疫情较大程度上延缓了公司相关项目的实施、交付、验收等工作进度，影响了收入的实现进度。尽管受到上述因素影响，公司 2022 年可持续型“根据地业务”仍实现了 23% 的增长，① 一定程度抵消了部分项目延期所产生的影响。2023 年，科大讯飞营业收入达 196.50 亿元，增长率为 4.41%，实现了质的有效提升和量的合理增长，持续向好态势保持不变，公司经营业绩经受住了考验。

① 数据来源于科大讯飞 2022 年年会，公司“根据地业务”即具备长期经营能力、持续增长潜力、用户高依赖度和行业示范价值的业务，如考试、学习机、智医助理、医保控费、智慧汽车等业务。

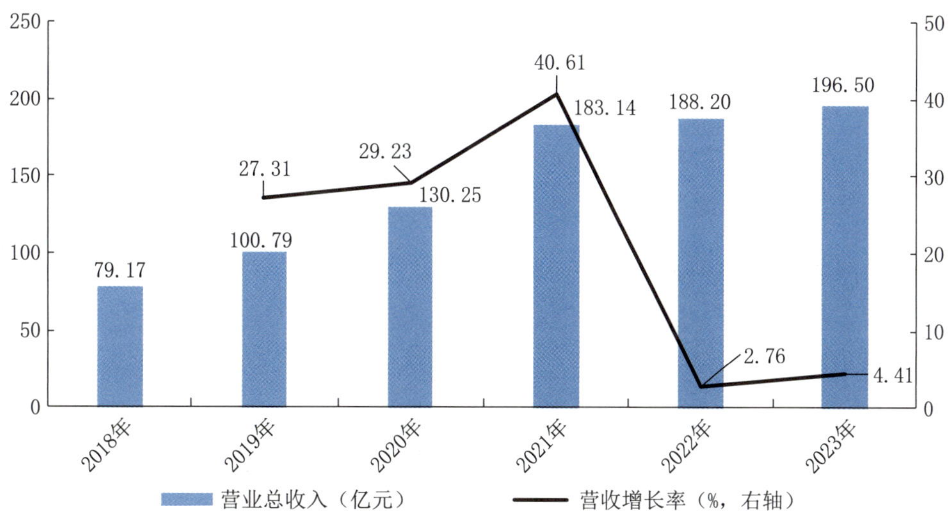

图 176　科大讯飞近年来营收情况

资料来源：科大讯飞年报，申万宏源研究。

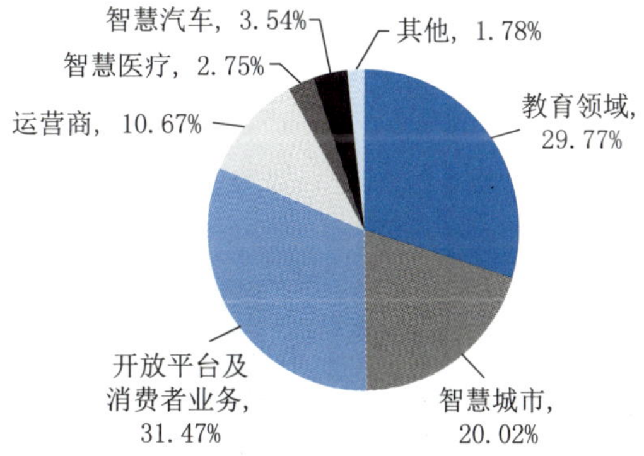

图 177　科大讯飞 2023 年各业务营收占比情况

资料来源：科大讯飞年报，申万宏源研究。

公司盈利能力回升，研发投入持续提高，未来盈利上升空间较大。得益于我国宏观经济稳步复苏、人工智能行业快速发展等因素影响，科大讯飞盈利能力 2023 年有所回升。在利润方面，2023 年公司毛利上升至 83.83 亿元，较上年增长 9.10%；净利润由上年的 4.99 亿元增加至 6.13 亿元，增幅达 22.85%。在利润率方面，科大讯飞 2023 年毛利润回升至 42.66%，净资产利润率增长至 3.55%，结束了疫情以来利润率持续下降的局面，公司盈利能力有效回升。尽管公司近年来业绩面临较大压力，但是科大讯飞一如既往重视核心科技研发。公司

02

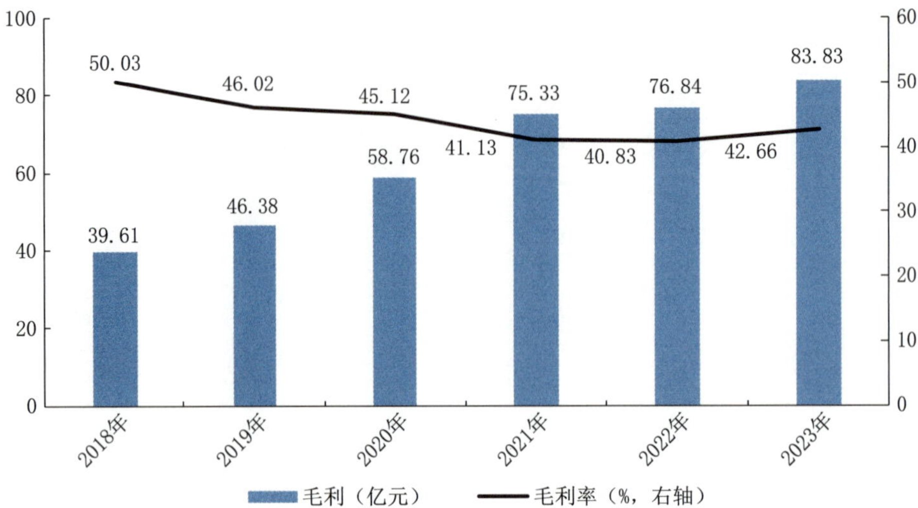

图 178　科大讯飞近年来毛利及毛利率情况

资料来源：科大讯飞年报，申万宏源研究。

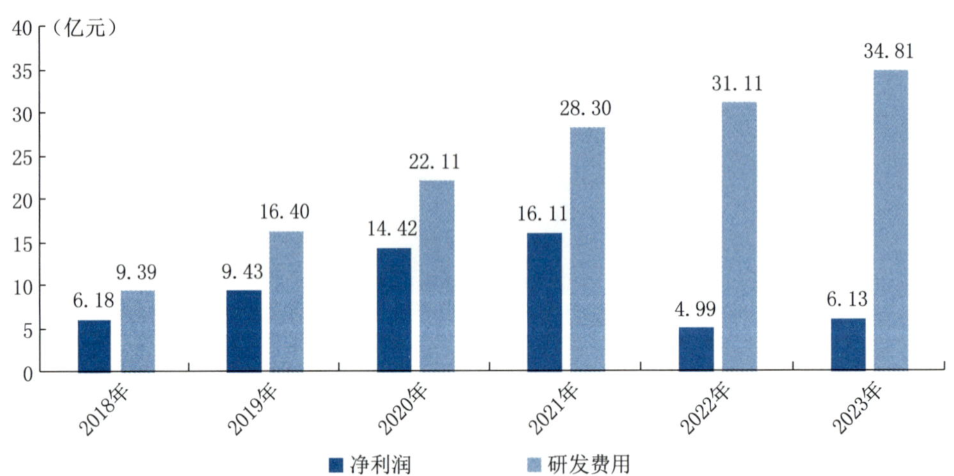

图 179　科大讯飞近年来净利润及研发费用情况

资料来源：科大讯飞年报，申万宏源研究。

2023 年在教育、医疗等业务的合作平台拓展、新产品研发、核心技术自主可控和国产化适配等研发方向共投入 34.81 亿元，研发费用近 10 年年均复合增长率达 24.92%。展望未来，受益于宏观经济进一步回暖、国产供应链的加速替代和“星火”大模型、“讯飞超脑 2030 计划”等一大批核心项目的持续落地，科大讯飞营收与盈利能力预计将进一步回升，公司未来业绩增长空间较大。

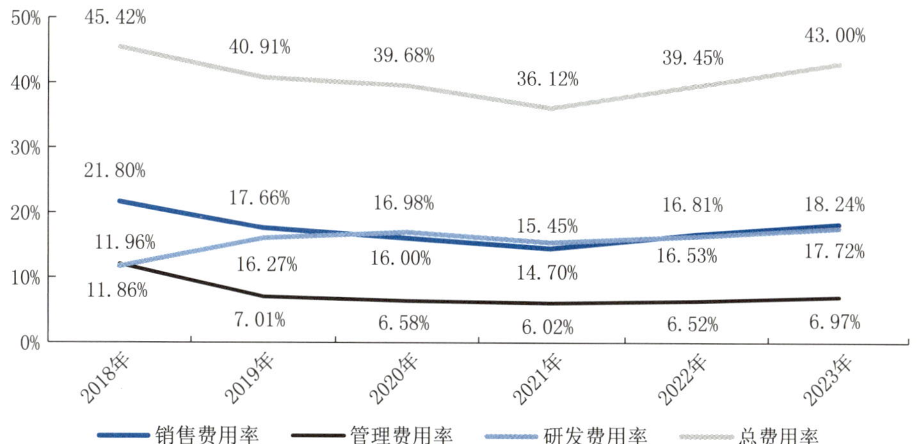

图 180 科大讯飞近年来各项费用率变化情况

资料来源：万得，申万宏源研究。

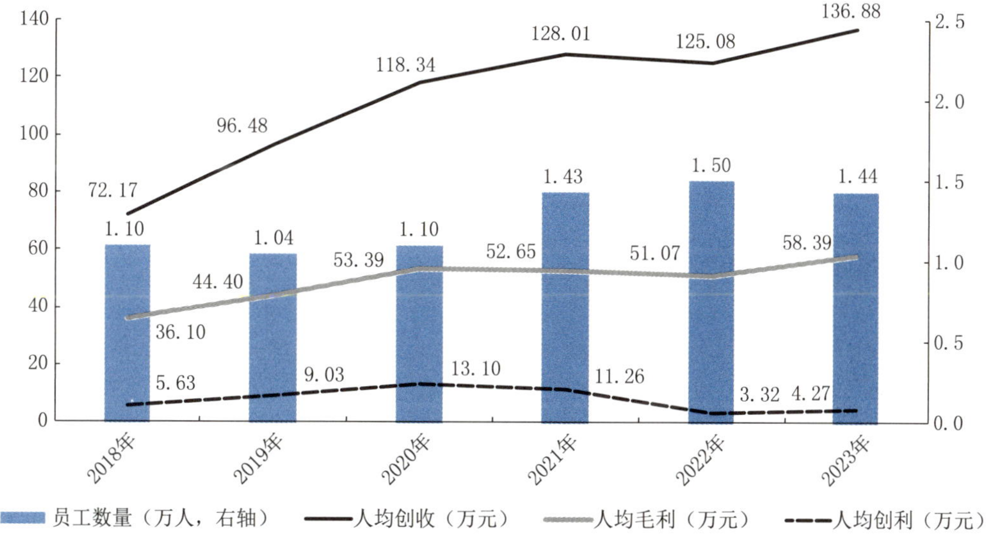

图 181 科大讯飞近年来人均效益情况

资料来源：万得，申万宏源研究。

总费用率控制良好，人均效益整体上升。近年来，科大讯飞内部费用控制情况保持良好，人均创收等效益指标整体呈上升趋势，公司降本增效成果显著。一方面，公司费用率总体呈下滑趋势。根据万得数据，科大讯飞 2018—2023 年销售费用率从 21.80% 降至 18.24%，管理费用率从 11.96% 压减至 6.97%，总费用率从 45.42% 降至 43.00%。另一方面，公司近年来人均效益不断上升。2018—

2023 年，公司人均创收额从 72.17 万元升至 136.88 万元，年均复合增长率为 13.66%；人均毛利额从 36.10 万元增至 58.39 万元，增幅为 61.73%；人均创利额由于研发投入上升等因素在 2022 年出现暂时下滑，但并不影响公司人均效益整体上升趋势。总之，科大讯飞在保持费用控制良好的同时，也实现了人均效益的提升，尤其在外部环境施压的情况下，公司降本增效仍取得较为显著的成果。

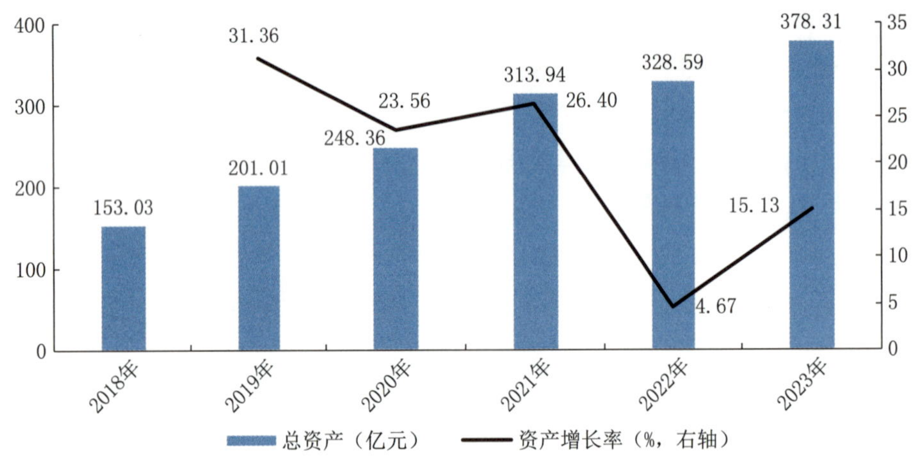

图 182　科大讯飞资产规模变化情况

资料来源：万得，申万宏源研究。

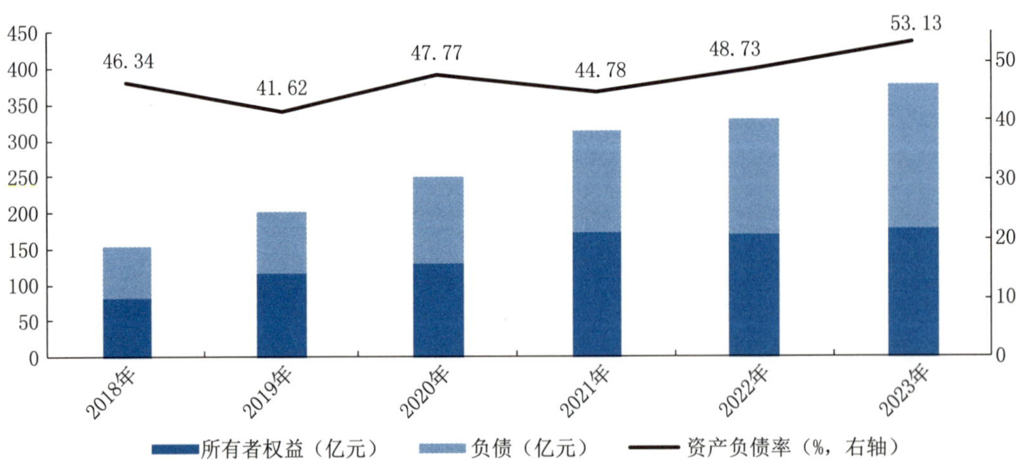

图 183　科大讯飞所有者权益与负债情况

资料来源：万得，申万宏源研究。

公司资产规模快速增长，偿债水平较为稳定。万得数据显示，2018—2023 年，科大讯飞总资产规模持续上升，从 153.03 亿元增长至 378.31 亿元，年均复合增长率为 19.84%，在承压较大的 2022 年仍实现 4.67% 的增长。在资产扩张的同时，科大讯飞的偿债水平基本保持稳定。2018—2023 年，公司资产负债率稳定在 50% 左右，公司杠杆率维持在较为健康的水平。

六、结语：创就华章，山林雨后玉兰香

回顾公司发展历程，科大讯飞在激烈的行业竞争中披荆斩棘、砥砺前行，现已成为无可争议的人工智能行业头部企业。除了受国内外人工智能行业步入增长快车道和国家利好政策影响外，公司也自有成长逻辑。价值创造方面，公司进行前瞻性的业务布局，同时具备较强的执行力。科大讯飞始终聚焦智能语音、自然语言理解、机器学习推理及自主学习等人工智能核心技术研究，并基于在人工智能领域取得的技术突破逐步发展至人工智能产业头部企业。同时，公司极其重视科技创新。自成立以来，公司持续对未来确定性较强的前沿技术进行战略布局，即使在外部极度承压的情况下，科研投入占总营收的比例始终稳定在五分之一左右，从而塑造了科大讯飞较高的技术壁垒；价值优化方面，正确且稳定的核心领导使公司可以保持长期稳定的发展节奏，公司始终坚持“顶天立地”的发展战略，并通过多次股权激励绑定核心员工利益，为公司高质量发展奠定了坚实基础；价值曲线与营销方面，通过上市、投资并购等方式积极嫁接资本市场和做好 4R 管理工作也为公司资本增值、效益增长、价值发现作出了不可替代的贡献。整体而言，科大讯飞的价值成长之路很好地诠释了“申万宏源价值管理钻石模型”的重要意义，既找到了“长坡”又做到了“厚雪”。展望未来，以科大讯飞为代表的中国人工智能企业将坚守创新，初心不改，继续引领世界前沿技术发展，用人工智能建设美好世界！

汇川技术[①]：

打破海外垄断，铸就工控领域国产龙头

习近平总书记高度重视推动我国制造业转型升级，从制造业大国走向制造业强国。2023年中央经济工作会议明确提出“要以科技创新推动产业创新，特别是以颠覆性技术和前沿技术催生新产业、新模式、新动能，发展新质生产力”。习近平总书记强调，新质生产力是创新起主导作用，摆脱传统经济增长方式、生产力发展路径，具有高科技、高效能、高质量特征，符合新发展理念的先进生产力质态。而汇川技术致力推进智能制造，共同实现产业升级，从2003年创立以来，聚焦工业领域的自动化、数字化、智能化，专注“信息层、控制层、驱动层、执行层、传感层”核心技术研发，在低压变频器、通用伺服等领域的国内市场份额逐步赶超西门子、三菱等海外老牌企业，现已经成长为拥有自主知识产权的国内工业自动化控制领域的龙头企业，以新质生产力将创新成果深度融合于传统产业中，为产业升级注入强劲动力，是我国工业自动化发展过程中不容忽视的一张名片。

汇川技术是国内工业自动化控制领域的佼佼者和上市企业，入选“2022胡润中国500强民营企业”，排名第42位；截至2024年5月，股票市值从上市之初的近100亿元攀升至近1700亿元。[②]汇川技术拥有苏州、杭州、南京、上海、宁波、长春、香港等30余家分子公司，2023年，公司累计获得专利及软件著作权3297项，拥有员工2万余人。

汇川技术并不是唯一一家脱胎于华为的工控企业，但唯有汇川技术实现了千亿市值的腾飞。20年前的汇川技术是怎么一步步从西门子、松下、安川电机等国际

---

① 汇川技术：全称深圳市汇川技术股份有限公司，股票代码300124。

② 汇川技术2010年9月28日上市首日总市值为99.35亿元；截至2024年5月6日公司总市值为1685.26亿元。

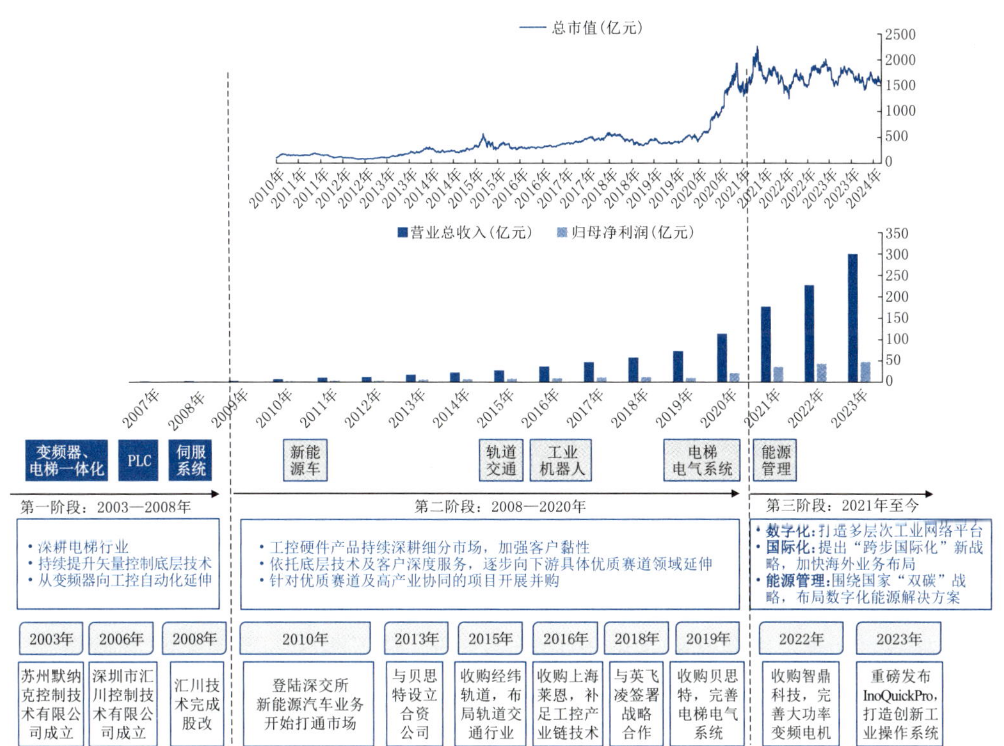

图 184　汇川技术的市场价值成长之路

资料来源：汇川技术公告，申万宏源研究。

知名企业占据主导地位的市场中破茧成蝶，蜕变为国内有自主知识产权的工业自动化龙头的呢?

一、汇川技术“一轴一网一生态”的商业版图

价值创造：价值创造是价值管理的基础。上市公司明确战略定位，根据战略规划设计产业结构布局，明确且不断优化价值创造模式，助力企业提升内在价值。汇川技术在发展过程中始终保持对业务及研发的前瞻性战略布局和对市场战略发展机遇的把握，通过价值创造构建未来千亿市值的夯实基础。

汇川技术创立于2003年，核心创始团队中有十余人曾就职于华为及艾默生。创业初期，汇川面临着诸多挑战，如资金不足、市场不确定、竞争激烈等，但公司围绕对电机轴控制的核心技术，辅以对未来政策、行业趋势的识别与把握，从"一轴"到"一网"逐步拼接成多体系业务并存发展的商业版图，持续发力"一生态"的搭建，成长为国内工控自动化领域的绝对龙头。

(一)"一轴"时代：做强轴控，把握时代机遇，技术市场两手抓

在汇川技术还未崭露头角的21世纪初，外资品牌在国内工业自动化控制领域一直占据主导地位，西门子、松下、三菱电机等国际知名企业占据国内大部分市场份额。到2008年，国际品牌厂商仍占据了我国低压变频器约81.06%的市场份额，并占领了起重、电梯、冶金、机床、风电等国内高端市场。① 国产品牌厂商多为中小型企业，主要产品定位于中低端市场，缺乏明显的品牌和技术优势。

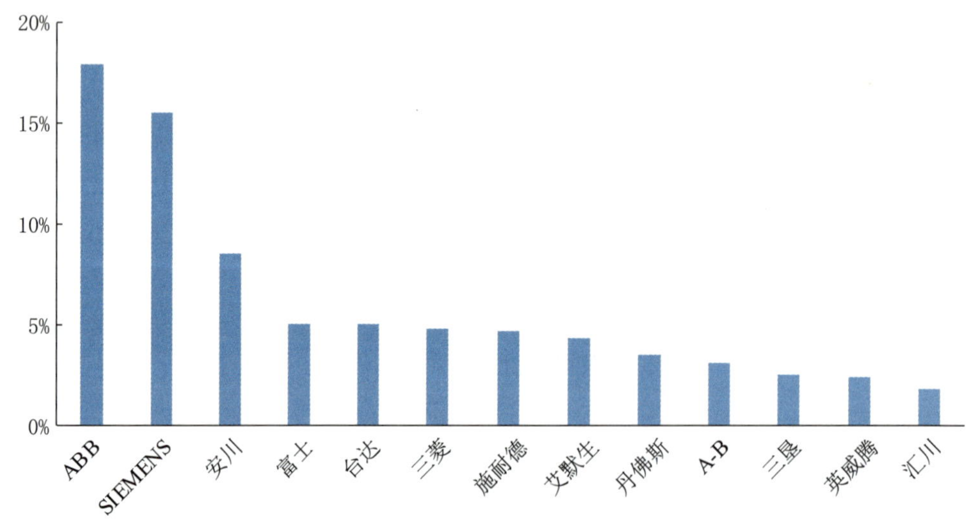

图185 2008年国内低压变频器80%以上被外资产品占据
资料来源：变频器世界：《2009中国低压变频器市场研究报告》，申万宏源研究。

① 章纪锋、郭雷、江勇：《我国低压变频器市场分析》，载《电器工业》2011年第5期。

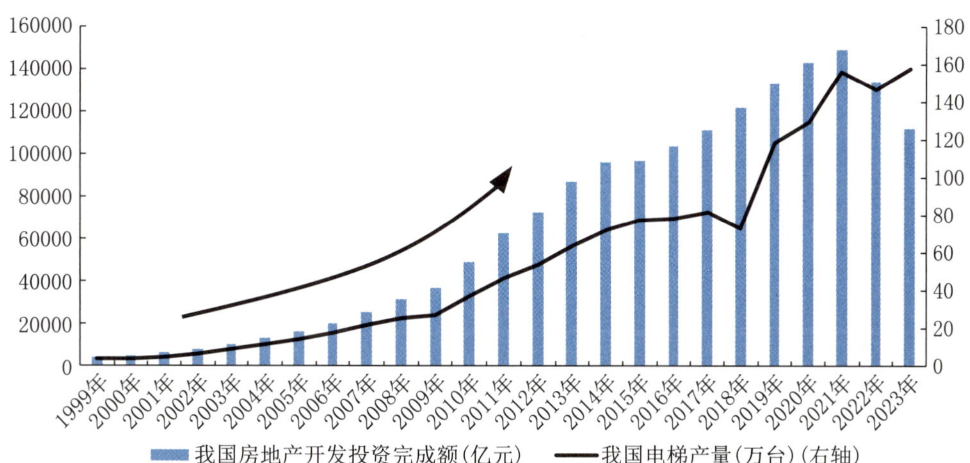

图 186　2015 年以前，房地产东风带动电梯产业快速发展

资料来源：万得，申万宏源研究。

汇川技术凭借优选赛道、深耕技术和把握市场三大法宝，在外资品牌割据市场的背景下突出重围，将工控领域国产替代推上新台阶。

优选赛道，把握房地产市场东风带来的电梯行业发展机遇。电梯作为建筑的重要配套设施，相关需求主要来自房地产，其次来自基建，因此电梯一体化业务受地产基建周期影响较大。伴随我国地产基建投资的不断发展，我国电梯行业取得了高速发展，在低压变频器的下游产业中增量最大。

汇川技术把握了电梯行业发展趋势，在中低压变频器应用领域中选择了电梯行业进行深耕，在地产快速发展的阶段把握时代机遇，促进了早期公司业绩的显著增长。

表 44　2008 年我国低压变频器在各下游应用中的市场份额

序号	应用行业	低压变频器占比（%）
1	起重	13.10
2	电梯	12.90
3	纺织印染	7.20
4	冶金	7.50

（续表）

序号	应用行业	低压变频器占比（%）
5	电力	8.90
6	石油石化	3.80
7	市政	8.00
8	化工	6.30
9	建筑楼宇	6.00
10	建材	3.40

资料来源：汇川技术首次公开发行股票招股说明书，申万宏源研究。

深耕技术，推出国内首款电梯行业一体化控制器。在同类产品差异不大的情况下，汇川技术坚持深耕技术、以快为先，率先突破电梯行业的驱动与控制相结合的一体化技术，并于 2005 年成功推出 NICE 系列异步电机电梯一体化控制器，该爆款产品成为公司初期的立足之本，为公司赢得第一桶金。公司就此成为国内电梯一体化产品的首创者，发展进入快车道，2007—2012 年间营业总收入年均复合增速达到 49.57%。

把握市场，抓住中国本土市场特征及个性化需求，坚持以客为先。在优选赛道、

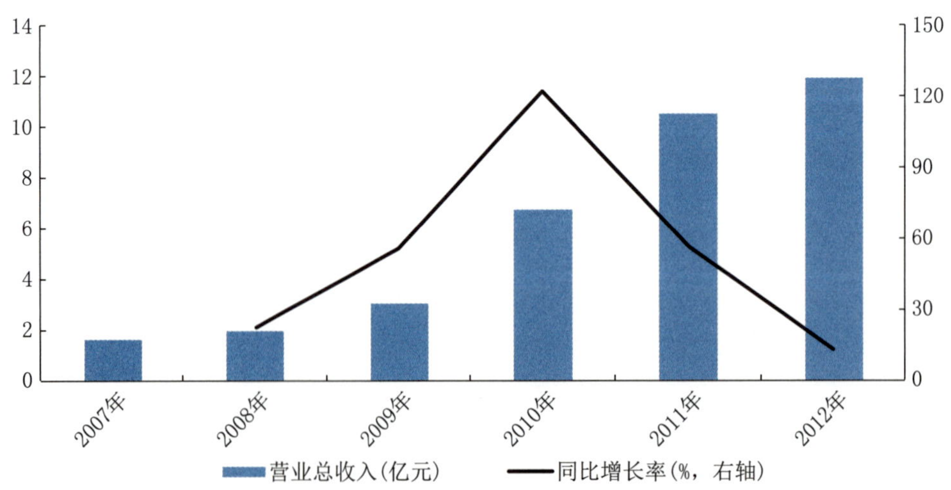

图 187　汇川技术 2007—2012 年营业总收入快速增长
资料来源：万得，申万宏源研究。

深耕技术的基础上，汇川技术敏锐地识别出国家政策对国产替代进口的支持，在与外资企业在变频器市场的竞争中，找到差异化突破口，即瞄准外资力量相对薄弱的中低端市场通过将低压变频器矢量控制大众化的方式进行破局。客户性价比需求与外资高昂定价有矛盾，公司就利用产品的性价比优势对日本、德国品牌的产品进行替代；客户个性化需求与外资标准化产品有矛盾，公司就提供定制化产品解决方案；客户缩短交付周期的需求与外资交付周期较长有矛盾，公司就更快交付；客户简化服务流程的需求与外资售后服务繁复有矛盾，公司就为客户提供售前、售中、售后全程跟踪支持，快速响应。公司通过抓住中国本土市场特征及个性化需求，通过倾力打造高性价比、高度定制化以及快速响应的产品优势，赢得了客户口碑及品牌忠诚度，奠定了国产突围的基础，逐渐在一众外资品牌逐鹿的工业自动化市场中崭露头角。

（二）“一网”时代：从单产品向工控全领域解决方案拓展，依托底层技术展开产业链延伸

制造业的产业升级让中国从一个制造弱国迅速崛起为制造大国，并且正在朝着成为制造强国的目标迈进。汇川技术在这个过程中精准地预测到中国自动化行业未来的发展方向，2008 年董事长朱兴明先生就已经发表文章《中国自动化未来发展之路》，提出“只有综合自动化产品才能在中国市场长远发展”。

围绕工业自动化底层技术进行产业链延伸，最大化利用自身在工控方面的优势积累。汇川技术聚焦工业自动化，以技术为基础，从最初单一的驱动层逐步扩展为含变频器、伺服系统、驱动电机、编码器、PLC①、HMI②、工业机器人、精密机械、视觉系统、气动等多样化产品，涵盖信息层、控制层、驱动层、执行层、传感层，通过提供创新的行业专机、“工控 + 工艺”的综合产品解决方案和坚持技术营销、行业营销和品牌营销的策略，公司成功在电梯、伺服专机、工业机器人、新能源汽车驱动系统等业务中建立了宽阔的“护城河”。这使得汇川技术能够在激烈的竞争中保持领先地位，并不断提升自身的影响力。

---

① PLC：Programmable Logic Controller，可编程逻辑控制器。

② HMI：Human Machine Interface，人机界面。

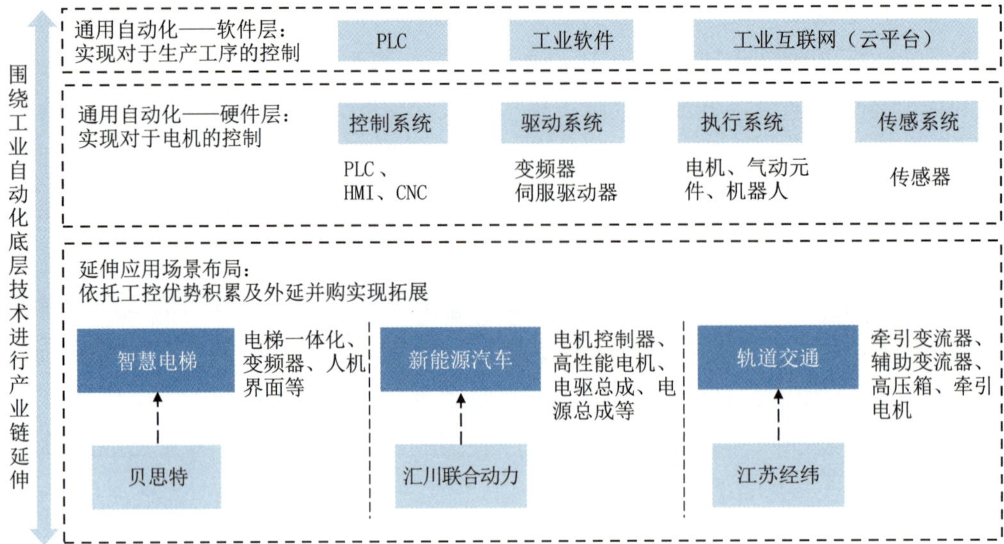

图 188　汇川技术产业链延伸的路线

资料来源：MIR 睿工业，汇川技术年报，申万宏源研究。

自动化硬件层：以变频器、伺服系统为核心拳头产品

变频器作为汇川技术起家的核心产品，在“一网”时代仍作为拳头产品助力公司实现下游赛道延伸布局。汇川技术通过纵向升级和横向延伸相关配套产品，以应对快速发展和多变的市场需求，从原本提供单一变频器产品转变为提供行业专用解决方案，拓展了中高端应用领域。

在低压变频器市场，汇川技术在 2008—2023 年的市占率由 1.8% 增长至 17.04%。公司拥有行业定制化解决方案、性价比高、客户需求响应及时等优势，在与外资品牌的竞争过程中，主要采用技术营销和行业营销策略，为行业客户提供“工控 + 工艺”的一体化解决方案，逐步提高市场占有率，到 2023 年公司低压变频器市占率首次超过西门子，仅次于 ABB。

电梯一体化方面，近年来，受宏观经济增长放缓及房地产调控政策影响，我国房地产开发投资完成额增速下降，进入稳定发展期。2012—2018 年，汇川技术的电梯电气系统业务收入增速放缓，但仍稳定增长；2019 年随着公司完成对贝思

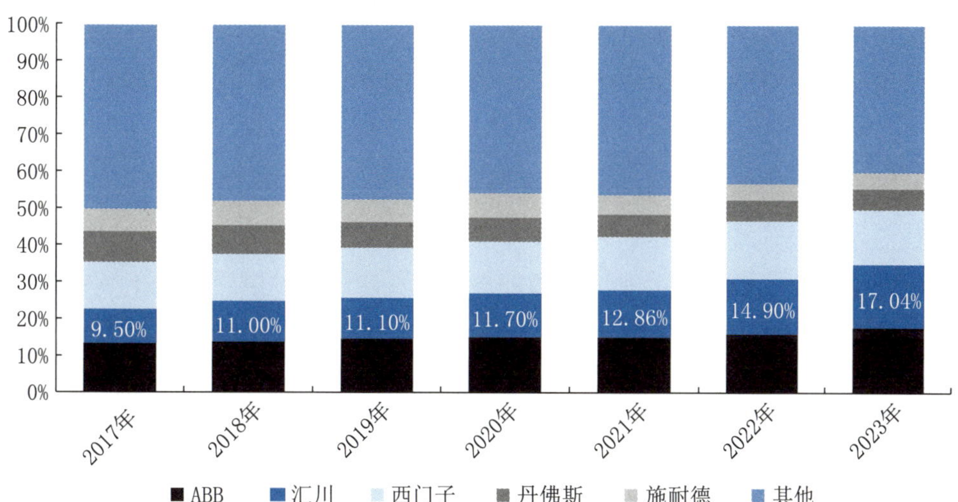

图 189　汇川技术在低压变频器的市场份额明显提升

资料来源：MIR 睿工业，申万宏源研究。

特的收购，双方实现产品、客户互补，推动国内国际市场同步扩张，形成了更为完善的一体化产品体系。随着老旧电梯数量的增加，电梯质量安全问题日益受到政府和社会的关注与重视。为了加强成本管控、优化资源配置、提升产品系统质量安全，电梯厂商更愿意选择专业的供应商，并倾向于采用一体化、大配套的模

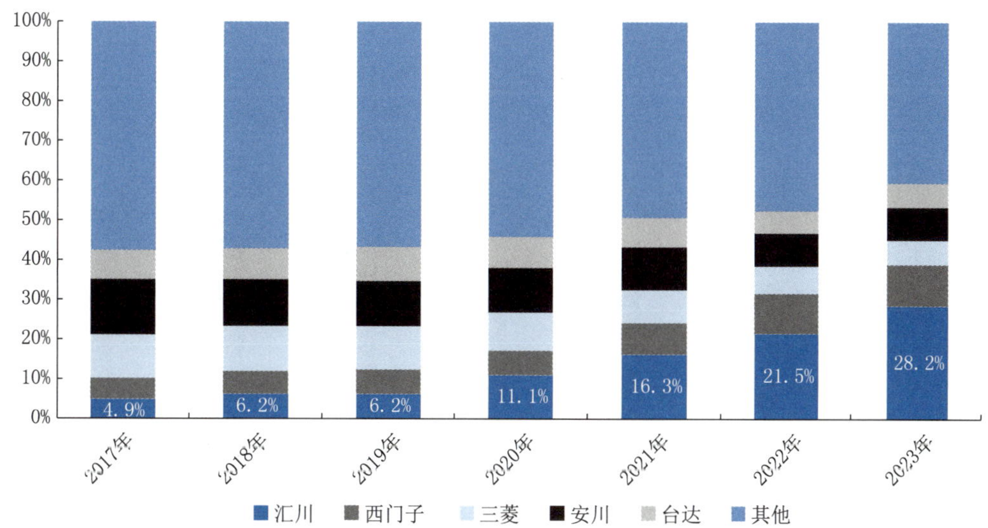

图 190　汇川技术通用伺服市场份额大幅提升

资料来源：MIR 睿工业，申万宏源研究。

式。在这一趋势下，电梯零部件行业将迎来更大的发展空间。作为该类供应商中的龙头企业，汇川技术竞争优势将更加凸显，市场占有率也有望稳步提升。

伺服系统方面，2008 年，公司在国内通用伺服系统的市场份额仅有 0.1%。随着公司在通用伺服领域的持续研发和多年深耕，公司的通用伺服产品与其他产品共同为客户提供“信息层、控制层、驱动层、执行层、传感层”一体化的整体解决方案，如“专机”或“工控 + 工艺”，提升了客户的总体拥有价值，应用领域不断拓展，在客户中树立起良好的产品和品牌形象。到 2023 年，公司在通用伺服市场的占有率已达到 28%。

自动化软件层：国产 PLC 先驱，打造自主可控数字化生态

我国工业控制系统起步较晚，海外龙头曾占据国内大部分 PLC 市场。汇川技术 上市时，仅拥有 H2U、H1U 两款 PLC 产品。经过多年技术研发突破及产品迭代更新，公司已形成了小型 PLC、中型 PLC 及智能机械控制器的产品矩阵。产品营收及市场占有率均快速增长。2017—2023 年，公司在小型 PLC 的市场份额由 2.53% 增长至 15.27%，提高了 12.74 个百分点，成为 PLC 领域国产替代的领军企业。

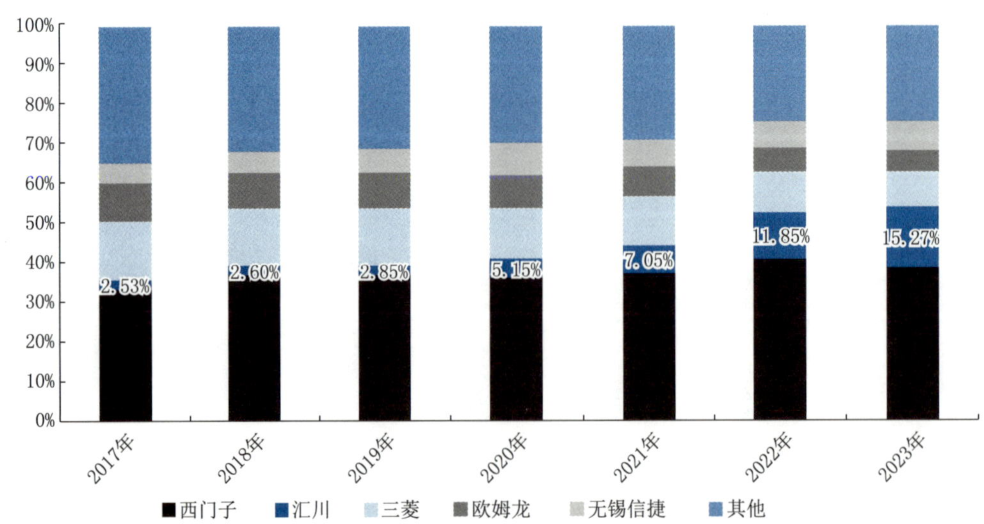

图 191　汇川技术小型 PLC 市场份额逐年增长

资料来源：MIR 睿工业，申万宏源研究。

汇川技术从工控硬件产品起家，但很早就开始推行软件数字化产品配套，构建自己的“软件基因”。在此过程中，通过产业实践及深度的客户服务，公司积累了数字化业务所需要的核心技术，包括工业互联网技术、人工智能、大数据分析、边缘计算等，在此基础上构建了基于模型驱动的 InoCube 数字化平台，为用户提供积木式的功能模块，大幅提升产品开发效率，有效降低交付成本，同时实现并验证了基于新技术平台的快速定制化解决方案能力。凭借在工业领域的优势，汇川数字化解决方案已广泛应用在电梯、空压机、起重、包装、物流车、机械手、拉丝机、注塑机、大巴空调、中央空调、电力、烘干机等众多行业。当前，汇川技术工业云平台已接入 30 多个行业的超 70 万台工业设备，为客户提供高质量的能源管理、设备管理、生产管理。

下游应用端拓展，自研 + 并购持续打造新增长极

汇川技术在下游市场领域重点拓展了通用自动化板块、新能源汽车板块、智慧电梯板块、工业机器人板块、轨道交通板块等，依托在电力电子技术和电机驱动与控制技术等底层软硬件领域的技术积累及客户服务深度，快速在下游领域实现布局突破。

通用自动化方面，汇川持续助力高端先进、大国重器等领域实现国产替代。公司多年以来围绕设备自动化、产线自动化、车间自动化的多产品或差异化解决方案需求，通过识别结构性市场机会，凭借“及时交付、国产龙头品牌、多产品综合解决方案”等优势，在重工装备驱动系统、风电大功率驱动器、注塑设备全电系统解决方案、空调水机综合解决方案等领域均取得了突出成果。以重工装备驱动系统为例，2017 年，汇川技术携手振华重工打造最大最高效的海上风电安装船，为此 2000 吨风电安装船的电力推进、抬升及起重设备提供全套 MD880 高性能多机传动变频驱动系统，打破了国外高端品牌垄断，实现了海工领域的又一次重大突破。大型传动高压产品技术壁垒极高，被誉为工控领域的明珠，服务的大都是国家重器，如冶金、电力、建材、化工、矿山、石油、橡胶、大型试验台等。汇川技术基于工控产品在市场的良好表现以及变频技术多年的积累，大传动产品线从成立之初就确立了明确的定位及战略发展方向，即做高性能、高品质的中高

压变频器，助力大国重器的发展。在持续提升核心技术的同时，汇川还成为高压变频领域第一个将矢量控制技术大规模市场应用的国产公司，到 2022 年 6 月，汇川技术已累计下线高压变频器首次达到 10000 台，国内市场占有率居所有品牌第一（2023 年汇川技术中高压变频器国内市占率 15.9%，仍稳居行业第一），在冶金、电力、建材、化工、矿山、石油、橡胶、大型试验台等关键行业，获得大批量应用，助力国之重器进一步实现关键核心技术国产化及自主可控。

新能源汽车（电机电控）方面，汇川致力于打造中国零部件的名片。2009 年，公司正式成立新能源部门，同年开始为吉利熊猫提供电机控制器；2010 年，公司开始为江淮、海马、众泰提供电机控制器；2012 年，公司与宇通客车达成战略合作，共同开发五合一集成电控系统；2013 年，公司开发出商用车压铸一体化控制器；2015 年，公司开发出乘用车压铸一体化控制器。2016 年，开始按照国际标准规划新能源业务，全资子公司苏州汇川联合动力系统有限公司①成立。2017 年，公司推出国产化 HSM 电机②并开发出乘用车 DC/DC③。2018 年，公司完成主流

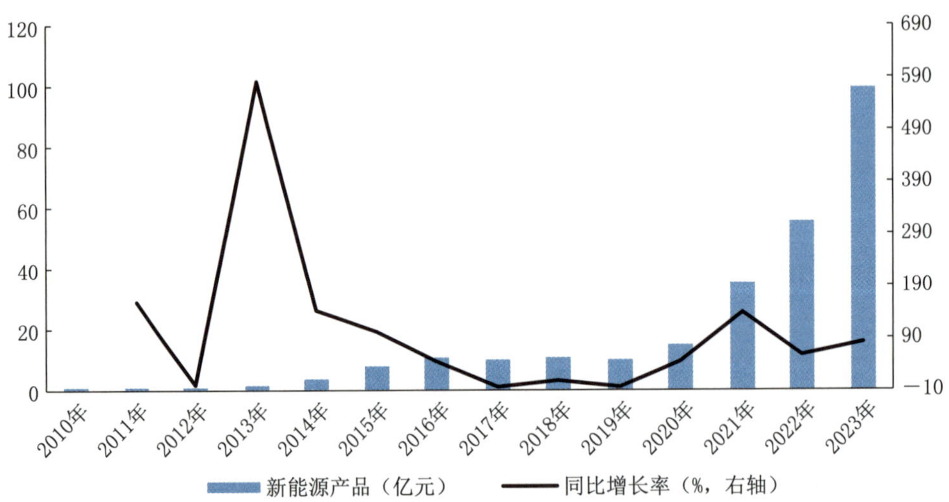

图 192　汇川技术新能源产品业务收入快速增长

资料来源：万得，申万宏源研究。

---

① 2023 年 6 月起更名为苏州汇川联合动力系统股份有限公司。

② HSM 电机：Hybrid Stepping Motor，混合式步进电机。

③ DC/DC：Direct Current-Direct Current，直流转直流电源。

车企定点。自此，公司新能源业务进入新一轮快速发展阶段，为诸多主流新能源汽车 OEM 厂家持续提供有竞争力的动力总成系统解决方案，2023 年新能源产品营业收入达到 99.22 亿元，三年复合增长率高达 89%；与此同时，2023 年汇川联合动力产销量实现了里程碑突破，年度下线电控产品 100 万台、电机产品 100 万台，标志着公司在新能源汽车核心零部件领域的研发和生产能力已迈入新阶段。

工业机器人方面，汇川技术利用国产替代进口的机会从核心部件入手，结合自身具有的电控方面的技术优势，逐步打造了核心部件、整机、视觉和工艺解决方案，业务收入快速增长，并且形成了良好的品牌影响力。

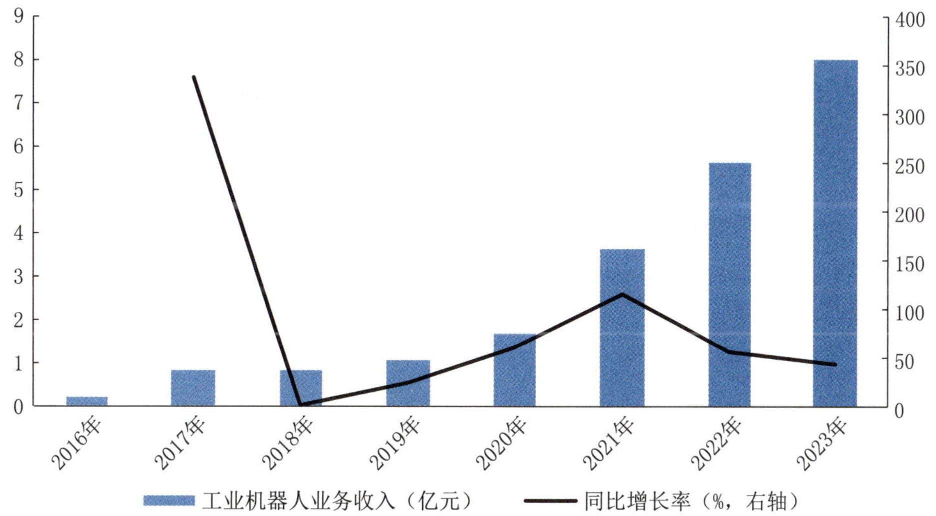

图 193　汇川技术工业机器人业务收入快速增长

资料来源：万得，申万宏源研究。

化危机为机遇，实现业绩飞跃

疫情时期，汇川技术连接多面资源，抓准产业回流的窗口红利。2019 年底，新冠疫情暴发，对全球供应链造成了巨大冲击。一方面，中国在全球制造业产业链中率先恢复生产，带动下游各行业景气度回升，使公司营收增长；另一方面，公司抓住“外资竞对供货不及时”等市场窗口，发挥“进攻型组织”优势，充分调动各种资源“保供保生产”，在多个细分行业实现市场份额和客户数量的提升。如2020年公司通用自动化领域年销售额500万元以上的大客户数量同比增长60%以上；通用伺服市占率从2019年的6.2%增长到2023年的28.2%；工业机器人2023年营业收入（含上海莱恩）约8亿元，同比增长超过40%，在国内市占率达到6.5%；新能源汽车领域2020年电控产品出货14.34万台，同比增长139%，市占率达10.6%，当年国内排名仅次于比亚迪，到2023年公司整体新能源汽车业务实现营业收入99.22亿元，3年复合增速超过80%。公司在这一阶段实现了业绩的全方位增长，既有对市场机遇的把握，又有着厚积薄发的必然。

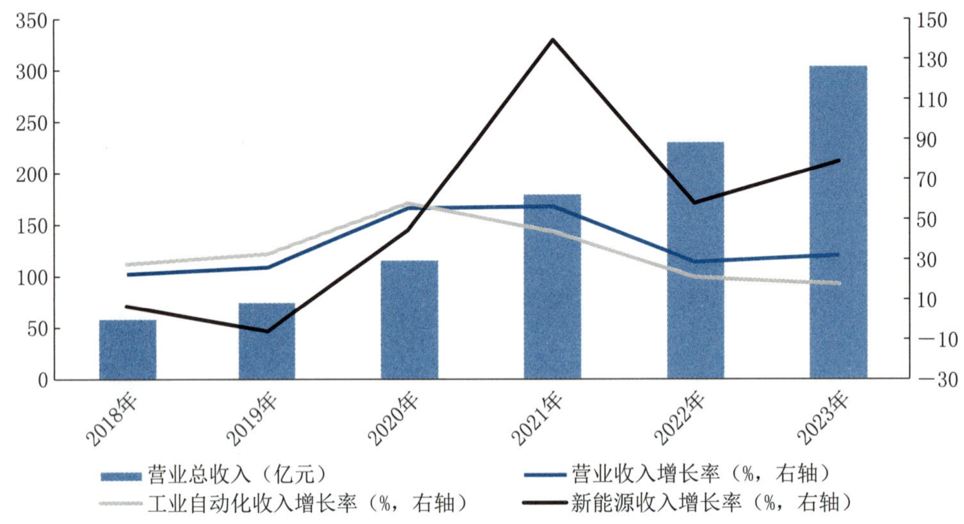

图194　2020—2023年汇川技术业绩实现全方位突破性增长

资料来源：万得，申万宏源研究。

从股价波动上，公司充分享受到了工业4.0和新能源汽车概念的红利，盈利和估值共同上升，备受市场瞩目，公司股价从2019年12月31日的收盘价20.06元/股，增长到2021年8月31日的最高价88.10元/股，最大涨幅超400%。

通过集成前述各大主营产品，汇川技术将业务多面连接，底层发挥技术共用的协同效应，上游发挥批量采购的规模优势，下游发挥客户交叉的涌现效应，产品广泛应用于工业领域的各行各业。在电梯、空压机、纺织、起重、3C制造、锂电、硅晶、新能源汽车等行业确立了领先地位。

（三）“一生态”时代：紧密围绕“双碳”战略，积极推进“数自融合”

“一生态”时代，着力“数自融合”赋能场景，抓住涌现增长的系统红利。展望未来，汇川技术基于对全球低碳化的趋势的预测，紧密围绕国家的“双碳”战略进行布局。凭借在电力电子领域的深厚积累，公司深入挖掘了“发、输、配、用”场景对新型电力系统的需求，提前规划设计，并为客户提供了数字能源解决方案。因此，公司将“数自融合”作为未来发展的重要方向，通过构建多层次的工业网络平台，实现数字化 + 自动化的深度融合，从而打造“一生态”。

未来公司在战略上要持续从偏硬件向偏软件的方向发展，主要的投入方向：一是基于控制层的产品，包括 PLC、CNC①、FA② 软件平台等，补偏软产品的短板，公司在深圳、苏州、西安、德国斯图加特等国内外研发中心，大量投入软件人才，加快软件能力的建设；二是数字化的战略业务，面向企业侧的生产管理，用数字化手段，叠加自动化和能源管理，帮助企业提升车间的经营效率、能效和产品品质等；三是前沿技术的探索，如利用无线通信技术进行设备的逻辑控制，利用 AI 技术赋能设备与设备、设备与产线之间互联互通。公司致力于秉持开放原则，深入挖掘联系的价值，积极促进客户之间、供应商之间以及所有与汇川建立正面合作的伙伴和利益相关者的紧密联系。通过推动产业链的共享、共融与共赢，致力于创造巨大的便利性，进而实现价值的不断涌现。

二、“致胜航母”——汇川技术脱颖而出的利器

国内有许多与汇川技术同样脱胎于华为的公司，如正弦、英威腾、麦格米特等，但只有汇川技术脱颖而出，在工控领域取得了巨大的成功，动摇了西门子、三

① CNC：Computer Numerical Controller，计算机数字控制器。
② FA：Factory Automation，工厂自动化。

菱等国际巨头在中国市场的主导地位。如今，汇川技术已经成为中国电力电子产业中最具代表性的公司之一。支撑其在竞争激烈的市场中脱颖而出的“利器”是核心技术研发、资本运作、产业并购延伸以及组织变革所打造的“致胜航母”。

（一）龙骨——核心技术的“底气”

汇川技术的业务发展始终坚持以关键技术为核心，技术就是汇川在市场竞争中保持战斗力的“底气”，是“致胜航母”的“龙骨”。

首先，汇川技术的创始人团队具备强大的研发能力。他们大多数人来自华为电气技术有限公司和艾默生网络能源有限公司，拥有丰富的从业经验和深厚的技术底蕴，这使得他们能够凭借自己的专业知识和技术能力在工控领域取得突破和创新。时至今日，公司仍保留着创业团队的大部分成员，持续引领工控航母向未来不断发展。

其次，汇川技术持续加强研发投入，孵化海量专利。纵使业绩高速增长，每年汇

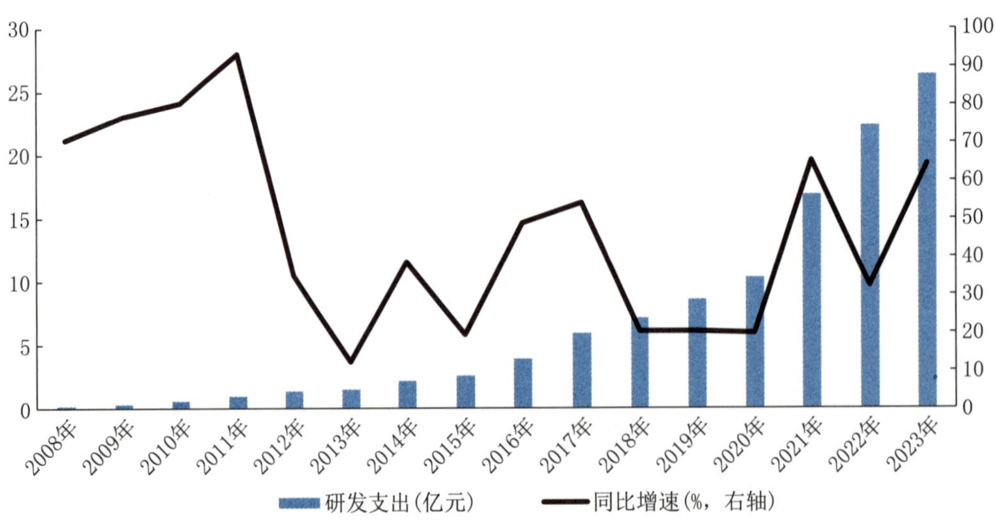

图 195　汇川技术历年研发费用不断增长

资料来源：万得，申万宏源研究。

川技术仍将约 10% 的营业收入用于研发，反映出公司对科技创新的高度重视，截至 2023 年末，汇川技术和旗下子公司累计获得专利和软件著作权 3297 项。通过强大的研发投入和孵化海量的专利与软件著作权，汇川技术不断推动技术的进步和创新的发展。

（二）燃料仓——资本运作的“供给”与“反哺”

直接融资与间接融资并进，高分红持续回馈投资者。在融资方面，公司上市以来共实施两次定向增发，合计募资 36.69 亿元，其中 2019 年为发行股份购买上海贝思特电气有限公司 100% 股权，2021 年为收购汇川控制 49.00% 股权，同时实施产能扩建及智能化工厂建设等项目。间接融资方面，公司自上市至 2023 年末累计实现间接融资 42.26 亿元（短期借款 18.81 亿元、长期借款 23.45 亿元），带息债务 / 全部投入资本比例长期低于 20%。

公司在收入利润快速增长、整体现金流情况良好的阶段，没有盲目采取激进的资本扩张手段大规模融资，反而通过持续回购（用于员工股权激励）、常年高额分红及转增股本等方式回馈投资者，向资本市场传递企业良好经营的信息和成果，使得汇川技术成为 A 股市场上备受广大投资人关注的企业之一。

汇川技术自 2010 年上市起每年向投资人实施现金分红，早期股利支付率一度超

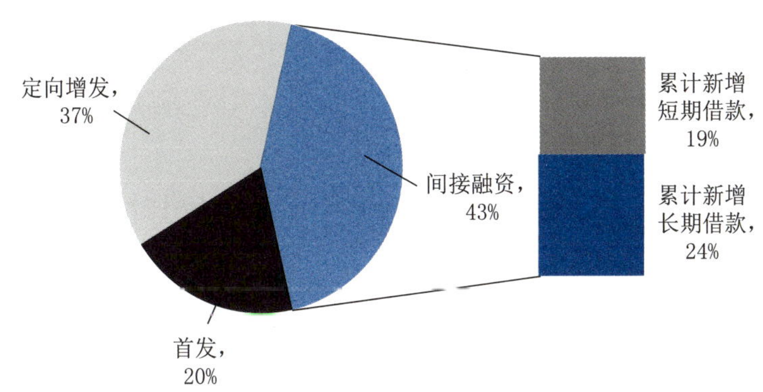

图 196　截至 2023 年末公司直接融资及间接融资比例

资料来源：万得，申万宏源研究。

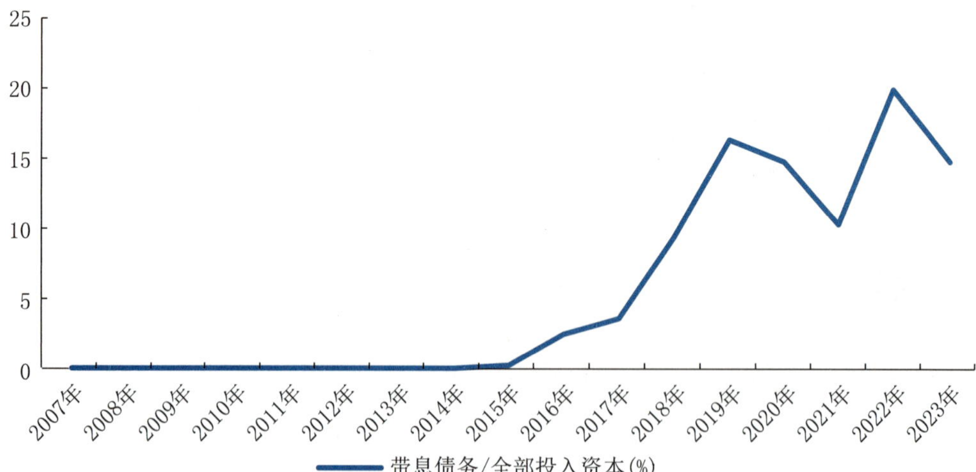

图 197　汇川技术带息债务 / 全部投入资本长期处于低位

资料来源：万得，申万宏源研究。

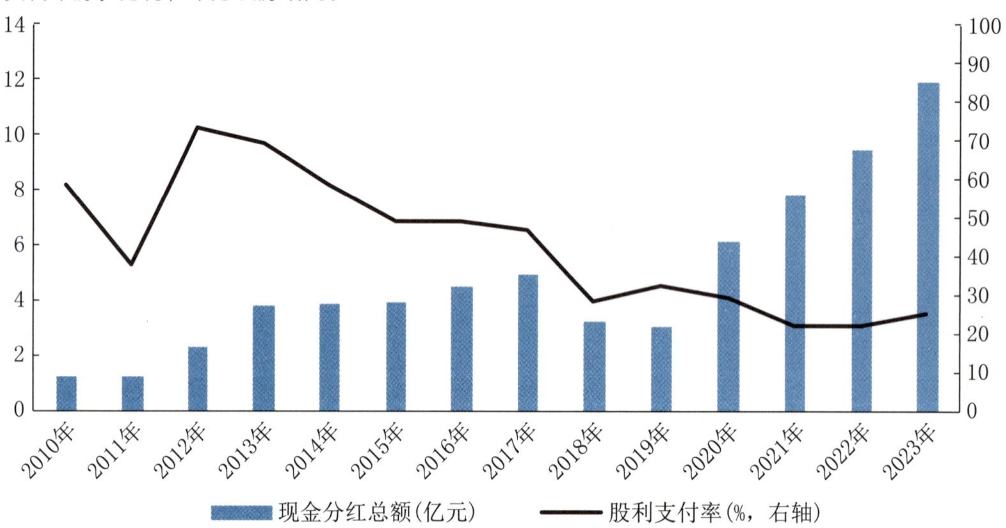

图 198　汇川技术上市以来持续坚持高额现金分红

资料来源：万得，申万宏源研究。

过 70%，上市以来[①]累计实现现金分红 68.41 亿元，自上市至 2024 年分红率达到 31.44%。

① 2011—2024 年累计分红 14 次。

此外公司累计实施了 5 次转增股本，进一步提升了投资人在公司股价上涨阶段的投资收益。

表 45　上市至今汇川技术转增股本情况

除权除息日	分红对象	每股转增	转增股本规模（亿股）
2021 年 6 月 4 日	普通股股东	0.5000	8.6
2016 年 5 月 18 日	普通股股东	0.9999	7.96
2014 年 5 月 13 日	普通股股东	0.9937	3.89
2012 年 5 月 17 日	普通股股东	0.8000	1.73
2011 年 5 月 3 日	普通股股东	1.0000	1.08

资料来源：万得，申万宏源研究。

在提高投资人回报率的同时，汇川技术也是 A 股市场上接待机构调研最为活跃的上市公司之一。2012—2022 年间，汇川技术接待机构调研共计 5061 家，这展现了投资机构 10 年来对于汇川技术的青睐，而汇川技术也用 10 年超过 20 倍的股价增幅向投资者兑现了可观的回报。

价值营销是价值信息的传递，打破公司内在价值和公司市场价值之间的“柏林墙”，通过提升信息披露质量，进行 4R 关系管理，有效降低资本市场与上市公司之间的信息不对称，让资本市场的价格更加准确地反映公司内在价值。汇川技术通过活跃的调研接待及交流，充分向投资者传递公司内在价值信息，受到了资本市场的广泛认可。

此外，汇川技术于 2017 年纳入陆股通范畴，依托于高频对外交流路演及业绩大爆发，2021 年北向资金对公司进行大幅增持，推动公司股价于 2021 年 8 月 5 日涨至最高点 88.1 元 / 股。

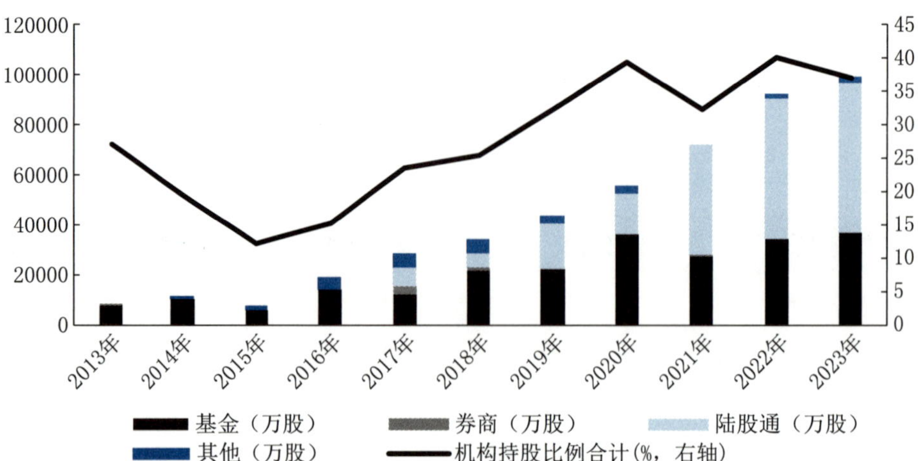

图 199　陆股通成为近年来支撑汇川技术机构投资比例的主要来源

资料来源：万得，申万宏源研究。

（三）机库——合作并购的“装备”

汇川技术始终坚持持续追求卓越的理念，在坚持技术研发的同时，公司也坚持开放协作，并通过并购的方式不断增强自身“武装”，朝“卓越”的目标奋进。

> 价值曲线是价值管理的实现。上市公司合理运用价值管理曲线，在不同的市场环境下合理利用资本市场各种金融工具进行资本运作，实现公司价值最大化。当市场处于牛市阶段时，上市公司可以开展增发、配股、并购、发行股份购买资产、公司分拆上市、减持股份等价值运作方式；当市场处于熊市阶段时，上市公司可以开展战略转型、股份回购、增持、股权激励等价值运作方式。汇川技术在发展历程中依托自身战略规划及行业形势适时开展多项对外并购，为公司价值实现进一步添砖加瓦。

表 46 汇川技术通过收购并购不断拓展业务领域，增强核心技术和完善产品线（部分项目列示）

时间	项目简称	业务范围	并购项目简介
2011 年 5 月	长春汇通	通用自动化	公司创建于 1992 年 4 月，开发的产品主要有增量式光电编码器、绝对式光电编码器、速度传感器、各种光电开关、磁性感应开关、电感接近开关、霍尔开关、液位开关、简易光幕、红外光栅保护器、制动器、制动器启动器、扶梯传感器等 10 多个系列、近千种规格。
2013 年 8 月	睿瞻科技	通用自动化	公司成立于 2012 年，其核心研发团队源自南京大学视觉领域专家团队，具有多年物联网、智能视频分析、机器视觉控制等相关系统研发经验。
2013 年 9 月	宁波伊士通	通用自动化	公司成立于 2011 年，专门从事塑料机械核心产品的平台开发、技术研究和应用开发，进行控制方案优化、平台开放和系统集成的研究。公司的主要产品包括注塑机电脑控制系统、精密液压伺服系统、HMI 组态及控制组态等。公司在液压伺服系统的控制方面一直走在行业的前列。
2015 年 6 月	江苏经纬	轨道交通	公司成立于 2010 年，成立以来，与捷克斯柯达电气有限公司建立了紧密的技术和业务合作关系，双方已就牵引与控制系统、产品的技术及生产合作达成有关协议。根据协议，斯柯达电气向江苏经纬转让牵引与控制系统设计技术、生产工艺等。专门从事轨道交通牵引传动及控制系统研发、设计、生产、销售、技术支持及售后服务，具备整套牵引系统独立投标权。公司主要为城市地铁、有轨电车、动车组车辆提供配套的牵引变流器、辅助变流器、高压箱、牵引电机和 TCMS。
2016 年 6 月	上海莱恩	工业机器人	公司成立于 2006 年，最初由上海莱必泰和日本 NTN 的中国全资公司恩梯恩共同创办。主要设计、生产三轴以上数控机床的高精度滚珠丝杠。
2018 年 7 月	德国 PA	通用自动化	“PA”为德国 Power Automation AG 及 Power Automation Gmb 的合称，主要从事数控机床软件开发和应用业务。
2019 年 4 月	贝思特	电梯电气类	创建于 1998 年，产品涵盖人机界面、门系统、线束电缆、井道电气等电梯电气部件。其已和奥的斯、通力、蒂森克虏伯、迅达等绝大多数国际品牌电梯厂商，以及康力、江南嘉捷、广日等国内知名的电梯厂商形成长期稳定合作关系，且已进入其中部分厂商的全球供应商体系。
2021 年 10 月	牧气精密	气动元器件	牧气精密工业（深圳）有限公司于 2015 年 8 月 6 日成立，总部位于深圳市龙华新区，致力于自主研发制造气动元器件及自动化相关产品，为客户提供高品质的气动元器件及完美的自动化解决方案。公司经营范围包括动元器件、液压组件、电气组件、机械设备、教学装备等。
2023 年 5 月	韩国 SBC	精密传动领域	公司成立于 1989 年，是韩国本土最早开发线性导轨产品并量产的精密功能部件制造企业。公司拥有深厚的开发和制造工艺能力、完善的测试条件，可以对导轨的噪声、疲劳寿命、承载能力、刚性、材料性能等进行全方面的评价，公司产品在精度保持性、噪声、刚性等指标居于行业前列。

资料来源：汇川技术公告，申万宏源研究。

收购贝思特，兼容并包，突破电梯产品成长的天花板

在电梯行业上，汇川技术的优势主要在国内中低端市场上，但公司从未放弃进入高端市场和国际市场的目标。早在 2013 年，公司便与贝思特进行了合作，以合资公司形式共同实现业务拓展。2019 年，公司并购贝思特，进一步加深了双方的协同效应。一方面，公司获得了贝思特的优质客户，实现中高端市场和海外业务的扩张；另一方面，公司的电梯控制系统优势与贝思特的人机界面和电气电缆等优势相结合，提供一体化配套解决方案，提升了公司的核心竞争力。

收购长春汇通、睿瞻科技、宁波伊士通、德国 PA、牧气精密等，加速完善通用自动化产业链及各项能力

汇川技术在通用自动化领域持续发掘优质标的，补足自身产业链环节，自 2011 年起持续开展相关领域并购，同时充分挖掘了自身经营系统的潜在价值，借助公司的平台来完善被并购企业的市场、研发、供应链等各个体系运作，快速提升了公司在编码器、机器视觉、气动元件等领域的各项能力，事半功倍地实现了公司在通用自动化领域的布局。

收购上海莱恩 & 韩国 SBC，后向整合，公司机械传动战略布局

丝杠是精密机械上最常使用的传动元件。汇川技术敏锐地预见了随着高端制造行业的持续快速发展，公司将不断增大对丝杠的需求。2016 年公司收购了上海莱恩精密机床附件有限公司 55.56% 的股权，并在接下来的两年内实现了 100% 控股，解决了公司对供应链风险控制缺环的问题。2023 年公司又收购了韩国 SBC，增加了精密直线导轨产品线，进一步强化了公司的多产品组合解决方案能力，助力公司成为领先的精密机械传动产品及解决方案供应商。

收购江苏经纬，进军轨道交通领域

汇川技术围绕变频器业务向高压变频器延伸，瞄准了轨道交通对高压变流的需

求，通过收购江苏经纬，一方面获得了江苏经纬从事轨道交通牵引传动及控制系统研发、设计、生产、销售、技术支持及售后服务的资源优势和整套牵引系统独立投标权，助力汇川技术进军轨道交通领域。另一方面获得了斯柯达电气向江苏经纬转让的牵引与控制系统设计技术、生产工艺等，强化巩固了汇川技术在工控领域的技术优势，加速牵引与控制系统核心零部件的国产化进程。

（四）船体与船员——组织变革的“凝聚”

价值优化是价值实现的保障。价值优化包括公司治理优化、考核激励优化、人才队伍优化等体制机制的推进，进一步提升价值创造动力、提升价值创造效率。汇川技术以管理架构为根基，在公司治理结构上不断推陈出新，助力企业持续壮大发展，同时以贡献者为本，重视核心人才激励，先后推出多轮股权激励，构筑公司价值实现的管理及人才保障。

以管理架构为绳，搭建企业经营的大脑

在管理方面，汇川技术的核心之一是变革，而变革是组织进化的唯一手段。公司过去经历了数次大的组织变革，以解决“谁来干”这个核心问题，为不同阶段的客户创造独特的价值。汇川技术始终坚持以成就客户为先，公司一直强调没有极致的 C2B（从用户到客户），就没有极致的产品和服务。

在上市之前，汇川技术是一个非常简单的职能型组织，只有三个要素，即“管理者、被管理者、事”。随着公司上市后产品的丰富，汇川开始推行产品线加职能组织的矩阵管理模式，起到了一定的作用，但是很快遇到了瓶颈——这种弱矩阵管理模式在管理层面上引入了五个要素，除了原先的“管理者、被管理者、事”，还出现了“协调者、被协调者”，而针对两个新增要素，这种矩阵管理模式并没有实现高效的管理。2014 年的第三季度，汇川开始从营销组织内部“开刀”，将营销组织变成区域加行业线的模式，这次组织架构调整本质上是矩阵式向流程化组织转型。这一转变一方面使公司更加专业化，为客户提供更专业的服务；另一

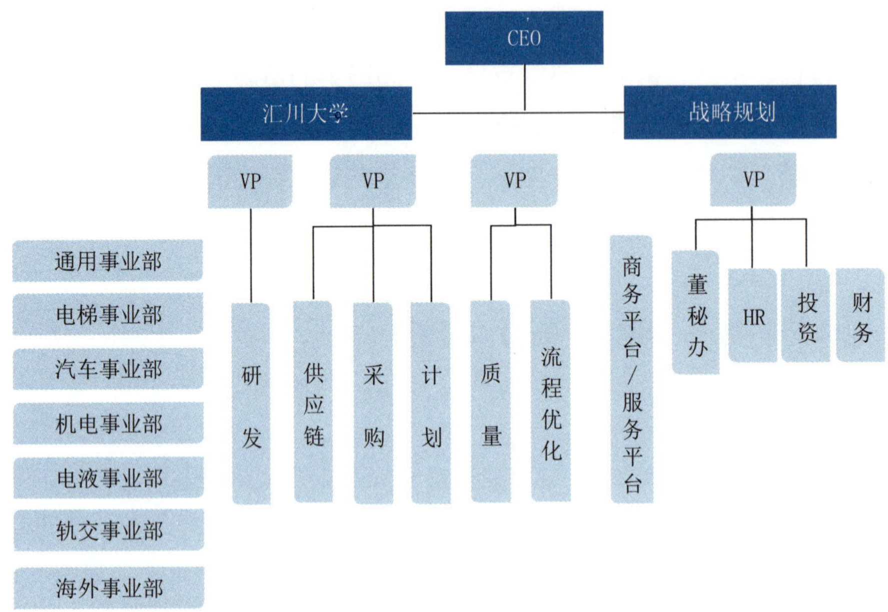

图 200　汇川技术矩阵式架构

资料来源：汇川技术公告，申万宏源研究。

方面，公司内部更加融合，一个岗位可以服务多个客户，提高融合效率并能够共享经验教训，加快了对客户的反应速度，提高了效率。

为解决矩阵结构带来的问题，提升业务经营决策的质量和效率，汇川坚持把“人权民主、事权集中”理念落到实处，专业的事情由专业的人来决策，而非权力决策。公司通过 AT①、ST② 等运作开展对人和事的管理。AT 聚焦对“人”的管理，各实体组在 AT 会议上对干部任用推荐、员工评议和激励等重要人员管理工作进行讨论、决策和复盘。ST 聚焦对“事”的管理，对组织业务经营过程中的重点项目进行跟踪、对跨部门资源协调及重要经营事项进行决策，保证组织运营健康。

而现在，汇川的组织架构正在从流程化组织向平台加项目型的网状组织转型。公

① AT：Administrator Team，组织管理团队。

② ST：Staff Team，经营管理团队。

司持续深化组织变革，自 2019 年 9 月起，邀请了“传世智慧”顾问团队提供指导，以“客户更满意、运营更高效”为目标正式启动了新一轮组织变革。随着汇川数字化业务的兴起，汇川意识到未来需要的是平台加项目型的网状组织架构——平台就是能力，各个平台的职责是作为能力中心把能力积累好，增厚土壤的肥力；项目就是打仗，集结起来就是“军团”，“军团模式”本质上是数字化后必然产生的网状组织架构。汇川认为未来所有优秀的企业都会走向网状化，而公司也正在努力迈向这个目标。公司将着重构建平台加项目型的网状组织结构，旨

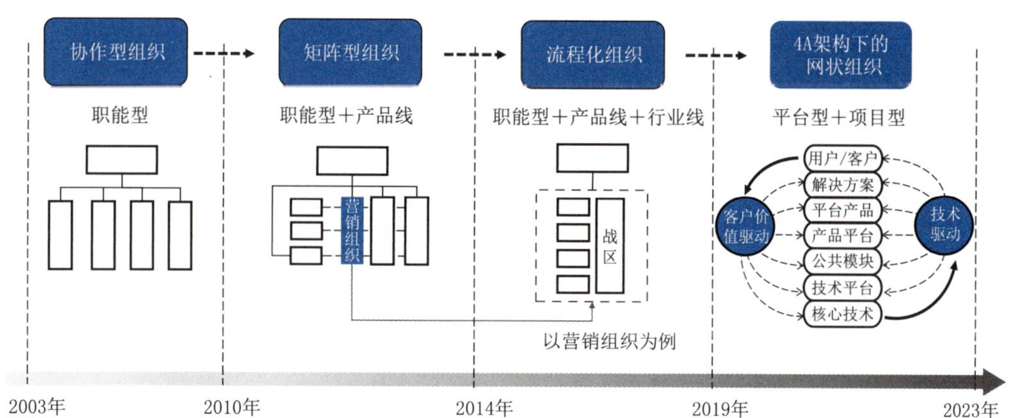

图 201　汇川技术组织方式演进

资料来源：汇川技术公众号，申万宏源研究。

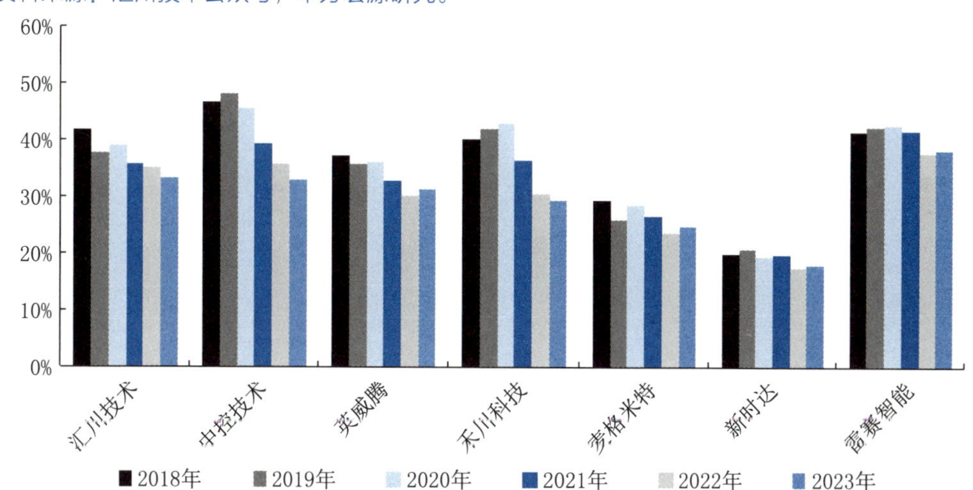

图 202　汇川技术销售毛利率在同业公司中相对较高

资料来源：万得，申万宏源研究。

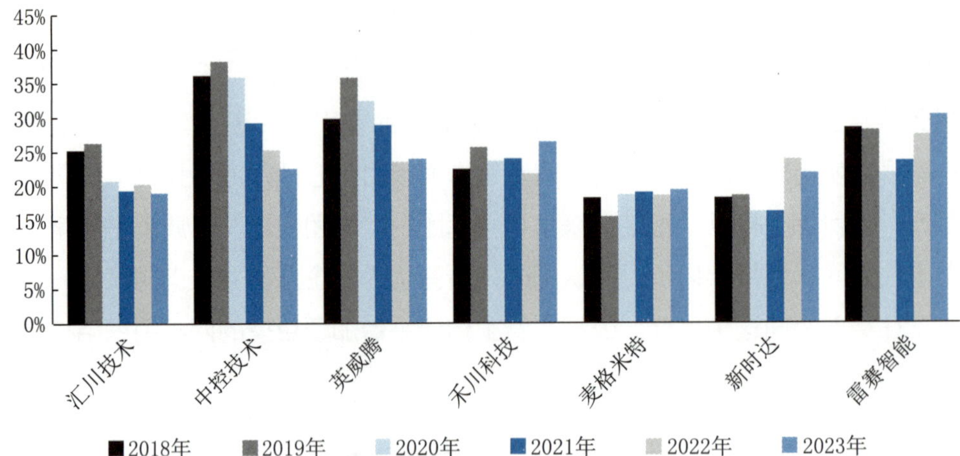

图 203　汇川技术期间费用率在同业公司中相对较低

资料来源：万得，申万宏源研究。

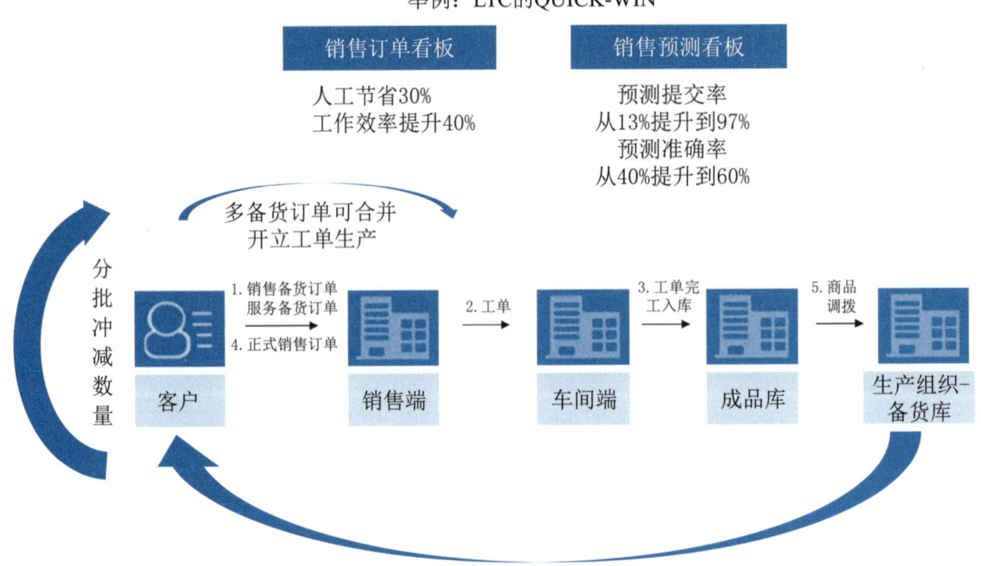

图 204　汇川技术 LTC 快赢项目带来销售效率提升和成本下降

资料来源：汇川技术公开演讲，申万宏源研究。

在构建中后台丰厚的土壤肥力支撑前台强有力的市场进攻；将业务流程进行优化和整合，确保各部门之间的协作更加紧密，信息传递更加流畅，以适应市场快速变化的需求，为公司未来的高质量可持续发展打下了坚实基础。

汇川技术管理架构的核心之二是端到端管理，打造降本增效的 LTC[①]。汇川技术汲取了华为先进运营经验，其 LTC 变革项目内容与华为近似，LTC 变革目标是打造从线索到回款的价值创造流程与价值创造能力，构建敢打仗、能打胜仗的流程化营销组织。

和同业公司对比，汇川技术的销售毛利率较高且期间费用率较低，凸显出公司降本增效的各项措施卓有成效。

以贡献者为本，重视价值创造的主体

汇川明确了公司、股东和员工之间财富分配的机制，做到了透明化、规则化。构建“以贡献者为本”的全面激励体系，建立了薪酬包管理的闭环系统，涵盖工资、奖金、补贴、股权激励和长效激励持股计划五大要素管理的机制。坚持基于价值贡献的分享原则，持续优化价值分配机制，坚决向优秀的、持续的贡献者倾斜，为其提供发展机会、物质回报与精神回馈。

一是高额股权激励，深度绑定核心人员利益。自上市以来，汇川技术已经实施了 6 期股权激励计划，激励范围包括中高层管理人员和核心技术人员。此外，在 2022 年 8 月 26 日，公司推出了第 1 期长期激励持股计划。根据该计划，每年将提取当年实际完成净利润超出目标值 30% 的部分作为业绩激励基金，但提取总额不超过整体净利润的 10%。这些激励基金将分配给独立董事、监事、高管和核心人员。在 2023 年 9 月 12 日，汇川技术又发布了第 2 期长期激励持股计划，其激励基金额度达到了 4549 万元。这一举措进一步加强了对核心团队的激励，提高了他们的归属感和积极性，激发了他们的创新和创造力。通过这些股权激励计划，汇川技术确保了核心人员与公司利益的深度绑定，推动了企业的持续发展和竞争力的提升。

① LTC：Lead to Cash，流程管理体系。

表 47　汇川技术六轮股权激励授予对象均包含核心技术人员

授予批次		授予时间	授予数量（万股）	授予内容	占授予前总股本比	授予人员	公司层面解锁条件
首轮	首次授予	2013 年 1 月 31 日	1252	股票期权	3.22%	227 名中高层管理人员、核心技术人员	以 2012 年净利润为基数，2013—2015 年净利润 CAGR 分别不低于 13%、14.98%、16.63%，加权平均净资产收益率分别不低于 11.40%、11.80%、12.60%。
首轮	预留授予	2014 年 1 月 16 日	100	股票期权	0.26%	17 名中高层管理人员、核心技术人员	以 2012 年净利润为基数，2013—2015 年净利润 CAGR 分别不低于 13%、14.98%、16.63%，加权平均净资产收益率分别不低于 11.40%、11.80%、12.60%。
第二轮		2015 年 5 月 25 日	454	限制性股票	0.58%	172 名中高层管理人员、核心技术人员	以 2014 年业绩为基数，2015—2017 年净利润增速分别不低于 10%、20%、30%。
第三轮	首次授予	2016 年 12 月 6 日	5364.1	限制性股票	3.33%	共计 635 名董事、高管、中层管理人员及核心技术人员	以 2015 年业绩为基数，2016—2019 年净利润增速分别不低于 10%、20%、35%、45%。
第三轮	预留授予	2016 年 12 月 28 日	200	限制性股票	0.12%	共计 635 名董事、高管、中层管理人员及核心技术人员	以 2015 年业绩为基数，2016—2019 年净利润增速分别不低于 10%、20%、35%、45%。
第四轮		2019 年 1 月 25 日	1775.7	股票期权	1.07%	477 名中高层管理人员、核心技术人员	以 2017 年业绩为基数，2019—2021 年净利润增速分别不低于 19%、30%、40%。
第五轮	首次授予	2020 年 10 月 28 日	4898.4	限制性股票	1.90%	621 名董事、高管、中层管理人员及核心技术人员	以 2019 年营业收入为基数，2020—2023 年营业收入增长率不低于 35%、60%、85%、110%；或以 2019 年净利润为基数，2020—2023 年净利润增长率不低于 50%、75%、100%、125%。
第五轮	预留授予	2021 年 3 月 31 日	873	限制性股票	0.34%	212 名董事、高管、中层管理人员及核心技术人员	以 2019 年营业收入为基数，2021—2023 年营业收入增长率不低于 60%、85%、110%；或以 2019 年净利润为基数，2021—2023 年净利润增长率不低于 75%、100%、125%。

（续表）

授予批次		授予时间	授予数量（万股）	授予内容	占授予前总股本比	授予人员	公司层面解锁条件
第六轮	首次授予	2022 年 8 月 12 日	1272.6	股票期权	0.48%	837 名董事、高管、中层管理人员及核心技术人员	以 2021 年营业收入为基数，2022—2025 年营业收入增长率不低于 25%、55%、85%、115%；或以 2021 年净利润为基数，2022—2025 年净利润增长率不低于 12%、27%、46%、64%。
	首次授予	2022 年 8 月 12 日	701.4	第二类限制性股票	0.27%	855 名董事、高管、中层管理人员及核心技术人员	以 2021 年营业收入为基数，2022—2025 年营业收入增长率不低于 25%、55%、85%、115%；或以 2021 年净利润为基数，2022—2025 年净利润增长率不低于 12%、27%、46%、64%。
	首次授予	2022 年 8 月 23 日	122	第一类限制性股票	0.05%	9 名董事、高管、中层管理人员及核心技术人员	以 2021 年营业收入为基数，2022—2025 年营业收入增长率不低于 25%、55%、85%、115%；或以 2021 年净利润为基数，2022—2025 年净利润增长率不低于 12%、27%、46%、64%。
	预留授予	2022 年 8 月 9 日	211.11	股票期权 第二类限制性股票	0.08%	245 名董事、高管、中层管理人员及核心技术人员	以 2021 年营业收入为基数，2023—2025 年营业收入增长率不低于 55%、85%、115%；或以 2021 年净利润为基数，2023—2025 年净利润增长率不低于 27%、46%、64%。

资料来源：万得，汇川技术公告，申万宏源研究。

二是高额薪酬回报，显性激励贡献者和绩优人才。汇川技术着眼世界，按照国际标准提高员工薪酬水平。公司将一般贡献者收入水平定为 75 分位，在世界范围内同类型的高科技公司里面能排前五位，将绩优贡献者收入水平定为 90 分位，是行业数一数二的。当同行降工资甚至不给工资时，公司还要给员工涨工资。在工资发放上，公司坚决向责任贡献大的业务、主战单元、火车头与关键岗位人才倾斜，坚决向艰苦业务、挑战业务、关键战功、技术突破和绩优倾斜。公司以结果为导向，优者上、庸者下，坚决反对论资排辈。

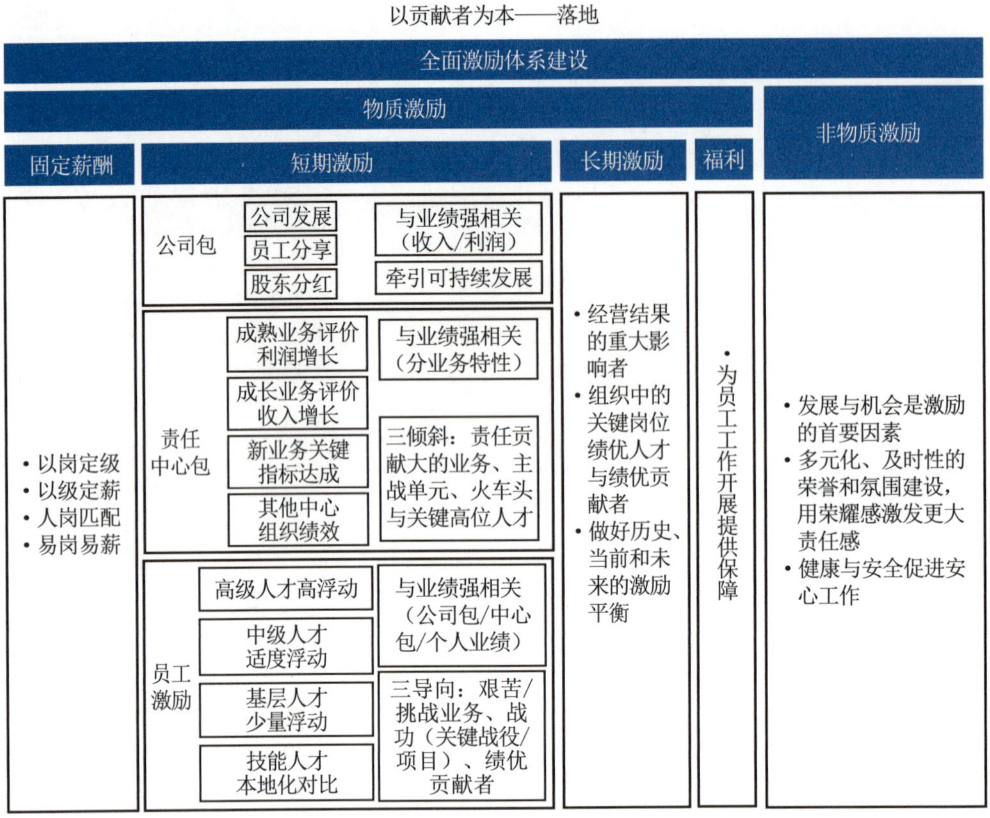

以贡献者为本——落地

全面激励体系建设

物质激励

非物质激励

固定薪酬

短期激励

长期激励

福利

- 以岗定级
- 以级定薪
- 人岗匹配
- 易岗易薪

公司包

公司发展

员工分享

股东分红

与业绩强相关（收入/利润）

牵引可持续发展

责任中心包

成熟业务评价利润增长

成长业务评价收入增长

新业务关键指标达成

其他中心组织绩效

与业绩强相关（分业务特性）

三倾斜：责任贡献大的业务、主战单元、火车头与关键高位人才

员工激励

高级人才高浮动

中级人才适度浮动

基层人才少量浮动

技能人才本地化对比

与业绩强相关（公司包/中心包/个人业绩）

三导向：艰苦/挑战业务、战功（关键战役/项目）、绩优贡献者

- 经营结果的重大影响者
- 组织中的关键岗位绩优人才与绩优贡献者
- 做好历史、当前和未来的激励平衡

- 为员工工作开展提供保障

- 发展与机会是激励的首要因素
- 多元化、及时性的荣誉和氛围建设，用荣耀感激发更大责任感
- 健康与安全促进安心工作

图 205　汇川技术全面激励体系给员工实实在在的回报

资料来源：根据汇川技术公开演讲整理，申万宏源研究。

三、结语：把握市场、夯实团队，打造工控领域“小华为”

汇川技术在过去 20 年的发展过程中，切实践行和印证了价值创造、价值营销、价值曲线、价值优化的价值管理逻辑：从价值创造来看，汇川技术在发展过程中始终保持对业务及研发的前瞻性战略布局和对市场战略发展机遇的把握，聚焦工业领域的自动化、数字化、智能化，专注“信息层、控制层、驱动层、执行层、传感层”核心技术研发，在低压变频器、通用伺服等领域的国内市场份额逐步赶超西门子、三菱等海外老牌企业，通过价值创造构建未来千亿市值的夯实基础，坚定以技术创新为核心引领，不断攻克行业技术难题，助力中国制造业补齐短板，使新质生产力成为推动中国未来发展的强劲增长引擎；从价值营销来看，汇川技术作为 A 股市场上接待机构调研最为活跃的上市公司之一，通过调研接待及信息交流，充分向投资者传递公司内在价值信息，同时持续以可观的现金分红回馈投资者，受到了资本市场的广泛认可；从价值曲线来看，汇川技术在发展历程中依托自身战略规划及行业形势适时开展多项对外并购，积极与外部优质项目开展多元合作，为公司价值实现进一步添砖加瓦；从价值优化来看，汇川技术以管理架构为根基，在公司治理结构上不断推陈出新，助力企业持续发展壮大，同时以贡献者为本，重视核心人才激励，先后推出多轮股权激励，构筑公司价值实现在管理及人才方面的保障。

总结来看，汇川技术在华为、艾默生技术及管理优势经验的基础之上，既能优选行业赛道，在细分领域快速发展的初期就实施行业布局、深入加强客户黏性，又能通过完善的管理和激励机制持续修炼内功，在行业发展进入快车道时乘风而起，一步步打造出工控领域的“小华为”。同时，公司在资本运作方面始终聚焦主业，不盲目开展并购，持续向投资人提供战略布局及高额分红的正反馈，这样的优质公司，又怎能不赢得资本市场的喜爱呢?

比亚迪[①]：

全球新能源汽车领导者

作为一家以二次充电电池起家的上市公司，比亚迪实现了向新能源汽车领域转型并成功登顶全球新能源汽车销量第一的传奇历程。在全球能源革命的浪潮下，比亚迪在王传福的带领下通过深耕技术、优化管理等手段不断丰盈企业内在价值，并借助“巴菲特入股”成功向资本市场正向传递企业价值，强力诠释了上市公司的价值实现之路，借助资本市场公司也成长为全球新能源汽车产业链领导品牌。

一、比亚迪历程：30 年栉风沐雨，终成全球新能源汽车领导者

比亚迪成立于 1995 年 2 月，经过 20 多年的高速发展，公司已实现全球六大洲的战略布局。根据比亚迪官网，当前其业务布局涵盖汽车、轨道交通、新能源和电子四大产业，并在这些领域发挥着举足轻重的作用，从能源的获取、存储，再到应用，全方位构建零排放的新能源整体解决方案。截至 2023 年末，比亚迪营业收入连续 8 年超过千亿元人民币，连续 10 年居于中国新能源汽车销量第一，市值超 5000 亿元人民币，公司已成长为新能源汽车产业的全球领军企业。

整体来看，比亚迪自成立以来实现营业总收入的巨大飞跃，尤其自 2020 年以来，公司营收呈现显著的增长趋势，从 2020 年 1566 亿元增长至 2023 年 6023 亿元，这主要得益于比亚迪新能源汽车的销量快速增加与海外市场的加速扩张之下，公司业务规模持续扩大。同样，比亚迪的归母净利润在 2023 年实现大幅增

① 比亚迪：全称比亚迪股份有限公司，股票代码 002594、01211。

长，达到 300 亿元，在整体行业净利润下降的情况下创下新高，超过行业龙头上汽集团。

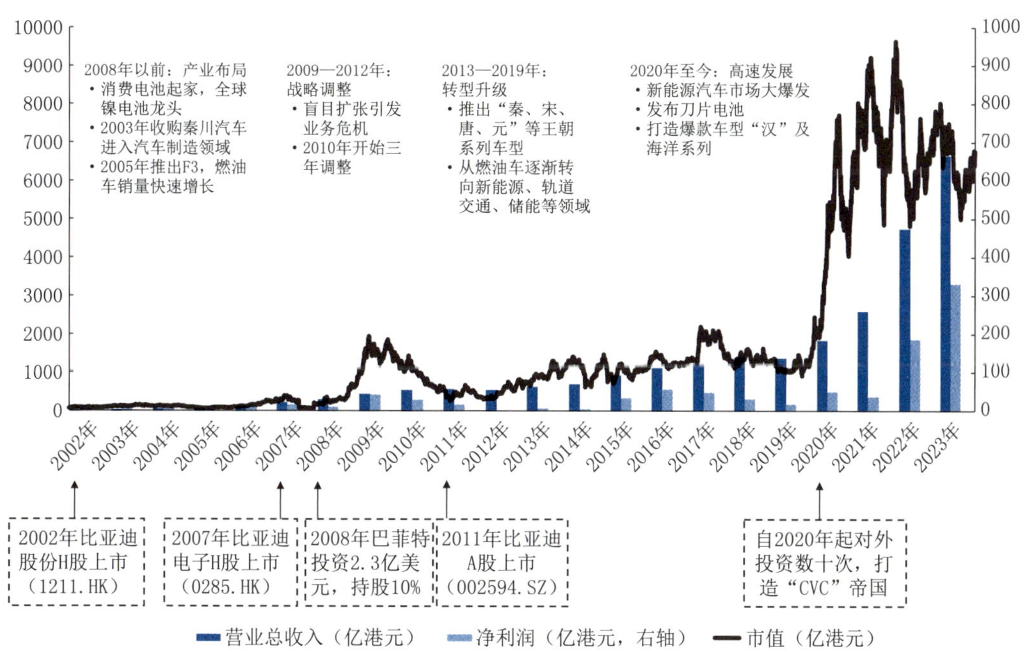

图 206　比亚迪的市场价值成长之路

资料来源：比亚迪集团官网，万得，申万宏源研究。

(一) 1995—2003 年：消费电池起家，成为全球第一大电池厂商

比亚迪股份有限公司于 1995 年 2 月在深圳市坪山区成立，初始注册资本为 250 万元人民币。公司在创建初期，员工合计不到 20 人，厂房也仅有数十平方米，从事镍电池的制造。凭借着低廉的价格和优秀的品质，比亚迪赢得了中国台湾最大的无绳电话制造商大霸的订单。

1997 年，比亚迪迅速成长为一个年销售额近 1 亿元的中型企业，并开始研发锂离子电池。

1998 年，比亚迪在荷兰成立第一家海外分公司（也是第一家欧洲分公司）。

1999 年，比亚迪成立中国香港分公司、美国分公司。比亚迪的客户名单开始出现飞利浦、松下、索尼、通用等公司，其镍电池市场份额扩展至近 40%，成为镍电池领先企业。

2000 年，比亚迪成为摩托罗拉的供应商。

2001 年，比亚迪镍电池全球市场份额位于第二位，镍氢电池全球市场份额位于第三位，锂离子电池全球市场份额位于第四位。

2002 年，比亚迪在香港主板上市，股票代码为 1211.HK，发行价为每股 10.95 港元，市值在 57 亿港元左右。2002 年公司凭借着具备诸多优势的锂电池产品成功获得诺基亚的手机电池订单。同年 7 月，比亚迪全资收购了北京吉普的吉驰模具厂，开始为破冰汽车制造行业打基础。

（二）2003—2009 年：初入汽车行业，凭借燃油车迅速增长

2003 年，比亚迪收购秦川汽车正式进军汽车行业，成为继吉利汽车之后国内第二家民营轿车生产企业。

2005 年，比亚迪推出了 F3 车型，这款车凭借着价格实惠、外观大气、配置高等特点，迅速得到了市场的青睐。随后，比亚迪又相继发布了 F0、G3、L3、F6、M6 等车型，设计风格更加偏向日系车型。当时正值中国汽车市场高速增长的阶段，比亚迪的燃油车销量自然也随之迅速增长。

2006 年，比亚迪 F3e 纯电动汽车研发成功，F3e 纯电动汽车搭载 ET-POWER 电池，而 ET-POWER 电池为全球首款磷酸铁锂电池。F3e 纯电动汽车续航能力可达 300 公里（40 公里 / 小时匀速状态下的理想值），最高时速可达 150 公里 / 小时，但最终由于社会配套基础设施不完善，比亚迪放弃了 F3e 纯电动汽车的推广。

2007 年 12 月，比亚迪电子（国际）有限公司在中国香港上市（股票代码：0285.HK）。

2008 年巴菲特以 2.3 亿美元投资收购了比亚迪 10% 的股份，公司股价也随之迅速增长。同年 12 月，比亚迪推出 F3DM 车型，该车型是全球首款量产插电式混合动力车型，纯电动模式的续航里程为 100 公里，混动模式的续航里程可达 500 公里。

（三）2009—2011 年：盲目扩张引发 3 年调整，重拾新能源初心

2009 年，比亚迪经历了其发展过程中的首个转折点。此时，比亚迪的汽车产销规模达到 50 万台，然而此时国内汽车销量增速开始放缓，逐渐进入存量竞争。随着合资车企的大量涌入，汽车价格逐渐下降，国内自主品牌的发展受到了进一步的限制。比亚迪也同样在高速发展后开始进入了相对停滞的阶段。在此背景下，吉利、长城、比亚迪等民营自主车企开始重新思考发展方向，比亚迪则重拾初心，将战略重点调整为新能源领域，逐步加强对新能源汽车的投入。

2010 年，比亚迪与戴姆勒股份公司（奔驰）合资成立深圳比亚迪戴姆勒新技术有限公司，合作开发电动汽车。同年，由于受金融危机和市场盲目扩张的影响，比亚迪随后进入 3 年调整期阶段。

（四）2011—2019 年：乘政策之风发力新能源，轨交储能多面开花

2010 年，国家推出新能源汽车的政策。比亚迪迅速反应，抓住政策驱动的机遇。同年，比亚迪 e6 车型面世。比亚迪 e6 车型属于纯电动汽车，其续航里程可超过 300 公里。同时，该车型为跨界车型，兼容了 SUV 和 MPV 的设计理念。比亚迪 e6 汽车作为全球首批纯电动出租车于深圳交付使用。

2011 年，比亚迪推出了纯电动大巴 K9，并在深圳开始用作公交车运营。到 2012 年底，已有超过 200 辆 K9 纯电动大巴和 800 辆 e6 纯电动出租车于深圳投入运营。2011 年 6 月，比亚迪股份有限公司在深圳证券交易所上市（股票代码 002594.SZ）。

2012 年，比亚迪推出了基于第二代 DM 技术的混动车型“秦”，该车型很快成为国内新能源汽车销量冠军。同年，比亚迪还与戴姆勒组建了合资公司，共同推出电动汽车品牌“腾势”。2015—2016 年，比亚迪推出了一系列新车型，包括“唐”“宋”和“元”等车型。在这一阶段，比亚迪的燃油车业务逐渐下滑，而新能源车逐渐取代了之前的 F3、S6 等车型的市场份额。新能源车仍主要以 B 端市场为主，C 端市场主要面向限牌城市。

在电池技术基础上，比亚迪逐渐向新能源、轨道交通、储能等各领域发展。2014 年，发布比亚迪“542”技术，从性能、安全、油耗三个维度重新定义汽车标准，为后期的动力电池及相关产品制定了产品性能、安全等目标，打造了比亚迪在动力电池领域的技术优势。2015 年，推出“7+4”战略布局，实现新能源领域的多层次、全方位布局。

2015 年，比亚迪获得“联合国特别能源奖”，该奖项是联合国首个针对新能源行业的奖项。

2016 年，比亚迪进入轨道交通领域，“云轨”实现全球发布。

2017 年，比亚迪“王朝”概念车发布，正式启用“龙脸”家族化设计。

2018 年，比亚迪第 30 万辆新能源汽车下线，开启“造车新时代”。

（五）2019—2021 年：特斯拉发挥“鲶鱼效应”，刀片电池和“汉”助力比亚迪开创新天地

2019—2020 年是国内新能源汽车发展的一个转折点。这一时期，政府对新能源汽车的补贴逐渐减少，新能源车企艰难生存。为了进一步激发新能源市场的活力，我国政府引入了特斯拉，使得电动车市场的重心开始从 To B 转向 To C。比亚迪抓住了此次机遇，开始密集推出新能源汽车核心技术产品。2020 年，比亚迪在深圳发布刀片电池，加深和拓宽了比亚迪在新能源汽车电池领域的技术优

势。刀片电池的问市使磷酸铁锂电池的市场份额快速超过了三元电池，并首次应用于比亚迪的“汉”车型上。比亚迪“汉”车型的单车售价超过 20 万元，成功突破了传统合资品牌 B 级车的壁垒，月销量过万辆。“汉”的成功标志着比亚迪在新能源领域的长期耕耘进入了爆发期，消费者对比亚迪汽车的品牌认知也彻底改观。

（六）2021 年至今：混动 + 纯电双轮驱动，比亚迪迈入新纪元

2021 年，比亚迪推出了第四代混动系统 DM-i，旨在以低成本的混动系统替代燃油车。同年，比亚迪推出了三款搭载 DM-i 的车型，加速新能源汽车对传统燃油车的替代，迅速成为 2021 年的热销车型。市场需求旺盛，产品供不应求，出现大量未交付订单。2021 年，比亚迪还推出了全新纯电车平台 e 3.0 及基于此的首款纯电车海豚。在混动 + 纯电双管齐下的模式下，比亚迪汽车业务进入新一轮上升期，其电动车迈入新纪元，成了汽车行业中的“流量”代表。

2023 年，比亚迪批发销量 301.3 万辆，成为国内销量榜单上的第一大车企。

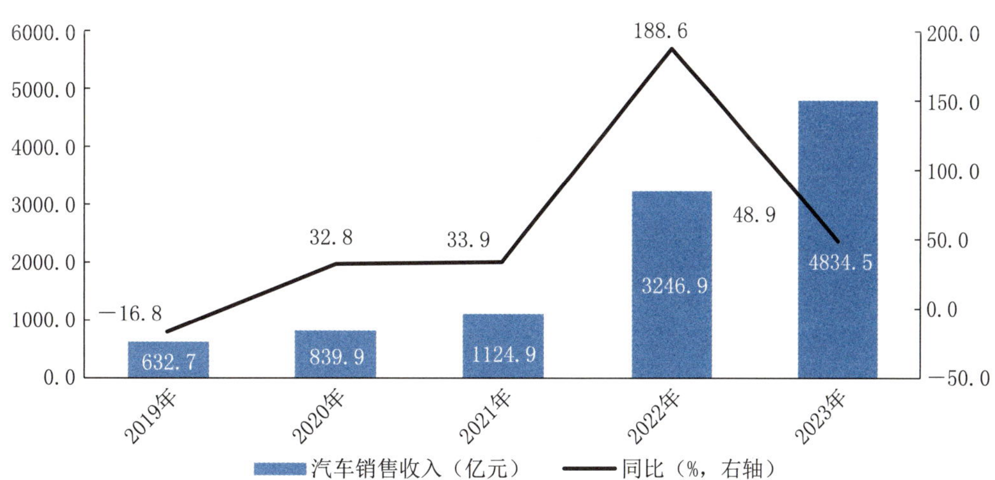

图 207　2021 年以来比亚迪汽车销量额快速提升

资料来源：万得，申万宏源研究。

二、战略收购：王传福力排众议进军汽车行业，超前布局电动车市场

2002 年 10 月，比亚迪深圳总部的股东大会上，身家百亿的创始人王传福提出了“收购秦川、进军汽车业”的议题。尽管有反对声音，但大多数人选择沉默，因为他们明白，王传福总会坚定地按照自己的战略意愿行事。

在王传福看来，电池制造业的进入门槛太低，随着全球电池市场日趋饱和，比亚迪作为全球领先者已难以寻找到更大的增长空间。然而，汽车行业则呈现出万亿级别的巨大市场潜力，随着中产阶层的快速崛起，该行业必将迎来爆炸式的增长。因此，对于寻求新增长点的比亚迪来说，进军汽车行业无疑是一个充满吸引力的战略选择。《王传福传：比亚迪神话》一书解释了比亚迪选择秦川汽车的理由，主要有以下几个方面：最先看中的是秦川汽车所拥有的轿车目录；其次是其拥有完全自主开发福莱尔的工程师、经验和技术，对于当时并未涉足汽车领域的比亚迪来说，这一优势具有极其重要的意义。此外秦川汽车拥有先进的四大工艺，并且作为国企，在业绩、制度方面的风险较少。

当时这个决策引来了诸多质疑，20 年前，中国的汽车产业才刚刚起步，燃油车的技术和市场体系都尚未成熟，更不用提电动车产业。当时，即使是拥有百年历史的美国通用汽车，在电动车 EV1 上也遭遇了巨大挫折，而特斯拉则还只是一个初创企业，处于发展早期阶段。整个市场上，几乎无人对电动车的前景持有乐观态度。据界面新闻报道，当时资本市场上有机构表示要做空比亚迪，但是王传福没有被这些反对的声音阻挠，他坚定地带领公司向汽车行业进军，在他看来，电动汽车、混合动力车以及它们的驱动电池有着巨大的增长前景，终将取代传统的燃油车。收购秦川汽车将为公司提供直接支持，助力开发适用于电动汽车的充电电池，充分发挥比亚迪在电池制造领域的专业优势。

2003 年 1 月 22 日，比亚迪宣布以 2.69 亿元人民币收购秦川汽车 77% 的股份。消息一经发出，比亚迪的股票就遭到投资人的大量抛售，两天内，比亚迪市值蒸

图 208　2003 年比亚迪宣布收购秦川汽车后的股价变化（比亚迪 H 股收盘价，港元）
资料来源：万得，申万宏源研究。

发 27 亿港元。

随后王传福出面解释："我造车是因为看好电动车在未来的发展，而我所掌握的磷酸铁电池将会在 12 年后独霸江湖。我高兴，我任性！"所以从一开始，王传福就并不打算单纯造车，而是要造电动车。今日来看，王传福对新能源汽车的战略格局有着超前的预判眼光。人人都有野心，但大部分人不愿意真正跨界，王传福顶住压力，果敢地带领比亚迪闯入汽车行业，为日后进军新能源汽车埋下了一颗结实的种子。

在投资界广为流传着一句话：投资就是投人。滴滴出行天使投资人、著名早期投资人王刚曾表示，"创始人值多少钱，这家公司就值多少钱"；梅花创投的创始合伙人也曾说过，"一个企业 90% 的价值取决于创始团队，而一个团队 90% 的价值出自创始人"。创始人的价值是投资人在衡量一家企业价值时最重要的考虑因素之一。而如何衡量创始人的价值，每个投资人心中都有自己的度量尺，但不少知名投资人都提到了一个标签——领导力。王传福作为比亚迪掌舵者，其个人在公司的长期战略方向和内部领导上展现的卓越能力，是比亚迪能够引领时代的重要因素。

力排众议收购秦川汽车，是王传福大胆跨界、勇担质疑的表现。对王传福等卓越企业家而言，领导力首先表现为企业家的个人特质，果敢、坚定、有魄力是许多成功企业家的优秀品质，他们在遭遇低谷时，能在最困难的时刻咬紧牙关、绝不放弃；在取得成绩时，能居安思危、具备极强风险意识，也永远在给自己提出新的更具挑战性的目标。不难发现，宁德时代、阿里巴巴、苹果、特斯拉等一批优秀企业的创始人都具备这样一种特质，他们敢闯敢试、不怕失败，在精神上具有坚定的信念。创新就是做别人没有做过的事情，走别人没有走过的路，很多时候这意味着打破既有的格局，甚至颠覆自我。无论是毅然放弃研究院稳定的工作决定创业，还是在公司电池业务蒸蒸日上时不顾反对坚决进军汽车行业，都表现出王传福的勇气和胆量。他个人的创新思维超前且敢于承担风险奋力一搏，有魄力作决定、能够直面外界质疑且坚定自己的决定，从中不难窥见王传福个人的领导力特质。

20 年前王传福便看到新能源汽车的发展潜力，并带领比亚迪提前布局汽车产业，无一不展现出其精准的战略眼光。除了企业家特质，领导力也表现在创始人的战略能力上，更通俗地讲就是远见能力。作为一家企业的掌舵人，创始人的每个决策都影响着公司的发展前途，这些决策汇总起来就构成了企业的战略方向，创始人是否具有良好的战略眼光决定了其能否制定长远、正确的战略，从而带领公司在正确的航道上驶向成功。资本市场对一家企业估值时，不仅在意企业的昨天和今天，更在意企业的明天。如今特斯拉的市值已经超过许多传统车企，一个很重要的原因在于马斯克一直在向市场宣传自己对未来的价值主张，在告诉大家特斯拉的未来是什么。360 集团创始人、董事长周鸿祎总结了三点关于创业、创新和如何做好一家企业的思考，其中第一条便是“战略上要看见未来，一个公司所有的商业逻辑，都藏在创始人对未来的价值主张上”。十几年前王传福便看到了电动车未来的市场，并紧紧把握住进入汽车行业的战略性机会——收购秦川汽车，为自己创造入局机会。此后比亚迪坚持以新能源为战略核心进行业务布局，从燃油车到油电混动车再到纯电动车，一步步实现了最初的战略目标。从现在来看，新能源汽车无疑是未来发展的方向，但十几年前王传福便看到了这一趋势，其远见和战略能力可见一斑。

三、巴菲特入股：资本市场释放积极信号，企业成长信心高涨

2008 年，“股神”巴菲特出资 2.3 亿美元入股比亚迪，持有公司股权约 10%，这是巴菲特入股的第二家中国企业。在前期投资生涯中，巴菲特一向对科技股敬而远之，投资比亚迪是其第一次尝试，而这个“例外”还被巴菲特自己戏称为是在搭档芒格的“逼迫”下作出的投资决策。

早在 2003 年，巴菲特的搭档查理・芒格结识了华裔投资人李录。5 年后的 2008 年，李录向芒格推荐了比亚迪。在芒格的推荐下，巴菲特派自己的得力干将索科尔前往位于深圳市坪山区的比亚迪生产基地进行了为期 4 天的考察。

在认真观察了比亚迪的模式之后，索科尔表示希望投资比亚迪 5 亿美元获得 20% 的股权，没想到的是王传福拒绝了这笔投资。当时王传福对公司的发展充满信心，认为比亚迪的经营状况良好，不需要如此大笔的投资。他想跟巴菲特深入合作，来推广比亚迪的品牌，从而打开美国市场，但是他不愿公司管理层的控制权被削弱，所以原则上他拒绝出让公司 10% 以上的股份。经过协商，最后双方就投资事宜达成一致：巴菲特投资比亚迪 2.3 亿美元，约占公司 10% 的股份。

2008 年 9 月 27 日，由巴菲特掌舵的伯克希尔哈撒韦公司通过旗下附属公司中美能源控股公司（现更名为伯克希尔・哈撒韦能源）对比亚迪进行投资，合计斥资 2.32 亿美元（合 18 亿港元），以 1.03 美元 / 股（合 8 港元左右）购买比亚迪 2.25 亿股 H 股，持股比例约为 9.89%，同时索科尔将进入比亚迪的董事会。“股神”入股为比亚迪在资本市场上释放了大量的积极信号，短短一周，比亚迪的市值增长近一倍，达到 350 亿港元。

从价值投资的角度来看，巴菲特投资比亚迪显然不是芒格的“逼迫”，而是出于对比亚迪和王传福的认可。1999—2008 年，比亚迪的年净资产收益率平均数近 40%，从资本回报率角度看，这无疑是一家优秀的企业。美中不足的是这个时期的

图 209　2008 年“股神”巴菲特入股比亚迪后的股价变化（比亚迪 H 股收盘价）

资料来源：万得，申万宏源研究。

比亚迪在现金流上始终弱于利润，而且负债率较高，资金比较紧张，基本上账面的货币资金难以覆盖其短期借款。从成长性看，比亚迪净资产从 1999 年的 0.72 亿元增长到 2007 年的 107 亿元，增长了近 148 倍，同时其净资产收益率基本保持在 20% 以上。而从创始人角度出发，王传福 1983 年以优异的成绩考入中南矿冶学院冶金物理化学系，大学期间名列前茅，被保送至中国科学院北京有色金属研究院攻读硕士学位，师从李国勋（毕业于苏联列宁格勒工学院，从事电池研究工作），技术背景扎实。在 2008 年，初出茅庐的比亚迪主要从事着充电电池和手机组装业务，汽车业务刚刚起步，在现金流上没有出色的表现，但其高资本回报率、高成长性和拥有过硬技术背景的创始人是为比亚迪赢来“股神”青睐的核心因素。

在申万宏源价值管理钻石模型中，价值创造、价值营销、价值曲线和价值优化是价值管理的基本四要素。其中价值营销是价值信息的传递过程，让外界对企业的价值有所了解并产生认可。目前价值营销的发展趋势已向 4R 管理转型，即价值营销通过对投资者（IR）、分析师（AR）、媒体（MR）和监管层（RR）的关系管理实现价值的传递。

引入知名投资者，不仅可以改善公司股权架构，还是投资者关系管理（IR）中非常重要的一部分，向资本市场传递了企业价值信息的积极信号，增强了投资者对公司未来发展的信心，并吸引潜在投资者。在“股神”巴菲特入股比亚迪的事件中，比亚迪进行了两次非常成功的价值营销过程。第一次发生在王传福拒绝巴菲特入股时，王传福对公司发展的信心向巴菲特传递出公司持续向好经营的信号，这对于潜在投资者来说无疑增加了他们对公司的认可度。巴菲特得知王传福不愿出售 10% 以上的公司股份后反而非常高兴，他认为“一个不愿意出卖自己公司的人，看来是一个靠得住的人，当然也是一个值得投资的人”。第二次价值营销发生在巴菲特宣布入股比亚迪后，有了这样一位顶级投资人的认可，其他投资者纷纷加入投资比亚迪的大军，使比亚迪股份的股价在消息发布当天就上涨 95%。这样的事件其实不止发生过一次，由于巴菲特在资本市场有着卓越的公信力和影响力，一旦传出他对某企业进行投资后，其相关公司股票均会出现不同程度的上涨，这也被市场称为“巴菲特效应”。

四、管理优化：盲目扩张伤元气，3 年调整稳中求进

自 2010 年 4 月起，因比亚迪管理层注重高增长性而追求盲目扩张，并进而对旗下经销商制定了执行难度较高的销售指标及“销售返点”政策，比亚迪开始面临经销商陆续终止合作的困境，汽车业务迎来潜在发展危机。

究其背后的原因，最直接的在于比亚迪制定了过高的销售指标，使经销商积压了大量的库存，不合理的“销售返点”政策导致经销商承受较大损失。更深层的原因还是在于比亚迪的管理层过于注重比亚迪的高增长性从而导致盲目扩张，与此同时产量连续大幅增加也使产品质量出现了严重的问题。2005—2009 年比亚迪汽车销量几乎连续 5 年超 100% 增速增长，从年销量 1 万台涨到 50 万台。为保持高增长，比亚迪将 2010 年销售目标设为 100 万台，员工人数也从 9 万人暴增至 18 万人，资产负债率升至 60.1%。与此同时，盲目激进扩张也使得比亚迪旗下超百家经销商退出其销售网络，消费者投诉亦纷至沓来，汽车业务迎来发展困

境。从 2010 年 4 月初到 8 月底，比亚迪市值一度近乎腰斩。

图 210　2010 年后比亚迪股价大幅调整（比亚迪 H 股收盘价）

资料来源：万得，申万宏源研究。

2010 年 9 月 27 日，比亚迪股份副总裁、比亚迪销售公司总经理夏治冰在深圳的经销商大会上，公开承认比亚迪此前决策上的失误，并宣布将积极应对经销商诉求、压缩 2010 年的销售目标等销售政策，这些应对措施对平息比亚迪彼时困境至关重要，但公司股价在短暂回升后仍持续下跌。

2010 年比亚迪业绩出现下滑，且过往连续 5 年超 100% 的销售增长也被打破。根据 2010 年业绩报告，比亚迪营业收入为 470.8 亿元，同比增长 18.4%，净利润下滑 33.5%；其中汽车业务收入下滑绝对额高达 35 亿元，汽车业务净利润也从 2009 年的 35 亿元下滑至 2010 年的 17.4 亿元，下滑幅度接近 50%。在一系列教训之下，比亚迪进行了深入的自我审视，全面梳理了过往发展中存在的三大核心问题，即经销商渠道管理、产品品质把控以及品牌宣传推进，并从 2010 年进入大刀阔斧的 3 年调整期。

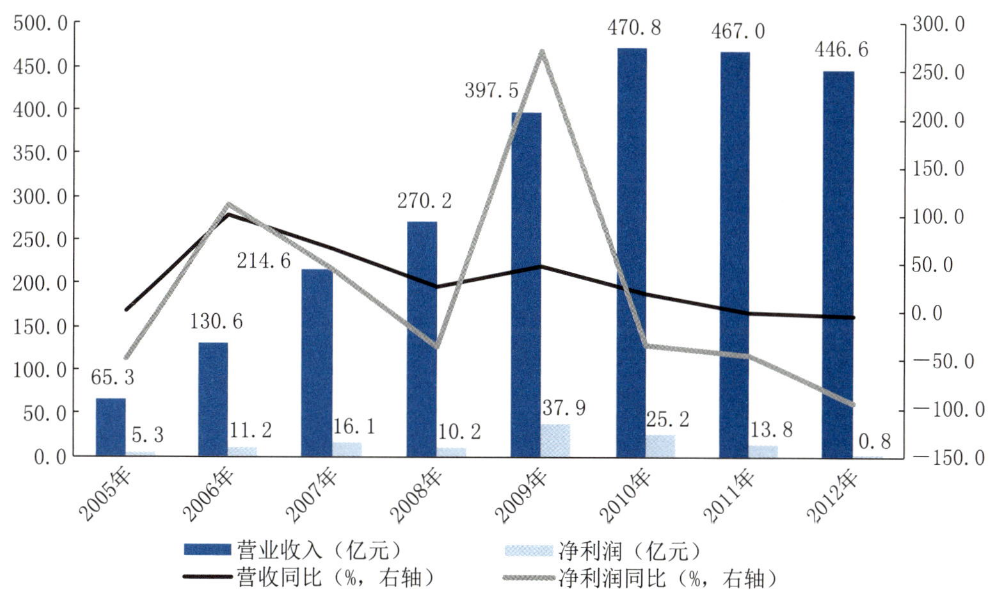

图 211　2010 年后比亚迪业绩大幅调整

资料来源：万得，申万宏源研究。

> 价值优化是价值实现的保障，可以进一步改善上市公司市值，甚至产生估值溢价，主要包括公司治理优化、激励约束优化、绩效考核优化、团队建设优化、组织架构优化、内部控制优化等机制的优化推进。

在危机事件过后，企业往往面临着改善经营管理、重塑企业价值的需要，企业内部改革与价值优化势在必行。在比亚迪的 3 年整改过程中，首要的就是针对经销商渠道问题，把原先复杂的 A1—A4 四个销售网络合并成红网和蓝网两个（即目前的王朝网和海洋网），通过精简组织架构来改善组织效率，促进企业运作效能提升的同时增加对经销商的让利空间，从而重新获得经销商的信任与合作。针对产品品质问题，比亚迪自上而下推行了严格的以目标为起点的内部控制优化流程，要求每辆车 2 年之内的平均故障数小于 1。此外，为了解决以往垂直整合模式带来的内部质量和腐败问题，比亚迪还对供应链加强了内部控制，要求以采购外部更物美价廉的零部件代替自行生产，同时要求内部生产的零部件开放供货给其他车企，以加强竞争。

经过3年调整，2012年比亚迪汽车产销达到45.6万辆，经历多年下滑后再次迎来增长。王传福在2013年初坦言，“比亚迪从2010年下半年开始的为期近3年的调整期已经结束”。比亚迪的发展再次进入“腾飞期”，稳中求进成了未来几年的发展方向。

五、价值实现：深耕技术、产品与品牌，能源革命浪潮下获全球认可

2009年3月，国务院出台的《汽车产业调整和振兴规划》提到，“启动国家节能和新能源汽车示范工程，由中央财政安排资金给予补贴”；同年财政部发布《关于开展节能和新能源汽车示范推广试点工作的通知》，明确对试点城市公共服务领域购置新能源汽车给予补助，由此拉开了新能源汽车补贴时代的序幕。凭借着已有的技术积淀，比亚迪迅速抓住国家新能源汽车政策。考虑到政府对政策支持力度大，推行阻力小，比亚迪决定先从城市公交和出租车市场入手，开展“城市公共交通电动化”解决方案。不仅在国内布局，比亚迪的电动大巴还走出国门，积极进入海外市场，截至目前，比亚迪生产的电动大巴在全球60多个国家和地区行驶。

在乘用车方面，比亚迪2012年推出基于第二代DM技术的混动车型“秦”，开启王朝系列，并在2015—2020年陆续推出“唐”“宋”“元”“汉”等车型。2021年8月，比亚迪正式发布海洋车系，专注于纯电动汽车，并陆续推出海豚、海豹和海鸥等车型。2021年11月，比亚迪第300万台新能源车型正式下线。同年，比亚迪还正式宣布“乘用车出海”计划，将挪威作为开拓海外乘用车业务的首个试点市场。相比此前商用车的按年布局，比亚迪的乘用车出海是以月为单位加速抢占海外市场。目前，比亚迪新能源乘用车已进入日本、德国、澳大利亚、巴西等国，足迹遍布全球超过50个国家和地区。

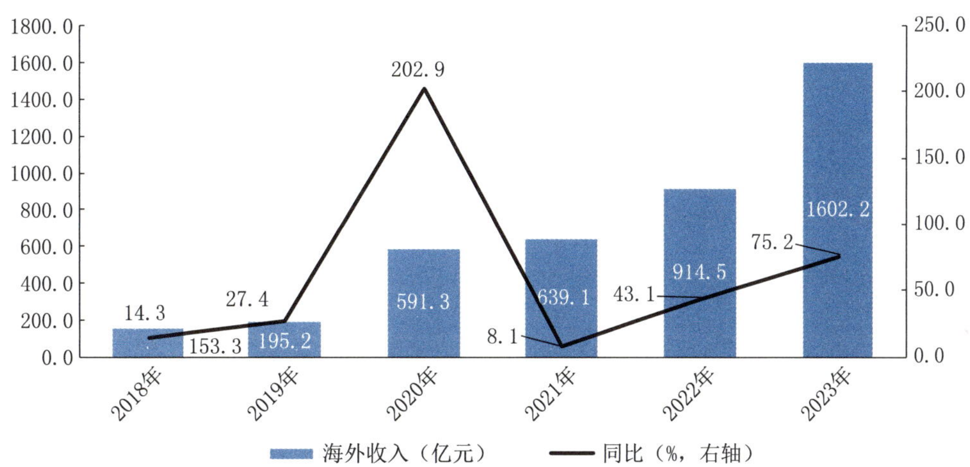

图 212 近年来比亚迪海外营收实现大幅增长

资料来源：万得，申万宏源研究。

价值管理的核心是寻找创造价值的动力。在价值创造的过程中，制定高质量的战略规划可以让公司发展有的放矢，通过战略和产业规划确定核心价值增长点。在明确的战略规划指导下，公司可以通过内涵式增长与外延式增长的结合，不断寻找提升公司内在价值的驱动要素，并最终实现最大化公司价值。

企业的战略规划包括三个方面：定位、路径、保障。其中，定位解决企业要成为什么样企业的问题，表现为企业的愿景与目标；路径解决企业要怎样实现战略目标的问题，具体包括公司战略、业务战略和职能战略；保障解决企业要怎么保障达成发展目标的问题，通常从运营系统、人力资源和组织结构等入手。比亚迪汽车在成立初期就确立了燃油、混动和纯电动三大战略方向，如果说生产燃油车是起步，混动是过渡，全面生产电动车才是比亚迪的终极目标。10 多年前，王传福就预判到电动化是汽车行业未来发展的大势所趋，从保障国家能源安全和治理生态环境等角度来看，国家减少石油进口依赖、发展新能源汽车是必然的发展趋势。2006 年，比亚迪首台纯电动汽车 F3e 研发成功，2008 年推出全球首款量产插电式混合动力车型 F3DM。十几年来比亚迪一直坚守在新能源汽车的战略方向上默默积蓄力量，不断寻找提升公司内在价值的驱动要素。

常见的价值驱动因素包括：研发与技术创新、产品组合与规模、营销品牌与渠道、市场份额、发展速度、细分市场的选择、资本运用的效率等。比亚迪在新能源汽车领域的成功，不仅是乘着政策之风的顺势而为，更是源于十几年来对价值驱动因素的不断挖掘与实现。首先，比亚迪把握技术创新的核心驱动力，从第一代 DM 技术问世，到刀片电池、DM-i 超级混动技术、e 平台 3.0、CTB 车身电池一体化技术等越来越多的先进技术得到消费者认可，比亚迪始终坚持自主技术研发，十几年如一日地进行技术创新。除了长期深耕技术，比亚迪还对产品设计和品牌形象注入了更多心血，从产品和品牌中找到了价值驱动因素。早年间，比亚迪在车辆内外饰设计方面曾因模仿过多而受到很多消费者的诟病，为解决这一痛点，比亚迪重金聘请奥迪前设计总监沃尔夫冈・艾格、奔驰前内饰设计总监米歇尔・帕加内蒂和法拉利前外饰设计总监欢马・洛佩慈。这三位顶级设计师齐聚比亚迪，为比亚迪的整车设计打开了新局面，打造了一系列堪称国产车设计巅峰的作品。

此外，比亚迪还对品牌 logo 进行了几次优化设计，最初比亚迪的“蓝天白云标”因被人们认为模仿宝马车标而广受诟病，2007 年比亚迪将车标换成了 BYD 三个字母和一个椭圆组成的标志，并赋予“BYD”品牌含义“build your dreams”（成就梦想），但仍被市场用户指出与韩国起亚的车标过于相似。为了加强消费者对品牌的认同感，比亚迪在 2021 年又一次改进“BYD”字母标识，采用更符合年轻审美需求的扁平化设计，同时在王朝汽车系列中，选择使用汉字“秦”“汉”“唐”“宋”“元”作为车标，在打造独特的品牌形象的同时，增强了消费者对品牌文化的自豪感。

六、生态构建：战略投资加速扩张，助力产业生态闭环布局

汽车行业在电动化的发展趋势确立后，随着工业 4.0 智能、互联、数字技术的发展，汽车行业在电动化基础上推动形成网联化、智能化、共享化的新发展趋势：电动化是基础，电动汽车支撑能源革命，推动行业环保发展；网联化是条件，网

联汽车作为移动大数据终端，助力实现万物互联；智能化是关键，无人驾驶作为大趋势，将在未来改写整个交通体系；共享化是趋势，共享经济已经成为消费领域的重要板块，汽车共享将带来出行消费的重大变革。这四大变化趋势使得传统车企随时都可能面临颠覆性的行业竞争变局。比亚迪该如何在筑牢电动化竞争优势基础上应对行业变革？通过加快战略投资，助力布局产业生态形成闭环是比亚迪的应对举措。

进入 2021 年以来，比亚迪在股权投资板块加速扩张，短短三载，累计对外投资超过 50 次，涉及种子轮、天使轮、A 轮、B 轮、C 轮及战略投资等。根据公司年报显示，截至 2023 年末，比亚迪集团长期股权投资期末金额达到 176.5 亿元。从投资领域来看，被投企业所涉领域不仅围绕在整车、模具、零部件及配件、电池等新能源汽车产业链上，还进一步延伸至芯片半导体、机器人、新能源材料、智能制造、汽车保险业等方向，基本投资都与比亚迪的产业生态有关。

围绕产业链布局是比亚迪自始坚持的投资初心。比亚迪对外投资最早可以追溯至 2009 年，最初比亚迪的投资多集中在其旗下控股子公司、联营公司，如比亚迪半导体、比亚迪汽车金融、腾势新能源汽车、广汽比亚迪新能源客车、比亚迪丰田电动车等，均与比亚迪自身电池、汽车、轨道交通和新能源技术业务紧密有关。2020 年，随着新能源汽车市场迎来爆发，比亚迪的业绩节节攀升，全年实现归母净利润 42.34 亿元，同比增长 162%。丰厚的业绩收入使比亚迪的投资资金充裕起来，投资动作也愈加频繁和大方，仅 2020 年就进行了数笔大额投资，包括 3.5 亿元投资腾势新能源，入股锂离子电池正极材料供应商湖南裕能，以及投资北斗导航芯片公司华大北斗。随后，比亚迪的投资版图向产业链上下游逐步延伸，并加速瞄向更大回报的产业型风险投资市场。近 3 年比亚迪共投资布局数十家企业，远高于此前 12 年的项目投资总和，投资组合多属于早中期阶段企业，包括 AI 算力芯片和智能驾驶计算方案提供商地平线、激光雷达公司速腾聚创、电解铜箔与锂电池相关材料生产商铜博科技、世界领先的具身智能机器人企业智元机器人等。

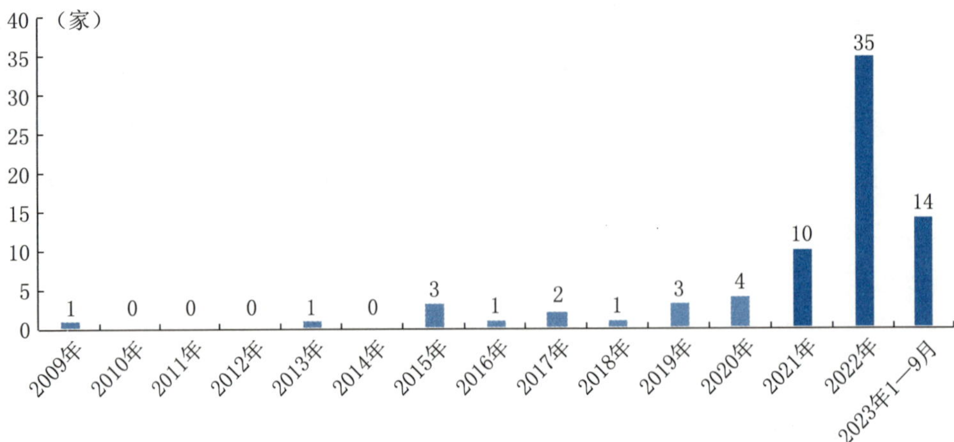

图 213　2021 年以来比亚迪对外投资企业数量快速增加

资料来源：钛媒体，申万宏源研究。

活跃的投资活动为比亚迪带来了亮眼的投资回报，根据公司 2023 年年报显示，比亚迪投资收益自 2019 年以来首次转正，投资净收益达到 16.4 亿元。聚焦产业链的投资布局为比亚迪带来的好处远不止单纯的财务回报。比亚迪始终坚持产业深耕，持续通过战略投资等方式在产业链核心领域进行布局，与产业链上下游合作伙伴相互赋能。通过产业投资的方式，比亚迪引进了更多创新技术和资源，打破以往“闭门造车”的技术束缚，利用外部资源不断弥补自身技术短板，加强在全球科技竞争中的关键能力。例如在芯片半导体领域，比亚迪陆续投资了地平线、赛美特、智元机器人、芯进电子、粒界科技等相关高精尖企业，涵盖 AI 芯片、智能驾驶芯片、碳化硅外延芯片、半导体器件等细分赛道，这些企业未来将助力比亚迪在智能驾驶、智能网联汽车、工厂智能制造等领域快速发展，培育更多具有市场竞争力的业务。聚焦产业的投资布局使比亚迪在打造上市公司风险投资（CVC）版图的同时，也从中收获了产业联动的益处，并进一步释放各业务的发展潜力，提升企业整体价值，推动全球汽车产业转型升级。

表 48　比亚迪部分投资企业信息统计表

企业名称	业务领域
成都芯进电子股份有限公司	模拟芯片
广东中贝能源科技有限公司	智能电气保护设备
浙江嘉善嘉芯半导体设备有限公司	半导体器件与设备
深圳市博恩新材料股份有限公司	导热及绝缘材料研发
厦门钜瓷科技有限公司	高品级氮化铝制品
碳一新能源集团有限责任公司	锂电池材料生产商
重庆励颐拓软件有限公司	工业仿真软件研发
贵州安达科技能源股份有限公司	锂电池正极材料研发
无锡邑文微电子科技公司	半导体设备研发
福建省金龙稀土股份有限公司	稀土化合物材料
深圳市尚水智能股份有限公司	纳米材料方案
湖南长步道光电科技股份有限公司	中高端光学镜头
上海新迪数字技术有限公司	三维 CAD 工业软件
常州纵慧芯光半导体科技有限公司	光电半导体
深圳市名家汇科技股份有限公司	照明工程服务
深圳市比亚迪汽车金融有限公司	汽车金融
上海杉杉锂电材料科技有限公司	锂电池材料
湖南裕能新能源电池材料股份有限公司	锂离子电池正极材料
华大北斗科技股份有限公司	导航芯片及产品制造
比亚迪半导体股份有限公司	车用芯片及功率器件
江苏华盛锂电材料股份有限公司	锂电池电解液添加剂
深圳前海保险交易中心股份有限公司	第三方保险交易
北京比亚迪模具有限公司	模具制造
合力泰科技股份有限公司	基础化工原料及电子触屏生产
赛美特信息集团股份有限公司	工业智能 CIM 软件
上海韬润半导体有限公司	高性能数模混合芯片
上海康碳复合材料科技有限公司	高性能复合材料研发
北京中科昊芯科技有限公司	数字芯片处理器

资料来源：万得，申万宏源研究。

七、结语：不设边界，“高端化 + 出海”未来仍有无限可能

二十多年来，比亚迪历经数次起伏并再次站上顶峰。这一路离不开企业优化产业战略布局、排除万难向汽车领域转型的价值创造，离不开企业深耕技术十余年、不断优化内部管理的价值优化，也离不开企业积极向资本市场传递价值信号、大力战略投资构建产业生态的价值营销与价值曲线。跟随着比亚迪成长的脚步，一部鲜活的上市公司价值管理发展史也尽现眼前，当然，它还远远没有画上句号。价值管理本就是一个循环往复不断螺旋上升的价值成长过程。

20 年前收购秦川汽车是比亚迪从消费电池向新能源汽车进军的起点，这背后无不透露出王传福精准敏锐的战略目光与力排众议的坚韧果敢。自 2006 年比亚迪成功研发全球首款磷酸铁锂电池 ET-POWER，到 2020 年在深圳发布刀片电池，十几年间比亚迪持续坚持技术研发，更迭了一代又一代电池技术，并向新能源整体解决方案和轨道交通等领域拓展边界，“技术为王，创新为本”始终是比亚迪的成长格言。

当然，任何一家企业的发展都不可能一帆风顺，但勇于直面错误、自我革新的企业才能历久弥新，在激烈的市场竞争中活下来、活得好。王传福曾直言：“比亚迪曾经犯过三个错误，一是渠道扩张过快，过度看重经销网点数量而忽略了质量；二是品牌宣传不够，没有着重打造品牌内涵；三是产品品质仍有待加强。”针对这些问题，比亚迪大刀阔斧进行组织改革：合并销售网络；加强产品品质管理，培养公司品质良好的习惯；并持续优化品牌设计，为消费者使用国产电动车打造文化自豪感，不断推动品牌成为公司基业长青的根基。

进入 2021 年以来，比亚迪围绕产业链投资布局数十次，通过多手段构建生态闭环，借助产业链上下游合作伙伴赋能自身技术短板，进一步释放多业务条线的发展潜力。登顶中国汽车销量第一品牌只是比亚迪发展史上的一个里程碑，比亚迪

远没有停下前进的脚步，而是持续进行品牌升级、打造出“比亚迪王朝网海洋网 + 方程豹 + 腾势 + 仰望”的品牌矩阵，同时加速进军海外市场，在欧洲、亚太、美洲等市场进行大力布局且已初显成效，在新的成长曲线助推下，公司未来仍充满想象空间及无限可能。

立讯精密①：

内生成长 + 资本并购推动精密制造企业市值成长

立讯精密成立于 2004 年，早期主要从事消费电子产品连接器生产业务，是富士康、联想、正崴精密等国际知名客户的主力供应商，并凭借联想供应商的身份于 2010 年在深圳证券交易所成功挂牌上市。立讯精密在发展初期即进入了产业结

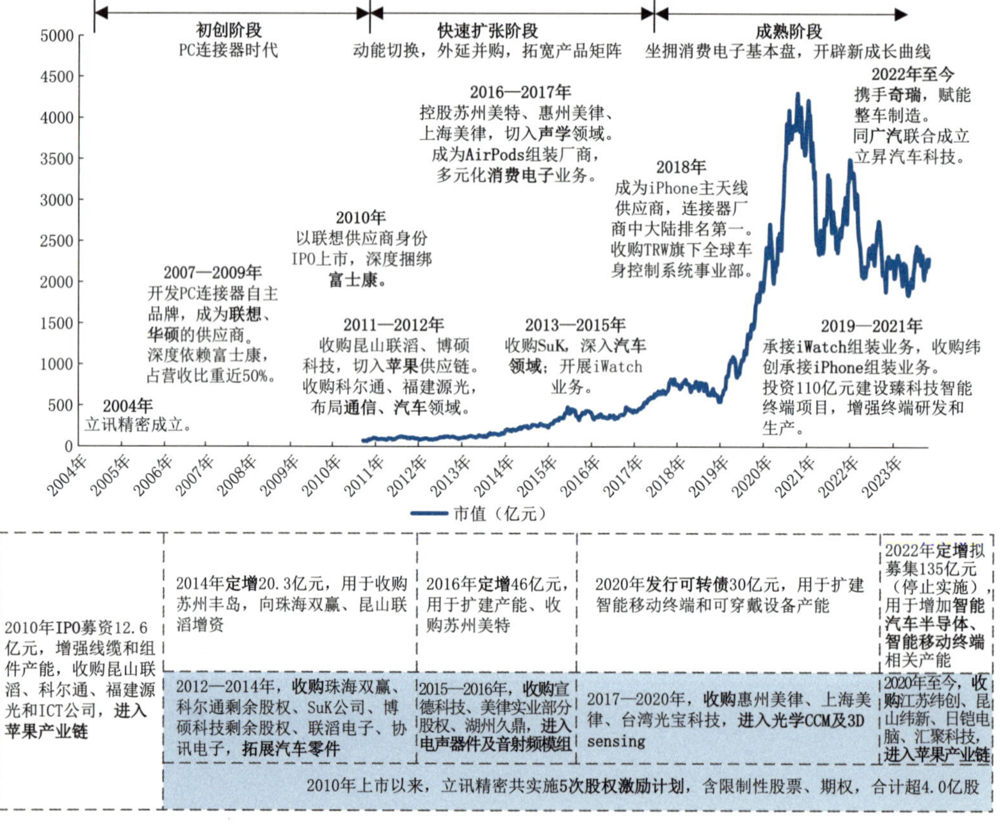

图 214　立讯精密的市场价值成长之路

资料来源：万得，申万宏源研究。

① 立讯精密：全称立讯精密工业股份有限公司，股票代码 002475。

构较好的电子零部件制造市场和精密加工产业链环节，享受了消费电子产业转移的时代红利。2011 年立讯精密通过收购昆山联滔电子有限公司，切入苹果供应链体系，不断扩张产品线，并于 2017 年成功进入 AirPods 组装供应链，通过多次收并购 iPhone 组装代工厂，布局组装业务，成为名副其实的“果链一哥”。但是，立讯精密并未在先发优势中迷失战略方向，而是前瞻性地进行多元化布局，凭借业务协同性带来的竞争优势，构建第二、第三增长曲线。目前，立讯精密业务范围涵盖消费、通信和新能源汽车三大业务板块，产品覆盖从多品类的零组件、模组产品，到手机、智能穿戴、智能家居等系统组装，以及汽车线束、智能驾驶模块、智能座舱模块、通信高速互联模块和基站射频单元等。截至 2023 年末，公司市值达 2400 多亿元，已经成为全球领先的精密智能制造领军企业。申万宏源研究自 2018 年覆盖立讯精密以来，已连续发布 12 篇公司点评和公司深度研究报告，未来也将持续关注。①

一、立讯精密成长复盘：从富士康供应商到精密制造领军企业

（一）2004—2010 年：依托大客户，逐步成为代工品巨头

创始人乘电子产业扩张的东风，离开富士康独立创业。立讯精密创始人王来春自 21 岁进入富士康以来，从流水线小工到管理上千名员工的课长，近 10 年的工作经历为日后独立创业积累了宝贵经验。1997 年，伴随全球电子产业的崛起和扩张，富士康逐渐成长为电子代工的领军企业。彼时的富士康鼓励培养高管独立创业，以合作伙伴的身份做强富士康上下游供应链体系。因此王来春于同年离开富士康自主创业，于 1999 年同二哥王来胜共同出资购买香港立讯公

① 本篇案例部分内容参考申万宏源研究所发布的研究报告：2019 年 11 月 19 日《立讯精密（002475）深度：携零件、模组、系统三级能力，走向精密智造时代》（证券分析师：杨海晏）、2023 年 8 月 21 日《立讯精密（002475）深度：管理进阶被低估，汽车 tier1 收获期！（智联汽车系列报告 32）》（证券分析师：杨海晏、刘洋）。

司，主营来料加工业务。后于 2004 年设立外商独资公司立讯精密工业有限公司，并于 2008 年改制变更为股份有限公司，最终于 2010 年深圳证券交易所挂牌上市。

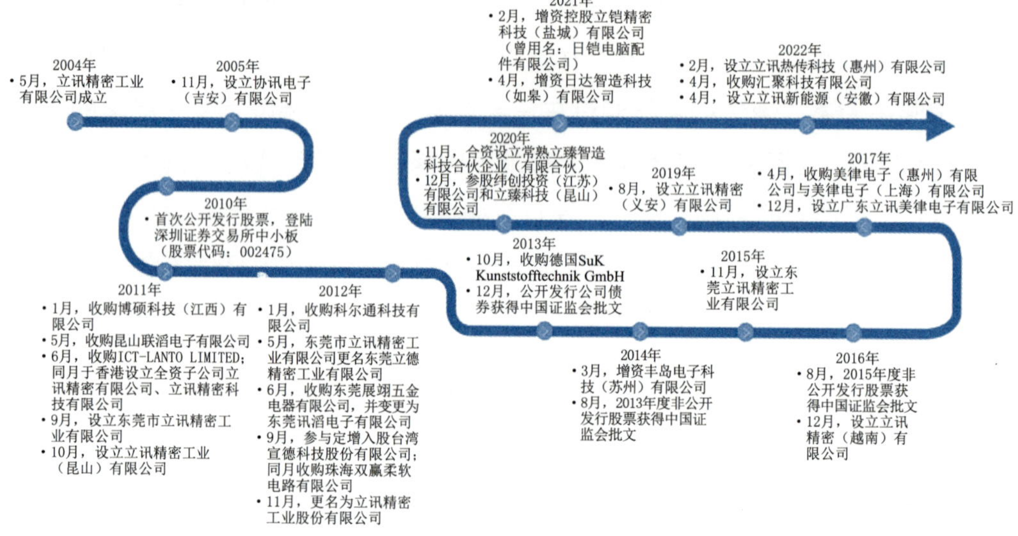

图 215　立讯精密发展历程

资料来源：立讯精密，申万宏源研究。

公司早期专注 PC 连接器生产，逐步拓宽产品矩阵。2004—2010 年间，立讯精密专注于连接器产品的研发、生产和销售，产品主要应用于电脑及周边设备。在 2010 年以前，公司以 PC 连接器为主要产品，包括附加值较高的台式电脑和笔记本电脑内部连接器，产品也逐步应用于 3C、汽车、通信等领域。根据立讯精密上市招股书披露，及至 2010 年上市时，公司台式电脑连接器已覆盖全球近 20% 的台式电脑，仅次于富士康约 50% 的市占率，拥有近 2000 种连接器产品，并实现年产 21700 万套连接器。根据 Bishop & Associate 公布的 2018 年全球连接器厂商排名，立讯精密成为中国境内排名第一、世界排名第八的连接器生产商。

积极布局精密连接器研发工作，拓宽业务发展空间。立讯精密自 2004 年成立之初，便组建技术研发部门，陆续获取多项专利，并于 2009 年成为国家高新技术企业。在此期间，公司尤其注重技术含量和附加值高的精密连接器研发工作。多年研发掌握的精密连接器设计和制造技术，使公司有能力进入汽车连接器、通讯连接器和各类高端消费电子产品连接器领域，大大拓宽了公司业务的发展空间。在汽车连接器领域，公司在 2010 年上市前已为德尔福（全球最大的汽车线束系统制造厂商）批量供应汽车连接器；在通信领域，公司已取得中兴通讯的合格供

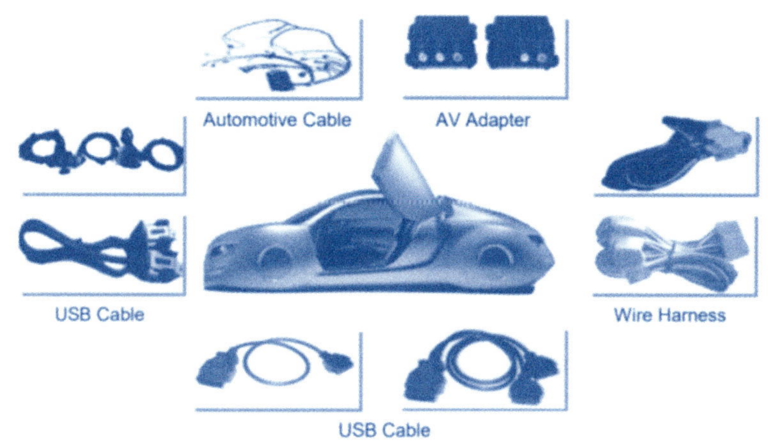

图 216　立讯精密汽车连接器产品图

资料来源：立讯精密招股书，申万宏源研究。

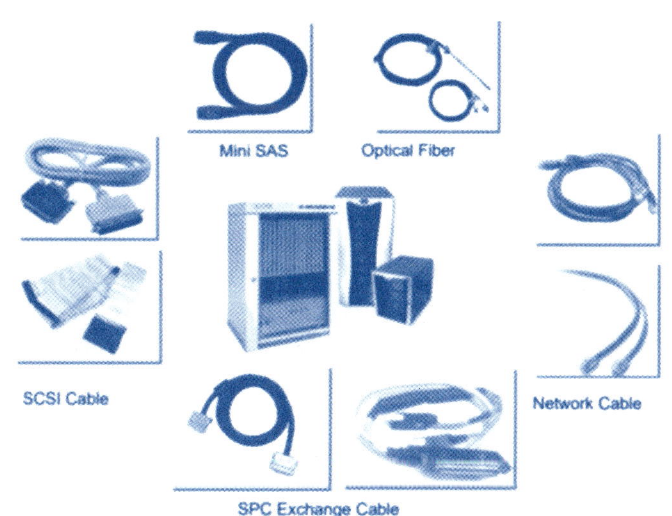

图 217　立讯精密通讯连接器产品图

资料来源：立讯精密招股书，申万宏源研究。

应商资格认定，并在积极开发国际客户；在高端消费电子产品领域，公司同步开发用于液晶电视、各种新型便携式电子产品的精密连接器产品。

PC 时代同第一大客户深度合作，开拓成长动能。客户方面，立讯精密成立初期，客户多为内销客户，经营层将管理来料加工厂业务中形成的服务国际客户的综合能力应用在立讯有限的生产经营中，迅速成为国内三大电脑品牌厂商——联想、同方、方正的主力供应商，并开始承接富士康国内订单的代工业务。2007 年后，公司拓展出口业务，先后开发了除富士康外，包括伟创力、正崴精密、博硕科技、台湾光宝等客户，外销收入大幅上升，逐步成为公司主要的收入来源，但富士康依然是公司的最大客户。根据立讯精密上市招股书披露，2007—2009 年富士康销售额占公司营收平均比例达 49.9%，而前五大客户销售额占比为 83.9%。在 PC 时代，富士康已成为全球最大的电子产品制造服务（Electronics Manufacturing Services，EMS）厂商，其装配生产的台式电脑占到全球品牌机年产量的 50% 以上。公司通过富士康为惠普、戴尔、宏基等品牌电脑客户提供连接器产品。立讯精密同富士康长期的深度合作获得了良好的大客户示范效应，被联想等品牌厂商确定为指定供应商，并凭借联想供应商身份上市，为公司实现第二阶段业务转型打下了坚实基础。

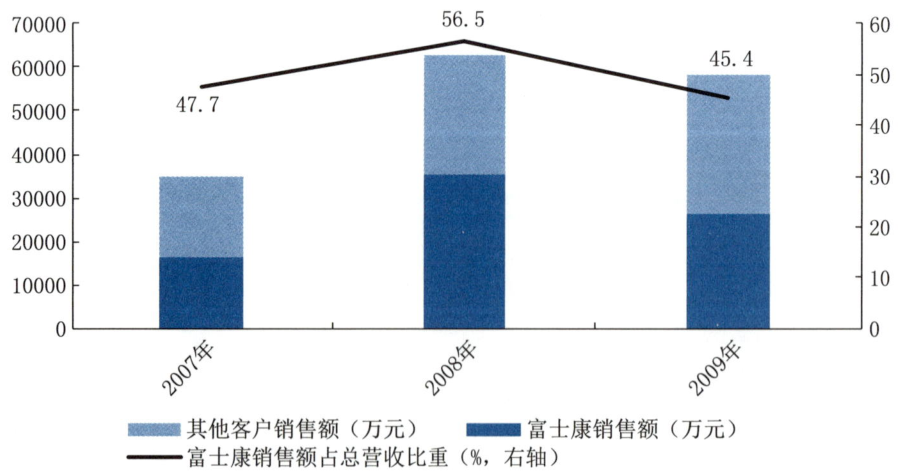

图 218　大客户富士康销售额及占总营收比重

资料来源：立讯精密招股书，申万宏源研究。

表 49　立讯精密 2007—2010H1 年间前五大客户情况

年　度	序号	客　户　名　称	销售额（万元）	占当期营业收入比例
2010 年 1—6 月份	1	Foxconn Group.	6523.27	16.81%
	2	正崴精密	6489.94	16.72%
	3	LAXUS INTERNATIONAL LIMITED	5938.10	15.30%
	4	伟创力集团	4690.64	12.09%
	5	联想集团	4362.46	11.24%
	合　计		28004.41	72.16%
2009 年度	1	Foxconn Group.	26532.97	45.38%
	2	联想集团	7515.57	12.85%
	3	正崴精密	7008.14	11.99%
	4	伟创力集团	2946.63	5.04%
	5	田讯电子（烟台）有限公司	2513.58	4.30%
	合计		46516.89	79.56%
2008 年度	1	Foxconn Group.	35587.80	56.46%
	2	香港立讯	8185.81	12.99%
	3	联想集团	5051.21	8.01%
	4	昆山全胜电子有限公司	2586.89	4.10%
	5	东莞明鑫电子有限公司	2200.63	3.49%
	合　计		53612.34	85.05%
2007 年度	1	Foxconn Group.	16757.83	47.73%
	2	联想集团	6660.13	18.97%
	3	香港立讯	5317.82	15.15%
	4	方正科技集团有限公司	1044.00	2.97%
	5	清华同方股份有限公司	804.01	2.29%
	合　计		30583.79	87.11%

资料来源：立讯精密招股书，申万宏源研究。

（二）2011—2017 年：“去富士康”化，切入智能终端供应链

成长驱动力从 PC 切换至智能终端，实现纵向业务布局，深化“紧跟下游大客户”策略。立讯精密继成为 PC 连接器头部企业后，选择切入以智能终端为核心的消费电子领域，多元化产品矩阵，打造第二成长曲线，同时强化“紧跟下游

02

大客户”策略，开发新需求，由早期连接器业务拓展至系统化解决方案。公司于 2011 年并购昆山联滔，成功切入苹果供应链体系。昆山联滔主营生产平板电脑和笔记本电脑用内部数据线，是全球笔记本电脑及平板电脑的高频信号连接线的主要供应商之一，也是苹果公司连接线的主要供应商之一。公司通过收购昆山联滔，以 MacBook 的连接线供应商身份进入苹果供应链，并在后续进一步布局 iPhone 的 Lightening 电源线、转接头、声学器件等多类产品，加速进入智能终端供应链。此外，公司于 2011 年前后相继并购江西博硕和深圳科尔通，其中深圳科尔通主要生产通信设备类产品，客户包括华为等。由此，立讯精密从最基础的线束零件开始逐渐切入大客户供应链，成为苹果、华为以及艾默生等公司的供应商，并围绕大客户需求逐步开展多元化业务。

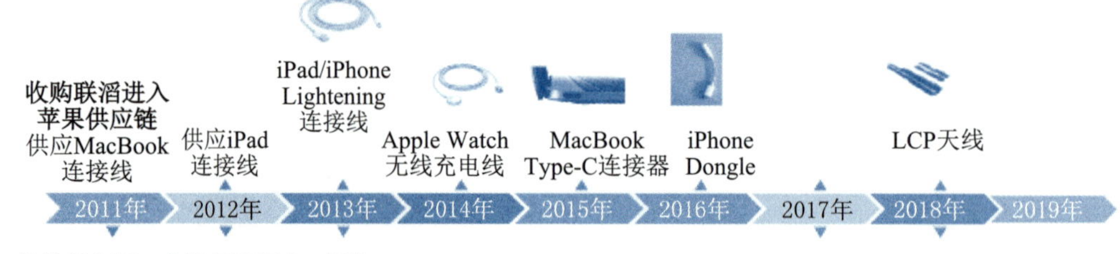

图 219　立讯精密连接器类代表产品拓展路线图

资料来源：立讯精密官网，申万宏源研究。

外延式并购横向拓宽业务边界，实现“机、声、光、电”并行式发展。随着公司上市，投资者对股票回报有了更高期待，立讯精密管理层意识到公司战略“短—中—长期”相结合的重要性，进而加快横向并购步伐，扩大公司业务版图。消费电子方面，公司于 2012 年控股台湾宣德，强化了板端连接器和 RF 射频连接器产品的研发与制造，2015 年进一步增持股份，提前布局 Type-C 连接器市场；2014 年收购苏州丰岛，切入可穿戴设备领域；2016—2017 年控股苏州美特、惠州美律和上海美律，拓展微型电声器件业务，宣告正式切入声学领域及苹果声学供应链；汽车电子方面，公司于 2012 年并购福建源光，开始承接日本住友订单，切入汽车线束组装领域；2013 年收购德国 SuK 公司，进入宝马、奔驰等一线汽车厂商供应链；通信方面，公司收购深圳科尔通 75% 股份，成为华为供应商。

立讯精密通过一系列匹配度较高的并购，不但成了昔日客户——富士康的竞争对手，更完成了在消费电子、汽车电子及通信领域的横向业务拓展，奠定现如今的业务版图。

表 50 2017 年立讯精密营收前十大子公司

被参控公司	持股比例（%）	注册资本（万元）	投资额（万元）	营业收入（万元）	净利润（万元）
立讯精密有限公司	100%	3267	3242	1855006	20699
昆山联滔电子有限公司	100%	122000	210420	667003	29614
立讯精密工业（滁州）有限公司	100%	75800	75857	431744	29773
立讯电子科技（昆山）有限公司	100%	160000	157478	332910	13506
博硕科技（江西）有限公司	100%	10092	26459	285424	25073
协讯电子（吉安）有限公司	100%	11472	23876	273240	25793
联滔电子有限公司	100%	54424	58000	200458	1326
东莞讯滔电子有限公司	100%	160982	140000	98403	11496
立讯精密工业（昆山）有限公司	100%	30000	30174	62643	4203
深圳立讯智能生活股份有限公司	70%	3000	2100	152469	1664

资料来源：万得，申万宏源研究。

收入结构优化，立足消费电子领域，成为行业领先企业。立讯精密从零件向模组调整业务范围，助力公司营业收入和利润的快速增长。公司 2010—2017 年营业收入和归母净利润年复合增长率分别达 56.1% 和 46.7%。收入结构方面，消费电子业务贡献营收增长迅速，对公司营收的占比从 2015 年的 43.6% 增长至 2017 年的 66.5%。汽车及通讯电子产品收入贡献稳步上涨，而 PC 连接器产品下降显著。这得益于公司重视消费电子业务基本盘，始终坚持技术导向，重视产品研发投入。公司深度参与 Type-C 标准的制定，是全球第一家取得 USB-C Connector 认证和 USB-C Cable Assembly 产品认证的制造企业。① 公司仅 2017 年一年研发支出就达到近 15 亿元，稳居行业第一梯队。

① 资料来源于立讯精密公司公告——2015 年年报。

02

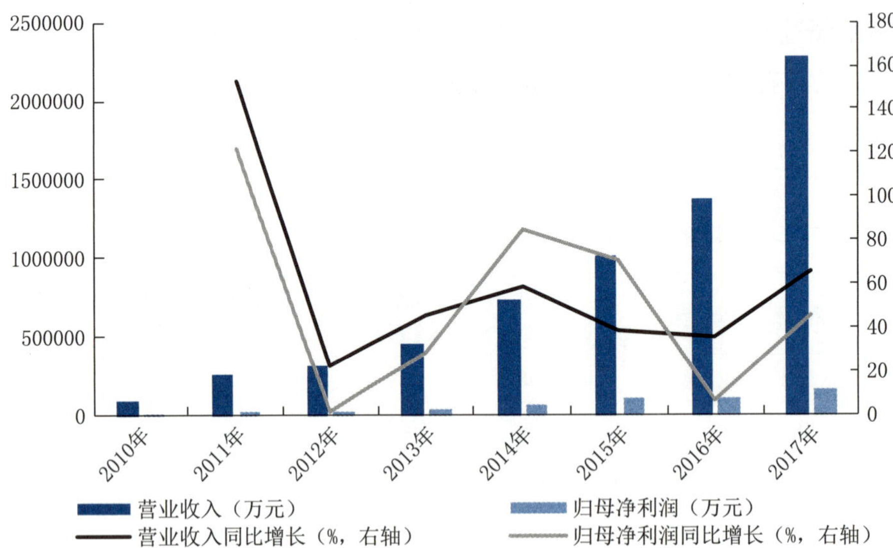

图 220　2010—2017 年立讯精密营业收入、归母净利润及同比增长情况

资料来源：万得，申万宏源研究。

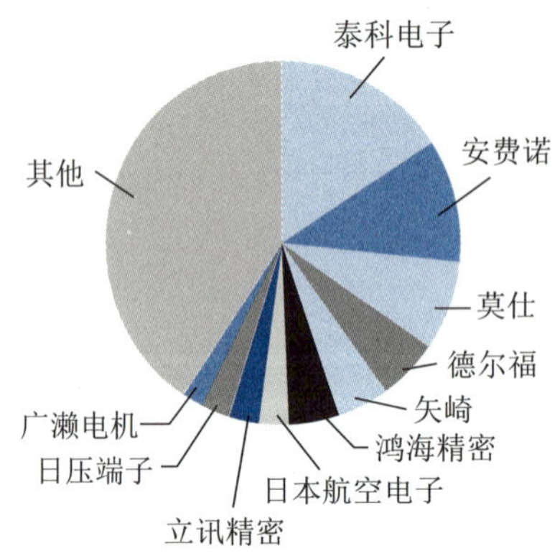

图 221　立讯精密凭借 3C 连接器成为行业 Top 8 企业

资料来源：Bishop & Associate，申万宏源研究。

（三）2018 年至今：产品扩张高歌猛进，前瞻性布局受益

深度捆绑苹果创新趋势，围绕模组进行产品线扩张。2018 年前，立讯精密通过收并购的形式，相继切入 iPhone 声学模组、苹果公司旗下 iPhone、AirPods、Apple Watch 等产品的无线充电和线性马达业务，并于 2018 年获得液晶高分子聚合物（Liquid Crystal Polymer，LCP）天线的后道制造份额，成为 iPhone 的主

天线供应商。公司在 2021 年投资超 110 亿元建设立臻科技智能终端项目，主要供货产品为智能手机和 Mini LED 屏幕。① 立讯精密在模组领域通过外延内生的方式快速扩张，并切合 Apple 消费电子产品引领的无线化、无孔化趋势，同苹果公司深度捆绑，拓展模组产品矩阵。

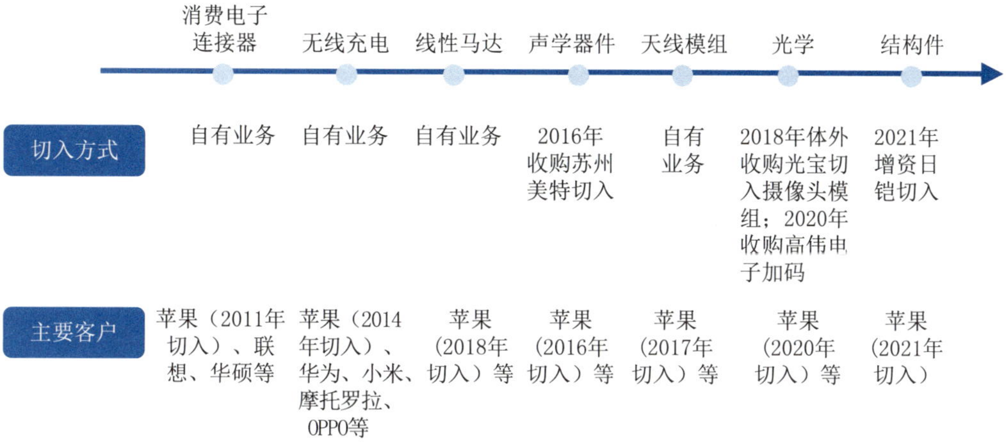

	消费电子连接器	无线充电	线性马达	声学器件	天线模组	光学	结构件
切入方式	自有业务	自有业务	自有业务	2016年收购苏州美特切入	自有业务	2018年体外收购光宝切入摄像头模组；2020年收购高伟电子加码	2021年增资日铠切入
主要客户	苹果（2011年切入）、联想、华硕等	苹果（2014年切入）、华为、小米、摩托罗拉、OPPO等	苹果（2018年切入）等	苹果（2016年切入）等	苹果（2017年切入）等	苹果（2020年切入）等	苹果（2021年切入）

图 222　立讯精密消费电子类产品扩张历程及主要客户情况
资料来源：立讯精密官网，万得，申万宏源研究。

持续深化大客户合作，从模组迈向整机，实现精密制造一体化布局。苹果公司于 2016 年推出了第一款无线耳机 AirPods，成为其史上最成功的配件产品。立讯精密凭借多年行业深耕积累的业务经验，导入自动化解决方案，帮助解决 AirPods 产品早期良品率低和产能瓶颈，最终成为 AirPods 组装厂商，也成为彼时公司重要增长动力。2020 年，公司收购江苏纬创和昆山纬新两家大客户智能手机代工厂，其中江苏纬创是苹果 iPhone 的三家主要代工厂之一。公司通过收购完成手机整机业务布局，形成产业链闭环。2021 年投资控股日铠电脑，获得笔电、平板金属机壳以及手机端显示屏全套组件的生产能力。基于设计及精密加工工艺解决方案，公司又将通信业务能力延伸至基站天线、滤波器等。至此，立讯精密完成从模组走向系统供应商，实现“零部件—模组—整机”一体化布局。

① 资料来源于昆山市政府新闻办公室。

快速推进汽车电动化、智能化进程，开辟新的成长曲线。立讯精密近年提高汽车业务在公司的战略优先级，将其作为公司价值成长的第二曲线。公司在汽车领域业务扩张同消费电子产品打法类似，通过持续的研发技术积累，投资收购匹配度较高的公司，横向拓展产品矩阵，进而同行业领先客户巩固合作关系。自 2011 年起公司已开始持续布局汽车连接器、线束业务，拥有 10 年多的研发技术积累，后同消费电子和通信领域业务拓展路径类似，通过不断收并购整合延伸产业链。公司于 2013 年收购源光电装和德国 SuK Kunststofftechnik GmbH（SuK），2018 年收购美国天合汽车集团（TRW Automotive）旗下全球车身控制系统事业部（TRW 是国际汽车零部件四大 Tier1 巨头之一的采埃孚下属公司）。此外，公司与一批国际领先的消费电子、通信及汽车领域品牌厂商建立了稳固的合作关系，例如 2022 年携手奇瑞，跨界赋能整车制造，同时 2023 年公司又与广汽集团联合成立立昇汽车科技。

- 2011年 布局汽车电子
- 2012年 收购福建源光电装拓展汽车线束业务，切入日系客户
- 2013年 收购德国公司SuK，切入德系车企
- 2018年 控股股东（立讯有限公司）收购采埃孚子公司TRW旗下全球车身控制系统事业部（BCS）
- 2021年 控股股东（立讯有限公司）与速腾聚创达成战略合作，围绕汽车激光器达成深度协同
- 2022年 与奇瑞达成战略合作，成立合资公司，专业从事新能源汽车的ODM整车研发及制造
- 2023年 与广汽集团联手，成立立昇汽车科技

图 223　立讯精密汽车相关业务布局

资料来源：立讯精密公告，申万宏源研究。

二、市值增长复盘：上市 10 余年，铸就千亿级市值帝国

（一）市值增长回顾：行业与基本面变化，驱动市值阶段性成长

第一阶段（2011—2015 年）：继立讯精密以 PC 连接器起家，并以联想供应商身份 IPO 上市后，公司依靠内生发展和外延并购，迅速切入苹果公司供应链，并紧抓消费电子产业链转移到中国的趋势，实现了基本面的蜕变。公司业务紧密围绕苹果展开，内部连接线覆盖的产品以 MacBook、iPad、iPhone 为先，随后产品品类扩张至电源线、Lightning 线、无线充电、天线、声学器件、AirPods 等，带动公司消费电子业务的飞速增长。行业方面，该阶段消费电子终端需求量高增、苹果公司占据电子产品高市场份额、国际消费电子生产基地向中国转移。2012 年 iPhone 4S 更成为智能手机跨时代产品，带动全球智能手机普及潮兴起。根据国际数据公司（IDC）数据，苹果手机销量从 2011 年约 7000 万部，增长至 2015 年约 2.3 亿部，苹果公司市场份额约为 16%—18%，处于相对顶峰状态。其间，以苹果为代表的消费电子产业链向中国不断迁移，产业转移趋势下，A 股不断有公司加入苹果供应链体系，形成果链板块，在科技股整体景气度上行的影响下，为公司带来巨大的盈利弹性，立讯精密市值在该期间从上市初 70 亿元增长至 360 亿元左右。

第二阶段（2016—2018 年）：2016—2017 年间，智能终端渗透逐步放缓，苹果手机创新力度变小，根据国际数据公司（IDC）数据，其全球销量从 2015 年的顶峰 2.3 亿部下滑至 2016—2018 年连续 3 年不足 2.2 亿部，立讯精密受苹果公司消费电子终端放缓影响，归母净利润增速有所下滑，市值涨幅边际放缓。2018 年中美贸易摩擦影响波及电子制造业，市场普遍担心中国电子加工厂商的低端商业模式不可持续，造成企业经营性现金流承压。公司虽然当年归母净利润受 AirPods 订单不断增长影响，同比增速达 61%，但全年电子制造业板块市场呈震荡行情，公司市值较 2018 年初下降约 21%，第二阶段市值整体从 2016 年初 380 亿元增长至约 580 亿元。

第三阶段（2019 年至今）：自 2019 年至今，公司市值从 2019 年初不到 600 亿元，增长至 2020 年 10 月近 4300 亿元市值，再回调至 2023 年末约 2450 亿元。行业方面，2019 年 6 月，工信部正式颁发 5G 商业许可证，5G 带来存量智能手机换机预期。同时，2020 年 4 月，AirPods 带动 TWS 耳机终端放量，立讯精密产品附加值进一步提升，电子制造全行业景气超预期上涨。基本面方面，公司继承接 iWatch 组装业务后，于 2020 年收购江苏纬创承接 iPhone 组装市场，进一步完善了公司消费电子整机制造体系，反映在公司营收和归母净利润分别同比增长 61% 和 63%。但是，公司在享受苹果公司带来的高营收红利的同时，对其依赖程度不断加深，2021 年公司苹果客户的营收占比高达 74%，① 在外部环境的影响下，市场担忧苹果向东南亚、印度等地转移生产线，例如 2022 年苹果净减少 3 家中国供应商，中国厂商数量相对减少。此外，包括富士康在内的消费电子代工行业均面临议价能力偏弱、销售毛利率过低的问题。立讯精密在利润端表现不佳，自 2018 年至 2022 年，销售毛利率自 21.1% 下滑至 12.2%。另外，公司近年加大新能源汽车业务布局，瞄准整车制造产业链这一第二增长曲线，尽管增加一定资本支出，例如 2022 年投资活动现金流净流出额达 133.3 亿元，再创历史新高，但“切入电动智能汽车领域，确立成为汽车零部件 Tier1”的中长期目标，对公司股价和市值起到一定支撑作用。

（二）市值增长因素分析：内生式成长 + 外延式扩张发展并重

战略布局：清晰的公司成长规划，业务拓展方向正确

> 价值创造：明晰产业发展趋势，以战略规划为引领，定义公司在价值链特定的战略环节上的优势，结合自身资源与业务能力进行调整，形成和巩固企业在产业内的竞争优势，最终确定价值创造模式。

对行业理解透彻，每个行业至少提前 5 年布局。根据投资者关系活动记录表显

① 资料来源于立讯精密公司公告——2021 年年报。

示，立讯精密针对市场未来的发展，包括市场、产品、客户关系等，会至少提前 5 年做相关预研和投资。2011—2014 年间，公司在享受全球智能手机普及潮的红利前，内生研发方向逐步从 PC 连接器向智能终端靠拢，国际 USB 协会在 2014 年正式推出 TYPE-C 标准，从而形成 TPYE-C 单一连接器替换并统一所有各类 USB 接口的最终格局。立讯精密作为前期推动标准确立的四大连接器公司之一，早有研发布局，因而也成为国内 TYPE-C 大规模替换传统 USB 的最大受益者。同时，公司预研电子产品市场未来将呈现“强者恒强”格局，供应链势必将向境内方向转移。因此在外延并购方面，公司在 2011 年提前布局，通过并购切入苹果产业链，使公司在消费电子快速放量之际尽享行业爆发红利，在消费电子制造领域成为头部企业，并完成从单一 PC 连接器厂商到消费电子精密制造头部企业的转变。2020 年新能源车放量引领 A 股市值攀升，立讯精密早在 2011 年开始布局汽车电子，并在 2018 年收购完整的车身控制系统事业部，接洽客户包含海内外传统车企，做好复刻“果链代工厂”成功案例的准备。

拥有清晰的公司战略，实行横向品类扩张和纵向一体化的战略。立讯精密从成立之初便深知大客户对公司成长的重要性，从 2010 年首次公开发行股票前的富士康到上市后的苹果公司，公司在大客户供应商体系内不断横向扩张品类，从零部件到模组，再到成品组装，提升产品的供货份额，践行老客户新产品的战略，实现苹果等大客户的资源价值最大化。纵向一体化战略则是公司通过收购某一领域上下游企业，实现产业链的垂直整合。例如立讯精密在 2010 年上市募资收购江西硕博，成功获取其生产产能，并向产业链上游延伸，加强主营线缆业务，提升公司的业务竞争力和盈利能力。在此基础上，公司凭借在传统消费电子市场的竞争力，依托“老产品新客户”的路线，业务逐步扩张至消费电子、通信和汽车电子领域，开辟除 PC 端以外的业务，待扎稳脚跟后，延续既有策略，在各个领域继续做横向品类扩张。

步步为营，打造“精密制造平台企业”的远期战略始终如一。通过“横向品类扩张、纵向一体化”的战略，立讯精密能够覆盖更多的产业链环节，帮助客户降低产品成本的同时，增强客户黏性，提供示范效应，例如立讯精密联合控股股东

02

（立讯有限公司）收购江苏纬创和昆山纬新，进一步深化垂直整合战略，实现业务同苹果深度绑定；收购日铠电脑，深度整合 PC 端和消费电子领域。公司每一次内生研发设计和外延整合并购都契合公司远期战略。立讯精密利用每一个细分市场内的多产品布局，逐步走向系统化解决方案服务提供商，成为精密制造平台型企业。

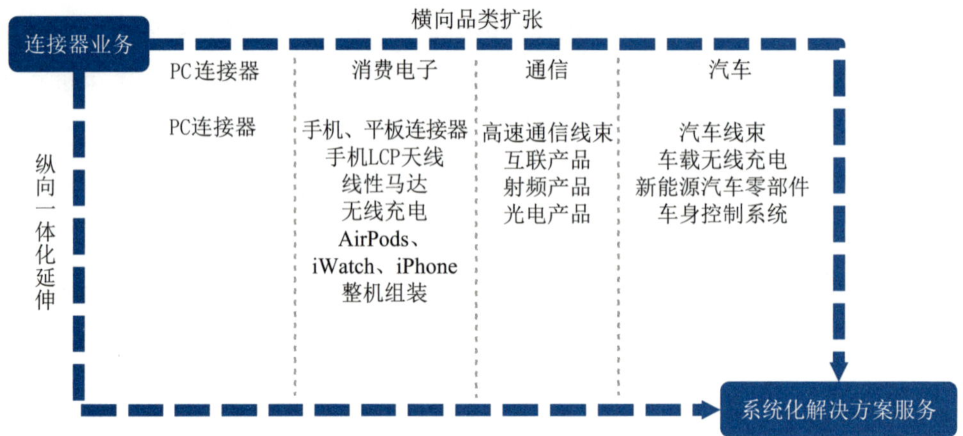

图 224　立讯精密“横向品类扩张、纵向一体化”的战略体现

资料来源：申万宏源研究。

资本运作：外延并购拓展，促进公司多元化发展

价值曲线：资本运作是以公司战略为基础的实施行为，包括并购整合、定向增发、股权激励、股权回购和股权质押等。上市公司需综合考虑行业周期和企业发展现状，对企业价值曲线形成判断，有的放矢进行资本运作。

除内生成长外，外延收购是电子制造行业的重要发展方式。全球销售额最大的三家连接器供应商为泰科电子、安费诺和莫仕，其研发水平高、产品种类齐全、应用领域广泛，业务布局面向全球，处于绝对领先优势。以安费诺为例，1987 年其从美国联合信号公司（Allied Signal）分拆出售独立发展，并于 1991 年在纽约证券交易所上市。自 2003 年以来，安费诺几乎每年均有并购动作，截至 2023

年 9 月，合计收购约 70 余项资产。安费诺通过并购横向拓展业务领域，使得公司营业收入稳健成长，营收自 2008 年 32.4 亿美元增长至 2022 年 126.2 亿美元，增长近 4 倍。

上市后利用融资优势开展收并购，促进公司业务体系多元化发展。立讯精密创始人王来春早年在富士康的经历，使得她对例如苹果等大客户公司的需求理解深刻，收购公司不仅是为了缩短供应商认购时间、快速进入供应商体系，更是为了实现资源整合，进而促进现有业务的大幅增长和远期多元业务的布局。公司上市后的几次成功收购，均帮助其进入新市场及客户，不断补强其在消费电子等领域的竞争力。公司 2010 年上市后，利用上市募资收购昆山联滔，打入苹果公司供应链，使得公司 2014—2015 年两年营收实现 48.9% 的平均增长；2014 年公司增发收购苏州丰岛，进入可穿戴领域；2016 年，公司增发股票收购苏州美特，进入声学领域，开展未来期间贡献最多利润增长的 TWS 耳机业务，并收获 2019—2020 年两年间平均 63.2% 的归母净利润增长；公司 2020 年收购台湾纬创在大陆的 iPhone 代工厂，完成零部件—模组—组装的业务体系搭建，打下支撑立讯 2019—2020 年市值高增长的基础。此外，公司收购科尔通和台湾宣德，进入通信行业；收购福建源光电装，进入汽车电子领域；收购珠海双赢，进入柔性印制电路板（Flexible Printed Circuit，FPC）领域，均以横向产能扩张、纵向一体化整合模式，实现公司多元业务拓展。

表 51　2010—2022 年立讯精密投资项目情况

首次批露日	交　易　标　的	交易总价值（万元）	影　响
2010 年 11 月 27 日	博硕科技（江西）有限公司 75% 股权	16800	加强主营连接器业务
2011 年 4 月 19 日	昆山联滔电子有限公司 60% 股权	58000	进入苹果产业链
2011 年 4 月 19 日	ICT-LANTO 100% 股权	205（美元）	进入苹果产业链
2011 年 8 月 3 日	深圳市科尔通实业有限公司 75% 股权	7500	进入通信领域
2012 年 5 月 4 日	福建源光电装有限公司 55% 股权	10300	进入汽车电子领域
2012 年 8 月 4 日	珠海双赢 100% 股权	11800	进入 FPC 领域
2013 年 5 月 18 日	科尔通实业 25% 股权	3680	加强子公司控制

（续表）

首次批露日	交易标的	交易总价值（万元）	影响
2013 年 10 月 25 日	SuK 公司 100% 股权	2172	拓展汽车零件
2014 年 3 月 4 日	苏州丰岛电子 100% 股权	6000	加码 FPC 布局
2014 年 3 月 4 日	博硕科技 25% 股权	9483	加强子公司控制
2014 年 3 月 5 日	联滔电子 40% 股权	60000	加强子公司控制
2014 年 10 月 14 日	协讯电子 25% 股权	14972	加强子公司控制
2015 年 4 月 15 日	宣德科技 6.98% 股权	6057	电子元件
2015 年 12 月 8 日	美律实业部分股权	80000	进入电声器件及音射频模组
2016 年 4 月 22 日	湖州久鼎 30% 股权	6990	电子设备和仪器
2017 年 2 月 24 日	惠州美律 51% 股权；上海美律 51% 股权	6984.3	加强电声器件及音射频模组
2018 年 2 月 28 日	收购台湾光宝科技	约 225000	进入光学 CCM 及 3D sensing
2021 年 1 月 5 日	江苏纬创 100% 股权；昆山纬新 100% 股权	335000	进入苹果产业链
2021 年 2 月 4 日	日铠电脑 50% 股权	600000	垂直整合 PC 和消费电子产品
2022 年 3 月 30 日	汇聚科技 74.67% 股权	110400（港元）	进入华为产业链

资料来源：万得，iFinD，申万宏源研究。

收购标的关注协同效应，化外来业务为企业发展的内在驱动力。立讯精密在进行行业横向品类扩张和上下游的纵向产业整合时，被收购公司往往是业务范围相近、可快速接手整合、在某一领域具备客户积累、管理文化相近或陷入经营困境的公司。该类公司往往估值溢价不高，使得立讯精密能以净资产的公允价值收购。立讯精密 2011 年商誉为 4.3 亿元，2020 年末商誉为 5.3 亿元，其间商誉减值共计 0.4 亿元，10 年间的收并购，公司商誉增加额仅为 1.4 亿元。增加立讯精密并不依靠收购高盈利、高估值公司获取市值的提升，而是利用自身资本运作、管理整合能力，对被收购公司进行业务整合和改造，从而降低成本、提升生产效率、增强订单响应速度，以提高大客户苹果公司的满意度，承接更多订单。

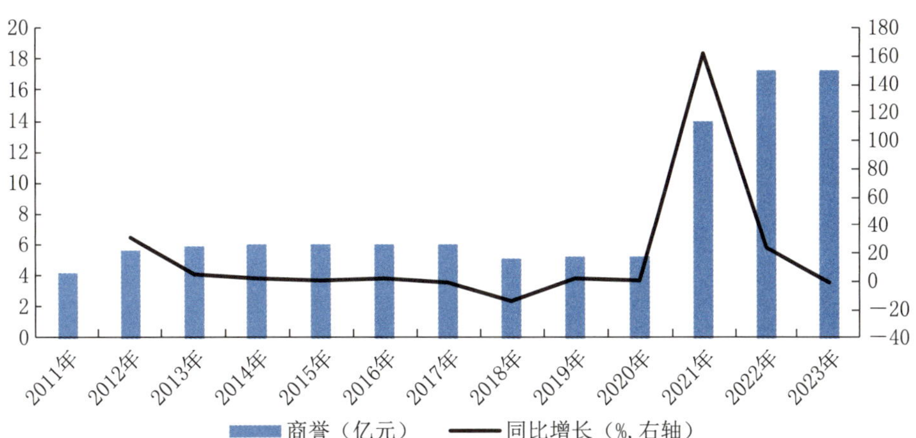

图 225　2011—2023 年立讯精密商誉及同比增长情况

资料来源：万得，申万宏源研究。

凭借收购后管理整合能力，保证公司净资产收益率水平较为稳定。立讯精密当前贡献利润的大部分资产，普遍来自上市后的收购。但是在外部收购后，当年净资产收益率水平会先正常下降，后续慢慢上升，表明公司能凭借较强的管理整合能力提升被收购资产的经营效率，并整合进公司内部业务。公司 2010 年上市后，扣除非经常损益净资产收益率在 13%—25% 之间，在重资产加工制造业间，该

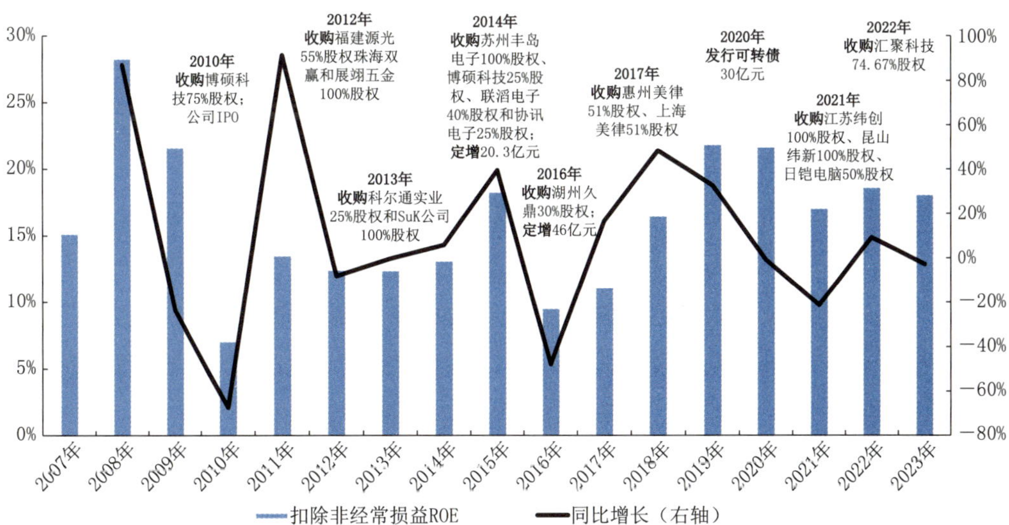

图 226　2007—2023 年立讯精密扣除非经常损益 ROE 及同比增长情况

资料来源：万得，申万宏源研究。

数值相对稳定，除在 2010 年和 2016 年分别因上市和增发新股下降至 7.1% 和 9.5%，但其后新增资产快速产生效益，导致后几年净资产收益率快速恢复到往期水平。2014 年公司同样增发新股，但因公司大客户苹果公司业务增长导致利润大幅增长 100% 以上，每股收益（EPS）增长带动公司相对 2013 年扣非净资产收益率水平有约 6% 的增长。新增资产快速产生效益，助力立讯精密其后几年净资产收益率水平的快速恢复。

运营管理：管理理念立足大局，股权激励绑定核心成员

价值优化：企业的发展最终要落实到人员身上，强化人才的匹配和支撑，以相应的激励与约束机制激发工作活力和能量，从而保证公司内部运营管理的有效性。

电子制造行业属于低毛利业务，对公司管理能力有较高要求。电子制造行业，特别是零部件制造行业，毛利率多在 15%—25% 之间，立讯精密毛利率近几年不超过 25%，且随着向下游组装业务的延伸，毛利率呈现下降趋势。因此，对于电子制造行业类公司，管理能力对公司发展至关重要。立讯精密在低毛利业务方面具有管理优势，而由于和大客户常年保持较好的合作关系，尽管公司多年持续并购，但公司销管费用率依然逐年走低，并保持行业较低水平。同时，公司人均薪酬（扣除关键管理人员）并不高，处于可比公司垫底水平。根据上市公司公告，2022 年立讯精密人均薪酬近 8.6 万元，相对 2016 年 6 万元增幅仅 44%。

重视人才引入与激励，人均创收稳步提升。立讯精密高度重视各梯队人才团队的搭建，始终坚持引入契合公司成长所需、认同也符合企业文化特质的优秀核心人才。自 2010 年上市以来，立讯精密共实施了 5 次股权激励。公司重视人才培养，根据公司公告显示，人均创收由 2018 年的 45.8 万元增长至 2022 年的 90.3 万元，人均创收的大幅增长直接反映公司较强的管理效益。总之，核心人才的引入与稳定发展，保障了立讯精密的执行力和既往拓展新产品的高成功率。同时，突出的高成长性也使公司能为人才提供业绩激励，实现良性内循环。

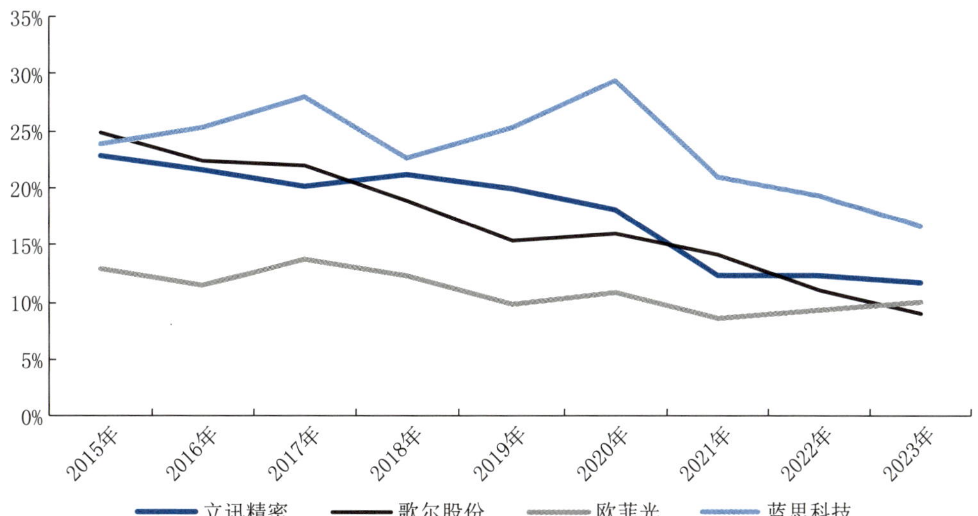

图 227　2015—2023 年立讯精密及同行业公司毛利率情况

资料来源：万得，申万宏源研究。

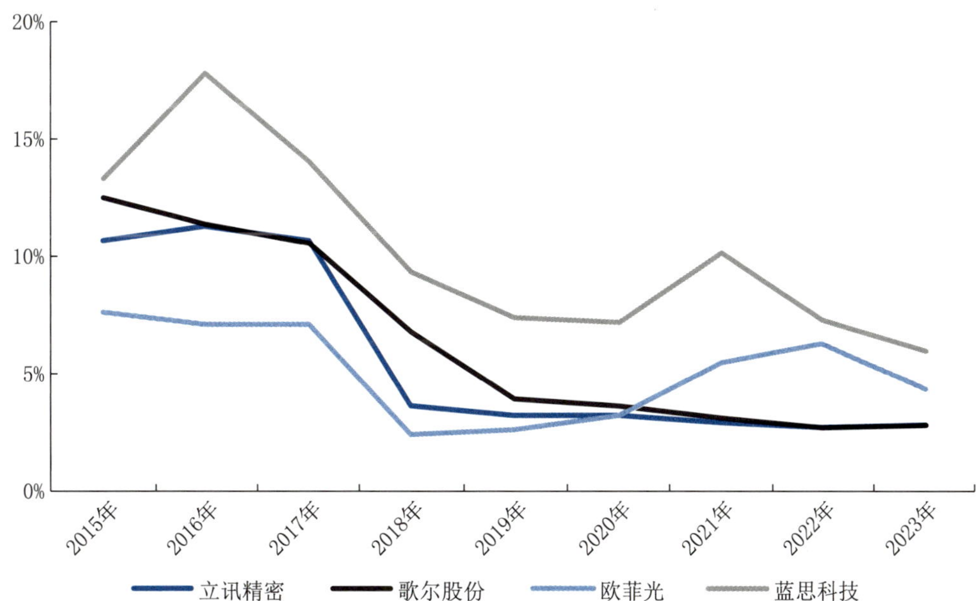

图 228　2015—2023 年立讯精密及同行业公司销管费用率情况

资料来源：万得，申万宏源研究。

注：销管费用率＝销售费用和管理费用合计 ÷ 营业收入 ×100%

表 52　立讯精密股权激励方案

最新公告日期	方案进度	激励标的物	激励总数（万股 / 万份）	占当时总股本比例	每股转让价格（初始行权价）	有效期（年）	激励对象人数
2022 年 12 月 6 日	实施	期权	17202	2.42%	30.35	6	3759
2021 年 12 月 4 日	实施	期权	6552	0.93%	35.87	7	1097
2019 年 4 月 23 日	实施	期权	6260	1.52%	23.36	7	348
2018 年 9 月 26 日	实施	期权	9750	2.37%	17.58	6	1870
2015 年 10 月 22 日	实施	股票	1000	0.80%	13.67	4	1143

资料来源：万得，申万宏源研究。

科技创新：内生研发创新，永远的第二增长曲线

价值创造：坚持科技创新始终是上市公司内在价值成长的关键因素，通过改变公司本身的基本面，打造核心竞争力，开辟第二曲线，推动市值中枢走出逐渐上升的轨迹。

研发投入高，增强自身不可替代性和快速响应能力。立讯精密过去 10 年积累的精密制造体系难以复制，通过围绕头部企业进行产品类扩张，并在公司成长过程中不断加大研发能力。公司 2010 年上市时研发人员仅有 311 人，至 2023 年底研发人员已达 19063 人。研发费用方面，公司 2023 年研发费用达 81.9 亿元，研发费用率达 3.53%，高于富士康 2.27% 的水平。较强的研发能力使得公司发展后劲强大，可以提前占领战略高地。例如，当公司自主研发的无线充电线圈通过苹果认证后，iWatch 采用无线充电功能和无线充电模组时，公司立刻获得巨大的市场份额。

研发方向兼顾近中长期，有的放矢探索布局新业务。根据投资者关系活动记录表显示，立讯精密研发投入主要分为前沿科技投入和产品迭代投入。前沿科技投入偏远期规划，主要围绕公司中长期的产品与业务规划布局，每年将整体研发费用的 30% 投入底层材料、工艺、制程等前沿技术领域的创新研发中，以推动公

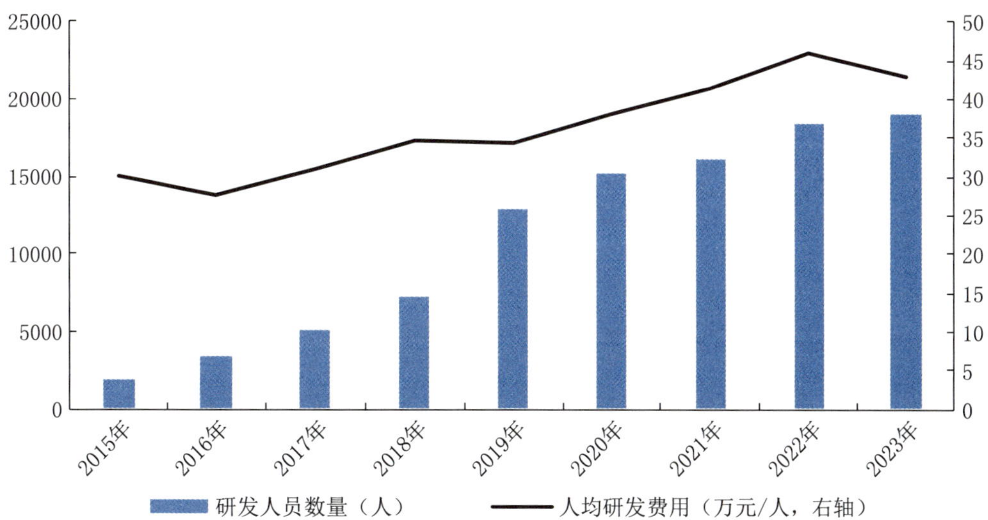

图 229　2015—2023 年立讯精密研发人员数量及人均研发费用情况

资料来源：万得，申万宏源研究。

司在未来 20 年内实现 30% 的产品步入全球行业的无人区；产品迭代投入则是关注短期产品投放，包括客户创新需求、快速抢占市场额度等，围绕新方案、新产品从有概念到新产品导入过程中的研发投入。例如，立讯精密为摆脱对苹果公司的依赖，横向布局新能源汽车新业务。公司研发先行，在汽车类设计和研发过程中，覆盖整车内近乎所有线束品类，例如高 / 低压连接器、同轴连接器和高速连接器等产品，同时进军智能驾驶系统、激光雷达和整车研发及制造等领域，为公司继续在汽车领域应用“零部件—模组—组装”的业务拓展模式提供内生动力。

三、总结与借鉴

（一）内生增长，守住基本盘

立讯精密最初以富士康转移的 PC 连接器订单为业务起家，2010 年上市后，以内生增长及外延并购方式拓展业务。同“大手笔”资金收购资产方式相比，公司内生研发实现的业务增长似乎略显暗淡，但正是公司精耕细作，投入声学类新工艺研发，不断提高良品率和生产效率，从根源上解决整机共振的问题，才有了后来挤掉苹果 AirPods 原供应商台湾英业达，切入苹果智能终端供应链体系。其他领域案例不胜枚举，例如立讯精密提供从研发到制造完整的无线充电产品解决方案，仅凭自身优势切入多家厂商，应用于手机、可穿戴产品、智能家居等场景中，客户覆盖谷歌、华为、小米、OPPO 等公司。立讯精密的数次并购多以扩充产能、切入大客户供应链、布局新赛道为主，而只有依靠内生研发增长，增强智能制造能力，守护公司核心基本盘，才能形成在消费电子、汽车和通信领域的多产品门类及客户资源，实现业绩高速成长，也是铸造国内精密制造企业领军企业的关键要素。

从立讯精密内生之路可获得启示：公司业务发展的关键是围绕核心能力和市场机会展开。公司在借助内生研发发展过程中，可使用资本进行研发、生产、销售，铸就企业基本盘，扩大企业能力圈。企业并购更多的是在能力圈内选择收购标的，且虽能短期获取标的企业的剩余价值，但后续业务和资产的整合、投后管理与赋能也要依托公司本身的内生动力。因此，内生性增长是支持一家公司未来发展的核心和主要驱动力，合格的公司管理层不应本末倒置，忽视企业管理经营对市值成长的帮助。

（二）外延拓展，布局新赛道

立讯精密通过外延并购得以快速发展壮大，有行业和公司的特殊性。例如电子制造行业产品较为分散驳杂，子领域较多，公司若想快速获得客户供应商认可，并购是最快捷的一种方式。同时，立讯精密本身的运营管理能力较强，中国供应链体系在国际上具有独特优势，行业市场中存在大量有固定资产、有制造能力、有客户资源的精密制造企业，立讯精密凭借强有力的资源整合能力，对被并购标的进行整合，从而发挥出巨大的协同效应，拓宽业务领域。

从立讯精密并购之路可获得启示：公司在收购资产时，应时刻依据公司业务战略做并购，做能够为企业创造内在价值、有协同作用的并购。并购标的公司的选择，应始终以公司前瞻性的业务战略作为引领，根据业务战略预期，确定并购战略布局。同时，既要坚持外延并购为企业创造内在价值、实现投入资本的增值效率提升的初心，也要始终秉持在业务能力圈内做并购的原则，将并购的协同效应发挥到极致。

（三）稳健管理，保障执行力

立讯精密运营管理能力在电子制造行业较为突出，从人均薪酬、销管费用率等财务指标来看，在同类公司中名列前茅，是公司不可复制的独特竞争力。公司通过极致的人员管理，获得无与伦比的人力资本优势，从而转化为产品价格优势，对于复杂多变的电子制造市场，更有利于及时响应客户需求，抢占市场份额。此外，公司重视人才引入与激励，人均创收稳步提升，5 次股权激励对象合计达 8217 人。公司始终坚持引入契合公司业务布局所需的优秀核心管理人才，例如，公司管理层中近年射频技术、高频技术、精密件、声学技术的人才获得大量提拔或引进。公司并购低商誉的外部资产后，净资产收益率水平快速回升，始终对公司业绩保持正贡献，这也从侧面反映了公司较强的资产运营管理能力。

从立讯精密管理之路可获得启示：面对快速变化的外部环境，创造出长期优于行业的上市公司，需要确立清晰的远期战略，同时善于针对当前市场形势变化，调整短期公司运营策略，进而为股东创造最大价值。公司发展期间，应严格管理成本，既要通过生产技术创新，实现成本领先，又要管控人员增长，保持人员流动性，还要契合战略方向，引入优秀管理人才，特别是对于收并购后的子公司管理，要解决企业发展内部矛盾，避免人与组织的因素成为阻碍业务发展的障碍。

四、结语：与凤凰同飞的，必是俊鸟

立讯精密乘中国制造业蓬勃发展的东风而崛起，以富士康、联想、苹果等达者为师，却不自满于公司自身的产业边界，不依赖于单一领域大客户。公司对内凭借清晰的战略布局，明确产业方向，紧跟技术大趋势，不断加强自身技术创新，并积极强化企业自身内部运营管理。未来随着智能科技在通信、汽车等应用领域快速铺开，公司有望持续拓宽业务版图，延续千亿市值之路。除内生成长外，立讯精密对外积极开展资本运作，通过定向增发、并购、股权激励等手段，实现上市公司资源的优化配置和业务结构的动态调整，资本运作策略稳扎稳打，不断以较低的成本进入新业务领域的同时，又能以强大的并购整合能力，将新业务化为公司内在驱动力，进而成为拥有强大业务迭代能力和并购整合能力的国内精密制造企业领军企业。最后，本篇引用立讯精密创始人王来春的话作为结语，“与凤凰同飞的，必是俊鸟”。

上市公司
价值成长之路

03

新能源新材料

- 隆基绿能：从西北走出来的绿巨人
- 长江电力：神女应无恙，当惊世界殊
- 赣锋锂业：从小锂厂到锂集团，价值创造是发展的底层逻辑
- 万华化学：中国巴斯夫的崛起之路
- 海螺水泥：穿越周期的世界第一水泥巨头

隆基绿能①：

从西北走出来的绿巨人

在碳中和大背景下，光伏是新能源产业中最重要的环节之一。而光伏蝶变的历程始终绕不开一家公司，截至2023年底这家公司总市值在申万二级光伏设备行业中排名第一，它的技术实力走在行业前列，推动了多次光伏行业的技术变革，甚至曾对整个行业竞争格局产生重大影响。它多次高瞻远瞩的关键战略决策和脚踏

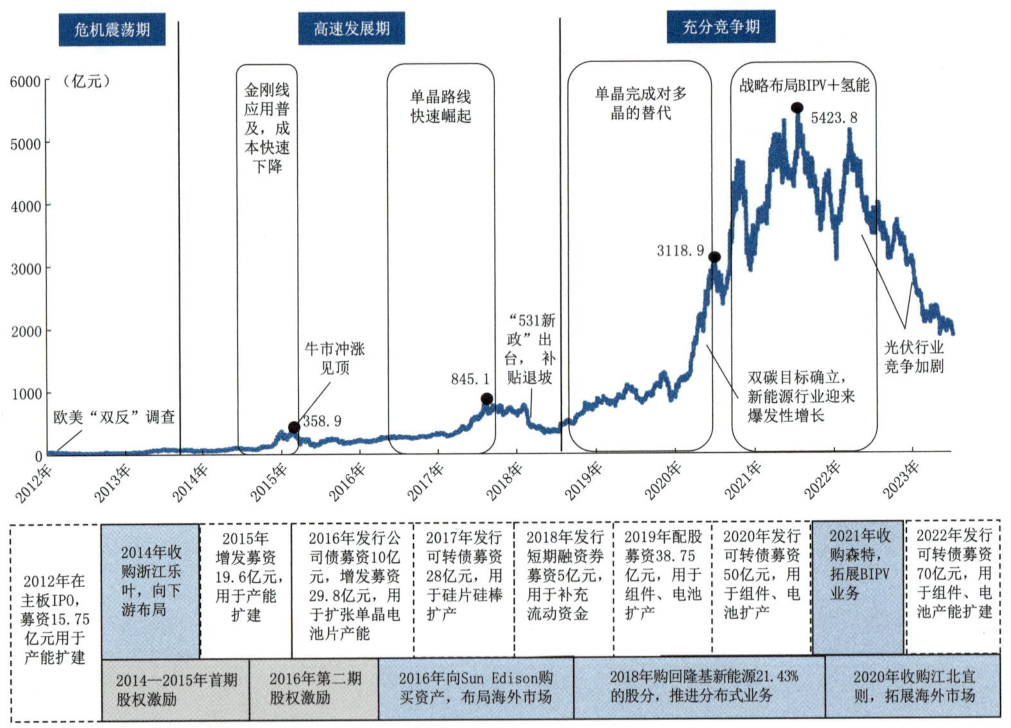

图230　隆基绿能的市场价值成长之路

资料来源：隆基绿能公告，iFinD，申万宏源研究。

① 隆基绿能：全称隆基绿能科技股份有限公司，股票代码601012。

实地的沉淀，构筑起高质量发展的核心竞争力，它的成长之路符合我们对一家优秀公司的想象，它就是隆基绿能科技股份有限公司。①

隆基绿能起家于半导体行业，2006 年进入光伏领域，2007 年开始生产单晶硅片，自 2014 年进入下游光伏电池片和组件生产环节后，已连续多年独占光伏硅片及组件销量鳌头，2018 年进入 BIPV 领域，2021 年宣布“光伏 + 氢能”布局战略。截至 2023 年末，隆基业务遍布 150 个国家和地区，拥有国内 8 个产业集群和国外 2 个产业集群，自有硅片产能达到 170 GW，电池产能达到 80 GW，组件产能达到 120 GW。② 时至今日，隆基已经从一个半导体制造小工厂成长为全球领先的太阳能科技公司。隆基一路走来不仅成就了自我，也为光伏行业数次重大变革与技术进步作出重大贡献。2012 年，隆基绿能在上交所主板挂牌上市，市值曾一度突破 5000 亿元，被资本市场称为“光伏茅”。

一、光伏行业：几经波澜，从“强制造”到“强应用”

我们无法脱离行业看个体，要理解隆基的成长史，需要了解其所处的时代发展背景。中国光伏行业经历发电成本从高昂到经济、地位从初期的“三头在外”代工制造到成为全球光伏领头羊的发展历程。虽然遭遇了金融危机、欧美“双反”、补贴退坡等困难，中国光伏行业总体上保持高速发展势头。根据中国光伏行业协会数据，2013 年我国首次超越德国成为全球光伏装机容量第一名，到 2022 年中国光伏行业总产值已突破 1.4 万亿元，并有持续增长趋势。中国光伏行业波澜壮阔几十年，可大致划分为以下四个阶段：

---

① 本篇案例部分内容参考申万宏源研究所发布的研究报告：2018 年 1 月 12 日《隆基股份（601012）深度：光伏单晶硅片龙头，未来的全产业链巨无霸》（证券分析师：刘晓宁、韩启明；研究支持：郑嘉伟、张雷）、2022 年 3 月 30 日《两条思路筛选高分红标的——高股息策略系列报告之三》（证券分析师：黄子函、王胜、傅静涛）、2022 年 3 月 30 日《攻守兼备，高分红在当下的独特魅力——高股息策略系列报告之二》（证券分析师：黄子函、王胜、傅静涛）。

② 隆基绿能 2023 年年报。

（一）起步萌芽期（2004 年以前）

光伏电池刚出现时应用于航空航天领域，1968 年王占国教授率领的中科院半导体团队首次完成了太阳能电池的研发和批量生产，成为中国光伏发电的鼻祖。我国的光伏地面产业运用起步较晚，市场推进缓慢，直到 1975 年，宁波、开封先后成立太阳电池厂，这才逐渐过渡至民用光伏。① 进入 20 世纪 90 年代后，国内从海外引入了多条太阳能电池生产线，民用太阳能电池厂陆续建立起来。1998 年中国政府拟建第一套 3 MW 多晶硅电池及应用系统示范项目，标志着中国光伏产业化的萌芽。最初国内光伏制造业主要以代工为主，即来料加工再出口，商业模式简单，处于无技术、无人才、无市场的“三无”状态。

（二）快速成长期（2004—2010 年）

2004 年，德国修订《可再生能源法》，以德国为主导的欧洲等发达国家和地区开始通过补贴推动太阳能光伏市场，全球光伏产业链迎来爆发元年。2005 年，《京都协议书》的签订正式推动了全球清洁能源的发展。根据 iFinD 数据库，2004—2009 年间全球光伏新增装机量从约 1.1 GW 增长至约 8.1 GW，年均复合增长率约 49%。受益于全球的光伏发电产业化发展，中国的光伏产品投资生产规模快速增长。中国光伏投资主要集中在产业链中投资规模较小、建设周期较短、技术壁垒较低的组件和电池片环节。与此同时，以无锡尚德、天合光能为代表的多家光伏龙头企业登陆美股市场，造富神话陆续上演。

中游电池片和组件的扩张，拉动了上游多晶硅料需求量的暴增。但受制于技术、资金，国内多晶硅料一直存在供给缺口。而在这高速发展的时期，多晶硅料的价格也水涨船高，根据 Bernreuter Research 数据，硅料价格从 2004 年不到 40 美元 / 千克飙升到 2008 年 400 美元 / 千克以上。这也促使了国内企业开始相继上马硅料项目，到 2009 年，中国多晶硅产量突破 2 万吨。从供给不足，到后续受产能扩张、行业环境遭受打击导致需求收缩等影响，硅料价格犹如过山车一样，在 2012 年的时候又下跌到不足 30 美元 / 千克。

---

① 《中国光伏发展史》，全球光伏公众号，2023 年 11 月 22 日。

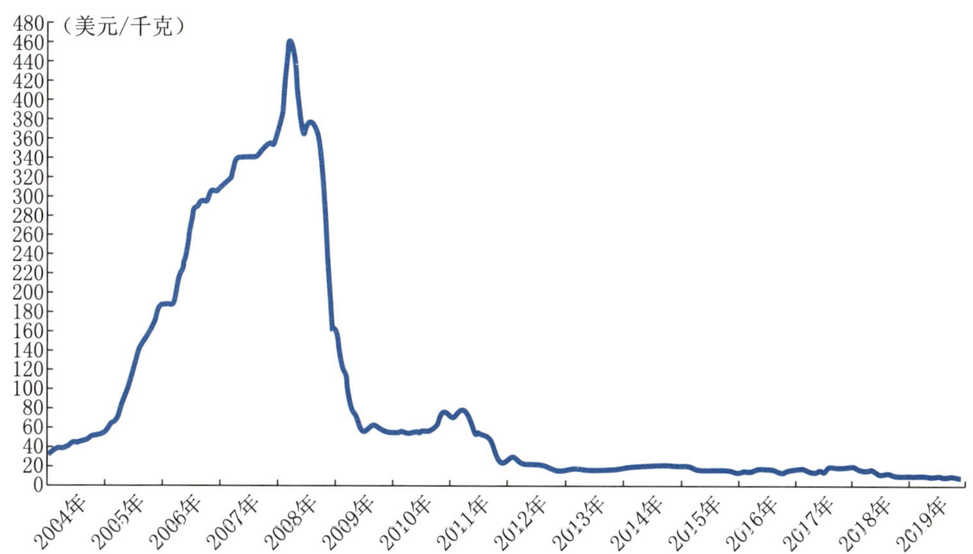

图 231　2004—2019 年多晶硅料价格走势图

资料来源：Bernreuter Research，申万宏源研究。

好景不长，2008 年亚洲金融危机席卷全球，危及实体产业，各国收紧了光伏补贴，光伏信贷随之下降。此时中国光伏产业产品主要出口国外，仍依赖世界各国政府扶持和补贴政策以维持其商业运作和大规模推广应用。受到国际形势影响，

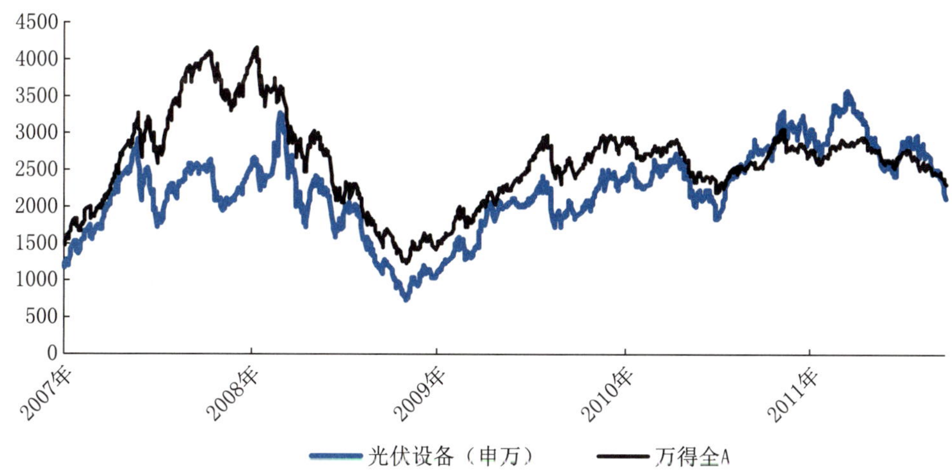

图 232　2007 年至 2011 年 9 月光伏设备指数与万得全 A 指数走势

资料来源：万得，申万宏源研究。

中国光伏企业遭受到了历史性的危机，行业格局被动迎来了大洗牌。这轮冲击对多晶硅料企业的影响最大。许多硅料生产企业在价格较高的时候开始建设产能，进口了价格高昂的生产设备，由于建设投产周期较长、投资资金量大，等到投产时，多晶硅料价格受到国际影响开始暴跌，最终只能面临亏损破产。

2008 年底国内出台四万亿元计划叠加央行强力降息，加速恢复国内市场经济。次年，我国开启了“金太阳示范工程”，从科技支持、财政补贴和市场拉动三方面，加快国内光伏发电的产业化和规模化发展。多措并举之下，才将中国光伏行业拉出泥潭。

（三）危机震荡期（2011—2013 年）

经过短短几年时间的飞速成长，中国太阳能电池和光伏组件的产量跃居世界前列。根据中国光伏行业协会数据，2011 年中国太阳能电池组件产量达到 21 GW，占全球总产量的 60%，全年太阳能电池出口额达到 226.7 亿美元，① 以美国和欧洲为主要出口地。中国的光伏产品以低廉的价格迅速占领国际市场，对国外企业构成了竞争威胁。加上补贴后退、供过于求导致的产品价格下跌，欧美大量企业破产倒闭，在此背景下，欧美将矛头直指中国。2011 年 11 月，美国商务部应美国太阳能制造联合会的要求对中国反补贴调查的申诉，正式对中国光伏企业开展“双反”（反倾销、反补贴）调查，2012 年开始根据初裁结果对中国光伏企业征收高昂关税。随后的 2012 年下半年，欧盟委员会也启动对中国的反倾销和反补贴调查。即便当时中国采取了相应的反制措施，一时也难以扭转局面。

高昂的税额让中国光伏产品丧失了价格优势，海外需求迅速减小。2012 年，尽管国内多晶硅、组件、电池片等产量仍居世界首位，但增速出现了明显下滑，出口更是受到重挫。根据中国光伏行业协会数据，2012 年全年太阳能电池出口额为 127.9 亿元，同比下降 43.6%。② 国内大规模需求尚未形成叠加前期的产能集

---

① 中国光伏行业协会：《2011—2012 年中国光伏产业发展报告》。
② 中国光伏行业协会：《2012—2013 年中国光伏产业发展报告》。

中快速释放，导致阶段性供需失衡，中国光伏企业的营收和利润均大幅下滑。中国光伏产业进入了一轮大洗牌，大量前期产能扩张太快、现金流难以为继的企业相继破产，其中也包括了当时的龙头公司无锡尚德、江西赛维。

（四）高速发展期（2014—2018 年）

欧美国家实施“双反”，主要需求疲软，原材料与关键设备牢牢把握在海外厂商的手里，中国光伏行业的发展陷入了被动局面。为了扭转“三头在外”的处境，2013 年 7 月，国务院出台《关于促进光伏产业健康发展的若干意见》，以技术创新为代表的新一轮光伏周期开启。2015 年 6 月，光伏“领跑者计划”成为推动中国光伏技术进步和产业升级的重要推手。这一期间，一系列国内光伏政策密集出台，不断刺激国内光伏市场需求释放。

根据联合国环境规划署数据，在国内光伏市场需求拉动下，中国光伏产业投资额自 2013 年 206 亿美元大幅增加至 2017 年 865 亿美元，年复合增长率达到 43.1%。根据中国光伏行业协会数据，上游硅料环节，2013 年国内硅料产量为 8.46 万吨，2017 年上升至 24 万吨，进口量占国内总需求量的比重下降至 38.8%，逐步降低原料进口依存度。中游环节，硅片、电池片及光伏组件的

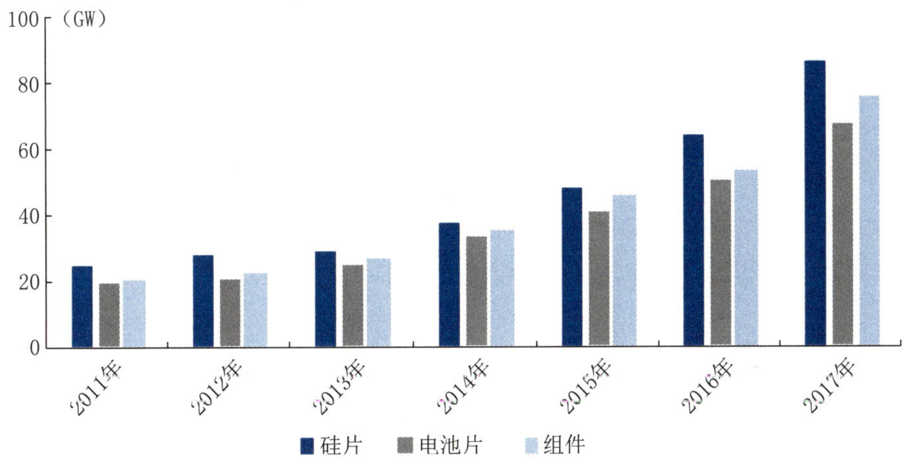

图 233　2011—2017 年组件、电池片、硅片产量

资料来源：中国光伏行业协会，申万宏源研究。

产量大幅增加，2017 年硅片、电池片及光伏组件三者的产量分别为 87 GW、68 GW 和 76 GW，全球占比分别为 83%、68%、69%。根据国际可再生能源机构（International Renewable Energy Agency，IRENA）数据，下游应用环节，国内光伏累计装机容量从 2013 年的 17.7 GW 增长至 2017 年的 130.8 GW，年复合增长率约为 65%。

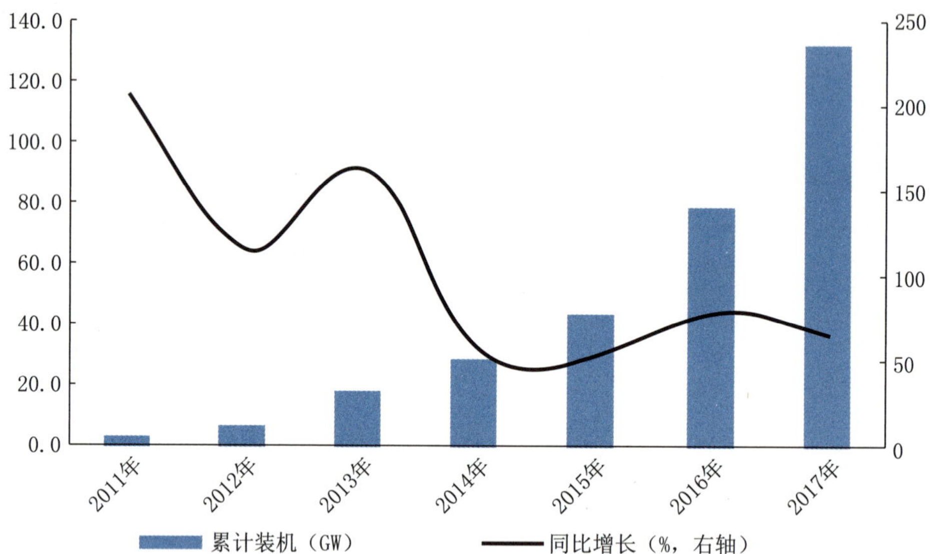

图 234　2011—2017 年光伏累计装机及同比增长

资料来源：国际可再生能源机构，申万宏源研究。

2015 年“光伏领跑者”计划出台，推动中国光伏产业逐步从原有的追求“量”转变为追求“质”。中国光伏制造企业加强技术研发、规模化生产，一方面推动生产成本持续下降。根据工信部数据，我国领先企业多晶硅生产成本降至 6 万元 / 吨，组件生产成本降至 2 元 / 瓦以下，光伏发电系统投资成本降至 5 元 / 瓦左右；① 另一方面太阳能电池的转换效率不断提升，2017 年单晶硅电池的转换效率达到了 21.75%。也是在这个时期，单晶硅路线崛起，逐步对多晶硅市场形成替代。

① 《2017 年我国光伏产业运行情况》，工业和信息化部，https://www.miit.gov.cn/jgsj/dzs/gzdt/art/2020/art_2ef532a2fde2427cb49341f7f71a6d57.html，2024 年 1 月访问。

2014 年到 2018 年，我国光伏累计装机规模和新增装机规模稳居世界第一，但随之而来的供大于求、与电网难以协调、电力消纳瓶颈等问题导致部分地区出现了弃光的现象。此外，装机规模膨胀带来补贴金额的增长，加大了地方财政压力。根据经济日报消息，截至 2017 年末，光伏补贴缺口达到 455 亿元。在此背景下，为了增强产业发展的内生动力，2018 年 5 月 31 日，国家发改委、能源局等联合下发《关于 2018 年光伏发电有关事项的通知》(以下简称“531 新政”)，以放缓光伏建设速度和推进光伏补贴退坡。“531 新政”推出后，下游地面光伏电站需求急剧萎缩。根据国家能源局数据，2018 年我国新增装机量约 44 GW，同比跌幅达到 16.6%。供需失衡传导至中上游引发了光伏产品的降价潮，对行业整体形成了较大的冲击，大量光伏企业减产停产、破产倒闭。从长期来看，“531 新政”倒逼企业加强技术研发、改进工艺以降低生产成本和提升生产效率，光伏行业学习曲线陡峭上升，技术迭代进程加快。

（五）充分竞争期（2019 年至今）

2019 年 1 月，国家发改委、国家能源局印发《关于积极推进风电、光伏发电无补贴平价上网有关工作的通知》，光伏行业逐步过渡至平价上网时代。2021 年 6

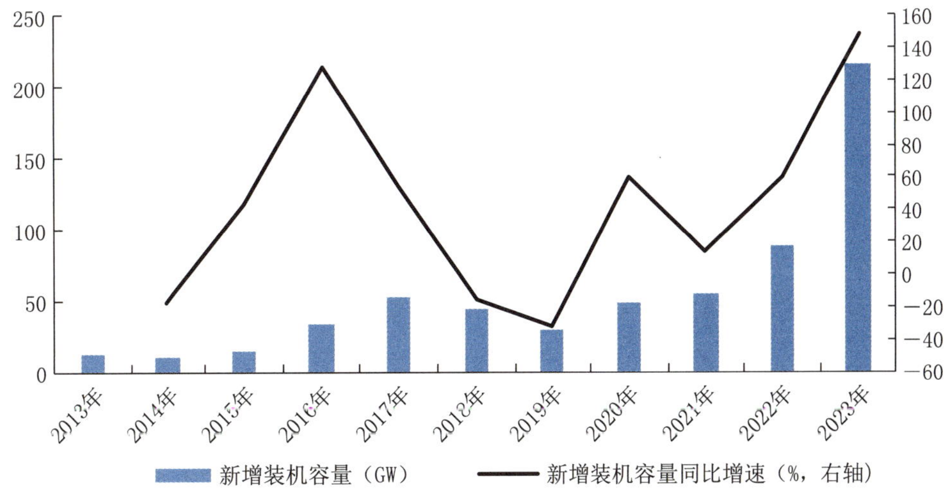

图 235　近几年中国光伏发电新增装机容量增速明显

资料来源：国家能源局，中国光伏行业协会，申万宏源研究。

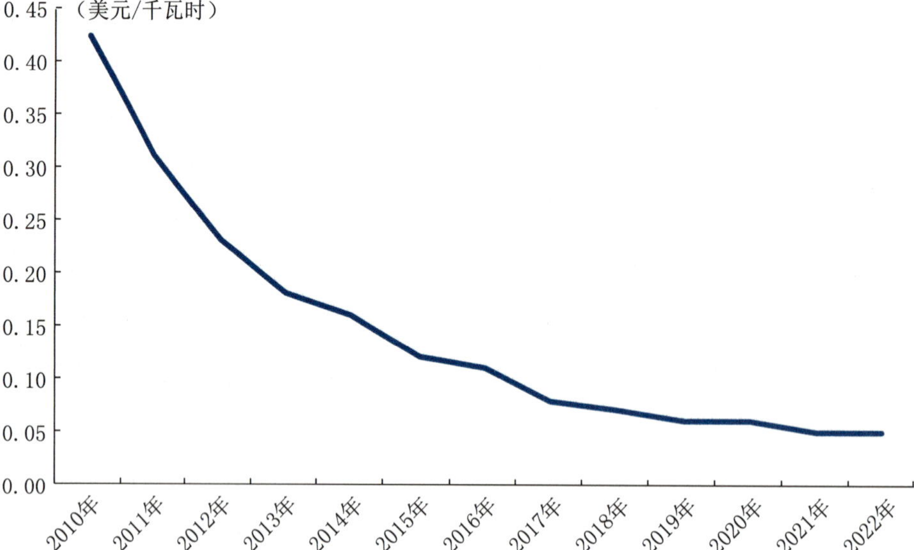

图 236　光伏发电全球平准化度电成本

资料来源：国际可再生能源机构，申万宏源研究。

月，国家发改委发布的《关于 2021 年新能源上网电价政策有关事项的通知》中提出，取消新建的集中式光伏电站、工商业分布式光伏的中央财政补贴，实行平价上网。2020 年习近平宣布中国力争 2030 年前碳达峰、2060 年前实现碳中和（以下简称“双碳”战略）。“双碳”战略目标的提出加速中国能源结构转型进程，新能源产业全面爆发，光伏行业发展进入了政策加持、技术支撑、内生动力充沛的发展阶段。2021 年中国光伏新增装机量 54.88 GW，同比上涨 60.1%；2022 年新增装机量 87.41 GW，同比上涨 59%；2023 年 1—10 月新增装机量 142.56 GW，同比上涨 145%，创历史新高。

所谓平价，指的是光伏等新能源发电相对于当地煤电标杆上网电价而言的经济性。政策补贴逐渐退坡后，光伏行业的市场竞争性充分体现，光伏发电也越来越具有经济性。根据国际可再生能源机构数据，2022 年光伏平准化度电成本已降至 0.05 美元 / 千瓦时，低于传统化石能源发电成本，与此同时，光伏组件的开标 / 中标价格也屡创新低，可以说光伏已开启了低价上网的时代。

二、成长历程：厚积薄发成为穿越周期的王者

在起起伏伏的光伏产业发展历程中，隆基抗住一次又一次的大浪淘沙，这其中离不开隆基数次正确的战略决策。其中有三次看似“逆势而为”的决策，虽然事后都被证明是完全正确的选择，但放在当时历史环境中却是异常艰难的。这三次关键决策也一直被业内外的人士津津乐道，甚至让隆基收获了“离群索居者”的称谓。本章以这三个关键决策为节点，为读者呈现隆基绿能的成长之路。

（一）创业起步期（2000—2006 年）：抓住本源，笃定单晶

隆基的创始人李振国与单晶硅有着深厚的渊源，1990 年从兰州大学物理系半导体材料专业毕业以后，李振国便进入了华山半导体材料厂从事与拉制单晶硅棒相关工作。① 在离开国企后，他先后创办和参与创办过山西闻喜信达电子配件厂、抚顺隆基，帮助西安理工大学搭建过单晶生产线，盘下过西安理工大学的单晶基地。直到 2000 年，李振国成立了西安新盟电子科技有限公司（隆基绿能的前身），主营半导体材料和设备。李振国曾回答记者“2006 年之前我做单晶硅，是因为大学学的这个专业，第一份工作也是生产单晶硅”。②

2004 年德国主导通过补贴推动光伏行业的发展，国际市场掀起了光伏热潮，带动了国内光伏行业的发展。早期的隆基发展还算顺利，到 2005 年，公司已经具备年产 30 吨器件级单晶硅的生产能力，但当时公司也仅是简单的加工贸易模式。从创业之初，隆基一直以单晶硅为主要研究方向。随着光伏行业蒸蒸日上，一直关注着光伏行业的李振国非常看好它未来的发展。但是在进入这个行业之前，李振国陷入了困难的选择中，到底应该以什么技术路线切入?

李振国的纠结不无道理。在 2004 年之前，国内生产单晶硅产品的企业少之又少，

① 《专访｜李振国的江湖》，黑鹰光伏公众号，2019 年 9 月 9 日。
② 徐美娟、袁媛：《专访隆基绿能李振国：诠释单晶硅执着，从“度电成本”到“零碳未来”》，载《时代周报》2022 年 8 月 25 日。

光伏级单晶硅片年产量仅几百吨，市场占比极低。单晶硅路线光电转换效率虽然一直高于多晶硅路线，但是由于多晶硅电池生产成本低、技术门槛低、建设周期短，多数涌入光伏产业的企业基本都选择了多晶硅路线，多晶硅片市场份额占比一度超过 80%。这也意味着下游产品更多适配多晶硅路线。因此，李振国虽然从技术上判断单晶硅路线更符合光伏行业未来的趋势，但却很难下决定。

李振国与在世界领先的磁性设备公司当总经理的校友钟宝申一拍即合，2006 年钟宝申回到西安与李振国一同创业。两人带领着团队对市面上多种光伏技术路线进行多方面论证，包括单晶硅路线、多晶硅路线、薄膜路线等，通过对比发现单晶硅技术路线最具发展潜力，其转换效率更高，且未来的成本下降空间较大。从物理学中“第一性原理”出发，站在未来看现在，单晶硅才是能够支撑光伏与其他传统能源竞争的技术路线。因此李振国最终决定以单晶硅路线进入光伏行业。

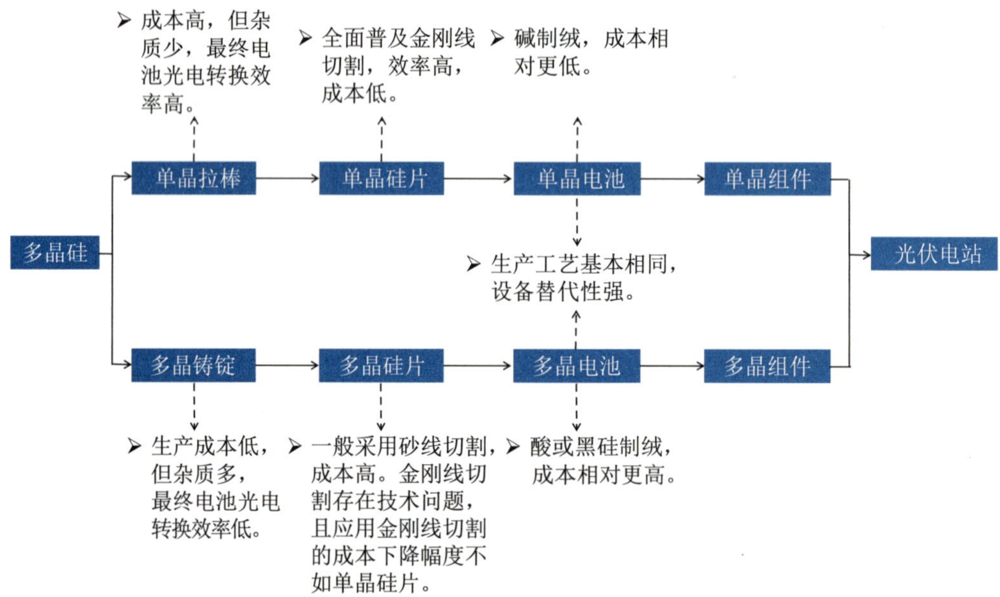

图 237　单晶与多晶技术路线对比图

资料来源：通威股份公告，申万宏源研究。

（二）攻坚克难期（2007—2014 年）：排除万难，敢为人先

确定了单晶硅路线的隆基，在光伏市场发展的推动下，也在稳步扩张。2006 年 12 月，隆基的全资控股子公司宁夏隆基硅材料有限公司成立，致力于单晶硅棒的研发和制造，是隆基重要的研发和制造基地。截至 2011 年，隆基已经拥有 970 MW 单晶硅棒产能，710 MW 单晶硅片产能。

选择单晶硅路线的隆基需要解决摆在眼前的第一大难题——降本，这是单晶硅能够与多晶硅同台竞争的必经之路。在当时，非硅成本占单晶硅片成本约为 35%，而多晶硅片的非硅成本不足单晶硅片的二分之一。从工艺上来看，隆基将降本重心放在拉晶工艺和切割工艺两个重要的环节，后来通过 RCZ 技术和金刚线切割技术成功实现大幅降本。本篇文章以切割工艺为切入点描述隆基的降本之路。

切割的主要技术路线分为两种：一种是砂浆钢线切割法，另一种是金刚石线切割法。金刚石线切割的速度较砂浆钢线切割的速度可提升 2—3 倍，单次切割时间可以缩短 70% 以上，切割效率高，并且拥有切割出的产品质量好、切片更薄、生产过程环境污染小等优点。采用金刚线切割法可以提升出片量从而降低拉晶成本。

表 53　传统砂浆与金刚线工艺比较

对比项目	游离磨料砂浆切割	金刚石线切割
切割磨损	磨料颗粒磨损约为 60 μm	金刚石颗粒磨损约为 20 μm
	相同线径下金刚石线切割相比砂浆切割硅料损耗更低，单位硅料的硅片产出增加 20% 左右，且砂浆切割最细线径约为 80 μm	
切割速度	砂浆切片机线网速度约为 580—900 m/min	金刚线切片机线网速度约为 1000—1500 m/min
	金刚石线切割速度约为砂浆切割的 2—3 倍	
辅料消耗	PEG 悬浮液，较难处理	水基切割液，较易处理
	金刚石线切割工艺更为环保	

资料来源：美畅股份招股说明书，申万宏源研究。

虽然早在 2008 年公司便意识到，金刚石线切割技术很可能会成为未来市场的主

流，但在2014年以前，金刚石线耗材昂贵，且核心技术掌握在日本厂商的手中，国内金刚石线产业链极不完整，多个环节处于空白状态，国内几乎没有硅片生产厂商使用金刚石线切割法，因此隆基最开始也只能选择砂浆钢线切割法。后来在接受采访时，李振国透露2009年开始隆基便投入研发不断攻克金刚石线技术。直到2011年，公司才宣布将逐步采用金刚石线切割技术。

在使用金刚石线切割技术量产的初期，隆基便遭遇了不小的困难。首先是被日本厂商拒绝提供金刚石线，转而从头开始扶持国内金刚石线供应链。其次是量产成品率下降、单位成本上升，使得每笔业务都成了赔本买卖，短短半年亏掉了数千万元。据隆基的老员工回忆，那段时期公司上上下下都处于压力倍增的状态。亏损持续了约5个月，隆基才逐渐"缓过劲"，这也得益于隆基在研发方面取得的成果。2012年隆基基本完成"金刚石线切割工艺研究"实验，在国内率先完成130 μm薄片切割工艺的研究。①

由于金刚线切割出来的硅片发电效率显著提高，越来越多的厂商开始倾向于这种硅片，倒推硅片厂商开始将目光转移至这种切割技术。2015年隆基进一步研制出了110 um的薄片技术，同年全面推行金刚线切割技术。在以隆基为代表的光伏企业战略扶持下，金刚线切割技术不断成熟，美畅股份、高测股份、岱勒新材等一批金刚石线企业快速崛起，主要耗材金刚石线的价格大幅下降，打破了日企的垄断局面。到了2017年，在单晶硅领域金刚线切割技术全面取代砂浆切片技术。

金刚线切割的导入，为光伏行业每年节省成本200亿元，并引发全行业的硅片切割技术更迭。② 随着金刚石技术的成熟，国内产业链的发展完整，作为国内金刚石线切割技术的推动者之一，隆基无疑成了最大受益者。耗材价格的下降以及切割工艺的成熟，带动了隆基非硅成本大幅下降。根据公司公告披露，2016年硅

① 葛雷新：《金刚线的前世今生》，索比光伏网，https://news.solarbe.com/202008/28/329793.html，2024年1月访问。

② 《隆基近20年发展之路：专注、创新、可持续发展》，隆基绿能公众号，2019年11月14日。

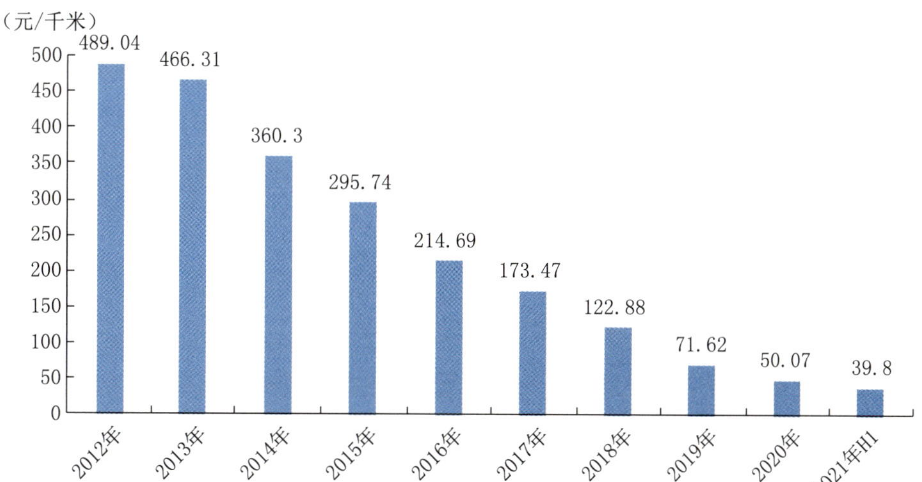

图 238　公司采购金刚线成本

资料来源：隆基绿能公告，申万宏源研究。

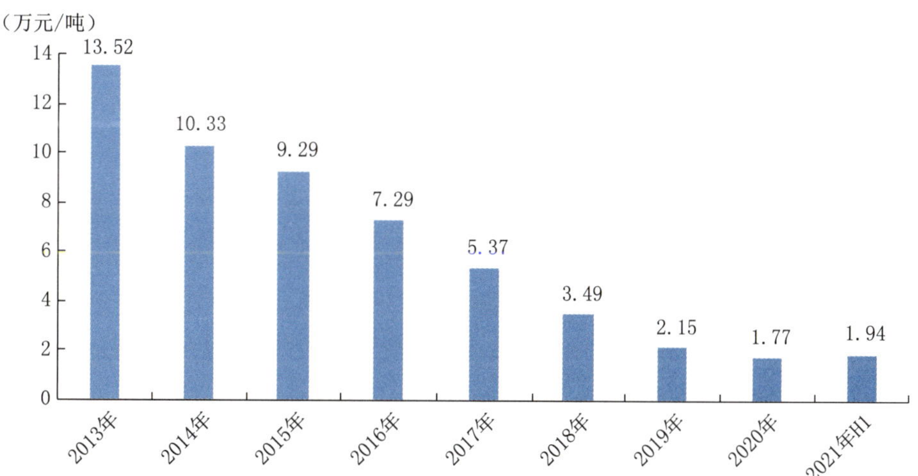

图 239　公司采购金刚线切割液成本

资料来源：隆基绿能公告，申万宏源研究。

片产品非硅成本同比降低 33.98%，较 2012 年下降 67%。到了 2021 年上半年，采购金刚线成本已降至 39.8 元每千米，切割液成本降至 1.94 万元每吨。

这里需要交代一下历史背景，同一时期的光伏大环境并不太平。2011—2013 年我国遭遇了来自欧美的“双反”调查，海外市场需求急剧萎缩，国内光伏行业深受打击。身处其中的隆基也不可幸免，在这两年业绩大幅受挫。除了环境发生了巨大变化，隆基自身也在经历登陆资本市场的里程碑事件。2010 年，业绩一直平稳增长的隆基第一次递交了首次公开发行招股说明书，希望通过资本市场募资帮助公司扩大生产规模。此时的隆基在营收上客户集中度较高，2009 年对无锡尚德及其关联方的销售收入占比甚至高达 67.61%，而无锡尚德的创始人施正荣是当时隆基的董事。受到和无锡尚德之间重大关联交易的影响，隆基第一次申报上市折戟。重新休整之后，隆基积极着手解决关联交易问题，2010 年 6 月施正荣辞去隆基的董事职务，2011 年公司对无锡尚德及其关联方的销售收入占比降至 42.32%。2012 年隆基再一次递交了招股说明书并成功过会。好景不长，由于 2012 年无锡尚德破产，导致隆基刚上市第一年就大幅计提了应收账款坏账损失 1 亿元。这种背景下，隆基虽然承受了一定的亏损但也要实现金刚线切割技术量产的决心让人敬佩。

（三）快速成长期（2014—2019 年）：布局下游，单晶崛起

一直注重研发创新的隆基，成功导入多次拉晶技术、金刚线切割技术、细线化和薄片化等技术成果的应用，在提升产品品质和生产速度的同时，让公司的非硅成本大幅下降，其单晶度电成本优势也开始显现。经过内部测算，到 2014 年单晶硅的全产业链成本已低于多晶硅，同等条件下，单晶度电成本比多晶低 5%—10%，而发电效率则高出 5%。可隆基面临的市场形势却越发严峻，2014 年整个硅片市场中单晶硅片的市场份额被挤压至 5%。迫于形势，李振国拜访了国内几乎所有的光伏组件大厂，加大对单晶产品的推广力度。① 一轮拜访下来结果不太令人满意，由于存在较高的转换成本，几乎没有厂商愿意改变产品技术路线。

与此同时，隆基观察到大多数全球头部企业从硅片到光伏终端应用进行全产业链布局。于是，隆基开始思考寻找第二条推广单晶的路径——延伸产业链。2014 年隆基开始启动产业链整合，同年 5 月成立了西安隆基清洁能源公司，标志着公司正式进军光伏电站建设及 EPC 业务。同年 10 月，在经过一番考察后收购了

① 《隆基启示录：光伏龙头转型绿色能源龙头》，搜狐新闻，2022 年 5 月 23 日。

一家下游组件厂——浙江乐叶光伏科技有限公司，正式进入太阳能电池、组件业务。在隆基 2014 年的年报中，公司发展战略的表述变成了“强化隆基股份全球最大的太阳能单晶硅厂商的战略地位，大力发展单晶组件业务，稳步发展光伏电站 EPC① 和投资开发业务，努力成为全球领先的太阳能电力设备公司”。

技术方面，隆基解决了单晶 PERC 初始光衰高的问题，使得电池转换效率大幅提升。PERC 技术应用在多晶硅电池上只能提高 0.6%—0.8% 的效率，而运用到单晶硅电池上能够使效率提升 0.8%—1%，进一步拉开了两种电池之间的转换效率差异。2014 年，隆基宣布在电池端采用最新的发射极和背面钝化电池（Passivated Emitter and Rear Cell，PERC）技术。确定好电池技术路线之后，2015 年，隆基开始大规模扩产。截至 2023 年，其硅片、电池、组件产能分别达到 170 GW、80 GW、120 GW，连续 9 年蝉联单晶组件出货量第一。

2015 年，由国家能源局牵头推动的“光伏领跑者计划”，以技术领先为导向推动行业加快技术变革。为了达到“领跑者计划”的技术门槛，光伏电站运营商不得不使用转换效率更高的单晶组件，推动了单晶路线的发展。2017 年始，单晶

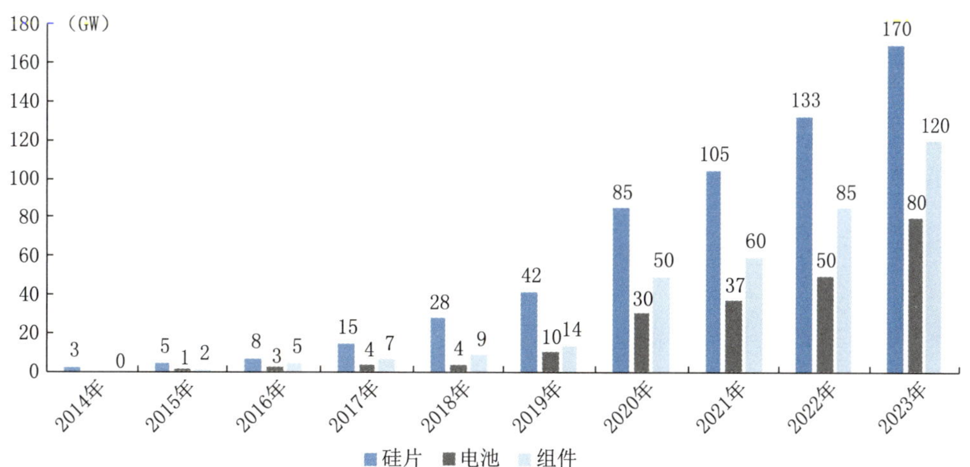

图 240　2014—2023 年隆基一体化产品产能持续增长
资料来源：隆基绿能公告，申万宏源研究。

① EPC：Engineering Procurement Construction，即设计、采购、施工一体化模式。

03

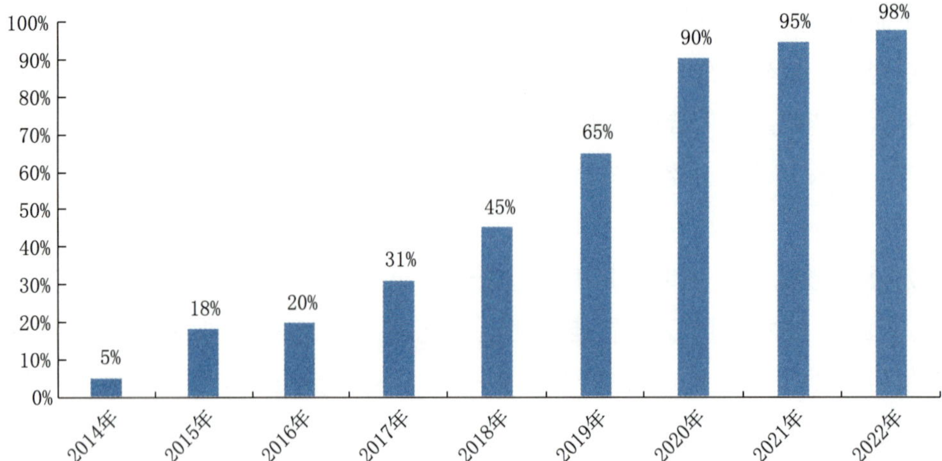

图 241　2014—2022 年单晶硅片市场份额

资料来源：中国光伏行业协会，申万宏源研究。

PERC 扩产潮到来，主流厂商开始积极布局 PERC，业界基本达成共识，PERC 是当下甚至未来数年的主流技术。2019 年，单晶硅片出货量市场占比首次超越了多晶硅片，多晶硅片逐渐退出了历史的舞台。

（四）稳定扩张期（2020 年至今）：地位牢固，价值回归

如今，隆基的产品和服务范围已基本涵盖了光伏产业链上中下游，并基于光伏领域的优势进入氢能领域。多年以来隆基在单晶产品的市场中牢牢占据首位，业绩上也展现出了头部企业不俗的表现。隆基作为优质上市公司，其价值充分反映在资本市场中。

业务布局：一体化布局，商业版图再扩张

隆基绿能基本形成了太阳能组件一体化研、产、销的业务布局。截至 2022 年末，隆基绿能主要生产单晶硅棒硅片、电池、组件等产品，其中主要外销产品为太阳能组件和硅片，光伏产品的销售贡献了公司的主要收入和利润。在光伏领域深耕多年后，李振国开始思忖更大的宏图。从战略业务布局来看，光伏建筑一体化（Building Integrated Photovoltaic，BIPV）+ 氢能业务开始崭露头角。在分布

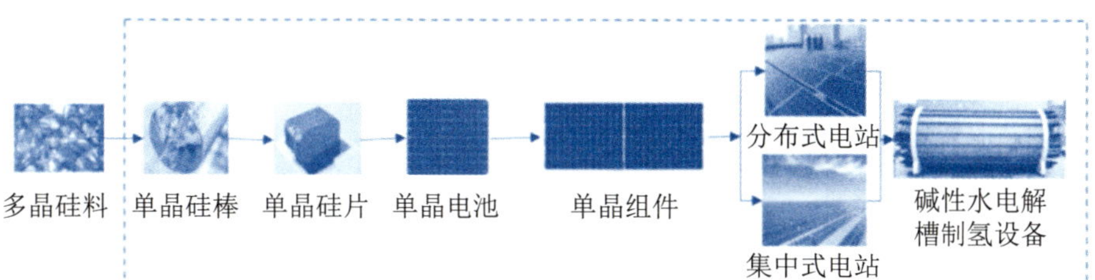

图 242　隆基绿能业务布局

资料来源：隆基绿能 2022 年年报，申万宏源研究。

式光伏领域，隆基自研了第一款装配式 BIPV 产品——“隆顶”，2021 年收购森特 27.25% 股份，以“双品牌”战略全面发展 BIPV 业务。在氢能领域，2021 年成立了西安隆基氢能科技有限公司，主要提供大型绿氢装备与方案，同年 10 月公司下线首台碱性水电解槽。截至 2023 年底，隆基已具备 2.5 GW 的生产交付能力。

财务表现：业绩稳步增长，盈利能力显著

16 年间，我们能够直观看到隆基的业绩一直稳步增长，盈利能力也在不断提升。从 2007 年到 2023 年，隆基绿能营业收入从 2.23 亿元增长至 1294.98 亿元，16 年间的年均复合增速为 48.85%；归母净利润从 0.75 亿元增长至 107.51 亿元，

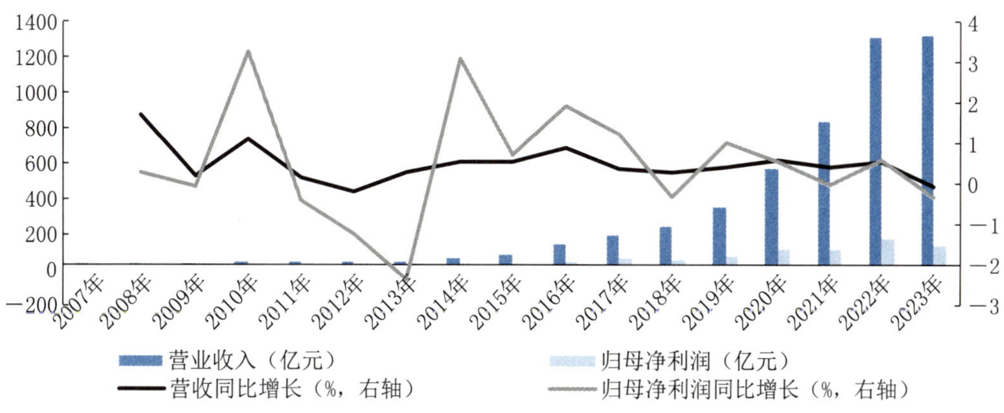

图 243　隆基绿能营收、利润稳步上升

资料来源：iFinD，申万宏源研究。

年均复合增速为 36.39%。除了 2011—2013 年行业遭受欧美主要国家“双反策略”以及隆基自身战略性切换硅片切割技术带来的损失以外，隆基绿能在上市之后几乎保持着每年业绩正增长的态势。

虽然公司早几年已经开始战略布局 BIPV+ 氢能业务，但这方面的业绩还未体现。目前公司主要营收和利润的支撑来自太阳能组件、硅片的销售收入。隆基的硅片及硅棒主要用于满足内部光伏组件的生产需求，自供率达到 100%，这种上下游协同的优势增加了隆基的盈利能力。虽然公司硅片的出货量很大，但整体仍以光伏组件为主要对外销售产品。2023 年，公司组件及电池业务的营业收入为 991.99 亿元，营收贡献占比为 76.60%，毛利润为 182.37 亿元，毛利贡献占比为 77%。

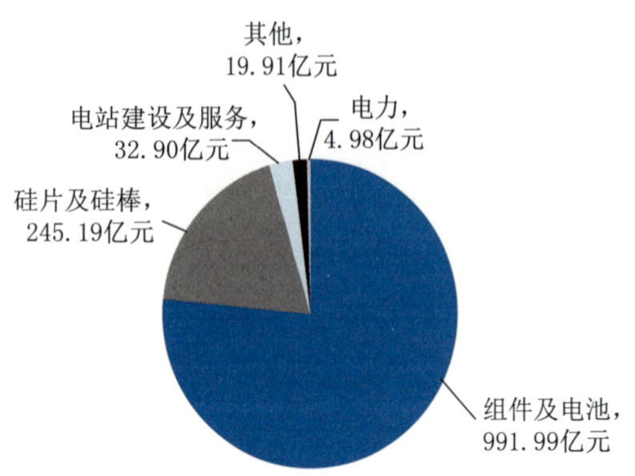

图 244　2023 年隆基绿能分产品营业收入
资料来源：iFinD，申万宏源研究。

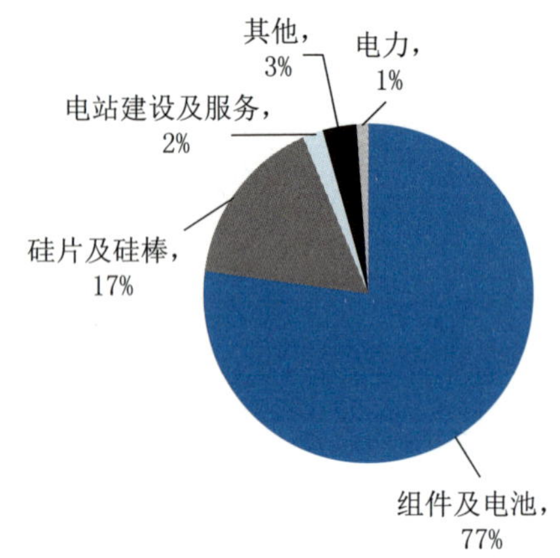

图 245　2023 年隆基绿能分产品毛利贡献占比
资料来源：iFinD，申万宏源研究。

竞争格局：市场趋于集中，头部地位稳固

光伏行业经过几轮周期，行业竞争格局逐步集中化。隆基在其优势领域硅片和组件环节的产量规模均排名全球第一。硅片环节，2022 年硅片市场产量前二位的公司市占率合计接近 50%，其中隆基占有全球产量份额的 26%，两者的产能远大于其他二线生产企业，具备显著的规模优势。组件环节，隆基组件的出货量保

持高速增长，从 2016 年 2.34 GW 增至 2022 年 46.76 GW。根据 PV InfoLink 数据，隆基绿能 2020 年以 24.5 GW 的出货量排名全球第一，此后连续 3 年均占据榜单第一名。

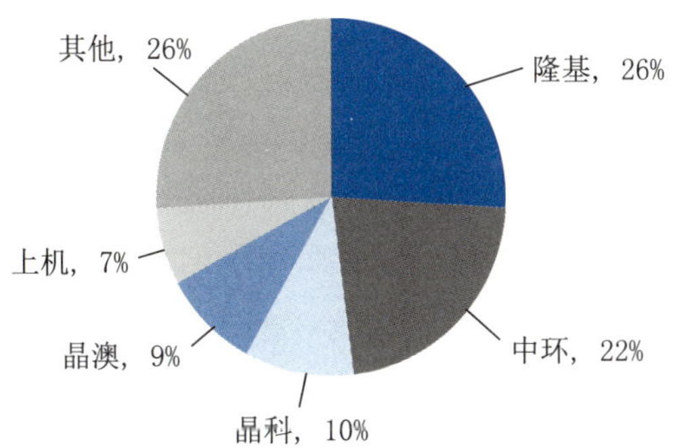

图 246　2022 年全球光伏硅片产量占比

资料来源：Solarzoom，申万宏源研究。

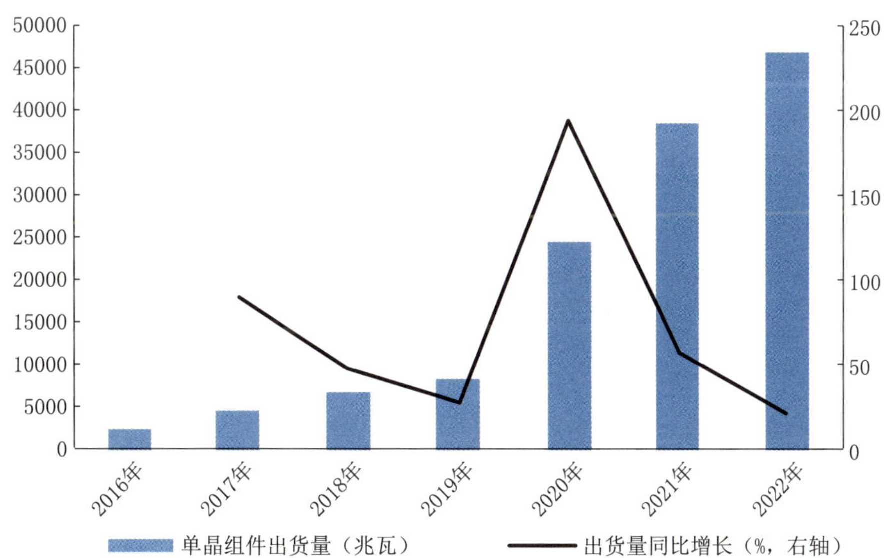

图 247　2016—2022 年隆基绿能组件出货量

资料来源：iFinD，申万宏源研究。

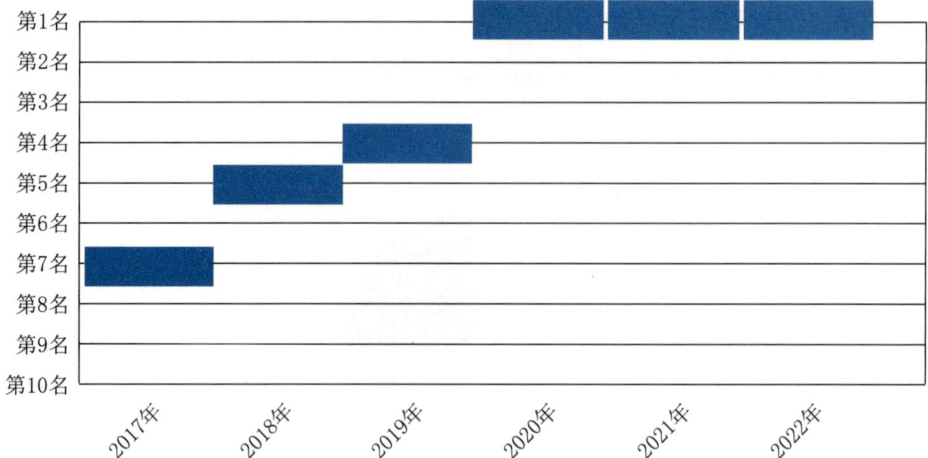

图 248　2017—2022 年隆基绿能组件出货量的世界排名

资料来源：PV InfoLink，申万宏源研究。

市值复盘：价值挖掘，10 年市值涨超 37 倍

上市后 3 年隆基的股价可以说是毫无波澜，市值在百亿之下徘徊。在 A 股牛市的大背景下，2014—2015 年隆基迎来了第一波上涨，市值最高达到 358.9 亿元。与此同时，金刚线切割技术开始普及应用，单晶硅优势逐步显现。2015—2017 年，单晶硅路线快速崛起，作为单晶硅的先行者，隆基的价值也在慢慢受到市场认可，这段时间隆基的股价处于震荡上行的状态，市值在 2017 年底达到第二个峰值 845.1 亿元。2018 年开始随着“531 新政”的出台，国内光伏补贴退坡，对光伏市场产生剧烈影响，这一时期光伏企业的股价应声而下，隆基也不例外。2019 年，单晶硅市场份额达到 65%，首次超过多晶硅市场份额，2020 年单晶硅市场份额达到 90%，单晶路线正式确立。同年，我国提出“双碳”战略，光伏产业链得到空前发展。同一时期隆基的股价一路飙升，市值在 2020 年 10 月达到新一轮高点的 3118.9 亿元。2021 年，隆基战略布局 BIPV 和氢能业务，进一步实现“Solar for Solar”的愿景。市场预期打满，到 2021 年 11 月，隆基市值达到历史以来的最高点 5423.8 亿元，被资本市场称为“光伏茅”。

作为单晶技术的主要推动者以及光伏一体化头部企业，隆基的能力也充分被资本市场所肯定。受到光伏市场竞争加剧、贸易摩擦、宏观经济环境下行等因素

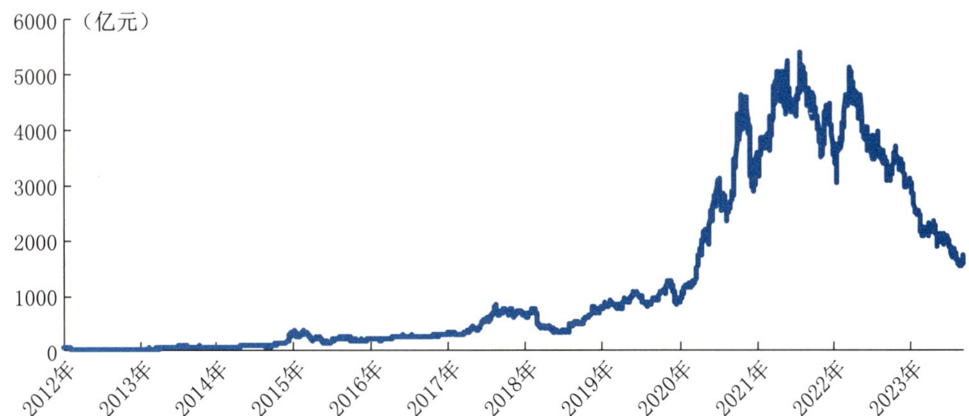

图 249　隆基绿能自上市以来的总市值变化

资料来源：iFinD，申万宏源研究。

影响，自 2022 年起隆基的股价震荡下行。但截至 2023 年末，隆基仍然是光伏行业总市值最大的公司。2023 年末，隆基绿能股价为 22.90 元 / 股，总市值为 1735 亿元，相比于 2012 年公司刚上市时的总市值（59.09 亿元）翻了近 30 倍。

三、成长复盘：行稳致远，守正创新

回顾隆基发展历史，除了受益于光伏行业的发展红利，还离不开自身良好的品质，其中“长期、稳健、创新”三个字眼尤为突出。隆基像一位长期主义者，从“第一性原则”出发，站在未来看现在，坚定执行自己的发展战略创造长期价值。同时不断优化内在价值，向资本市场投资者传递正向信号。

（一）价值创造：构建核心竞争力，谋求长远发展

战略聚焦：咬定青山不放松，核心主线不改

知易行难，坚持做正确的事不是件易事。隆基的几次战略决策让其成了离群的羊，但始终没有偏离自己的主道。2022 年 10 月，李振国发表了公开信《隆基的

初心》，里面提到："'从众'从来都是最容易的选择，但却不一定是最好的选择。从我们的立场来看，我们只是选择了一条自认为对社会、对行业、对客户、对企业更具价值的道路。"梳理公司自上市以来的年报可以发现，隆基的发展战略清晰可见，自 2006 年确定单晶硅路线后，便是一条路走到底。① 从巩固世界最大单晶硅厂商地位，到产业联动发展下游电池、组件环节，形成产业链一体化布局，再到推动全球能源革命，稳扎稳打将每一步战略走深走实。

表 54　公司自上市以来发展战略表述一览

年报期	公司发展战略
2012 年	强化隆基股份全球最大的太阳能单晶硅片厂商的战略地位。
2013 年	坚持"推广传递价值、专业铸造价值、创新延续价值"的发展方针，强化隆基股份全球最大的太阳能单晶硅片厂商的战略地位。
2014 年	以"产业联动发展、品牌营销引领、品质成本支撑、资金人才保障"为发展方针。强化隆基股份全球最大的太阳能单晶硅厂商的战略地位，大力发展单晶组件业务，稳步发展光伏电站 EPC 和投资开发业务，努力成为全球领先的太阳能电力设备公司。
2015 年	把握行业发展的市场和机遇，持续保持全球领先的高效单晶光伏产品和服务提供商的战略地位。
2016 年	加速推进国际化，依托单晶技术，为全球客户提供高效单晶解决方案。
2017 年	依托单晶技术，加速推进国际化，为全球客户提供高效单晶解决方案。
2018 年	以客户价值为核心，抓住行业新一轮发展机遇，推动国际能源变革和绿色能源的应用，扩大光伏应用场景和规模，全面提升内部管理水平，完成全球化布局，打造全面领先优势。
2019 年	快速成长，全球经营，占据行业优势地位；科技引领，效率驱动，构筑长期竞争能力。
2020 年	以客户为中心，追求客户价值创造；持续保持领先，推动全球能源变革。
2021 年 2022 年	立足先进制造，以领先的技术与品质强化产业竞争能力；提升服务能力，用最具价值的产品和方案服务全球客户。
2023 年	立足长期可持续发展目标，以 BC 技术引领行业技术变革，加速实现 BC 技术的产业迭代；坚持客户为先，做强产品，做精服务，加大场景开发力度，提升经营价值；坚持全球本土化经营，服务全球客户。

资料来源：隆基绿能年报，申万宏源研究。

① 本研究角度参考自申万宏源研究于 2018 年 1 月 12 日发表的报告《隆基股份（601012）深度：光伏单晶硅片龙头，未来的全产业链巨无霸》。

研发驱动：重视技术积累，持续创新迭代

隆基在技术研发上的投入上做到了两个“毫不吝啬”。一是在研发投入方面毫不吝啬。自 2012 年上市以来，公司每年研发投入①占营收的比重稳定在 5.5% 上下，2023 年公司研发投入超过 77 亿元，同比增长 8.45%，11 年间累计研发投入将近 200 亿元。根据灼识咨询报告，隆基绿能研发投入高居行业首位。截至 2023 年末，公司累计获得各类专利 2879 项。二是在研发力量方面毫不吝啬。2023 年公司从事与研发及技术创新工作相关的人员合计 5157 人，占公司员工总数的比例为 6.87%。此外，隆基还与各大高校、政府、企业开展深度战略合作关系，合作研发项目超 15 个，为加强技术交流和人才培养提供有力支撑。

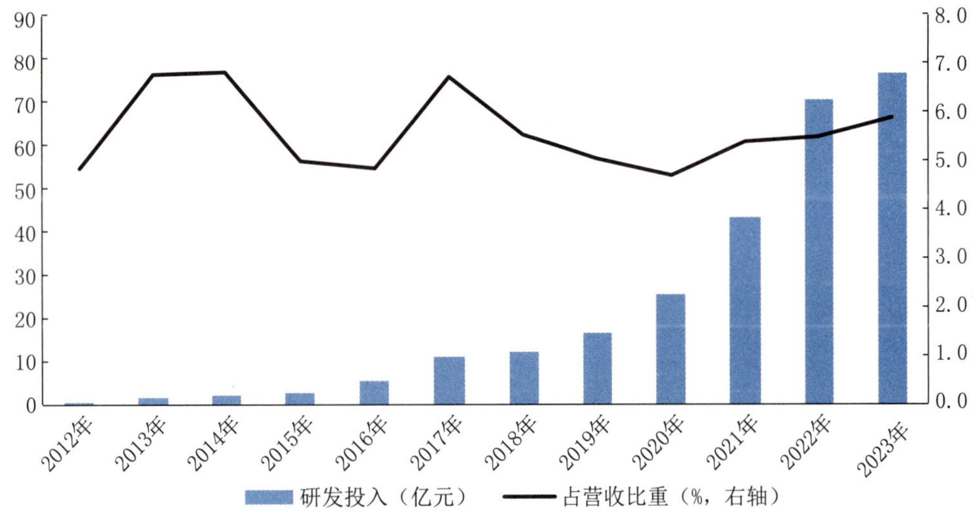

图 250　2012—2023 年公司研发投入金额及占比

资料来源：iFinD，申万宏源研究。

“广布局、深探索、快转化”或许可以用来概括隆基的研发投资理念，即广泛布局技术路线，在每个技术路线领域探索极致，对于正确的路线加大投资并尽快实现研发转化。从提升电池转换效率方面，我们可以看到隆基技术水平的领先

① 根据隆基绿能年报显示，研发投入与财务报表中的研发费用在统计口径上存在差异，公司研发投入包括各类新技术、新产品的研究与开发支出、研发设备等固定资产折旧，以及为满足相关技术产业化运用涉及的中试等成本费用。

性。截至 2023 年底，隆基自 2021 年以来已 16 次刷新太阳能电池转换效率世界纪录。2023 年 11 月，根据美国国家可再生能源实验室（National Renewable Energy Laboratory，NREL）认证，隆基研发的晶硅—钙钛矿叠层电池效率高达 33.9%，打破了由沙特国王科技大学保持的 33.7% 世界纪录。2023 年 12 月，经德国哈梅林太阳能研究所（Institute for Solar Energy Research in Hamelin，ISFH）认证，隆基自主研发的背接触晶硅异质结太阳能电池（Heterojunction Back Contact，HBC）转换效率达到 27.09%，刷新其 2022 年 11 月创造的硅基太阳能电池效率最高纪录。不断刷新转换效率纪录，也充分展示了隆基绿能领先的研发水平。2023 年 9 月，在隆基的半年报业绩会上，董事长钟宝申表示，隆基判断今后 5—6 年 BC 电池将会是主流路线，并宣布隆基未来大部分的产品将走 BC 路线。

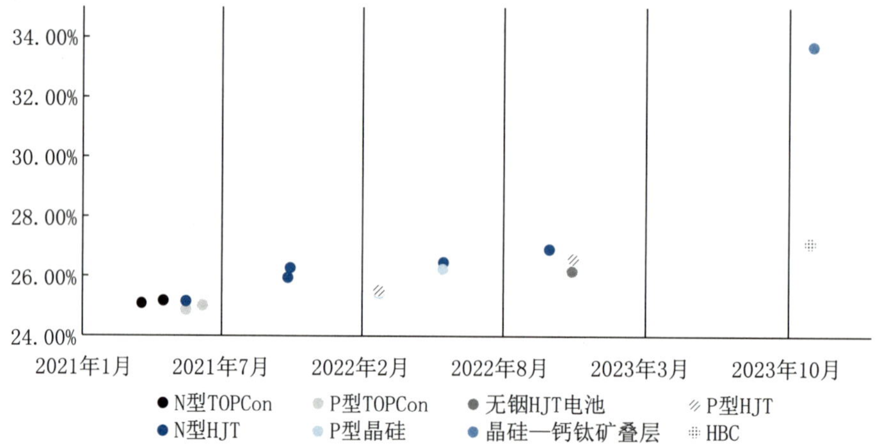

图 251　2021—2023 年隆基绿能电池转换效率 16 次刷新世界纪录

资料来源：隆基绿能《2022 年可持续发展报告》，隆基绿能官网，申万宏源研究。

降本增效：精细化管理，极致管控成本

站在整个能源格局上来看，光伏发电不能仅依赖补贴生存，要想与煤电等传统能源竞争，首先要做到经济性，即降低光伏发电成本。李振国深谙此原则，降本增效是隆基长期经营的主线之一。无论是金刚石切割工艺、全自动专用单晶生产工艺、薄片化切割等技术，还是上下游产业链整合、扶持国内供应商，都服务于降

本目的。从结果来看，关键创新技术的成功运用使得隆基的生产成本大幅降低。2011 年隆基的单晶硅片非硅成本 6.38 元 / 片，2022 年非硅成本降至不足 1 元，较 2021 年下降 4.12%，成本领先于竞争对手。在组件单位价格下降的趋势中，隆基的毛利率一直高于同行公司。

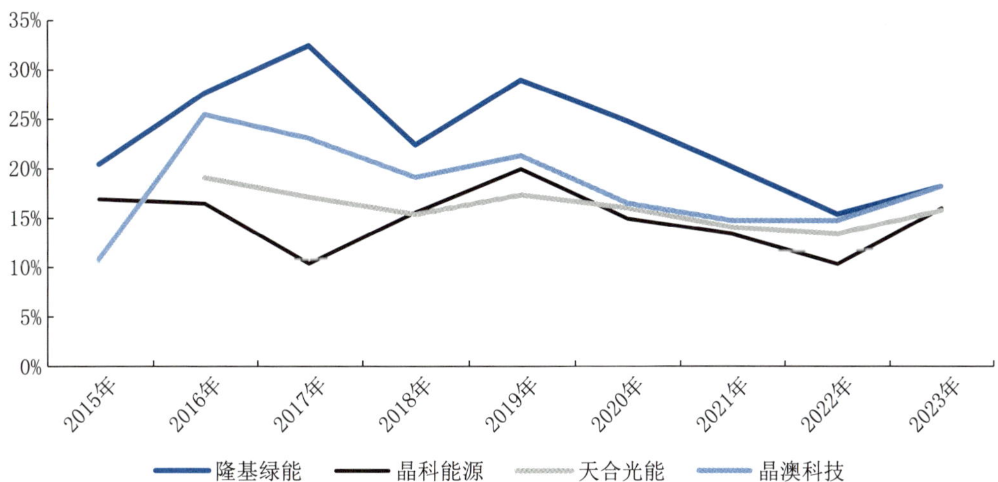

图 252　2015—2023 年隆基绿能毛利率高于同业水平

资料来源：iFinD，申万宏源研究。

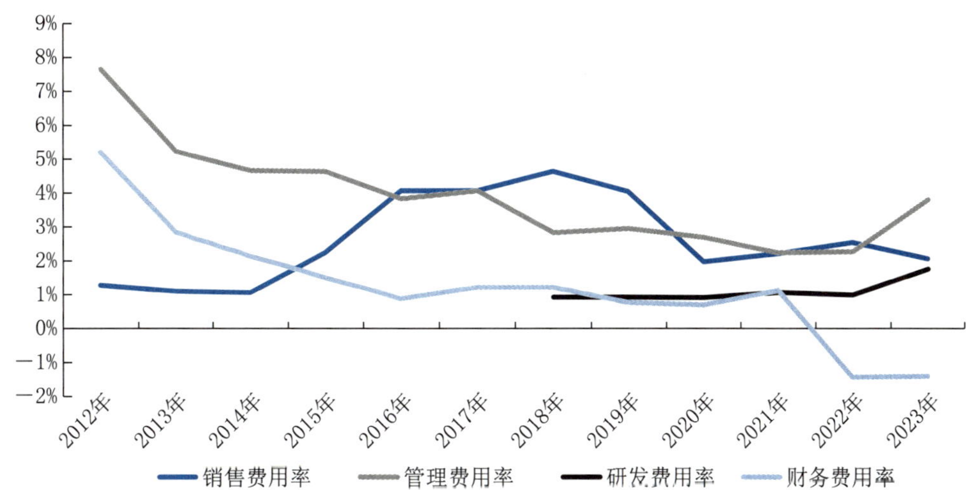

图 253　隆基绿能上市至今公司三项费用率

资料来源：iFinD，申万宏源研究。

03

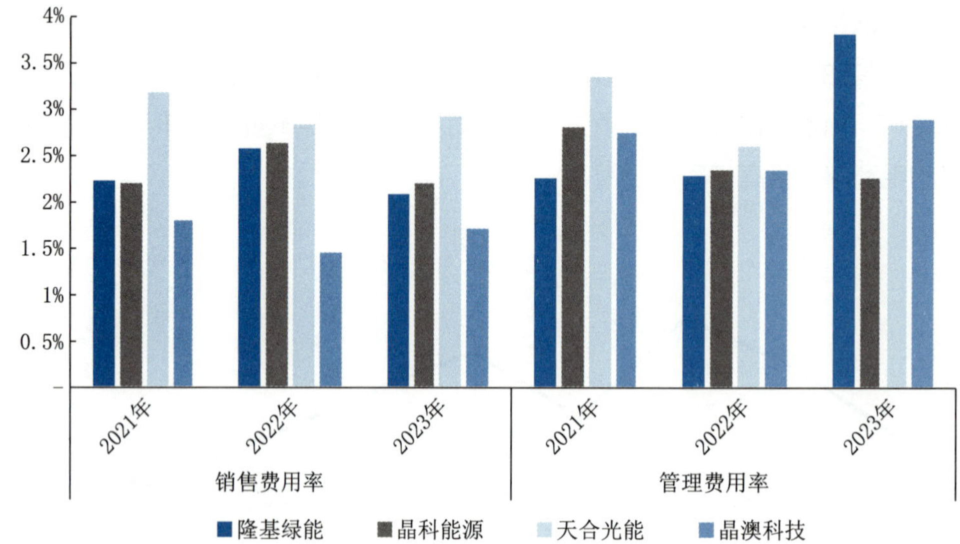

图 254　近三年隆基绿能期间费用率低于同业水平

资料来源：iFinD，申万宏源研究。

隆基的精细化管理成效显现，近年来期间费用处于下降趋势。近 3 年公司的销售费用率保持在较低水平，2023 年销售费用率降至 2.06%。管理费用方面，2018 年剔除掉研发费用后的管理费用率保持在 3%，2023 年管理费用率略有上升至 3.8%。销售与管理费用相较于同行业公司而言处于中等偏低水平。财务费用方面，2022 年及 2023 年财务费用率分别为 −1.43%、−1.41%，相比之前明显改善，主要系汇率变动的影响。

隆基在最初就意识到，从长远来看光伏必定要和其他的传统能源同台竞争，光伏是否能够在能源领域占据一席之位，至少需要满足两个条件：一是光电转换效率足够高，二是光伏发电成本足够低。隆基的发展之路，本质上也是在沿着这两条主线前行。隆基通过每年大量的研发创新，不断提升电池转化效率，提升产品品质，降低产品制造成本，通过精细化管理降低费用。这些努力创造的内在价值，最终体现在业绩表现中，并获得市场的认可。

（二）价值曲线：多维度拓宽融资渠道，稳健经营

资本结构：坚持底线思维，保持财务健康

以史为鉴，光伏行业成长周期里，许多进入光伏领域的企业都在抬高杠杆建厂拿

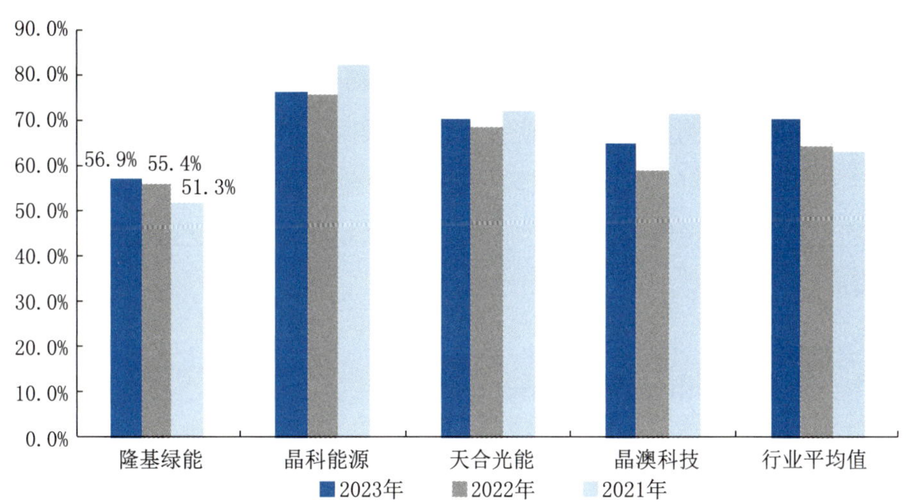

图 255 隆基绿能资产负债率低于行业平均水平

资料来源：iFinD，申万宏源研究。

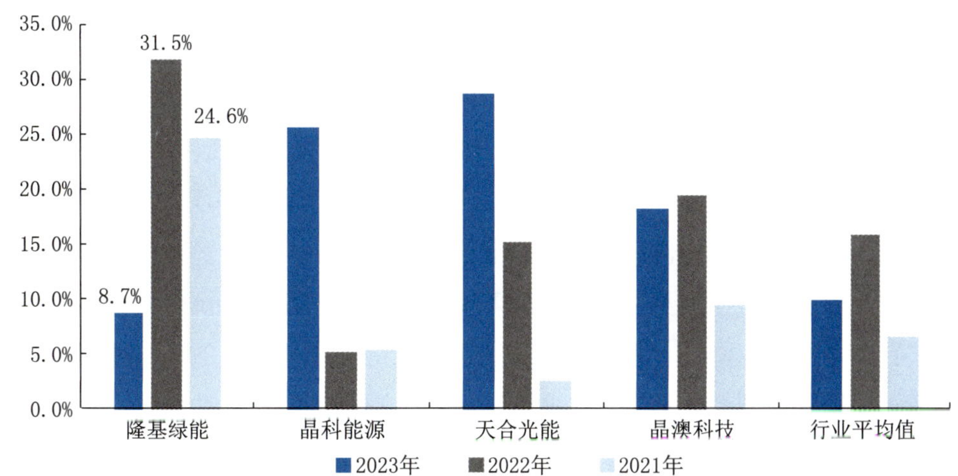

图 256 隆基绿能现金流量负债比整体保持良好

资料来源：iFinD，申万宏源研究。

地，大规模扩建产能，在行业经历寒冬时因债务过于沉重现金流枯竭而倒下。昔日的光伏龙头企业无锡尚德、赛维就是典例。相比之下，隆基的投资略显保守。李振国曾表示“在高速发展过程中，坚持底线思维，不过度运用杠杆，不做超出自己能力的事情”。

隆基自上市以来，一直保持着合理的杠杆水平。隆基的资产负债率基本维持在 50%—60% 的水平，2023 年其资产负债率为 56.9%，低于行业平均水平（69.7%）。同时，公司账上资金充裕，除去 2023 年，公司现金流量负债比整体保持良好，具备一定的抵御财务风险的能力。根据彭博新能源财经《组件制造商评级报告》，隆基绿能的财务健康指数长期位列全球光伏企业前列，处于中国第一的名次。正是这种稳健的经营原则，得以让隆基在光伏行业的潮涨潮落中实现可持续发展。

资本运作：借力资本市场，多渠道补充资金

光伏属于重资产的资本密集型行业，具备优秀融资能力的公司能够获得较快速的发展，构建竞争壁垒，以此形成良性循环。隆基上市至今有过多轮直接融资，同时通过其他渠道源源不断补充流动资金，使得一直以来其自有资金率较为充足，能够保持健康的财务指标。

直接融资方面，隆基在资本市场的融资规模较大，自 2012 年上市以来，先后在资本市场直接募资 8 次，包括发行 2 次定向增发、1 次公司债、1 次配股、1 次短期融资券和 3 次可转债，募资总额超 250 亿元。资金募集多用于在国内投资硅棒、硅片、电池片以及组件产能，实现全产业链布局。一般公司发行可转债是为了之后转股以实现股权融资。我们可以观察到，隆基在直接融资中股权融资（或以股权融资为目的的募资）占比较高，这是其在提高对外投资的同时能够保持资产负债率平稳的重要原因之一。由此也可看出，隆基的融资能力较强，并且善于借力资本市场服务于实业发展。

表 55　隆基绿能历次直接融资事件

融资年度	融资类型	发行价格（元）	融资金额（亿元）	筹资用途
2022 年	可转债	100	70	用于投资年产 15 GW 高效单晶电池项目、年产 3 GW 单晶电池制造项目，补充流动资金。
2020 年	可转债	100	50	用于投资银川年产 15 GW 单晶硅棒、硅片项目，西安泾渭新城年产 5 GW 单晶电池项目，嘉兴光伏年产 10 GW 单晶组件项目，永久性补充流动资金。
2019 年	配股	4.65	38.75	用于投资宁夏乐叶年产 5 GW 高效单晶电池项目，滁州乐叶年产 5 GW 高效单晶组件项目，宁夏乐叶年产 3 GW 单晶电池项目，泰州乐叶年产 4 GW 电池单晶电池项目，永久性补充流动资金。
2018 年	短期融资券	100	5	用于补充营运资金。
2017 年	可转债	100	28	用于保山隆基年产 5 GW 单晶硅棒项目，银川隆基年产 5 GW 单晶硅棒和 5 GW 单晶硅片项目。
2016 年	增发	14.2	29.8	用于泰州乐叶年产 2 GW 高效单晶 PERC 电池项目，泰州乐叶年产 2 GW 高效单晶光伏组件项目，补充流动资金。
2016 年	公司债	100	10	补充公司流动资金。
2015 年	增发	15.3	19.6	用于宁夏隆基年产 1 GW 单晶硅棒项目、西安隆基 1.15 GW 项目，无锡隆基 850 MW 项目，银川隆基年产 1.2 GW 单晶硅棒项目，永久性补充流动资金。
2012 年	IPO	21	15.75	用于对银川隆基进行增资，用于年产 500 MW 单晶硅棒 / 片建设项目，使用超募资金偿还银行贷款，永久性补充流动资金。

资料来源：隆基绿能公告，申万宏源研究。

除资本市场直接融资以外，其他途径也给隆基提供了相对稳定的资金来源。一是通过银行贷款，由于隆基的财务状况良好，获得的银行授信额度也逐年增加，截至 2023 年 10 月公司获得多家银行共 2121.85 亿元的授信额度，已使用 987.95 亿元。二是通过融资租赁，隆基全资子公司与多家银行或金融租赁公司达成了多项融资租赁业务合作，从 2022 年年报数据披露来看，中信金融租赁是隆基最大的融资租赁合作方。三是光伏电站采用轻资产模式，光伏电站属于重资产项目，前期开发建设会占用大量的资金，隆基采用滚动开发的方式，在电站建成之后出售，从而在较短时间内获得回流资金。

03

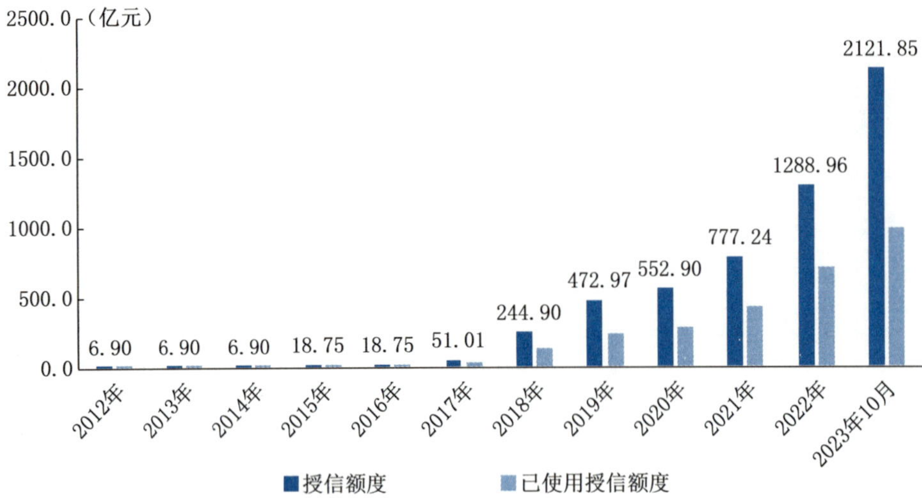

图 257　隆基绿能历史授信额度与已使用授信额度

资料来源：iFinD，申万宏源研究。

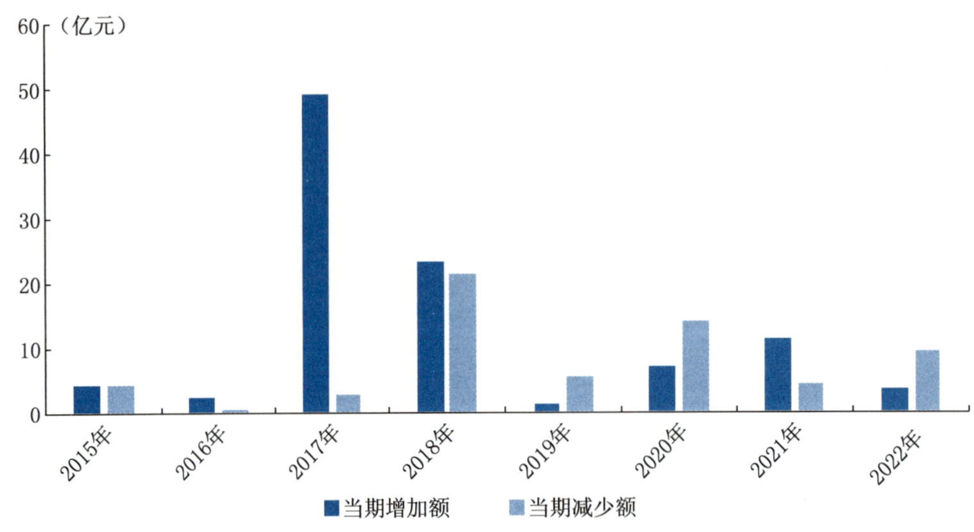

图 258　隆基绿能光伏电站资产变动额

资料来源：隆基绿能年报，申万宏源研究。

自上市以来，隆基持续高分红回馈投资者。隆基自上市以来共计分红 11 次，2020—2022 年累计现金分红高达 60.85 亿元，占累计平均净利润的比重达 56.11%，每年平均分红率约为 14%。2023 年公司宣告派发现金红利 12.88 亿元，现金分红比例为 11.98%。根据申万宏源研究策略报告，有分红传统的公司，市

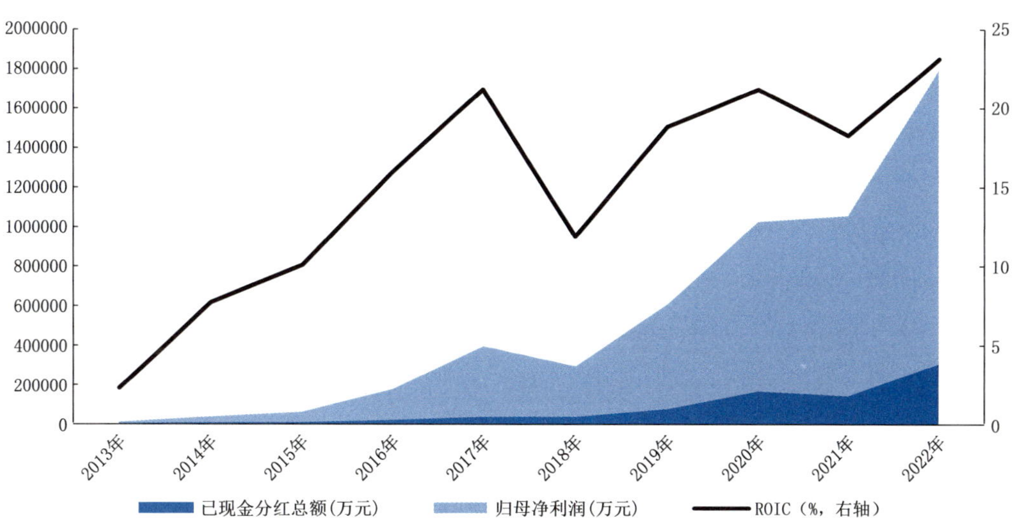

图 259　隆基绿能自上市以来持续高分红

资料来源：iFinD，申万宏源研究。

场能够透过分红认可这类公司经营层面的积极改善，一定程度上也认可这类公司的经营稳定性。① 隆基绿能不仅通过高分红增厚投资者的收益，在具有一定周期属性的光伏板块中带来向上期权，② 同时向市场传达公司经营稳健的信号。

隆基的收并购事件相对于其他公司来说偏少，主要专注于自身的投资扩张。在光伏产品价格持续下跌的情况下，想要持续坐在带有重资产属性的光伏行业牌桌上，要具备较强的抗风险能力。隆基聪明地运用了价值曲线中的两大方法来武装自己，一是稳健经营，保持合理的负债水平；二是充分利用资本市场资源，不断为自己补充低风险资金，并且通过分红等方式为投资者增厚收益，让双方互利共赢，实现企业价值最大化。

① 参考自申万宏源研究所于 2022 年 3 月 30 日发布报告《两条思路筛选高分红标的——高股息策略系列报告之三》。

② 参考自申万宏源研究所于 2022 年 3 月 30 日发布报告《攻守兼备，高分红在当下的独特魅力——高股息策略系列报告之二》。

03

（三）价值营销：治理机制完善，维持紧密互动

股权激励：两次股权激励激发员工干劲

在隆基的官网上，“尊重、机会、激励”被放在醒目的位置，三个词表达了隆基的人才理念。隆基自上市以来，总共实施两次股权激励计划，这两次激励计划的推行时间正好处于公司进行重大战略布局的关键节点。2014 年隆基正处于向下游组件业务实施一体化战略的关键时期，同年隆基推出首次股权激励计划，此次激励计划总共授予 927.23 万股限制性股票，激励人数达 489 人。2016 年公司向美国光伏产业巨头 SunEdison 收购其马来西亚古晋工厂的不动产、切片机等设备及配套设施，布局海外单晶市场，同期推出了第二次限制性股票激励计划，总共授予 1257.74 万股限制性股票，激励人数提升至 1202 人。通过股权激励计划的实施，隆基增强了管理层与核心员工的主动性与创造性，让公司携手员工共创佳绩。

表 56　隆基绿能两次股权激励主要内容

股权激励计划	授予日	授予权益	授予价格	激励对象	占当年员工数量比例
首期限制性股票激励计划	2014 年 12 月 16 日	限制性股票 927.23 万股	9.9 元 / 股	公司董事、高级管理人员、中层管理人员及核心技术（业务）人员 489 人	8.97%
	2015 年 11 月 10 日	限制性股票 296 万股	6.26 元 / 股	董事会秘书、中层管理人员及核心技术（业务）人员 76 人	1.03%
第二期限制性股票激励计划	2016 年 11 月 7 日	限制性股票 1257.74 万股	7.06 元 / 股	中层管理人员及核心技术（业务）人员 1202 人	10.50%

资料来源：隆基绿能年报，申万宏源研究。

ESG 建设：创新绿色引领，创造社会价值

隆基自 2018 年开始，累计发布了 7 篇可持续发展报告，向市场传递在 ESG 建设方面的实践和理念。在《2022 年可持续发展报告》中，首次提出了可持续发展理念体系——“LIGHT”（引领、创新、绿色、和谐、信赖）。环境方面，倡导绿

色环保低碳运营，隆基发挥主业优势，在生态修复、环境治理、能源转型、气候应对、节能减碳等方面作出卓越贡献，2023 年公司环保投入共 5.58 亿元。社会方面，公司为员工建立全面的薪酬福利体系，向社会传播低碳理念，为弱势地区提供捐赠。治理方面，设立三层 ESG 管理架构，积极与利益相关方保持良好的关系和联系。

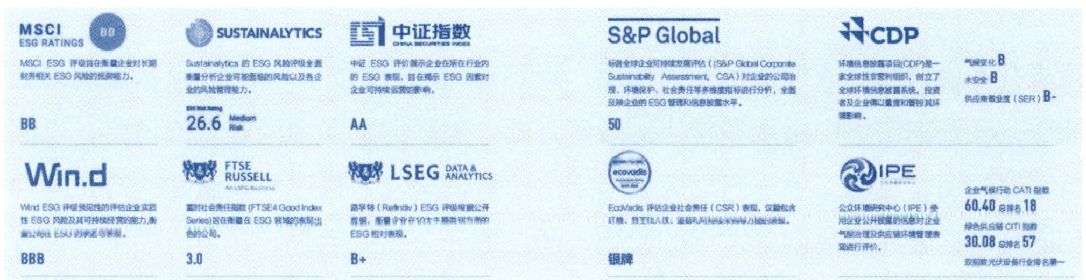

图 260　隆基绿能 2023 年 ESG 评级

资料来源：隆基绿能《2023 年可持续发展报告》，申万宏源研究。

近些年，隆基通过多种方式，向市场和投资者积极传递公司的正向信号。一是通过股权激励向内外部释放积极信号，内部提升员工积极性，外部向投资传递未来可预见的业绩增长信心；二是通过 ESG 建设，让投资者了解公司在环境、社会、治理三方面的付出和成果，迎合了当下资本市场 ESG 投资理念；三是通过投资者调研接待、路演与反路演活动、新闻媒体宣传、合规信披等，向外界传递公司价值。

四、总结：谋大局踱方步，绿色革命先锋者

隆基绿能的成长伴随着中国光伏行业过山车式发展，一路风雨兼程，既享受了行业高速增长的红利，也承受着海外市场打压、竞争加剧等多方面压力。隆基绿能从半导体领域的小工厂成长为称霸全球的光伏一体化头部企业，一是得益于其目光长远且清晰的战略规划，所谓战略，看的是最大限度目光所及的全局性和长远

性，而不拘泥于当前形势下的利润攫取或短板填坑，隆基从单晶路线、金刚石线切割技术到产业链纵向延伸的布局，都是建立在穿透行业本质，找到光伏产业发展的关键驱动因素之上，做到了真正意义上的战略规划。二是得益于坚定且强有力的战略执行。隆基作出的几大决策，放在当时的情境下不可谓不超前，但隆基把决心和毅力展现得淋漓尽致，愣是顶着市场和业绩压力坚定执行，完成了许多从 0 到 1 的开拓，又引领行业从 1 到 100 的突破。

隆基并不是只身一人埋头苦干，相反，隆基非常擅长借力。一方面隆基运用价值曲线，在资本市场中采用多样化的融资方式，来获得财务风险较低的资金，以保持稳健的资本结构。另一方面隆基运用价值营销理念，通过股权激励的方式向内和向外传达公司业绩向好发展的预期，通过提升公司在治理、环境、社会三大方面的贡献，并编制 ESG 报告，向市场树立有责任有担当的企业品牌和形象，给予投资者信心。光伏产业是个万亿级的赛道，隆基能成长为千亿级公司，不光是踩到了行业风口，其发展的谋略、胆识、执着、创新等品质，才是让其屹立于产业之巅的法宝。

长江电力[①]：

神女应无恙，当惊世界殊

2021 年 9 月 28 日，长江电力的股价达到了 22.06 元 / 股，市值达到了 5017 亿元，这也是长江电力首次突破 5000 亿元市值大关。截至 2023 年末，长江电力市值达 5710 亿元，已经接近 6000 亿元，位列全部上市公司第 16 位，也是市值排行榜前 50 名里唯一的公用事业类公司。与众多自发行起就创下规模纪录的“巨无霸”国企不同，长江电力初登资本市场时市值不足 100 亿元，是一步一个脚印地成长为如今的龙头。若是一个投资者自其上市之初就投资了长江电力，那么实现的价值回报已经超过 20 倍（含分红再投）。而除了在投资回报上面回馈投资者外，长江电力的投资者关系管理也极富有特色，是我国上市公司投资者关系管理的学习样本之一。在 20 年的时间里，长江电力几乎一直保持上升态势，直至今日仍然具有充足的向上动力。一家央企上市公司是如何做到这般跨越的呢？本章将带您一窥长江电力的成长之路。[②]

“自三峡七百里中，两岸连山，略无阙处。重岩叠嶂，隐天蔽日，自非亭午夜分，不见曦月。”早在近 2000 年前的《水经注》中，先人就展现出了这一长江要道的雄奇险拔、清幽秀丽。三峡，作为我们长江母亲河上的重要节点，自古以来吸引着无数仁人志士的目光。在曾经的记录中，三峡还是长江上的险要区域，湍急的水流、连绵的山脉，行人至此无不屏息凝神、紧张万分。时至今日，三峡早已不是“猿鸣三声泪沾裳”的神秘之地，我们已经“更立西江石壁，截断

① 长江电力：全称中国长江电力股份有限公司，股票代码 600900。

② 本篇案例部分内容参考申万宏源研究所发布的研究报告：2020 年 5 月 27 日《长江电力（600900）深度：万里长江　万亿长电》（证券分析师：刘晓宁、王璐、查浩、邹佩轩）、2020 年 8 月 31 日《长江电力（600900）深度：双擎共振　转守为攻》（证券分析师：刘晓宁、王璐、查浩、邹佩轩）、2021 年 6 月 7 日《长江电力（600900）深度：新起点　正芳华》（证券分析师：刘晓宁、王璐、查浩、邹佩轩）。

巫山云雨”。2012 年 7 月 4 日，随着三峡工程最后一台 70 万千瓦的发电机组正式交付投产，这一历史级的工程交出了完美的答卷，防洪、航运、环保、发电效益全面发挥。在数十年的建设与发展中，三峡工程不仅造就了我国重大基础设施建设的里程碑，也造就出了我国资本市场的一经典范例。上市 20 年来，长江电力从一个营收规模约 30 亿元、市值不到 100 亿元的公司，发展成了世界第一大水电上市公司，以高达 5000 亿元的市值成为国有上市公司的资本运作典范。当年的投资者们若是“无恙”，那看到今天的长江电力恐怕也要“当惊世界殊”。

图 261　长江电力的市场价值成长之路

资料来源：长江电力，iFinD，申万宏源研究。

一、千年三峡：江畔何人初见月？

长江，我们的母亲河，其奔腾波涛之下蕴藏着巨大的能量。完成长江流域的有效治理，实现水资源的充分开发，寄托了中华民族千百年来的梦想，历经无数代人的勾勒。早在上古时期的神话传说中，就有了“大禹治水疏浚三峡”的故事，到了近现代，随着电力的普及，对三峡的构想也进入了新时期。

早在 100 多年前，伟大的革命先驱孙中山先生就开始了三峡工程的构思。1894 年，他在《上李鸿章书》中就提出了“平水患、兴水利”的思想，随后 1919 年在《实业计划》中提出在三峡筑坝建库的设想，这是中国人首次提出三峡水力开发问题。虽然孙中山先生最终并未实现这一想法，但他的理想也由后人继承。新中国成立后，毛主席极为关注长江治理问题，也由此拉开了三峡工程在新中国的宏大篇章。在随后的 20 世纪 50—70 年代，在党中央支持下先后开工建设了三峡试验坝——陆水水库大坝和三峡工程的航运梯级——葛洲坝工程，为建设三峡工程做了实战准备。改革开放之后，随着我国国力逐步增强，建设三峡工程的条件日趋成熟，终于在 1992 年 4 月 3 日，第七届全国人大五次会议审议表决通过了《关于兴建长江三峡工程的决议》。两年后，在湖北宜昌的三峡大坝坝址，时任国务院总理李鹏宣布，世界上最大的兼具防洪、发电、航运等综合效益的水利枢纽工程——三峡工程正式开工。

从 1994 年开始，历经近 20 年的风雨险阻，三峡工程，这一承载着中华民族世纪梦想的大型工程在长江兴建。2003 年，三峡工程成功实现水库初期蓄水、永久船闸通航、首批机组发电的阶段性目标。2008 年 10 月 30 日，三峡工程左右岸电站 26 台机组全部投入商业运行；2012 年 7 月 2 日，三峡地下电站最后一台机组投产发电，标志着三峡电站全部建设基本完成。是时，三峡工程在防洪、发电、通行等综合功能上均达到了最初的设计要求，开始发挥重要作用。根据公司和相关部委官方披露数据，长江电力 2011 年披露装机量 2317.7 万千瓦，国家能源局数据水电全国装机量 23000 万千瓦，占比约 10.08%；长江电力披露发电量 945.57 亿千瓦时，中电联数据全国水电发电量 6626 亿千瓦时，占比约 14.27%。

同时，三峡大坝实现了拦截220多亿立方米洪水的功能，极大程度缓解了长江中下游的洪涝压力，2012年即在夏季暴雨带来的超过1998年洪峰流量局势下阻止了大型洪涝灾害发生。随着时间的不断流逝，三峡工程也持续证明着自己的价值，而这一从古至今的构想化为现实，也是中华民族的千年梦圆。

二、融资之路：不尽长江滚滚来

三峡工程从设立之初，就面对着各种各样的障碍与考验，而这其中工程所需要的巨大资金投入就是重要一环。这样的国家级大工程，所需资金可谓之“天量”。在1994年的《三峡工程总体筹资方案》中动态投资总额达到2039亿元，面对如此“天文数字”般的开支，如果仅仅依靠财政拨款，那无异于杯水车薪；在预期的长周期下，如依靠大量举债，那利息支出恐怕也是巨大的负担。如何实现承担范围内的有效融资？以长江电力这一上市平台为核心的融资方案富有创造力地解决了融资难题。根据最后的三峡集团竣工决算，实际工程资金当中权益性融资占比高达68%，在资本市场还不够成熟的当时，可谓“神来之笔”。

（一）边建设，边上市

资本市场是如何广泛参与到这一国家级大工程当中的？在三峡工程立项之初，国务院批准成立了中国长江三峡开发总公司（后于2009年更名为中国长江三峡集团公司）来作为三峡工程的业主，全面负责三峡工程建设、运营以及资金筹措偿还。根据反复讨论，最终形成了三阶段融资方案。第一阶段（1993—1997年）：施工准备及一期工程，以大江截流为目标，基本没有收入或现金流，只能依靠国家财政资金及贷款进行建设。第二阶段（1997—2003年）：该阶段主要是实现水库初期蓄水、首批机组发电和永久船闸通行。由于现阶段机组开始逐步投入使用，因此在具备未来现金流预期的情况下，能够以发行公开债券的模式进行市场化募资。第三阶段（2003年以后）：该阶段三峡大坝全线工程完成，发电机组全部投产。这一阶段重点考虑股权融资，实现三峡工程的上市目标。围绕这一目标，三峡工程形成了独特的“边建设、边评估、边上市”的滚动融资策略。

三峡工程的融资之路在此时逐渐明了起来。长江电力上市之初仅有葛洲坝电站，而如今则已经坐拥葛洲坝、三峡、向家坝、溪洛渡、白鹤滩、乌东德六大电站——这种扩张并非来自传统的“投喂式”划转，而是来自充分利用市场融资的不断购买。2002 年末，三峡集团以葛洲坝电站为基础资产搭建了长江电力这一上市平台，成功打开了资本市场的大门，由此便“一发不可收拾”。三峡集团通过长江电力不断的股权融资筹集资金，长江电力不断收购三峡集团陆续投产的三峡电站机组，而并购的资金则由三峡集团用于后续项目的开发，实现了资产和资金的不断转换。

在 2003 年成功上市并募集资金 100 亿元后，实现了初次募资的长江电力将这笔资金用于向股东三峡集团购置三峡电站首批发电资产。而三峡集团得到这一笔资金后，迅速将这笔钱投入三峡三期工程和金沙江梯级电站的建设。2009 年，长江电力开展了当时资本市场最大的再融资，一举募资 201 亿元，完成了对三峡电站地上机组的全部收购，而这次融资同样也成了三峡集团后续开发长江工程的可用资金。此时，虽然三峡电站已经基本全部注入长江电力，但这只是长江电力发展的一个开始。

（二）一生二，二生三

在长江电力上市之初就面临着的一大质疑就是，三峡电站终究会修完，那么之后的长江电力是否会失去其成长价值？长江电力回答：“当然不是。”由于有修建三峡电站的经验，三峡集团早已不只是“修三峡”的集团，而长江电力自然也不只是“长江”的电力。三峡电站位于长江上游尾端，而其他上游区域同样具备较高的利用价值。早在 2002 年三峡大坝基本完工前后，向家坝、溪洛渡电站的建设就提上了日程，并于 2004 年左右开始进行。随后，乌东德、白鹤滩电站也逐步加入建设名单，三峡集团实现了长江上游金沙江流域的梯级电站的全面开发。而这些资产开发完毕后，则无悬念地继续成为了长江电力的旗下一员。

就这样长江电力在资本市场上不断重复“边建设、边评估、边融资”这一步骤，于 2016 年增发 664 亿元完成了溪洛渡、向家坝电站的收购，成为该年度全中国资本市场最重磅的融资项目；2023 年又进行了 322 亿元的增发募资，完成了乌东德、白鹤滩两大电站的并入。每次定增都会得到大股东三峡集团的参与支持，向市场传递大股东对上市公司发展的信心。“滚动融资”的策略不仅带动长江电力自身成为世界第一大水电上市公司，更是让市场资金犹如“不尽长江滚滚而来”，为三峡工程这一重大基础设施建设提供了充足的资金支持，成为我国开展重大基础设施建设的运作样本。

表 57　长江电力电站注入过程

收购对象	工程时间	并购时间	机组数量	装机规模（万千瓦）	资　产　情　况
葛洲坝	1981 年—1988 年	2002 年	22	273.5	2002 年长江电力成立时划入长江电力作为上市主资产
三峡工程机组	1994 年—2012 年	2003 年	4	280	三峡电站首批 2#、3#、5#、6# 机组
		2004 年	2	140	三峡电站 1#、4# 机组
		2007 年	2	140	三峡电站 7#、8# 机组
		2009 年	18	1270	三峡电站 9#—26# 机组全部收购
		2011 年	3	210	三峡电站第一批地下机组 30#、31#、32#
		2012 年	3	210	三峡电站第二批地下机组 27#、28#、29#
川云公司	2002 年—2014 年	2016 年	26	2026	包含向家坝、溪洛渡电站机组
云川公司	2010 年—2022 年	2023 年	28	2620	包含乌东德、白鹤滩电站机组

资料来源：长江电力公告，申万宏源研究。

而对于广大市场投资者而言，这一创造性滚动策略带来的优势不言自明——明确的未来预期带来了投资人的信赖。资本市场上，投资者预期对于公司价值的影响至关重要。由于长江电力上市至今仍保持着这一融资策略，每一次增发都是用于购置已经建设成熟的大型发电资产，而所支付的对价则被大量用于新项目的开发或投资，因此，投资者早已明了——自己的每一分钱都有明确的用途，都能够成为未来公司价值提升的核心点。2003 年上市之时，长江电力全年营收规模 29.86 亿元，净利润 14.38 亿元，市值不到 100 亿元；而到了 20 年后的 2023 年长江电力，全年营收规模已经达到 781.12 亿元，净利润 279.56 亿元，市值约 6000 亿元。

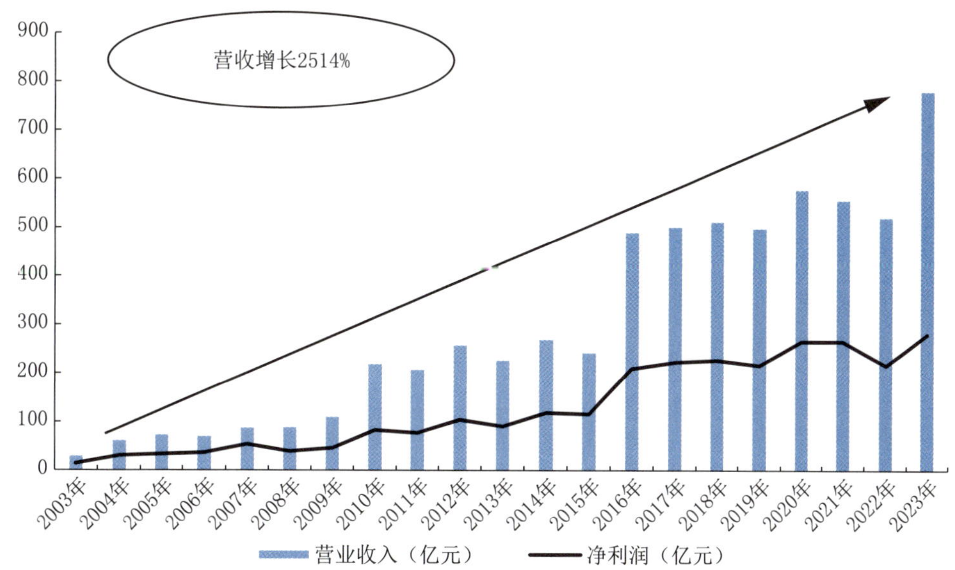

图 262　长江电力在不断并购下实现了快速的扩张

资料来源：iFinD，申万宏源研究。

在一次又一次的发电规模跃升中，长江电力不断证明着自己的投资价值，市值也因此稳步提升。2023 年，伴随着乌东德、白鹤滩两大水电站的注入，长江电力装机量再次走向新的高峰，而其市值也在 5000 亿元的规模站稳脚跟。在乌东德、白鹤滩之后，金沙江梯级电站已经全部注入，下一步又在何处？三峡集团也正在给出答案。我国“十四五”规划明确表示启动雅鲁藏布江下游水电站开发，有望成为继三峡工程后下一个世纪工程。在“双碳”承诺压力下，我国近期对水电开发的表述更加积极，“十四五”规划和 2035 年远景目标纲要中，“现代能源体系建设工程”章节首条即“建设雅鲁藏布江下游水电基地”。雅鲁藏布江发源于我国藏西南喜马拉雅山北麓，自西向东贯穿西藏南部，在派镇一墨脱绕喜马拉雅山东缘南迦巴瓦峰 180° 转弯后向南流，进入印度称布拉马普得拉河，在孟加拉与恒河交汇后注入印度洋。雅鲁藏布江大拐弯处为全球水力资源最集中的区域之一，技术可开发规模达 6000—8000 万千瓦。而这其中，三峡集团已于 2013 年成立西藏能源投资公司展开布局。2020 年底三峡集团董事长在国务院国资委主管的《国资报告》中撰文提及“全力推进雅江水电开发前期工作”。在这一“新三峡”的建造中，长江电力的投资者们或许仍能看见下一步提升的曙光。

上市公司平台的作用在本案例中得到充分体现，长江电力持续的资本运作也是运用好价值曲线的良好样本。20 年来，长江电力保持着良好的融资节奏，按照“成熟一个注入一个”的大逻辑不断开展资本运作，成功实现了市值的不断提升。与此同时，大股东三峡集团不断在低位进行增持以保持投资者信心，也为投资人注入不少“强心剂”，进一步彰显了公司的投资价值。

三、产业投资：大江分九流，淼漫成水乡

长江水域广阔，支流众多，支流流域面积 1 万平方公里以上的有高达 49 条，主要的则有雅砻江、岷江、嘉陵江、乌江、汉江、沅江、湘江、赣江八大支流，加

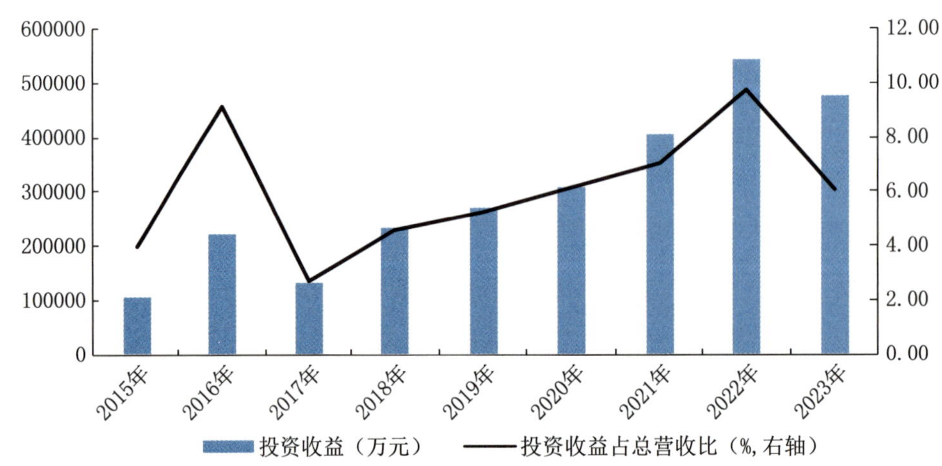

图 263　长江电力的产业投资带来了可观的投资收益

资料来源：iFinD，申万宏源研究。

上长江干流自身，即为“大江分九流”之势。奔腾的长江并不只是依靠唐古拉山脉流下的一条主流，而是在6000多公里的长路上一路汇入众多支流，最终实现“百川东到海”的壮阔景象。长江电力也就如同长江一般，围绕着自己的“干流”电力产业不断投资扩展，吸纳众多“支流”，最终实现了产业投资的“淼漫成水乡”：长江电力的2023年投资净收益高达47.5亿元，占年度归母净利润的17.44%，已经成为来水波动之下公司业绩的有力补充。

（一）水网纵横，积水成渊

正如长江的支流最终要汇入主流，长江电力的产业投资也以水电主业为核心展开，在自身发电之外有效创造了收入来源。在不断的产业同心扩展下，长江电力这条“干流”愈发宽广。而循其根本，是“用今天的现金买来了明天的增长，并将公司的独有优势变现”。“十二五”期间，长江电力重点聚焦区域能源平台布局，对广州发展、上海电力、湖北能源展开大力投资，辅助股东三峡集团实现了对湖北能源这一地方平台的控股，实现了重点电力消纳区域的平台布局；“十三五”期间，长江电力聚焦联合调度和配售电领域，通过对国投电力、川投能源的投资增强了自身长江水域联合调度的能力，配合三峡集团实现了对下游配

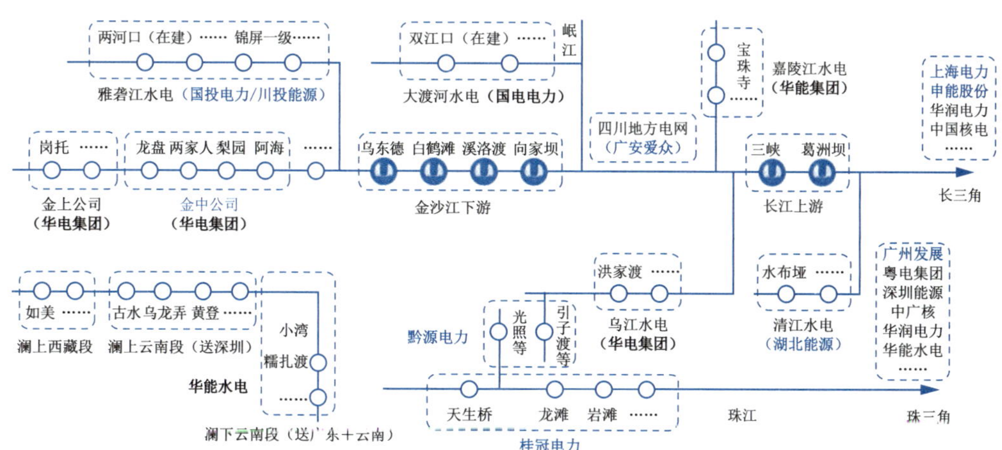

图264　长江流域水电站拓扑图以及公司电量落地端电源情况（蓝色字体为目前长江电力参股公司）

资料来源：iFinD，申万宏源研究。

售电领域的有效渗透；“十四五”期间，长江电力转向加大抽水蓄能、新能源的创新领域投资，重点开展甘肃的抽水储能项目，参与浙江新能的定向增发，围绕可再生能源进一步打造增量。

在我国的资本市场上，开展水电业务的上市公司不在少数，而长江电力正不断通过相关的产业并购，证明着自己担得起“长江”这一名号。在持续的投资下，在长江流域的电力系统中，川投能源、湖北能源、上海电力等重点上市公司都有长江电力的投资份额，而即使是在非长江流域的桂冠电力、黔源电力、广州发展等公司中也有着长江电力的影响力。在长期对全国范围内水电产业的投资下，长江电力也实现了自身在“大水电”领域的全方位布局，并在不断地投资交流中进一步优化了自身的水电站运作能力和流域联合调度能力，潜移默化地实现了自身价值的再升级。

（二）百川到海，逐鹿全球

以长江汇集百川后终而到海之势，已逐步完成在国内大水电布局的长江电力开始尝试将影响力扩大到海外。长江电力的大股东三峡集团早已开启海外之旅，在葡萄牙、巴西、巴基斯坦等地都有国际业务，早在 10 年前国际业务资产规模就达 354 亿元人民币。而长江电力虽未得到大量海外资产的注入，但也对境外水电站开展运行管理业务，形成了对外提供大型水电站运营管理咨询服务的业务能力和经验。终于在 2019 年，长江电力以 35.9 亿美元对价收购秘鲁路德斯配电公司（以下简称“LDS 公司”）控股权，资产于 2020 年完成交割（本交易中，长江电力收购标的为 Sempra 荷兰所持有的 SAB 公司及 POC 公司股权，这两家公司的核心资产为持有的秘鲁 LDS 公司 83.64% 股份，除此之外基本无其他经营，因此下文均以 LDS 公司代表本次收购标的）。

一方面，从发展角度，根据公司披露，LDS 公司拥有秘鲁首都利马包括富人区在内的 65 个区域配售电业务永久特许经营权，覆盖面积 3900 平方公里，固定资产包括完善的配电网络、10 万千瓦已投产水电资产以及约 73.7 万千瓦的水电储备项目。而选择秘鲁的原因，也是此前三峡集团在秘鲁就有投资，对当地政治及市场环境较为熟悉。相对而言，秘鲁在南美国家中国别风险相对较低、经济基础较好，这次收购与三峡集团所属公司也能够有一定协同作用。从业务反哺角度，当时国内在配售电领域的改革也在有序推进，“四网融合”重组方案于 2020 年 4 月获得证监会审核通过，此时长江电力在秘鲁展开配售电业务积累的经验就显得弥足珍贵。

另一方面，本次并购 LDS 公司的金额并不低。参照 LDS 公司 2018 年 53.92 亿索尔的净利润，此次收购的市盈率高达 26.8 倍，而长江电力收购资金中自有资金比例不足 15%，收购的杠杆相对较高。精通于资本运作的长江电力，自然不会纯粹依靠举债来解决资金问题。2020 年 6 月，长江电力公告拟以新增 A 股股票不超过 11 亿股（5%）为基础发行 GDR，用于替换收购 LDS 公司股权所借款项以及补充运营资金，而 GDR 发行则成为长江电力国际化发展新的一步。长江电力成功发行“沪伦通”GDR，首次实现“A+G”两地上市，募集资金高达 19.63 亿美元，创造了多个“第一”：国内实业类企业第一单；在中资企业中规模最大、筹备时间最短的一单；首次成功获得伦交所“绿色经济标志”认证；首个采用 144A 规则发行；首个采用中国审计机构以中国会计准则完成发行审计报告。同时，发行 GDR 时因为要争取国际投资人的青睐，也进一步倒逼长江电力做好公司治理和投资者关系维护。在不断的发展下，长江电力实现国内外“两开花”，全面的业务布局也正在结出更为硕大的果实。

四、价值营销：取之于民，用之于民

奔腾不息的长江千百年来为我国的发展提供了充足的水和食粮，也在蜿蜒曲折中不断塑造着我们的民族。在长江之上屹立而起的三峡工程，就为广大中国人民和投资者做出了“取之于民，用之于民”的行动典范。正如前文所述，三峡工程中的大部分资金来自资本市场融资和国家财政投入，这一建设过程当然是“取之于民”，而建设好的三峡工程则义无反顾地投入了“用之于民”的工作中，在防洪、发电、航运、生态、水资源利用等多个方面起到了重要作用。除了这些工程本身所具有的公益作用之外，长江电力一直以来高度重视ESG管理、投资者回报的价值营销方式，则是另一方面“用之于民”的典范。通过价值营销手段不断树立市场信心，也让长江电力成了投资者手中的“香饽饽”，市场预期的提升自然也就带动了市值的进步。在专业研究员的报告中，长江电力有着冲上万亿的潜力，其未来长期目标已经是“星辰大海”。

图265　申万宏源研究对长江电力的系列深度报告高度认可其投资价值

资料来源：申万宏源研究。

（一）以ESG服务于民

投资者的信任不是凭空得来的，长期增长首先离不开优秀的公司治理。在这一方面，长江电力也是“颇有文章”。长期以来，国有企业一直饱受行政管理过重、公司治理不健全的诟病，在ESG方面受到的争议颇多。而长江电力则走出了另一条道路，以优质的ESG管理服务于民，进一步取得了投资者的信赖。

长江电力最早在2011年就发布了《2010年度社会责任报告》，2021年开始发布英文版ESG报告，2023年开始独立发布中文版ESG报告，持续向市场传递公司在ESG建设方面的实践和理念。根据相关报告内容，长江电力不仅关注对重点ESG议题的覆盖度，还从“对长江电力发展影响程度”和“利益相关方关注程度”两个维度确定对自身影响重大、利益相关方普遍关注的实质性议题并进行排序，重点关注的议题包括“气候风险压力与应对”“风险管理及应急预案”“员工权益”等。充分的 ESG 披露也得到了市场的一致认可，长江电力获得了“2022 年度 A 股最佳治理实践上市公司”“A 股上市公司 ESG 最佳实践案例”等众多奖项，已经是 ESG 投资中最主要的标的之一。

围绕 ESG 的各类议题，长江电力都努力为全社会交出一份优异的答卷。环境议题方面，2022 年公司所属四座梯级电站生产绿色清洁电能 1855.81 亿千瓦时，相当于替代标准煤消耗 5595.27 万吨，减少二氧化碳排放 1.53 亿吨。为了做好长江流域生态保护，长江电力还发展出了生态保护业务。长江电力 2022 年接管了溪洛渡向家坝珍稀鱼类增殖放流站，并逐步推进向家坝水电站“向溪区域珍稀植物园”建设，投入巨量资金攻关繁殖技术、扩大规模培育、坚持增殖放流和做好精准生态调度。为了增加四大家鱼产卵，长江电力 2020—2022 年间已经通过梯级调度开展了 5 次人造洪峰，直接实现的鱼类产卵规模接近 300 亿颗，其中四大家鱼合计近 200 亿颗。长江电力持续践行着习近平总书记所要求的“毫不动摇坚持共抓大保护”理念。

社会议题方面，长江电力秉持“和谐为本、创造价值、奉献社会、绿色发展”的社会责任观，为构建和谐社会作出不少贡献。公司连续多年实现了乌东德、溪洛渡、向家坝、三峡、葛洲坝 5 座电站的年度“零非停”，至 2022 年末“年纪最大”的葛洲坝电站实现了连续安全生产超过 7000 天的大关。考虑到相关电站主要位于较为贫困的山区，长江电力大量投入以支持乡村振兴，仅 2022 年就在重庆市巫山、奉节两县实施了定点帮扶项目 26 项，捐赠资金达 1.5 亿元，为当地提供了道路改建、医疗保障、旅游开发等多项支持。母亲河对人民的回报，也在这一点上得到了展现。

公司治理议题方面，自 2016 年起，长江电力董事会即实现外部董事占多数，在 15 个董事席位中占了 12 席，比例达 80%，外部董事的专业领域涵盖企业管理、财务金融、战略投资、电力生产、能源规划等，形成了专业多元和有效制衡。且外部董事多来自其他央企，在各方面的专业性都得到了充分的保证。在董事会下，设战略与 ESG 委员会、薪酬与考核委员会、审计委员会、提名委员会 4 个专门委员会，其中，薪酬与考核委员会、审计委员会、提名委员会的主任及委员均由独立董事担任。同时，公司经理层均是从业多年、经验丰富的专业人士，由董事会聘任并对董事会负责，其薪酬与业绩直接挂钩。在此管理基础上，投资人有充足的理由相信，长江电力能够做好投资者利益的保障工作，作出有效的决策。

（二）以分红回报于民

“真金白银”才能让投资者信服。从中证全指的分红水平来看，我国近 10 年来股利支付率提升明显，从 24% 提升到了 31%。而在这其中，长江电力就是市场中的“三好学生”，用丰厚的分红回报着投资者们。

2003 年上市以来到 2023 年末，长江电力累计实现净利润 2461.14 亿元，共实施 21 次现金分红，累计现金分红 1638.76 亿元，分红率高达 66.59%。尤其是 2016 年重组以来，长江电力将高分红写入公司章程，直接向市场承诺“2016 年至 2020 年按每股不低于 0.65 元现金分红，2021 年至 2025 年按不低于当年实现净利润的 70% 进行现金分红”。在来水不理想的 2022 年过去后，长江电力更是进行了高达全年 94% 归母净利润比例的分红，远超了 70% 的承诺标准。电力经营下的庞大现金流来自全国各地的人民用电，而产生的收益就这样又重新通过普通股分红回到了广大人民手中。这些举动充分彰显了长江电力对于未来发展的信心，也无比契合“取之于民，用之于民”的理念。

（三）以信披取信于民

在服务投资者方面，足额的分红也只是一方面，而长江电力一改国有企业“高冷”的面貌，俯下身去做好投资者关系管理，则是另一方面的“用之于民”。长江电力每年都会举办多次“线上 + 线下”模式的企业宣传活动，积极邀请投资者和机构进行电站实地考察，在收购新的电站时也会多次举行投资者参观活动以减少信息不对称；同时积极融入互联网大潮，通过网络直播、云端路演等多种方式扩大宣传面，传递公司价值，建立投资者信心。

除此之外，长江电力自2018年起每年编纂精美的公司《价值手册》《一图看长电》等价值营销材料并对外公布，深入浅出、全方位、多层次展示公司成长属性和潜在价值，帮助投资者了解水电业务和公司价值，用通俗易懂的方式教会普通投资者掌握水电企业的价值评判方法，也传递着三峡工程精神和公司文化。在信息披露方面，长江电力不管是数量还是信息量，相比监管指引文件要求，常常能做到“超额完成任务”，满足了各类投资者需求。仅2022年全年，公司除了定期报告外，临时报告披露量达到91份，平均每周近2份公告。在如此精细的“照顾”下，结合长江电力稳定的利润与分红，广大投资者可谓享受着“稳稳的幸福”。而投资者也用自己的“真金白银”回报了长江电力——20年来，公司股价整体维持上涨趋势，成了价值投资的市场代表。

作为长期投资的代表性标的，在以散户为主的A股市场上，长江电力理所当然地成为机构投资人的集中地，长期保持着较高的机构投资人占比。从近10年的机构投资人情况来看，总持股数量持续位于上升通道，2018年前后流通股中机构投资人占比一度接近50%，即便是2019年大量限售股解禁提高了流通股数量后

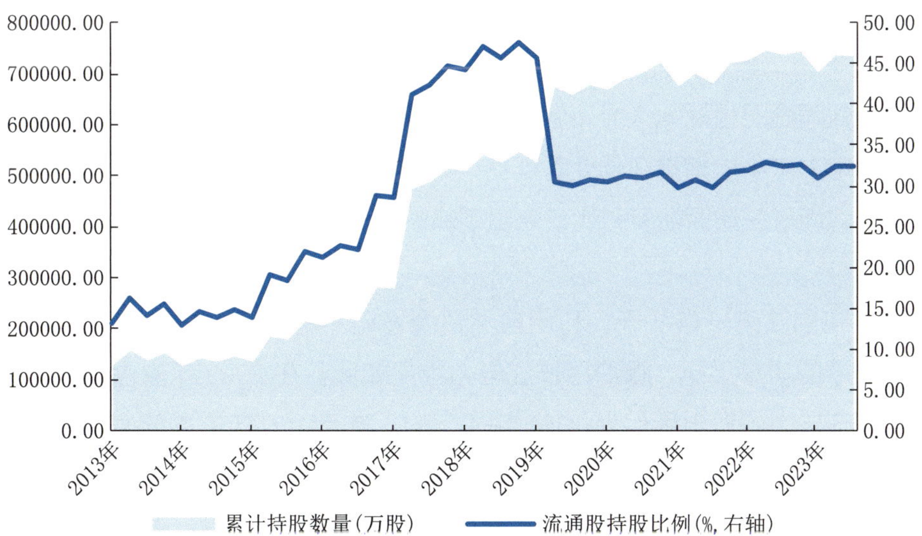

图266　近10年长江电力长期保持较高的机构投资人占比

资料来源：长江电力公告，iFinD，申万宏源研究。

注：2019年初大量限售股解禁使得流通股总量大增，因此虽然机构投资者持股数量上升但总体比例下降。

也维持在30%以上，在水电行业内以明显优势保持第一。基金、险资等各类机构的不断加入，也使得长江电力能够在5000亿元的市值规模下继续保持向上进攻的动力。

对于经常进行资本运作的长江电力而言，如果做不好公司治理，做不好投资者关系管理，又怎么去不断吸引广大投资人，从而完成数百亿元的募资呢？为了实现资本运作目标，市场也在倒逼公司做好价值营销工作，不然就无法吸引足够多资金。越是深入参与到资本市场中去，往往也就越是尊重与敬畏资本市场，从而使得公司具备了自发做好价值营销的动力。

五、拥抱新时代：轻舟已过万重山

长江电力是我国最早的“新能源”概念股之一——早在2003年上市之时，大家就都已经熟知“水电是最优质的清洁能源之一”，不过在当时我国仍是以火力发电为主的电力结构，新能源还是“小弟弟”。时至今日，“绿水青山就是金山银山”的环保理念已经深入人心，新能源的重要性也已经不言而喻。很多人仍有疑问，长江电力未来的增量在何处？在新的发展阶段中，长江电力并未躺在功劳簿上吃老本，而是主动拥抱新时代，走出了新的可持续发展道路。

新能源发电的缺陷一直在于，利用自然资源发电不稳定且无法储存，难以保持电网供需端的功率平衡，哪怕是长江电力也是如此。在2022年遭遇历史级的枯水季，长江电力的发电量仅为1856亿千瓦时，来到近5年的最低值，在我国的“电力荒”中起到的支撑作用受到限制。如何解决这一“靠天吃饭”的难题？长江电力通过打造水风光一体化基地、大力开拓储能科技等方式，在发电和用电端都做足了文章。

（一）多能互补，逐日追风

水风光多能互补，可以利用水电的灵活性实时响应风光出力波动，在开发建设上也具有较高协同性，因此长江电力将水电、风电、光伏三大清洁能源结合起来成为重点开发方向。从多能互补基地架构上看，风电、光伏阵列布局在具备调节能力的水电站周边，通过短距离输电线路将风光发电量送至水电开关站；水电利用其出力灵活性对风光电量进行实时互补，相比普通新能源项目直接省去了调峰储能成本。三种电量经互补调整后，再借助水电站现有特高压输电通道打捆送出，可进一步节约外送线路资本开支。

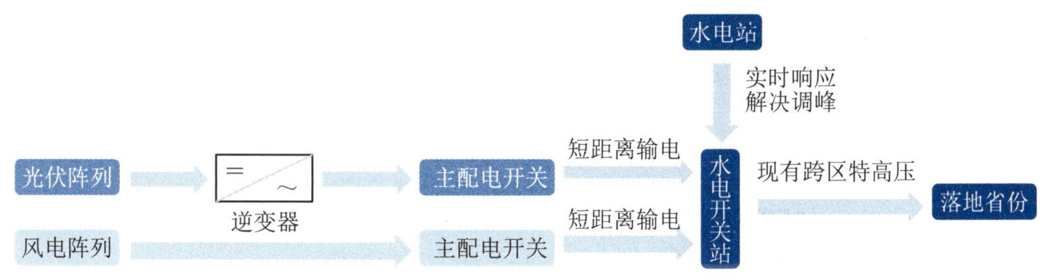

图 267　长江电力水风光一体化开发示意图

资料来源：长江电力公告，申万宏源研究。

在 2021 年我国发布的“十四五”规划中，明确提及“建设一批多能互补的清洁能源基地”，规划原文配图中的金沙江上下游、雅砻江、黄河上游均为水风光一体化项目，可谓正中长江电力下怀——金沙江流域恰好是长江电力一直以来水风光“三位一体”布局的主要阵地，乌东德、白鹤滩电站都在此处。与同类项目相比，受益于热河谷效应，长江电力金沙江下游电站周边风光资源禀赋显著占优。有了优越的地理位置，长江电力也用行动向广大投资者昭示着他们的目标：长江电力 2021 年开始围绕金沙江下游开发水风光基地，并设立长电新能作为业务实施平台。在新的发展时期里，长江电力仍能继续围绕我们的母亲河搜寻无穷的宝藏。

（二）开到黄河的“长江电力”

而新能源的另一大痛点——能源储存，则是长江电力另一大有可为的方向。在当前的储能领域结构中，抽水蓄能是最主要的方式，我国的储能市场中超过四分之三的技术路线都是抽水蓄能，而长江电力得天独厚的优势则能够最大化利用这一“高能赛道”。

2022 年末，长江电力的甘肃张掖抽水蓄能电站项目获得核准，正式拉开了向储能进军的大幕。该项目总装机 140 万千瓦，拟安装 4 台单机容量 35 万千瓦的可逆式水泵水轮机组。虽然总体装机量在六大水电站的衬托下显得微不足道，但是能够承担甘肃电网调峰、填谷、储能、调频、调相、紧急事故备用等任务，成为甘肃河西地区清洁能源外送基地安全稳定运行可靠的支撑点，对促进当地新能源开发建设及消纳、推动当地经济社会发展有很大的积极作用。当前长江电力锁定的抽水蓄能超 4200 万千瓦。未来，长江电力还会持续围绕长江清洁能源走廊、大负荷中心和新能源接地打造新的抽水蓄能项目，新的发展潜力不断展现。

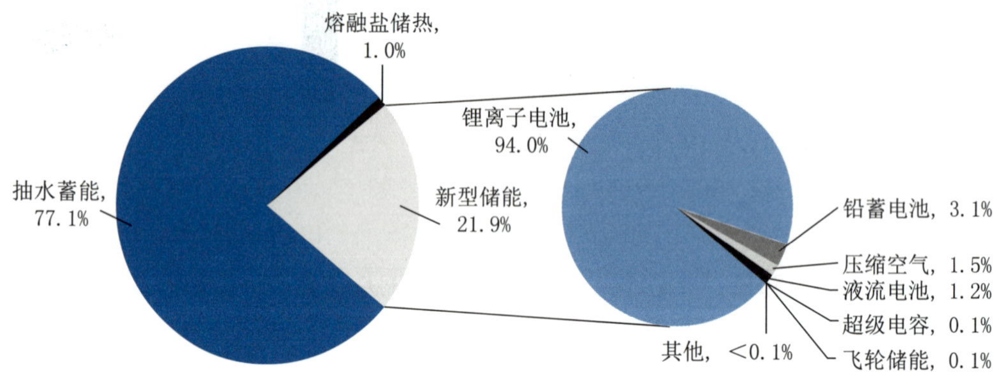

图 268　储能结构仍以抽水蓄能为主

资料来源：中关村储能产业技术联盟（CNESA），申万宏源研究。

> 不断创造新的价值，是企业市值进步的重要动力。同样作为市场上的“分红股”，银行类等其他行业的公司分红长期保持稳定，而长江电力却能持续上升，其区别就在于长江电力不断保持了新的价值来源。紧跟时代步伐，围绕主业进行新兴产业拓展，“居安思危”才能让企业更好地成长。

六、结语：逝者如斯，而未尝往

回顾长江电力的发展之路，面对众多高投入长周期的国家级大工程，在各方支持下，长江电力凭借优异的资本运作手段成功以较小的财务代价完成了重大任务，打造出当今的世界第一大水电上市公司。同时也不难发现，随着公司情况的变化，长江电力不断更新资本运作手段和资本运作重点，逐步建设起了这一5000亿元的市场巨擘。在发展的早期，长江电力自身资产质量不足，便充分利用价值曲线，多次通过增发实现资本市场融资，为三峡工程提供了充足的资金支持；在整体上市后，进入成熟期、拥有充沛现金流的长江电力重心转向价值营销，一边通过大力分红提升投资吸引度，一边通过优秀的投资者关系管理实现了自身价值的跃升，同时依靠开展产业投资逐渐熨平来水影响下的业绩波动增强吸引力；在新时代，寻求增量的价值创造成为新的重点，长江电力持续优化自身产业结构，探索出多库联合调度、多能源互补协同的新方向，同时开始在海外“开疆拓土”，继续拓宽公司的业务发展。

长江电力的设立最早是为了帮助三峡工程融资，但现在的长江电力早已不只是单纯的融资平台。事实上，长期的资本运作已经潜移默化地让市场接受了长江电力的投资价值，形成了优质资产不断注入的预期，让长江电力保持着向上的成长性，更让资本市场投资者分享到了中国水电行业发展的红利。在经历了20余年的发展后，长江电力规模变大、业务更广；但又似乎没变，仍以优质高效的资本运作为发展的法宝。在我们的资本市场上，长江电力的很多成功做法值得学习，“前浪”也可带起“后浪”一起奔涌。正所谓“逝者如斯，而未尝往也”，人们皆知长江滚滚东流注入大海，但是我们眼前的长江之水又哪有真正地逝去呢?

赣锋锂业[①]：

从小锂厂到锂集团，价值创造是发展的底层逻辑

2000年，一家从事金属锂及氯化锂加工的民营企业（当时名为新余赣锋锂业有限公司）在江西省新余市诞生，经过20余年的发展，从负债百万元到A+H股上市，再到年度营收突破400亿元，这家曾经摇摇欲坠的企业已成长为中国锂行业集团——赣锋锂业。作为中国锂行业首家上市公司，截至2023年末赣锋锂业总市值近800亿元，公司产品种类、产业链完整度、工艺技术均居业界前列。点击公司官网的发展历程一栏，两行字率先映入眼帘："一代人艰苦卓绝的努力，从草根创业到世界领先。专注行业，开拓创新，谱写下一个20年新篇章。"纵览赣锋锂业的成长之路，处处充满了价值创造、价值优化、价值提升的影子，是典型的价值管理案例之一。[②]

"企业发展不是短跑而是长跑。爆发力只能胜在一时，唯有苦练内功才有可持续发展的动力。这也是这些年我们只专注做一件事——围绕锂做文章的原因所在。"[③]赣锋锂业创始人兼董事长李良彬在回顾企业发展历程时总结道。

赣锋锂业是中国锂行业首家上市公司，拥有五大类逾40种锂化合物及金属锂产品的生产能力，是全球锂系列产品供应最齐全的制造商之一。公司已经形成垂直整合的业务模式，业务贯穿上游锂资源开发、中游锂盐深加工及金属锂冶炼、下游锂电池制造及退役锂电池综合回收利用。截至2023年末，公司总市值798.51亿元，PE（TTM）10.77倍，PB 1.78倍。公司2022年总营收418.23亿元，归

① 赣锋锂业：全称江西赣锋锂业集团股份有限公司，股票代码002460。

② 本篇案例部分内容参考申万宏源研究所发布的研究报告：2017年5月16日《赣锋锂业（002460）深度：仍有50%以上上涨空间，维持"买入"评级》（证券分析师：徐若旭）。

③ 刘兴：《赣锋锂业董事长李良彬：世间的路有千万条　我只选一条》，载《经济日报》2020年12月7日。

母净利润 205.04 亿元；2023 年总营收 329.72 亿元，归母净利润 49.47 亿元。

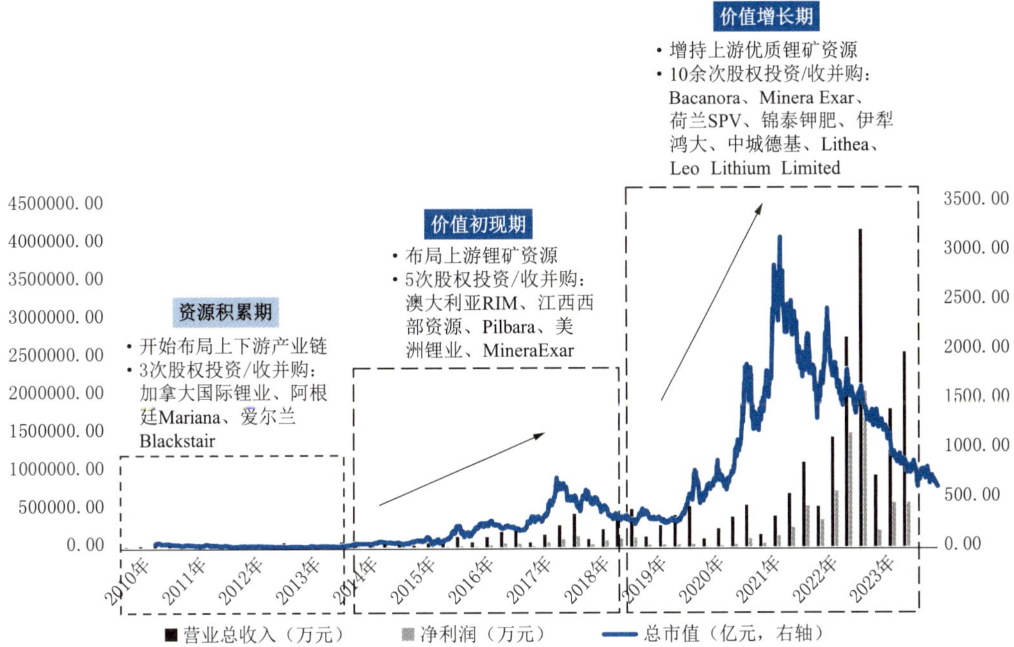

图 269　赣锋锂业的市场价值成长之路

资料来源：赣锋锂业公告，iFinD，申万宏源研究。

一、公司经历三大主要发展阶段

赣锋锂业成立于 2000 年，分别于 2010 年、2018 年实现 A 股上市和 H 股上市。纵观公司二十余年的发展，主要经历资源积累期、价值初现期、价值增长期三个阶段。公司从中游锂化合物及金属锂制造起步，成功扩大到产业价值链的上下游。公司已经形成垂直整合的业务模式，业务贯穿上游锂资源开发、中游锂盐深加工及金属锂冶炼、下游锂电池制造及退役锂电池综合回收利用，各个业务板块间有效发挥协同效应，以提升营运效率及盈利能力，巩固市场地位，收集最新市场信息及发展领先技术。

03

（一）资源积累期（2000—2014 年）：技术积累 + 上下游产业初布局

公司发展前期专注于技术积累。2000 年，公司成立，始建于新余赣锋锂业有限公司，主要生产金属锂和氯化锂产品。2003 年，建成金属锂生产基地。2004 年，建成国内首条商业化正丁基锂生产线。2005 年，建成国内首个锂云母资源开发综合实验室。2007 年，公司实现股份制改革，变更为江西赣锋锂业股份有限公司，建成从盐湖中的卤水提取氯化锂的生产线。2009 年，建成国内首条从卤水直接提取电池级碳酸锂生产线，公司稳居国内金属锂及锂盐龙头。2010 年，公司在深圳证券交易所上市，成为国内锂行业第一家上市公司。

公司在 A 股上市后，开始垂直延伸锂产业链。2011 年，公司香港全资子公司赣锋国际收购加拿大国际锂业 9.9% 股份，标志着公司正式布局锂电上游。2014 年，公司通过建立合资公司和债转股等方式取得了阿根廷 Mariana 卤水矿项目 80% 权益和爱尔兰 Blackstair 锂矿项目 55% 权益；同年设立赣锋电池科技有限公司，开始进军锂行业下游。

（二）价值初现期（2015—2018 年）：大力布局上游锂矿资源

随着新能源行业的初步发展，赣锋锂业逐步加大对上游资源的把控能力，公司价值得以初步展现。2015 年公司斥资 2500 万美元收购澳大利亚 RIM 25% 股权，从而获得了 Mount Marion 锂辉石矿的包销权，后于 2017 年增持澳大利亚 RIM 13.8% 股权。2016 年，公司以 1.3 亿元收购江西西部资源 100% 股权，从而获得宁都河源锂辉石矿权益；同年公司成立固态电池研发中心，并建设全自动聚合物锂电池生产线，以及成立江西赣锋循环科技有限公司，推动废旧电池回收利用。2017 年，公司通过全资子公司赣锋国际以 1996.95 万美元（约合 1.3 亿元人民币）购买 Pilbara 的 4.3% 股权，后又以 4900 万美元收购了美洲锂业公司 17.5% 的股权，交易完成后，赣锋国际持有美洲锂业 19.9% 的股权；2018 年，公司在香港联交所上市，成为中国内地锂行业首家“A+H”上市公司。同年，公司全资子公司荷兰赣锋以 6030 万美元的价格收购了 SQM 持有的 Minera Exar 50% 股权，在交易过程中，美洲锂业持有的 Minera Exar 的 470 万美元债权转换成 Minera Exar 股权，因此，交易完成后，荷兰赣锋共持有 Minera Exar 37.5% 的股权，公司也由此获得了阿根廷 Cauchari-Olaroz 盐湖项目部分权益。

（三）价值增长期（2019 年至今）：增持优质上游锂矿资源

随着新能源汽车浪潮真正开启，大幅拉升了锂资源需求量，公司持续加速对上游资源的布局，公司价值迎来增长期。2019 年，公司分别以 1440 万英镑和 756 万英镑收购了锂黏土矿业公司 Bacanora 29.99% 股权以及旗下锂黏土项目公司 Sonora 22.5% 股权；2019 年、2020 年进一步增资增持澳大利亚 RIM 股权，截至 2023 年末合计持有澳大利亚 RIM 50% 股权；2020 年，公司斥资 1630 万美元增持 Minera Exar 1% 股权，同年公司成立赣锋锂电科技，整合旗下锂电池板块；

表 58　赣锋锂业重要事件清单

发展阶段	年份	事　　件
资源积累期	2000 年	公司成立，始建于新余赣锋锂业有限公司，主要生产金属锂和氯化锂产品。
	2003 年	建成金属锂生产基地。
	2004 年	建成国内首条商业化正丁基锂生产线。
	2005 年	建成国内首个锂云母资源开发综合实验室。
	2007 年	建成从盐湖中的卤水提取氯化锂的生产线。
	2009 年	建成国内首条从卤水直接提取电池级碳酸锂生产线。
	2011 年	收购加拿大国际锂业 9.9% 股份，标志着公司正式布局锂电上游。
	2014 年	通过建立合资公司和债转股的方式获得阿根廷 Mariana 锂—钾卤水矿项目 80% 股权。
	2014 年	通过债转股，受让国际锂业持有的 BLL 4% 股权。
	2014 年	设立赣锋电池科技有限公司，开始进军锂行业下游。
资源初现期	2015 年	以 2500 万美元收购澳大利亚 RIM 25% 股权，后于 2017 年、2019 年、2020 年完成增资增持，截至 2023 年底合计持有 RIM 50% 股权。
	2016 年	以 1.3 亿元收购江西西部资源 100% 股权。
	2016 年	成立固态电池研发中心，并建设全自动聚合物锂电池生产线。
	2016 年	成立江西赣锋循环科技有限公司，推动废旧电池回收利用。
	2017 年	以 1996.96 万美元购买 Pilbara 4.3% 股权，获得其澳大利亚 Pilgangoora 锂辉石项目部分权益。
	2017 年	以 4900 万美元收购了美洲锂业公司 17.5% 的股权。
	2018 年	以 6030 万美元收购 Minera Exar 公司 50% 股权，获得其阿根廷 Cauchari-Olaroz 锂盐湖项目部分权益。

03

（续表）

发展阶段	年份	事　　件
价值增长期	2019 年	分别以 1440 万英镑和 756 万英镑收购了锂黏土矿业公司 Bacanora 29.99% 股权以及旗下锂黏土项目公司 Sonora 22.5% 股权。
	2020 年	增持阿根廷 Minera Exar、墨西哥 Bacanora 股权，持续加速上游布局。
	2020 年	成立赣锋锂电科技，整合旗下锂电池板块。
	2020 年	入选国家工信部《新能源汽车废旧动力蓄电池综合利用行业规范条件》名单。
	2021 年	以 1.3 亿美元收购荷兰 SPV 公司 50% 股权。
	2021 年	第一次增资后获得锦泰钾肥 15.48% 股权。
	2021 年	购买伊犁鸿大 100% 股权，从而间接拥有青海省柴达木一里坪锂盐湖项目 49% 权益。
	2022 年	以 10.85 亿元收购中城德基 100% 股权，从而间接持有松树岗钽铌矿项目 62% 权益。
	2022 年	要约收购 Bacanora，持有 Bacanora 公司及 Sonora 锂黏土项目 100% 股权。
	2022 年	完成对 Lithea 的 100% 股权收购，投资阿根廷 PPG 盐湖项目。
	2022 年	投资上饶市横峰县松树岗钽铌矿等项目。
	2022 年	第二次增资后获得锦泰钾肥 17.67% 股权。
	2023 年	第三次增资后获得锦泰钾肥 39.15% 股权。
	2023 年	认购澳大利亚 Leo Lithium Limited 公司 9.9% 股权。
	2023 年	以 3.6 亿元收购新余赣锋矿业 10% 股权。
	2023 年	以 14.24 亿元收购蒙金矿业 70% 股权。

资料来源：赣锋锂业官网，赣锋锂业公告，申万宏源研究。
注：资料时间截至 2023 年末。

2021 年，公司斥资 1.3 亿美元收购荷兰 SPV 公司 50% 股权，并取得 Goulamina 锂辉石矿的开采许可证；同年 9 月，公司向青海锦泰钾肥有限公司增资 7.05 亿元，获得锦泰钾肥 15.48% 股权；后以 14.70 亿元收购伊犁鸿大 100% 股权，从而间接拥有青海省柴达木一里坪锂盐湖项目 49% 权益；2022 年，公司设立合资公司并以 10.85 亿元收购中城德基 100% 股权，从而间接持有松树岗钽铌矿项目 62% 权益；同年，以 9.62 亿美元完成对 Lithea 的 100% 股权收购，间接掌握其持有的 Pozuelos 以及 Pastos Grandes 锂盐湖项目；也是同年公司第二次向青海锦泰钾肥有限公司增资，合计持有锦泰钾肥 17.6723% 股权；2023 年 5 月，公司第三次向青海锦泰钾肥有限公司增资，合计持有锦泰钾肥 39.15% 股权；同一时间，公司公告《关于公司或公司子公司认购澳大利亚 Leo Lithium Limited 公司定

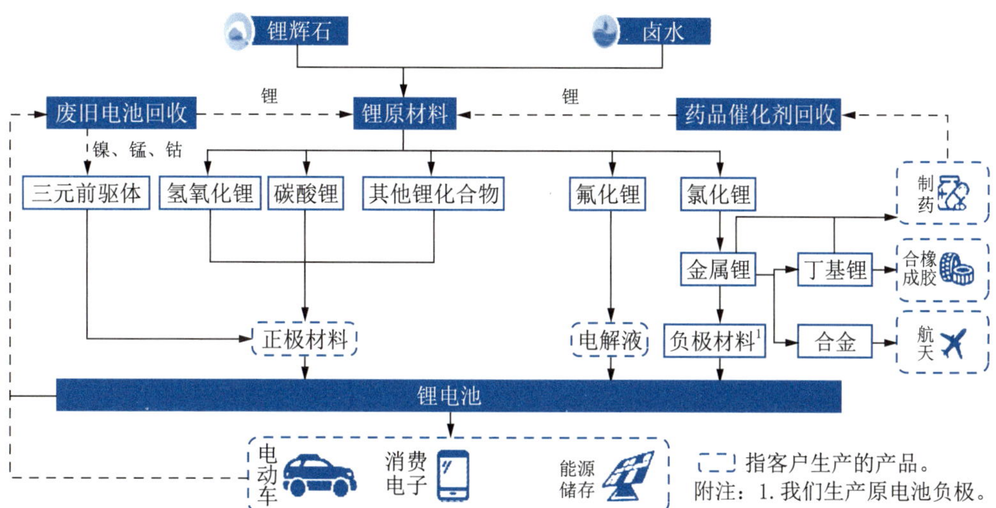

图 270　赣锋锂业业务一体化布局情况

资料来源：赣锋锂业 2022 年年报，申万宏源研究。

表 59　赣锋锂业一体化产业的全球布局

板　块	名　称	地　点	主 要 业 务
资源开采	茫崖凤凰台	青海	盐湖提锂
	一里坪盐湖	青海	盐湖提锂
	巴伦马海湖	青海	盐湖提锂
	宁都河源	江西	锂辉石矿开采
	上饶横峰松树岗	江西	锂辉石矿开采
	镶黄旗加不斯	内蒙古	锂辉石矿开采
	Mount Marion	澳大利亚	锂辉石矿开采
	Pilbara	澳大利亚	锂辉石矿开采
	Finniss	澳大利亚	锂辉石矿开采
	Cauchari-Olaroz	阿根廷	盐湖提锂
	Mariana	阿根廷	盐湖提锂
	Incahuasi	阿根廷	盐湖提锂
	SDLP	阿根廷	盐湖提锂
	Sonora	墨西哥	黏土提锂
	Avalonia	爱尔兰	锂辉石矿开采
	TAS	印度尼西亚	镍矿开采
	Goulamina	马里	锂辉石矿开采

03

（续表）

板　块	名　称	地　点	主　要　业　务
金属冶炼	奉新赣锋	江西	金属锂系列产品
	宜春赣锋	江西	金属锂系列产品
	四川赣锋	四川	矿产勘探开采及冶炼
化合物深加工	马洪工厂	江西	碳酸锂、氢氧化锂、氯化锂、丁基锂等化合物生产
	宁都赣锋	江西	电池级碳酸锂
	丰城赣锋	江西	锂电新材料
锂电池制造	赣锋锂电	江西	锂离子动力电池、储能电池
	赣锋电子	江西	智能穿戴产品专用聚合物锂电池、TWS 无线蓝牙耳机电池
	东莞赣锋	广东	聚合物锂电池
	浙江锋锂	浙江	第一代固态锂电池
	江苏赣锋	江苏	动力与储能电池组、电池管理系统
	惠州赣锋	广东	聚合物锂电池、TWS 无线蓝牙耳机电池
	汇创新能源	广东	新兴能源技术研发、电子专用材料研发
	重庆两江工厂	重庆	锂电池生产制造基地
废旧电池综合回收利用	赣锋循环	江西	三元前驱体生产销售及电池金属废料回收
	赣州赣锋	江西	废旧电池再生

资料来源：赣锋锂业官网，申万宏源研究。

增股份涉及矿业权投资的议案》，同意公司或子公司以每股 0.81 澳元价格认购澳大利亚 Leo Lithium Limited 公司所增发不超过总股本 9.9% 股权，合计交易金额 1.0611 亿澳元。

二、价值创造：战略规划—产业布局—技术深耕

通过战略和产业规划带来核心价值增长点：在价值创造的过程中，制定高质量的战略规划可以让公司发展有的放矢。战略规划是企业依据其外部环境和内部资源能力状况，对企业的发展方向、达成目标的途径和手段的总体谋划。

（一）锂行业：资源分布集中，新能源带动需求爆发式增长

锂产业链主要分为上游矿端开采、中游锂盐提炼及下游终端应用。上游锂资源来自盐湖卤水和锂矿石，固体锂矿主要分为锂辉石和锂云母两大类。中游主要是将固体锂矿石或者含锂盐湖卤水中提取形成的基础锂化工产品进行进一步深加工。其中，碳酸锂在中游冶炼中占有重要地位，它是制备其他高品质锂产品最基础的锂盐，由此生产得到的电解液是制备动力电池的重要原材料。下游产品用途方面，近几年随着 3C 消费电子产品、新能源汽车、电化学储能的发展，动力与储能电池行业已经成为锂盐最重要的下游应用领域。

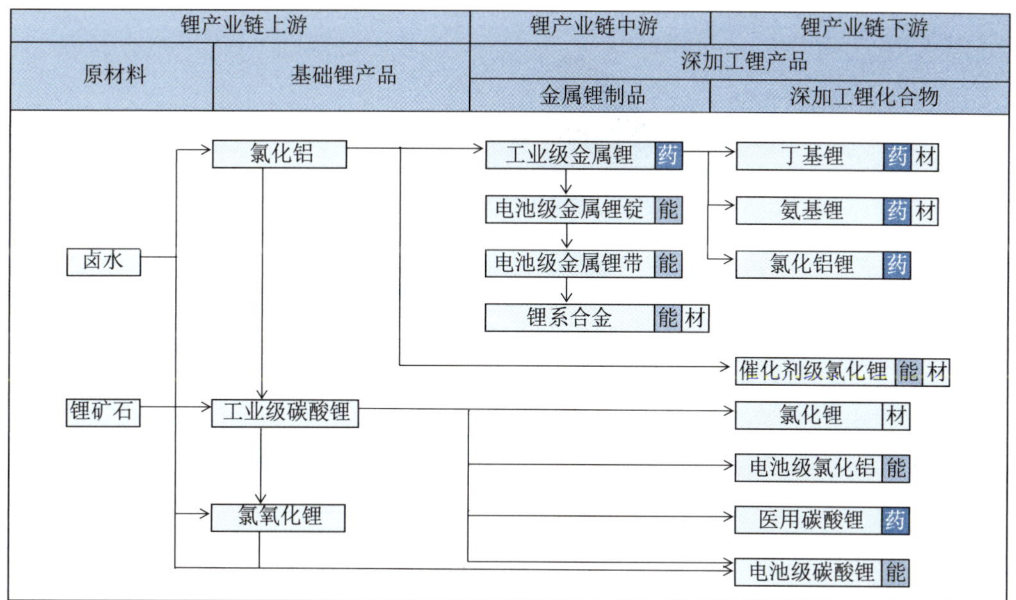

图 271　锂产业链概览

资料来源：申万宏源研究。

上游锂矿：锂精矿供给端主要为澳大利亚和南美，全球锂盐供需仍维持着紧平衡格局

资源端和供给端错配，锂资源储量占比为 8% 的澳大利亚贡献当前全球 52% 的锂产品产量。根据美国地质调查局最新数据显示，2022 年全球锂资源总量约为

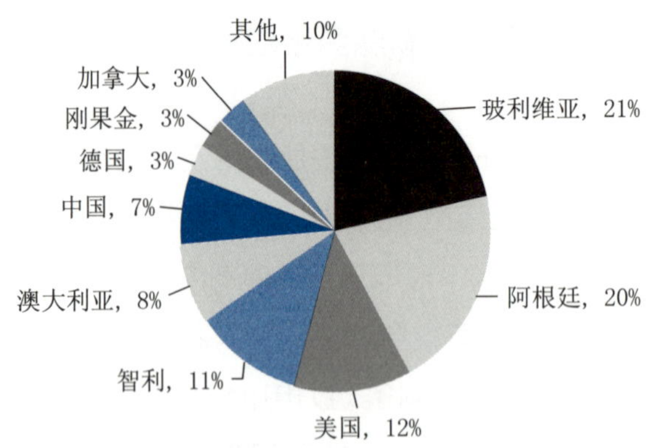

图 272　2022 年全球已探明的锂资源量分布

资料来源：USGS，申万宏源研究。

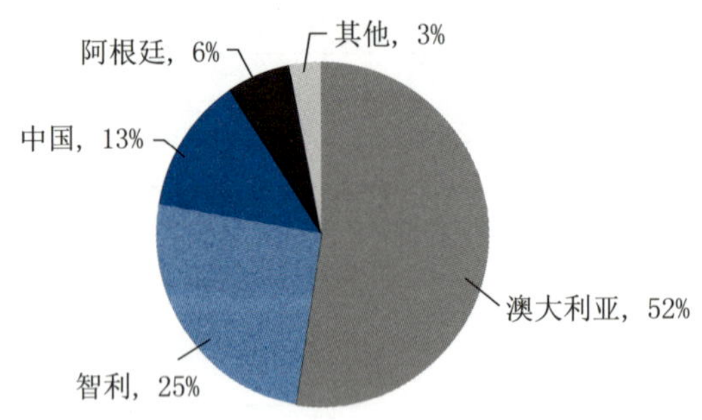

图 273　2021 年全球锂资源主要由澳洲锂矿供给

资料来源：USGS，申万宏源研究。

9800 万吨，总量较上年增加 900 万吨，主要分布于南美、澳洲及北美等地。按照美国地质调查局 2021 年的数据，澳大利亚贡献当前全球 52% 的锂产品产量，锂三角区域——智利、玻利维亚和阿根廷贡献当前全球 30% 的锂产品产量。

锂资源供给增量有限，全球锂盐供需维持紧平衡格局。全球锂资源供给大部分来自盐湖和硬岩锂矿，2017 年至 2022 年全球矿石锂产量（精矿形式）从 17.0 万吨 LCE 大幅增长至 43.0 万吨 LCE，同时全球盐湖锂产量从 13.6 万吨 LCE 增长至 34.1 万吨 LCE。2021 年全球 LCE 需求量为 61.7 万吨，2022 年为 82.9 万吨。①2022 年的供给增量主要以澳洲锂辉石项目的复产和扩产为主，但增量有限，

① 数据来自赣锋锂业 2022 年年报。

全球锂盐供需仍维持着紧平衡格局。过去几年由于需求不振导致上游资源端资本开支不足，全球在产的锂矿项目较少，未来随着南美盐湖项目的投产、非洲绿地项目以及中国锂矿项目的投产，锂资源短缺的情况预计将得到一定缓解。

中游锂盐：我国锂资源高度依赖进口，主要锂化合物价格整体保持上涨趋势

我国锂资源开发难度大、开发成本高，高度依赖进口。美国地质调查局 2020 年数据显示，2020 年中国锂资源量为 510 万吨，占全球总资源量的 5.94%。中国盐湖卤水锂约占国内锂资源总量的 79%，其次是锂辉石矿和锂云母矿。地理位置上，集中分布于青海（占比 43%）、西藏（占比 31%）、四川（占比 11%）、湖北（占比 7%）、江西（占比 5%）。盐湖卤水型锂资源主要分布于青海和西藏，储量大但品位相对较低，且受限于高原地区，开采难度较大。江西宜春是全球锂云母矿的集中地，但云母矿氧化锂（Li_2O）含量低（0.2%—0.6%），且开发成本高、尾矿难处理、回收率较低。2021 年我国碳酸锂、氢氧化锂产量分别为 24 万吨和 17.5 万吨，同比增长分别为 40.4% 和 88.6%，而利用国内锂资源生产的锂盐折合碳酸锂当量仅为 16 万吨，约占国内锂盐产量的 35%，锂资源对外的依存度高达 65%。①

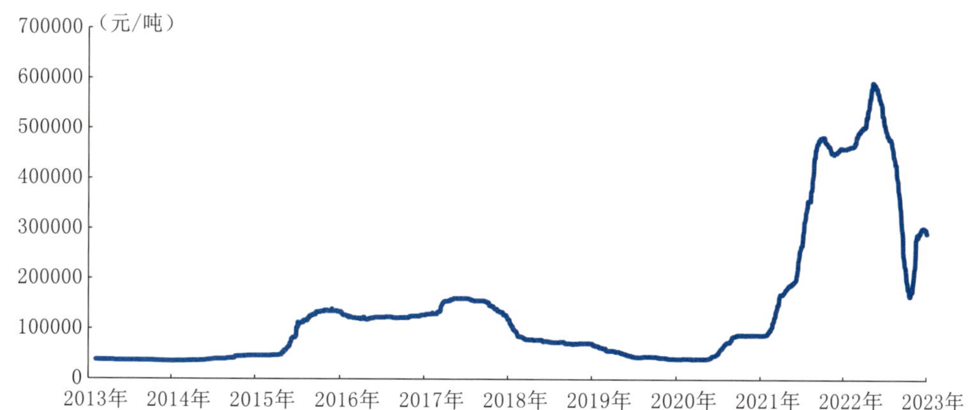

图 274　碳酸锂现货价概览
资料来源：iFinD，申万宏源研究。

① 数据来自国家工信部。

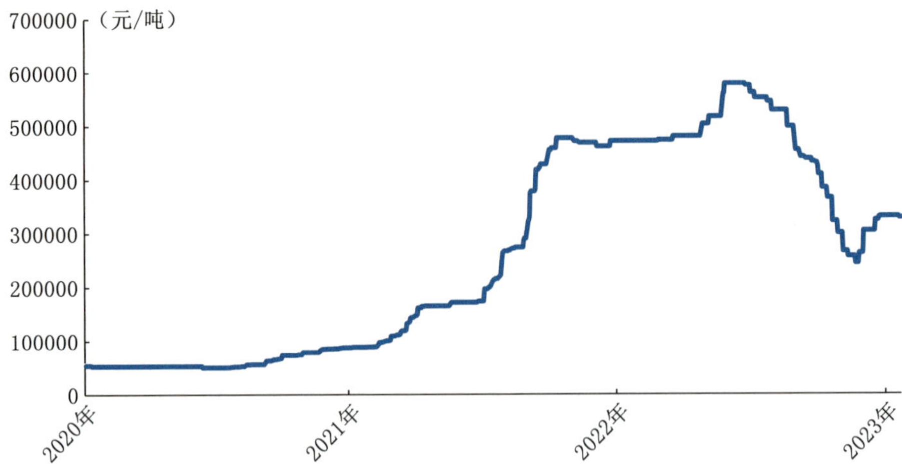

图 275　氢氧化锂现货价概览

资料来源：iFinD，申万宏源研究。

新能源汽车与储能等领域带动锂化合物价格持续上涨。在“双碳”政策驱动下，新能源汽车和储能领域快速发展。一方面，随着全球各国碳排放政策趋严，新能源汽车产业的政策驱动逐步加强，购车政策补贴、税收减免、碳排放监管等多方面产业政策推动新能源汽车快速增长。另一方面，储能是实现能源革新的重要路径之一，根据湖北省再生资源行业协会数据，预计在储能领域，2030 年全球电池新增装机量将达到 888.8 GWh，其中新增供电侧装机量 626.5 GWh，新增用户侧电池装机量为 262.3 GWh。在锂化合物供应相对紧张及产业需求上升的双重刺激下，2022 年锂化合物价格持续上涨且下半年维持在价格高位。2022 年末至 2023 年初中国市场锂化合物价格出现回调。

下游新能源产业：受益双碳政策利好，需求大幅拉升

锂终端消费主要可分为传统领域消费及锂电池两部分，其中传统领域应用主要包括玻璃陶瓷、润滑脂及制冷液等，锂电终端主要包括动力电池、储能锂电池及 3C 消费电池等。具体来看，2021 年锂终端消费仍以新能源汽车为主，整体占比超 60%，随着锂电池应用增速进一步提升，预计锂传统行业应用占比将进一步缩小，新能源汽车及储能应用逐步提升。2021 年以来，新能源汽车快速放量，渗透率不断超预期，成为推动锂矿价格持续攀升的核心原因。

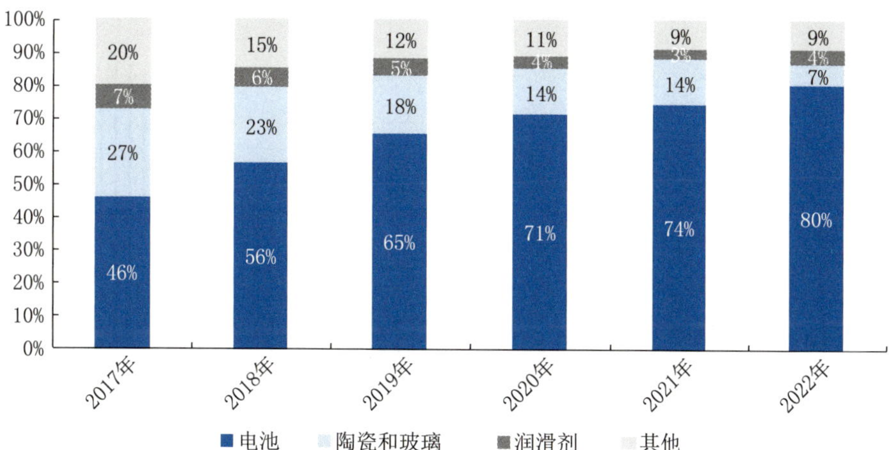

图 276　全球锂需求结构占比

资料来源：USGS，申万宏源研究。

新能源汽车行业拉动锂电景气度，动力电池成为锂资源最大应用领域。在政策推动下，我国新能源汽车销量实现高速增长，据中国汽车工业协会数据，2023年，新能源汽车产销分别完成958.7万辆和949.5万辆，同比分别增长35.8%和37.9%，市场占有率达到31.6%。随着技术升级和产品丰富度提升，我国新能源汽车已经由最初的政策驱动逐步转变为市场驱动，德法等部分欧洲国家则继

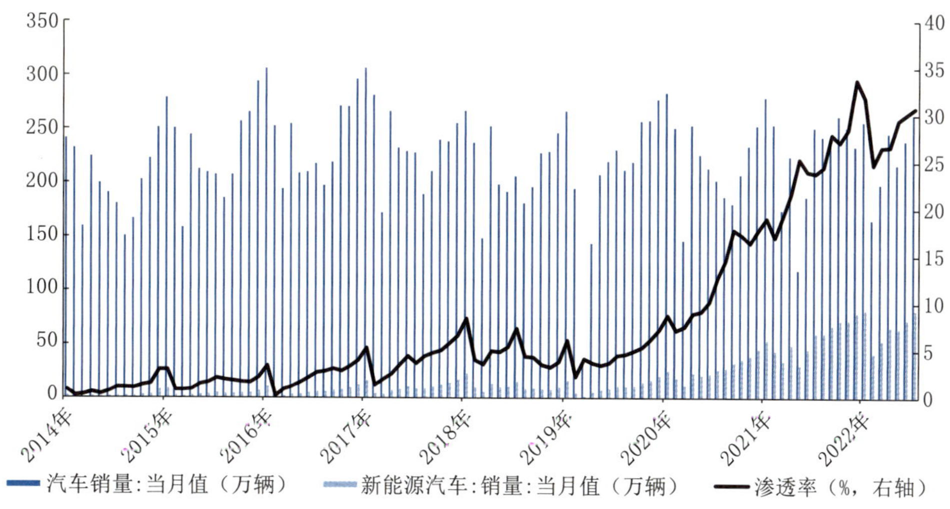

图 277　新能源汽车销量及渗透率

资料来源：iFinD，申万宏源研究。

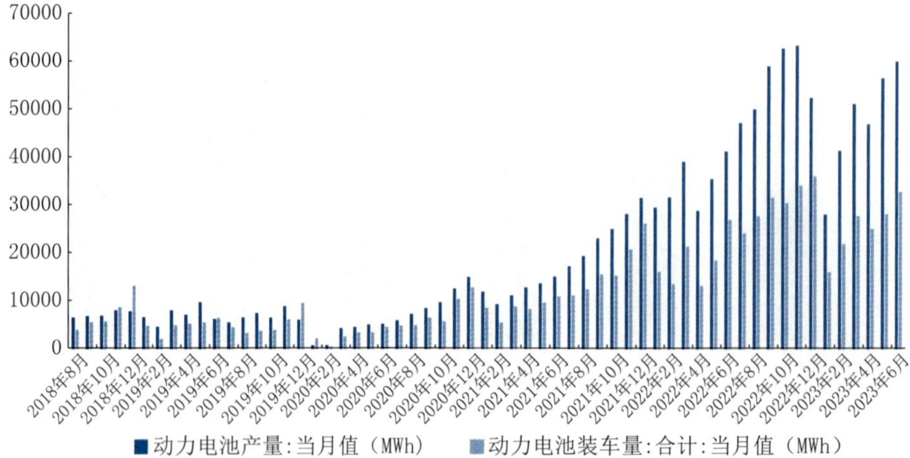

图 278　动力电池产量与装车量

资料来源：iFinD，申万宏源研究。

续加码电动车补贴力度以加速渗透率提升。总体来看，全球新能源车销量在政策推动及技术升级双重提振下仍将保持高速增长。动力电池的出货量与新能源汽车市场趋势高度相关，新能源汽车销量的上行将带动电池产量及电动化零部件的新增量。

碳中和背景下，储能是实现能源革新的重要路径之一，预计 2030 年全球储能电池装机量达到 888.8 GWh。① 近年来各国纷纷出台相关政策加速储能行业发展进程，欧盟于 2022 年 5 月明确了“REPowerEU”能源计划，计划逐步摆脱对俄化石燃料的依赖，实现 2030 年将可再生能源比重从 40% 提高至 45%。我国早在 2014 年起就将储能作为“推进能源科技创新”的 9 个重点创新领域之一，2021 年进一步规划了储能产业的发展路线及目标，此后陆续出台储能行业管理规范及实施方案。据中关村储能产业技术联盟（China Energy Storage Alliance，CNESA）数据，截至 2022 年末，全球电力储能项目累计装机规模 237.2 GW。其中，抽水蓄能累计装机 188 GW，规模占比首次低于 80%，较 2021 年下降 6.8 个百分点；全球新型储能累计装机规模达 45.7 GW，是 2021 年累计装机的 1.8 倍，锂离子电池占据绝对主导地位。相对于传统抽水储能方式，电化学储能

① 数据来自湖北省再生资源行业协会。

具有容量大、灵活性强等优势，其中锂离子电池由于能量密度高、循环性能好、倍率性能强等优势发展迅猛，成为最具潜力的电化学储能方式之一。据国家能源局数据，截至 2022 年末，新型储能中，锂离子电池储能占比 94%、压缩空气储能 2.0%、液流电池储能 1.6%、铅酸（炭）电池储能 1.7%、其他技术路线 0.2%。根据国家发展改革委、国家能源局发布的《关于加快推动新型储能发展的指导意见》规划，2025 年我国将实现新型储能装机规模 30 GW 以上。

电池回收：政策市场双重推动，动力电池回收将迎来大发展

随着首批动力电池将进入大规模退役期，对动力电池开展回收利用已至关重要，引起国家、社会的高度关注。《新能源汽车产业发展规划（2021—2035 年）》提

表 60　我国动力电池回收主要政策汇总

发布时间	政策 / 会议名称	主要内容
2012 年 7 月 1 日	《节能与新能源汽车产业发展规划》	制定动力电池回收利用管理办法，建立动力电池梯级利用和回收管理体系，引导动力电池生产企业加强对废旧电池的回收利用，鼓励发展专业化的电池回收利用企业。
2014 年 7 月 1 日	《国务院办公厅关于加快新能源汽车推广应用的指导意见》	要研究制定动力电池回收利用政策，探索利用基金、押金、强制回收等方式促进废旧动力电池回收，建立健全废旧动力电池集中利用体系。
2015 年 3 月 1 日	《汽车动力蓄电池行业规范条件》	规定系统企业应会同汽车整车企业研究制定可操作的废旧动力蓄电池回收处理、再利用的方案。
2016 年 1 月 1 日	《电动汽车动力蓄电池回收利用技术政策（2015 年版）》	明确建立动力电池编码制度，建立可追溯体系。明确采用生产者责任延伸制度，电动汽车生产企业承担电动汽车废旧动力蓄电池回收利用的主要责任，动力蓄电池生产企业承担电动汽车生产企业售后服务体系之外的废旧动力蓄电池回收利用的主要责任，梯级利用电池生产企业承担梯级利用电池回收利用的主要责任，报废汽车回收拆解企业应负责回收报废汽车上的动力蓄电池。在激励措施上，国家将在现有资金渠道内对梯级利用企业和再生利用企业的技术研发、设备进口等方面给予支持。在技术研发方面，国家支持动力蓄电池相关回收利用技术和装备的研发。
2016 年 2 月 1 日	《新能源汽车废旧动力蓄电池综合利用行业规范条件》和《新能源汽车废旧动力蓄电池综合利用行业规范公告管理暂行办法》	明确废旧电池回收责任主体，加强行业管理与回收监管。

（续表）

发布时间	政策 / 会议名称	主 要 内 容
2016 年 2 月 1 日	《废电池污染防治技术政策》	新政策中与锂电池有关的亮点主要有：（1）废电池涵盖的范围纳入了新兴的锂电池、太阳能电池和燃料电池，并且对电池的资源再生工厂的态度从审慎保守变为倡导和促进；（2）明确了锂离子电池再生处理企业必须具备危险废物经营许可证后方可运行，相关环保企业将在资质上更加有优势；（3）鼓励研发锂原电池、动力电池、储能电池等逆向拆解成套设备，锂离子电池的隔膜、金属产品和电极材料再生处理装备等新技术。
2017 年 12 月 1 日	《车用动力电池回收利用拆解规范》	规定了车用废旧动力蓄电池包（组）模块拆解工作的术语和定义，总体要求作业程序及存储和管理要求，适用于车用废旧锂离子动力蓄电池金属氢化物镍动力蓄电池的蓄电池包（组）、模块的拆解，不适用于车用废旧动力蓄电池单体的拆解。
2018 年	《新能源汽车动力蓄电池回收利用管理暂行办法》《新能源汽车动力蓄电池回收利用溯源管理暂行规定》	规定了电池的回收利用管理机制，各地区也发布了电池回收处理制度，明确规定了车企要承担主体回收责任，即“谁制造谁回收”。同时，也要求相关企业在动力蓄电池回收利用各环节也要履行相应责任，保障新能源动力电池替换之后的有效利用及环保处置。
2018 年 2 月 1 日	《车用动力电池回收利用余能检测》	规定了车用废旧动力蓄电池余能检测的术语和定义、符号、检测要求、检测流程及检测方法，适用于车用废旧锂离子动力蓄电池和金属氢化物镍动力蓄电池单体、模块的余能检测。
2021 年 6 月 1 日	《废旧电池回收技术规范》	规定了废旧电池回收的总体要求：收集要求、分拣要求、运输要求和贮存要求，适用于废旧电池回收全过程，属于危险废物的废旧电池除外。
2021 年 9 月 1 日	《车用动力电池回收利用梯次利用》	国家市场监督管理总局（标准委）重点围绕公共安全、绿色可持续以及高新技术相关领域，集中发布一批重要国家标准，充分发挥标准在经济社会发展中的支撑作用。在公共安全领域，发布《一次性口罩制造包装生产线　通用技术要求》等 10 项国家标准；在绿色可持续领域，发布《车用动力电池回收利用梯次利用》等 11 项国家标准；在高新技术领域，发布《汽车驾驶自动化分级》等 7 项国家标准。

资料来源：工信部，财政部，国务院办公厅，申万宏源研究。

出，要完善动力电池回收、梯级利用和再资源化的循环利用体系；加强动力电池全生命周期监管；支持动力电池梯次产品在储能、备能、充换电等领域创新应用；加强余能检测、残值评估、重组利用、安全管理等技术研发。从布局上看，产业链上下游企业均在积极开展回收再利用布局，随着动力电池报废高潮的临近，对废弃动力电池加以合理回收利用有重大的意义和必要性；从应用领域看，退役动力电池在储能和低速电动车等领域有着较大的应用潜力。

根据推算，2025年退役动力电池的锂回收总量将达到约16.5万吨LCE，2030年退役动力电池的锂回收总量将达到约74.8万吨LCE。①

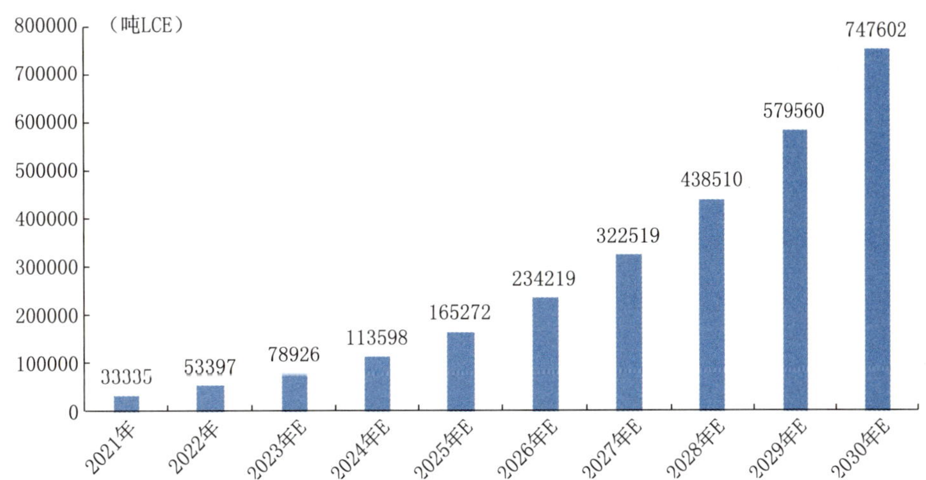

图279　未来退役动力电池的锂回收总量预测

资料来源：赣锋锂业2023年年报，申万宏源研究。

（二）洞察企业发展痛点，明晰长期战略规划

美国地质调查局（United States Geological Survey，USGS）最新数据显示，2023年全球锂资源储量约为2800万金属吨，折合碳酸锂当量（Lithium Carbonate Equivalent，LCE）约1.38亿吨，储量端主要集中在智利、澳大利亚和阿根廷，供给端主要集中在澳大利亚、智利和中国。2023年中国锂资源储量为300万金属吨，主要是盐湖卤水型锂资源，分布于青海和西藏，储量大但品位相对较低，且受限于高原地区，开采难度较大。面对全球锂资源分布和供给高度集中、中国锂资源开采难度较大的情况，赣锋成立的前10年，可以说是被上游资源卡脖子的10年。在经过一系列市场风波后，李良彬深刻意识到供应链安全对公司发展的重要性，并开始布局上游矿产资源，加强资源整合，分别在澳大利亚、阿根廷、墨西哥、爱尔兰、非洲和我国青海、江西等地拥有多处优质锂矿资源，在印度尼西亚布局了红土镍矿，形成了稳定、优质、多元化的原材料供应体系。此

① 数据来自赣锋锂业2022年年报。

外，随着企业进入发展稳定阶段之后，李良彬一直在寻找企业的第二增长点，电池生产业务的主要供应商就是锂加工业务的客户，通过与客户的良好业务合作，公司能够更深刻了解锂产品产业链，提高电池产品的竞争力，把握电动汽车电池需求急剧增长带来的机遇。正是看到了新能源产业的蓬勃发展以及未来锂电池市场的增长潜力，公司决心要持续向产业链下游延伸，推动公司锂产业链结构的优化升级，增强公司核心竞争力。在长达十几年的摸索过程中，公司逐步明晰了产业链上下游一体化的发展战略，为实现并巩固锂产品行业的领先地位而不断努力。

三、价值曲线：投资并购加快产业布局

通过资产重组、兼并收购等方式实现资本运作：资本运作包含兼并收购、资产重组、资产证券化和股权投资等多种方式。其中，股权投资是企业进行资本运作的另一种重要手段。通过对其他公司的控股或参股形成产融结合的股权结构，并通过对股权进行合理的交易和安排，达到提高股权资产收益和做大市场价值的目的。

为缓解上游锂资源分配不均带来的焦虑，以及加快在下游动力电池、锂电池回收领域、储能等领域的业务布局，李良彬开始学会借助资本市场的力量，通过发行定增、可转债等方式，积极筹措投资并购资金。一方面，通过股权投资和并购的方式，持续获取全球上游优质锂资源，不断丰富与拓宽原材料的多元化供应渠道；另一方面，先后利用自有资金筹划及建设下游锂产品、锂电池产品项目，加快产业链一体化。

（一）通过投资并购获取全球上游优质锂资源

“赣锋成立的前十年，是被上游资源卡脖子的十年，也成为其内心深处走出江西、

走向国际的动因。"《中国企业家杂志》曾这样描述赣锋的发展历程。一方面，我国锂资源在世界总储量的占比不到6%；另一方面，我国锂矿开采难度大，开发成本高。因此，我国的锂原料大量依赖于进口，根据《2022年中国锂产业报告白皮书》数据显示，2022年我国锂行业原料对外依存度约为55%。在锂原料的进口上，赣锋锂业就尝过被卡脖子的委屈。由于原料采购受限于智利化工矿业公司（Sociedad Quimica y Minera de Chile S. A.，SQM），2007年赣锋锂业与SQM签订了一份10年期的"不平等"合约，根据协议，赣锋锂业未来10年内不能进入电池级碳酸锂领域。2008年金融危机让SQM的业务也严重受挫，这才给了李良彬与SQM重新谈判的机会，赣锋锂业可以自由进入电池级碳酸锂市场。风波过后，王晓申语重心长地告诉李良彬："在规模做大以后，我们一定要有自己的供应链保障！"之后，李良彬开始学会借助投资并购的力量，采用渐进式参股等方式，开启了全球锂资源"买买买"加速键，加强资源整合，缓解资源焦虑，陆续拿下了阿根廷Mariana、爱尔兰Blackstair、澳大利亚RIM、澳大利亚Pilbara、阿根廷Minera Exar、Bacanora等国外矿业公司和青海、内蒙古等国内锂矿资源，全面布局上游矿产资源。

表61　赣锋锂业募资项目清单

募资工具	募投项目名称	计划投资额（万元）	已投入募集资金（万元）
2013年定向增发	年产500吨超薄锂带及锂材项目	19362.50	9132.05
	年产万吨锂盐项目	34367.60	18079.25
	年产4500吨新型三元前驱体材料项目	17526.60	7455.60
	收购澳大利亚RIM公司25%的股权	15000.00	15000.00
2015年定向增发	发行股份购买美拜电子100%股权	25690.00	36700.00
2017年可转债发行	年产6亿瓦时高容量锂离子动力电池项目	50000.00	27812.26
	年产2万吨单水氢氧化锂项目	39000.00	30230.69
	年产1.5万吨电池级碳酸锂建设项目	36595.00	35096.79
2020年可转债发行	认购Minera Exar公司部分股权项目	107200.00	107200.00
	万吨锂盐改扩建项目	76585.00	48195.19
	补充流动资金	56300.00	54800.00

资料来源：赣锋锂业公告，申万宏源研究。

截至 2023 年 12 月 31 日，赣锋锂业在全球五大洲拥有 15 处优质锂矿资源，总权益资源量达 4804 万吨 LCE 当量，是全球锂行业锂矿资源储备最多的企业之一，堪称“世界锂王”。①

表 62　赣锋锂业矿产资源布局

资源类型	项　目　名　称	持股比例	资源量
锂辉石	澳大利亚 Mount Marion 锂辉石项目	50%	222.5 万吨 LCE
	澳大利亚 Pilgangoora 锂辉石项目	5.74%	1187 万吨 LCE
	马里 Goulamina 锂辉石项目	50%	714 万吨 LCE
	爱尔兰 Avalonia 锂辉石项目	55%	勘探中
	宁都河源锂辉石项目	100%	10 万吨 LCE
锂盐湖	阿根廷 Cauchari-Olaroz 锂盐湖项目	46.67%	2458 万吨 LCE
	阿根廷 Mariana 锂盐湖项目	100%	812.1 万吨 LCE
	阿根廷 PPG 锂盐湖项目	100%	1106 万吨 LCE
	青海一里坪盐湖项目	49%	165 万吨 LCE
	德宗马海湖项目	55%	勘探中
锂云母	上饶松树岗钽铌矿项目	90%	149 万吨 LCE
	内蒙古维拉斯托锂矿项目	12.50%	142 万吨 LCE
	湖南郴州香花铺锂云母矿项目	20%	勘探中
	内蒙古加不斯铌钽矿项目	70%	111 万吨 LCE
锂黏土	墨西哥 Sonora 锂黏土项目	100%	882 万吨 LCE

资料来源：赣锋锂业 2023 年年报，申万宏源研究。

表 63　赣锋锂业锂盐产能情况

生产基地	位　置	主要产品	设计产能
万吨锂盐	江西新余	氢氧化锂	81000 吨 / 年
		碳酸锂	15000 吨 / 年
		氯化锂	12000 吨 / 年
		丁基锂	2000 吨 / 年
新余赣锋	江西新余	高纯碳酸锂	10000 吨 / 年
		氟化锂	10000 吨 / 年

① 《走进世界锂王的产业版图——对话赣锋锂业董事长李良彬》，福布斯中国，https://baijiahao.baidu.com/s?id=1768220936758971134&wfr=spider&for=pc，2023 年 6 月 9 日访问。

（续表）

生产基地	位　　置	主要产品	设计产能
宁都赣锋	江西宁都	碳酸锂	20000 吨 / 年
河北赣锋	河北沧州	碳酸锂	6000 吨 / 年
宜春赣锋	江西宜春	金属锂	1500 吨 / 年
奉新赣锋	江西奉新	金属锂	650 吨 / 年
青海赣锋（一期）	青海海西州	金属锂	1000 吨 / 年
丰城赣锋	江西丰城	氢氧化锂	25000 吨 / 年
阿根廷 Cauchari-Olaroz	阿根廷胡胡伊	碳酸锂	40000 吨 / 年

资料来源：赣锋锂业 2023 年年报，申万宏源研究。

（二）布局下游加快产业链一体化

在朝着向上游拓展资源的同时，李良彬也在下游动力电池、锂电池回收领域、储能等领域加快布局。“其实早在 1995 年时，我就想做电池了，但一直到 2014 年才开始动手。”李良彬在赣锋锂业 20 周年纪录片中提到。促使李良彬下定决心的还是企业的增长空间。2010 年赣锋锂业上市时，公司的几大产品虽然市场占有率很高，但年销售收入才 4 亿多元，颇有危机感的李良彬担心公司的成长空间，因此一直在寻找第二增长曲线。所以当万亿新能源市场来临时，李良彬化心动为行动，用他的话来说，如果赣锋不做的话，以后可能会遇到增长瓶颈。2013 年，李良彬迎来动力电池领域的“大客户”——三星，这为其开拓动力电池领域的市场奠定了基础。随后，赣锋锂业陆续成为 LG 化学、松下、特斯拉等国际一线厂商的供应商。李良彬采取锂上下游垂直一体化发展的战略或也定型于此。

2014 年，李良彬通过收购深圳美拜电子 100% 股权正式开启下游锂电池的拓展之路，美拜电子的主营业务为聚合物锂离子电池的研发、生产和销售。截至 2022 年末，赣锋锂业电池板块子公司赣锋锂电全年已实现超 6 GWh 动力 / 储能出货量，储能电池业务已成为赣锋锂电最重要的电池业务之一。

03

表 64 赣锋锂业锂电池生产基地概况

序号	生产基地	位 置	主要产品	设计产能
1	重庆赣锋动力	重庆	动力电池 PACK 系统	年产 6 GWh 动力电池系统项目
2	惠州赣锋	广东惠州	TWS 电池生产线、3C 数码聚合物锂电池产线	年产 1 亿只聚合物锂电池
3	赣锋锂电	江西新余	锂动力电池、储能电池、电池模组及 PACK 系统	动力电池一期 3 GWh/年磷酸铁锂电池；动力电池二期 10 GWh/年新型锂电池
4	赣锋电子、赣锋新能源	江西新余	智能穿戴产品专用聚合物锂电池、TWS 无线蓝牙耳机电池、电子烟锂电池	年产 3.9 亿只小型聚合物锂电池项目
5	江苏赣锋	江苏苏州	工业车辆用动力与储能电池组、PACK 系统	年产 10 万台工业车辆动力电池系统项目
6	汇创新能源	广东东莞	两轮车、户外储能及家庭储能 PACK 系统	4 GWh/年电池 PACK 系统

资料来源：赣锋锂业 2023 年年报，申万宏源研究。

2016 年，李良彬成立赣锋循环，专注于废旧电池及材料的循环再生。在李良彬看来，退役电池就相当于城市矿山。根据其财报显示，赣锋循环已形成 7 万吨退役锂离子电池及金属废料综合回收处理能力，其中锂综合回收率在 90% 以上，镍钴金属回收率在 95% 以上，成为中国磷酸铁锂电池及废料回收能力最大、电池综合处理能力行业前三的电池回收行业头部企业之一。赣锋循环远景产能规划达到 10 万吨，更长期计划将回收提锂产能提高到公司总提锂产能占比的 30%。此外，电池回收板块公司赣锋循环于 2020 年入选国家工信部《新能源汽车废旧动力蓄电池综合利用行业规范条件》第二批名单，已形成 7 万吨退役锂离子电池及金属废料综合回收处理能力。

四、价值优化：股权激励绑定优秀人才走技术创新驱动之路

通过股权激励等管理方式改善公司治理：股权激励可解决经理人和股东利益不一致的问题，使得股东和经理人成为利益共同体。对企业来说，股权激励和企业改制可以有效提升公司治理水平，进而为企业创造更大价值，是一种行之有效的价值管理手段。

2022年，李良彬在公司全员的公开信中将赣锋锂业的发展分成了“产品赣锋”“资源赣锋”和“技术赣锋”三个阶段。公司坚持走“技术创新驱动”的高质量发展路线，拥有“国家企业技术中心”“锂基新材料国家与地方联合工程研究中心”“国家博士后科研工作站”“院士工作站”等国家级科研创新平台，专业精湛的科技创新团队及成熟的产学研合作机制，为产品技术进步提供强劲动力。并且，公司前后开展了5次股权激励计划以留住和吸引公司人才，市场化水平处于前列。股权激励计划能够充分调动员工工作的积极性，为公司的长远发展打下基础。

股权激励帮助公司吸引和留住优秀人才。赣锋锂业至今开展了5次股权激励，首次于2012年6月，公司授予115人限制性股票280万股，授予价格为13.11元/股；2017年12月，公司授予339人限制性股票1586万股，授予价格为45.71元/股；2021年6月，公司通过发放股票期权的方式，授予403人1574万份股票期权，行权价格为96.28元/股；2022年9月，公司通过发放股票期权的方式，向110人授予289.1万股限制性股票，行权价格为84.9元/股。截至2022年底公司拥有各类科研人员382人，其中国家百千万人才1名，中科院百人计划人才2名，高级工程师25名，博硕士研究生79名，先后被评为“江西省人才示范点”“江西省锂电新材料优势科技创新团队”和“江西省研究生教育创新基地”。

表 65　赣锋锂业 5 次股权激励概览

年份	激励人员数量	获授限制性股票 / 股票期权数量（万股 / 万份）	授予价格（元 / 股）	解锁条件
2023 年 9 月（实施回购中）	595	717.17（以公司 2023 年 9 月 27 日的收盘价 44.62 元 / 股作为本员工持股计划全部股票平均买入价格测算）	—	激励对象获授的限制性股票自授予日后的 12 个月为锁定期，首次授予部分在 2023—2026 年四个会计年度完成业绩考核及个人绩效考核的前提下，按照 25% 的比例分四批归属，预留授予部分在 2024—2026 年三个会计年度完成业绩考核及个人绩效考核的前提下，分别按照 30%、30%、40% 的比例分三批归属。设置板块 / 子公司层面业绩考核目标，首次授予部分归属考核年度为 2023—2026 年四个会计年度，预留授予部分归属考核年度为 2024—2026 年三个会计年度，每个会计年度考核一次，持有人所属板块或子公司需完成与公司之间的绩效承诺才可归属。
2022 年 9 月	110	289.1	84.9	共分为 4 个行权期，公司层面的业绩考核标准为：2022—2024 年净利润分别不低于 80 亿元、180 亿元、280 亿元、380 亿元。
2021 年 6 月	403	1574	96.28	共分为 4 个行权期，公司层面的业绩考核标准为：以 2020 年净利润为基数，2021—2024 年净利润增长率分别不低于 380%、520%、620%、730%。
2017 年 12 月	339	1586	45.71	共分为 4 个解除限售期，公司层面的业绩考核标准为：以 2016 年净利润为基数，2017—2020 年净利润增长率分别不低于 150%、330%、460%、570%。产品年产量（折合碳酸锂当量）分别不低于 3.5 万吨、5 万吨、7 万吨、9 万吨。
2012 年 6 月	115	280	13.11	激励对象获授的限制性股票自授予日后的 12 个月为锁定期，分 4 次授予，每次可行权 25%，公司层面的绩效考核标准为：以 2011 年为基准年，2012—2015 年的净利润增长率分别不低于 15%、32%、52%、75%，营收增长率分别不低于 18%、40%、65%、95%。

资料来源：赣锋锂业公告，申万宏源研究。

2022 年，赣锋锂业提出“技术赣锋”理念，坚持走“技术创新驱动”的高质量发展路线。李良彬认为，要持续加大公司的研发投入，进一步提升创新能力。截至 2022 年末，赣锋锂业主持或参与起草国家标准 7 项，行业标准 31 项，参与分析方法标准验证 30 余项，奠定了赣锋锂业在中国锂材料领域的技术领先地位。公司累计获授权国家专利 589 项，其中发明专利 160 项，实用新型专利 422 项，软件著作权 7 项。李良彬始终坚信："创新能力一定要很强，现有技术是没有颠覆者的，你要去颠覆别人，而不要等着别人去颠覆你。"未来，赣锋锂业将推出更多新产品，试验更多新工艺，如提升低含锂量矿石的提取能力、超薄锂带制作工艺的优化、加强对新型动力电池技术平台的研发、二代固态电池技术的完善、自动拆解技术的攻关等。技术研究院的建设也将加快速度，以投入换产出，追求市场销量，但更追求长期竞争力。

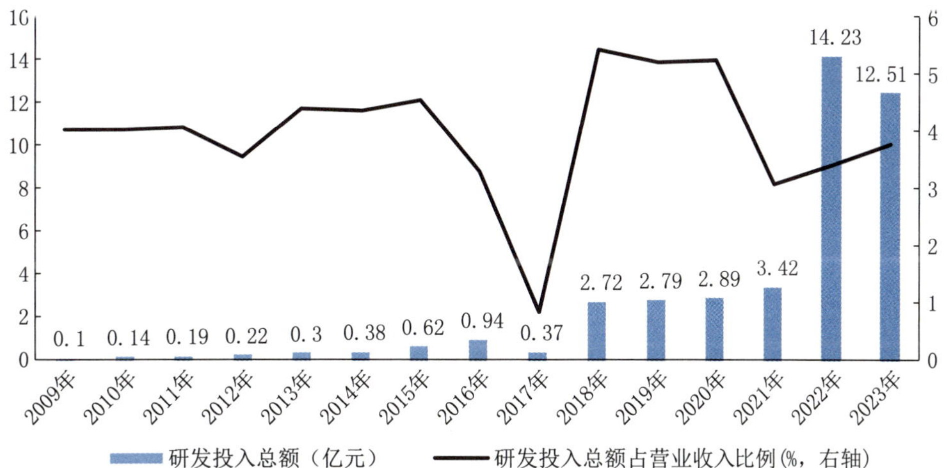

图 280　赣锋锂业 2009—2023 年研发投入及占比

资料来源：iFinD，申万宏源研究。

一如赣锋锂业在其 2022 年述职大会上所强调的，"技术赣锋"所追求的绝不仅仅是行业领先的技术专利储备，更是能将先进技术转化为产品、效率，从而越过行业周期的能力，这是个长远的、以 10 年计的战略目标。但赣锋锂业会将其拆解、细化到每一年，形成具体的可执行方案。

五、结语：上下游延伸实现价值创造，构筑发展“护城河”

赣锋锂业，当年那个负债百万的新余小锂厂，如今已经成为行业前列的全球锂集团，业务贯穿资源开采、提炼加工、电池制造回收全产业链，矿资源遍及全球，在海内外设有多处生产基地，产品被广泛应用于电动汽车、储能、3C 产品、化学品及制药等领域。公司 20 余年的发展历程，是一代人艰苦卓绝的努力，也是从草根创业到世界领先的逆袭。

纵览赣锋锂业整个规模扩张过程中的发展战略与经营逻辑，价值创造是其核心底层逻辑，首先是充分分析企业所处的外部环境以及企业所拥有的内部资源能力，从行业发展规律出发，抓住企业发展痛点，挖掘企业价值增长点，对企业的发展方向进行了总体谋划，制定系列清晰的战略规划。公司在拆解战略目标、执行发展策略的过程中，善于利用多种工具，通过投资并购加快上下游产业布局，一是牢牢抓住锂矿资源，确保供应链稳定性，二是布局下游锂电池生产与回收领域，提高产业链完整性。同时，采用股权激励等管理方式，有效提升公司治理水平，进而为企业创造更大价值，也向外界传递出管理层和核心骨干员工看好公司未来的信号。可以说，从成立到发展的 20 余年间，赣锋锂业在跨越“产品赣锋”与“资源赣锋”两大阶段的过程中，公司价值实现了增长。未来公司将以提高企业可持续竞争力为目标，开启“技术赣锋”的新篇章。这一新征程，道阻且长，行则将至。

万华化学[①]：

中国巴斯夫的崛起之路

化工行业是国民经济的支柱产业，具有经济总量大、产业链条长、产品种类多、关联覆盖广的特征，自新中国成立以来，我国化工行业从无到有、由弱到强，产业规模持续提升，已经发展成为世界上最大的化工业国之一，在世界化工业中占据着重要的地位。从我国化工行业波澜壮阔的发展历史来看，我国也诞生了具有世界影响力的优秀化工企业，万华化学就是其中的杰出代表。[②]

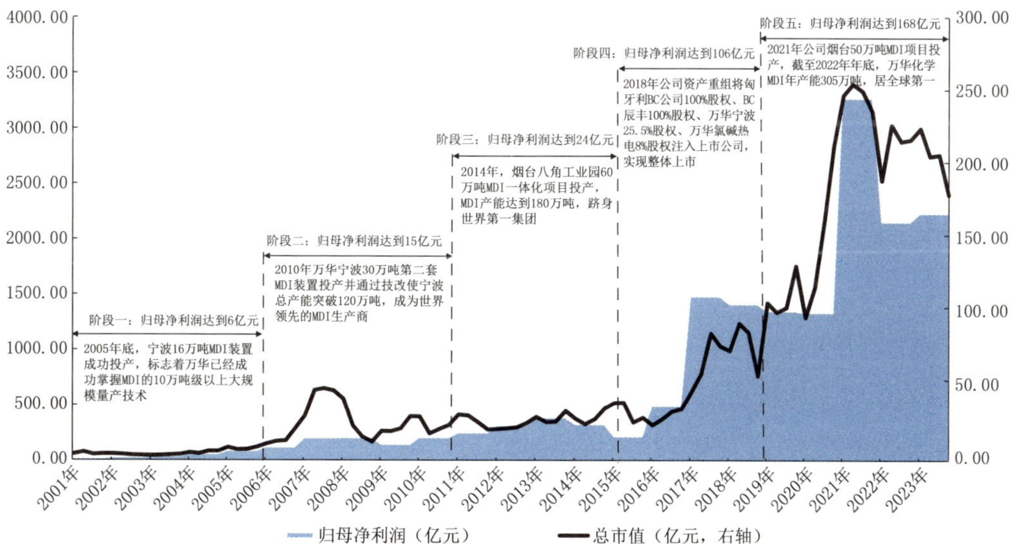

图 281　万华化学的市场价值成长之路

资料来源：万华化学年报，申万宏源研究。

① 万华化学：全称万华化学集团股份有限公司，股票代码 600309。

② 本篇案例部分内容参考申万宏源研究所发布的研究报告：2021 年 6 月 10 日《万华化学（600309）深度：高研发大资本铸就强护城河，平台型新材料公司生机勃勃》（证券分析师：宋涛；研究支持：王成强）、2022 年 8 月 17 日《万华化学（600309）深度：聚氨酯龙头再迎新一轮成长，打造新材料平台型企业》（证券分析师：宋涛）。

"让每一个中国人都能穿得起皮鞋"，大家听到这句话是不是下意识觉得这是某某皮鞋厂商的广告语？其实不然，这是万华化学创建的初衷，一家想让全国人民都穿得上皮鞋的国有工厂，曾因技术受限，四处寻求跨国公司帮助。而如今的万华，是一家全球化运营的化工新材料公司，业务涵盖异氰酸酯业务、石化业务和精细化工及新材料业务三大板块，坐拥2500亿元资产，连续4年净利润超百亿元，是中国唯一拥有MDI①自主知识产权的企业，成为世界最大的MDI供应商。

一、MDI：聚氨酯重要原材料，具有较高的生产壁垒

万华化学的核心主业是异氰酸酯的生产，其中以MDI为主，是聚氨酯材料的重要原材料。聚氨酯材料由异氰酸酯与多元醇两种原料聚合而成，其中异氰酸酯主要包括MDI、TDI②、HDI③、IPDI④等，MDI是二苯基甲烷二异氰酸酯的简称，为异氰酸酯中重要的一种。根据MDI的官能度不同分为纯MDI和聚合MDI。聚合MDI主要用于聚氨酯硬泡、粘合剂、软泡等领域；纯MDI主要用于合成革浆料、鞋底原液和氨纶。

表66　纯MDI与聚合MDI对比

产品	化学名称	分子式	生产成本	保质期	运输半径	下游需求
纯MDI	二苯基甲烷二异氰酸酯	O=C=N–C₆H₄–CH₂–C₆H₄–N=C=O	高，需要母液多步精馏	低温保存3个月左右，常温3周以内	小，一般为国内自产自销	一般以氨纶、TPU等为主
聚合MDI	多亚甲基多苯基异氰酸酯	NCO NCO NCO（n）	低	常温下1年以上	大，进出口贸易量较大	一般以聚氨酯泡沫为主

资料来源：CNKI，申万宏源研究。

① MDI：二苯基甲烷二异氰酸酯。
② TDI：甲苯二异氰酸酯。
③ HDI：六甲撑二异氰酸酯。
④ IPDI：异佛尔酮二异氰酸酯。

（一）需求端：聚氨酯材料性能优化，下游应用广泛

MDI 下游应用广泛，渗透于“衣食住行”各个方面。MDI 应用过程中，首先与聚酯多元醇、聚醚多元醇等白料合成聚氨酯材料，然后进一步加工，广泛应用于冰箱、鞋服、建筑、汽车、涂料、工业等各种场景，渗透于人们日常生活的“衣食住行”各个领域。目前聚氨酯下游需求以泡沫体系为主，其中消费占据了 70% 左右，主要用于冰箱冷柜、建筑外墙保温、管道保温、冷链喷涂等领域，其余主要用于鞋服体系与 CASE 体系，① 随着未来 CASE 体系用聚氨酯性价比提升，TPU②、胶粘剂、水性涂料、改性聚氨酯、改性 MDI 等各个领域 MDI 的需求量快速增长。

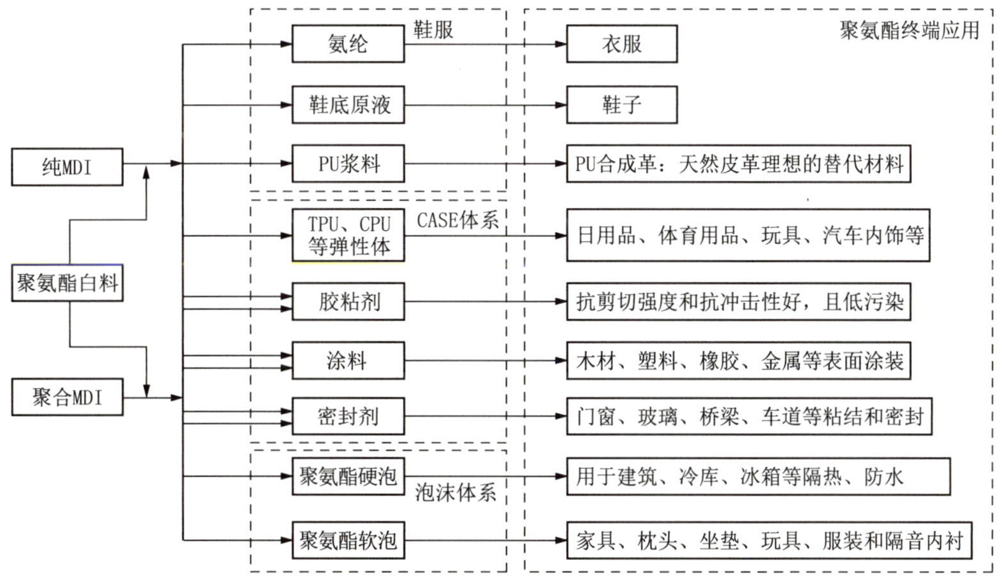

图 282　聚氨酯终端应用一览

资料来源：申万宏源研究。

① CASE 体系：聚氨酯类简称，包括聚氨酯涂料（PU Coatings）、聚氨酯胶粘剂（PU Adhesives）、聚氨酯密封胶（PU Sealants）、聚氨酯弹性体（PU Elastomer），应用领域为飞机、船舶、车辆涂装等。

② TPU：热塑性聚氨酯弹性体。

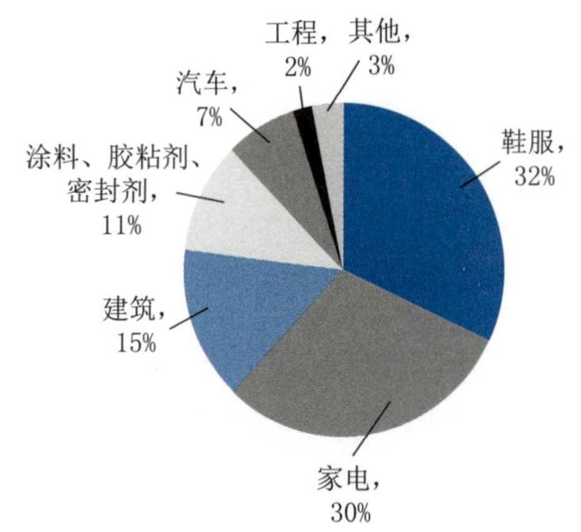

图 283　中国 MDI 下游消费结构

资料来源：前瞻研究院，环球聚氨酯，申万宏源研究。

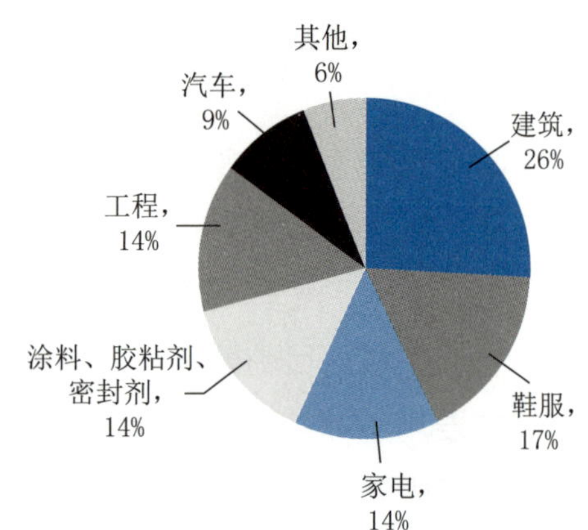

图 284　全球 MDI 下游消费结构

资料来源：前瞻研究院，环球聚氨酯，申万宏源研究。

MDI 市场的特征是“小缝隙，大市场”，具有千亿级的市场空间。MDI 下游聚氨酯材料应用较为分散，没有单一应用很大的领域，下游不同的应用场景对 MDI 聚合度要求不同，聚合 MDI 主要用于生产聚氨酯泡沫，下游需求以保温材料与海绵等为主；纯 MDI 主要用于鞋服产品，如 PU① 浆料、鞋底原液、TPU 等。全球应用最大的领域——建筑保温领域（包含板材、管道、喷涂等）市场规模在 400 亿元人民币左右，只占据 MDI 市场的 26% 左右，并且聚氨酯材料在各个领域的应用都是非核心部件，如冰箱（压缩机与保温层对比）、汽车（发动机与座椅坐垫对比），因此 MDI 下游是典型的缝隙市场行业。与其他缝隙市场不同的是，聚氨酯材料由于渗透于生活的各个领域，因此各个领域市场加总较为可观，拥有千亿级以上的“大市场”。2022 年全球 MDI 需求量 786 万吨，与上年持平，2017—2022 年复合需求增速为 3.09%；其中 2022 年中国 MDI 表观需求量为 257.66 万吨，同比下降 4%，2017—2022 年复合需求增速为 4.59%。预计未来全球增速维持在 3%—4%。

① PU：聚氨基甲酸酯，简称聚氨酯。

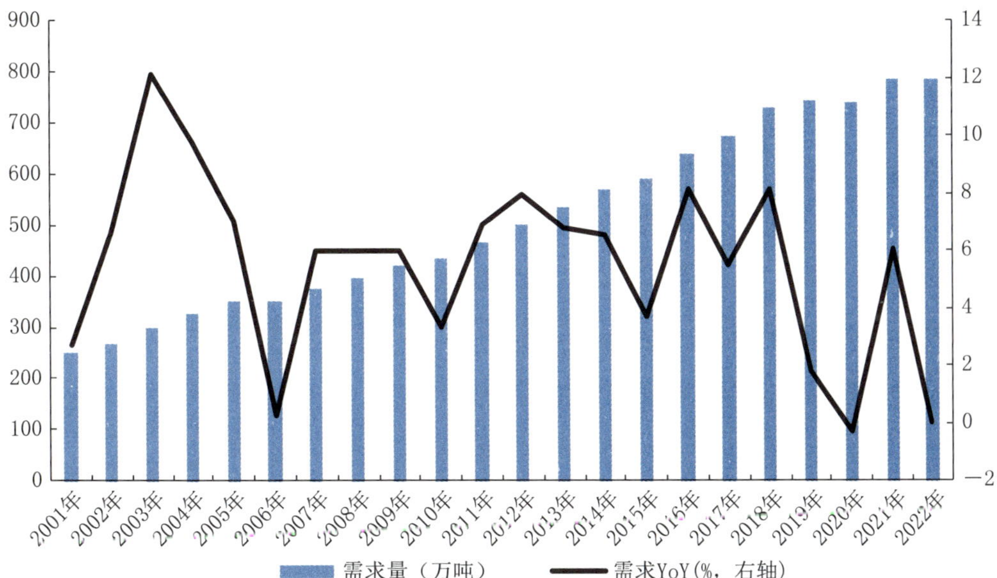

图 285　全球 MDI 需求量

资料来源：万得，天天化工网，环球聚氨酯，申万宏源研究。

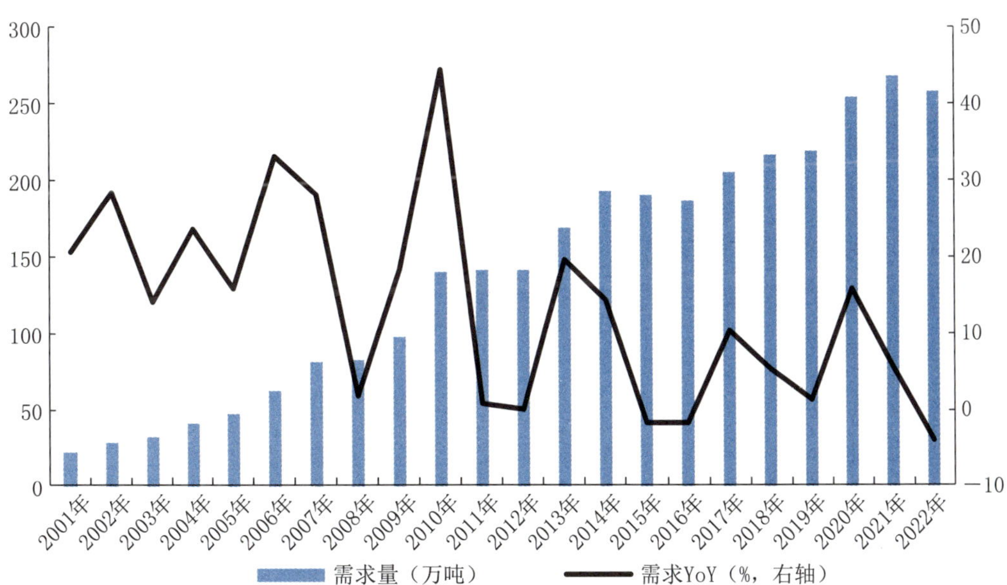

图 286　国内 MDI 需求量

资料来源：万得，天天化工网，环球聚氨酯，申万宏源研究。

（二）供给端：技术壁垒叠加高投资强度，供给端巨头垄断

MDI 产业链跨度大，具有新产能投资强度高、扩产周期长的特征。MDI 生产核心装置是 MDA① 与光气的液相光气化反应装置，主要原料是合成气、氯气、苯胺、甲醛等，一体化 MDI 装置主要有四大配套装置，分别是造气装置（煤头或油头合成气）、甲醛装置、苯胺装置以及氯气装置（氯碱装置或氯化氢制氯气装置），因此，MDI 生产流程涉及的原料及工艺复杂多样，新增产能设备投资额较高，一般为 1 万—2 万 / 吨的投资强度，且扩产周期较长，一般需要 5 年左右。

表 67　全球主要 MDI 新建装置投资强度对比

装　置	产能（万吨）	投资额（亿元）	吨投资比 / 万元
万华烟台八角化工园区（新建）	60	80	1.33
万华宁波一期（新建）	16	21.84	1.37
万华宁波二期（新建）	30	35.43	1.18
科思创上海一期（新建）	35	48.60	1.39
重庆巴斯夫（新建）	40	80.00	2.00

资料来源：万华化学公告，申万宏源研究。

MDI 由于技术壁垒叠加高投资强度，行业长期呈现寡头垄断格局。全球目前仅 7 家化工企业拥有 MDI 的自主知识产权并能进行独立生产，其中生产能力超过 100 万吨的公司共有 5 家，分别为万华化学、巴斯夫、科思创、亨斯迈以及陶氏，产能合计占比超过 90%，由于 MDI 工业化生产的投资强度大、生产的技术壁垒高，行业准入门槛较高，行业未来将长期处于寡头垄断的竞争格局。

（三）行业趋势：将迎来第 4 轮扩产高峰，有望维持景气度

MDI 行业历史上有三轮大规模的扩产高峰。第一个扩产高峰是 2005—2006 年，

① MDA：丙二醛。

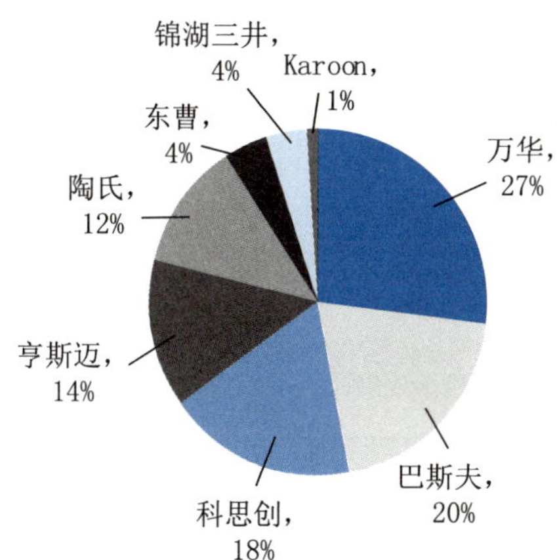

图 287　MDI 全球前五大企业产能占比超 90%

资料来源：天天化工网，环球聚氨酯，申万宏源研究。

万华化学扩产 20 万吨，匈牙利宝思德化学（BorsodChem，BC）扩产 10 万吨，巴斯夫 19 万吨，科思创 25 万吨，联恒 24 万吨，陶氏 23 万吨，日本东曹 9 万吨，这个阶段伴随着聚氨酯材料的推广，属于行业快速扩张阶段，MDI 技术拥有者纷纷扩产，百花齐放，万华化学在这一阶段属于追赶与跟随地位；第二个扩产高峰是 2010—2014 年，万华化学 150 万吨，日本东曹 20 万吨，科思创 15 万吨，锦湖三井 15 万吨，亨斯迈 5 万吨。这一阶段的扩产主要是由万华化学引领的，向 MDI 第一集团发起冲击，2014 年烟台 60 万吨一体化 MDI 装置投产后，180 万吨的产能跻身世界前三，占据 MDI 行业领军地位；第三个扩产高峰是 2016—2019 年，巴斯夫 49 万吨，陶氏 40 万吨，亨斯迈 24 万吨，上海联恒 24 万吨，科思创 10 万吨，锦湖三井 15 万吨，这一阶段的扩产主要特点是全球产能向亚洲低成本区域转移。

第四个扩产高峰于 2023 年开始，以万华化学产能扩张为主。聚合 MDI 未来主要的扩产计划集中在万华，公司市占率有望持续提升。根据天天化工统计，截至 2025 年全球 MDI 扩展计划约 164 万吨，包含 9 万吨精馏产能，其中以万华 110 万吨新增产能计划为主，公司全球市占率有望提升至 40%，寡头竞争有望长时间维持。

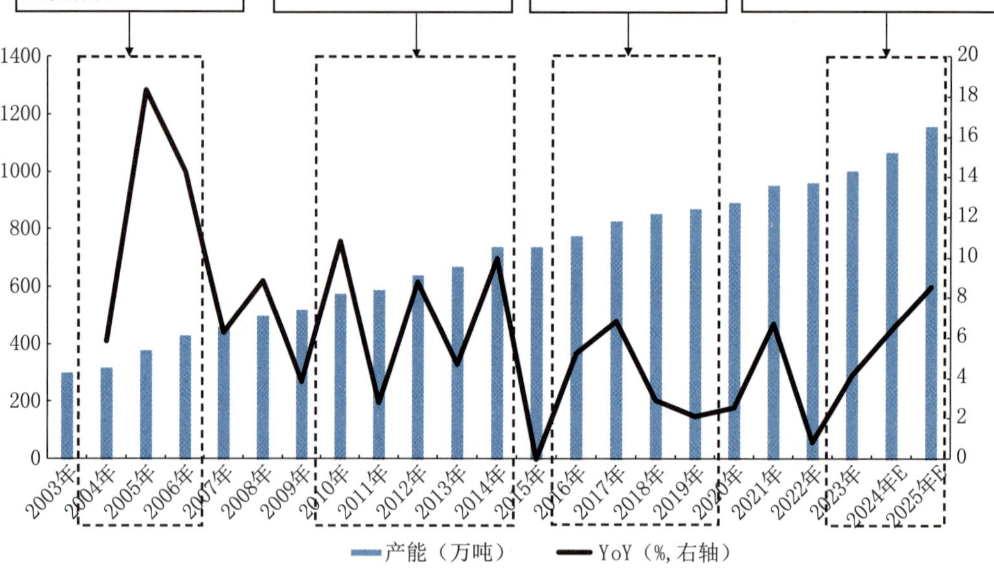

图 288　历史上 MDI 行业扩产情况一览

资料来源：万华化学公告，申万宏源研究。

受益于下游需求的稳定增加，未来全球 MDI 行业有望长期维持景气。全球聚合 MDI 下游需求未来仍以建筑和保温材料为主，同时家电行业有望底部回暖，叠加聚氨酯材料的替代需求，整体每年维持约 20 万吨—30 万吨需求增速。国内 MDI 需求受益于聚氨酯胶粘剂的无醛化应用，无醛板等产品持续放量，叠加家电行业有望底部回暖，整体每年有望维持约 10 万吨需求增速。纯 MDI 主要需求依旧来自 TPU、水性树脂和氨纶行业：全球 TPU、氨纶行业有望凭借材料本身优异性能不断替代传统材料，维持约 10% 增速，整体每年维持 15 万吨—20 万吨需求增量；国内 TPU、水性树脂都处于发展初期，随下游应用领域不断拓展，需求增速显著，氨纶需求有望随新增产能持续放量，整体每年维持约 8 万吨—10 万吨需求增量。

价值创造：行业的天花板决定了企业的天花板

根据价值管理的钻石模型，奠定企业价值管理核心就是价值创造，而价值创造的空间与企业所处行业紧密相关。

从行业赛道来看，行业属性决定了万华化学可以成为一家大市值的公司。从需求端来看，聚氨酯材料具有优越的性能，下游应用广泛，具有千亿级别的市场空间，市场空间足够大，可以支撑起行业千亿市值的公司出现。从供给端来看，MDI 工业化量产投资强度高、技术壁垒高，长期处于寡头垄断的竞争格局，行业准入门槛高，竞争壁垒强，为诞生行业龙头奠定了良好基础。

二、万华化学：高利润单品—石化平台—综合性跨国巨头

（一）基本盘：从 MDI 产品攻坚者到聚氨酯原料供应全球领军者

万华化学前身是烟台合成革厂，是中国第一个聚氨酯工业基地，2001 年上市时只有 1 万吨 MDI 产能，担负了中国 MDI 产品国产化的攻坚任务；2005 年 11 月宁波 16 万吨 MDI 装置成功投产，标志着万华已经成功掌握 MDI 的 10 万吨级以上大规模量产技术，开始向 MDI 第一集团发起冲击，之后宁波二期、烟台一体化工业园逐步投产，2014 年万华 MDI 产能达到 180 万吨，跻身世界第一集团；2018 年公司资产重组将匈牙利 BC 公司 100% 股权、BC 辰丰 100% 股权、万华宁波 25.5% 股权、万华氯碱热电 8% 股权注入上市公司，实现整体上市，万华 MDI 产能达到 210 万吨，成为全球最大的 MDI 供应商、行业领军者，实现了中国万华走向世界。现在的万华化学已经从 MDI 产品攻坚者转变为聚氨酯原料供应全球领军者。经过多年发展，万华化学聚氨酯板块已经逐步由 MDI 单一业务发展成为覆盖异氰酸酯业务、聚醚多元醇业务、改性聚氨酯业务的综合性聚氨酯原料供应商。

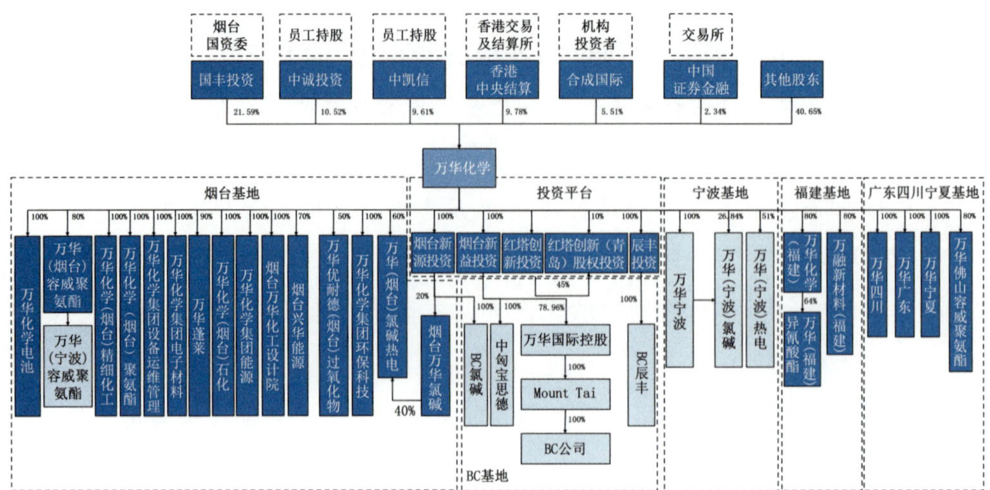

图 289　万华化学 2023 年末股权结构及主要子公司

资料来源：万华化学年报，申万宏源研究。

从产能的角度来看，万华化学在聚氨酯原料产能居行业世界前列。截至 2023 年末，万华化学 MDI 年产能 310 万吨，居全球第一，产能分别为烟台 110 万吨 / 年、宁波 120 万吨 / 年、福建 40 万吨 / 年、匈牙利 BC 公司 40 万吨 / 年；TDI 总产能 95 万吨，居全球第一，产能分别为烟台 30 万吨 / 年、福建 25 万吨 / 年、匈牙利 BC 公司 25 万吨 / 年，收购新疆巨力 15 万吨；聚醚多元醇产能超 100 万吨，已经是国内产能最大的企业；改性聚氨酯业务依托万华北京进行改性 MDI 及改性聚氨酯的研发与技术研究，开拓公司终端业务与产品，提供聚氨酯综合解决

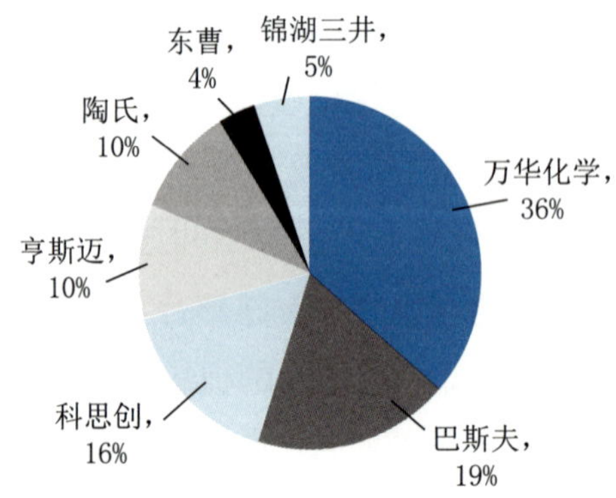

图 290　2025 年全球 MDI 竞争格局

资料来源：万得，万华化学公告，申万宏源研究。

方案，目前已拥有多种技术方案储备与接近10万吨的产品线。根据天天化工统计，预计到2025年，万华化学计划MDI扩产110万吨，产能全球占比36%左右，进一步提升全球龙头地位。

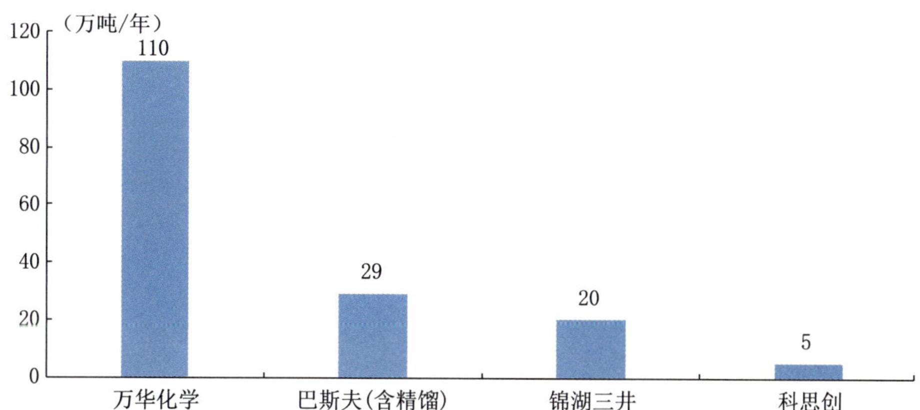

图291　2025年全球MDI扩产规划

资料来源：万得，天天化工网，环球聚氨酯，申万宏源研究。

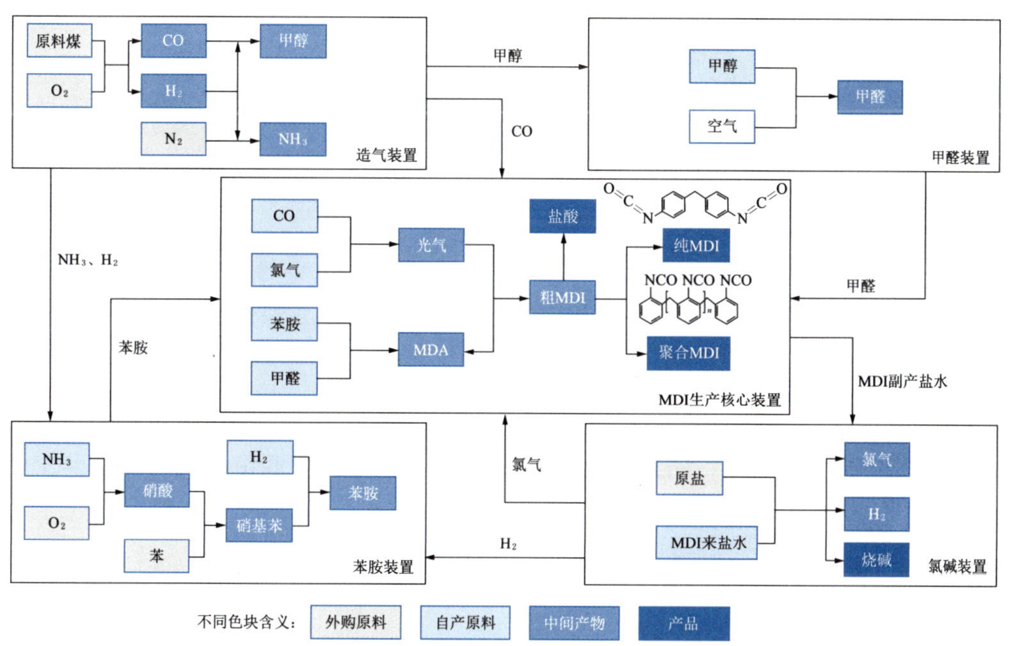

图292　万华化学一体化MDI生产装置产业链

资料来源：万华化学公告，CNKI，申万宏源研究。

从产业链深度来看，万华化学聚氨酯原料配套一体化叠加产业链上下游一体化，实现多业务协同发展。万华化学 MDI 生产实现造气装置、甲醛装置、苯胺装置以及氯气装置一体化生产，并积极布局 MDI 原材料配套产业，实现了 MDI 的所有关键原材料的配套，如苯胺、光气、合成气等。同时，万华化学积极开拓产业链上下游协同发展，上游石化业务与煤化工业务实现了公司产业链上游外购产品均为大宗石化原料，石化板块成为构建公司低成本原料网络的基础平台，下游公司依托自有的聚氨酯原料供应优势，积极开拓聚氨酯材料终端应用，形成了新材料、聚碳酸酯、功能化学品、表面材料等多个事业部，致力于开拓聚氨酯下游应用，成为聚氨酯材料及解决方案综合供应商。

（二）护城河：产业链纵向延伸，构建石化产业网络关键平台

万华化学石化业务既实现了产业链的纵向延伸，又为产业布局的横向扩张打下基础，构建了万华化学市场竞争力的护城河。万华化学 C2①、C3②、C4③ 产业链将整个产业串联起来，万华现有的几乎所有的产品均实现了产业链的纵向延伸，实现了从最初的原材料开始做起，石化平台串联而成的产业网络也为万华之后产业扩张奠定了基础。万华石化项目提供了完善的初级石化衍生品布局，一体化稳定的原料供应增强了新材料业务发展的平台优势，同时石化平台几乎囊括了大部分基础化工原材料与中间体，下游产业布局延展性强。比如，大乙烯项目 PO/SM④ 装置产物苯乙烯，既可以用来做聚苯乙烯，通过改性进入改性塑料产业链，又可以往下游发展成为做香料 P 醇（β - 苯乙醇）的重要原料，C4 产业链的副产物异丁烯可以往下游发展做甲基庚烯酮，继而合成薄荷醇的重要中间体柠檬醛。

从 C3、C4 产业链来看，PDH⑤ 装置为核心的 C3、C4 产业链成为万华烟台工业

---

① C2 产业链：乙烯产业链。

② C3 产业链：丙烯产业链。

③ C4 产业链：碳四产业链，包括丁烷、1- 丁烯、2- 丁烯、异丁烯、丁二烯等产品或混合物。

④ PO/SM：环氧丙烷 / 苯乙烯单体。

⑤ PDH：丙烷脱氢生产丙烯。

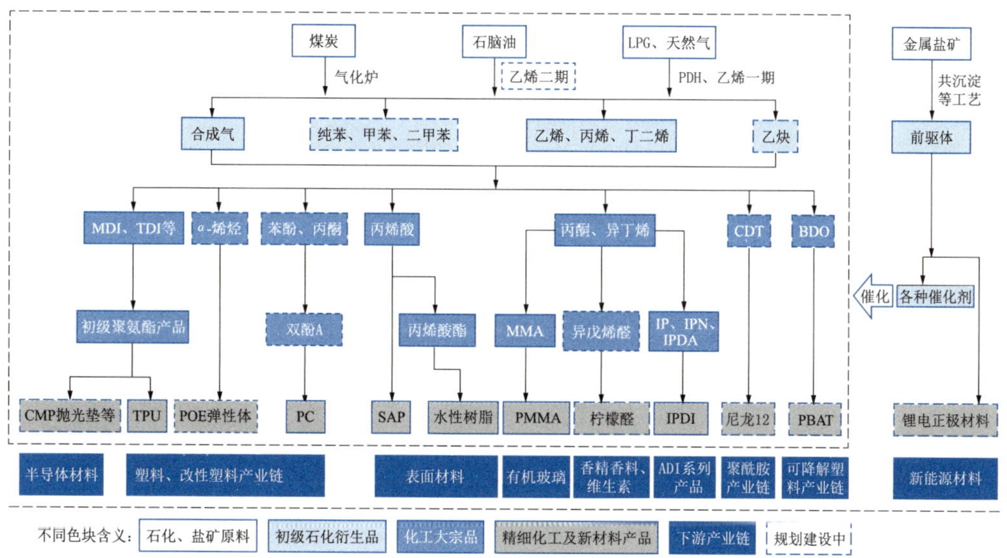

图 293　石化平台原材料一体化配套完善

资料来源：天天化工网，环球聚氨酯，申万宏源研究。

园一体化布局的基础平台。万华化学拥有 75 万吨 / 年的 PDH 产能，PDH 装置是整个 C3、C4 产业链的核心，其提供的丙烯是后续丙烯酸、丙烯酸酯和涂料、SAP① 的原料。丙烯下游经过进一步深加工，与聚氨酯产业链及其他四大事业部相互协同，比如为功能化学品事业部的特性化学品业务提供丙酮与异丁烯、叔丁醇等原料；为新材料事业部的 SAP 提供丙烯酸；为表面材料事业部提供丙烯酸及酯；为聚氨酯业务提供环氧丙烷等，以 PDH 装置为核心的 C3、C4 产业链成为万华烟台工业园一体化布局的基础平台。万华八角工业园区和蓬莱基地 C3、C4 产业链各大装置产品实际产能在 624 万吨左右，实际每年外售的商品量在 158 万吨（不含贸易量）左右，自用原料比例在 70% 以上。

从 C2 产业链来看，万华化学大乙烯项目的布局进一步提升了产业链的深度和广度。2016 年 12 月 22 日，烟台市环保局公示了万华化学乙烯项目的环评报告，披露万华化学的大乙烯项目主要装置包括 100 万吨 / 年乙烯裂解装置和共计超过

① SAP：高吸水性树脂。

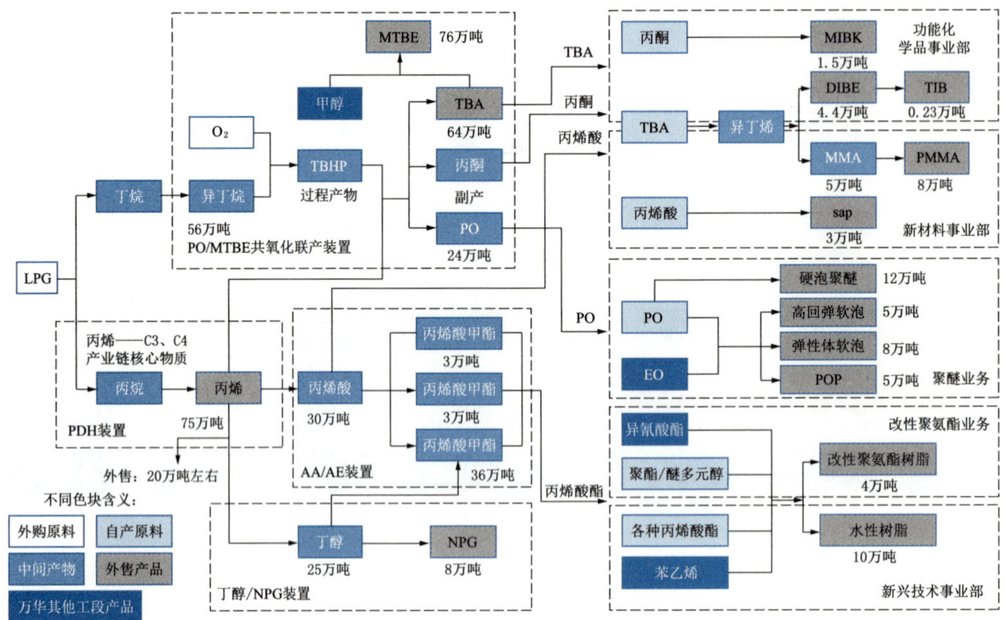

图 294　石化板块 C3、C4 产业链及其与精细化工板块协同

资料来源：天天化工网，环球聚氨酯，申万宏源研究。

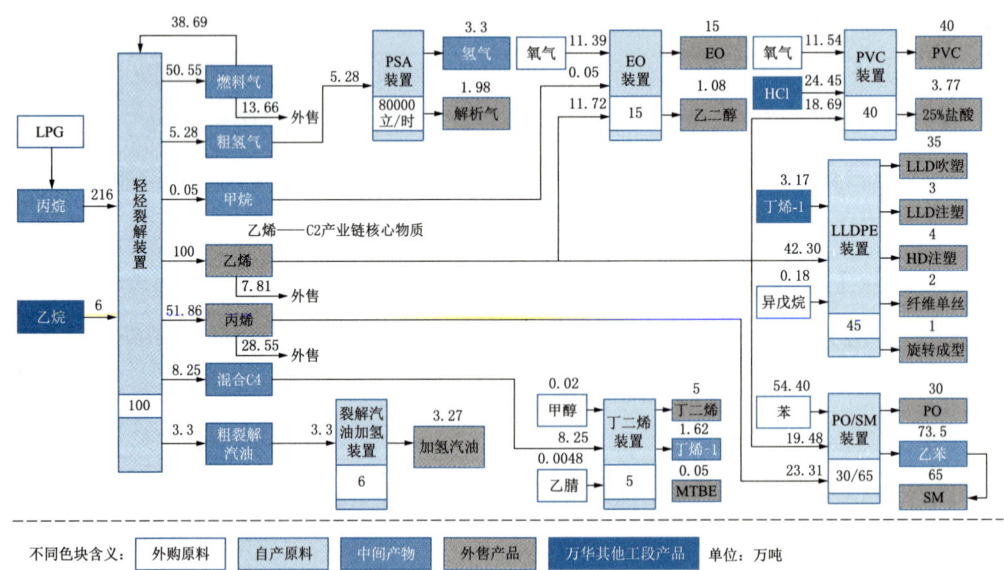

图 295　万华烟台工业园区 C2 产业链布局及与下游的协同

资料来源：万华化学公告，申万宏源研究。

100 万吨的下游产品装置。万华化学的大乙烯项目可以充分发挥石化平台作用，为聚氨酯板块处理 HCl① 副产品、解决 PO② 瓶颈问题。MDI 与 TDI 大量副产盐酸，安全环保处理成本高，PVC③ 项目恰好可以解决，PO 是聚氨酯白料的主要原料，运输危险性大，自备产能可以助力聚氨酯板块整体提升。万华化学的 C2 产业链延续了低成本原料平台的作用，目前产品量在 211 万吨左右，自用原料 160 万吨左右，自用比例接近 50%。

（三）成长性：产业链横向延伸，打造新材料平台型企业

万华化学实现了产业链的横向延伸，积极布局新材料业务，目前已经形成了包括功能化学品事业部、新材料事业部、表面材料事业部、高性能聚合物事业部、电池科技有限公司、电子材料有限公司，涵盖 TPU、PMMA④、SAP、PC⑤、HDI、IPDI、H12MDI⑥、水性树脂、水性聚氨酯等多种产品，形成了基础材料、关键材料、前沿材料的梯队业务布局。

一是基础材料，核心是要提质补短，扩大下游领域，带动市场份额提升。万华化学基础材料的研发主要对应 PC、TPU、SAP、PMMA、改性塑料、水性树脂等材料，该部分产品已经实现了国产化生产，万华化学也已经实现了工业化生产，但是由于发展较晚，产品质量、差异化、盈利能力较头部企业还有差距。未来主要的方向是积累数据、积累客户，提质补短，带动相关材料国产化应用的扩大，提升相关材料的全球市场份额与盈利能力。

二是关键材料，核心是要实现进口替代，通过综合研发实力解决核心工艺难题。万华化学关键材料的研发主要解决部分卡脖子的关键环节原材料，如长碳链聚酰

---

① HCl：氯化氢。

② PO：环氧丙烷。

③ PVC：聚氯乙烯。

④ PMMA：聚甲基丙烯酸甲酯。

⑤ PC：聚碳酸酯。

⑥ H12MDI：氢化苯基甲烷二异氰酸酯。

胺、高端聚烯烃弹性体、高端膜材料、部分电子材料、柠檬醛及香精香料等，通过万华的综合研发实力，解决核心工艺技术难题，实现进口替代，是未来3—5年可以实现大规模工业化生产并贡献业绩的产品。

三是前沿材料，核心是及时布局，把握时代方向。万华化学的前沿材料研究主要是立足大市场、大趋势，以产业链协同与客户协同为抓手，重点开拓新能源材料、营养健康、绿色可持续等趋势性板块产品，把握主流发展方向，布局大赛道，主要涉及可降解塑料、新能源电池材料、硅材料等。

基础材料 PC、TPU、SAP、PMMA、 改性塑料、水性树脂	**关键材料** POE、尼龙12、柠檬醛及 其衍生物、CMP抛光材料	**前沿材料** 锂电池材料、陶瓷 材料、可降解塑料等
实现工业化生产，未来主要的方向是积累数据、积累客户，提质补短	技术相对成熟，解决核心工艺技术难题，实现进口替代	前沿布局，紧随下游应用大趋势，材料段与终端需求一期迭代、进步

图 296　万华化学新材料按照时间线分类

资料来源：万华化学公告，申万宏源研究。

万华化学以完善的研发体系和深厚的技术底蕴，为精细化工及新材料板块的发展迅速奠定良好的基础。万华化学对 MDI 的多年技术积累，使得万华化学对化工生产核心工艺理解深刻，包括工艺设计（技术延伸丙烯、乙烯、PO 等石化产品）、过程控制（技术延伸 TDI、ADI①、PC 等产品）、反应催化（技术延伸 POE②、TPU、氯化氢催化氧化等产品）、分离纯化（技术延伸柠檬醛、香精香料、维生素、尼龙 12 等产品）。四大核心技术是化工生产过程通用能力，对其深刻的理解决定了万华的技术延展性极强。同时，万华化学建立了完善的研发体系，设立万华化学中央研究院，从基础科学研究、分析测试到中试放大、安全中心，覆盖各个研发环节。

① ADI：脂肪族异氰酸酯。

② POE：聚烯烃弹性体。

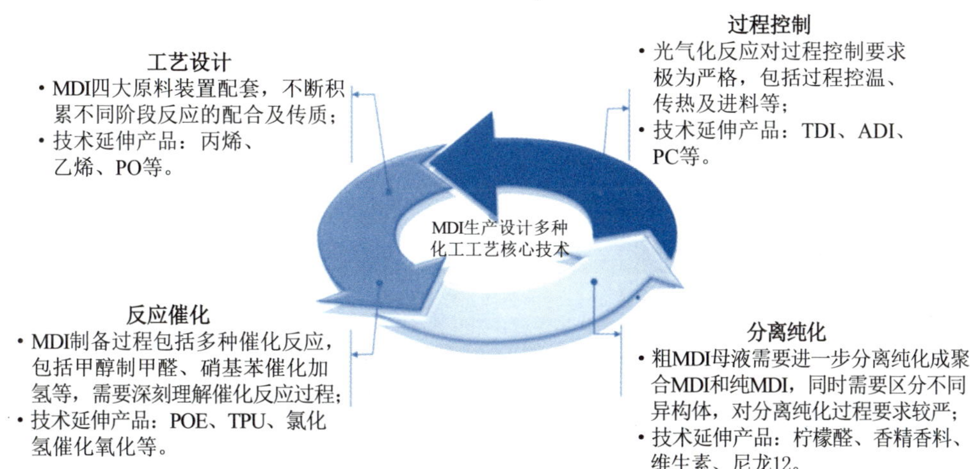

图 297　掌握化工工业生产核心技术，品类扩张延展性强

资料来源：万得，万华化学公告，申万宏源研究。

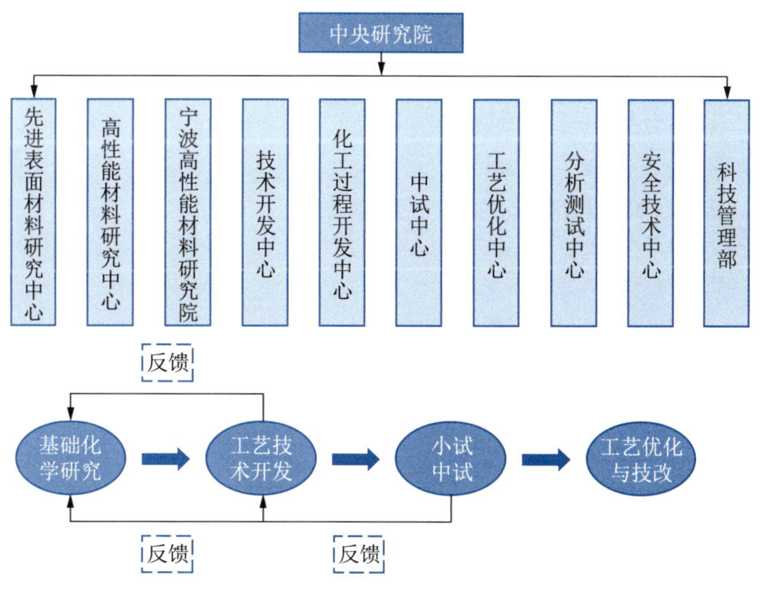

图 298　万华化学中央研究院部门齐全、体系完善

资料来源：万得，申万宏源研究。

万华化学以市场需求为导向，核心聚焦三大产业链，保证新材料业务的成长性。一是新能源新材料产业链，以锂电正极、负极材料、三元前驱体为主要方向，二是营养健康产业链精细化工原料及材料解决方案，以香精香料、维生素等为主要

方向，三是改性及可降解塑料，以 POE、高性能 PC、PBAT①、PLA② 等为主要方向。万华化学新材料平台核心是把握主流发展方向，布局大赛道，坚持绿色发展道路，坚定技术创新，打造新材料平台型企业，为公司业务创造更多增长点。

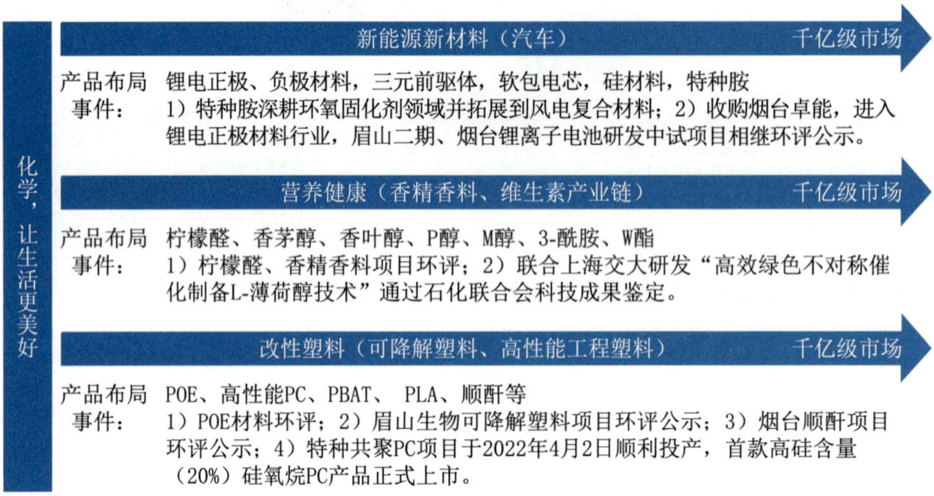

化学，让生活更美好

新能源新材料（汽车） 千亿级市场

产品布局 锂电正极、负极材料，三元前驱体，软包电芯，硅材料，特种胺

事件： 1）特种胺深耕环氧固化剂领域并拓展到风电复合材料；2）收购烟台卓能，进入锂电正极材料行业，眉山二期、烟台锂离子电池研发中试项目相继环评公示。

营养健康（香精香料、维生素产业链） 千亿级市场

产品布局 柠檬醛、香茅醇、香叶醇、P醇、M醇、3-酰胺、W酯

事件： 1）柠檬醛、香精香料项目环评；2）联合上海交大研发“高效绿色不对称催化制备L-薄荷醇技术”通过石化联合会科技成果鉴定。

改性塑料（可降解塑料、高性能工程塑料） 千亿级市场

产品布局 POE、高性能PC、PBAT、 PLA、顺酐等

事件： 1）POE材料环评；2）眉山生物可降解塑料项目环评公示；3）烟台顺酐项目环评公示；4）特种共聚PC项目于2022年4月2日顺利投产，首款高硅含量（20%）硅氧烷PC产品正式上市。

图 299　万华化学新材料按照时间线分类

资料来源：万华化学公告，环评及验收报告，万华化学官网，申万宏源研究。

注：图中产品布局不代表万华化学已有相关产品销售。

价值创造：发展战略决定了企业核心竞争力

根据价值管理的钻石模型，价值创造的能力是衡量企业价值的重要标准，而价值创造的能力与企业发展战略的制定紧密相关。

从公司经营来看，发展战略决定了万华化学具有长期核心竞争力。万华化学从 MDI 产品攻坚者到聚氨酯原料供应全球领军者，以 MDI 产品基本盘，通过发力石化业务既实现了产业链的纵向延伸，降低成本构建了业务核心竞争力，同时又为产业布局的横向扩张打下基础，通过打造新材料平台型企业，实现产业链的纵向扩张，为万华化学构建了第二增长曲线。

① PBAT：聚对苯二甲酸-己二酸丁二醇酯，属于热塑性生物降解塑料。

② PLA：聚乳酸。

三、价值管理："周期、成长"双重属性，民族化工龙头

（一）核心竞争力：优异的 MDI 成本管控能力，处于全球领先水平

MDI 生产成本构成以原材料成本为主，不同生产企业成本差别主要以原材料成本和制造费用成本差距为主。不同企业生产成本的差距主要跟设备一体化程度有关，一体化程度越高，原材料成本优势越明显。以上海联恒、万华宁波、万华烟台三套国内典型装置对比，只有万华烟台是真正意义上的一体化 MDI 生产装置，万华宁波氯气装置依靠联营企业宁波氯碱供应，上海联恒除了苯胺实现了 80% 自给、甲醛装置少量自给之外，合成气与氯气均需在工业园区内采购。从 2021 年 MDI 生产成本来看，一体化程度最高的万华烟台的成本最低，一体化程度最低的上海联恒成本最高。

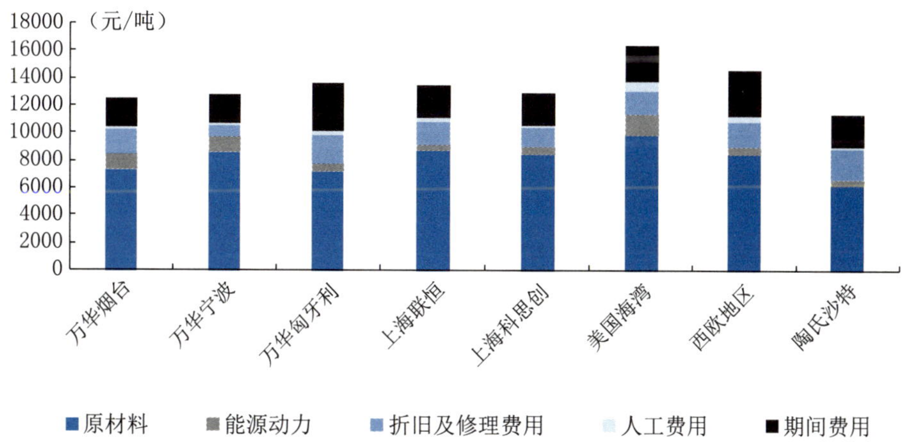

图 300　2021 年全球 MDI 装置成本构成

资料来源：万得，天天化工网，环球聚氨酯，申万宏源研究。

注：上海联恒包含 650 元精馏费用。

万华化学成本优势全球领先，MDI 盈利安全边际较高。2022 年全球 MDI 消耗约 786 万吨，万华化学单吨成本较全球边际产能完全成本低约 5000—6000 元。2023 年随着海外能源价格回落，国内煤炭能源套利空间减小，但万华化学成本优势依旧显著，单吨成本较全球边际成本低约 4000—5000 元。通过 2020 年和

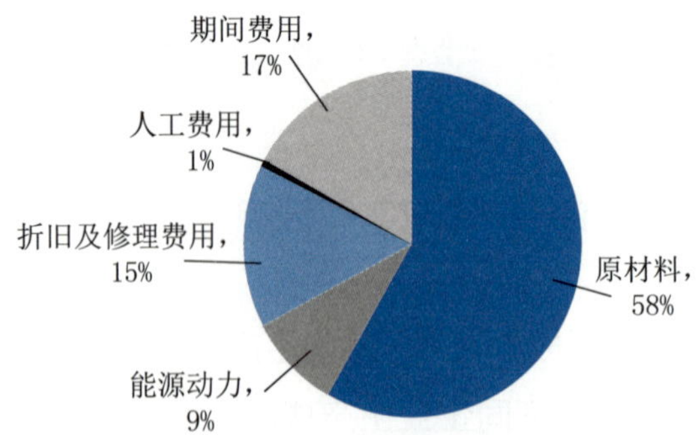

图 301　万华烟台 MDI 成本构成

资料来源：万得，天天化工网，环球聚氨酯，申万宏源研究。

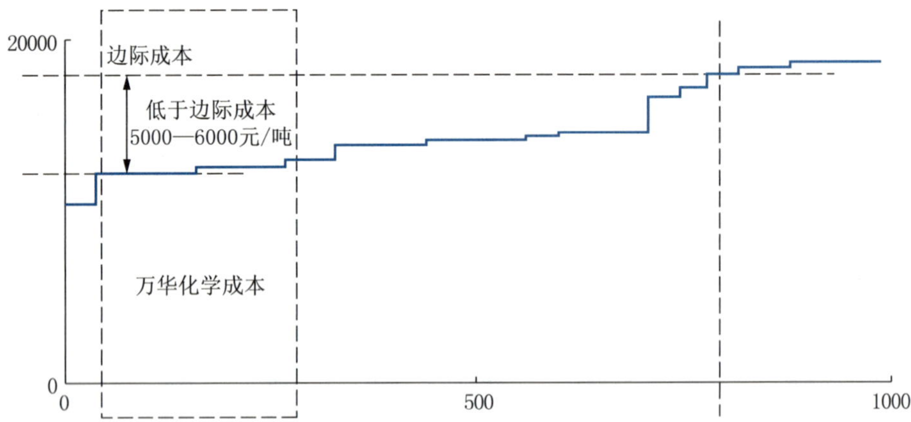

图 302　全球 MDI 行业景气高点成本曲线分析（以 2022 年价格为基准）

资料来源：天天化工网，环球聚氨酯，申万宏源研究。

注：横轴为价格，单位为元；纵轴为产能，单位为吨。

2021 年的数据可以看出，在原料配套一体化优势下，万华化学成本优势明显，处于全球领先地位，优秀的成本管控能力是万华化学 MDI 业务的核心竞争力。

（二）预期管理：资本开支带来业绩体现，市场相信公司长期发展

历史上万华化学重要资本开支基本全部实现，逐步沿“高利润单品—石化平台—综合性跨国巨头”路径发展。历史上四次大规模的资本开支是公司业绩实现跨越性发展的重要因素。第一阶段：2001—2005 年，公司季度业绩中枢在 1 亿元

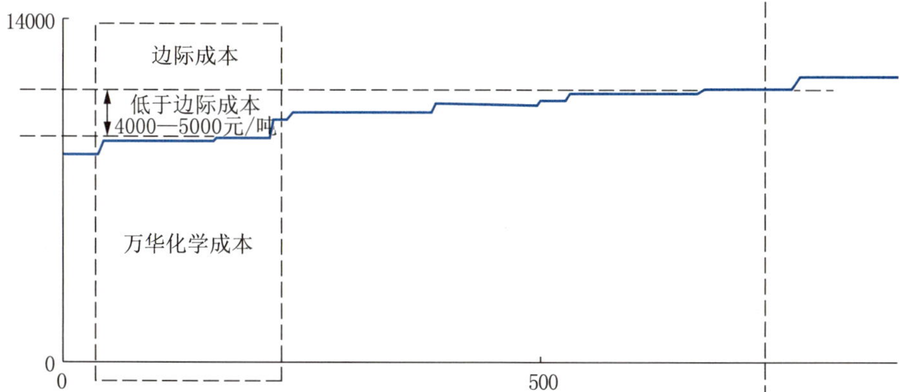

图 303　全球 MDI 行业底部成本曲线分析（以 2023 年价格为基准）
资料来源：天天化工网，环球聚氨酯，申万宏源研究。
注：横轴为价格，单位为元；纵轴为产能，单位为吨。

左右，随公司 MDI 产能由 1 万吨扩产至 10 万吨，公司业绩缓慢增长；第二阶段：2005—2010 年，2005 年底到 2006 年初公司宁波一期 16 万吨产能陆续释放，叠加当时 MDI 行业因突发事件导致价格上涨，公司业绩迈上新台阶，季度业绩中枢在 3.5 亿元左右；第三阶段：2010—2015 年，2010 年底宁波二期 30 万吨产能投产，叠加 2010 年左右公司技改扩产至总产能 120 万吨，公司体量踏上新台阶，带动公司业绩增长，季度业绩中枢在 7 亿元左右；第四阶段：2016 年至今，公司 2015 年烟台工业园投产运行，包含 60 万吨 MDI 一体化项目、PO/AE① 一体化项目等，叠加 2018 年公司化工资产实现整体上市，公司营收规模与盈利能力迅速迈上新台阶，季度盈利中枢上升至 25 亿元左右。

万华化学高资本开支支撑公司长期发展，历史业绩合理引导市场预期。公司在建项目众多，长期规划包括烟台八角基地东区新材料项目、烟台蓬莱基地石化项目、眉山基地新材料项目、福建基地石化及聚氨酯项目等。2022 年公司完成 309 亿元资本开支，2023 年预计完成 451 亿元资本开支，项目建设速度进一步加快。

① PO/AE：环氧丙烷、丙烯酸酯。

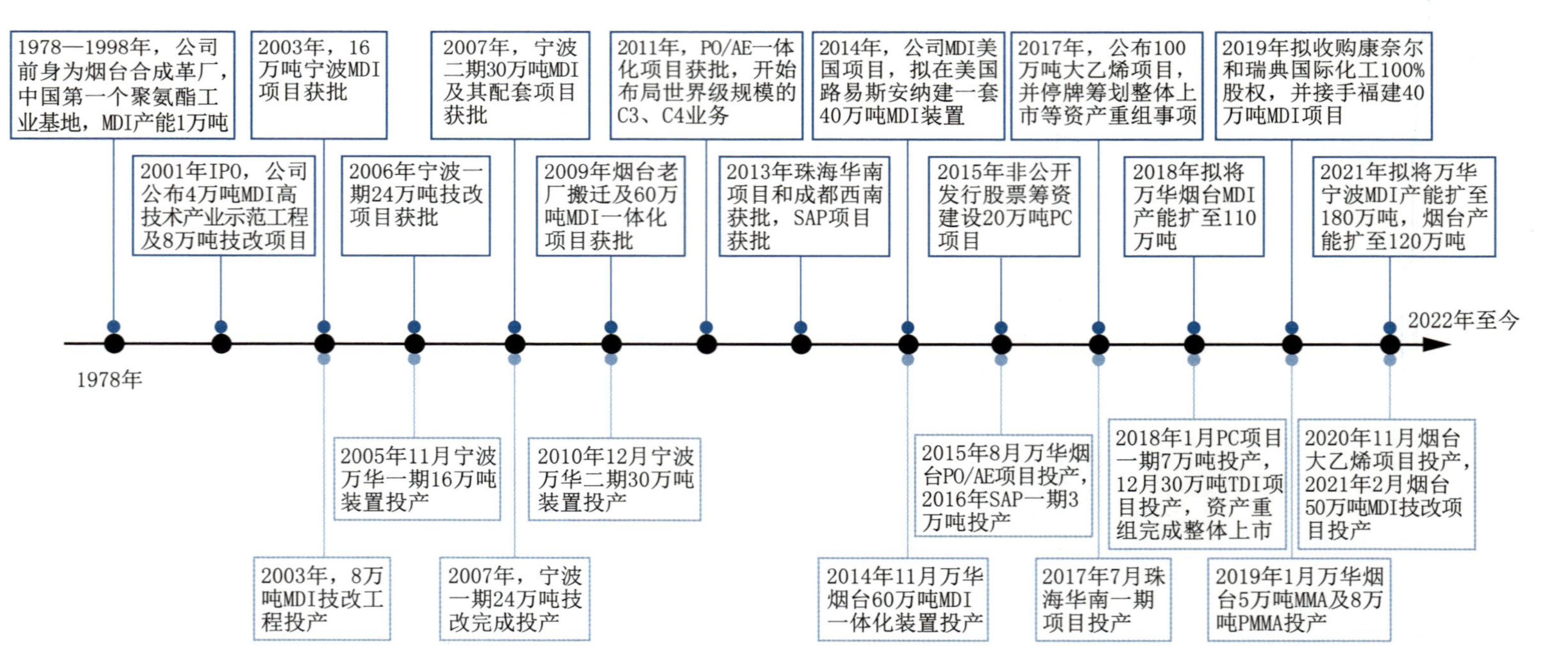

图 304　万华化学重要资本开支项目复盘及预期

资料来源：天天化工网，环球聚氨酯，申万宏源研究。

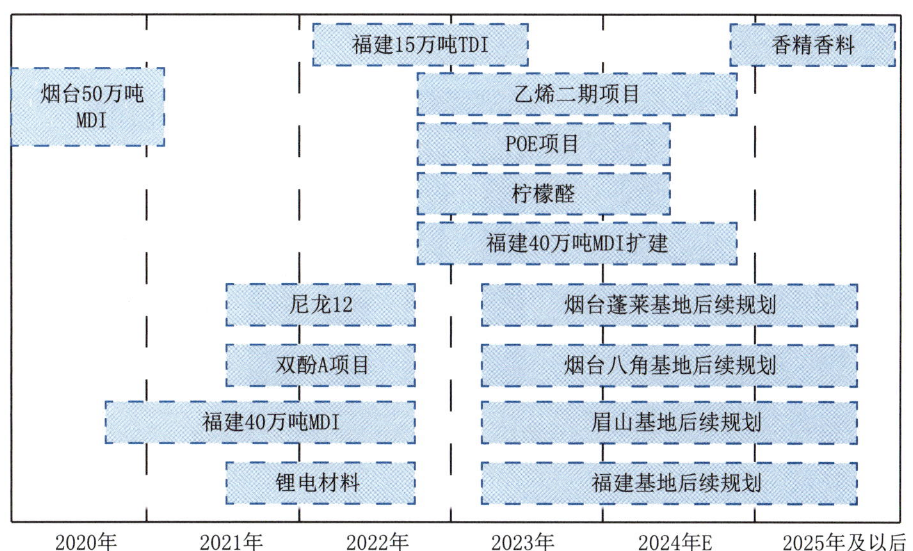

图 305　万华化学现有项目扩产进度

资料来源：万华化学公告，万华化学官网，申万宏源研究。

（三）股价表现：周期下的成长，民族化工业龙头崛起

万华化学战略定位从聚氨酯龙头企业转向全球化运营的一流化工新材料公司。万华化学的 MDI 产能全球第一，TDI 产能全球第一，在聚氨酯领域已经是全球龙头地位，随着万华化学在聚氨酯领域的发展步入成熟期，公司以聚氨酯为基本盘，实现产业链高度整合，深度一体化的聚氨酯、石化、精细化学品、新兴材料四大产业集群，围绕高技术、高附加值的化工新材料领域实施一体化、相关多元化、精细化和低成本的发展战略，以石化平台串联产业网络，构建了聚氨酯产业链、聚碳酸酯产业链、功能化学品产业链、新材料产业链、高性能聚合物产业链和新兴技术产业链，实现产品之间高度关联，产业链之间协同发展，从产品型公司转向平台型公司，为公司业务的成长性奠定了基础。

万华化学营收规模和利润规模持续提升，上市以来展现了较强的成长属性。2002—2023 年 21 年时间，万华化学营收从 8.82 亿元增长到 1753.61 亿元，年复合增长率达到 28.66%，归母净利润从 1.54 亿元增长到 168.16 亿元，年复合增长率达到 25.04%。随着万华化学 MDI 产能的不断提升，万华化学的营收和利

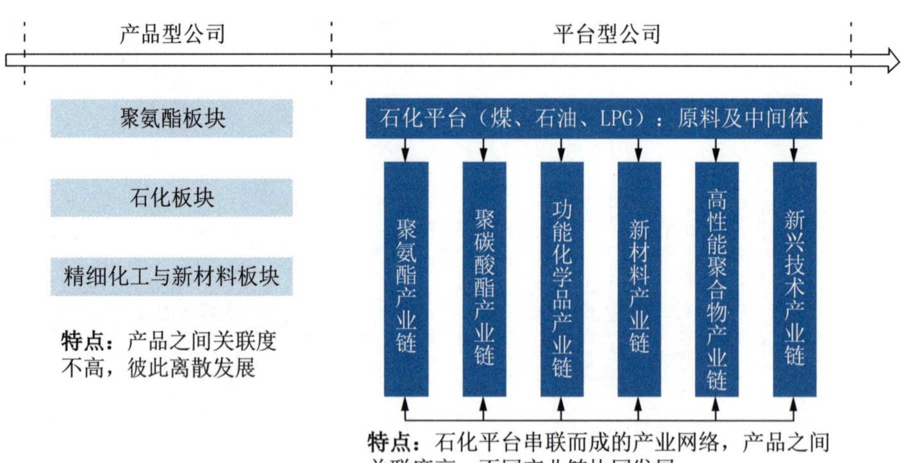

图 306　产业网络布局下万华化学将由产品型公司向平台型公司转型

资料来源：万华化学公告，申万宏源研究。

润规模不断迈向新台阶，尽管万华化学所处行业属周期性行业，但是万华化学从2002 年到 2023 年间实现了高速增长，展现了良好的成长属性。

伴随万华化学战略转型，公司营收和利润结构逐渐多元，石化板块和精细化工新材料板块构成公司的第二增长曲线。万华化学各业务板块产品布局逐渐完善，从2015 年业务划分调整后算起，聚氨酯板块由 2015 年营收占比 85% 左右到 2023

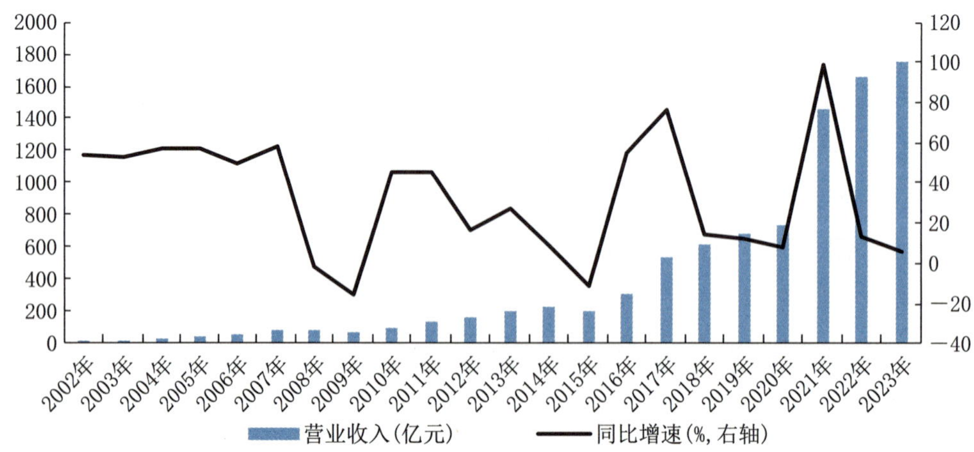

图 307　21 年万华化学营收情况一览

资料来源：万得，申万宏源研究。

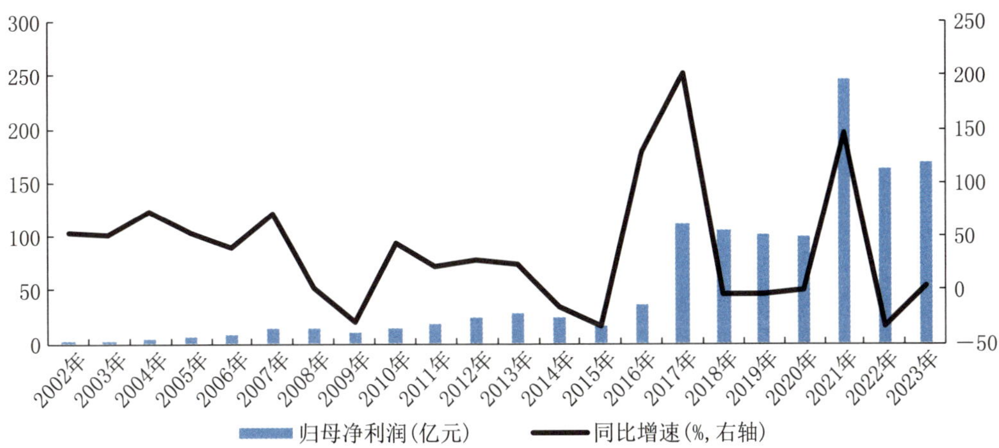

图 308　21 年万华化学归母净利润情况一览

资料来源：万得，申万宏源研究。

年之后的 42%，石化业务板块占比提升至 43% 左右，精细化工、新材料及其他业务营收占比 13%，聚氨酯板块由 2015 年利润占比 96% 左右到 2023 年之后的 71%，石化业务板块占比提升至 8.3% 左右，精细化工、新材料及其他业务营收占比 21%，石化板块和精细化工及新材料业务在营收和利润端占比逐年提高，已经成为公司业务发展的第二增长极。

从股价表现来看，万华化学市值表现也体现了周期与成长双重属性。万华化学新项目有序投产带动业绩跨越式增长，以单季度利润体量水平作为阶段跨越的衡量标准，万华化学股价共跨越五个阶段。第一阶段：2001—2005 年，公司季度业绩中枢在 1 亿元左右，公司市值在 100 亿元左右；第二阶段：2005—2010 年，公司季度业绩中枢在 3.5 亿元左右，公司市值在 300 亿元左右；第三阶段：2010—2015 年，公司季度业绩中枢在 7 亿元左右，公司市值在 400 亿元左右；第四阶段：2016—2019 年，公司季度盈利中枢上升至 25 亿元左右，公司市值在 1000 亿元左右，第五阶段：2019 年至今，公司季度盈利中枢上升至 42 亿元左右，公司市值在 2000—3000 亿元左右。

同一阶段内，万华化学股价波动与业绩波动高度吻合，呈现周期性。公司在同一阶段内部，处于新项目投产的产能爬坡与消化期，盈利能力主要与主营业务的行

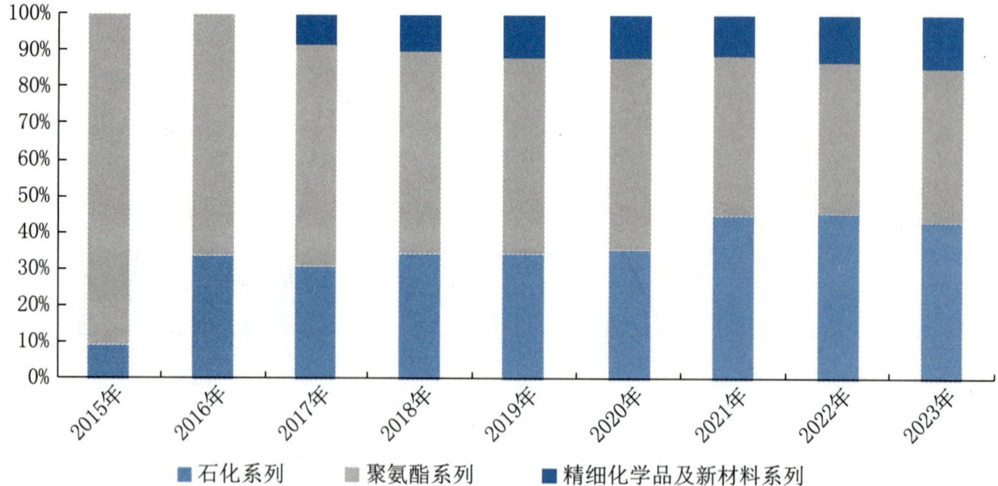

图 309　万华化学营收结构日趋多元
资料来源：万得，申万宏源研究。

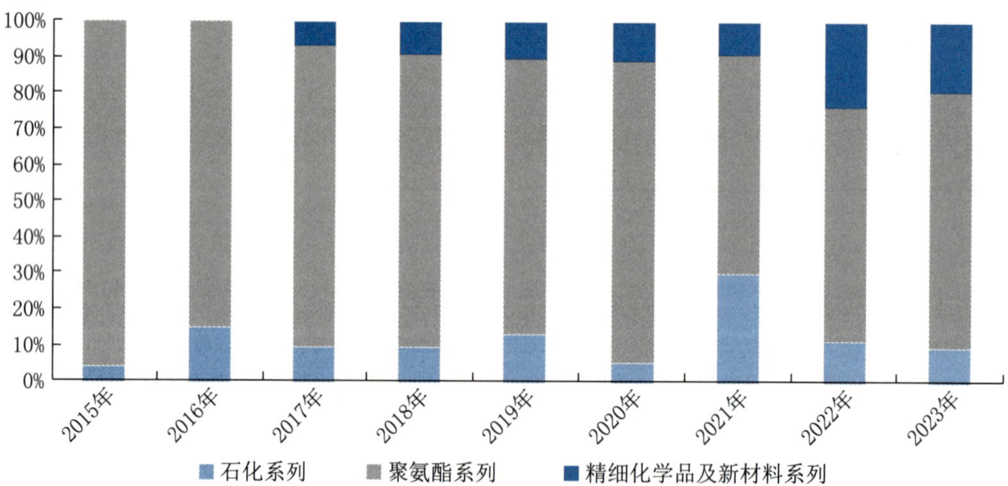

图 310　聚氨酯业务仍是主要利润来源，占比近 7 成
资料来源：万得，申万宏源研究。

业景气程度相关，公司主要利润来源仍然是聚氨酯业务，聚氨酯业务利润来源90% 以上为公司的主要产品 MDI，因此公司业绩与公司主要利润来源——MDI 产品的价格相关，表现在股价上即 MDI 的产品价格往往是公司股价的重要催化剂。业绩跃升期，万华化学股价表现偏离业绩表现，体现出市场对新项目及资产重组的未来创造业绩的预期，呈现成长性。公司在大规模新增产能投产前夕，市场往

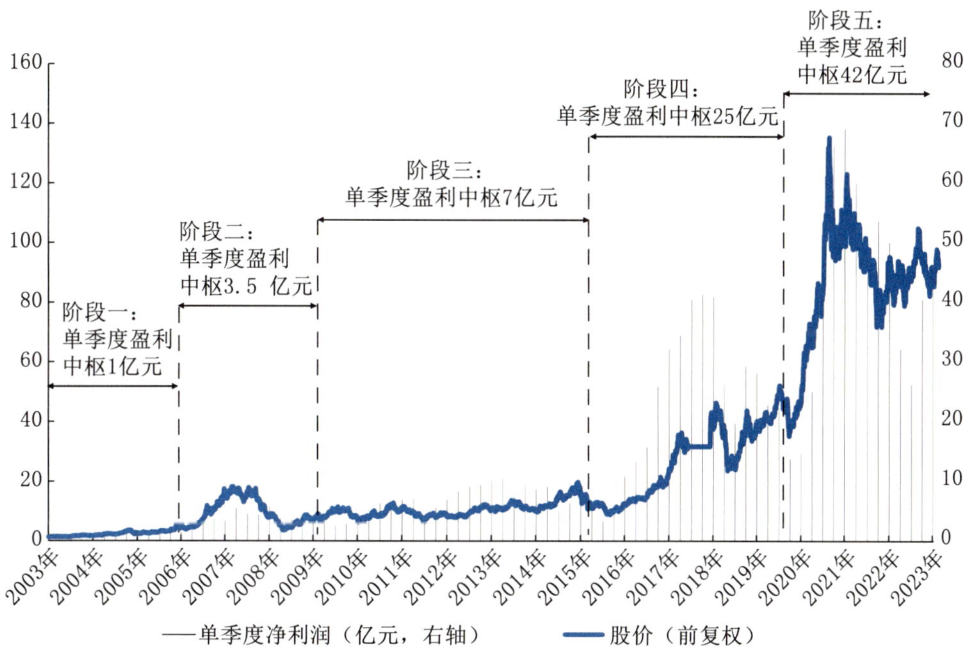

图 311　万华化学股价表现

资料来源：万华化学公告，万得，申万宏源研究。

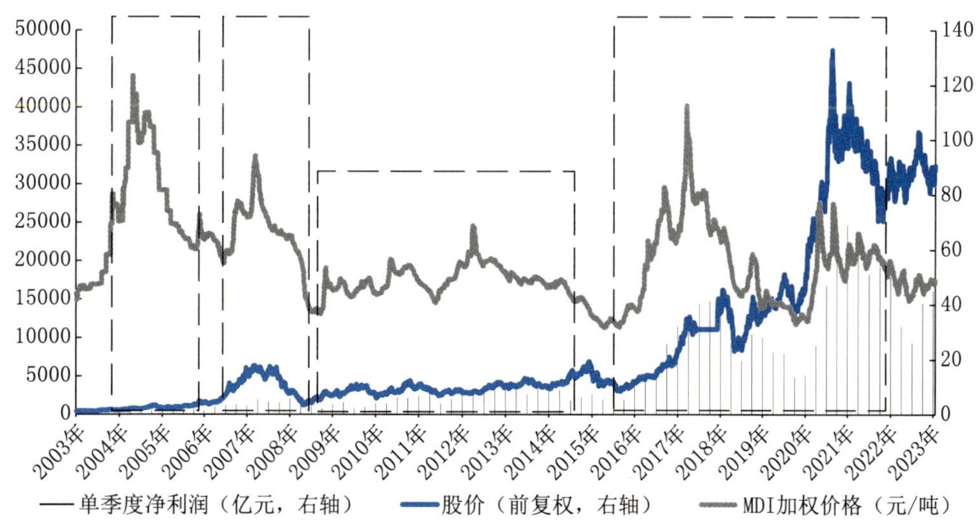

图 312　MDI 价格与公司业绩相关度高，是公司利润主要来源，亦是公司股价主要催化剂

资料来源：万华化学公告，万得，申万宏源研究。

往会对公司新项目或者注入的资产，未来能创造的业绩提升有着较高的预期，此时公司二级市场估值往往会有一定提升，公司股价表现会短时间脱离业绩表现，直到公司新项目业绩释放，公司估值回归，公司股价会重新匹配新一阶段的公司业绩。

在万华化学的发展过程中，申万宏源研究持续保持对公司的高度关注。近两年来，申万宏源研究关于万华化学相关报告达到 25 篇，对万华化学的行业周期和业绩成长保持持续深入的研究。未来，申万宏源研究将继续保持客观视角，持续追踪万华化学的发展情况。

表 68　申万宏源研究万华化学相关研究报告（2022—2023 年）

序号	报告标题	发布时间
1	万华化学（600309）点评：装置进入检修高峰，但临终端需求淡季，MDI 价格震荡运行	2023 年 12 月 10 日
2	万华化学（600309）点评：布局上游资源资产，加强产业一体化布局优势	2023 年 11 月 8 日
3	万华化学（600309）点评：业绩基本符合预期，Q3 产品景气稳中有升，费用增加拖累公司业绩	2023 年 10 月 15 日
4	万华化学（600309）点评：检修产能陆续重启，下游短期补货结束，MDI 价格偏弱运行	2023 年 9 月 28 日
5	万华化学（600309）点评：供给端支撑力度较强，叠加传统旺季临近，MDI 价格偏强运行	2023 年 7 月 30 日
6	万华化学（600309）点评：业绩符合预期，Q2 成本压力明显缓解，出口需求保持旺盛	2023 年 7 月 27 日
7	万华化学（600309）点评：供给端支撑力度较强，但传统淡季来临，MDI 价格震荡运行	2023 年 6 月 30 日
8	万华化学（600309）点评：供给端支撑力度较强，但临行业传统淡季，MDI 价格稳中向上	2023 年 5 月 31 日
9	万华化学（600309）点评：Q1 业绩环比企稳回升，海外需求旺盛，MDI 业务量价齐升	2023 年 4 月 16 日
10	万华化学（600309）点评：烟台巨力收购获批，TDI 集中度进一步提升，长期盈利中枢有望上行	2023 年 4 月 10 日
11	万华化学（600309）点评：终端需求恢复缓慢，叠加部分供给检修重启，MDI 价格震荡运行	2023 年 3 月 31 日
12	万华化学（600309）点评：业绩基本符合预期，MDI 价格底部回暖，资本开支充足支撑项目进展顺利	2023 年 3 月 22 日
13	万华化学（600309）点评："金三银四"传统旺季，叠加供给偏紧，MDI 价格有望持续上行	2023 年 2 月 28 日

（续表）

序号	报　告　标　题	发布时间
14	万华化学（600309）点评：业绩基本符合预期，传统淡季拖累下游需求，项目进展顺利增厚公司利润中枢	2023 年 2 月 13 日
15	万华化学（600309）点评：节后逐步进入传统旺季，MDI 价格底部回暖	2023 年 1 月 30 日
16	万华化学（600309）点评：出口同比增加，福建 MDI 项目投产，资本开支充足保障未来成长	2022 年 12 月 22 日
17	万华化学（600309）点评：传统淡季拖累需求疲软，但临春节 MDI 价格有望底部回暖	2022 年 12 月 2 日
18	万华化学（600309）点评：业绩符合预期，需求下滑拖累产品价格回落，公司业绩承压	2022 年 10 月 24 日
19	万华化学（600309）点评："金九银十"需求支撑不足，但临装置检修高峰，MDI 价格供需两弱	2022 年 10 月 9 日
20	万华化学（600309）点评：出口同比增加，乙烯二期项目获批，增加 POE 产能进军高端聚烯烃市场	2022 年 8 月 23 日
21	万华化学（600309）深度：聚氨酯龙头再迎新一轮成长，打造新材料平台型企业	2022 年 8 月 17 日
22	万华化学（600309）点评：业绩符合预期，出口盈利保障业绩稳定	2022 年 7 月 29 日
23	万华化学（600309）点评：业绩符合预期，多个项目陆续投产保障业绩增量	2022 年 4 月 26 日
24	万华化学（600309）点评：业绩符合预期，高研发高资本开支推动公司持续增长	2022 年 3 月 20 日
25	万华化学（600309）点评：业绩符合预期，Q4 淡季仍维持稳定，22Q1 旺季可期	2022 年 1 月 18 日

资料来源：申万宏源研究。

价值营销：预期管理是公司价值传递关键

根据价值管理的钻石模型，价值营销的核心就是预期管理，而预期管理的核心就是要通过努力使最终结果尽量好于市场预期。

预期管理决定了万华化学股价具有"周期、成长"双重属性。万华化学主要利润来源仍然是聚氨酯业务，历史上万华化学重要资本开支基本全部兑现，资本市场相信万华化学高资本开支可以支撑公司长期发展，公司历史业绩合理引导市场预期，伴随万华化学战略转型，公司营收和利润结构逐渐多元，石化板块和精细化工新材料板块构成公司的第二增长曲线，合理的预期管理使资本市场相信公司具有"周期、成长"双重属性。

四、结语：行业赛道 + 公司战略 + 预期管理是致胜关键

从行业赛道来看，行业属性决定了万华化学可以成为一家大市值的公司。从需求端来看，聚氨酯材料具有优越的性能，下游应用广泛，具有千亿级别的市场空间。从供给端来看，MDI 工业化量产投资强度高、技术壁垒高，长期处于寡头垄断的竞争格局。

从公司经营来看，发展战略决定了万华化学具有长期核心竞争力。万华化学从 MDI 产品攻坚者到聚氨酯原料供应全球领军者，以 MDI 产品基本盘，通过发力石化业务既实现了产业链的纵向延伸，又为产业布局的横向扩张打下基础，构建了万华化学市场竞争力的护城河，通过打造新材料平台型企业，实现产业链的纵向扩张，为万华化学构建了第二增长曲线。

从价值管理来看，“民族化工龙头”已成为资本市场对万华化学认可的“标签”，而预期管理成功助力万华化学股价具有“周期、成长”双重属性。万华化学主要利润来源仍然是聚氨酯业务，决定了公司股价具有周期属性，历史上万华化学重要资本开支基本全部兑现，高资本开支支撑公司长期发展，公司历史业绩合理引导市场预期，伴随万华化学战略转型，公司营收和利润结构逐渐多元，石化板块和精细化工新材料板块构成公司的第二增长曲线，决定公司股价具有成长属性。

海螺水泥[①]：

穿越周期的世界第一水泥巨头

海螺水泥是我国水泥行业龙头，世界最大的单一品牌供应商，素有“世界水泥看中国，中国水泥看海螺”之美誉。公司前身筹建于 1978 年，1997 年在香港挂牌上市，2002 年登陆 A 股，是国内首家 A+H 水泥股。公司从 2002 年上市至 2023 年，年收入从 30 亿元增长到最高 1762 亿元，涨幅超过 58 倍，归母净利润从 2.64 亿元增长到最高 351.3 亿元，涨幅超过 133 倍，市值从 77 亿元增长到 3320 亿元，涨幅约 42 倍，是建材行业最具传奇色彩的“tenbagger”。[②]

华东为主，覆盖全国，布局海外，全球第一。公司上市之前仅仅依托宁国水泥厂等水泥资产布局华东市场，而经过上市后的快速发展，公司已形成了涵盖华东、华中、华南、华北、西南等地区的全国性水泥公司。目前，公司下属 470 多家子公司（含新能源、海螺环保），分布在全国 25 个省、市、自治区和印尼、缅甸、老挝、柬埔寨、乌兹别克斯坦 5 个国家，产品出口美国、欧洲、非洲、亚洲等 20 多个国家和地区，拥有员工 5 万多人。公司水泥熟料产能位居全国第二，仅次于中国建材。公司名列 2022 年《福布斯》“全球上市公司 2000 强”第 374 位，位列水泥行业全球第一。

---

① 海螺水泥：全称安徽海螺水泥股份有限公司，股票代码 600585、00914。

② 自 2016 年以来，申万宏源研究对海螺水泥进行长期跟踪，发布点评报告、深度报告共计 28 篇。2017 年 10 月 25 日发布的《海螺水泥（600585）——供给侧力度超预期，看好高 ROE 持续性》精准命中海螺水泥上市以来最为强劲的 3 年主升浪；本篇案例部分内容参考申万宏源研究所发布的研究报告：2021 年 3 月 22 日《专题复盘“水泥牛”海螺水泥》（证券分析师：刘晓宁、戴铭余；研究支持：刘爽、郦悦轩），该报告对海螺水泥公司发展及行业周期进行了系统复盘和总结，为海螺水泥乃至水泥行业的研究提供了重要参考。

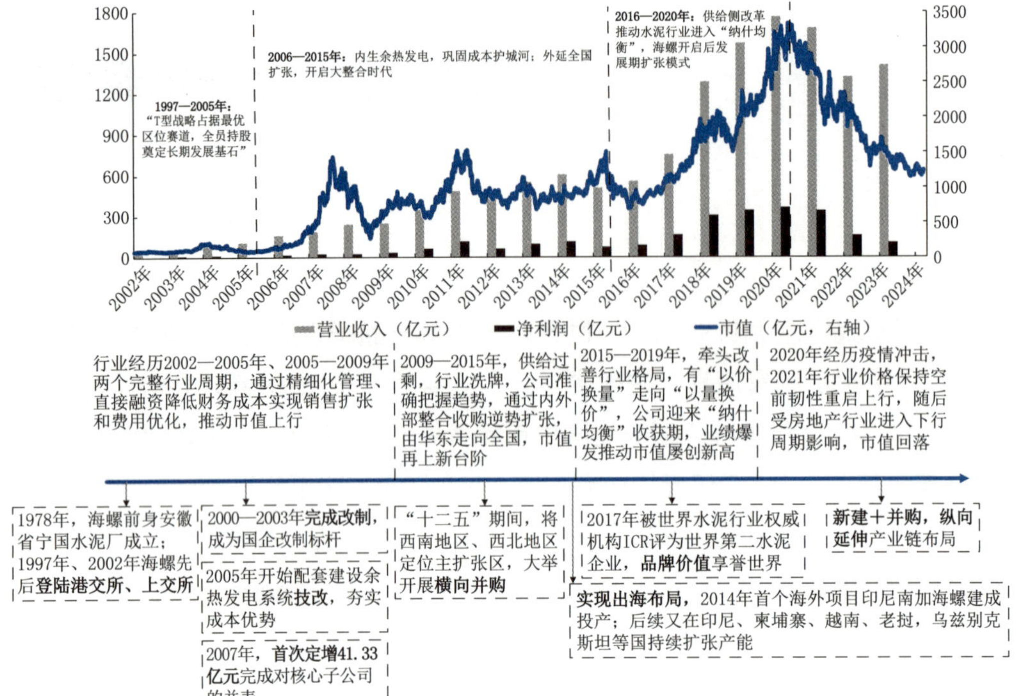

图 313　海螺水泥的市场价值成长之路

一、构筑成本 + 需求护城河，内生外延稳坐行业龙头

海螺水泥崛起的精髓在于牢牢把握住了水泥行业竞争的两要素：成本和需求（区域赛道）。水泥是最为常见的建筑材料之一，上游以石灰石和黏土为主要原料，下游广泛应用于建筑工程领域，与房建和基建需求高度绑定。总体而言，水泥生产壁垒低且运输半径相对较短，行业发展主要依赖下游需求提升和竞争格局改善，因此能走出来的企业，一方面，要如传统制造业竞争般站在行业成本曲线的最低点；另一方面，要占据需求最有成长性和可持续性的区位。海螺水泥的崛起，精髓就是最早在这两方面做到了行业领先，其上市后 20 余年发展的本质是凭借极致的工匠精神和敏锐的嗅觉把握了我国区域经济从均衡发展到非均衡发展再到协调发展三个阶段转变所产生的红利。

（一）1997—2005 年："T 型战略"占据最优区位赛道，全员持股奠定长期发展基石

我国水泥工业起步晚，早期供需矛盾突出，民营企业、立窑水泥应运而生并迅速壮大，1995 年我国正式告别了水泥供不应求的历史，但当时全国水泥企业 8435 家，水泥窑 9093 台，其中较为落后的立窑占比高达 89%，而新型预分解窑仅占 1% 左右，结构性矛盾突出。1997 年亚洲金融危机波及国内，水泥行业陷入发展困境，国家建材局提出了"限制、淘汰、改造、提高"的八字方针，开始引导水泥行业优胜劣汰，海螺水泥在这危机并存的一年通过登陆资本市场开启扩张。海螺在 1997—2005 年这一阶段的"T 型战略"和全员持股对其长期竞争力的构建存在深远意义。

"T 型战略"为海螺在成本端和需求侧凿开了宽阔的护城河

"T 型战略"的横代表沿海，竖代表沿江。"T 型战略"是指一方面在长江沿岸石灰石资源丰富的地方大量购买石灰石资源并兴建大型熟料生产基地，并通过自有的数十个码头运输水泥和熟料，利用长江大幅提升覆盖的区域范围；另一方面，在资源稀缺但水泥市场庞大的沿海地区低成本收购小水泥厂，将其改造成水泥粉磨站，就地生产水泥，中间凭借长江水路运输的成本优势将两者串联，形成"熟料基地—长江—粉磨站"的模式，直接面向需求旺盛的东部市场。

成本端：水泥实现规模优势的核心在于维持大规模的连续生产，但水泥因为不宜存放，导致企业库存较小，以往行业"全能工厂"的"工厂—公路—工地"模式受制于运输半径内需求的不确定性，产能利用率难以保障，容易造成库存上升并导致价格下行，更遑论通过建造大规模产线实现更大的规模效应。而"T 型战略"的创新彻底打破了规模壁垒，长江好比海螺的动态仓库，在显著放大库存绝对值的同时亦能最大程度上平滑短期需求波动的影响。长江水路相较于公路的运输成本优势以及其庞大的覆盖面（核心市场：长三角；延伸市场：北至天津、辽宁，南到福建、广东）使海螺有条件在沿江建造超大规模的熟料生产线，最终在"熟料基地（生产成本）—长江（物流成本）—粉磨站（混合材成本）"三个节

点都做到了后入者难以匹敌的成本优势。

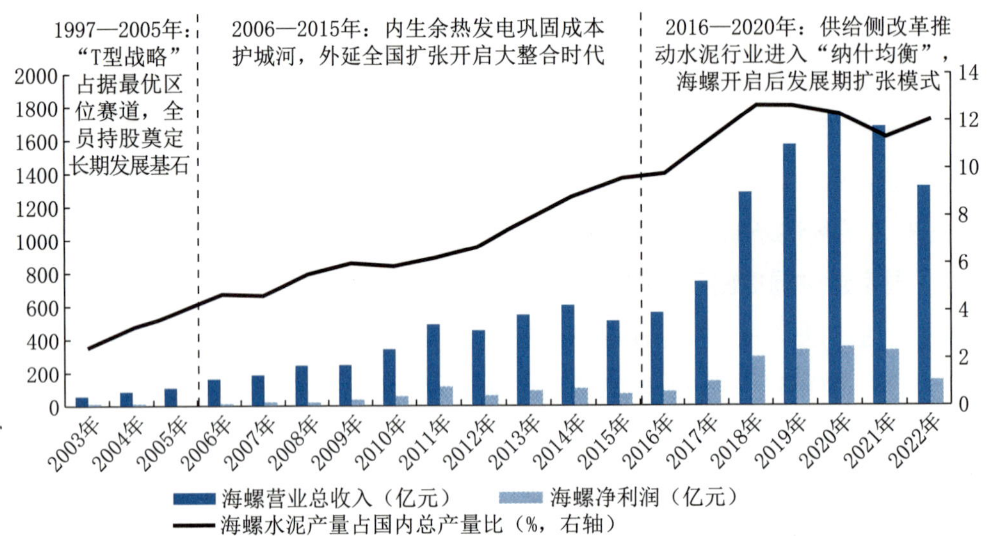

图 314　海螺水泥历史复盘

资料来源：万得，申万宏源研究。

表 69　水泥运距与运费

运输距离	运输费用	
	运输方式	百公里运价（元 / 吨）
≤ 200 公里	铁路	9—10
≤ 200 公里	公路	40—50
≤ 500 公里	水运	4—5

资料来源：数字水泥，申万宏源研究。

图 315　安徽铜陵海螺水泥专用码头

资料来源：安徽省交通运输厅，申万宏源研究。

同时，安徽省拥有全国最丰富的水泥用灰岩矿山产能，海螺水泥拥有拿矿的禀赋优势。大型矿山资源采矿许可证最初有效年限为 30 年，为大型熟料基地的建设创造了条件，海螺水泥沿江布局的多条万吨产线依托于大型矿山形成了规模生产的优势。大规模熟料产线带来吨能耗优势。大规模产线的能量利用效率往往更高，单位熟料的综合煤耗、综合电耗，单位水泥综合电耗都要更低。更大的单线规模是支撑海螺水泥吨成本优势的重要原因之一。

表 70　产线规模提高后，综合能耗降低

生产线规模（t/d）	熟料烧成热耗（kJ/kg）	熟料综合电耗（kwh/t）	水泥综合电耗（kwh/t）
1000	3385.8—3469.4	70	110
2000—2500	3093.2—3135	68	100
3000—3500	3051.4—3072.3	68	95—100
4000—5000	2967.9—3051.4	65	95
10000	2926—2967.8	50	—

资料来源：中国水泥 2022 年第 3 期：《〈水泥单位产品能源消耗限额〉标准解析》，申万宏源研究。

需求端：能否占据优势市场对水泥企业的业绩稳定性和发展可持续性至关重要，大本营长三角之于海螺的意义不亚于成本优势。“九五”“十五”时期华东正在大力推行“T 型战略”，使海螺牢牢把握住了全国经济最发达、市场启动最早的长三角地区，淘到了第一桶金；并为其随后转战中南、探足西部，逐步完善全国性战略布局创造了条件。即使从当前视角看，海螺能在水泥行业起起落落中屹立不倒，占据我国经济最强劲的长三角区域是不可忽视的原因，而这一切又与“T 型战略”紧密相关。我国水泥需求量最大的东南沿海城市延边几乎没有可供大规模开采的石灰石资源，故以往区域内水泥厂规模较小且成本高；而海螺的发祥地安

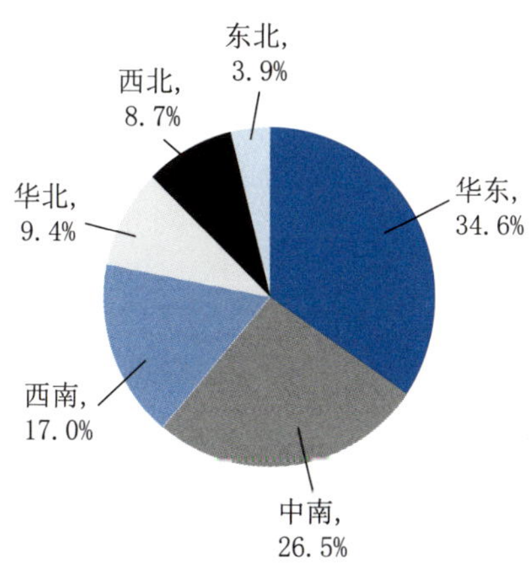

图 316　2023 年华东地区水泥产量约占全国三分之一

资料来源：中国水泥协会，国家统计局，申万宏源研究。

徽是我国石灰石储量前三省份中唯一紧邻长三角的，通过“T 型战略”的创新，公司成功化解了东南沿海资源与需求不匹配的矛盾，并将其转变成自身得天独厚的优势。

全员持股奠定长期发展基石

海螺除了是水泥制造业的标杆，同时也是国企改制的标杆。2000 年至 2002 年，由于国家宏观调控政策收紧，提出了 3 年不上新项目、银行不提供新项目贷款，处于发展起步阶段的海螺集团负债高、融资难，面临经营困境。为解决制约发展的瓶颈问题，海螺依据《安徽省国有控股参股公司内部职工持股试行暂行办法》文件精神，经省政府、省体改委批准，7000 多名员工以现金出资方式，参股建设了荻港海螺、枞阳海螺、池州海螺等沿江熟料基地，受让了安徽省投资集团持有 31.8% 的铜陵海螺股权，构建了企业与员工利益共同体，解决了制约企业扩张的资金和机制问题。2003 年，海螺按照安徽省委、省政府的要求，进一步完成了集团改制工作，改制后，省政府持有集团 51% 的股权，仍然保持国有控股地位；由海螺集团工会、宁国水泥厂工会、海螺型材工会及郭文叁等 8 名自然人设立的海创公司持有 49% 的股份。与中国巨石、北新建材的成功类似，作为水泥行业中唯一将国资背景和民营基因相结合的公司，管理层和员工的积极性被充分调动，激励的力度和范围均处于较高水平，其随后的成功显得顺理成章。

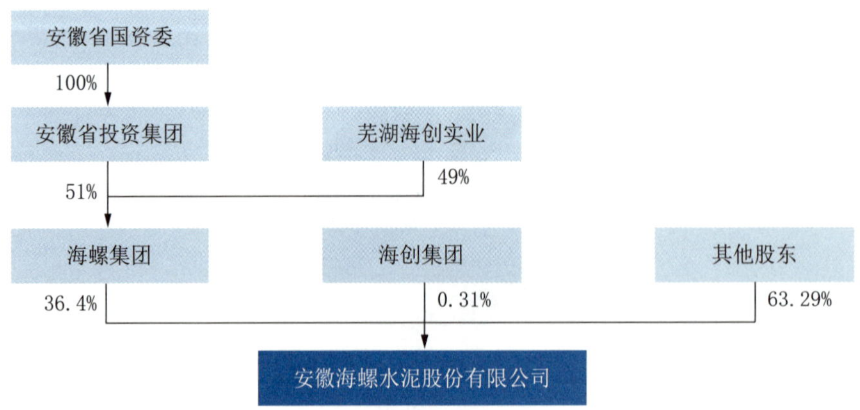

图 317　海螺水泥股权结构（截至 2023 年年报）

资料来源：海螺水泥 2023 年年报，申万宏源研究。

（二）2006—2015 年：内生余热发电巩固成本护城河，外延全国扩张开启大整合时代

如果把上一阶段海螺的发展比作打基础，2006—2015 年海螺的发展可谓万丈高楼平地起，通过内外兼修确立了自身的龙头地位。

内生：新型干法布局较早，低温余热发电国内最早应用

海螺上市初期已具备殷实基础，大规模采用新型干法产线。我国新型干法水泥技术装备的研制开始于 20 世纪 70 年代，但规模化应用推广主要开始于 21 世纪前 10 年，直到 2012 年才实现落后窑炉的淘汰和新型干法的全覆盖。公司在上市前已经是全国最大的水泥及熟料制造商，销量稳居行业第一，此时公司大部分生产线都为新型干法窑外分解工艺生产线，远超全国平均水平，为后续的快速扩张奠定了良好基础。

海螺是国内水泥纯低温余热发电的最早应用者。1995 年，原国家计委与日本 NEDO 签订水泥纯低温余热发电示范事业协议书，明确由海螺水泥与川崎重工共同负责实施，海螺公司宁国水泥厂 4000 t/d 水泥生产线纯低温余热发电项目成为中国最早的水泥纯低温余热发电项目，为中国新型干法水泥余热发电起到了积极的示范作用。随后伴随着国家能源综合利用相关政策的出台，海螺水泥率先大规模建设水泥纯低温余热发电项目。2005 年海螺与川崎重工再度合作，一次性在下属的 7 个工厂 18 条生产线上配套建设 10 套余热发电机组，该阶段公司与竞争对手吨成本差距显著拉大，成本护城河得到夯实。

外延：内外部整合收购，由华东走向全国

第一次定增完成核心子公司收购并表。2007 年，公司完成了 41.33 亿元定增，将旗下宁昌公司、芜湖塑料、海螺国贸及海创公司拥有的荻港、枞阳、池州、铜陵海螺少数股东权益等优质资产权益全部纳入报表。

表 71　1995—2015 年海螺收购记录

区域	省份	“十五”前（1995—2000 年）	“十五”（2001—2005 年）	“十一五”（2006—2010 年）	“十二五”（2011—2015 年）
华东	安徽	1995 年铜陵海螺	—	—	2012 年亳州海螺
		1996 年白马山海螺	—	—	
		1998 年长丰海螺	—	—	
		2000 年枞阳海螺	—	—	
	浙江	1997 年宁波海螺	2001 年上虞海螺	—	—
	江苏	1998 年南京海螺	2002 年中国水泥厂	—	2012 年镇江北固海螺
		1998 年张家港海螺	2002 年泰州杨湾海螺	—	—
		1999 年南通海螺	2004 年江苏八菱海螺	—	—
	上海	1998 年上海海螺	—	—	—
		2000 年上海海螺明珠	—	—	—
	江西	—	2001 年分宜海螺	—	—
		—	2002 年庐山海螺	—	—
中南	广东	—	—	2008 年佛山海螺	—
	广西	—	—	—	2011 年四合工贸
		—	—	—	2012 年凌云通鸿水泥
西南	湖南	—	2004 年湖南海螺	—	2014 年湖南云峰
	重庆	—	—	—	2011 年梁平海螺
	贵州	—	—	—	2011 年贵州六矿瑞安
		—	—	—	2011 年安龙海螺盘江
	四川	—	—	—	2012 年四川南威
	云南	—	—	2010 年龙陵海螺	2011 年云南壮乡水泥
		—	—		2013 年允罕水泥
西北	陕西	—	—	—	2011 年众喜水泥
	新疆	—	—	—	2012 年哈密弘毅建材
	甘肃	—	—	—	2013 年太子山水泥

资料来源：水泥地理，申万宏源研究。

注：灰底为收购粉磨站，蓝底为收购熟料生产线。

把握不同时期行业政策变化，“新建 + 并购”由东向西开展全国布局。“十一五”时期公司紧扣市场空间和政策鼓励的契机，通过强势新建转战中南并探足西部，但 2008 年金融危机后我国推出“四万亿”计划，水泥供过于求的问题逐步加重。因此，公司在“十二五”期间迅速将战略由新建转为收购。同时，成都地区产能出清一次性关闭了 44 条立窑，西部地区一度出现较大的供需缺口，海螺水泥借此机会将西部定为主扩张区。与“九五”时期、“十五”时期在长三角区域大规模收购粉磨站不同，“十二五”时期的收购主要是对西部地区熟料生产线的收购。

（三）2016—2020 年：供给侧改革推动水泥行业进入“纳什均衡”，海螺开启后发展期扩张模式

水泥行业供给侧改革的核心目标是压减产能。2015 年 11 月，习近平总书记在中央财经领导小组第十一次会议上首次提出“供给侧结构性改革”。随后的 12 月，中央经济工作会议进一步明确，供给侧改革的五大任务“去产能、去库存、去杠杆、降成本、补短板”。2016 年，随着国务院办公厅发布《关于促进建材工业稳增长调结构增效益的指导意见》，水泥行业进入了非需求驱动的发展新阶段。

2017 年产能置换、错峰停产等政策严格实施，产能置换指标稀缺，水泥项目相关并购交易频繁。这一时期，严禁新增、错峰生产、环保限产使过去推动行业形成小周期的供给因素逐渐淡出历史舞台，水泥行业开始接连上演重组大戏。中建材与中材合并、金隅冀东重组，同时海螺与中国建材、海螺与华润亦纷纷达成战略合作，行业开始由过去“以价换量”的竞争转化为“以量换价”的竞合。在战略规划的引领下，海螺的盈利能力和盈利可持续性跃升，归属于母公司的净利润由 2016 年的 85 亿元增长至 2020 年的 351 亿元。

表 72　水泥行业产能置换政策

时　间	政　　策	主　要　内　容
2015 年 3 月	《关于水泥行业产能置换有关问题的意见》	水泥粉末站新建（改、扩）和在建项目可依据本地区水泥工业结构调整方案优化布局；JT 窑可用于水泥熟料（改、扩）建项目产能置换。

（续表）

时间	政策	主要内容
2015年4月	《关于印发部分产能严重过剩行业产能置换实施办法的通知》	京津冀、长三角、珠三角等环境敏感区域需要置换被淘汰的产能数量不低于建设项目产能的1.25倍，其他地区实施等量置换。
2016年5月	《关于促进建材工业稳增长调结构增收益的指导意见》	通过严禁新增产能、淘汰落后产能、推进联合重组以及推行错峰限产等方法压减产能。
2017年6月	《水泥工业“十三五”发展规划》	加快淘汰落后产能优化结构，推进企业联合重组，化解供过于求，实施压减淘汰熟料产能4亿吨。
2018年1月	《钢铁水泥玻璃行业产能置换实施方法》	严禁钢铁、水泥和平板玻璃行业新增产能。
2018年8月	《关于严肃产能置换严禁水泥平板玻璃新增产能的通知》	坚决禁止新增产能，严禁备案新增产能项目，从严审查产能置换方案，确保执行到位。
2020年1月	《水泥玻璃行业产能置换实施办法操作问答》	已停产两年或三年累计生产不超过一年的水泥熟料不能用于产能置换；位于环境敏感区的水泥熟料项目产能置换比例至少为1.5∶1；位于非环境敏感区的水泥熟料项目产能置换比例至少为1.25∶1；西藏地区的水泥熟料建设项目执行等量置换。
2020年10月	《水泥玻璃行业产能置换实施办法（修订稿）》	位于国家规定的大气污染防治重点区域或跨省级辖区实施产能置换的水泥熟料，产能置换比例分别为2∶1；位于非大气污染防治重点区域的产能熟料，产能置换比例为1.5∶1。

资料来源：国务院，中国水泥协会，工业和信息化部，申万宏源研究。

国际国内双线布局，业务版图在亚洲不断扩张。在国内大举“跑马圈地”的同时，海螺并没有懈怠，与国际巨头在水泥业务发展到白热化阶段的战略选择一致，海螺开始加速纵向衍生和国际化布局，提出了到“十四五”末骨料产能达到3亿吨、商品混凝土达到6000万方，中长期在“一带一路”沿线国家水泥产能达到5000万吨的目标。

表73　海螺水泥海外熟料线布局情况

序号	国家	公司	熟料产能（t/d）	投产时间
1	印度尼西亚	南加里曼丹海螺水泥有限公司	3200	2014年
2			3200	2016年
3		国投印尼巴布亚水泥有限公司	3200	2016年
4		北苏拉威西海螺水泥有限公司	5000	2018年

（续表）

序号	国　家	公　　司	熟料产能（t/d）	投产时间
5	缅甸	缅甸海螺水泥有限公司	5000	2016 年
6		缅甸海螺（曼德勒）水泥有限公司	5000	2020 年
7	柬埔寨	马德望海螺水泥有限公司	5000	2018 年
8	老挝	琅勃拉邦海螺水泥有限公司	2500	2019 年
9	乌兹别克斯坦	卡尔希海螺外国企业水泥有限公司	3200	2022 年
10		塔什干海螺合资企业水泥有限公司	6300	2023 年
11		中乌合资企业上峰友谊之桥有限责任公司	6500	2024 年

资料来源：国务院，中国水泥协会，工业和信息化部，申万宏源研究。

二、穿越周期稳步增长，深耕细作迎接未来

海螺水泥的“tenbagger”之路同时伴随着周期性和成长性。为了更清晰地挖掘公司长周期市值上行的驱动力，首先要做的是将周期性要素（产品价格）的影响平滑，仅考虑成长性要素。选取公司销售均价接近的 2002 年、2009 年、2015 年三个节点，以“总市值 = 归母净利润 × PE=（吨净利 × 总销量）× PE”为基

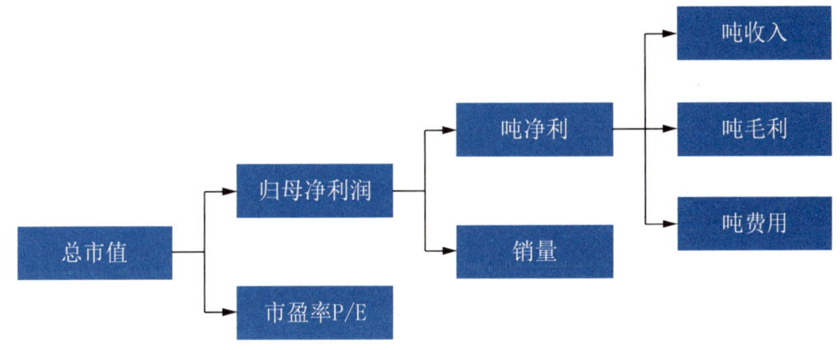

图 318　海螺水泥市值驱动力分析框架图

资料来源：万得，申万宏源研究。

本框架，可分成“2002—2009 年”“2010—2015 年”“2016—2019 年”三个时间段将公司过往市值上行的驱动力进行拆分分析。

表 74　海螺水泥分阶段市值驱动力分析

指　标	2002—2009 年	2009—2015 年	2015—2019 年
海螺市值涨幅	1050%	98%	148%
超额收益（相比于沪深 300）	856%	−7%	132%
归母净利润涨幅	1244%	112%	347%
销量涨幅	**704%**	**117%**	26%
单吨售价涨幅	2%	−8%	**74%**
单吨成本涨幅	12%	−7%	28%
单吨毛利涨幅	−15%	−10%	**192%**
单吨期间费用涨幅	**−32%**	15%	**−7%**
单吨净利涨幅	**67%**	−2%	**254%**
期间单吨售价最高值（元 / 吨）	234（2008）	305（2011）	**336（2019）**
期间单吨售价最低值（元 / 吨）	190（2005）	193（2015）	193（2015）
期间预测 PE 波动范围	7—79	6—36	6—16

资料来源：万得，申万宏源研究。

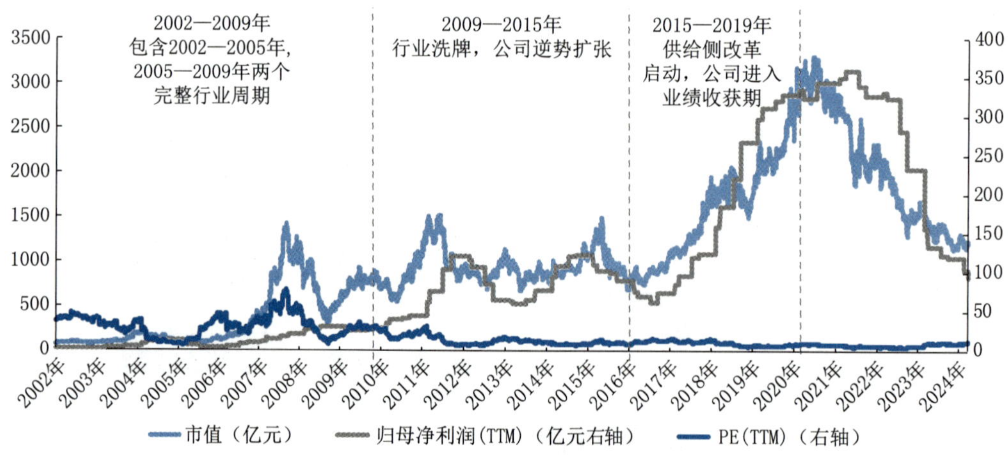

图 319　海螺水泥市值、归母净利润（TTM）和 PE（TTM）复盘

资料来源：万得，申万宏源研究。

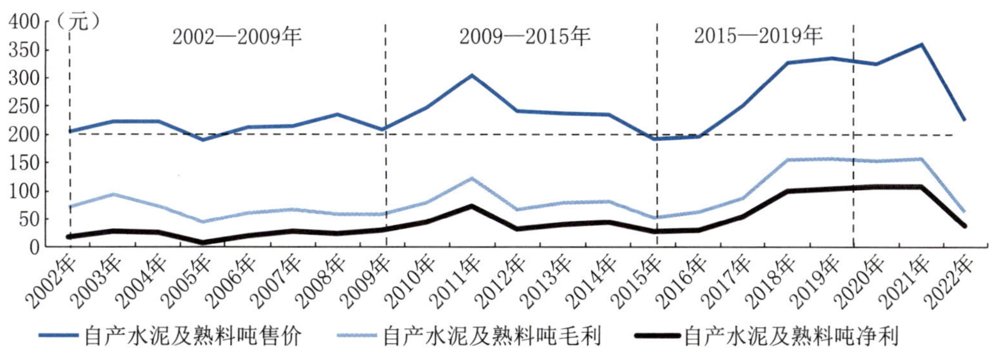

图 320　公司吨自产水泥及熟料情况

资料来源：万得，申万宏源研究。

（一）2002—2009 年：周期性两起两落，成长性推动公司市值增长

公司经历两轮行业性周期洗礼。从 2002 年至 2009 年底的近 8 年时间公司总市值涨幅高达 1050%，市值涨幅复合年增速达到 36%，跑赢沪深 300 指数 856 个百分点。而这一阶段实际上包含了 2002—2005 年和 2005—2009 年两个完整的水泥景气周期，除盈利波动外期间公司 PE（TTM）波动范围大至 7—79 倍。复盘来看，第一个价格高点在 2003 年，2003—2005 年我国对房地产行业采取了第一轮严格调控政策，需求受限导致行业景气大幅向下，产品价格持续下降，直到 2006 年随着地产复苏才开始拐头。第二个价格高点是 2008 年，后全球经济

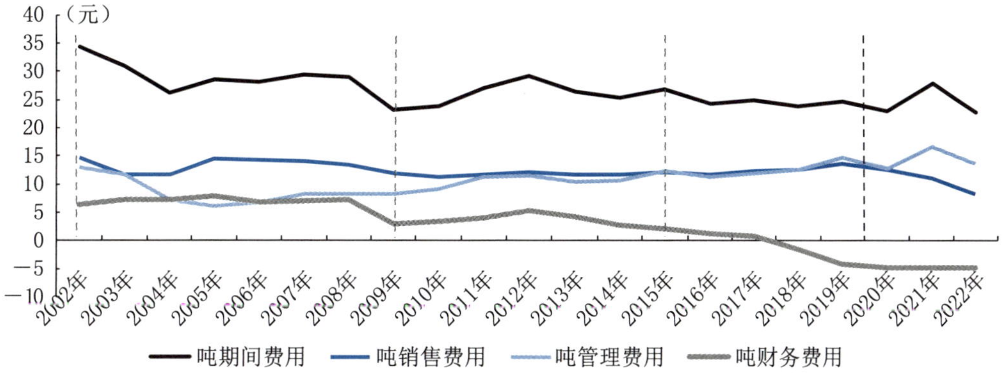

图 321　海螺水泥吨期间费用情况

资料来源：万得，申万宏源研究。

危机使水泥行业需求断崖式下跌，中国也未能幸免。其中 2007 年受益于水泥行业基本面高景气及 A 股资本市场的发展，海螺水泥的业绩和估值均创下阶段性高点，当年实现归母净利润 24.94 亿元（单吨净利达到 28.83 元），其间最高 PE（TTM）估值 79 倍，市值顶点较 2002 年初涨幅达 1767% 左右。

销量扩张及费用优化驱动市值上行。我们以“总市值 = 归母净利润 × PE=（吨净利 × 总销量）× PE”为基本框架对 2002—2009 年市值驱动要素进行拆分，归母净利润增长了 1244%，但估值最终作了负贡献。归母净利润的增长则由销量的增长和吨净利的上升共同推动，其间公司销量增长约 704%，吨净利上升约 67%。在这一阶段值得注意的是，吨售价从 204 元小幅增长约 2% 至 209 元的情况下，由于煤炭价格的上涨，吨成本从 134 元上升 12% 左右至 149 元，吨毛利反而从 71 元下降了 15% 左右至 60 元。吨净利提升主要得益于公司吨期间费用从 34 元降至 23 元，降幅达到 32% 左右。拆分发现，吨销售、管理、财务费用分别下降 2.8 元、4.7 元、3.5 元，降幅分别约 19%、36%、54%。吨管理费用的下降来自公司的精细化管理，吨财务费用下降主要因为公司凭借优秀的资本运作更多地使用直接融资的方式，比如在 2007 年和 2008 年公司先后通过定向增发和公开增发的方式分别募集 41.3 亿元和 114.8 亿元，使资产负债率大幅下降。

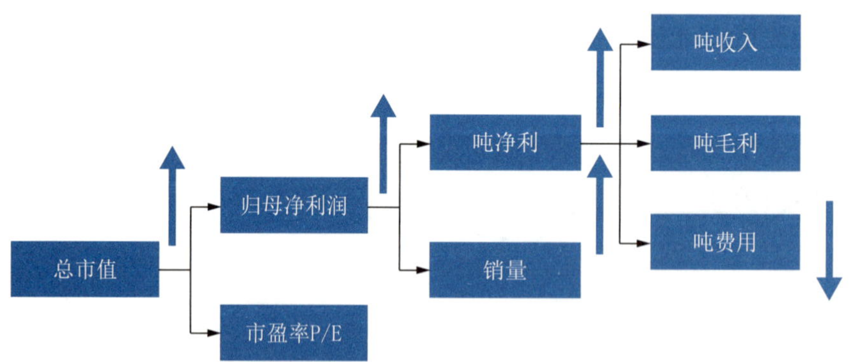

图 322　2002—2009 年海螺水泥归母净利润的增长由销量的增长和吨净利的上升共同推动

资料来源：万得，申万宏源研究。

（二）2009—2015 年：供给逐渐失衡导致行业洗牌，公司逆势扩张支撑市值增长

从供不应求到供过于求，行业经历大起大落。2009—2015 年的 6 年时间公司总市值涨幅 98%，中间波动较大，其间公司 PE（TTM）波动范围虽较上一阶段有所收窄，但也在 6—36 倍。复盘来看，2009—2012 年“四万亿”计划推升下水泥下游需求增速较快，特别是 2010 年 9 月针对高能耗行业限电影响旺季熟料窑开工率引致华东区域供不应求，价格从 2009 年 7 月低点的 291 元 / 吨一路涨至 2010 年 12 月的 516 元 / 吨，涨幅达 77.40% 左右。但 2011 年四季度开始，一方面，前两年新建的大量产能开始投产，供给冲击明显（2009—2011 年分别新增熟料设计产能 1.95 亿吨、2.43 亿吨、2.02 亿吨，分别占到当年总设计产能的 20%、19%、19%）；另一方面，“7・23 甬温线”特别重大铁路交通事故引发我国高铁项目大面积停建进行各项安全检查，大批需求出现停摆，供需矛盾使得 2012 年起价格开始加速下跌。从 2010 年 12 月最高的 516 元 / 吨回落到 2012 年 8 月最低的 291 元 / 吨，下跌幅度约 43%。2012—2015 年这一阶段行业需求增速放缓，虽然水泥新增产能的投放也有所减少，但水泥产量的增速明显高于需求，供需不匹配使得行业景气度有所下滑，价格战愈演愈烈。直到 2015 年下半年开始，地产逐步复苏，水泥价格才真正触底。这一阶段中，2011 年公司业绩大幅增长，并创下阶段性高点，当年实现归母净利润 116 亿元（单吨净利达到 73 元），市值在 2011 年高点较 2009 年初涨幅约 232%。

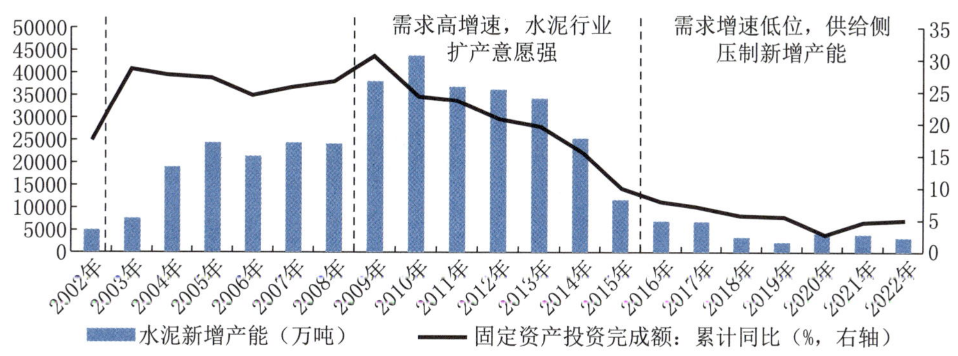

图 323　行业新增产能和国内固定资产投资完成额同比

资料来源：万得，申万宏源研究。

雄厚积累助力公司逆势扩张，支撑市值延续上行。继续以“总市值 = 归母净利润 × PE=（吨净利 × 总销量）× PE”为框架对 2009—2015 年市值驱动要素进行拆分，公司的净利润在这一时期增长了约 112%，估值最终依然构成边际拖累。归母净利润的增长则由销量的增长带来，这一阶段公司销量增长约 117%，吨净利则从 30 元下降约 2% 至 29 元。但必须指出，其实这一阶段受益于余热发电等技术的推出，公司成本曲线依然处于下行趋势，其间在吨售价从 209 元下降约 8% 至 193 元背景下吨净利基本维稳主要是因为吨成本也由 149 元下降约 7% 至 139 元。总结来看，这一阶段海螺高速的全国扩张成为公司市值和业绩增长的主要支撑。事实上，从行业横向比较来看，恰恰是这一阶段，将海螺和其他水泥

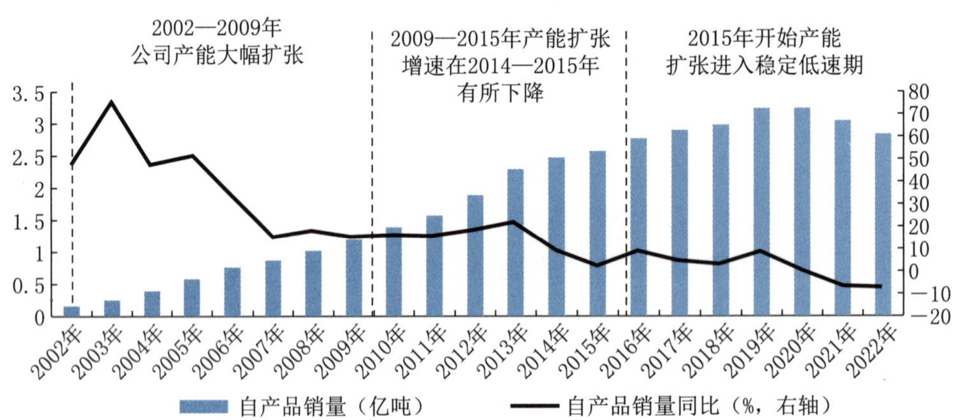

图 324　海螺水泥自产产品销量情况

资料来源：万得，申万宏源研究。

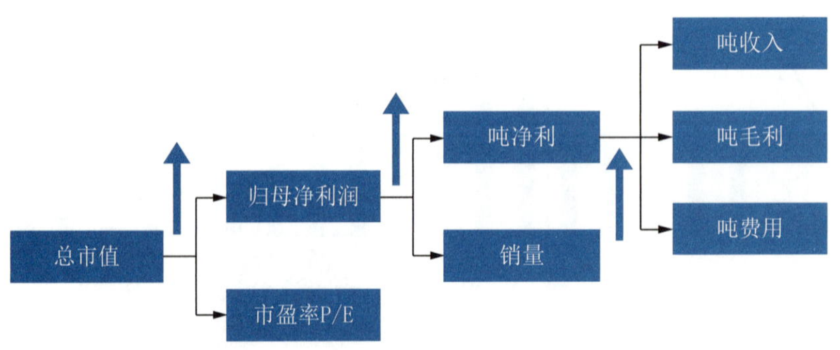

图 325　2009—2015 年海螺水泥归母净利润的增长主要由销量上涨支撑

资料来源：万得，申万宏源研究。

企业拉开了差距，其间申万水泥指数除去海螺水泥外的成分股合计归母净利润下降约 99%，整体处于亏损边缘。

（三）2015—2019 年：供给侧改革使行业提前进入“纳什均衡”的收获期，业绩快速增长推动市值屡创新高

价格提升是市值上行的重要驱动力。2015—2019 年的 4 年时间公司总市值涨幅约 148%，跑赢沪深 300 指数 132 个百分点。以“总市值 = 归母净利润 × PE=（吨净利 × 总销量）× PE”为框架对市值驱动要素进行拆分，公司的归母净利润在这一时期上涨了约 347%，是主要驱动力，估值却因为市场对行业高盈利可持续性的担忧持续下探，这一阶段公司估值波动范围缩小至 6—16 倍，从 2018 年下半年开始公司 PE（TTM）长期低于 10 倍。进一步对归母净利润大幅增长的原因进行拆分，其是由销售量增长约 26% 和吨净利增长约 254% 共同推动。这一时期吨价格从 193 元上涨约 74% 至 336 元，吨成本从 139 元上涨约 28% 至 179 元，吨毛利从 54 元上升约 192% 至 158 元，吨期间费用从 27 元下降约 7% 至 25 元。吨价格的上升和吨期间费用的下降共同推升了净利润高增。

价格大幅增长的本质是行业由供给侧改革催化进入了“纳什均衡”。行业供给侧改革以来，水泥行业逐渐被定位为最强周期品，背后是“严禁新增”“错峰生产”两个行业政策和“随关随停”的行业特性化学反应的结果。事实上，水泥企业格局的形成也并非一蹴而就，此前水泥也多次尝试过协同提价，但供给侧改革以前，行业新增产能仍存，价格提升必然会带来更多的新产能投放，价格平衡较为脆弱，2015 年多数水泥企业因此过上了苦日子。产能置换政策刚实施叠加行业效益下滑，导致新增产能投放速度放缓，上有政策维护供给，下有海螺水泥和中国建材两大龙头牵头改善格局，使得水泥供给端逐渐变得“自主可控”，行业以量换价成为共识，“纳什均衡”逐步形成。其实，其间水泥价格的变动也能印证这一结论，2016 年 3 月至 2019 年 12 月是这一轮水泥价格上行趋势的主升浪，其间涨幅达到 144%，但在随后的 2020 年，即使经历了疫情的冲击，行业价格依然维持了空前的韧性，并在 2021 年重启上行趋势。

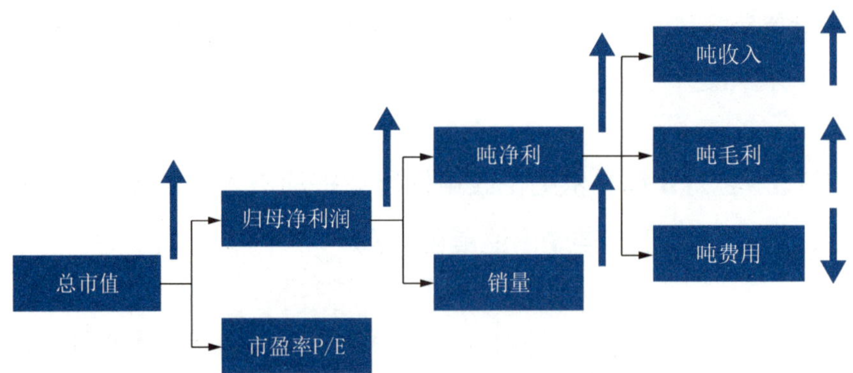

图 326　2015—2019 年海螺水泥吨价格的上升和吨期间费用的下降共同推升了净利润高增
资料来源：万得，申万宏源研究。

（四）2020 年至未来："碳中和"是一场更为彻底的供给侧改革，市占率提升和纵向整合将继续为公司提供成长性

从近两个阶段公司市值上行的驱动力看，归母净利润是核心，背后是销量和盈利能力的提升。但 2021 年以来，水泥行业经历了地产下行、新冠疫情、煤炭成本上涨等多重冲击因素，盈利能力下行。展望未来，销量和盈利能力潜在正贡献空间边际递减，纵向整合和估值提升或许可能成为驱动市值的接力棒。

新建 + 并购延伸骨料商混和低碳产业布局

虽然公司水泥主业受到了一定影响，但公司的纵向延伸才刚起步。拉法基豪瑞、海德堡、西麦斯三大国际巨头骨料混凝土业务占比均在 30% 以上，相较而言，目前海螺纵向业务占主营结构收入比例仍不足 3%，潜在空间较大，有望成为新的市值驱动力。骨料商混行业同样依赖矿山资源，且骨料的毛利率是水泥的 1.5—2 倍，是较好的产业链延伸方向。海螺水泥最早布局骨料业务开始于 2011 年建成的池州海螺 150 吨骨料项目。近两年，海螺水泥依靠资金优势，进一步加速了拿矿节奏。根据中国砂石协会，海螺水泥最近一年内已获得安徽马鞍山 960 万吨 / 年建筑用安山岩矿采矿权、广东肇庆德庆县 1000 万吨 / 年的骨料采矿权、广东封开县 800 万方 / 年的花岗岩矿采矿权等多个采矿权。

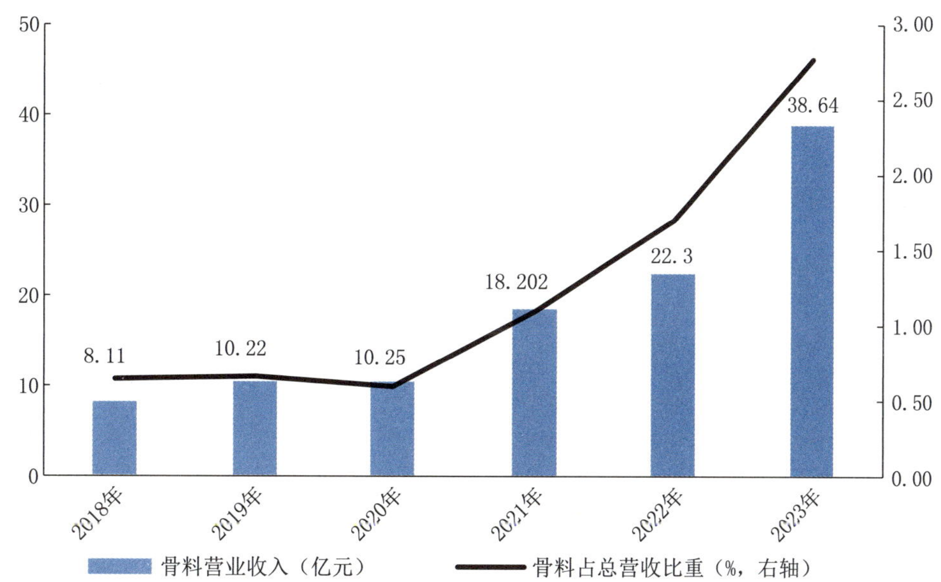

图 327　海螺水泥骨料业务收入占比逐步增长

资料来源：万得，申万宏源研究。

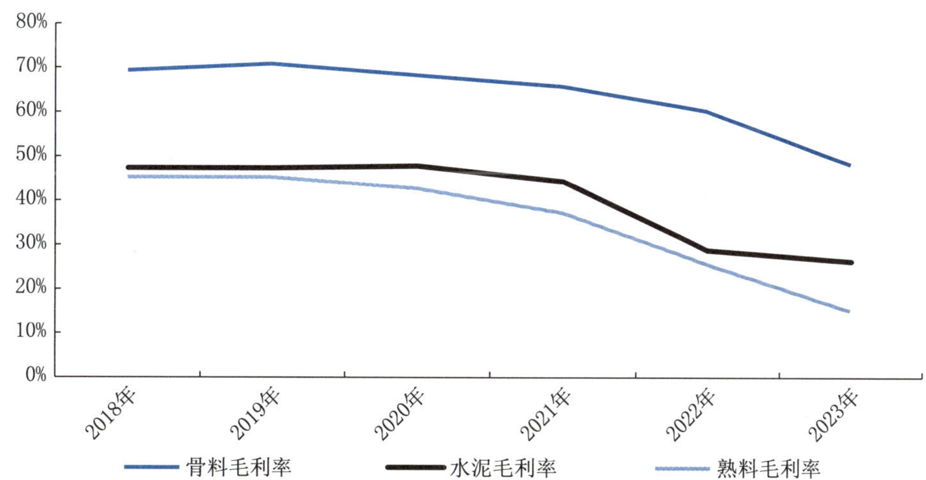

图 328　海螺水泥骨料业务毛利率明显高于水泥和熟料

资料来源：万得，申万宏源研究。

2023 年，公司继续积极推进项目建设和并购，持续做强做优做大水泥主业，积极延伸上下游产业链。水泥主业方面，贵州水城海螺低碳减量项目、广东清新水泥二期项目、乌兹别克斯坦塔什干海螺项目顺利建成投产，柬埔寨金边海螺和乌

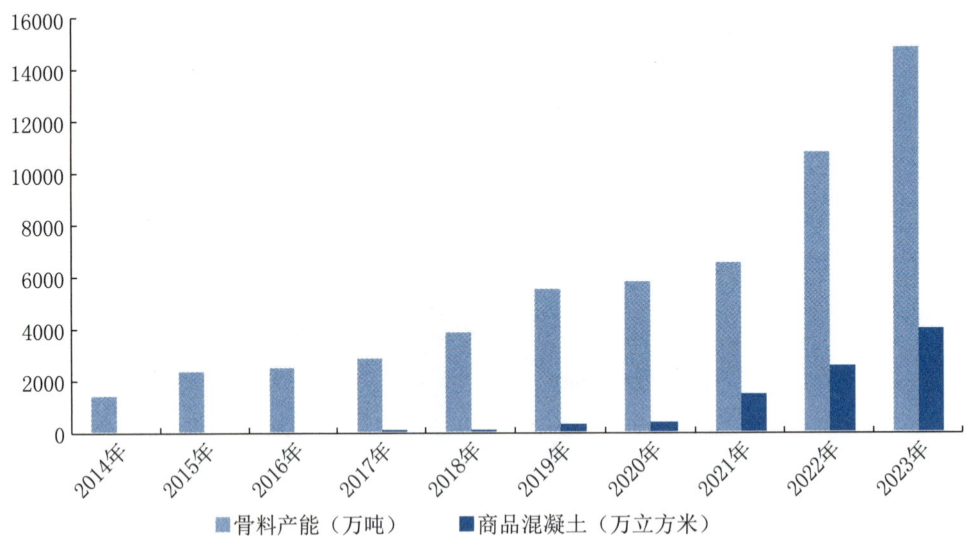

图 329　海螺水泥骨料商混产能快速提升

资料来源：海螺水泥公告，申万宏源研究。

兹别克斯坦上峰友谊公司的水泥熟料生产线项目建设有序推进；产业链延伸方面，芜湖建科、双峰建材等 12 个骨料项目顺利投产，并积极通过新建、并购和租赁等方式新增了 14 个在运营商品混凝土项目。截至 2023 年年报，海螺水泥已具备熟料产能 2.72 亿吨，水泥产能 3.95 亿吨，骨料产能 1.49 亿吨，商混产能 3980 万立方米。2021 年、2022 年、2023 年骨料收入分别达到 18.2 亿元、22.3 亿元、38.64 亿元。

此外，公司通过并购布局低碳发展。2018 年，海螺集团成立海螺新能源，主营光伏发电、风力发电、储能系统领域内的技术开发、技术服务，电力销售、电力工程、机电工程施工等。2021 年 8 月，公司以 4.43 亿元收购海螺新能源，进一步加大了新能源领域的投资，光伏发电能力不断提升，截至 2023 年末，公司光伏发电装机容量 542 MW，未来电力成本节约可期。2022 年，公司枞阳全钒液流电池储能项目、宣城光伏 BIPV 一期项目顺利投产；同时，公司收购工业固危废处置上市公司海螺环保，打造了新的产业增长极。

“碳中和”有望带来行业进一步出清，行业龙头价值凸显

随着“碳中和”的提出，水泥行业无疑将迎来一场升级版供给侧改革，行业中的龙头企业有望进一步巩固优势。

能耗限额进一步趋严加速行业集中。根据《冶金、建材重点行业严格能效约束推动节能降碳行动方案（2021—2025 年）》，方案中水泥熟料可比熟料综合能耗基本水平为 117 kgce/t，标杆水平为 100 kgce/t。当前多个水泥行业龙头依托自身技术优势，已经能够达到标杆水平，根据工信部发布的《2022 年度重点用能行业能效“领跑者”企业公示名单》，巴中海螺可比熟料综合能耗可以达到 92.08 kgce/t。在该政策下，小企业或面临加速关停。

水泥行业超低排放要求进一步拉高行业门槛。2024 年 1 月生态环境部正式发布《关于推进实施水泥行业超低排放的意见》(以下简称《意见》)，要求水泥熟料生产企业及独立粉磨站的所有生产环节均进行超低排放改造。《意见》对颗粒物、二氧化硫、氮氧化物排放指标均设定了限值，要求到 2025 年底前 50% 左右熟料产能完成改造，到 2028 年底前全国力争 80% 左右熟料线完成改造。部分大企业通过自身资金优势和技术优势，已经在脱硫技术等方面提前进行布局，相关排放指标逐步改善，长期来看，行业门槛进一步提升，龙头企业和行业中小企业的差距将进一步扩大。

行业纳入碳交易市场，中小企业资本投入进一步加大，行业有望进一步出清。水泥为高碳排放行业，预计后续也有望被纳入碳交易市场。根据数字水泥网，在试点配额免费为主的制度下，水泥行业碳交易的履约成本传导至熟料中的成本是 1 元 / 吨熟料左右，如果免费配额取消，碳交易履约将使熟料综合成本增加 40 元 / 吨左右，相当于熟料成本上升 20% 左右，如果产能失衡的矛盾不缓解，增加的履约成本很可能由水泥企业自身来承担，无法传导到下游。对于水泥行业企业碳资产管理来说，可能需要通过退出低效产能、实施节能减排改造升级、提高能效水平、加大原燃料替代力度来实现降低排放的目的，而这些资本投入均有可能迫使中小企业进一步退出市场，在碳中和背景下，水泥行业供给侧改革将进一步加强。

三、结语：千亿白马穿越周期，横纵发展蓄势前行

海螺水泥作为国内乃至全球范围内的行业龙头，不仅是水泥行业多轮兴衰更替的见证者，同时也是我国国民经济不断发展、产业结构不断调整以及资本市场不断壮大的见证者。可以看出，公司起步阶段就具有较好的基础，在发展过程中精准把握市场需求，“T 型战略”构筑了成本 + 需求的强大护城河，完成了“价值创造”的坚实一步。此后，公司不断顺应政策和行业趋势，积极调整战略，先后通过新建产能和收并购的方式不断进行横向扩张，巩固市场龙头地位，精耕细作降本增效，以科学合理的“价值曲线”，画出了一条近乎完美的公司成长第一曲线。同时，在行业变革机会来临时，公司积极寻求产业链以及碳中和相关的优质赛道，丰富公司的第二、第三成长曲线，不断提升公司的发展潜力和抗风险能力。与此同时，海螺的“价值优化”一直伴随着公司成长，作为早期国企改制的标杆典范，全员持股将企业与员工融为利益共同体，为企业长期发展奠定了基石和保障；价值营销方面，作为行业龙头，公司的品牌力和行业地位也从“价值营销”层面为公司的 4R 管理工作带来优势，为公司资本增值、效益增长、价值发现作出了较大贡献，也为资本市场投资者带来了丰厚的回报。

纵观过往，海螺对行业市场精准敏锐的判断以及对自身经营专业精细的工匠精神具有典型的示范效应。展望未来，海螺通过产业链纵向延伸和新业务布局，不断寻求新的增长点，相信公司能够厚积而薄发，再创辉煌。

后记

中国资本市场发展要“培元” 更要“固本”

历时一年，《上市公司价值成长之路》一书在研究团队的共同努力下终于即将付梓，心中欣喜。

一个国家的金融体系有两大基本模式：金融中介提供间接融资和资本市场提供直接融资。日本、德国等以间接融资模式为主导，美国等则以直接融资模式为主导，我认为不同的金融体系模式本身并无优劣之分，哪种模式资源配置效率更高哪种模式就是更合适的，这与不同国家的经济发展阶段和文化环境密不可分。

间接融资过去是我国金融资源配置效率较高的方式。在计划经济和转轨发展阶段，我国的制度优势就是“集中精力办大事”，依靠低成本的储蓄来支撑国家建设所需的大量投资。改革开放以来在城镇化进程中，以房地产、基础设施建设拉动的固定资产投资更需要持续巨量且低成本的资金投入。1992—2012 年间全社会固定资产投资平均增速达到 21%，其中房地产和基础设施建设两项投资金额占比超过 40%。彼时，通过间接融资体系配置资源是最高效的。

现阶段我国需要尽快向直接金融体系转型。首先，当前我国经济已由高速增长阶段转向高质量发展阶段，在新的增长模式下，以房地产、基础设施建设投资拉动的经济增长动能需要切换至具有轻资产和高风险特征的新型制造业、现代服务业、信息产业等新经济领域。此时，间接融资供给的适配性降低，风险易积聚。直接融资体系通过信息披露和市场化定价机制提高资源配置效率，优胜劣汰，可较好适应以轻资产、高风险为特征的新经济发展模式。提高直接融资比重，为全社会提供更加充分的风险资本，催生经济新动能，成为我国现代金融体系调整的主要方向。

发展中国特色现代资本市场，需要正视中国资本市场具有中国特色的发展基础，核心特点在于“新兴 + 转轨”，主要表现为以下三个方面：一是中国资本市场脱胎于经济体制转型时期，采用了政府主导的发展模式，难免留有计划经济的“烙印”；二是中国采取坚持公有制为主体多种所有制经济共同发展的基本经济制度，长期以来中国资本市场的基石——上市公司以国有经济为主体；三是中国是新兴市场经济体，资本市场投资者结构与所有新兴市场特征相同，都以散户为主。因此，这就决定了中国特色现代资本市场要能通过市场化定价发挥高效的资源配置作用，为中国经济的转型发展，尤其是要能为产业升级转型而服务；要能为国有资本的治理体系改革、国有资本的价值发现和价值创造而服务；要能为实现中国人民共同富裕而服务。

推动中国资本市场转型发展之路永远在路上。我长期从事中国资本市场研究。2012 年，我们发布了《从转轨到转型：资本市场转型系列报告》，提出中国资本市场将处于从以融资为主的卖方市场向以投资为主的买方市场转型的重要历史期。处于从转轨到转型时期的证券市场，外部承受着由传统的封闭型金融体系向以经济全球化、信息化和金融一体化、自律化为特征的开放型金融体系转变所带来的巨大压力，内部面临着上市公司质量不高、直接融资比例偏低、市场结构不甚合理、投资者欠成熟、中介机构羸弱、监管体系不够完善等诸多问题。从转轨到转型，是中国证券市场步入成熟期的准备，是市场主体、制度、运行机制等领域的重要质变。“头痛医头、脚痛医脚”的零敲碎打不治根本，只有用“顶层设计”的理念，由全局到局部、由根本到分支，对证券市场进行改造和创新，才能实现市场整体的渐进。应从系统、全面的视角，审视证券市场建设中涉及的各个方面、各个层次和要素之间的关系，通过提高上市公司质量、改善资本市场结构、发展多元化机构投资者、健全市场基本制度、完善监管体系，变角力为合力，实现转型发展的目标。我们在报告中提出我国资本市场转型之路可以“分三步走”的设想：第一阶段以“固本”为主，通过健全市场基本体系和基本制度，夯实市场基础，大力完善为中小企业融资服务，提高大企业融资质量，提升市场的投资吸引力；第二阶段以“培元”为主，通过疏堵结合，构建投资者的适当性匹配体系，切实保护投资者的合法权益，实现投资者队伍的多元化和机构化；第三阶段为资本市场打通“任督二脉”，实现多层次市场与多元实体经济、多元投资者的双向对接，完成从融资向投资的转型。从后来的中国资本市场改革实践来看，“固本”与“培元”其实是难以割裂的，一方面我们要努力提高上市公司质量，提升中国资本市场的可投资性；另一方面我们要努力改善投资者结构，提升中国投资者的专业投资能力。

我们从 2016 年起每年发布《中国证券投资者结构全景分析报告》。为了更好还原我国证券投资者结构的真实情况，我们创建了中国证券投资者类别五分法，来观测分析我国资本市场投资者结构的变化。我们欣喜地看到，我国资本市场投资者结构正在不断发生几大积极的变化趋势：一是投资者机构化发展成效显著，如果从持有的市值占比来看，一般个人投资者的持股占比已经从 2006 年的 70% 降到目前的 30% 出头的水平，专业投资机构的发展大幅吸引居民从个人炒股模式转向产品配置的理财模式；二是机构投资者的多元化发展特征明显，公募基金、私募基金、银行理财、证券公司自营与资管、信托、保险、外资机构等专业机构投资者百花齐放，大资管时代在不断规范发展中已经到来，不同投资机构之间在呈现差异化投资偏好的同时也通过彼此合作形成更加完善的市场投资生态；三是产业资本持股占比近半，尤其股权分置改革以后，全流通积极推动了中国上市公司股权治理结构的改善，上市公司之间、产业资本之间交叉持股也变得普遍，说明资本市场有效推动了产业资本之间的战略合作。2018 年 4 月，《关于规范金融机构资产管理业务的指导意见》（以下简称《资管新规》）出台，拉开了资产管理行业转型发展的序幕。此后，银行理财、证券期货资管、保险资管等配套细则相继落地，同类资产管理业务监管标准逐渐得到统一。2020 年开始实施的新《证券法》将资产管理产品纳入证券范围，授权国务院按《证券法》的原则制定其发行和交易管理办法，为在证券的基础上规范资产管理市场和统一监管创造了有利的条件。在《资管新规》出台后的 6 年里，我们通过中国财富管理 50 人论坛，全面参与了中国资产管理市场的改革发展研究，见证了这 6 年来刚性兑付被有序打破，投资者教育与投资者适当性管理不断完善，“卖者尽责、买者自负”的原则深入人心，资本市场的“培元”取得了革命性的进步。

如何推动中国资本市场的“固本”呢？一开始，我们把研究重点放在股票发行制度改革上。中国的股票发行制度从 1990 年最早的审批制，到 2001 年的核准制，再到 2023 年全面实施的注册制，我的从业生涯正好完全经历了这两次重大的历史性制度改革。尤其 2019 年，我参与了中国财富管理 50 人论坛《证券法》修法研究课题组，在中国财富管理 50 人论坛学术总顾问吴晓灵女士的总牵头下，我作为报告主要执笔人在总结行业意见的基础上撰写了《放管结合，全面深化金融供给侧改革——对〈证券法（三审稿）〉的修改建议》。2019 年 12 月 28 日，第十三届全国人大常委会第十五次会议审议通过了修订后的《证券法》，最终采纳了我们报告的建议，明确在科创板实行注册制试点的基础上全面推行注册制。

提高上市公司质量光通过推动股票发行制度改革还远远不够，如何推动上市公司提升自我创造价值的内在驱动力才是更为根本的有效举措。尤其当中国 A 股上市公司数量超过 5000 家以后，中国资本市场需要从增量改革迈向改革深水区的存量改革。2020 年，我带领研究团队重点开展了《上市公司价值管理》的研究课题，基于理论与实践，重点研究上市公司价值管理的方法论，创建了包含价值创造、价值营销、价值曲线和价值优化四个维度的“申万宏源价值管理钻石模型”，以期为上市公司建立和完善价值管理体系提供参考。其实，早在 2005 年我国资本市场股权分置改革后，“市值管理”的概念就在国内被提出。2014 年 5 月 9 日国务院印发《关于进一步促进资本市场健康发展的若干意见》，其中提出鼓励上市公司建立市值管理制度，“市值管理”获得了官方正名。然而，资本市场也开始出现假“管理”真“操纵”的伪市值管理行为。因此，我们提出了“价值管理”的概念，期望从理念树立、方法论和通过为上市公司提供咨询顾问服务参与实践的方式去全面倡导“价值管理”的正道。过去，我们往往更重视投资者教育，然而资本市场连结着投资者和上市公司两端，在另一端的上市公司其实也一样需要教育与引导，中国资本市场的“固本”才会从根本上取得质的飞跃。这也是我们出版《上市公司价值成长之路》的真正初衷。

本书的策划从 2023 年 5 月正式启动，我们慎重遴选了案例样本，安排了写作分工，并于 2023 年 12 月形成初稿。特别感谢三位首席研究员阮晓琴、陈静、武夏对本书的共同策划、编撰指导和审稿修改，感谢具体执笔团队谢欣、陈小天、尚小川、汪梓晗、陈亦兵、董昱辰、吴海宇、马超、文梓威、廖臣臣、李依哲、王琪、郑艺萌、周梦姣、洪茜、林琴、刘大亨、田国辉对案例编写的辛苦付出。

他们不辞劳苦，经常夜以继日地奋笔疾书，探索和思考中国上市公司的价值成长之道。

在撰写过程中，特别感谢曹欣之、戴文杰、胡书捷、李冲、刘佩、刘正、吕昌、任杰、邵靖宇、施鑫展、王宏为、王珂、王璐、杨海晏、仰佳佳、余玉君、张静含、赵令伊、朱珺逸等研究员为案例的编写提供上市公司数据材料、指导内容编写、协助校对，并对接上市公司征询稿件意见；感谢赵晓芸、薛莹、张怡人、刘晴、路越、彭嘉敏、于朋帅、王子薇、李嘉欣、李舟等老师对本书进行了全面合规审核；感谢金泽斐、周子露、王海涛、陈一格、江真俊、夏晨锋等老师对本书进行了全面质量审核。各位参与者都体现了申万宏源研究人非常高的责任心和专业性，让本书的专业性和规范性进一步提高，在此对他们表示衷心感谢！入选本书作为案例分享的各家上市公司也为本书案例信息的真实性、表述的准确性审核予以了积极支持，深表谢意！

2024 年 1 月，我们正式启动本书的出版工作，特别感谢王文燕、曾智慧、王舒婷、秦川等老师帮助统筹安排出版工作。在上海人民出版社的支持下，《上市公司价值成长之路》终于即将与各位读者见面。

本书的出版发行得到了申万宏源集团与证券党委书记、董事长刘健先生，申万宏源证券执委、研究所总经理周海晨先生，申万宏源研究所党委书记、董事长郑治国先生的大力支持，并为本书作序，在此特别感谢！

本书的出版也非常有幸得到上海证券报社党委书记、董事长，中国金融信息中心董事长叶国标先生，中国财富管理 50 人论坛秘书长、国研财富管理研究院院长刘喜元先生、上海国有资本运营研究院院长罗新宇先生等几位专家的关心、支持与推荐，在此尤其感谢！

《上市公司价值成长之路》出版后，我想在未来推动中国特色现代资本市场高质量可持续发展的道路上还有很多工作要做，研究还需要不断与时俱进。今年我们和上海国有资本运营研究院、万得信息技术股份有限公司一起合作研究撰写了

《全国地方国资上市公司年度发展报告（2024）》，聚焦地方国资上市公司价值发展问题，也即将出版发行，期待您的继续关注。我们也真心期盼中国资本市场会涌现越来越多优秀上市公司成长案例，我们将持续跟进研究，将方法论完善与优秀实践推广进行到底！

由于时间和专业限制，书中难免存在一些差错，敬请读者海涵和指正！

蒋健蓉

2024 年 5 月于上海

法律声明

《上市公司价值成长之路》（以下简称“本书”）由上海申银万国证券研究所有限公司（隶属于申万宏源证券有限公司，以下简称“本公司”）编著，本书不对证券及证券相关产品的价值、市场走势或者相关影响因素进行分析；本书不构成证券估值、投资评级等投资分析意见；本书不是证券研究报告。

本书由本公司独立、客观出具，本公司不曾因，不因，也不会因本书中的内容或观点而直接或间接收到任何形式的补偿。本书中选取的上市公司案例仅供举例研究，不涉及或不应理解为本公司对上市公司的任何推荐。上市公司案例均基于该公司官网、公告等公开信息汇编形成，本公司不对本书中引用的上市公司信息披露的任何数据的真实性、准确性、完整性、及时性和公平性进行任何保证。在任何情况下，如上市公司未依照相关法律法规披露其应当及时公告、报告的财务状况、经营信息、重大涉诉事项等，或对前述事项有虚假记载、误导性陈述、遗漏重大信息等行为的，本公司无法也不对任何人因使用书中的任何内容所引致的任何损失承担任何责任。本书中所载的资料与分析内容，仅限于上市公司公开信息中所载数据之日的基本情况，随着宏观市场、行业发展等因素的变化，上市公司层面的发展也会面临一些变化，本公司亦不对上市公司业绩等任何后续发展变化予以任何承诺或保证。

在任何情况下，本书任何部分内容均不构成对任何人的投资分析意见、投资建议或对相关产品的推荐，不得作为或被视为出售或购买证券或其他投资标的的邀请。市场有风险，投资需谨慎，本书所载内容仅作参考之用，阅读或使用本书的任何人应自主作出投资决策并自行承担投资风险，本公司不与其分享投资收益，亦不承担任何投资损失。

图书在版编目(CIP)数据

上市公司价值成长之路/上海申银万国证券研究所有限公司编著;蒋健蓉主编. —上海:上海人民出版社,2024
ISBN 978-7-208-18940-9

Ⅰ. ①上… Ⅱ. ①上… ②蒋… Ⅲ. ①上市公司-资产价值-研究-中国 Ⅳ. ①F279.246

中国国家版本馆 CIP 数据核字(2024)第 110652 号

责任编辑 夏红梅 伍安洁
封面设计 一本好书

上市公司价值成长之路
上海申银万国证券研究所有限公司 编著
蒋健蓉 主编

出　　版 上海人民出版社
(201101 上海市闵行区号景路 159 弄 C 座)
发　　行 上海人民出版社发行中心
印　　刷 上海中华印刷有限公司
开　　本 787×1092 1/16
印　　张 31
插　　页 2
字　　数 514,000
版　　次 2024 年 9 月第 1 版
印　　次 2024 年 9 月第 1 次印刷
ISBN 978-7-208-18940-9/F·2878
定　　价 130.00 元